冰廬錦箋

常任俠珍藏友朋書信選

沈寧 編

國家圖書館出版社

圖書在版編目(CIP)數據

冰廬錦箋:常任俠珍藏友朋書信選/沈寧編. —北京:國家圖書館出版社,2008.12
ISBN 978 - 7 - 5013 - 3782 - 8

Ⅰ.冰…　Ⅱ.沈…　Ⅲ.名人—收信集—中國—近代　Ⅳ.K820.5

中國版本圖書館 CIP 數據核字(2008)第 199111 號

書名　冰廬錦箋:常任俠珍藏友朋書信選
著者　沈寧　編

出版　國家圖書館出版社(原北京圖書館出版社)
(100034　北京市西城區文津街 7 號)
發行　010 - 66139745　66175620　66126153
66174391(傳真)　66126156(門市部)
E-mail　btsfxb@ nlc. gov. cn(郵購)
Website　www. nlcpress. com → 投稿中心
經銷　新華書店
印刷　三河弘翰印務有限公司

開本　787 ×1092 毫米　1/16
印張　34. 5
版次　2008 年 12 月第 1 版　2008 年 12 月第 1 次印刷

書號　ISBN 7 - 5013 - 3782 - 8/K · 1720
定價　680. 00 圓

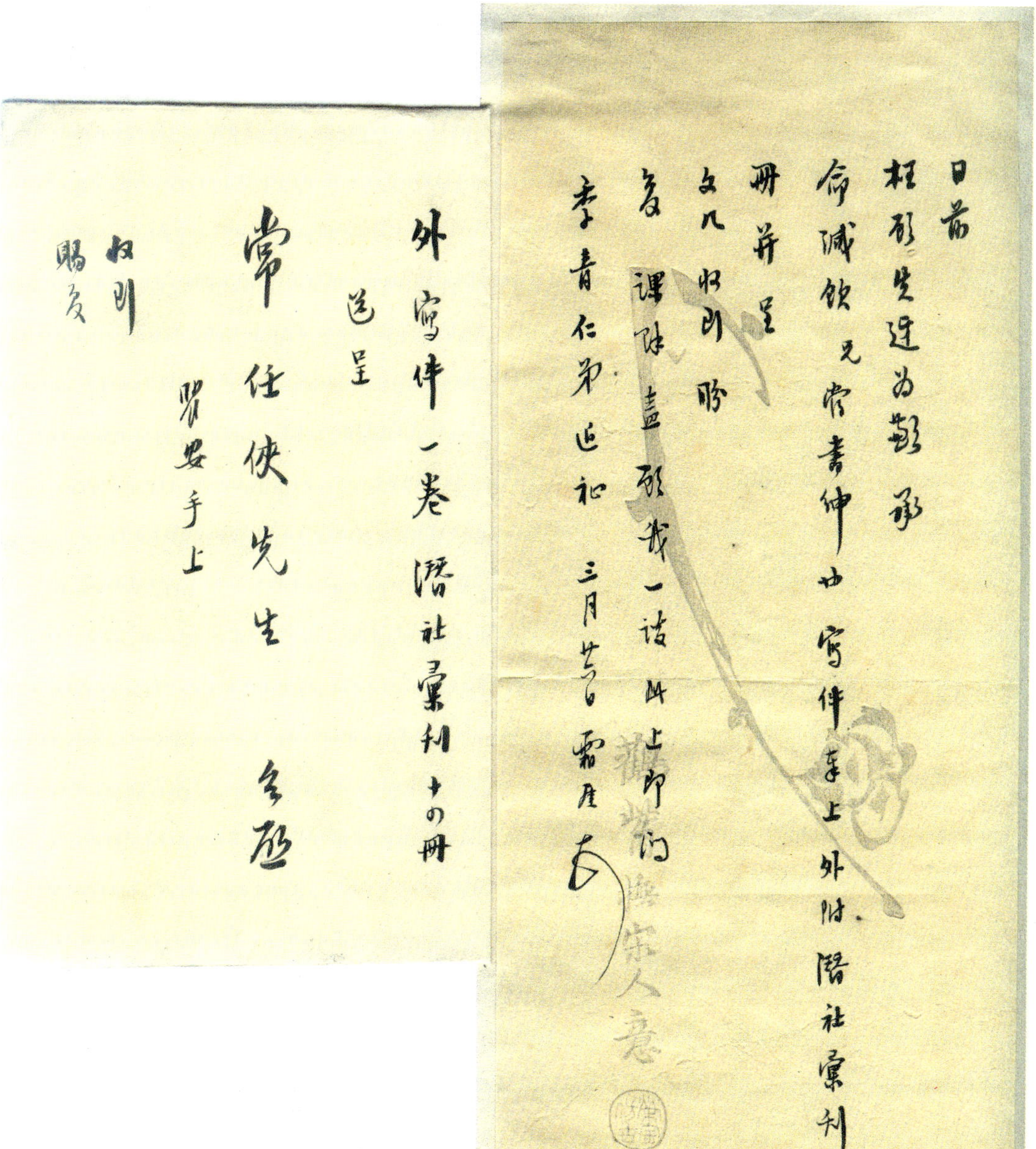

吳梅致常任俠(1938 年 3 月 26 日)

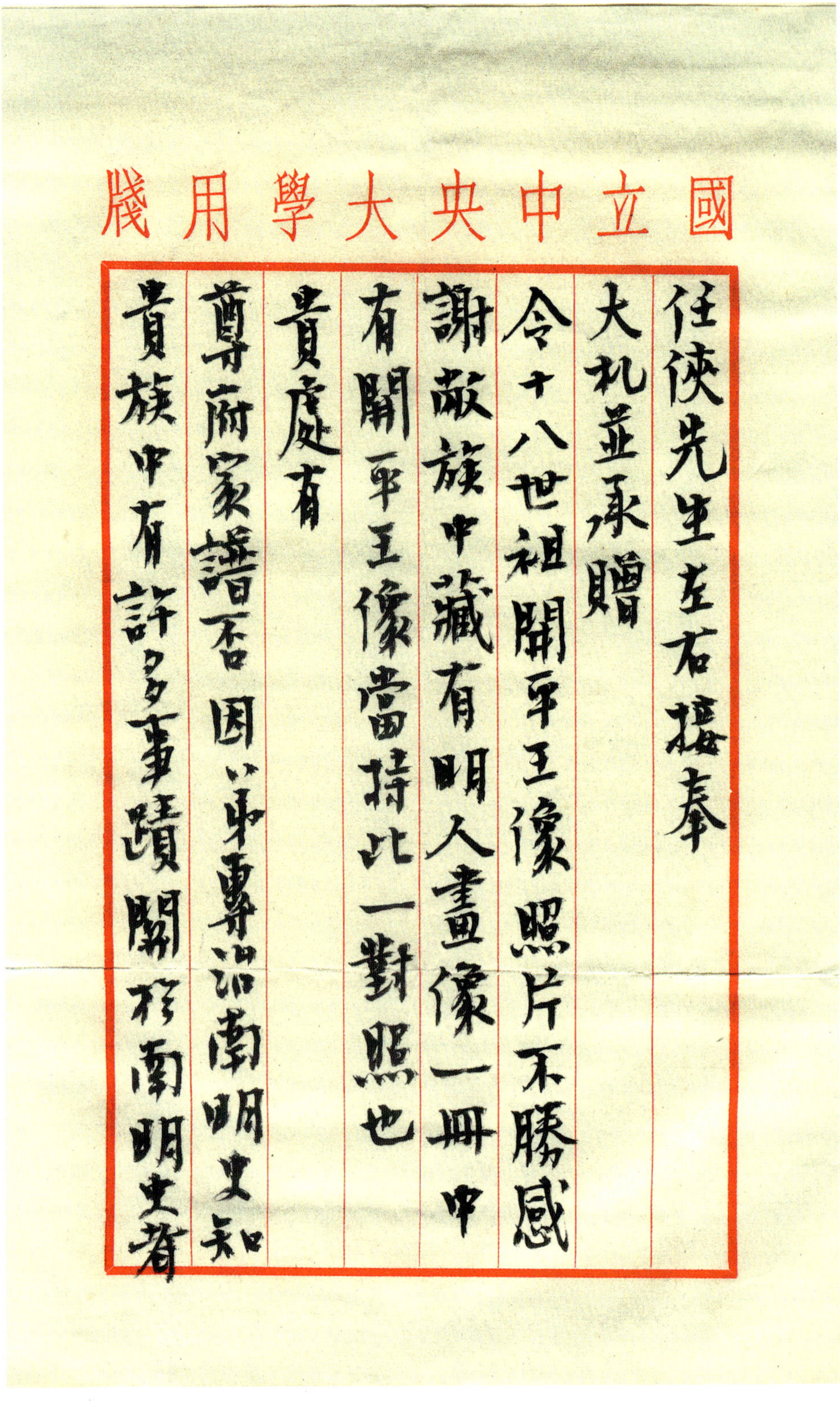
國立中央大學用牋

任俠先生左右接奉
大札並承贈
令十八世祖關平王像照片不勝感
謝敝族中藏有明人畫像一冊中
有關平王像當持此一對照也
貴處有
尊府家譜否因以事尋治南明史知
貴族中有許多事蹟關於南明史者

朱希祖致常任俠（1939年6月17日）

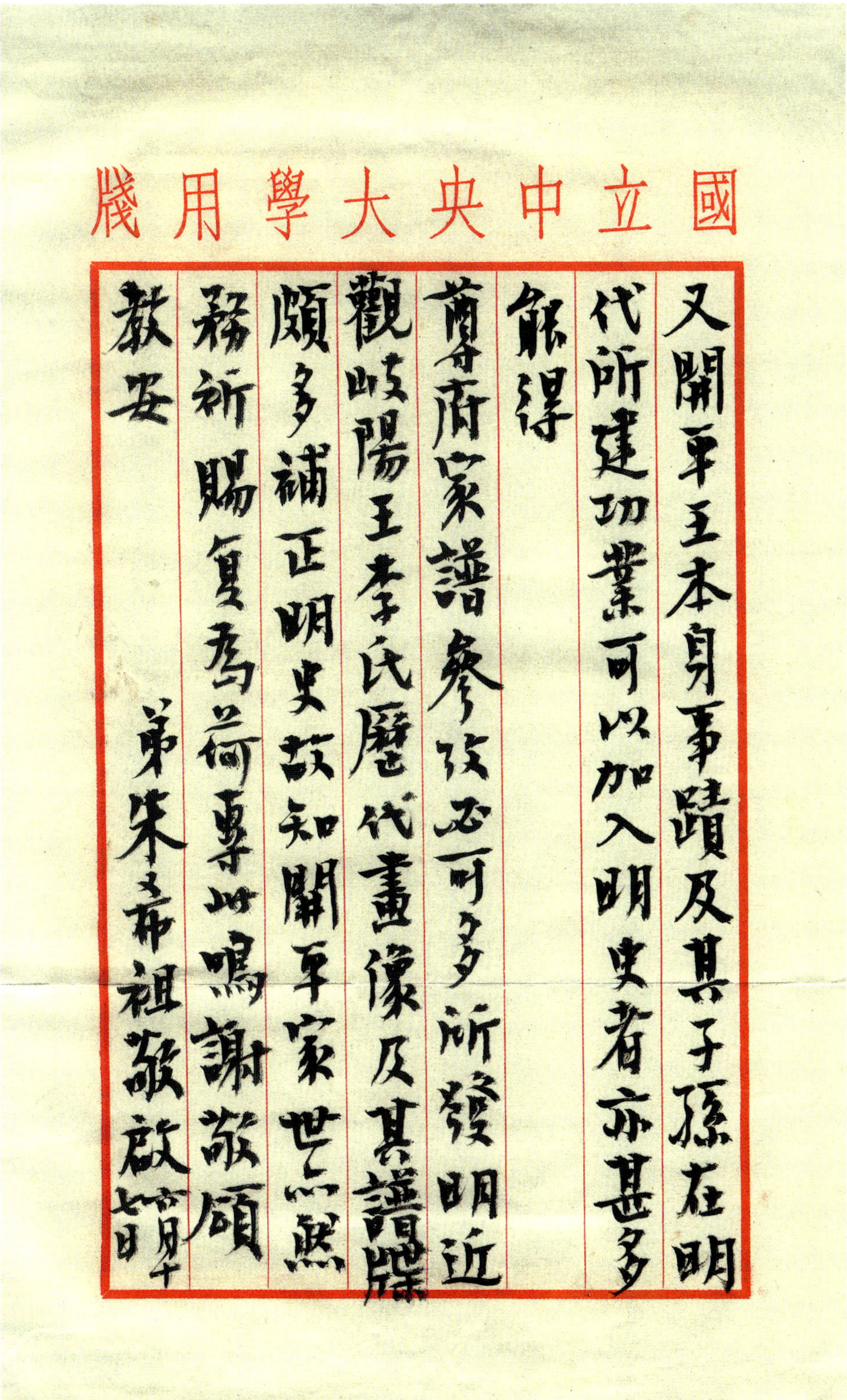

國立中央大學用牋

又開平王本身事蹟及其子孫在明代所建功業可以加入明史者亦甚多

能得

尊府家譜參攷必可多所發明近

觀岐陽王李氏歷代畫像及其譜牒頗多補正明史故知開平家世亦然

務祈賜覆爲荷專此鳴謝敬頌

教安

弟朱希祖敬啟 六月十七日

朱希祖致常任俠（1939 年 6 月 17 日）

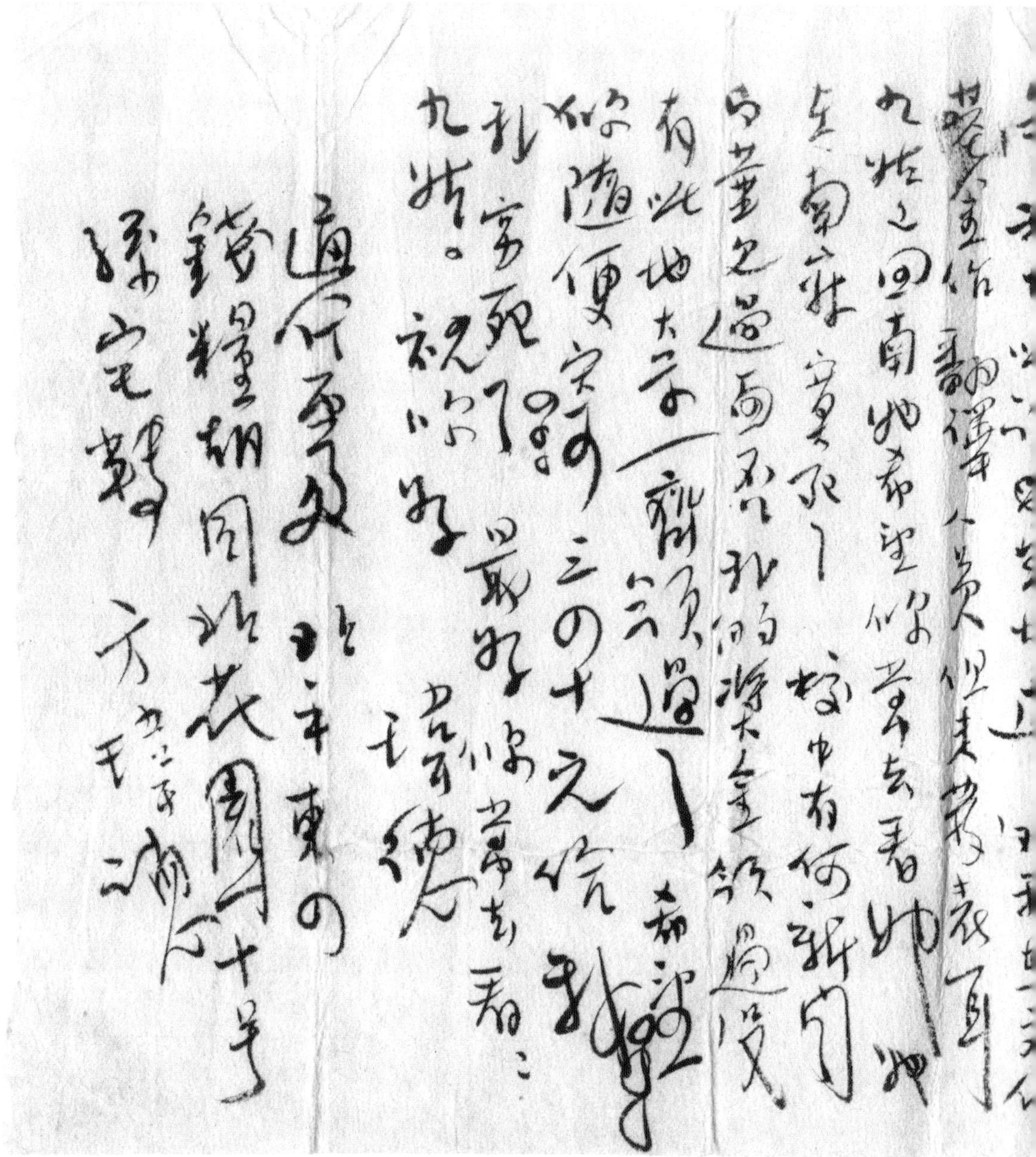

方玮德致常任侠（1932 年 10 月 10 日）

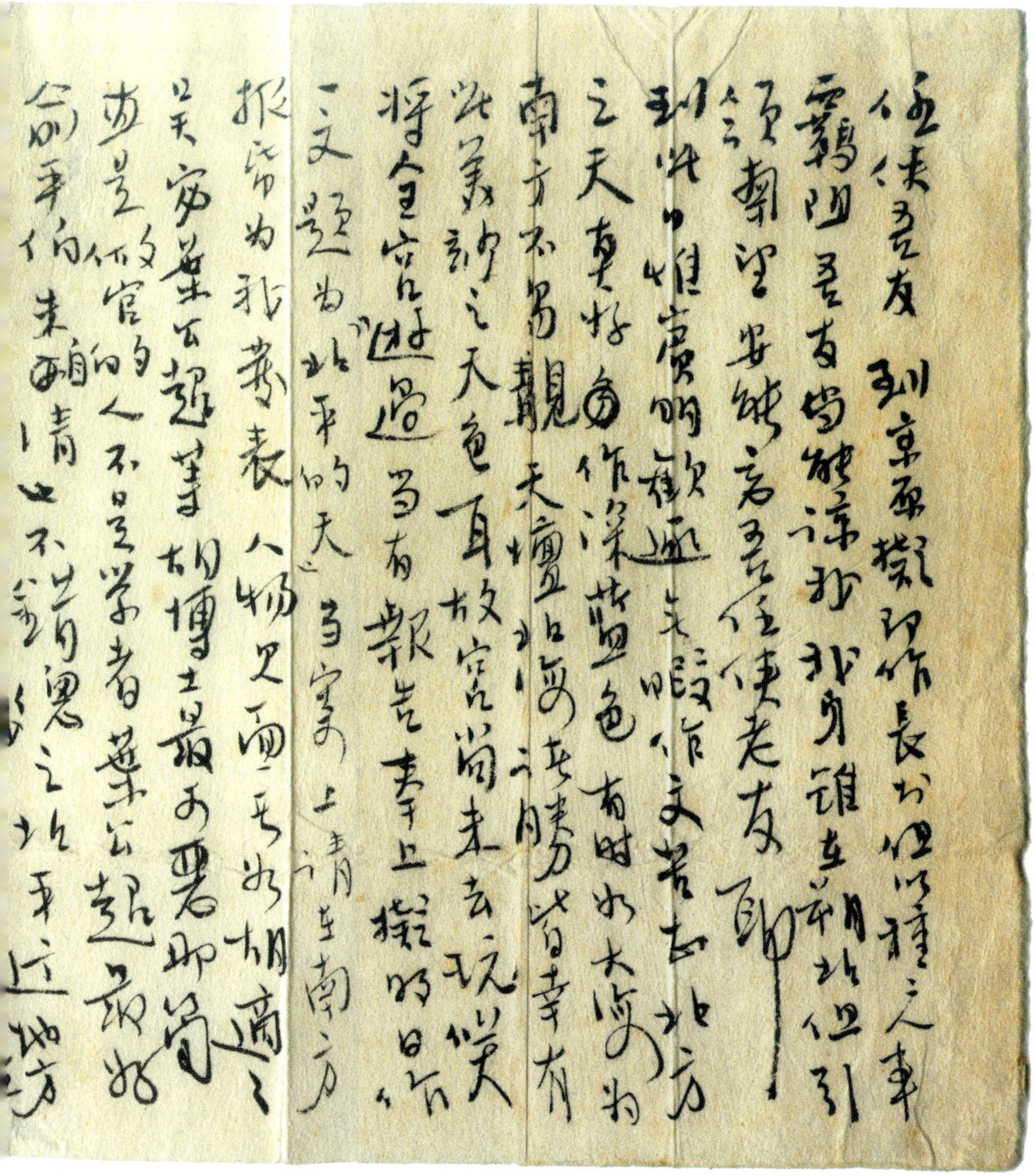
任俠吾友
到京原擬印作長久但以種種人事羈絆 吾友當能諒我 北方誼在前 北但引頸翹望 安能忘吾任俠老友耶
到此以後 常聯歡遊 先暇作文書去 北方之天真好 多作深藍色 有時如大海的 南方不易觀 天壇北海 勝皆幸有此美妙之天色耳 故宮尚未去玩 (笑) 將全宮好遊過 當有報告奉上 擬明日之文題為北平的天 當寄上 請在南方報紙為我發表 人物只要不要胡適之 吴宓葉公超等 胡博士最不要罵耶 也是做官的人 不是學者 葉公超亦然 俞平伯 朱自清 也不錯 總之北平這地方

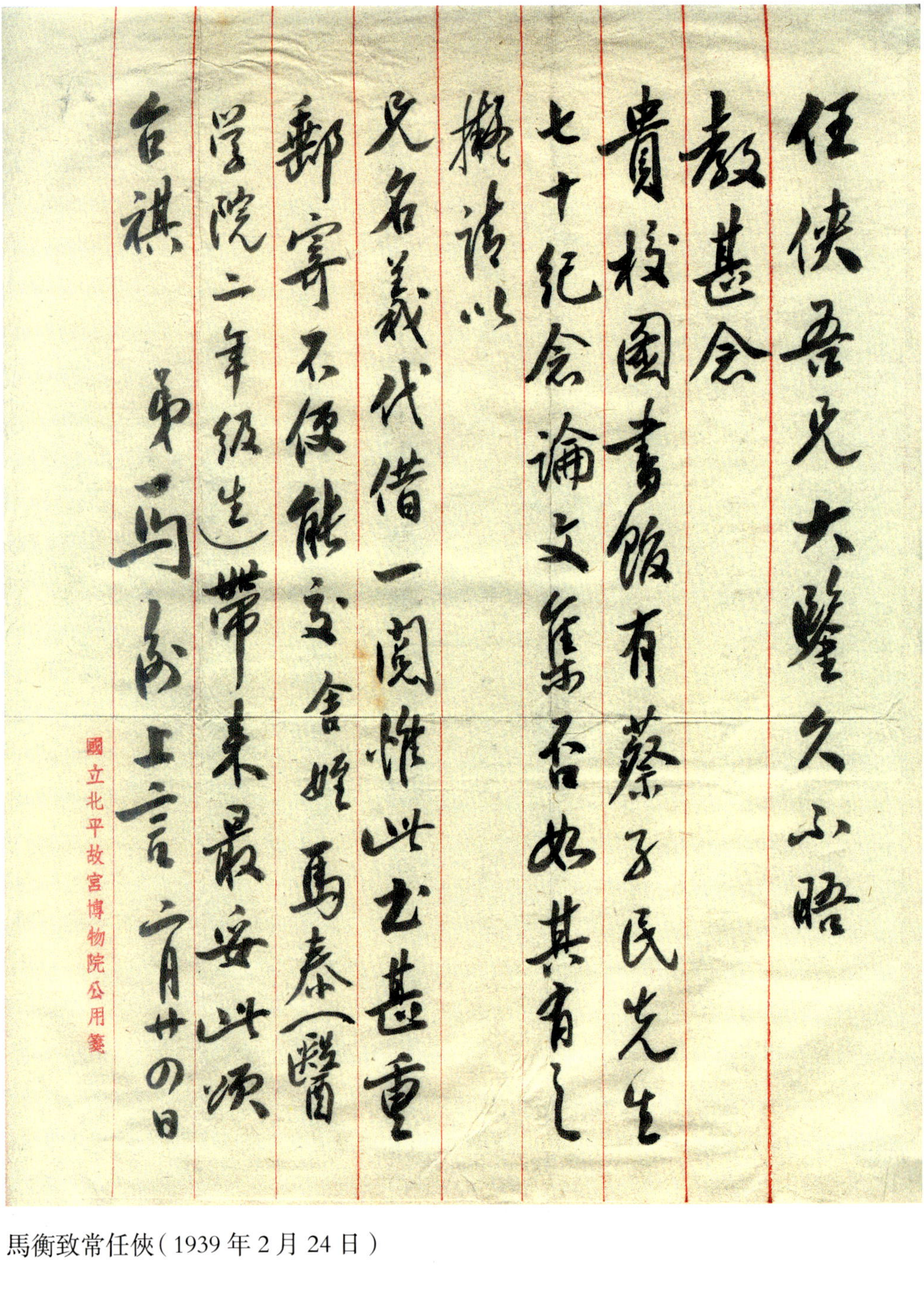
任俠吾兄大鑒：久不晤
教，甚念。
貴校圖書館有蔡孑民先生
七十紀念論文集否？如其有之，
擬請以
兄名義代借一閱。此書甚重，
郵寄不便，能交舍姪馬泰（醫
學院二年級生）帶來最妥。此頌
台祺
弟馬衡上言　二月廿四日
國立北平故宮博物院公用箋

馬衡致常任俠（1939年2月24日）

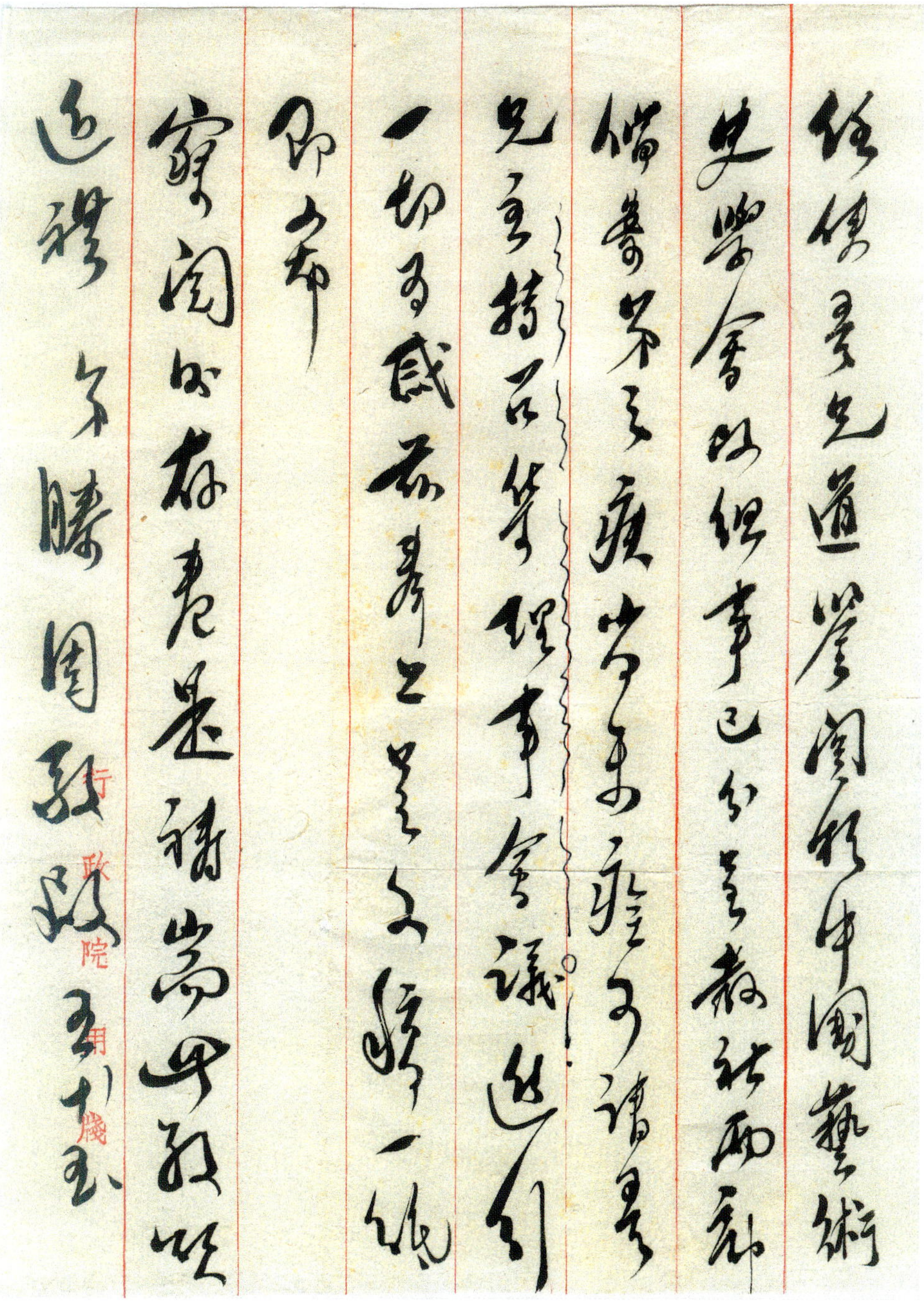

滕固致常任俠（1941 年 5 月 15 日）

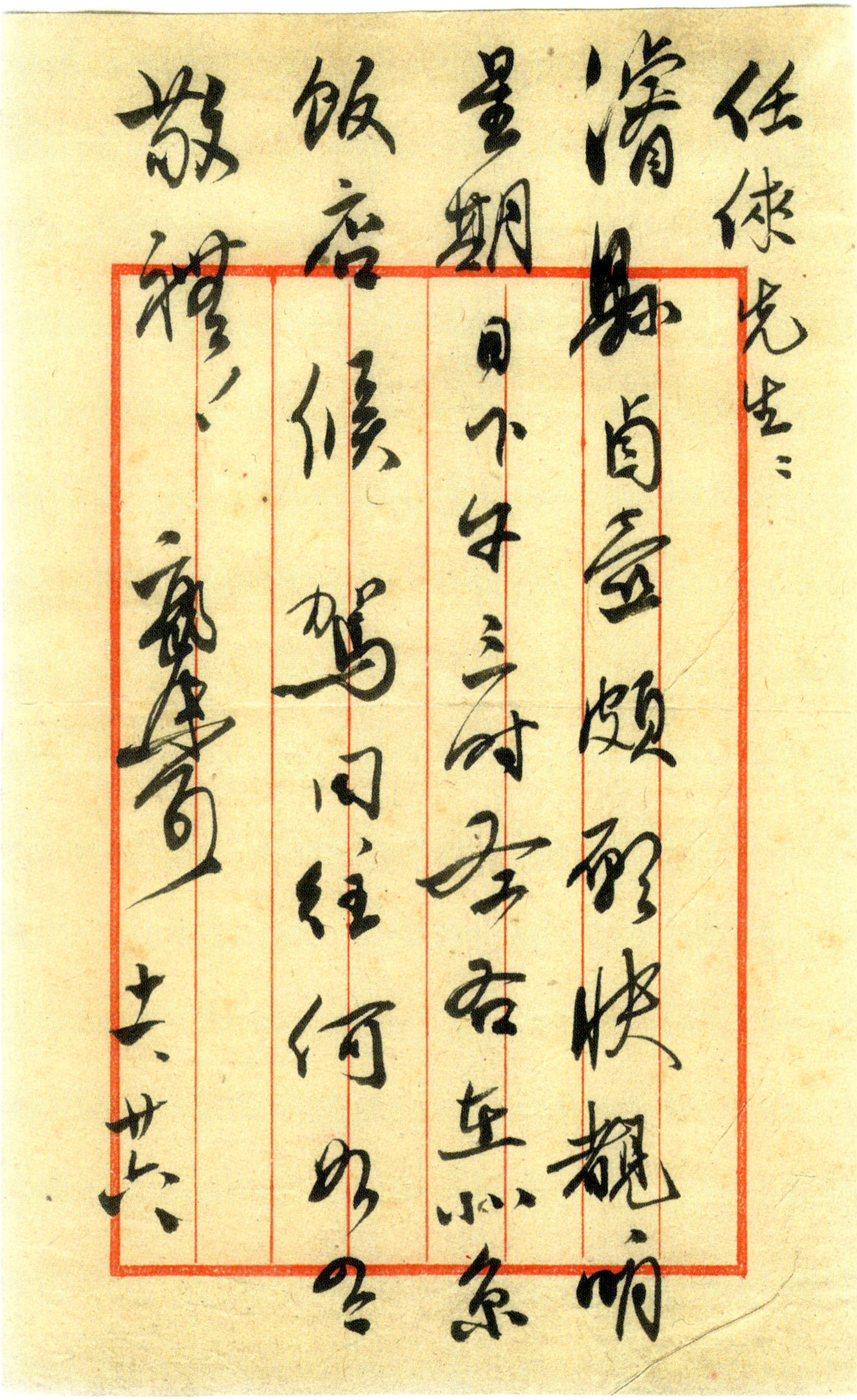

郭沫若致常任俠（1949 年·11 月 26 日）

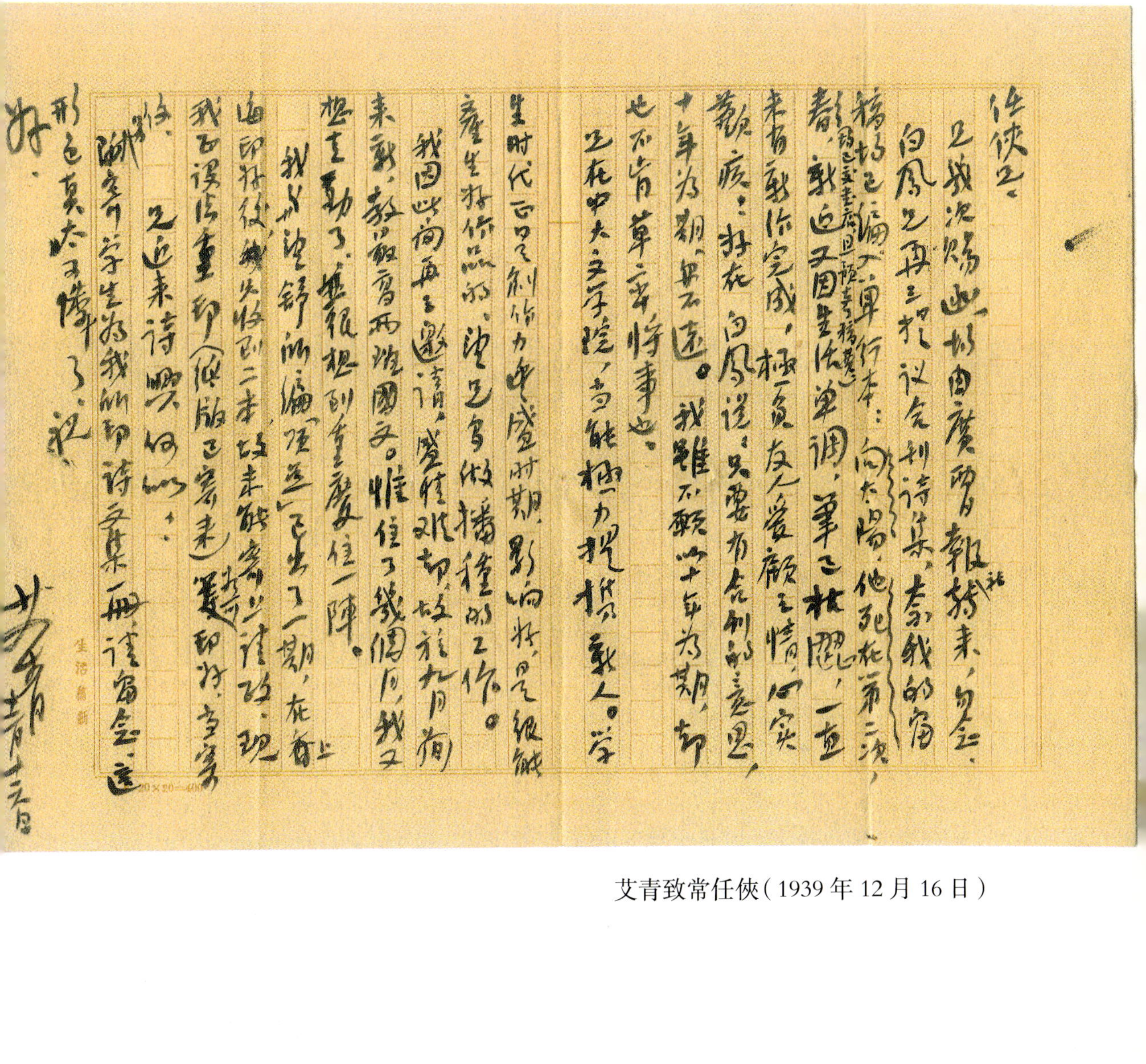

任俠兄：

兄我沈陽出版由廣西日報社轉來，白金、白鳳兄再三提議合刊詩集，奈我的詩稿均已編入單行本：向太陽、他死在第二次、曠野（均已交書店且預支稿費），新近又因生活單調，筆已枯澀，一直未有新作完成，極負友人愛顧之情，心實歉疚：：好在白鳳說：只要有合刊之意思，十年為期也不遠。我雖不敢以十年為期，卻也不肯草率從事也。

兄在中大文學院，當能極力提攜新人。學生時代正是創作力旺盛時期，影響好，是很能產生好作品的，望兄多做播種的工作。

我因此間再三邀請，蹇先艾於九月前來新寧教育研究國文。雖住了幾個月，我又想走動了。甚想到重慶住一陣。

我以前編的「頂點」只出了一期，在香港上海印好後，我只收到二本，故未能寄與諸兄。現我已設法重印（紙版已寄來）選印好，當寄你。

兄近來詩寫得如何：：

附寄學生為我所印詩集一冊，請留念，這形也算太可憐了。祝

好。

艾青 十二月十六日

艾青致常任俠（1939 年 12 月 16 日）

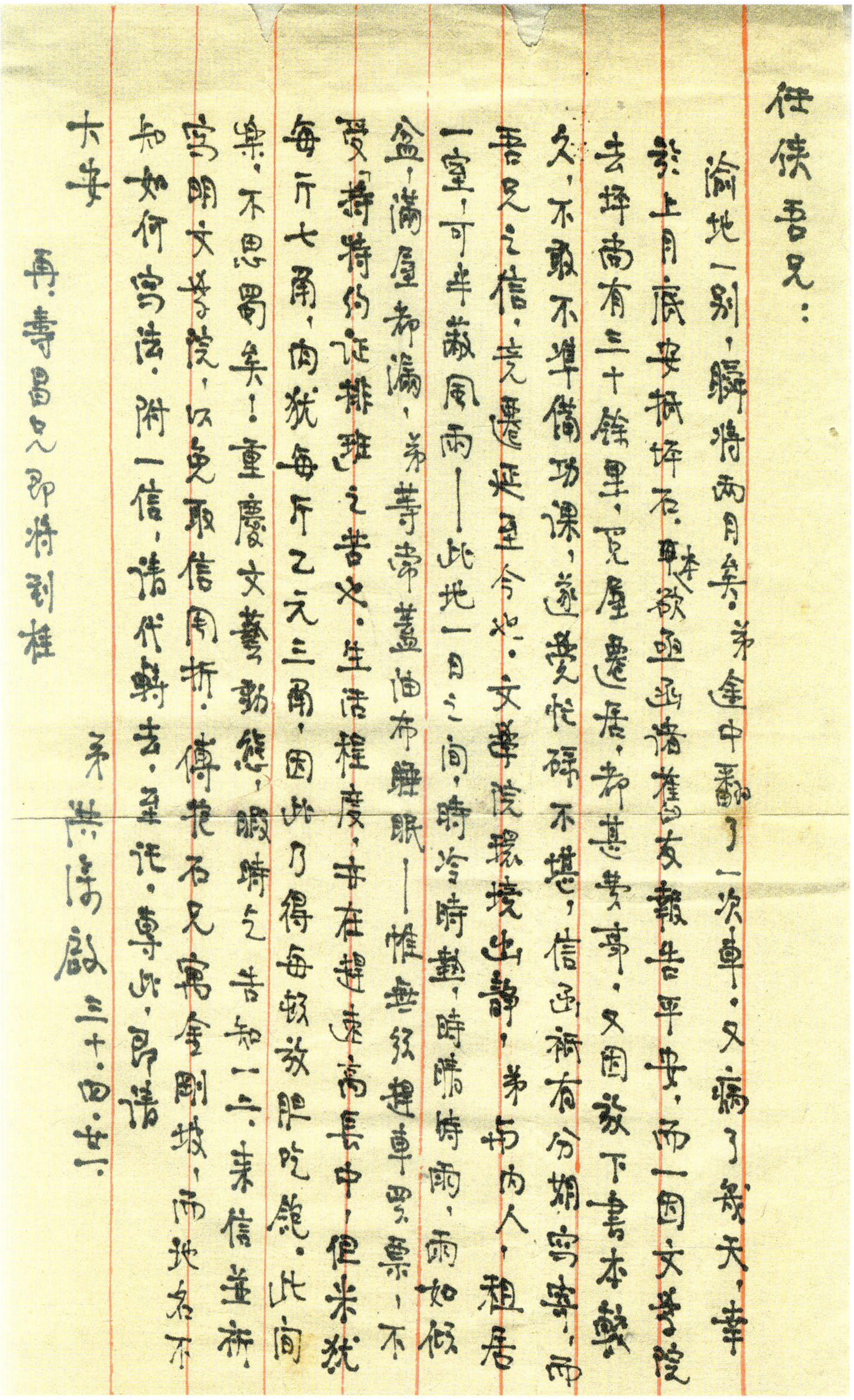
任俠吾兄：

渝地一別，瞬將兩月矣。弟途中翻了一次車，又病了幾天，幸於上月底安抵坪石，本欲亟函諸舊友報告平安，而一因文學院去坪尚有三十餘里，覓屋遷居，都甚費事，又因放下書本較久，不敢不準備功課，遂覺忙碌不堪，信函祇有分期寫寄，而吾兄之信，竟遷延至今也。文學院環境幽靜，弟與內人，租居一室，可半蔽風雨——此地一日之間，時冷時熱，時晴時雨，雨如傾盆，滿屋都漏，弟等常蓋油布睡眠——惟無從提車票，不受「特特的」证排擠之苦也。生活程度，亦在提高長中，但米猶每斤七角，肉猶每斤乙元三角，因此乃得每頓放膽吃飽。此間樂，不思蜀矣！重慶文藝動態，暇時乞告知一二。來信並祈寫明文學院，以免取信周折。傅抱石兄寓金剛坡，而地名不知如何寫法，附一信，請代轉去，至託。專此，即請

大安

弟洪深啟 三十.四.廿一

再：壽昌兄即將到桂

洪深致常任侠（1941 年 4 月 21 日）

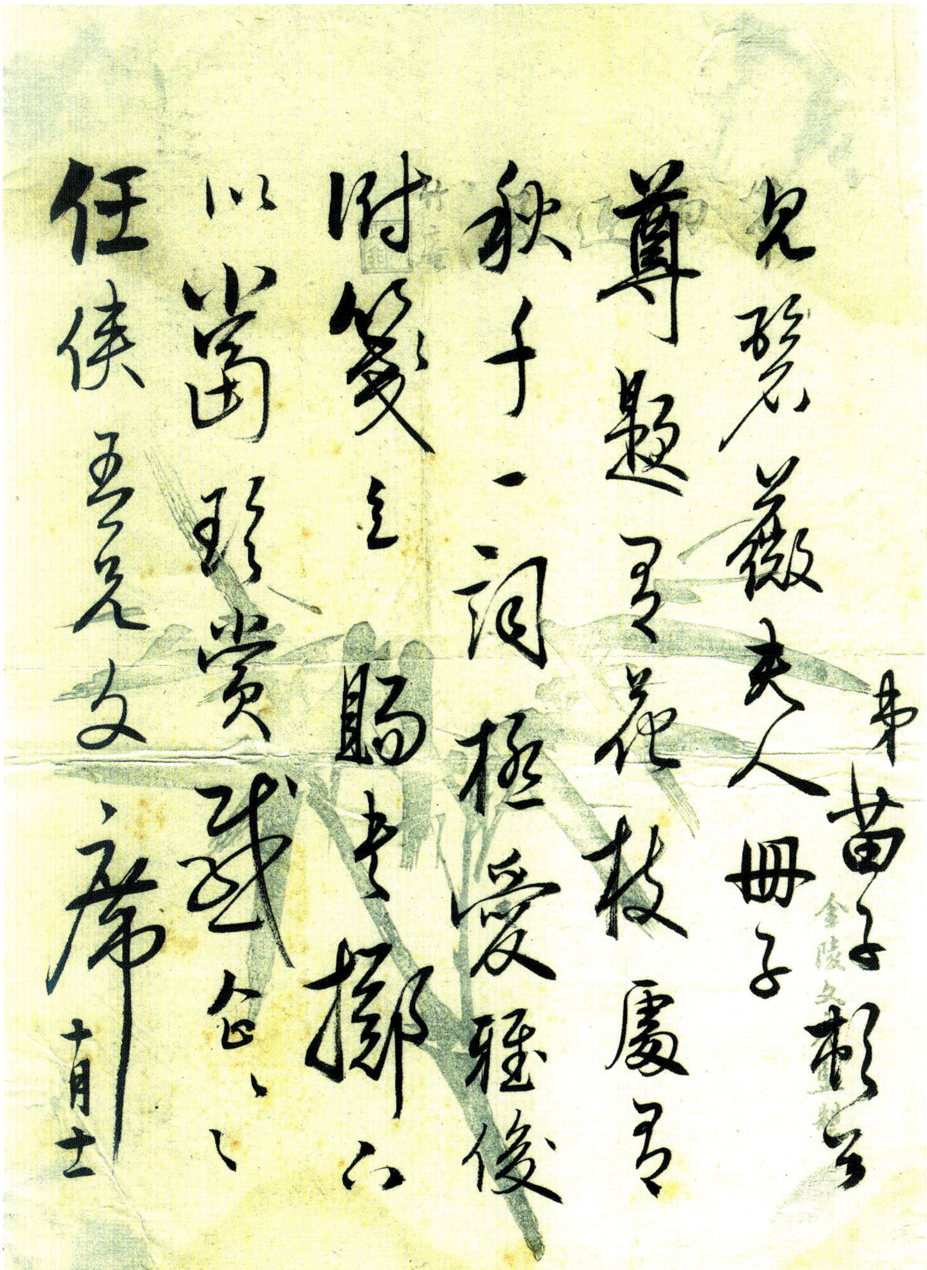

弟苗子郁風
兄[illegible]薇夫人毋子
尊題[illegible]花枝處乞
秋千一詞極愛讀讀後
附箋之賜先擲下
以當珍賞哉念念
任俠吾兄文席
十月十一

黄苗子致常任俠（1943 年 10 月 11 日）

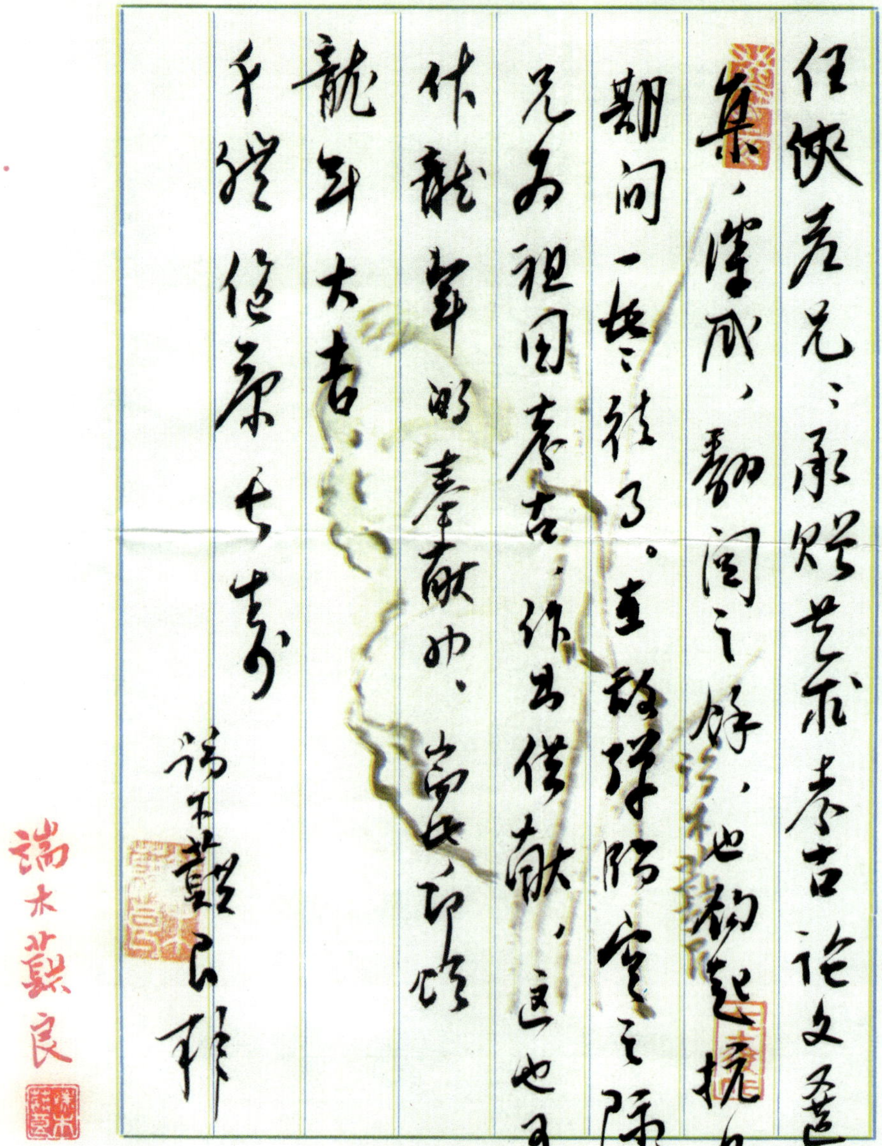

端木蕻良致常任侠（1988 年 1 月 14 日）

常任俠(1904—1996)　　柳　琴攝

員。返中大教书，與商承祚、郭沫若等做四川漢墓考古工作。一九四二年转任國立藝专教授。一九四三转任國立东方语专教授兼教務長。一九四五應印度國際大学聘任歷史考古教授，考察古代佛教史蹟及印度、尼泊尔、西藏文化。一九四九年返國任國務院中央華僑事務委員會委員。北平國立藝专特級教授，中央美術学院教授兼圖书館長，全國政协委員，全國僑联顧问。著述出版三十餘種，所著《中國书法藝術》，《香港》《美術家》月刊連載半年，日本京都淡交社印為專著《中國美術史談義》。

詩人常任俠、安徽潁上人、生於一九〇四年一月、幼在家塾讀经史、習顏柳书法、年十八、入南京美專、從南社詩人姚鵷雛學詩及书法藝術、美專學報為刊印古近体詩、師友交譽、一九二七從軍北伐一載、一九二八再入南京中大、習古典文学及藝術理論、一九三一年畢業留校任教、為高中实驗主任、至一九三五年春去日本入東京帝大文学部大学院、一九三六年底返國、次年隨中大西遷、赴武漢軍委政治部、為副部長秘书一年、一九四（三）九年至重慶、任中英庚款藝術考古研究

冰廬失寶記

常任俠

我平生有一種愛好，愛收集文物古玩、古書古畫，放在屋裏，自我欣賞，仿佛像巴爾扎克所寫的《老古董店》一樣。我從小就染上了這愛好，我的伯父子瑜公，是一位醫生，他爲鄉黨鄰里看病，從來不取報酬。我家住在潁河邊上，古代屬於楚國，地多古墓，河岸崩陷，往往有古物出土，鄉人撿得，常送給伯父。他有此愛好，室中陳放着不少這類古代器物，常告訴我一些知識。我從伯父學習，嗜古不忘，小時曾用來做爲裝蟋蟀的陶瓶，就是一件古器，曾保存多年。

1922 年，我 18 歲到南京，入南京美專，在白鷺洲邊。出校過了秦淮板橋就到夫子廟，古董店與古書肆，鱗次櫛比，這又深中我的愛好，常去流連，收集了一些古書與文物。美專的教授梁公約先生，常收古器，琳琅滿室，我常到梁師處欣賞，這也給我很多啓發。當我入南京中大時，宋振寰同學，送了我一本《吶喊》，一本《雨天的書》。從此我對二周着了迷，把有關他們的著作，全行收集，並且尋求初版本，作爲珍藏，擴大到他們發表文章的報刊雜誌，如《京報》、《小說月報》之類，也都多方搜求，並且合訂起來，作爲庋藏。例如《小說月報》自文學研究會接管改革以後到二十五卷終結，我就曾多方設法補齊，合訂起來，這就費了不少精力和時間。我喜讀巴金和老舍的著作，就是從《小說月報》裏開始的。1932 年暑期到青島開教育會議，我到濟南初和老舍相識；1940 年在中大教書，於重慶沙坪壩初和巴金相識，在這期間，我們作了好友，這是過去在讀《老張的哲學》和《家》的三部曲中奠下的基礎。1952 年我把舊藏的兩本《小說月報》其中發表署名舒慶春的《老張的哲學》這原本，送給了老舍，也得到他高度的欣悅和珍藏。

當 1937 年戰爭將要開始，我將南京的藏書和文物，分成兩批分藏故鄉潁上與合肥。送潁上的是各種魯迅初版書、《文學雜誌》、《小說月報》、《北斗》、《現代》、《譯文》等。送到合肥的是藝術考古書，是我在東京帝大讀書時收集的，如各種考古專著

《世界美術全集》、《藏書票之話》(齋藤昌三)、《比亞詞侶全集》等,其中最難忘的是一本英文珍本書《演劇與芭蕾的十大美姬》,線條插圖,極其精美。在東京,我同妻元子是到銀座高島屋去買蒲團(棉被)的,參觀了稀見的古書展,流連而不忍去,特別是這本書,我認爲失去就無機會再得,立即傾囊付值,取書歸家。棉被未能買成,對妻深爲抱歉。次日才再去把棉被買來。這本書也被我保存在合肥,後失散,使我至今心痛。

抗日戰爭開始,我於 1937 年暑期和學生去屯溪,存在南京中大大石橋宿舍和辦公室的書籍、民俗藝術品完全被敵機破壞。書籍中如日文全譯十大本《一千零一夜物語》,《一千零一夜詩集》以及上千張的各地木版年畫,有天津楊柳青的,蘇州桃花塢的和山東楊家埠的,從四方收集而來。還有從日本帶回的“人形”、“根付”以及各種陶瓷工藝小品,多年收集,毀於一旦。從瓦礫堆中,我扒出來一束元子的照片和信劄,以及她所手制的一個負嬰兒的絹人(後來我曾發表過一篇日文的《子守り人形》在《人民中國》上,就是談的這個紀念品),幾件畫幅,輕裝西行,其他掉頭不顧而去。

在屯溪,又引起我的癖好,常常走過屯溪大橋,在橋頭的冷攤上,我得到幾種明刊徽州新安派版畫的書,一種是《狀元圖譜》,一種是《袁中郎解脫集》,一種是有蟲蝕的《吳騷合編》。我曾加以裝裱修理,都係明刊初印,紙墨俱佳。前兩種我於 1942 年在重慶,曾送曾家岩八路軍辦事處恩來同志,連同其他藏書兩車,捐贈延安大學;後一種,一直隨身帶往印度國際大學,又隨身於 1949 年帶回北京。到 1967 年在中央美術學院,才被人劫奪而去。這部書全本四冊,商務四部叢刊有影印本,惟其中插圖模糊不清。我到蘇州吳瞿安師處去看他的百嘉室藏書,百種嘉靖本,這書也是他的寶藏之一,商務曾向他借以影印。據吳師說其中有四圖嫌其淫穢,業已割去,商務補入的四圖,不知向誰借得,但已經部分鏟毀,也不清楚。我所收得的初印原本,《鴛鴦帶綰纖纖翼》等四圖俱在,似仇十洲的畫筆,與故宮所藏《百美圖》,有同樣的精緻。明人在藝術上有大膽的創作,當時所刊印的大型木刻版畫書《風流絕暢圖》傳入日本,即被日本肉筆浮世繪師奉爲規範,木刻仿印,流行藝苑。 在京阪肉筆浮世繪後,對初期的木刻浮世繪起了很大影響。後來的丹繪,錦繪,彩色套印,踵事增華,但初期的創導之功,還是從中國明代去的。

我的這部《吳騷合編》藏在鐵箱中,七隻藏寶的箱子,都是由圖書館的小孟小田他們用車拉走的。據說箱子先在圖書館,後來又轉到展覽館的小沈手裏。這些遺失的東西,究竟在誰手中,下落不明。李苦禪告訴我說:“失去的珍品,不要追查得過緊,追緊了盜竊的人會銷贓,珍品反會消亡,不如讓它流傳社會,將來還是人民的東西。”所以我慢慢來,希望拿去的人有覺悟的時候,自動拿出來。即以這部《吳騷合編》來說,有人愛其藝術,有人愛其值錢,不過它本身已屬稀有的珍貴文物,在世界已不多見,我希望它能永傳社會。

1937 年在屯溪的橋頭古玩店中,我還得到幾種小玩藝,如鼻煙壺等,一塊冰紋大金星硯,硯池上雕葡萄,是明人作風。我曾出示商承祚兄,他甚爲欣賞。在 1970 年後,侄子秀峰,善雕造工藝,交他保存,他於硯背刻了一首硯贊。

這個店中還有一塊唐海棠紋鏡,完整美麗,大可徑尺,光可鑒人,使我愛不忍釋,但也不能斥資收藏,使我至今念念。

1937 年秋後,日軍進逼愈深,很多人退到屯溪。中間有一個孫富有率領的中國馬戲團,原在南京新街口建場表演,他退到屯溪後,我常同他交談,做了朋友。他在歐洲巡迴演出時,有十二輛大篷車、一百二十多人、六隻大象、四隻獅子、六隻老虎、十隻熊、八隻豹、三十多匹大馬和小馬,這是一個大規模的演出團。但到屯溪後,戰亂損失,一蹶不振,上百人回河北吳橋,參加抗戰,有馴練的大獸,多已餓死,只剩下一隻熊,由自小訓練的藝人伴隨不去。當我們準備同學生西遷時,他的汽車只剩下兩台,且無汽油開行。我們買了兩大桶汽油送他,這兩個大篷車由孫氏叔侄駕駛送我們西行,越過了黃山白嶽,達到了鄱陽湖邊,往返三次。我最後動身,旅途十二天,才離開了他們。我們彼此互表感謝,相期在抗戰陣營中,再合作互助。這事我寫在一篇《大篷車西行》中,記下了細節。最近在 1989 年 10 月 24 日的《人民日報》海外版中,還有人對孫富有作過介紹。

就在我們渡鄱陽湖時,敵機轟炸南昌,我們的船也受到掃射。穿過南昌大街,煙火尚未全熄。經過一個古董店,我看見一方大金星硯,立刻買下,挾以西行。這方大金星[硯],1940 年在重慶時,沈尹默先生曾托馬衡先生借用,當還回時,寫贈一首五古爲謝。我曾請沈老用小楷寫在硯背,由令昕刻石,至今猶存。

西行到長沙,在湘江西岸嶽麓山的高農繼續開學。我同田漢、廖沫沙等創辦《抗戰日報》,課餘便住報館。時長沙小吳門外司馬沖,從事建築,楚漢古址多被破壞,出土之物,日有所見。商錫永兄所寫《長沙古物聞見記》便在其時,郭沫若、商錫永與其他好古人士,在此相聚,常到古董肆坐候工人下班,挾有新出土器物來售,晚間或到當地收集者蔡季襄等家中觀摩,所見頗多,不可勝記。如錫永所得漆繪舞俑奩,便是古藝術中稀見之品。我注意在楚漢古鏡、古硯和刻印,曾得古鏡多品,其薄如紙,在"文革"中俱被破壞。得何紹基小硯,及其名章,翁大年刻殳書極精。又得唐醉石爲其父所刻名章。後在重慶,俱贈醉石,何硯亦贈侄子秀峰。

在長沙時，又與我的《詩帆》社舊友汪銘竹、孫望、程千帆、沈紫曼、孫多慈相聚，他們也多好古器。特別是多慈，美而多才。她的父親養癯先生，是吾鄉著名詩人，嘗在其家唱和，所贈詩卷猶在。今父女俱逝，不勝懷念。

1938年我離長沙去武漢，與郭沫若、田漢、馮乃超、洪深、胡愈之等共在政治部三廳工作。不久我又被推選爲周恩來副部長的秘書，往來於左旗與曇華林之間，傳達任務。有暇也曾瀏覽古玩店、古書肆，收集到一些古刻舊槧。有一部明嘉靖本白棉紙精印《水經注》，是在江邊路旁的一位老者手中收下。這位老人從山東逃難而來，家物蕩然盡棄，唯有這部書不忍離開身邊，負之以趨，流落道旁。自言其中原缺一冊，是他工楷補抄，所以視如拱璧，不忍舍去。我願贈金而不取書，不奪人之所愛。他自顧不能久保，願交我保管，珍重託付。這位老秀才，不禁流下了眼淚。回思這一段情景，仍縈記憶。這年九月，我被恩來副部長派赴粵、閩、浙三省視察。離開武漢，隨身不能多攜東西，行李包中僅有兩枚江西瑞金印鑄的中華蘇維埃銀幣，川陝邊區中華蘇維埃銀幣，長征時的藍白布幣，一方金冬心的小硯，邊上刻有“一百廿硯田富翁第廿七品”篆書，還有一方“陶齋”田黃小章，多是在武漢收集的。臨別武漢時在古董店得到一塊漢玉璧，色澤蒼潤可喜。據肆中人說：長江沿岸，近出古物不少，以在戰亂之中，收藏者少。他出示多品，希望我能保藏，等於救救這些文物。其時，武漢危在旦夕，即將撤退，落於敵手，我也無可奈何了。

當我到達衡陽後，又接到部電，要我稍候，部中將加派洪深同志。繼又接部電，南行的鐵路已斷，回衡山待命。當我到衡山後，才知道同志們爲我運來衡山的書籍文物，已經被杜國庠下令全部燒毁，説是不以資敵，已成灰燼了。在武漢得到這部嘉靖白棉紙本《水經注》，在劫難逃，隨風而去。杜公是一位學者，不知何以不愛文物。我還有一些日文、英文的記載長江武漢的過去情況的書，大版精圖，同被燒劫。友人邢桐華藏有一部帝俄時代精印的《托爾斯泰全集》，同歸於盡。他曆盡苦難，從東京運回，帶在身邊，遇到這種情況，心情可知，這是杜代廳長短期負責的所爲。楚人一炬，可憐焦土，這正是長沙大火的先導。

在長沙大火之前，我們全部人馬，已集中到長沙，我住四方塘青年會，後來從武漢來的同志們，陸續到達，已無房間。任光同羅姍，睡在桌下，半夜任光逃走(後來才知到了新四軍，也犧牲在新四軍)，羅姍不見愛人，急得發了狂。我同張曙爲紀念孫中山先生，我作詞，他譜曲，準備於紀念日在電臺廣播，不料事變突來，部隊在青年會的前後門潑灑了汽油，不走的就燒死在內。倉促之間，洪深爲我找來一部汽車，裝上三廳的機要文件,要我先行,並帶病婦四人,歸我管,自然羅姍和杜雷的妻子都在內。我已輕裝簡從,隨身只有一本魯迅先生印的《海上述林》,聊慰寂寞。當我們的車子沖出火光四發的這座古城時,湘江的寒波,也呈現出跳躍的光焰。大道上攜老扶幼的市民,不知其數。我想古羅馬的縱火被焚,大概也不過如此了。這詳細的情節和以後到達桂林,我另有記述。

在桂林,我的好友張曙被敵機炸死,我主持了喪葬,並爲他撰寫了墓銘,安葬在將軍橋邊。張志讓很欣賞這一篇墓誌銘文,以爲酷似北朝《張黑女》。後來在重慶,爲他追悼,我又撰寫了長詩朗誦,也得到了洪深、董必武諸老的共鳴。這些往事,都已成爲新世紀的文物了。

從大西南迂回到重慶,經過陽朔、都匀、貴陽,休息三日,曾訪巢經巢遺書。在陳渠珍處見到一方鄭子尹(珍)的田黃圖章,他無所得。過遵義六盤山,過綦江而達重慶。在這個山城裏,我從 1939 年的冬天,到 1945 年的冬天,又收集了不少文物書籍。書籍贈送了延安大學,文物也舉以贈人。1942 年在國立藝專任教時,一方天福硯和李超士交換了一個越窯粉盒,贈送了呂霞光;一個羊脂玉小豬,贈送了呂凝芬;只存了一個明刻小桃核,一面是"西廂記",一面是"金瓶梅",栩栩如生,紅潤可愛。

從 1943 年春到 1945 年夏,我曾到昆明任國立東方語專教務長,聘請了印度語、越南語、緬甸語、泰國語的教師。我也受印度國際大學聘任教授。1945 年夏重返重慶。8 月日本投降,反法西斯戰爭結束。1945 年冬,我就飛往印度加爾各答去了。

在昆明所得書籍、文物,存友人宣伯超家,我走後由他處理,如今只存一個珊瑚化石的小鼻煙壺,做曾在昆明的紀念。

從重慶飛印度,我只帶一隻小箱,中存多年收集的世界各國文藝紀念郵票。最初我集郵,是從父親遺留的信函上,取下龍頭郵票、魚和雁圖案的郵票、五口通商郵票。這些貴重珍品,我曾帶到日本。在東京帝大讀書期間,又擴充到希臘神話郵票、名畫票面郵票。在南京、武漢、重慶,又搜求到西北科學考察團郵票、紀念孫中山、紀念世界各國文學、繪畫、音樂、戲劇、科學家的郵票,如托爾斯泰、高爾基、列賓、萊蒙托夫、雪萊、柴可夫斯基、馬耶可夫斯基、普希金、惠特曼、巴哈、韓德爾、柴霍甫、法朗士、但丁、都德、歌德、安徒生、哥雅、塞萬提斯、莎士比亞等等應有盡有,不可勝記。最難忘的是周恩來同志 1942 年在重慶送我的全部在延安的木刻郵票,這是非常寶貴的文物。他知道我愛好集郵,延安與國際國內許多省區並不通郵,所以極爲難得,集郵者多未見過。我在重慶曾經發表過文章寫集郵的經過,對於法西斯、殖民侵略者、王、后、權相之類人物的郵票，一概不收，不以稀有和價值爲貴。我的愛憎是以票面的人物對於世界的貢獻爲准的。這些蘇區的銀幣和郵票，有人勸我不要帶去，免遭麻煩，但我不願離開，帶往帶回，也未受到檢查留難，一直保存到“文革”，才被美院的集郵愛好者強劫而去。

在印度期間，我也曾用自己的愛物，交换來兩位加城著名收藏家的珍品，一位是阿及提扣師(長生鳴)，一位是大法官沈，皆以收藏蒙兀兒細密畫著名，我得到他們的四件宮廷畫，又自購了四件。還有O·C·甘歌利教授也送我一件明沈度作孟加拉國送明宮麒麟圖的照片，我曾著文在新加坡的《南洋學報》上發表。回國後曾收購到一件清初的摹本。

不能忘記的是臨去印度之前，一本精緻的畫冊，由徐悲鴻、喬大壯、沈尹默、司徒喬、郭沫若、傅抱石、吳作人等爲我作書作畫。到國際大學後，又由南達·報司院長(印度首席畫家)，木克已教授(畫家、博物館長)、馬速季教授(畫家)等爲我作畫，這本可紀念的冊子，至今保存。

在印度，我看過多處博物館和收藏家的藏品，如加城博物館、巴檀那博物館、加蘭收藏博物館、波羅奈斯博物館，以及菩提場大塔、愛樓拉石窟、阿旃陀石窟等。印度古代的雕刻和壁畫，印度蒙兀兒時代的藝術，印度在英國殖民時代的藝術，都得飽覽，這對我是極大的享受。在尼泊爾，我曾參觀過加德滿都博物館，皇家收藏藝術品也獨具民族風格。

1949年1月，由南洋歸國，經過緬甸、馬來亞、檳榔嶼、新加坡而達香港，有如義淨南海寄歸，鯨波萬里，爲平生一大快事。在香港未曾久留。在古玩店中，得見某人收藏的扇面一百張，觸動宿好，我願得其中的一張居廉所作蜜蜂海棠圖，但肆主人說：選取一張也要算一百張的價錢，要整組出售，不能單挑其一。我因攜帶六箱書籍藝術品，已嫌重累，不能再添，又不能把居廉的這畫釋手，便以五十張的價格取得，攜之北上。

從1949年到北京，算起來已經四十年。初到京時，統戰部派我們一批民主黨派人士，先到東北參觀。到過哈爾濱、瀋陽、鞍山、撫順、吉林、長春、旅順、大連等地，半年才回北京，參加第一次文代大會。在東北各地，受到隆重的禮遇。平時不宜個人出門遊覽古玩店，因此在哈市，只買到帝俄時代的雕花玻璃器，一二日文古本而已。在瀋陽所得日本浮世繪冊較多，後與傅惜華交换考古書，如《樂浪》、《樂浪彩篋塚》、《樂浪王光墓》等。又其弟芸子所藏《唐代之服飾》、《漢六朝之服飾》、《西域壁畫中所見之服飾》爲原田教授三書。前在東京帝大時，嘗欲譯爲中文。原田相告，有人已着手譯述，今始知爲芸子。芸子已逝，三書並歸我，因即中譯刊行，以便國人研究。三書在日本已不易得,且價甚昂,今合刊爲《中國服裝史研究》,其前加一導論,唯附圖減去。在吉林得明坑田黄圖章,在大連得《西域考古圖譜》深爲寶愛,惜“文革”失去。在大連觀旅順博物館及羅振玉舊居,藏有不少稀見文物。大谷光瑞於新疆所得文物,即藏旅順;惟大連圖書館所藏稀見書,一時盡散,頗爲可惜。

自1952年起,我兼中央美術學院圖書館長,爲館收集不少珍貴書物、古藝術品。其中重要的是孫佩蒼在歐洲德、法等國爲過去北平研究院收集的一批名畫家的油畫,解放後歸科學院。某日我去看郭老,恰逢在倉庫中取出。這在中國保存的名畫家的原作還是稀有的。我簽呈郭老劃歸中央美術學院,可以發揮更大的作用。經郭老批准,即由圖書館以車運來,這成爲後來美院展覽館的基本藏品,其中也經過本院美術家的修整,並把這些原來的寶貴畫框,也修理一新。其後孫佩蒼家中所藏一大批西洋名畫原大的印製品,也收歸本院。這些美術品印數甚少,其第一二張,例歸該國美術館保藏。孫氏在前數張中選購,僅下真跡一等,也甚不易得。徐悲鴻先生常盛讚孫氏的辛勤和精鑒,在他身後由本院保藏這些珍品,也出於故院長的教導。

在珍貴版本中,我們收到一批張懷博士所收藏的戲劇小説書。在建國初期,他受到誣罔的批判,生怕辛勤收藏散失,願捐贈圖書館完整保存。我恰逢其會,遂往同張氏晤見,承其慨允,全部以車運來我館,其中不少舊刻、抄本,稀見書籍。近年張氏逝世,曾代表圖書館具函致謝。爲館收購的魯迅老友許壽裳藏碑,其中有魯迅手跡,還有武進陶氏收藏墓誌六百種,周作人藏書,汪榮寶藏書,朱啓鈐藏書等。在美術雜誌方面,有德國、美國和印度的成套藏品,例如印度的Rupam,在印度也極稀有,鄭振鐸兄出使赴印度,辛苦搜求,竟得一套。我同他商量,連同《山奇》、《阿旃陀》等英國所刊巨著,均歸本院圖書館,承他慨允,建成這一善果。其他收藏的古美術品如陶俑、銅鏡、印拓、石刻等,其後均撥展覽館保藏。在“文革”的暴亂中,有些暴徒把本院的雕塑搗毀,也想闖進圖書館,把這些文化珍品作爲“四舊”毀壞。幸賴圖書館的全體人員,晝夜堅決守護,得以完好保存,這應該記下很大的功績。我從四十八歲到館,消耗了中年最寶貴的光陰,從六千本圖書管起,看其發展,也感到永遠欣慰。

至於我個人在“文革”暴亂中的損失,多已忘記,僅就所能記得的寫在這裏:

1.明藍格抄本《堯山堂外紀》散頁未裝訂,兩大束。我在南京中大讀書時,學習元明劇曲,曾聽吳瞿安師講到此書,未能一見。來北京初住五老胡同,巷口有陸狀元第,某日過其門,則收破爛的方從宅內拉出兩車碑帖書籍等物,因尾隨其後,前往崇外曉市一觀。則方論斤計值,售於市攤,我從其中選些東西,倍價與之,此書即由曉市收得,備加珍視，藏鐵箱中。“文革”時由圖書館人取走，各書物均經編號，後又轉交南樓展覽館的沈某。1969年在中央美術學院大禮堂宣佈我的歷史是革命的，恢復了進步教授，回到人民隊伍，發還了數十年的日記和自我批判，及一些書物，但無此書。後屢查問，均無回答。此書自明以來傳抄，甚爲稀有。曾見沈某在樓下焚書，這兩束散頁的藍格明代抄本，爲研究元明戲曲的稀有資料，若被無識之徒奪去或焚毁，實在痛心，我希望拿去的人能夠自動拿出來。

2.清乾隆時寫本滿文《金瓶梅》五冊，此書係在隆福寺修綆堂購得。原藏天津李木齋家，此書國內流傳極少。曾與郭沫若同志談被劫奪的情形，他願協助追查，若能查得，我願捐給社會科學院，但仍不知現在何人手中。曾見日本一誠堂善本書目(1964，Cat. 40)有此書五冊，附有書影，當係此書散在國內外兩處。日本一誠堂所藏係此書的半部，五冊價美金一萬四千元。此書黃綾封面，寫的是老滿文。從我家拿書時，曾問我識不識滿文，取書的人還是重視的。因爲愛看《金瓶梅》成爲時下的一股浪潮，我想它仍會藏在某人手中。

3.唐寫本敦煌寫經四卷，首尾皆不完，但書法甚佳。

4.唐寫本新疆出土吐魯番文書一頁，一面漢文，一面吐火羅文，並附有葉恭綽、陳寅恪兩人討論這片文書的往返信劄，云出於土峪溝勝金口。這片文書只比手掌略大，夾在我的日記中，日記還回，但這片重要的文物不見了，葉恭綽、陳寅恪兩位著名考古學者的信劄也不見了。

5.明刊本《吳騷合編》，已見前述。此書抗戰八年，未嘗去身。1945年赴印度任教授，帶往國際大學，1949年2月帶回北京，藏鐵箱中，被圖書館人取去，至今不知在何人手中。

6.日本浮世繪木刻大版《移燈就寢圖》單幅帶鏡框，日本江戶時代哥麿作，珍貴品，畫一女郎銜巾就寢，中隔屏風，係在印度加爾各答購歸，懸壁上被劫走。

7.日本江戶時代浮世繪，木刻彩色套印風景畫，散頁多幅，江戶初印。現僅餘兩頁，我曾印入《日本繪畫史》中。此類版畫，在日本價值甚高，不知現落誰手。

8.宋拓漢聞熹長韓仁銘，帶錦套精裱一冊。

9.宋拓漢元氏封龍山頌，帶錦套精裱一冊。

以上二種珍貴文物，存鐵箱中，由圖書館取去，後交南樓保管人沈某。據沈某說：登記號是畫收字00074號，這是宋拓的珍貴品，沈某妄想要出六元收買，據爲已有。我加以拒絕，把六元票擲還了他，但他仍不把這兩件貴重文物還我。本校羅工柳的藏品還回時,已蓋上了“四人幫”的印章,這也是他們以巧取豪奪的方法幹的。黨委會的徐立森同志,他很重視這個事情,曾告訴我,要繼續清查出還我,至今奪取的人尚未交出。如果能悔過,我們是可以寬恕他的貪汙行爲的。這兩冊宋拓的價值,時值至少二十萬元以上。

10.集郵冊,已見前述。集郵四十年被人輕易取去,很遺憾。聞錢偉長同志的集郵,也於“文革”抄家,被人拿走,可謂同遭浩劫。有人辯解說:“這些物品已經散失,無可查找。”我們是唯物主義者,認爲散則有之,失則未也。像這樣的珍品,同好者大有人在,是仍然保存着的。我尤其惦念周恩來同志贈我的一套延安革命郵票,他的情義難忘,不知現在誰手。

11.畢卡索《藍色的時代》彩色畫冊。

12.畢卡索《玫瑰色的時代》彩色畫冊。

這兩冊精美的畫冊,我從印度帶回,它代表畢卡索早年時代的作品,當時受有古典畫風的影響,還未進入後來抽象派的領域。是我心愛之物,與幾冊肯特的木刻同放鐵箱中,連鐵箱被取走。還回幾隻空鐵箱,其中存書的名字,業已忘記,只記得這兩個畫冊,印象很深,但再看的機會卻沒有了。據爲己有的人不會燒卻,也不敢拿出,我想若果拿出來,我可送給圖書館,讓大家都有看的機會。

13.古錢幣與革命錢幣。

1938年我在武漢政治部時,國共合作。我在周恩來同志辦公室任秘書。這一年我收集到一些革命錢幣,有瑞金發行的銀幣、銅幣和錢幣,有川陝邊區發行的銀幣,又有布幣,用布印成鈔票,有白布和藍布印的兩種。1945年我到印度國際大學任教授時,研究印度史和印度美術史,又收集了一些印度古代的銀幣和銅幣以及研究古錢幣的書,作爲歷史年代的探索和佐證。1949年初返國,我在天津繼續收集到某人藏品東南亞各國古幣,以及我在大吉嶺得到的西藏古幣、亞洲各國古幣,見即收藏,國內如飛龍洪憲幣、孫中山紀念幣、雲南紀念幣,以及日本錢幣等。在“文革”中這些珍貴品都由圖書館轉到南樓保管人沈某手裏,當我被宣佈爲進步革命人士而解放時,沈某把一些銅鑄的古錢還給了我,其中包括“風花雪月”錢、道教鎮邪錢。但他說金銀應歸公,凡屬金銀製品不還了,扣去了我的一大批貴重藏品。我說這雖是銀鑄,已成爲文物,不應與一般金銀同樣看待,應保存原狀,不知道政策是否如此。曾記得我從海外1949年初達天津時,把所存的外幣都交給海關,那時是自願的,這次卻是強制的。這些銀幣歸公,我也未取任何報酬,也不知歸入誰手。不過其後又一次,承沈某的情,撿出了一枚川陝蘇維埃二角小銀幣，一枚川陝蘇維埃五分銅幣，一枚川陝蘇維埃五分的小錢幣。他還記得這些革命文物是我的，特意還給了我，很富人情味。我沒有詢問那些壹圓的半圓的革命銀幣和紙幣，以及紀念幣的下落。還有一枚蘇聯十月革命銀幣，不僅兩面鑄上圖像文字，連邊上也刻出文字。這些文物是不會消失的，因爲微小的還存在。它在何處呀?使我多麼想念!

14.珠寶鑽石和玉佩。

有一個時期我喜歡研究寶石學，在印度曾收集幾種標本。我有幾個戒指，一個紅寶石的，一個藍寶石的，一個鑽石的，這中間有一個是愛人的紀念品。兩個金戒指也是舊存的。還有一塊雙桃紅心形璧璽，一個羊脂白玉雙龍玉佩。沈某說金銀要歸公，這些都歸公。我說金銀你拿去，寶石非金銀，應還我。但是在瘋狂的年代裏，有什麼理可講?全被劫奪了。據說在某一個保管會裏，有成碗的寶石戒指，以供江青、葉群等妖婦選擇。他們的寶石礦藏，就是這樣四處採集的。

15.古書畫和今人的書畫。

在我的書室內掛有幾張扇面，一是文徵明的，一是居廉的，一是沈寐叟的，一是王國維的，一是葉恭綽的。王國維書寫的扇面，我在琉璃廠收購兩張，一張上款剛主，一張上款著青，原爲謝氏兄弟之物。我同謝國楨是好朋友，我把剛主款的贈還原主，他很高興，剛主的老弟著青已逝，我留以欣賞。寫的是四首落花詩。居廉的一張蜜蜂海棠圖，是從香港帶回的。葉恭綽的一張小楷書，是他特意寫了幾首詩送我的。來往的都說我這幾張扇面好。“文革”時，我把當時最尊崇的語錄寫了貼在上面，一個姓林的造反派，竟然來把語錄撕去，鏡框扇面，一一拿走。後來還我東西時，王國維、葉恭綽、居廉的三張不見了，並且把紅木鏡框也折毀。存在箱中的張和庵花卉冊頁精品四張，被奪也未還回。難以忘記的還有一副張學良的對聯，這是他寫贈楊雲史的，對文是：“兩字任人呼不肖，一生誤我是聰明。”他的弟弟張學銘曾來看過，全國政協陳銘德也曾借去展覽過，不料竟成爲我的罪證。圖書館的張某孟某等人，抄得我和馮玉祥的通訊，馮替我寫的條幅和張的對聯，竟說我“勾結馮張兩大軍閥”要開會批鬥。後來我在南樓的招領會中，在字紙簍內撿回了馮玉祥的兩條字，張學良的對聯卻被他們留下了，大概他們認爲值錢。馮給我的信，貼在本子上，連同冼星海的、范瑾的通信，也被撕去了。

16.時人的作品。

1942年在重慶國立藝專時，同李可染交換的一張《醉鍾馗圖》，林風眠的一張《蘆雁圖》，來北京後葉淺予送我的一張《印度舞蹈圖》，我買過一張關良畫的《斷橋相會圖》,在“文革”中都被人奪走。還有一張張大千的《東籬采菊圖》,這是合肥的侄子常秀峰寄給我存放的。寄到郵局提取到校,要我來看,這個包裹中寄畫兩張,一張是祖先常遇春像,我立即索回;一張張大千的畫,暫存沈處,後幾天我接到秀峰的來信,再向沈索取,他說不見了。我屢次催索,他責無旁貸,後來送了一張張大千的畫,我看不是我的那張畫,不能冒領,退還了沈。據說他又送給王森然,王收下了。這張采菊圖的下落如何,至今尚未還來。葉淺予聽說送我的《印度舞蹈圖》被盜,他主動又畫了一張送我,情意可感。我配了詩裝裱掛起來,這個交情才有味道。胡絜青送我《四蟹圖》也是如此。“文革”中有人咬定我是“彭真死黨”,其後雖要送我畫,我不能受,也敬謝他的厚意了。

17.民俗工藝美術品。

我寫成一本《中國舞蹈史話》,在新華社印了四十張當前舞蹈演員的照片,被人竊去,以致出版時未能附入。其中一個儺舞面,是黃永玉在江西收得送我的(我送了他一個鎏金迦樓羅神鳥,是元代物,他也被人偷去)。我只存了一張照片,印入書中,面容如日本舞面“三番叟”,用皮壓制,不易再得。更不愉快的是我寫的一本《木偶皮影藝術史》,書已排印,孟超送了我一本清樣,未及印書而禍作。連這本清樣、插圖、傀儡木偶、皮影實物,都被愛好者拿走了。還有京劇名演員陸素芬、言慧珠的照片,也在我的照片簿中被竊去。一張東京帝大教授鹽谷溫的畫像照片,他題了詩贈我,是在法西斯侵略戰爭停止後,他寄往印度贈我的,也被人劫去。這種卑鄙的行爲,使人厭惡。

我愛收集民俗藝術品,曾爲撰寫《中國玩具史》收集了明清時代的彩漆小盒、彩繪皮盒、印度象牙、雕刻的小刀、印度檀香小盒、明代的象牙刻“狀元籌”,還有清代上朝用的“綠頭簽”(我收的有一只是文廷式的)等。曾在赴雲岡參觀石佛時,在大同我收集了一些古匈奴人的小銅刀,這些也被工革會的人奪去,說是武器。

最後還需要說說我收集的印章。古印集雖收藏有幾部,只作爲研究古璽、漢印之用,未收實物。明清時期的佳石,卻收藏了一些,多是名家篆刻的作品。這些石質有雞血、田黃、青田、壽山、醬油青田、昌化等。除了舊刻保持其原來的文字外,朋友們也爲我新刻了一些名章,如楊仲子、喬大壯、傅抱石、唐醉石、商承祚、何秋江、陳半丁、周西丁、蔣峻齋、沈左堯、何俊英、鄧散木、沈令昕、羅淑子、曹辛之、徐煥榮等,有老一輩的,也有新一代的。這些圖章都曾被劫去,也曾由保管人還回。但有幾方田黃圖章,卻被保管沈某看中。我們面對面相談,因爲我已是大會宣佈的進步教授,有平等的地位。幾方田黃圖章就放在桌上。沈說:“你的圖章已經還你很多了,這幾方不是名章,歸公了。”我問爲什麼？沈說："這幾方是田黄，又是閒章，田黄比黄金還貴，金銀要歸公，所以這也要歸公。"我說："田黄雖然比黄金貴，它究竟不是金銀，不應沒收。"我順手拿了一方田黄過來，告訴沈："你只知道田黄貴，你不知道刻文更貴，即如這方印，獅子紐是明代周彬刻的，印文可能是文三橋刻的，落在無知者的手裏，往往遭到磨去破壞，這就毀損了文物。"我隨手放進袋裏，堅決保存它。沈也把其他幾方田黄，迅速地收進他的袋裏，事情就這樣結束。

我還記得那幾方田黄的印文是："紅梨花館"，鐵線篆；"抱殘守缺"，鐵線篆；"陶齋"，仿漢印，端方舊物，可能是王孝禹篆刻。我希望它能流傳社會。那時是林彪、"四人幫"的瘋狂期，他們也有一股田黄雞血熱。我聽到一個人的講話，說是尋找"紅雞石"去進貢，大概就是雞血昌化了。

"象以齒而焚身"，是沒有道理可說的。至於掠奪别人之物，而號稱什麼收藏家、鑒賞家，那是可鄙的，這只有看個人覺悟的程度了。

我不僅失去了一些收集品，也失去了住室的暖氣設備，連鍋爐都被搬走，電話機和浴盆，也供應了别人的需要，所以稱爲冰廬。劫走的藏品轉眼已經二十年了。老來健忘，多已忘記，尚能記得的也會逐漸忘去，錄此作爲我記憶的考驗(文責自負)。

【注釋】

該文作於 1989 年 11 月 6 日。收入端木蕻良、方成編《說畫集》，中外文化出版公司 1990 年 12 月第一版；郭淑芬、常法韞、沈寧編《常任俠文集》（卷二），安徽教育出版社 2002 年 2 月第一版。

目　録

冰廬錦箋

常任俠珍藏友朋書信選

艾青（1910–1996），現、當代詩人。原名蔣海澄，筆名莪加、克阿、林壁等。浙江金華人。抗戰期間成爲他創作的高潮期，出版了《北方》、《向太陽》等9部詩集。中華人民共和國成立後，擔任《人民文學》副主編、全國文聯委員、中國作家協會副主席、國際筆會中心副會長等職。出版有論文集《詩論》、《新文藝論集》、《艾青談詩》；詩集《艾青敘事詩選》《艾青抒情詩選》等多種版本的《艾青詩選》和《艾青全集》。

任俠兄：

兄幾次賜函，均由廣西日報社轉來，勿念。

白鳳兄再三提議合刊詩集，奈我的宿稿均已編入單行本：《向太陽》、《他死在第二次》、《春》（均已交書店，且預支了稿費），新近又因生活單調，筆已枯澀，一直未有新作完成，極負友人愛顧之情，心實歉疚！好在白鳳説：只要有合刊的意思，十年爲期亦不遠。我雖不願以十年爲期，卻也不肯草率將事也。

兄在中大文學院，當能極力提攜新人。學生時代正是創作力豐盛時期，影響好，是很能産生好作品的。望兄多做播種的工作。

我因此間再三邀請，盛情難卻，故於九月間來新[1]，教最高兩班國文。惟住了幾個月，我又想走動了，並很想到重慶住一陣。

我與望舒所編《頂點》已出了一期，在上海印好後，我只收到二本，故未能寄上請政，現我正設法重印（紙版已寄來），如可印好，當寄你。兄近來詩興何似？

另附寄學生爲我所印詩文集一冊，請留念，這形色眞太可憐了。祝

好

艾青　十二月十六日

【注釋】

經考證該信作於1939年12月16日。

[1]指湖南新寧省立衡山鄉村師範學校。

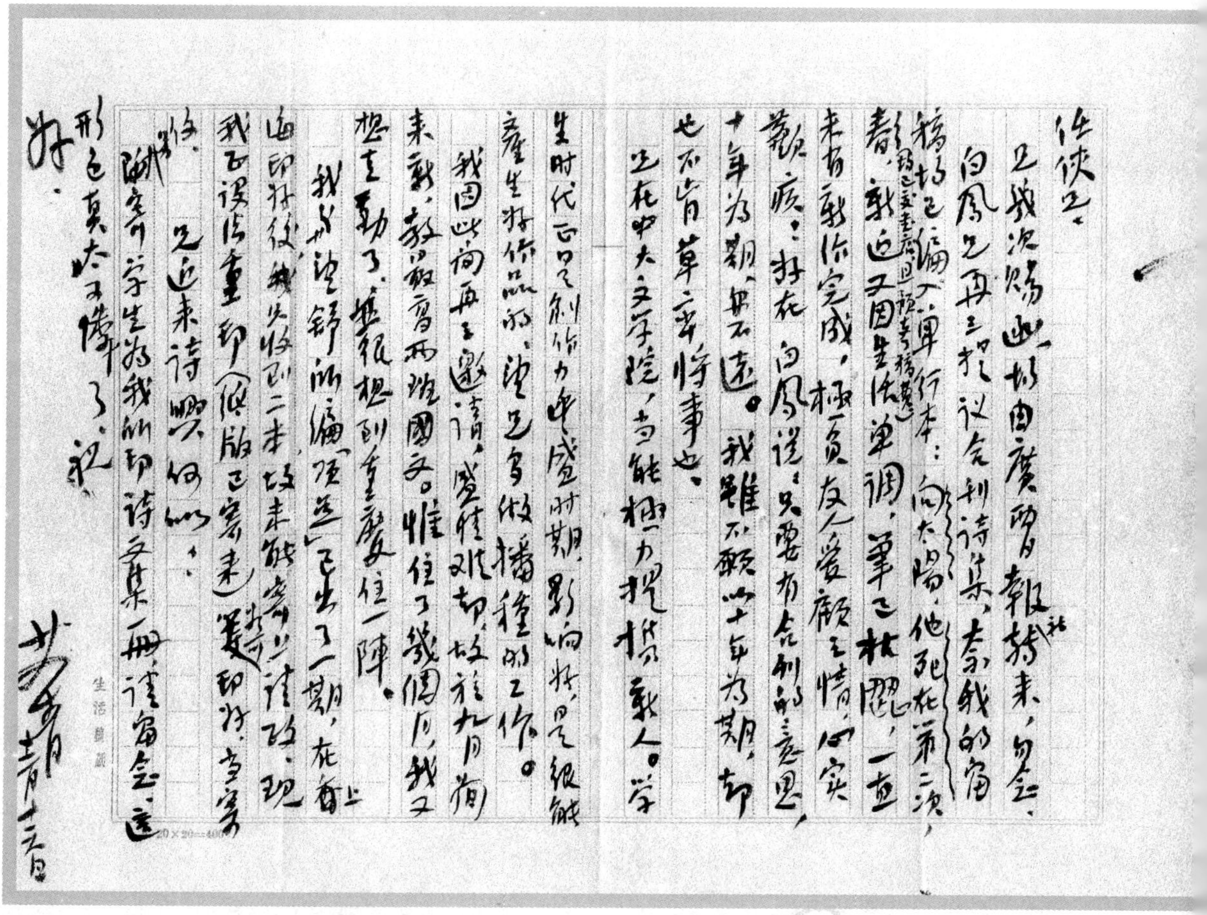

任侠兄：

五载没见，幽州由广州日报社转来，今天白凤兄再三提议合刊诗集，奈我的寄稿均已编入单行本：《向太阳》、《他死在第二次》（均已交赵家璧编良友文学丛书），新近又因生活单调，笔已枯涩，一直未有新作完成，极负友人爱顾之情，心实歉疚。我在白凤说：只要有合刊的意思，十年为期也无不远。我虽不敢以十年为期，却也不肯草草将事也。

兄在中大文学院，当能极力提携新人。学生时代正是创作力旺盛时期，影响好，是很能产生好作品的，望兄多做播种的工作。

我因此而再三邀请，盛情难却，故于九月间来此，教书兼编国文。惟住了几个月，我又想走动了，真很想到重庆住一阵。

我前些时编的《顶点》已出了一期，在香港上海印好后我先收到二本，故未能寄上请政，现我已设法重印（原版已寄来），俟印好当寄。

兄近来诗兴何似？

附寄学生为我所印诗文集一册，请留念，这形色真太不像了。祝

好。

艾青 十二月十六日

艾青致常任俠　27×19.5 厘米

任俠兄：

好多次來信都因近來生活變動極大心緒不安未能奉復爲歉。

我住北碚已有一個月，育才已決定不去，我想暫時過清靜的寫作生活，接信後請你來碚玩幾天，我們也已三個月不見了。

如有新作請隨身帶來給我讀。祝

健康

艾青　九月廿七日

兄有較詳盡之西洋美術史之類的書請借我一用，因我正在寫一關於美術之論文，如有魯譯近代美術思潮亦請帶來。

一切面談，請速來。

我住在北碚蔡鍔路 24 號（即林語堂宅）全國文藝界協會辦事處。

【注釋】

經考證該信作於 1940 年 9 月 27 日。

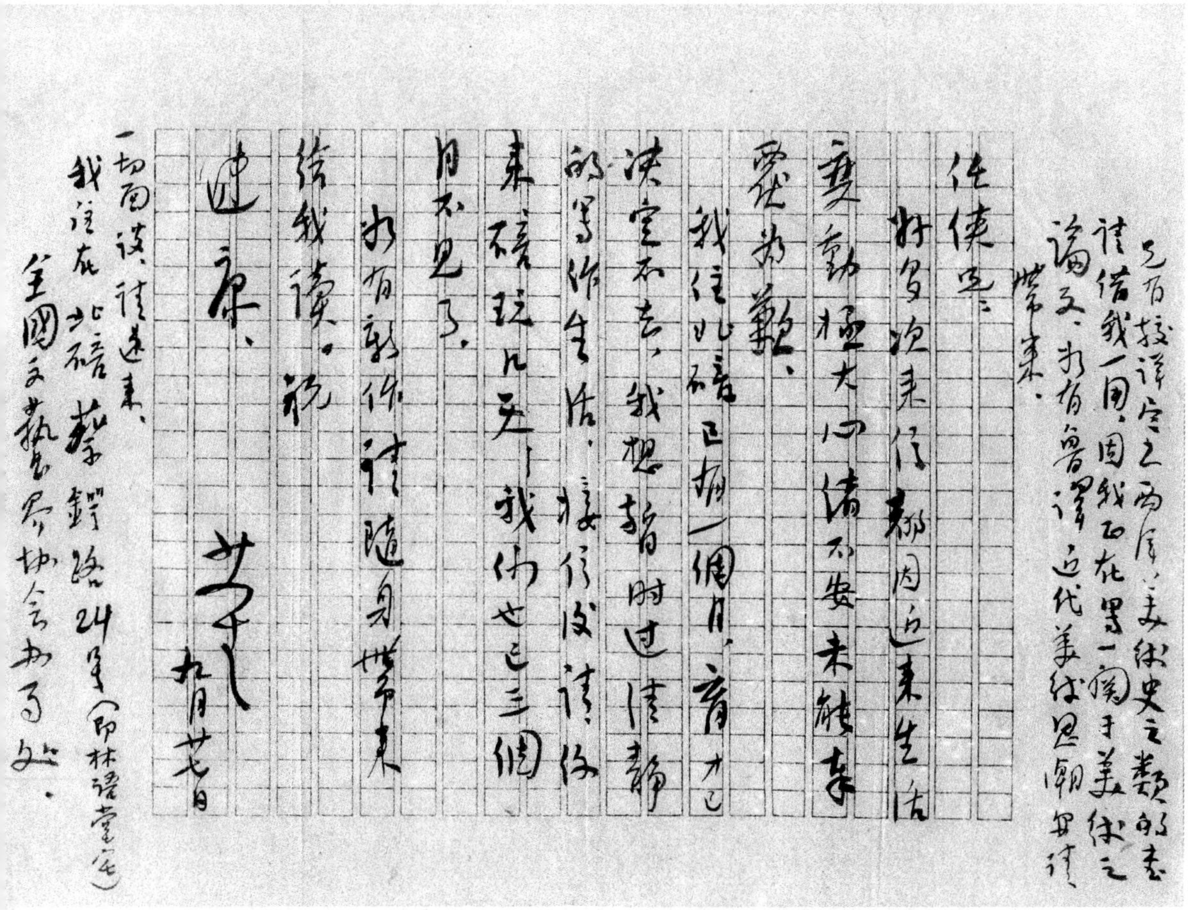

任俠兄：

好多次來信都因近來生活變動極大，心情不安，未能來覆為歉。

我住北碚已近一個月，育才已決定不去，我想暫時過清靜的寫作生活，接信後請你來碚玩幾天，我們也已三個月不見了。

如有新作請隨身帶來給我讀讀，祝

健康、

艾青

九月廿七日

兄有較詳定之西洋美術史之類的書，請借我一用，因我正在寫一關于美術之論文，如有魯譯近代美術思潮，也請帶來。

一切面談，請速來、

我住在北碚蔡鍔路24號（即林語堂宅）

全國文藝界協会辦事處。

艾青致常任俠 28×21 厘米

任俠同志：

收到了你從醫院寄來的信[1]，你一定很寂寞，聽説得躺很久，我眞爲你發愁。

我的脚壞了，先是磨腫了，接着是感染而且化膿了，昨天，車子把我送到首都醫院，經外科醫生動了手術，現在也只能躺着。

《光的贊歌》將在本月二十日出來，等那時，再給你送去。

安心地、靜心地、早日離開病床。

我的老婆問候你。

艾青

一九七九年一月七日

【注釋】

[1]1978年12月17日，常任俠不愼雪地滑倒，骨折住院治療，艾青聞知作書問候。

第　　页共　　页

任侠同志：

收到了你从医院寄来的信，你一定很寂寞，听说得躺很久，我真为你发愁。

我的脚坏了：先是囊肿了，拖着不去管而且化脓了。昨天，车子把我送到首都医院，经外科医生动了手术，现在也只能躺着。

"光的赞歌"将在本月二十日出来，出那时再给你送去。

安心地、静心地、早日离开病床。

我的老婆问候你。

艾青

一九七九年十一月七日

北制 78.9　20×20＝400（1458）

艾青致常任俠　26.5×19 厘米

包白痕（1917–），原名包崇章，曾用筆名辛茹、包穀等。浙江三門人。當代詩人。出版有《無花果》、《火山的爆炸》等多部詩集，作品被選入《中國四十年代詩選》、《黎明前的呼喚》、《中國當代短詩選》等。

任俠老師：

闊别四十多年，天南地北，常在念中。八三年我去東北，到北京住魏荒弩兄家，因時間匆促，未及往貴處拜訪，深感抱歉。後《遺忘的脚印》出版[1]，又使我想起“百合詩社”[2]和那段時間的交往。感謝你曾送我條幅，可惜“文革”中被抄家沒收，年來幾次想請你再寫一幅留念，終難於啓口，怕你太忙，不便打擾。

前兩天蒙自縣政協主委卜興純同志來我處，他在蒙自籌建聞一多先生紀念館（一多先生當時曾在蒙自居住過，卜是他西南聯大的學生），向各方名人徵集詩文，並托我代向有關師友求徵。爲此特函致意，請撥冗賜寄紀念聞先生條幅一件爲感。（寄木行街 73 號交我收）敬祝

健康長壽！

包白痕　1988.6.7.昆明

【注釋】

[1] 新詩集《遺忘的脚印》，魏荒駑，吴朗編，廣州花城出版社 1985 年出版。

[2] 指二十世紀四十年代常任俠在昆明東方語專教書時，曾與魏荒弩、葛白晚、包白痕、薛誠之等結爲“百合詩社”，自費出版了 64 開毛邊本的《百合文藝叢書》。聞一多曾刻“百合出版社”陰文篆書的石章相贈。

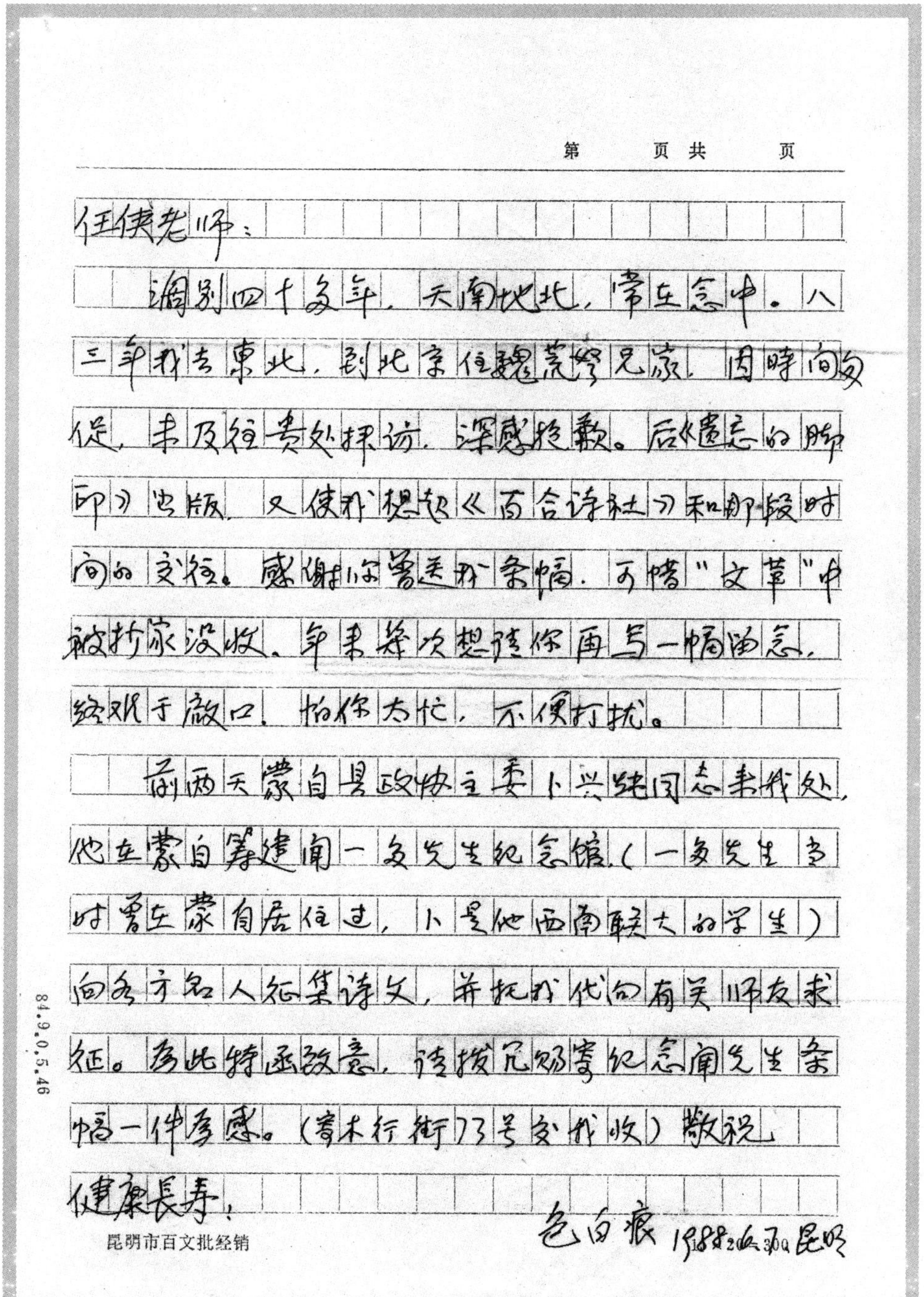

第　　页共　　页

任侠老师：

阔别四十多年，天南地北，常在念中。八三年我去東北，到北京住魏荒弩兄家，因時间匆促，未及往贵处拜访，深感抱歉。后《遗忘的脚印》出版，又使我想起《百合诗社》和那段时间的交往。感谢你曾送我条幅，可惜"文革"中被抄家没收。年来幾次想请你再写一幅留念，终难于啟口，怕你太忙，不便打扰。

前两天蒙自县政协主委卜兴纯同志来我处，他在蒙自筹建闻一多先生纪念馆（一多先生当时曾在蒙自居住过，卜是他西南联大的学生）向各方名人征集诗文，并托我代向有关师友求征。为此特函致意，请拨冗赐寄纪念闻先生条幅一件为感。（寄米行街77号交我收）敬祝

健康長寿！

包白痕 1988.2.6.30 昆明

84.9.0.5.46

昆明市百文批经销

包白痕致常任俠　26.5×19 厘米

任老先生：

賜函及條幅兩帖收到。非常高興，眞太感謝了。尤以悼念聞先生一帖，詩書並茂，實是件極爲難得的珍品，當裱好轉交卜興純同志，存挂聞先生紀念館，留［流］傳於世。

近悉《新文學大系 1937－1949·詩集》已開始選編，由武漢大學中文系孫黨伯、唐榮昆二位負責編集。我於上月寄去拙作五首。今得孫黨伯同志回信：由於《大系》的篇幅所限，他們初步擬收録其中一首《瀑布》，並詢問此詩最初發表於何處等等。不知您與孫唐二位認識否？有無得到他們通知約稿？

我近幾年來只寫點零碎東西，未敢奉上獻醜。隨信附奉照片二張，請笑納。方便時，亦請賜玉照以睹豐采爲禱！祝

健康長壽！

晚 白痕　1988.7.8

第　　页共　　页

任老先生：

赐函及条幅两帖收到。非常高兴，真太感谢了。尤以悼念闻先生一帖，诗书并茂，实是件极为难得的珍品，当裱好转交卜学纯同志，存挂闻先生纪念馆，留传于世。

近悉《新文学大系1937—1949〈诗集〉》已开始选编，由武汉大学中文系孙党伯、唐荣昆二位负责编集，我于上月寄去拙作五首。今得孙党伯同志回信：由于《大系》的篇幅所限，他们初步拟收录其中一首《瀑布》，并询问此诗最初发表于何处等等。不知您与孙唐二位认识否？有无得到他们通知约稿？

我近几年来只写点零碎东西，未敢奉上献丑。随信附奉照片二帧，请笑纳。方便时，亦请惠赐玉照，以睹丰采为祷，祝

健康长寿！

晓白痕 1988.7.8.

15×20=300

包白痕致常任俠　26.5×19厘米

曹靖華（1897—1987），原名曹聯亞，河南人。翻譯家、散文家、教育家，北京大學教授。1939年在重慶，任中蘇文化協會常務理事，主編《蘇聯文學叢書》。1948年應聘赴北平清華大學任教。曾任中國文聯委員，中國作家協會書記處書記、顧問，中國蘇聯文學研究會名譽會長，中國翻譯工作者協會顧問等職。譯著有《鐵流》等三十餘部。

任俠先生：

手示拜讀。《鐵流》報紙本，在滬印刷，因運費奇貴，所以川陜均未運到。自前年七月出版後，譯者應得贈書廿部，一年半中，弟僅得樣本一冊，係由滬航寄西北聯大者（當時弟在該校）。入川時，即將該樣本親攜入川。今春在渝，被友人借去，至今無下落。半年來，屢催書店代寄（因個人無從購起），直至上次弟在渝時，書店始又托友人轉交五冊，誰知未到弟手，即中途被友人均完全劫去。弟至今手中連樣本也沒有了。年前書店運一大批書，內有報紙本《鐵流》三千部，過廣州灣時，被法人當場查獲燒燬，內地更少機會得到了。目前無法應命，歉甚！來日得到，定當奉上請教也。

前月在渝暢叙[1]，受益良多。便中希常賜教言。再叙。順祝

教安！

弟靖華覆　元月十日，白沙

【注釋】

經考證該信作於1943年1月10日。

[1]指1942年12月6日晚在中國文藝社邵力子先生歡迎會上的晤談。

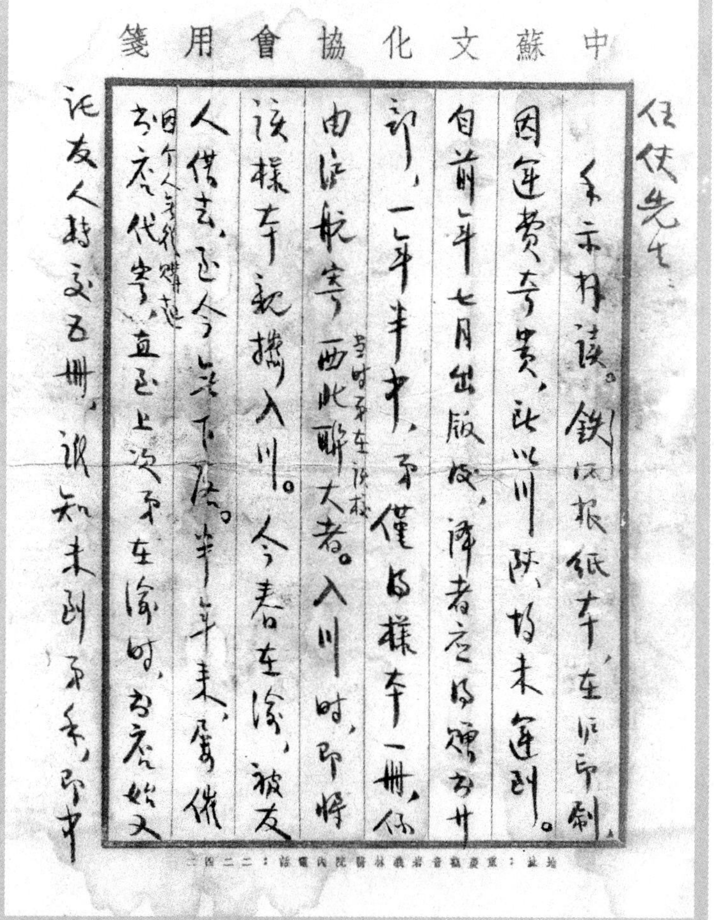

中苏文化协会用笺

任侠先生：

手示拜读。铁流报纸本，在沪印刷，因运费奇贵，所以川陕均未运到。自前年七月出版后，译者应得赠书廿部，一年半中，弟仅得样本一册，系由沪航寄西北联大者（当时弟在该校）。入川时，即将该样本亲携入川。今春在渝，被友人借去，至今未下落。半年来，屡托书店代寄（因个人寄很难），直至上次弟在渝时，书店始又托友人转交五册，讵知未到弟手，即中

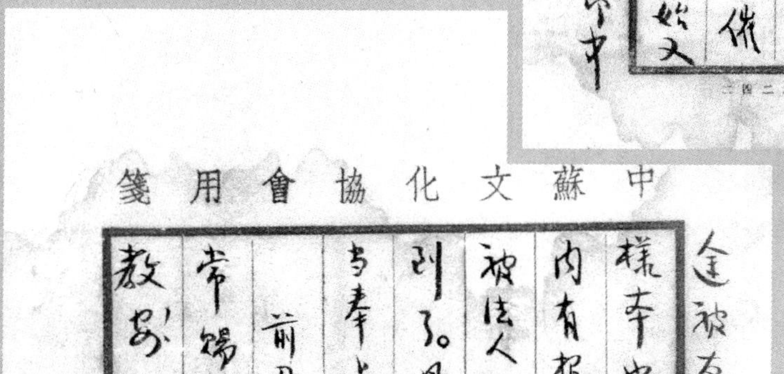

中苏文化协会用笺

途被友人均完全劫去。弟至今手中连样本也没有了。年前书店运一大批书由内有报纸本铁流三千部，过广州湾时，被法人查获焚毁，内地更少机会得到了。目前无法应命，歉甚。来日得到，定当奉上请教也。

前月在渝畅叙，受益良多。便中希常赐教言。专叙。顺祝

教安！

弟靖华拜。

元月十日

白沙。

曹靖华致常任侠　30×21 厘米

陳邇冬(1913—1990),原名陳鍾瑶,廣西桂林人。著名學者,古典文學評論家。民革中央監察委員、中國作協會員、人民文學出版社高級編輯。先後出版《蘇軾詩選》、《蘇軾詞選》和普及讀物《蘇東坡詩詞選》等,另有《説三國,話權謀》等論著行世。

任俠吾兄:

日前承贈詩,眞好絶句也。遲日當有小詞以報雅意,兹先將書就尊扇面奉上。賤軀近爲風濕痛所苦,那天勉強到政協聽報告,歸來兩腿幾不能立,連日服藥打針,俟稍愈再趨候。草草,敬問

儷安

弟邇冬　七月廿七夕

【注釋】

經考證該信作於 1964 年 7 月 27 日。

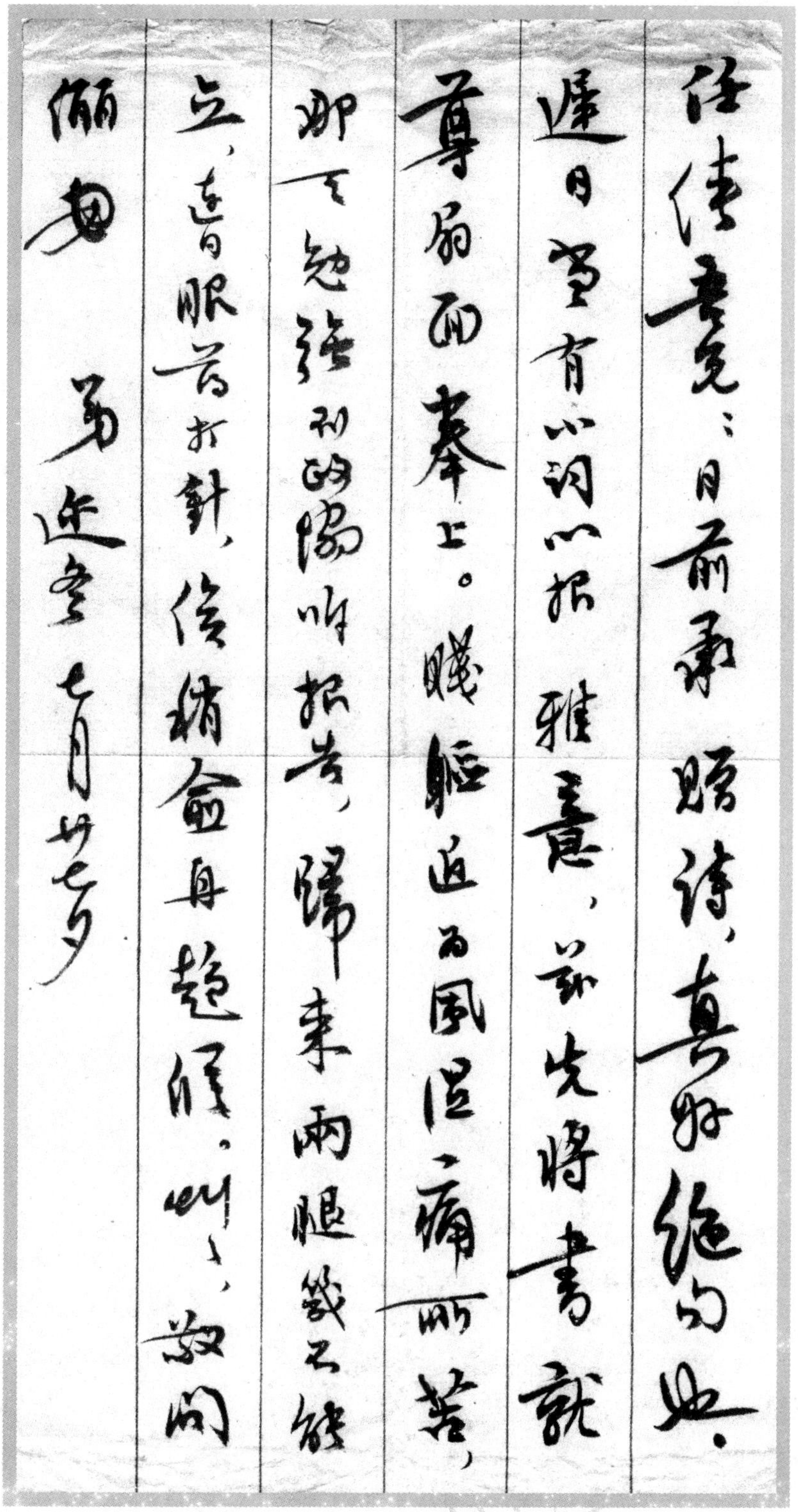

任俠兄：日前承賜詩，真好絕句也。遲日望有以詶雅意，茲先將書就尊前而奉上。賤軀近日為風濕痛所苦，鄉下勉強到的場收拾者，歸來兩腿幾不能立，遂有眠旨於針，倦精愈身趣緩。此此，敬問

儷安

弟 迺冬 十月廿七夕

陳邇冬致常任俠　27×14.5 厘米

任俠長兄：

昨夕紅白[百]合室[1]相談甚暢，不覺擾久。離去後至衚衕口，始發覺船家草帽遺在尊室。乞代保存，改日再令兒輩來取。佳章祈多寫眎，盼切盼切！即頌

吟安並候

儷健

小弟邇冬頓首　七月五日早

【注釋】

經考證該信作於1979年7月5日。

[1]常任俠自署書齋名，曾作有《紅百合室詩話》三卷，出版了《紅百合詩集》等。

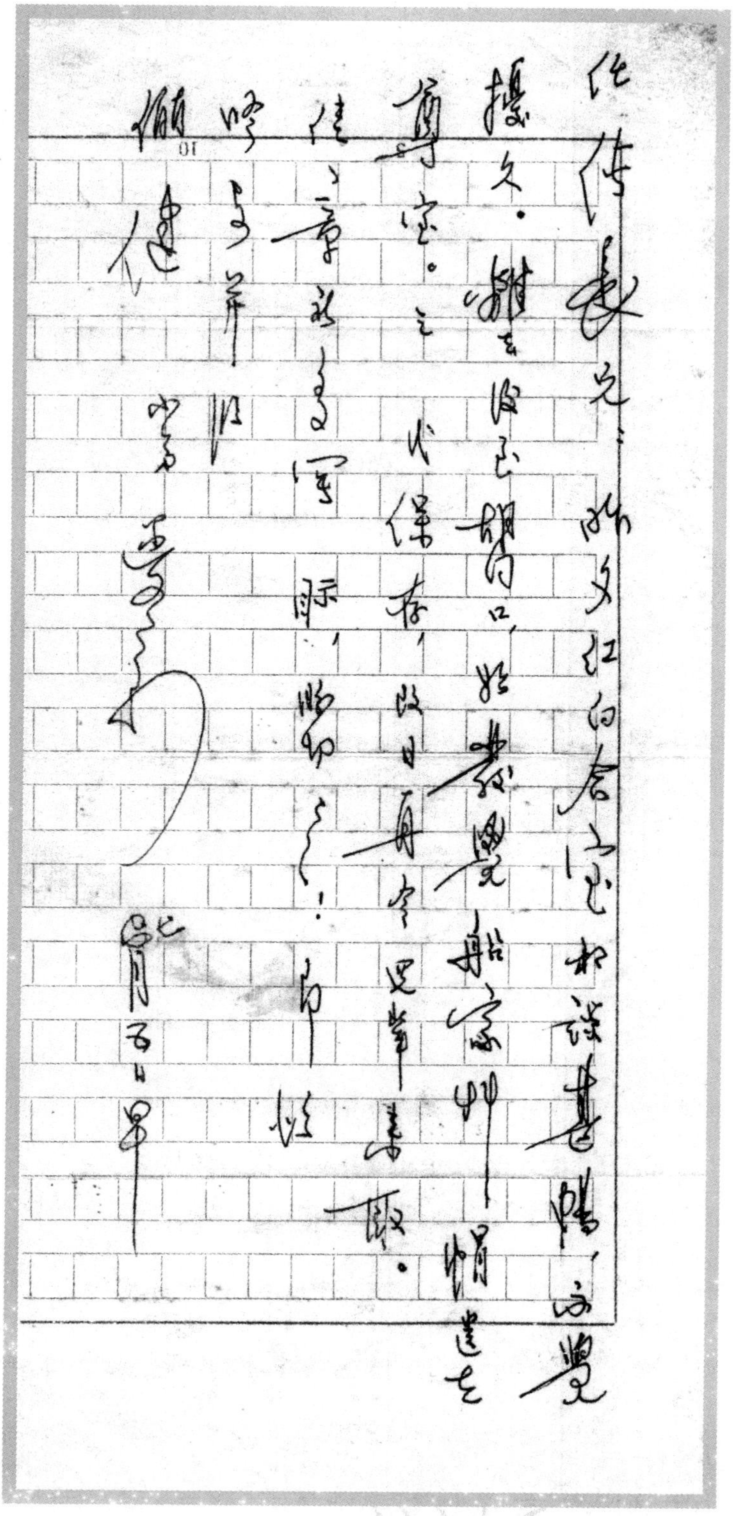

陳邇冬致常任俠 26.5×12.5 厘米

任俠長兄：

示悉。船夫帽仍存尊處，不必着人送來，等哪天再趨候時弟自取爲是。

《京華詩事之四》寒齋有複本，亦不必寄還，兄存之可也。兹另奉贈《日本賣茶翁詩》一篇。翁詩國人無知者，或日本知亦不多，特表而出之。論詩是不夠分量的。拙詩話涉及範圍頗廣，或者説似太漫濫了些，然旨在“顯幽拾墜”，甚望兄支援材料也。拙詩遲日鈔奉，不贅。即頌

吟安

夫人萬福

小弟邇冬頓首　七月廿八日

【注釋】

經考證該信作於 1979 年 7 月 28 日。

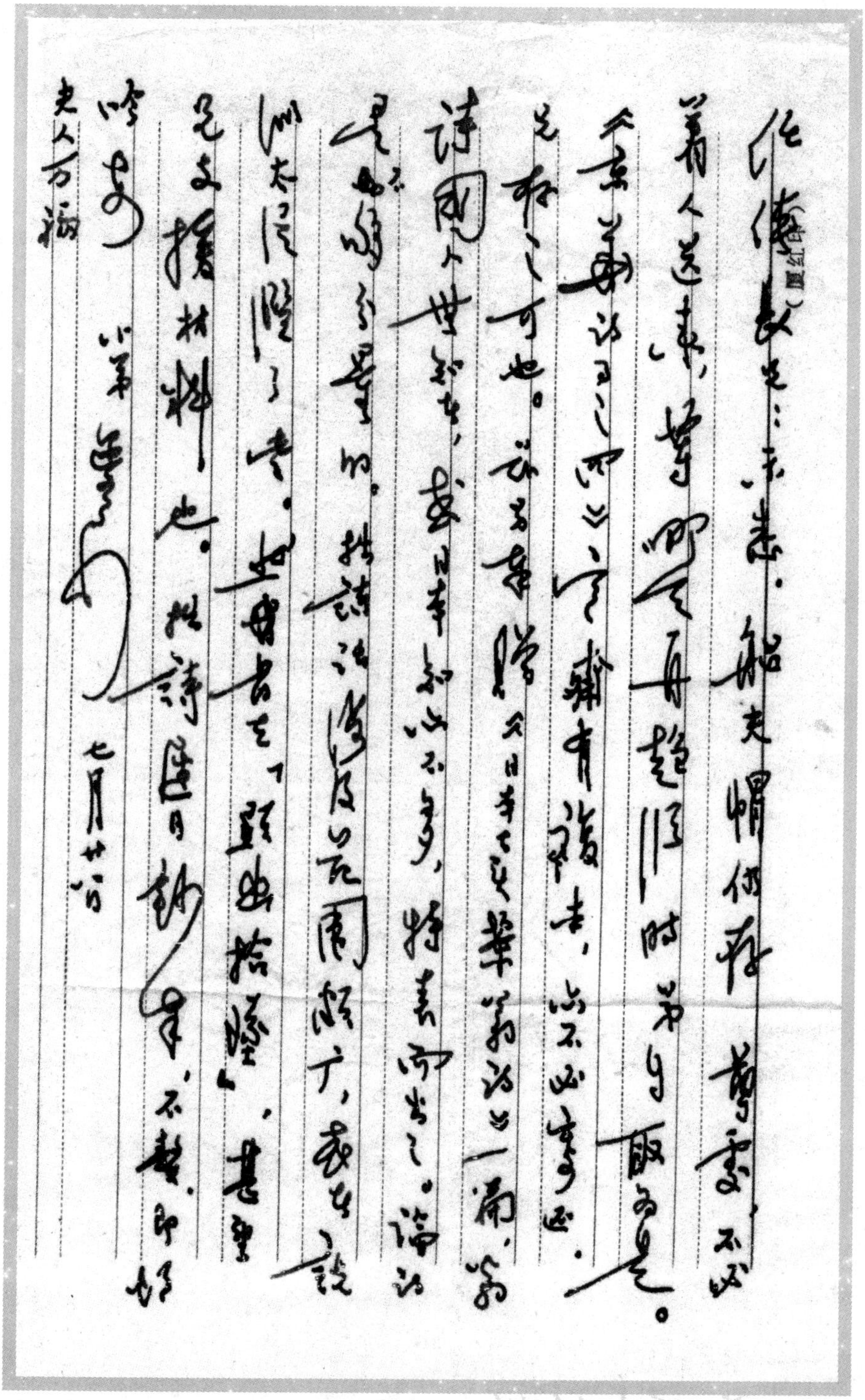

陳邇冬致常任俠　19×12 厘米

任俠大兄：

前奉寫拙詩印張及詩話剪報各一紙，諒達。玆有小圖，懇請賜題，想兄當不拒我。作畫者陳兼于翁，號壺叟，閩人，老詩人也。且工綺聲，擅繪事，現居滬上，與弟爲文字忘年之交，並告。耑候

痊安

夫人清吉

小弟邇冬頓首　九、十一

【注釋】

經考證該信約作於1979年9月11日。

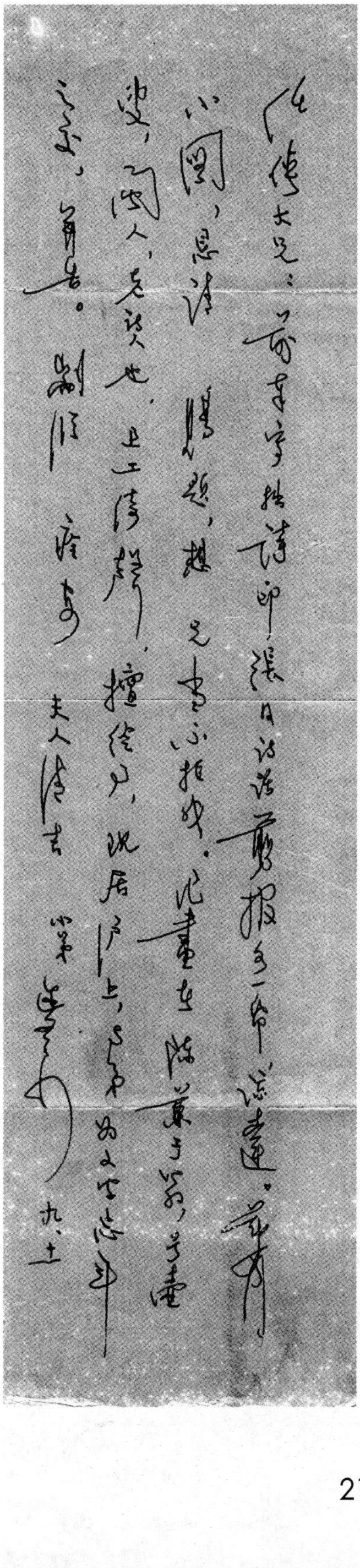

陳邇冬致常任俠　29×8 厘米

陳夢家(1911—1966),浙江上虞人。詩人,古文字學家。1931年畢業於中央大學法律系。1932年入燕京大學攻讀古文字學,後又致力於古史研究。抗戰爆發後,先後在長沙清華大學、西南聯大任教。1944年赴美國芝加哥大學講授中國古文字學。1947年回國,任清華大學教授。1952年調任中國科學院考古研究所研究員、《考古學報》編委、《考古通訊》副主編等職。曾系統地研究了殷墟卜辭、殷周青銅銘刻。著有《老子今釋》、《西周年代考》、《海外中國銅器目録考釋》、《殷墟卜辭綜述》、《武威漢簡》等。

任俠兄:

來示拜悉。弟近因暑假中,雜事煩多,又以遷家匱未裁覆爲歉。附上拙作一篇祈教正。此文未完,因周刊停止,故未續完也。前於滕若渠君處得覽中大出土石棺全拓及川大所藏漢石刻畫像,至爲瑰麗可喜,最近營造學社擬入川考察漢石闕,將來必有大收穫也。川中故物甚富,兄可及時留意之。民間(尤以非漢民族)傳説信仰歌謡舞樂尤當徹底調查記録,實大有助於古史也。弟忙於教課無暇於此,下學期因新生多,每人輪教國文一班外,文字學、銅器銘文各一門,恐較今年更忙。此間物價奇昂,口碑皆道,而雨季中從無空襲之虞,亦足以抵償矣。入滇後未曾攝影,不克寄奉。匆此即祝

撰安

弟陳制夢家頓首　七月廿六日

【注釋】

經考證該信約作於1939年7月26日。

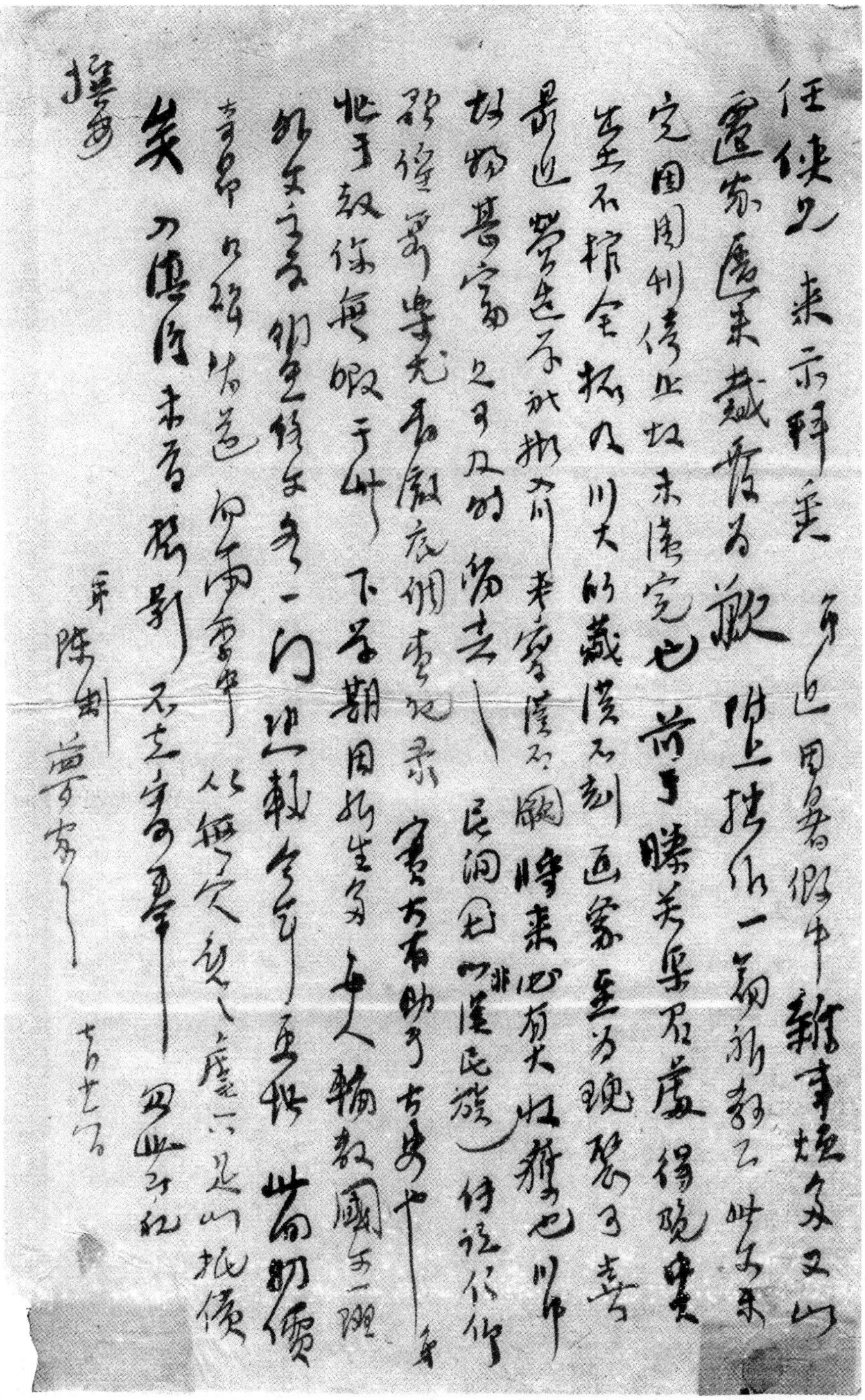

陳夢家致常任俠 25.5×17 厘米

任俠兄：

久未得手書，甚以爲念。小石先生到此，得悉足下近況，慰甚。不悉現在中大所任何課，興趣如何，來示盼詳告一切。小石先生來後常相晤談，聞彼寒假，仍將回渝，甚可惜也。弟暑中忙於小事，一事無成，開學後漸入常軌，今季所授如舊銅器銘文，另講東周一段，較有興趣。近與同事在重慶《中央日報》編一《讀書》，已出數期，想兄已有見及，他日倘有佳作，尚希見賜一二。北大唐立庵先生已來此，講論古文字者，已多一人矣。外函請轉白華先生。又遇李長之兄，請代致意。專此即請

撰安

弟陳夢家頓首　七月卅日

【注釋】

經考證該信作於1940年7月30日。

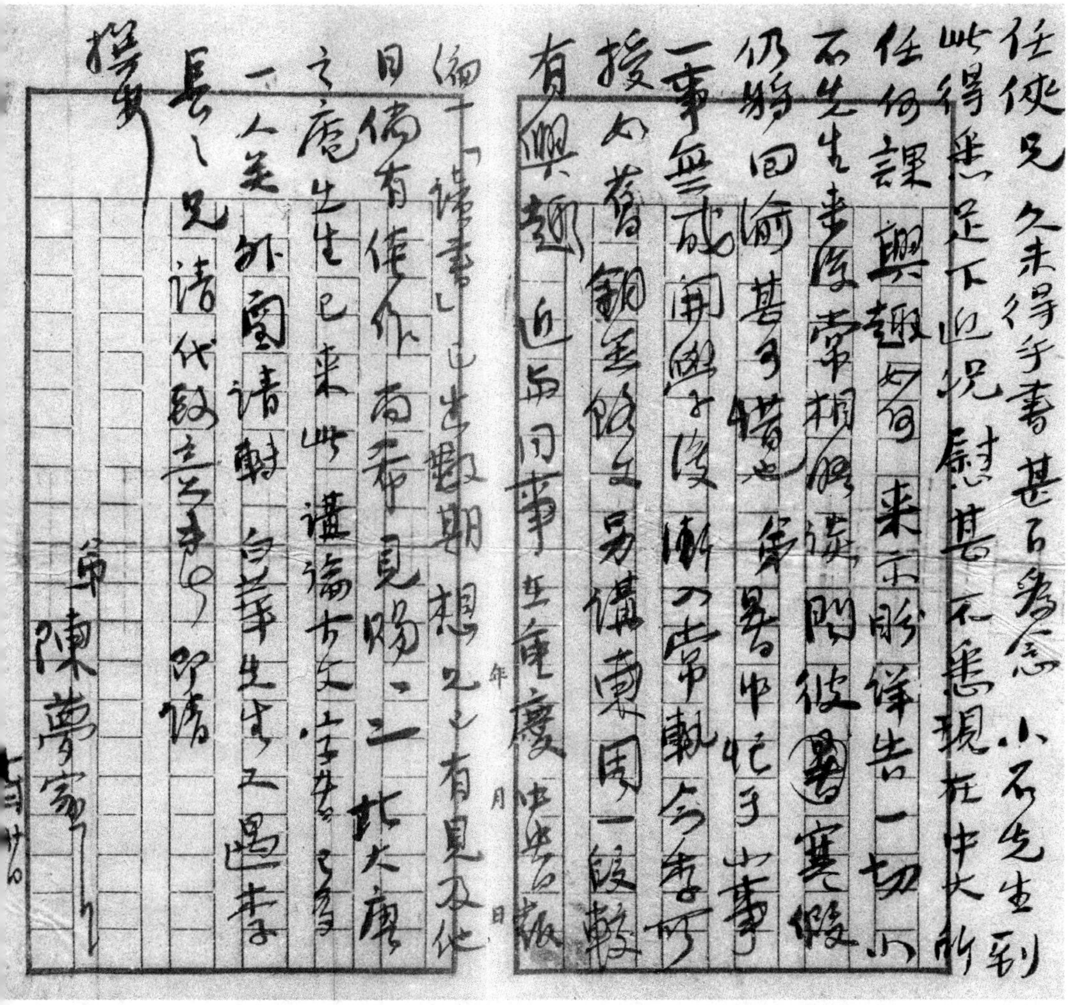

任俠兄：久未得手書，甚以為念。小石先生到此，得悉足下近況，慰甚。不悉現在中大所任何課，興趣如何，來示盼詳告一切。小石先生要[illegible]常相[illegible]旋，附彼[illegible]寒假仍將回渝，甚可惜也。弟暑中忙于小事，一事無成，[illegible]學後[illegible]常執今年所授為舊銅器[illegible]另備[illegible]一段，較有興趣。近與同事在重慶[illegible]編一[illegible]書之出版期，想兄已有見及。他日倘有佳作，尚希見賜一二。北大唐立庵先生已來此，講論古文字學[illegible]，又有一人[illegible]外[illegible]請[illegible]，白華先生又遇李長之兄，請代致意[illegible]。即請

撰安

弟 陳夢家 [illegible]

陳夢家致常任俠　29×25 厘米

陳之佛(1896−1962)又名陳紹本、陳杰，號雪翁。浙江余姚人。工藝美術家、工筆花鳥畫家和藝術教育家。早年畢業於日本東京美術學校。回國後歷任上海美專、中央大學教授及國立藝專校長。中華人民共和國成立後，任南京大學、南京師範學院教授，江蘇省美協副主席，南京藝術學院副院長。出版有《陳之佛文集》、《陳之佛花鳥畫集》、《陳之佛染織圖案集》等。

任俠吾兄道鑒：

本校[1]舊生業已決定本月二十二日在青校舊址先行開學上課，兹擬於是日舉行開學禮，務祈兄於二十一日赴青木關（弟於二十一晨在小龍坎搭車，並已約秦宣夫、王臨乙、許太谷、吳作人、傅抱石、丁雲樵、呂霞光、鄧曙光諸先生同行）參加，至盼。專此奉函即頌

著安

弟陳之佛拜上　十月十八日

【注釋】

經考證該信作於 1943 年 10 月 18 日。

[1]指國立藝術專門學校。常任俠時任該校文學、考古學教授。

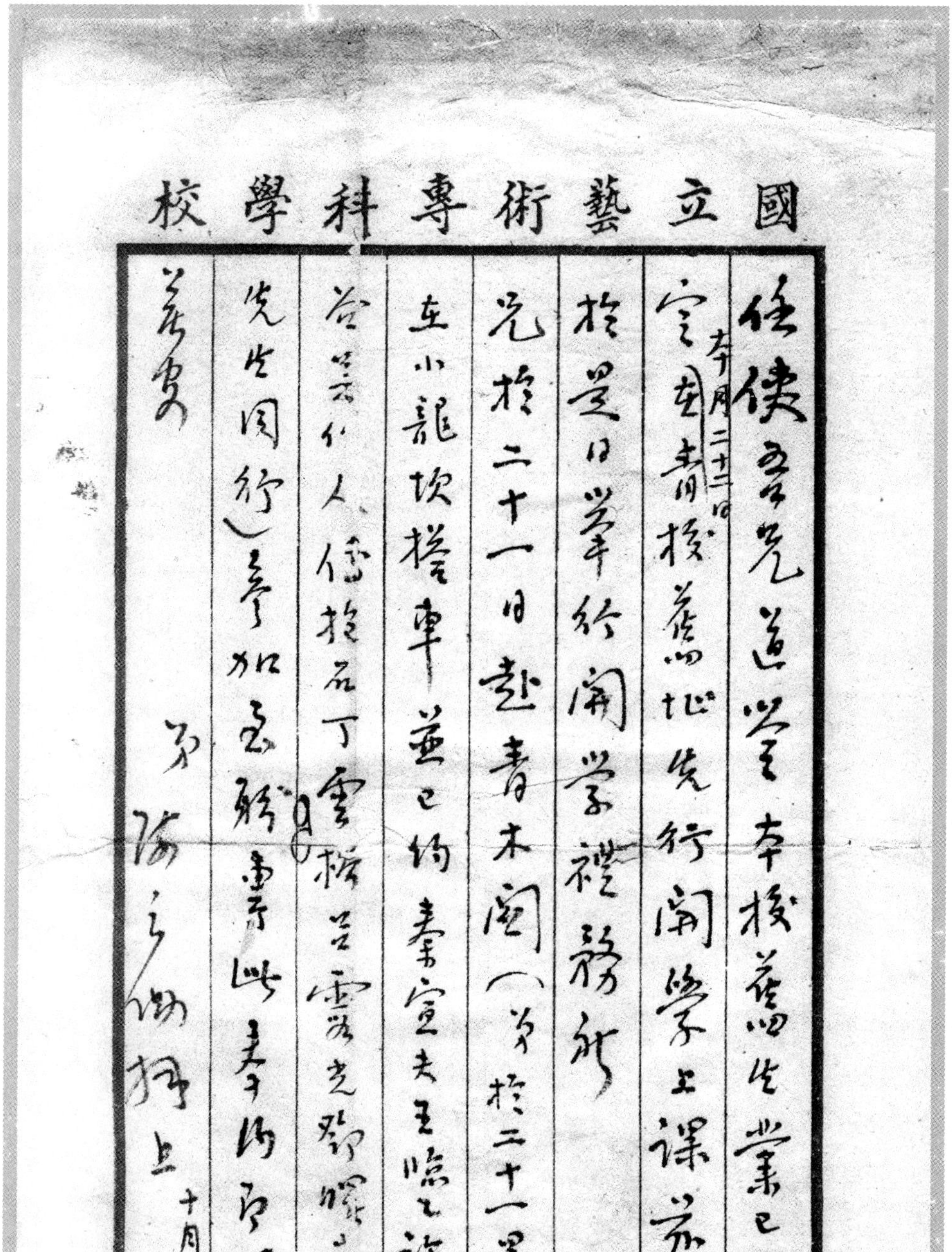

國立藝術專科學校

任俠吾兄道鑒：本校藝專生業已決定（本月二十二日）到青校藝專先行開學上課，前擬於是日舉行開學禮務所兄於二十一日赴青木關（弟於二十一晨在小龍坎搭車，並已約秦宣夫、王臨乙、許太谷、吳作人、倪貽德、丁雲樵、黄雲光、鄧耀之諸先生同行）奉如來駐請此奉祈即頌

籌安

弟陳之佛拜上 十月十六日

陳之佛致常任俠　27×18 厘米

陳子展（1898—1990），原名炳坤，筆名楚狂。湖南長沙人。中國文學史家、雜文家。曾任南國藝術學院、中國公學、滬江大學、復旦大學教授。專長中國先秦史學，畢生致力於《詩經》、《楚辭》的研究和教學。著有《詩經直解》、《楚辭直解》、《唐宋文學史》、《中國近三十年文學史》等。

任俠先生撰席：

陳望道馬宗融姚蓬子諸先生發起編刊《蜀風》，其豫定計畫及豫擬發起人名單，已具另紙。夙仰先生對於考古、民俗、藝術等學問具有精深之研究，特請先生列名發起，並懇於最近撰一短稿，以便於創刊號刊出，不勝翹跂。敬叩

著安

弟陳子展拜啓

八月一日

【注釋】

經考證該信作於1940年8月1日。

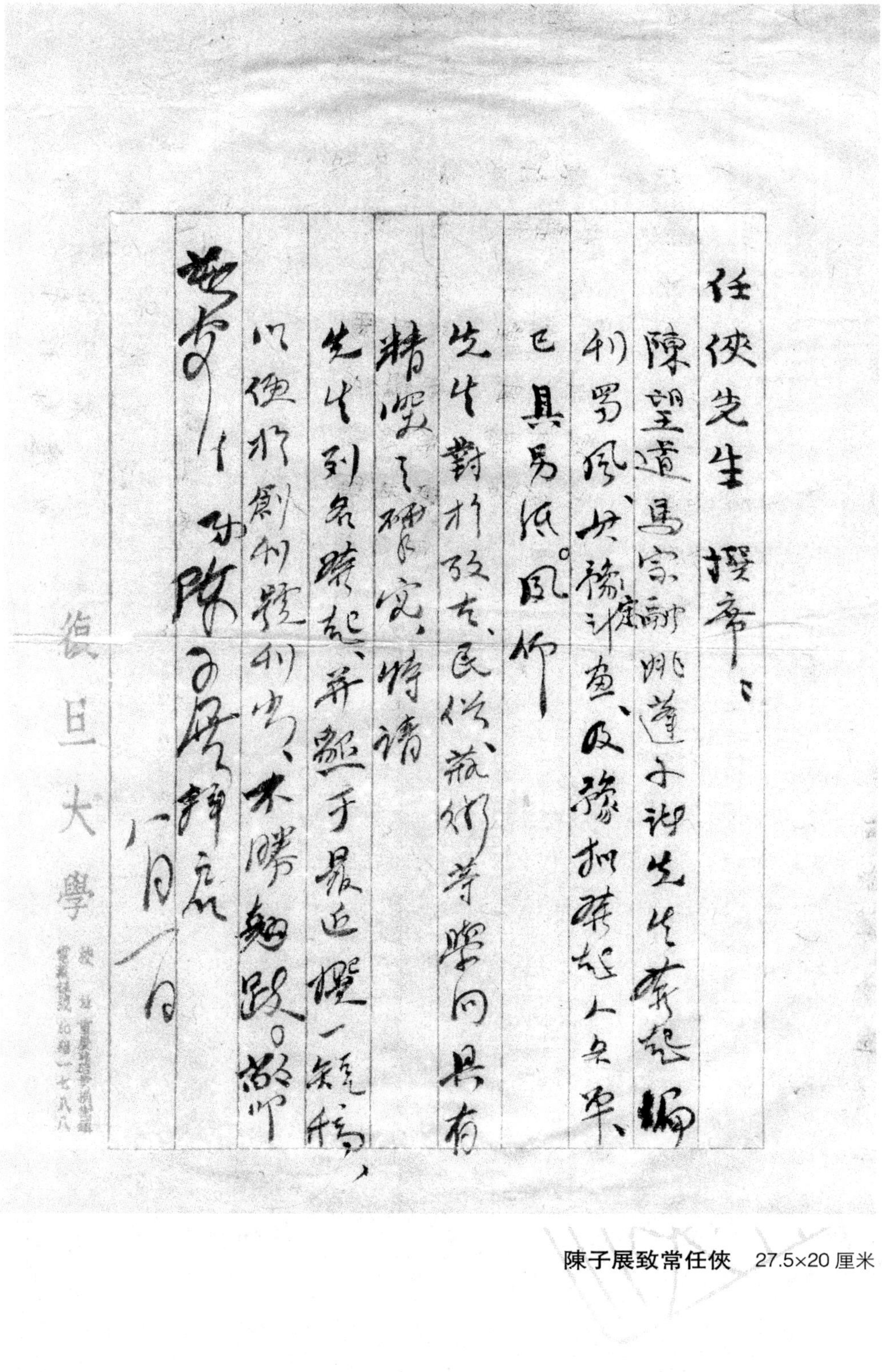

任俠先生撰席：

陳望道、馬宗融、姚蓬子諸先生等發起編刊蜀風，其務計畫、及務捐發起人名單、已具另紙。夙仰先生對於攷古、民俗、藝術等學問具有精深之研究，特請先生列名發起，并懇于最近撰一短稿，以便於創刊號刊出，不勝翹跂。敬叩撰安

弟陳子展拜啓

八月一日

陳子展致常任俠　27.5×20 厘米

任俠先生：

頃奉手教，至爲欣感。《蜀風》得大力贊助或可稍有成就。顏鄧兩先生當去函徵求，弟皆與有一面之緣也。此間有川省地方誌多種，《蜀碧》《蜀亂》[1]似無其書，願先生先憑記憶爲一短文何如？匆布不備，敬問

撰安

弟陳子展再拜上

八月十日

【注釋】

經考證該信作於 1940 年 8 月 10 日。

[1]常任俠撰寫《張獻忠之亂蜀》一文時需參考之書。清代彭遵泗所寫《蜀碧》(四卷)，歐陽直撰《蜀亂》(道光間初刻本名《歐陽氏遺書》其第一篇爲《蜀亂》)，均詳細記述了張獻忠在四川的殘忍至極的大屠殺。

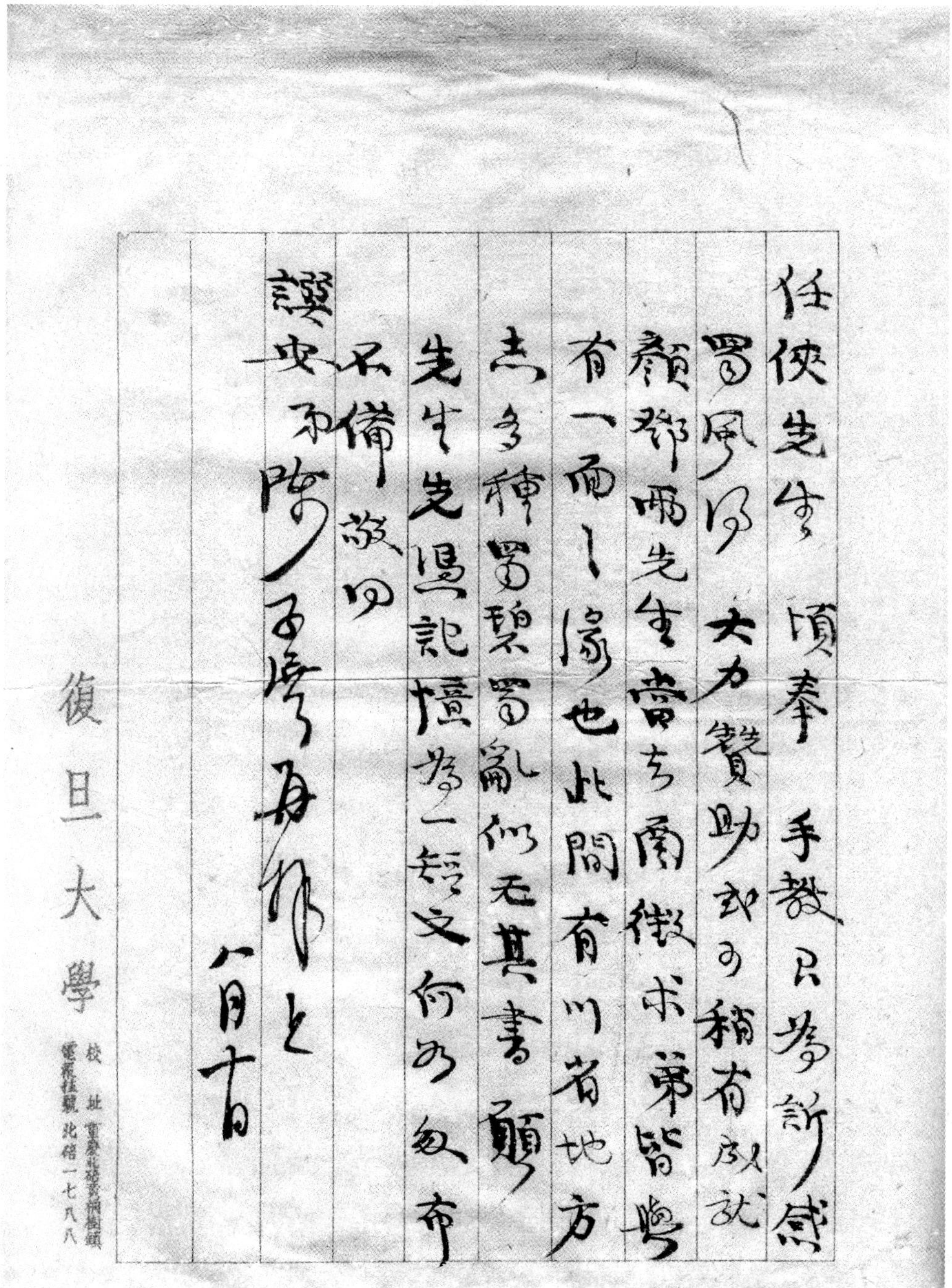
任俠先生：頃奉手教，只承許感
蜀風得大力贊助，或可稍有成就
顧鄧兩先生當去函徵求，弟皆與
有一面之緣也。此間有川省地方
志多種，蜀碧、蜀亂似無其書，願
先生先憑記憶撰一短文何如？敘布
不備。敬叩
譔安。弟陳子展再拜上
八月十日

復旦大學
校址 重慶北碚黃桷鎮
電話掛號 北碚一七八八

陳子展致常任俠 27.5×20 厘米

任俠先生史席：

《蜀風》已定本月廿五日創刊，望大著能按期惠寄。將倚先生爲《蜀風》柱石，不僅偶光篇幅已也。第二期稿乞於廿五日前寄下。匆布不具。敬叩

著安

弟子展拜上　九月十六

【注釋】

經考證該信作於 1940 年 9 月 16 日。

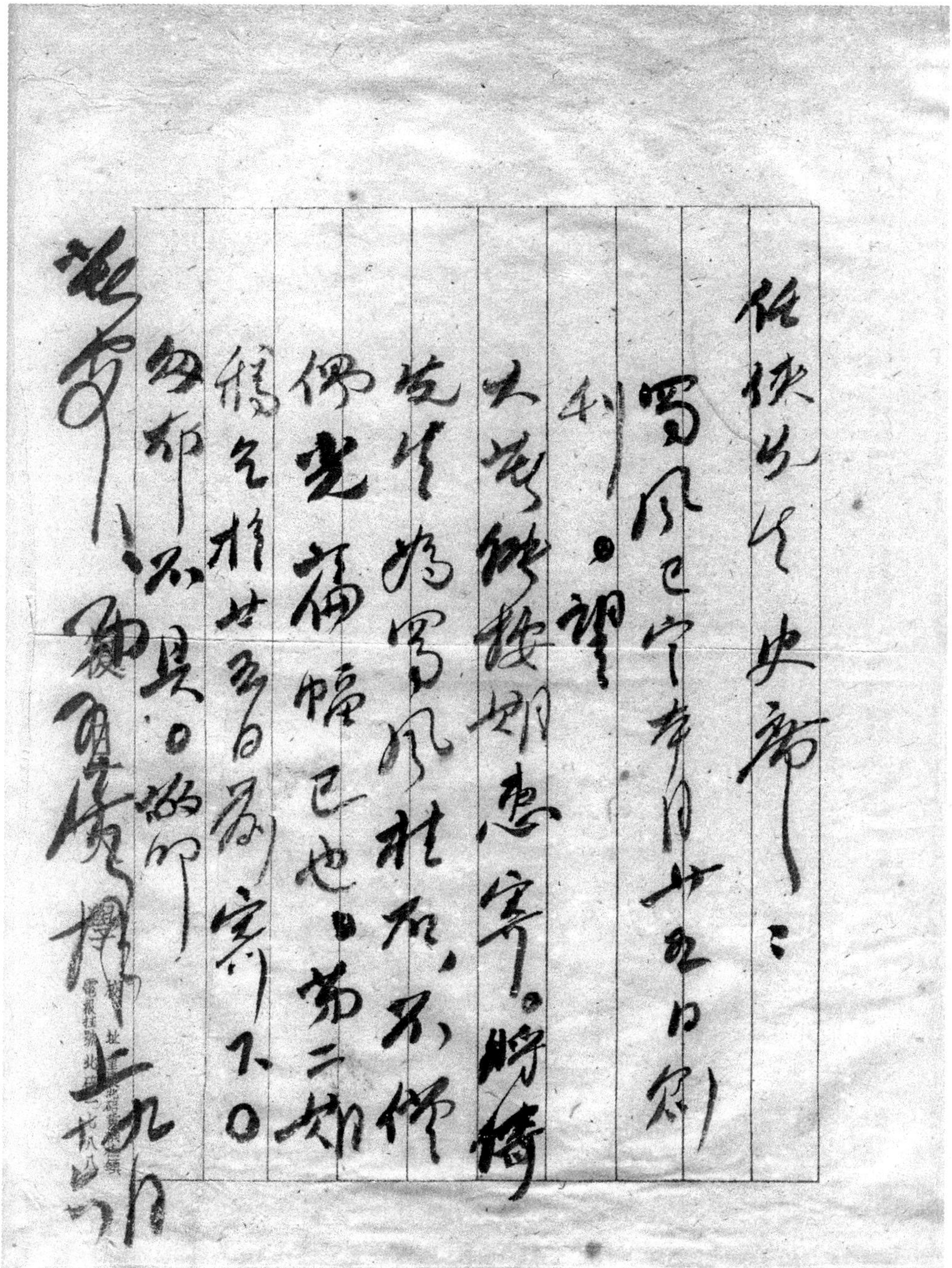

陳子展致常任俠 27×20 厘米

任俠吾兄道席：

快函未審到否，吳李覆函未知作何語？兄之志節卓越爲不可及，敬服無已。一昨蓬子兄來屬爲郭沫若創作二十五周年□□作詩，信手拈來，了無是處，録呈□□哂正，匆匆不備，即叩

著安

弟子展再拜

十一月四日

郭鼎堂創作二十五周年紀念

遂古之初孰道之，問天寧自鑄精思。五經重估詩書價，三代旁徵甲骨辭。哲理原從憂患得，壯心只許蠹魚知。史觀一變開奇秘，耻抱春秋作餅師。

蜀錦翻奇自湘綺，鼎堂踵事益增華。六朝偉辭貴創格，百國寶書供後車。詩境別開新大陸，心花發自故枝芽。稼軒果令江湖老，南渡詞人第一家。

【注釋】

經考證該信作於 1940 年 11 月 4 日。

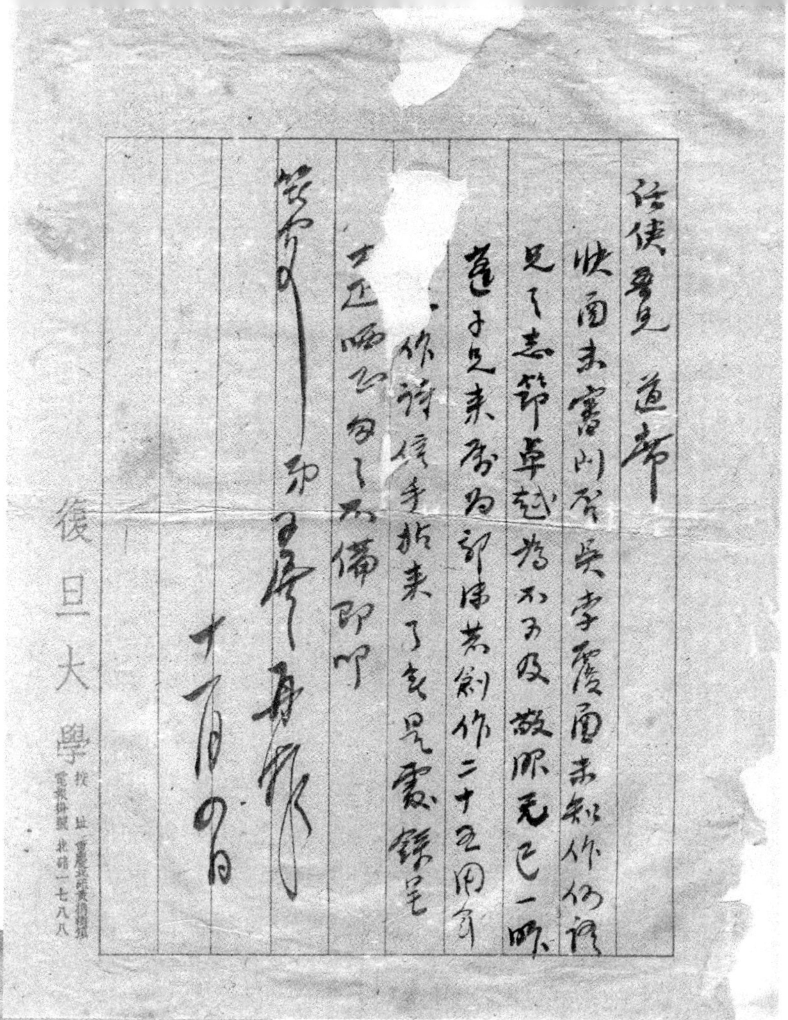

陳子展致常任俠 27×17.5 厘米

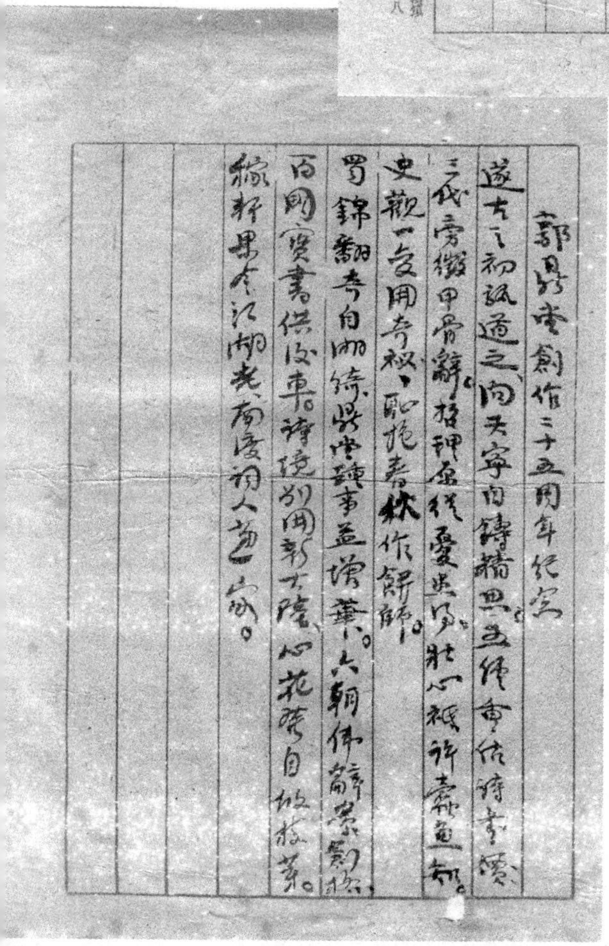

陳子展致常任俠 27×19 厘米

任俠先生有道：

詩已奉讀，並已托宗融兄於明日帶往重慶，交蓬子兄。第四期來不及刋入，第五期必須刋出也。《蜀風》半月一次，爲期稍久，擬於明年元旦起改爲旬刋，未知尊意如何？總之，此刋繼續維持，倚先生爲主力，尚望不遺淺陋，常常錫[賜]我鴻篇也！匆布，不盡。敬叩

撰安

弟陳子展再拜

十一月五日

【注釋】

經考證該信作於 1940 年 11 月 5 日。

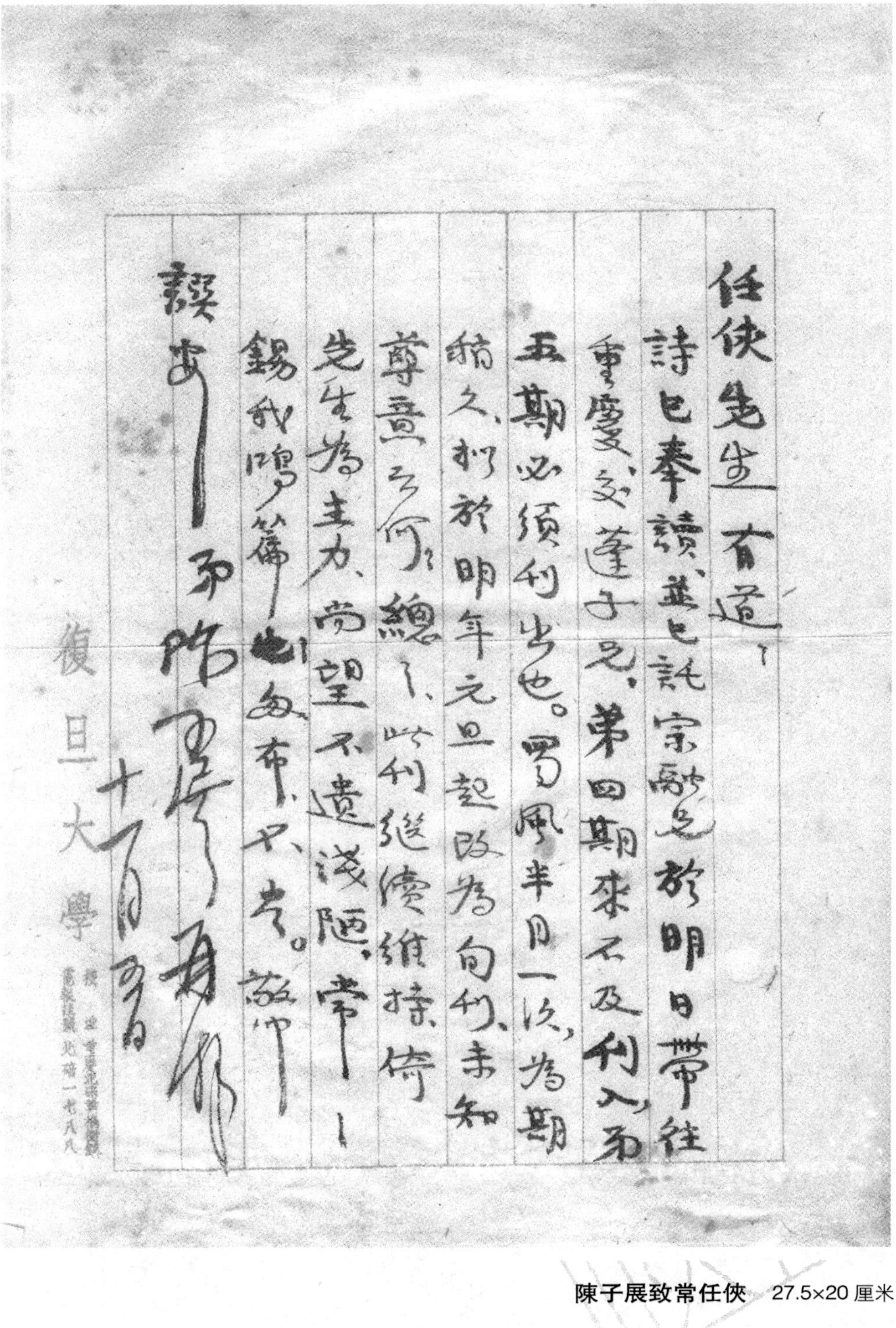

任俠先生有道：

詩已奉讀，並已託宗融兄於明日帶往重慶，交蓬子兄，第四期來不及刊入，第五期必須刊出也。蜀風半月一次，為期稍久，擬於明年元旦起改為旬刊，未知尊意以何？總之，此刊繼續維持，倚先生為主力，尚望不遺淺陋，常常錫我鴻篇。匆匆布申，者。敬頌

撰安

弟陳子展再拜

十一月日

復旦大學

校址 重慶北碚黃桷鎮 電報掛號 北碚一七八八

陳子展致常任俠 27.5×20 厘米

任俠吾兄左右：

久不讀大作，不知頃來有何造述。孔明擇婦之法彌覺佳妙，但兄未必則效，新年來想有新禧。宗融兄爲兄留心此間同學堪爲兄之佳偶者，已一年於兹，頃已有所發見，倘無成約，盍向宗融兄一試乎？一笑。匆布不盡。敬叩

道安！

弟陳子展上　三月十九日

【注釋】

經考證該信作於 1941 年 3 月 19 日。

任俠吾兄 大文：
久不讀 大作，不知近來有何著述。孔明
擇婦之語彌覺佳妙，但
兄未必肯仿傚。新年來想有新禧。宗融兄為
兄留心此間同事堪為
兄之佳偶者已一年於茲，近已有所獲，兄倘
欲成好，盍向宗融兄一試乎？一紅矣。匆布
不盡。敬仰
並頌 弟陳子展上 三月十日

國立復旦大學
校址 重慶北碚夏壩 電報掛號 北碚一七八八
字第　號

陳子展致常任俠 27.5×20.5 厘米

任俠先生史席：

大著[1]關於角抵百戲者已讀一過，精贍之至，敬服敬服！弟亦嘗爲此題，在濤聲周刊及復旦文學期刊發佈，其中材料十之八九取之於十七史，事隔七八年，存稿尚未覓得，不然，當函以就正於先生也。此間教授同人中對於國文法有研究興趣者，如陳望道、馬宗融、梁宗岱、章靳以諸先生常在一道討論中國文法革新問題。並擬編一中國文法革新論叢，除蒐集已發佈之諸家文字外，再加從各方面專家特約撰述之文章。擬懇先生撰《中國文法革新之歷史的意義》一文，未審上海學術社編印之學術第二期《中國文法革新討論集》[2]一書，先生已見之否？又未審中大圕[圖書館]有此書否？如其無之，可就近向蓬子先生借閱也。匆布不一一。敬叩

著安！

弟陳子展上　四月廿一日

【注釋】

經考證該信作於 1941 年 4 月 21 日。

[1]指常任俠撰《漢唐間西域百戲之東漸》論文抽印本。

[2]《中國文法革新討論集》，汪馥泉編輯，上海學術社 1940 年出版。收陳望道、傅東華、方光燾等人所撰《一個國文法新體系的提議》、《文法革新的一般問題》、《文字學與文法學》等 27 篇論文。

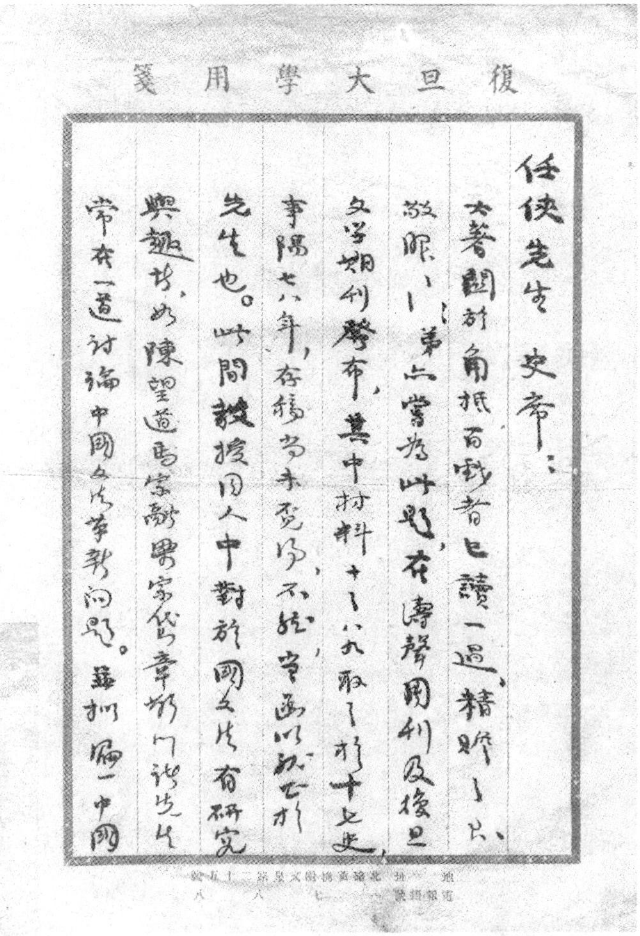
復旦大學用箋

任俠先生史席：
大著關於角抵百戲者已讀一過，精聆之下，敬服之至！弟亦嘗為此題，在濤聲周刊及復旦文學期刊發布，其中材料十之八九取之於十七史。事隔七八年，存稿多未覓得，不能寄呈以就正於先生也。此間教授同人中對於國文化有研究興趣者，如陳望道、馬宗融、羅家倫、章靳以諸先生常在一道討論中國文化革新問題。並擬編一中國

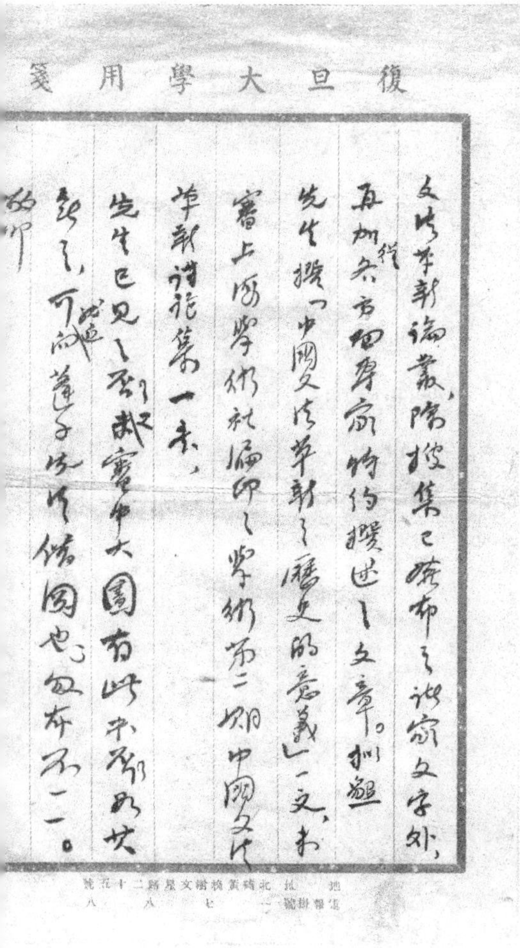
復旦大學用箋

文化革新論叢，除搜集已發布之諸家文字外，再加約各方面學家特約撰述之文章。擬請先生撰「中國文化革新之歷史的意義」一文，未審上海學術社編印之學術第二期中國文化革新討論集一冊，先生已見之否？敝處中大圖書有此書，如未見，可以寄奉之，可備先生閱覽也。餘不一一。此叩

陳子展致常任俠　27.5×19 厘米

任俠吾兄史席：

久未箋候，想起居萬福。重大風潮已了未耶？中大想已準備開學，吾兄當復稍休其造述之筆，重拈粉條矣。（兄在中大何系擔任何課？）此間中文系[1]尚有專任教授一人在接洽聘致中，未知其肯屈就否？兄如有可以舉告之賢者，望告一二，以便有機會時當向學校當局推薦也。匆布不盡，敬叩

大安

弟陳子展再拜

九月廿日

【注釋】

經考證該信作於 1941 年 9 月 20 日。

[1]指復旦大學中國文學系。

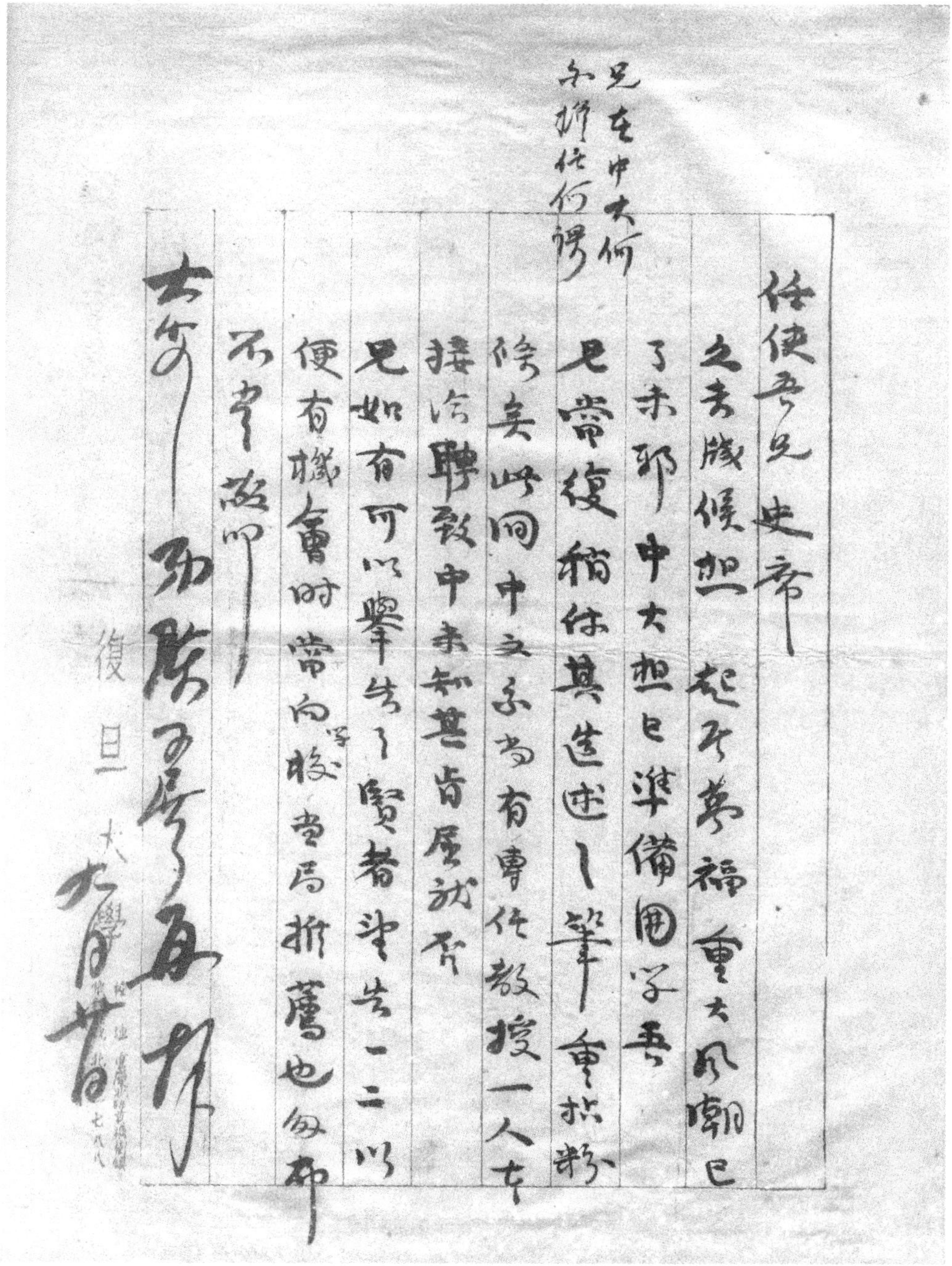
任俠吾兄史席：
久未晤候，想起居安福。重大風潮已了未耶？中大想已準備開學，吾兄當復稍休，其述一筆，重拾舊業矣。此間中文系為有專任教授一人，在接洽聘致中，未知其肯屈就否。兄如有可以舉薦之賢者，望告一二，以便有機會時常向學校當局推薦也。即布，不盡。敬叩
大安
兄在中大何系擔任何課
復旦大學

陳子展致常任俠　27×20.5 厘米

任俠吾兄先生：

兩辱手教，欣悉吾兄尚在中大。此間電聘李肖呐先生，正在往返商洽中，至多不出半月，此一問題必得解決。倘李先生不來而又不薦人暫代，有曲選一課，每周三小時，當懇吾兄擔任。一月來兩回，吾人談藝之機會已多，不亦友朋間至快之事乎？匆復不盡，敬頌

著綏

弟陳子展

十月七日

【注釋】

經考證該信作於 1941 年 10 月 7 日。

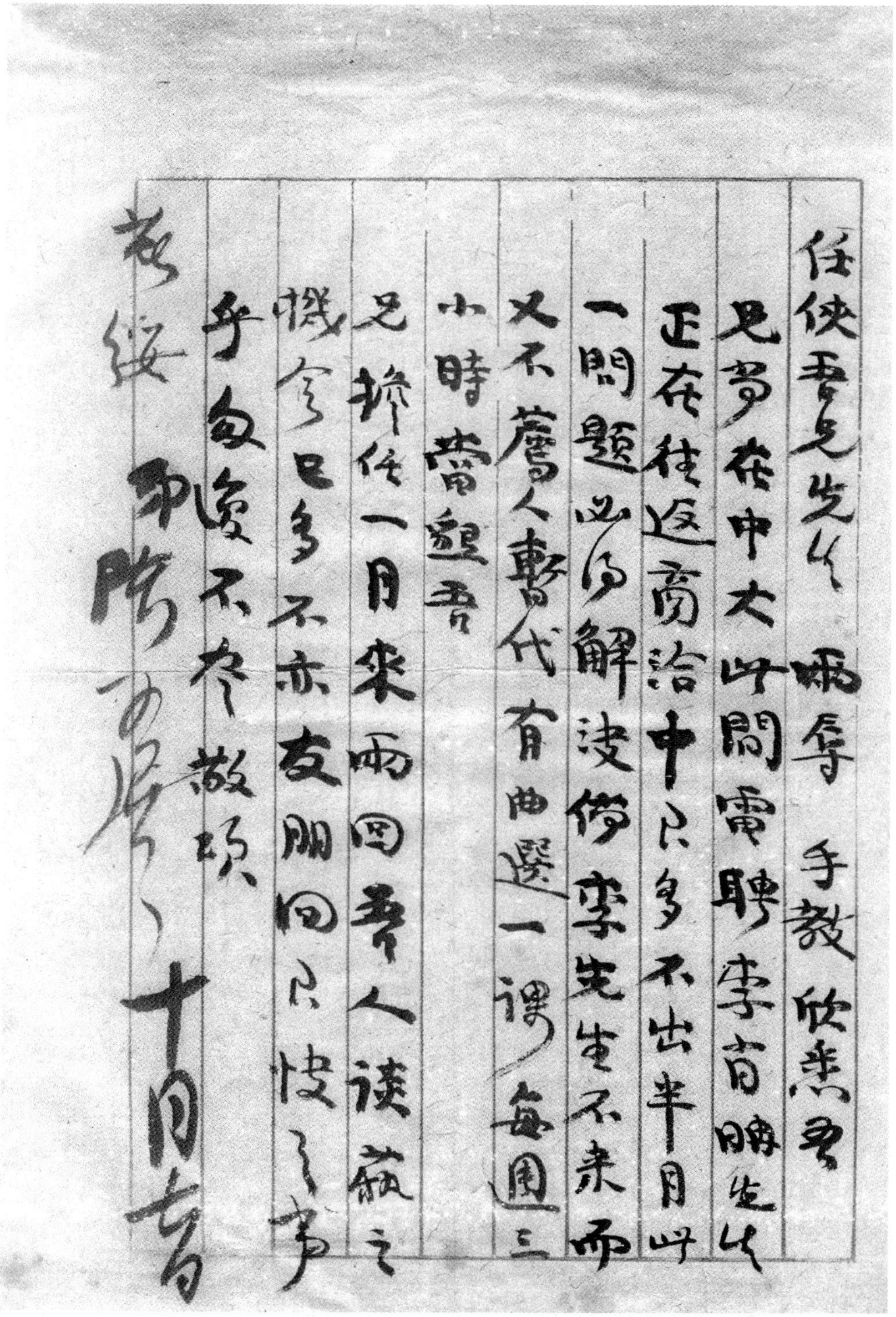

任俠吾兄先生 兩辱 手教 欣悉吾
兄夢在中大此間電聘李青崖先生
正在往返商洽中只多不出半月此
一問題必可解決俾李先生不來而
又不願人暫代有曲選一課每週三
小時當煩吾
兄擔任一月來兩回吾人談藝之
機會已多不亦友朋間只快之事
乎匆復不盡敬頌
教綏 弟陳子展 十月七日

陳子展致常任俠 27.5×19 厘米

任俠先生史席：

昨電計達左右，此間已於今日開始注冊，廿日上課，聘書已在繕寫中，懇兄惠然允諾。弟適有事，又家有小孩無人照料，已兩年不入城，未能親詣請教，深用爲歉，倘兄能於日內抽暇到北碚一談，則尤爲厚幸。匆復不盡，敬叩

著安

弟陳子展再拜

十月十六日

此間專任聘約爲一年，自八月起薪，月薪四百元，另有家屬平價米可購。兄來再加授曲選二小時，連國文兩班（每周每班講三小時，作文二小時，兩周作文一次）共作十四小時，算加授之課，每小時八元。

【注釋】

經考證該信作於 1941 年 10 月 16 日。

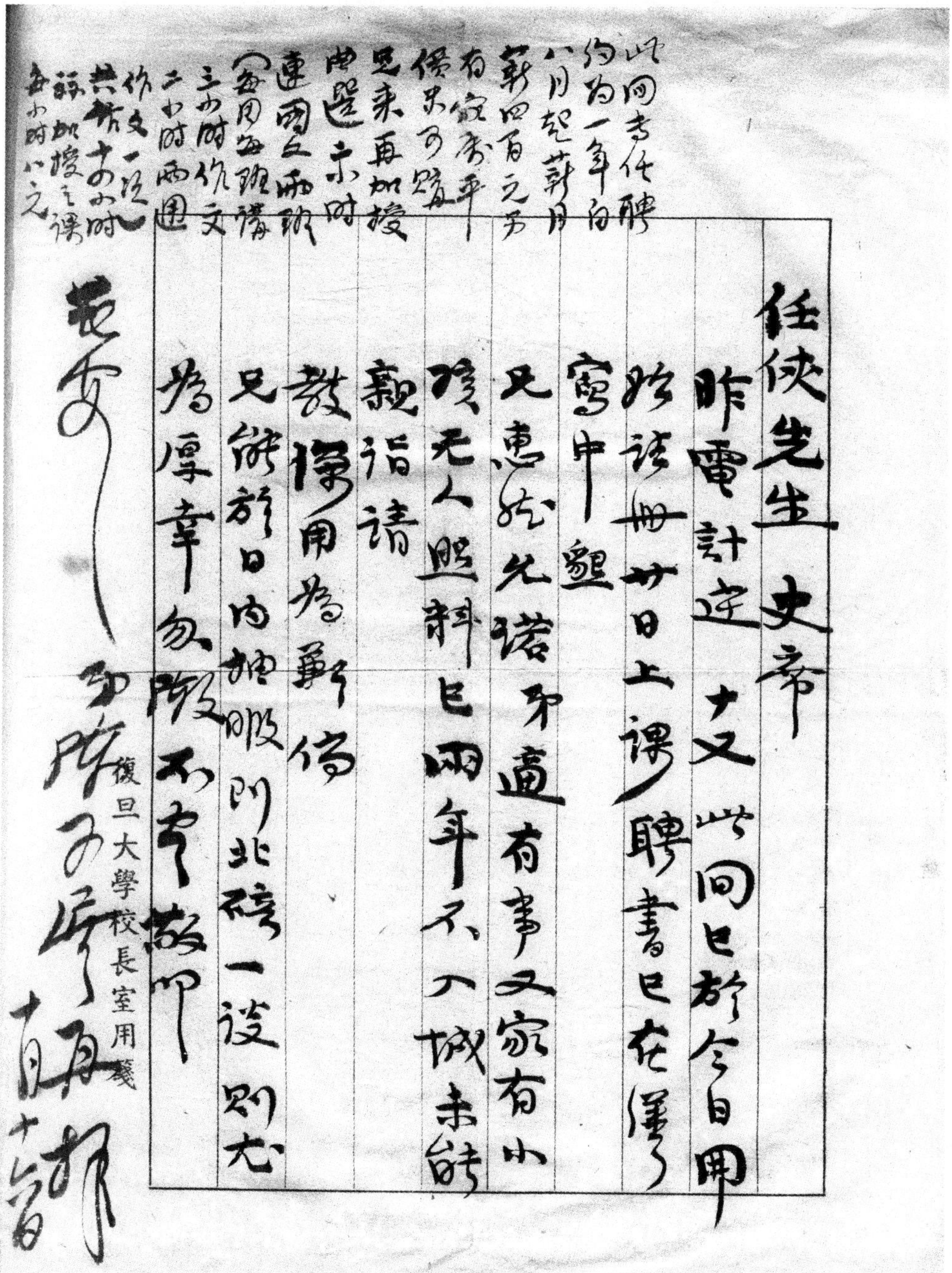

任俠先生史席：

昨電計達。十又此間已於今日用

珍該冊廿日上課，聘書已在僕

寓中，乞

兄惠然允諾。弟適有事，又家有小

孩無人照料，已兩年不入城，未能

親詣請

教，謹用為歉。倚

兄能於日內賜覆，則北碚一談，則尤

為厚幸。匆匆，不盡欲言。

著安

弟陳子展頓首 十月十[illegible]日

此間專任聘約為一年，自八月起薪，月薪四百元，另有安家費，平價米可購。兄來再加授中國文學史，每週三小時，連同大一國文兩班（每週每班講讀三小時，作文二小時），兩週作文一次，共計十五小時，[illegible]加授之課每小時八元。

復旦大學校長室用箋

陳子展致常任俠 28.5×21.5 厘米

任俠吾兄：

覆電敬悉[1]。日前曾奉一椷[箋]，想蒙察及，前電係弟擬稿，吴校長未閲。今晤吴校長詢及吾兄在中大待遇，弟以九月廿六日《中央日報》刋兄啓事可查，吴校長云常先生聞名已久，此間待遇可視中大待遇爲優，意謂兄如在中大爲講師，此間即以副教授待遇，如爲副教授，即仍以副教授待遇，一年後當以教授待遇（或者即可以教授待遇）。蓋教部對於大學教員待遇已有規定，只能按照辦理，或辦得相差不遠，好在薪金相差無幾，而名義更不值吾兄一哂也。今日已正式上課，聘書已請於吴校長，即日繕發，懇速駕臨或先到此一商，不勝跂禱，耑叩

著安

弟陳子展再拜　十月廿日

聘書明日付郵。

中大有一農科講師在此爲副教授，月薪三百四十元，自八月一日起薪，兄同此待遇。

【注釋】

經考證該信作於 1941 年 10 月 20 日。

[1]常任俠曾於 10 月 18 日“電覆陳子展，應其召聘。”後因故辭聘。

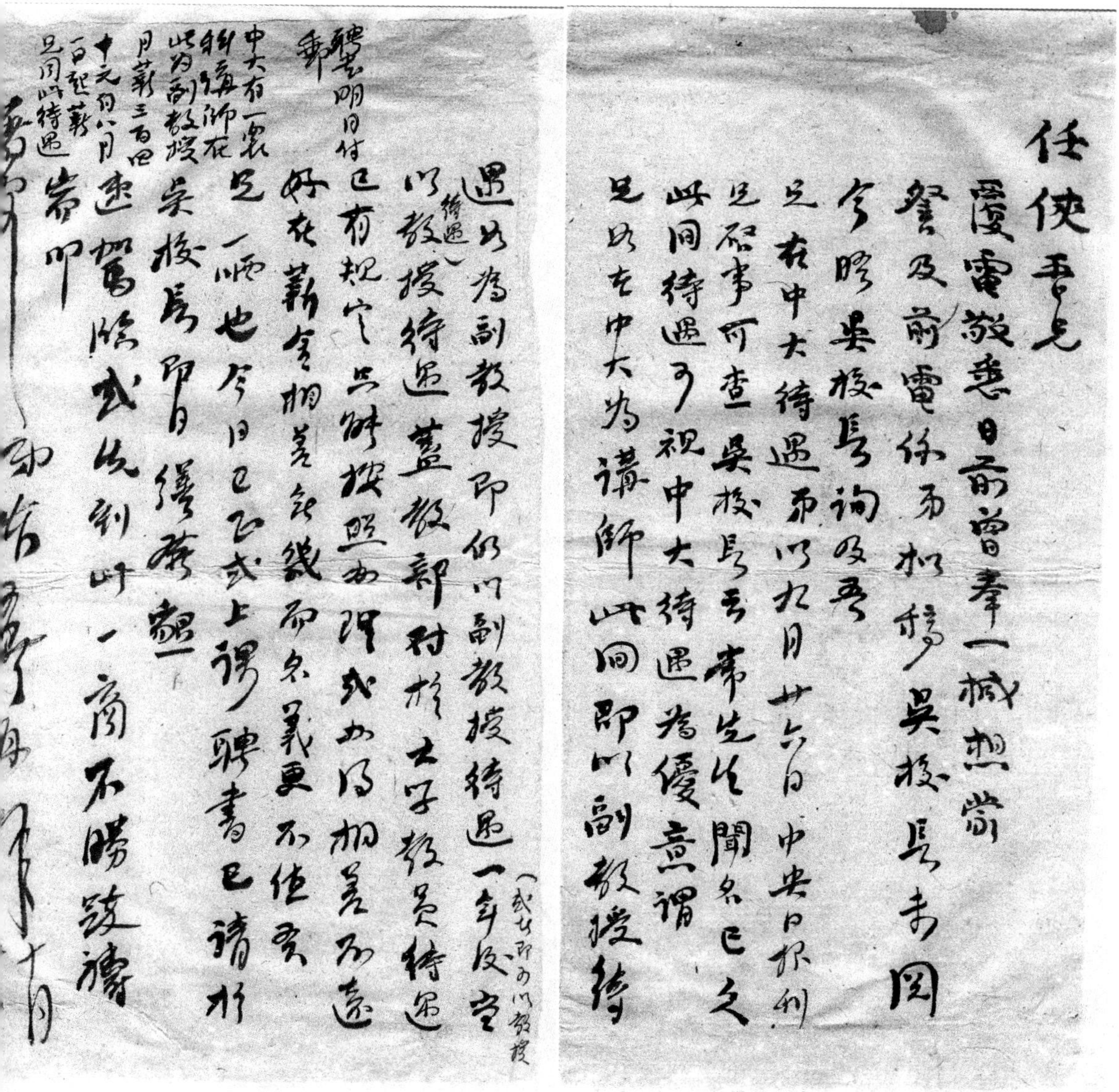

任俠吾兄：

覆電敬悉。日前曾奉一緘，想當
察及。前電係弟托胡穆吳校長寄回
今晚吳校長詢及吾
兄在中大待遇，弟以九月廿六日中央日報所刊
兄啓事何查吳校長吾常先生聞名已久
此間待遇可視中大待遇為優，意謂
兄既在中大為講師，此間即以副教授待
遇，如為副教授，即仍以副教授待遇，一年後當（或竟即可以教授）
以教授（待遇）待遇。蓋教部對於大學教員待遇
已有規定，與難按照如理，或如何相差不遠。
好在薪金相差無幾，而名義更不值貴
兄一哂也。今日已正式上課，聘書已請於
吳校長即日繕發。
速駕臨，或係到此一商，不勝跂禱。
專叩
勛安
弟子展 十月

聘書明日付郵

中大有一裘兄，編師在此為副教授，月薪三百四。

中大自八月一日起薪，兄同此待遇。

陳子展致常任俠 28×16 厘米

任俠老學長吾兄：

昨由學校轉到上月二十日惠書，爲之狂喜。莊生所云空谷足音跫然之喜，未足以喻也。我自上海解放之次月，與兄相遇於北京。歸後生病，急流勇退，即欲脱離大學，以編輯寫作終其餘生。不謂爲當事者不諒，從而尼之，不得如願。我亦自此不再登壇教書，尸位素食，荏苒至今。即摧抑之，亦非所計也。古典文學教研組，我竟不知其爲何組織。中青教師撰《天問》《天對》注，確曾要我提供意見，但見納者少，竟忝列諸同志之名次，冒濫滋慚！來書提及之諸君，伍蠡甫、吳鈞尚在學校，吳近改業校之中醫。陶映霞女士則不識其人。蓬子已於六九年五月以肺癌逝世，生前嘗大受衝擊，但卒得保護，惜乎不祿，亦不得享老太爺福耳。兩年前小兒志申爲我攝影於外灘公園，今較衰老，已遜前影。奉上一幀以當晤對。小兒大學畢業後工作幾年，後因腸胃病退職居家療養，十多年來，再求工作，竟不可得。彼固此生不幸，而我轉賴以平善度過晚年。顧老牛舐小犢，丈夫憐少子，自惟一生不幸最後有此遺恨。大時代之小悲劇類此者何止千百萬乎！欣悉兄之體力不衰，老而益壯；學殖日富，晚而彌成。三讀來書，虎虎有生氣，如復親接其人，爲之神王［往］，爲之頌禱！冀幸此生尚有良覿快譚之日也！

謹致

敬禮，並祝著祺！

弟陳子展敬復　三月一日

【注釋】

經考證該信作於 1974 年 3 月 1 日。

任俠老學長吾兄：
昨由學校轉到上月二十日惠書，均已拜[illegible]。承告所
云寶塔是[illegible]望銘之竟，亦足以喻也。我自上海解放之次
月，與兄相遇于北京。歸後參加革命，即被派為大
學，以編輯為作，終無餘生。不謂[illegible]多年，不[illegible]徒而
見之，不得終辭。我亦自此不再登壇教書，只任專
負，[illegible]。即推卸之，亦非所計也。[illegible]
術組，我竟不知其因何組織。中青教師[illegible]
德，羅曾要我提供意見，但見納甚少，竟[illegible]
之前次，[illegible]！來書提及之諸君，俱為本校[illegible]
在此校，吳[illegible]已改業校之中醫。陶映霞女士則不識其
人。[illegible]已於六九年五月以肺癌逝世。[illegible]
遠，但亦得保護，偶乎不[illegible]，亦不得享老太爺稱號。
兩年前小兒[illegible]將我搬到外灘公園，今校衰老之
遇前緣。奉上一幀以當晤對。小兒大學畢業之後
以來，以腸胃病退職，居家療養，十多年來，再求
工作，竟不可得。彼因此生不幸，而[illegible]以平善後
之晚年。[illegible]，之夫[illegible]力子，自[illegible]
最後有此遺憾。大時代之小世劇，然已數[illegible]
百萬字！你想，兄之體力不衰，老而益壯；學殖日富，
晚而彌成。[illegible]來書，兄之有生氣，以後[illegible]
人，將之神已，然之頌禱！[illegible]幸此生尚有良觀
快睹之日也！
謹[illegible]

陳子展致常任俠 26.5×19 厘米

任俠老學長：

昨上一函，忘入相片。夙患神經衰弱，已休養廿年，老且益甚，於其善忘可知。我今將滿七十六歲，耳目已不聰明。左眼患白內障，已動手術，右眼繼患之，尚圖控制一些時日。又患糖尿病，動脈硬化。心臟情況亦不佳，正服六九一一。此二十多年間，大半日子不能工作。稍一好轉，便下筆不能自休，申兒屢爲勸戒。生平微尚唯在詩騷，積存資料多年，晚乃稍加整理。乘病有間，擬寫成書，一爲《詩經直解》，一爲《楚辭直解》，各經三四寫，今年可望蕆事。人民出版社有人來訪口約，此不急之書，未必能予出版，我亦不願出版，免自取詬辱。書生生前無益於世，死後但遺幾卷廢稿，可哀也已！有暇望多指教，隨意筆談，不足爲不相知者道也。

謹致

敬禮！並問

尊夫人暨小朋好！

弟展手上　三月二日

去歲杪，曾患頭旋暈眩一次，醫者謂爲美尼爾氏症。此法國醫師發見，是病與暈海者相類似。

【注释】

該信作於1974年3月2日。

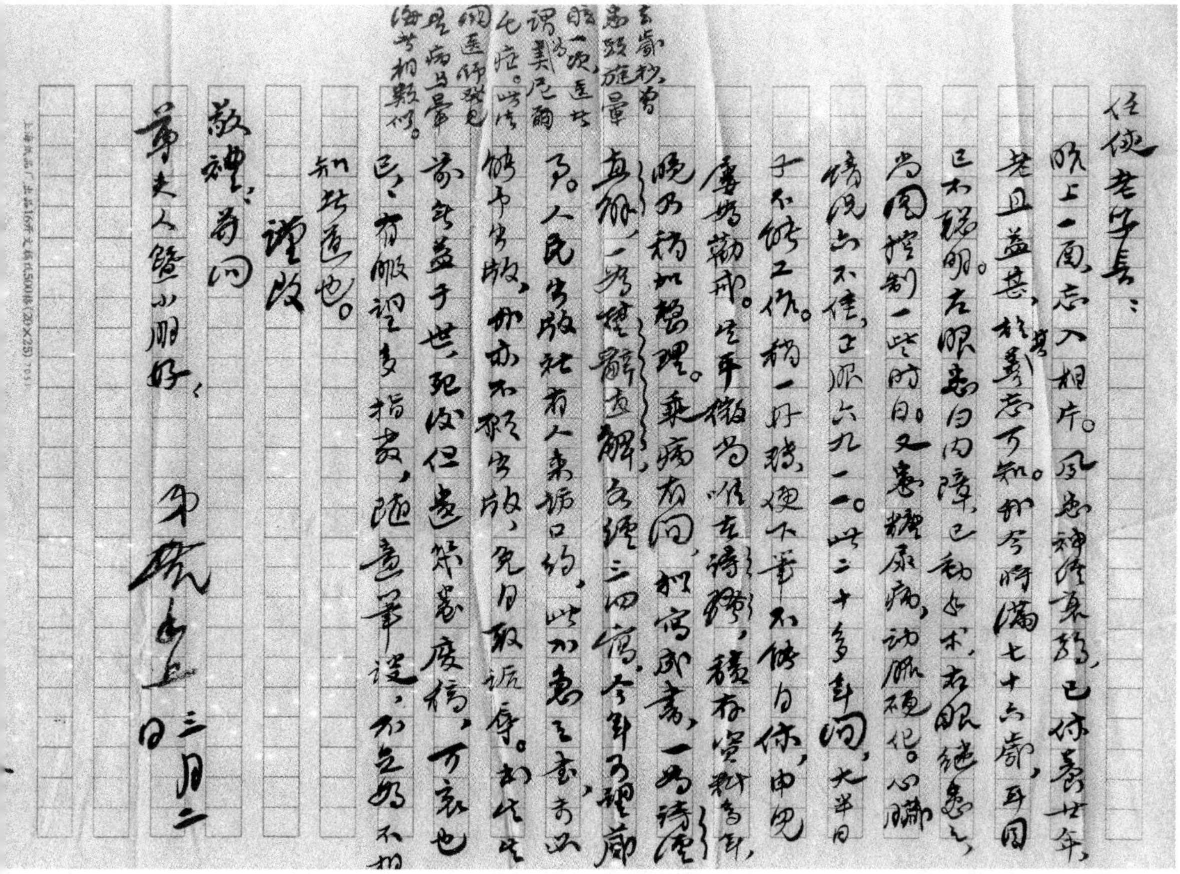

任俠老学長：

昨上一函，忘入相片。風患神經衰弱，已經廿年，老且益甚，於舊事多不知。我今年滿七十六歲，耳目已不聰明。左眼患白內障，已動手術，右眼繼患之，尚需控制一些時日。又患糖尿病，動脈硬化。心臟情况亦不佳，住院六九一〇。此二十多年間，大半日子不能工作。稍一好轉，便不輟不能自休，申兒屢加勸戒。近年撒為唯在詩辭，積存資料多年，晚乃稍加整理。乘病有間，擬寫成書，一為詩經直解，一為楚辭直解。不經三四寫，今年乃理齣了。人民出版社有人來訪口約，此加急之意者，以能早出版，我亦不願出版，免自取近辱。若此生前能益于世，死後但遺聚書廢稿，亦哀也已。有暇望多指教，隨意筆談，如無暇不相知，共達也。

去歲秋，曾患頭旋暈一次，醫生謂為美尼爾氏症。此後因醫師發見是病出暈，海若相數付。

謹復

敬禮。前問

尊夫人暨小朋好

子展 上 三月二日

陳子展致常任俠　26.5×19 厘米

程千帆（1913–2000）湖南寧鄉人。原名程會昌，字伯昊。古典文學研究家。1936年畢業於南京金陵大學中文系。與常任俠等組織土星筆會，出版《詩帆》，並主編《金陵大學文學院專刊》。1942年起，先後在金陵大學、四川大學、武漢大學講授古代文學史、文學理論及古典詩歌。1958年被劃爲右派分子，1979年平反。1978年受聘南京大學中文系教授。著有《唐代進士行卷與文學》、《文論要詮》、《古典詩歌論叢》（與沈祖棻合撰）等。

任俠老兄左右：

五三年在北京飯店匆匆一晤，轉眼二十餘載，契闊之感，何可勝言。數年前曾作小詩奉贈，而無由達，近始自京友處獲悉尊址，爲之欣然。弟自數年前免冑，迫於情勢，旋即挂冠，比惟閉戶讀書，以盡殘年而已。紫曼[1]客歲，以車禍逝世，想兄或已知聞，文章知己，患難夫妻，而今已矣，夫復何言。頃方遺董，其遺書詩詞六七萬言，論述三十餘萬言，方謀付印，以永其傳，亦不知能有成否耳。武漢交游，殊鮮舊知，惟季剛師之侄耀先，共事多年，前數日過談，尙及吾兄，舉先師謂兄有乃祖開平之風之語，以爲笑樂。子強尙在南京師範學院，衰而忙，可嘆。友人顧學頡先生學識甚博，唐人歌詩，元代雜劇，治之頗久，皆有成書。久聞兄名，極願納交，今特具函爲介，望延接之。兄素強健，想杖履康吉，老學不倦，無緣把晤，幸錫還雲，專頌

著安

弟千帆頓首　四月八日

【注釋】

經考證該信作於1978年4月8日。

[1]紫曼指女詞人沈祖棻，程千帆夫人，早年詩帆社同人。

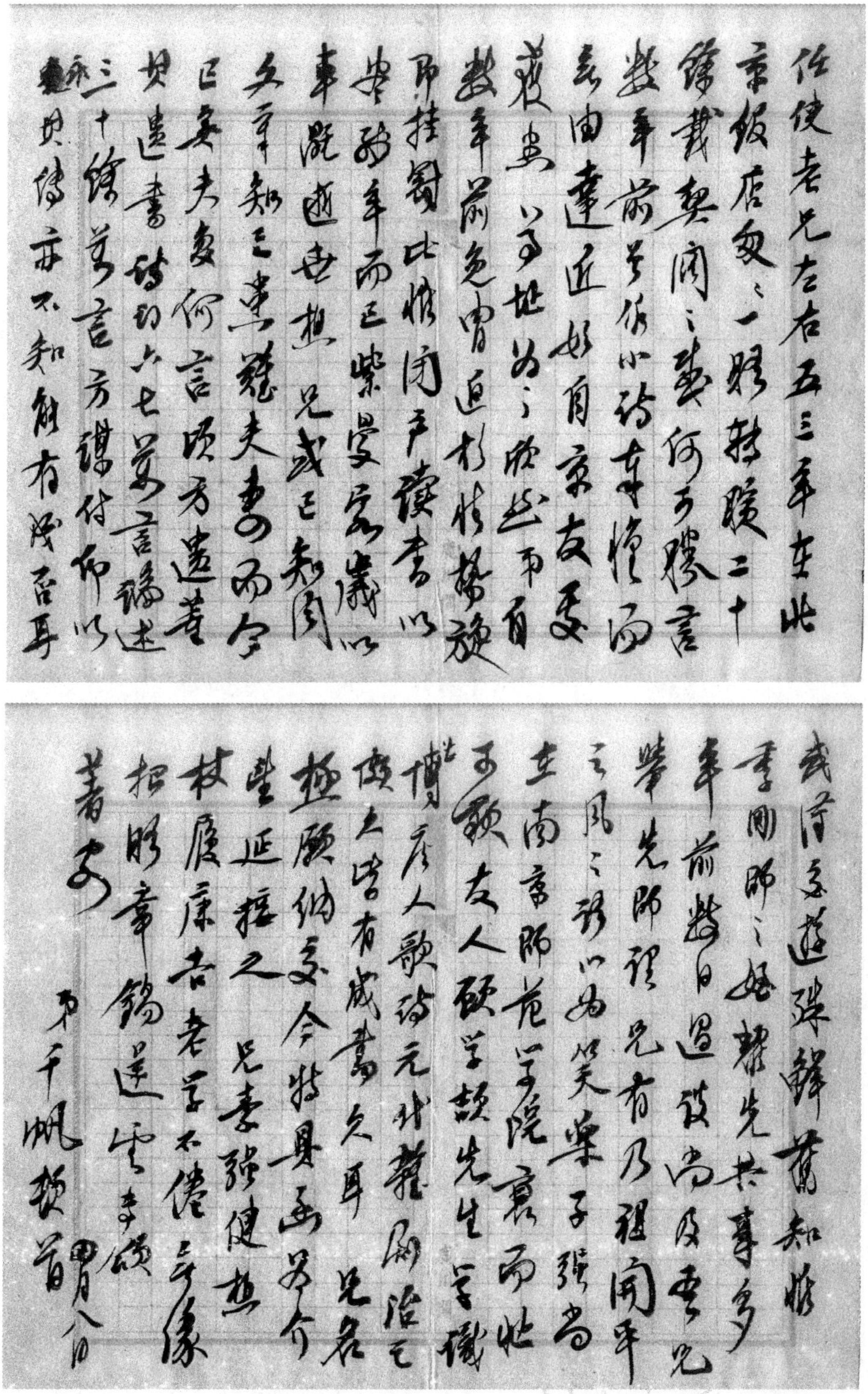

程千帆致常任俠 27×21 厘米

任俠老兄：

惠書敬悉，極慰悵想，馬年新作，逼近玉溪，比眞深微，想見學道有得也。紫曼如此下場，眞出意外，太史公所謂儻所謂天道是邪非邪，今乃味其言之沉痛也。像片一張奉呈，拍後四日即逝世，乃最後之像也。其詩詞稿在寧印，約秋冬間可成，屆時當寄上。顧君住小南鄉春松衕衕十三號，以血壓高，難常出門。得弟手復定當奉訪，惟不知何日耳。尊集是否已在印中，甚盼早日流佈，海內勝流，存者無幾，能讀尊作者，恐亦不多，故以早刊爲是。舊詩數絶，作於前年，别紙抄奉乞教。銘竹已於解放前移居香港，滕剛二十年前聞在杭州，今則皆不知存歿，土星人惟孫望、兄及弟尚相知聞，又各在一方，無從晤面，思之悒悒。專復即頌

吟安

弟會昌頓首

四月二十日

【注釋】

經考證該信作於 1978 年 4 月 20 日。

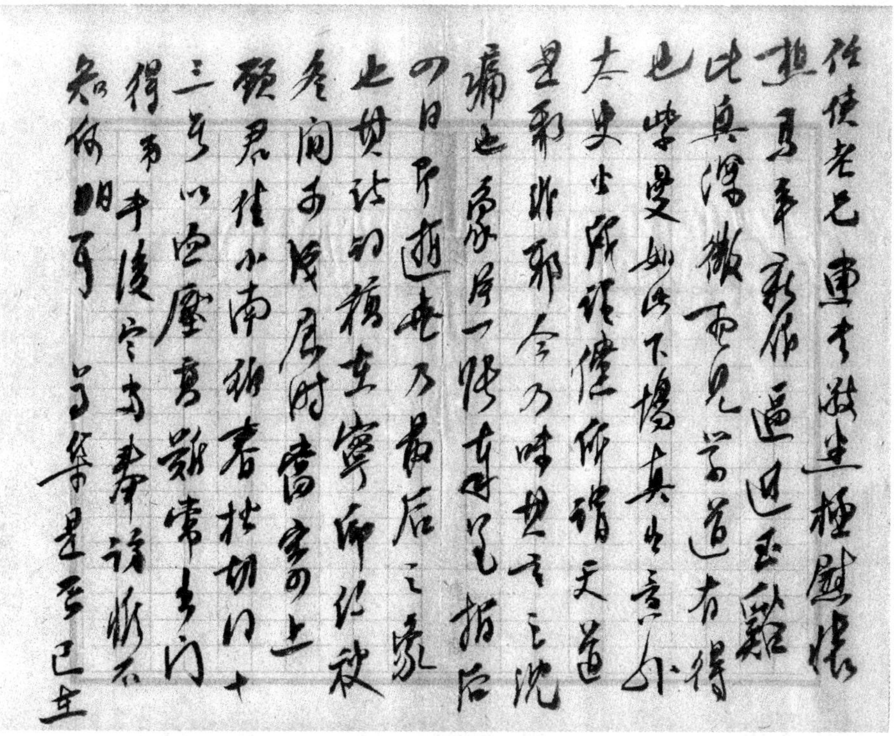

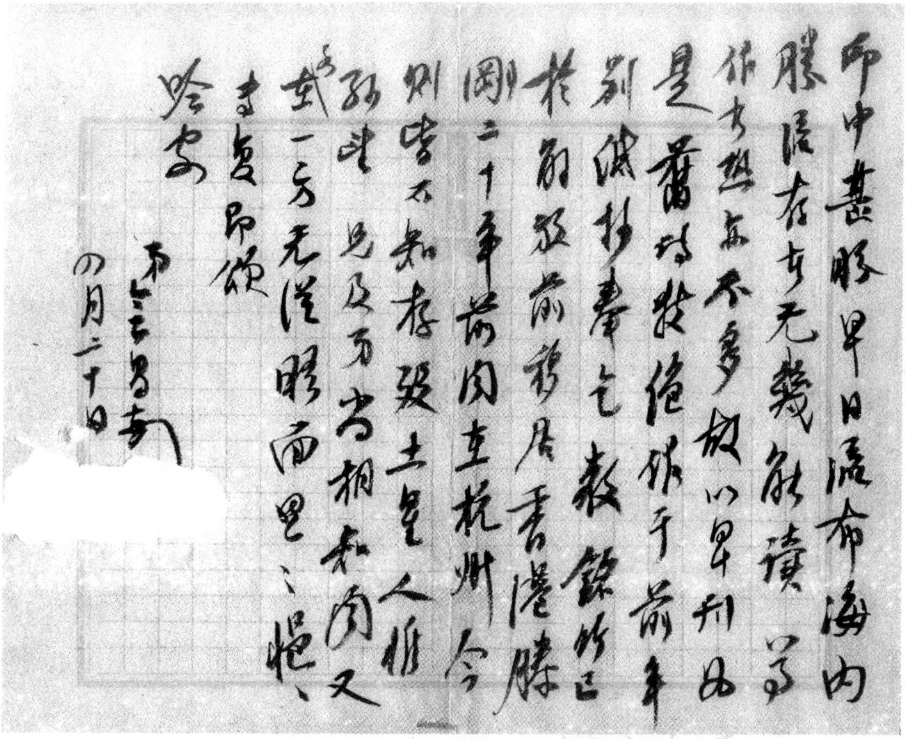

程千帆致常任俠 27×21 厘米

任俠兄：

在京晤談甚快，恨時間太短耳。

爲《詩帆》寫回憶録事，已商之孫望兄，渠可將全部刊物奉寄，兄不妨與之聯繫。

致章含之一函，請兄打聽地址，挂號轉去，感感。

即頌

吟安

弟千帆　3.8

兄處如藏有辟師詩稿，望悉録寄。

【注釋】

經考證該信作於 1983 年 3 月 8 日。

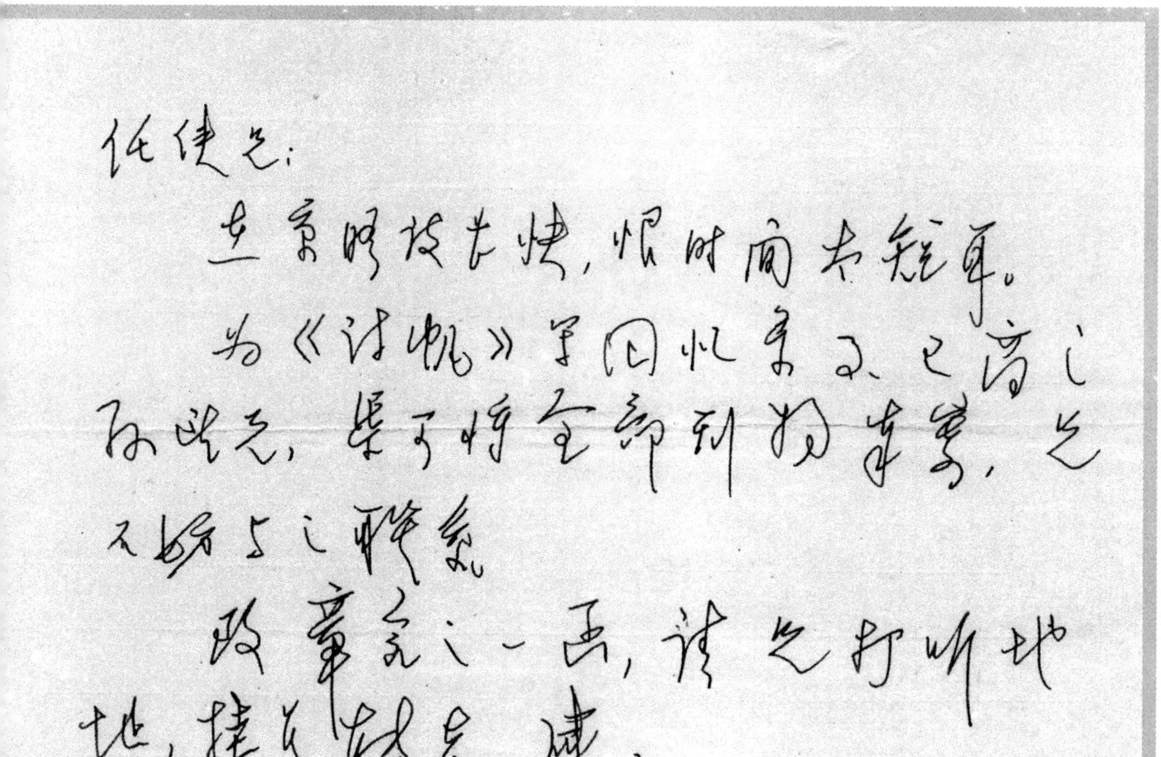

任侠兄：

在京时谈太快，恨时间太短耳。

为《诗帆》写回忆文字，已寄之孙望兄，望可将全部刊于其集中，兄不妨与之联系。

致章兄之一函，请兄打听地址，转寄为荷，感感。

即颂

吟安

弟 千帆 3.8

兄处如藏有铭竹诗稿，望速寄寄

程千帆致常任俠　20.5×18.5 厘米

任俠吾兄：

在寧匆匆一晤，未得暢敘，極爲悵惋。

頃得寄示銘竹像片，與此公不相聞者數十年，托港友打聽，亦未得其踪迹，不知尚在世間否？多慈[1]佳人而所遇屯蹇，聞安治言，在臺患癌，赴美就醫甫抵西岸，逝世機場。凡此皆深可感憶。不獨兄之情有獨鍾也。

《詩帆》聞望兄已有複印本奉寄，希兄據以選爲一集[2]，如能付印，亦是三十年代詩壇小花一朵，囑爲文，當商之望兄。渠近因家務，心情亦不甚舒暢，嚴冬不敢出門，容當訪之。兄高齡，伏冀頤養。順頌

吟安

弟帆頓首　二月廿二日

【注釋】

經考證該信作於 1988 年 2 月 22 日。

[1]指女畫家孫多慈。1975 年 1 月病逝於美國。

[2]指常任俠與孫望共同商議將《詩帆》中詩選印一冊，作爲過去的紀念。未果。

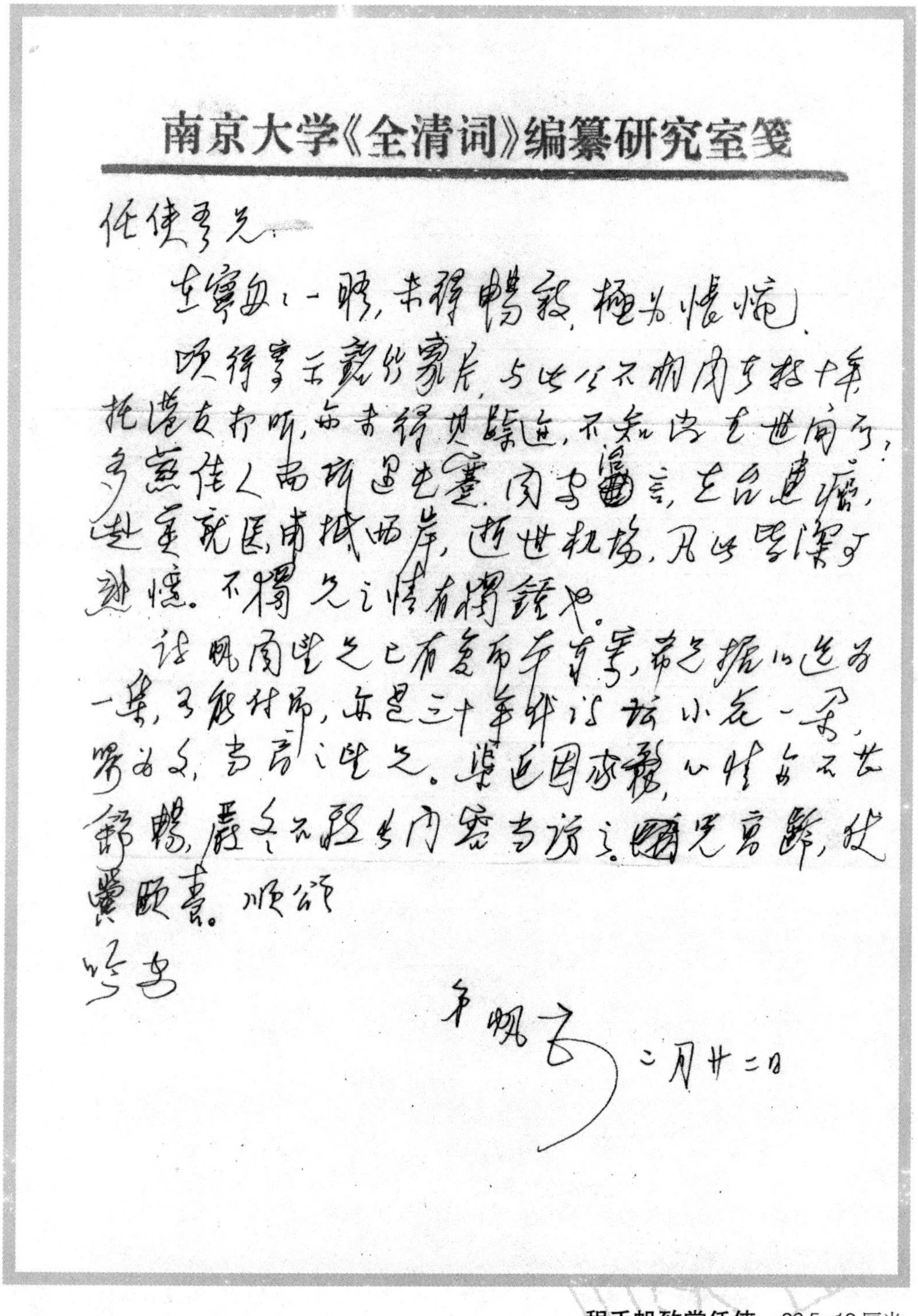

南京大学《全清词》编纂研究室笺

任侠吾兄：

在宁匆匆一晤，未得畅叙，极为怅惘。

顷得寄示[illegible]家书，与此公不[illegible]者数十年，托港友打听，亦未得其踪迹，不知尚在世间否？今[illegible]佳人南琼[illegible]，闻其[illegible]云，在台患癌，赴美就医，甫抵西岸，逝世机场，凡此皆深可悲悼。不独久之情有独钟也。

[illegible]帆阁[illegible]之已有复印本否？若无，据以选若一集，可能付印，亦是三十年代诗坛小花一朵，[illegible]兄与吾言之[illegible]之。弟近因衰病，心情亦不甚舒畅，严文亦[illegible]内容当详之。[illegible]光景[illegible]，使[illegible]欧书。顺颂

近安

弟帆 上 二月廿二日

程千帆致常任俠 26.5×19 厘米

楚圖南(1899—1994)雲南文山人。曾任暨南大學、雲南大學、上海法學院教授。抗戰期間,在昆明參加民主運動,爲民盟領導人之一。中華人民共和國成立後,歷任北京師範大學教授,對外文化協會會長,全國第一屆政協委員、二屆至五屆常委,第五、六屆全國人大常委,民盟中央代主席等職。著譯有《旅塵遊記》、《希臘的神話和傳説》等。

任俠同志:

久未晤談,得函至喜。所云工資調整、文物清理等事,最好向組織申請解決。所索書[1],謹奉還,祈收,並深致謝意。知已進入高齡,望一切珍攝,對祖國學術事業多作貢獻。耑此奉復,並致

敬禮!

楚圖南

12月5日

【注釋】

經考證該信作於1987年12月5日。

[1] 指楚圖南著《旅塵遊記》,1945年由文通書局出版。1958年常任俠於北京舊書攤上偶然購得,即贈給作者。時因研究參考,又向作者借用。

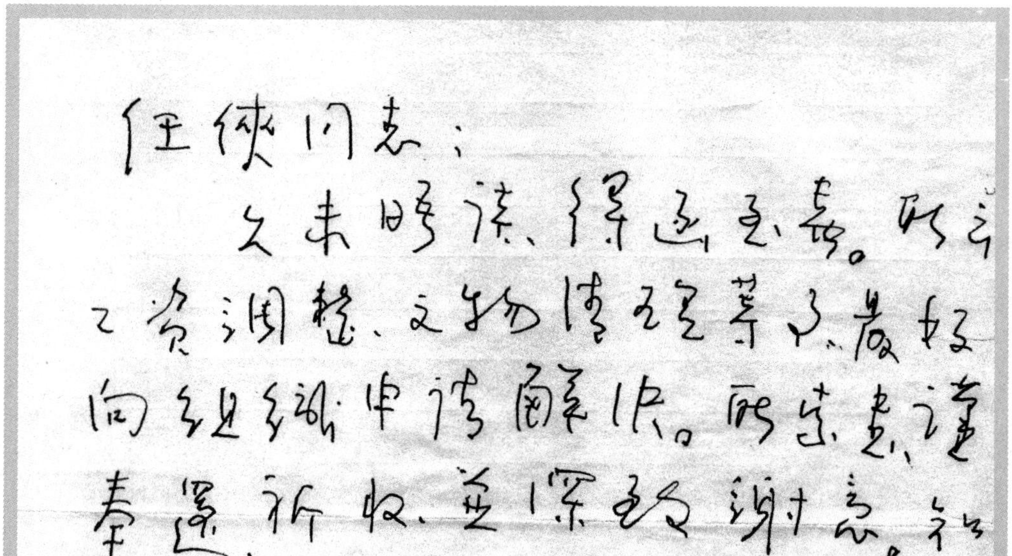
任侠同志：
久未晤谈，得函至喜。所云之资调档、文物清理等事，最好向组织申请解决。所借书谨奉还，祈收，并深致谢意。你已进入高龄，望一切珍摄，对祖国艺术事业多作贡献。尚此奉复，并致
敬礼！
楚图南
12月5日。

楚圖南致常任俠 21×19 厘米

董竹君（1899—1997），曾用名董篁，江蘇省蘇州市人。著名愛國民主人士、我國早期女企業家。曾任上海錦江飯店經理。中國人民政治協商會議第七屆全國委員會委員。著有長篇回憶録《我的一個世紀》自述其生平。

常老：

你的病情如何？你説在你病中勿去探望你，故一直未去。惦念未已。

國琇夫婦、子，於先後回來了，知你病。她們也全病倒，近日稍好些，但尚不能繼續做事探友。大明也病了。我尚可支持。

待你出院都去看你。琇囑先問候。一切面談。

告訴你一個好消息，大明五七年問題全部徹底解決了。屬於錯劃，現予以改正，恢復黨籍，恢復工資級別，恢復名譽，挑出檔案中有關這一問題的結論和材料，消除影響。

知關錦注特聞！

祝好！

董老人　3.14 草

何時出院？

【注釋】

經考證該信作於 1977 年 3 月 14 日。

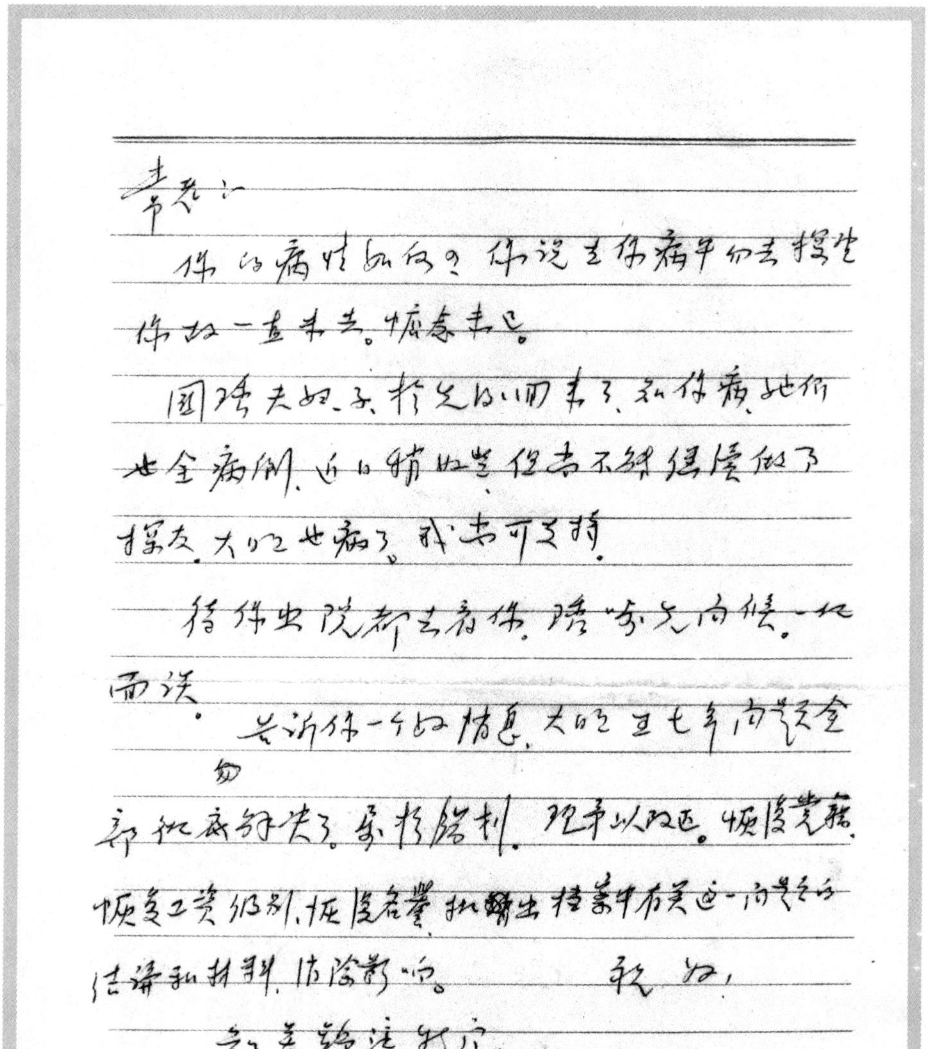

常老：

你的病情如何？你说在你病中仍去探望你的一直未去。怅恨未已。

国瑞夫妇、子於今日回来了，和你病的也全病倒。近日稍好些，但尚不能很快做了探友。大明也病了，我尚可支持。

待你出院都去看你。请代问候。一切面谈。

告诉你一个好消息，大明十七年问题全部彻底解决了。[illegible]，[illegible]。恢复党籍，恢复工资级别，恢复名誉，把[illegible]档案中有关的一切[illegible]材料，消除影响。

祝好，

和美锦注好。

董竹君 3.14夜

何时出院？

香河县印刷厂出品 76.10（1316）

董竹君致常任俠 25.5×17.5 厘米

常老：

大明昨天來，才知你未收到我的信，想你現在回家一定看到它了吧？

現寄上國瑛給你寄來的《文匯報》，上面有一篇你的大作之故，報邊她寫有幾行請注意！

此地空氣好極，惜你不能來。我現住九平方米一小間。滿舒適。土厠所，鄉居田園生活頗爲習慣，別有風味也。

祝好！

董老人　6.7 草

每晨 5 時入公園吸取新鮮空氣，做運動，或爬山，以螞蟻啃骨頭方法。

【注釋】

經考證該信作於 1978 年 6 月 7 日。

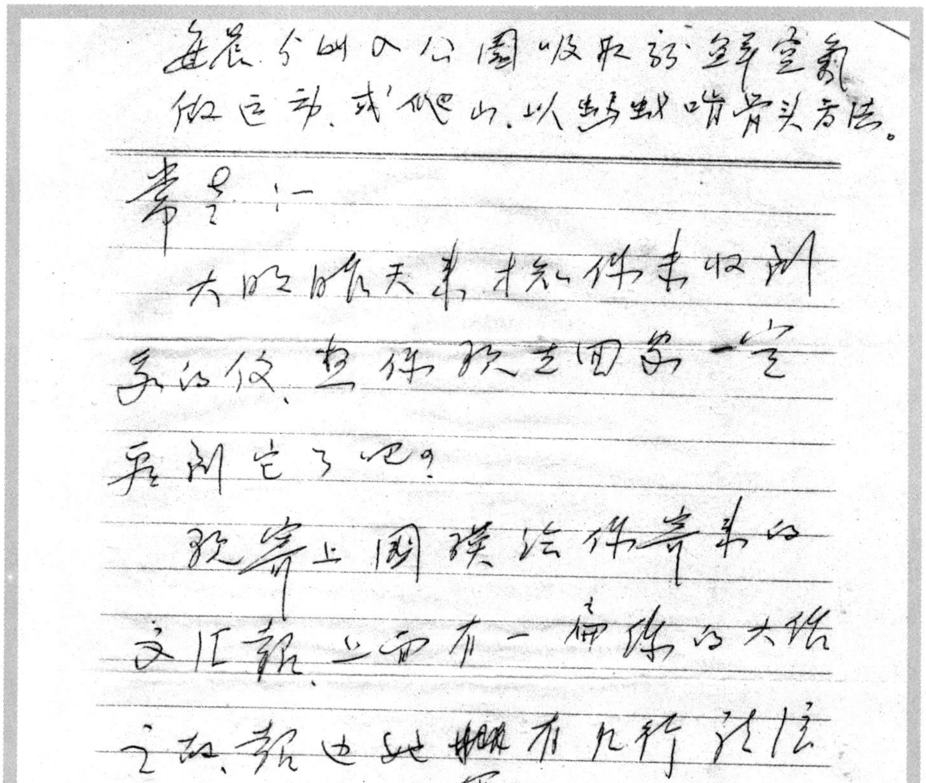

每晨六时入公园吸取新鲜空气
做运动、或爬山，以锻炼哨骨头方法。

常兄：

大明昨天来，想你未收到我的信，当你我回国后一定忘掉它了吧？

我寄上周琪给你寄来的文汇报，上面有一篇你的大作之故，报也比西方先行注意！

此地空气好极，惜你不能来。我现住九华云第一小间。满舒适，去厕所、浴室四周出恬，颇为习惯，别有风味也。

祝好。

董竹君 6.7 草

北京市西城区印刷厂出品 77．6（1478）

董竹君致常任俠 25.5×17.5 厘米

思念的常老好友：

你和家人均好？你的腿有無痊癒？這回行走必須小心！

我來美探親轉瞬已將三個月，光陰催人老，自然規律。

美國物質文明可謂已達頂點，惜精神文明成反比例。

這里家人均好，都知道你的，囑畢[筆]問候。國瑛母女因工作又返京了。現在滬吧？因忙之故也許未去看你。這次如能在京多住些時候她會去探望的。

我明天去舊金山，下週末返回大女國瓊家，如封面地址。

九月底回京，大明同返。他也問好你。這回返京後定去看你，再不主動去看你，太不成話了。祝你安康！問候全家老少！

董老人竹君　4.10

舊金山返回開始執畢[筆]，完成回憶録。暫勿外言。

【注釋】

該信寄自美國。經考證作於1981年4月10日。

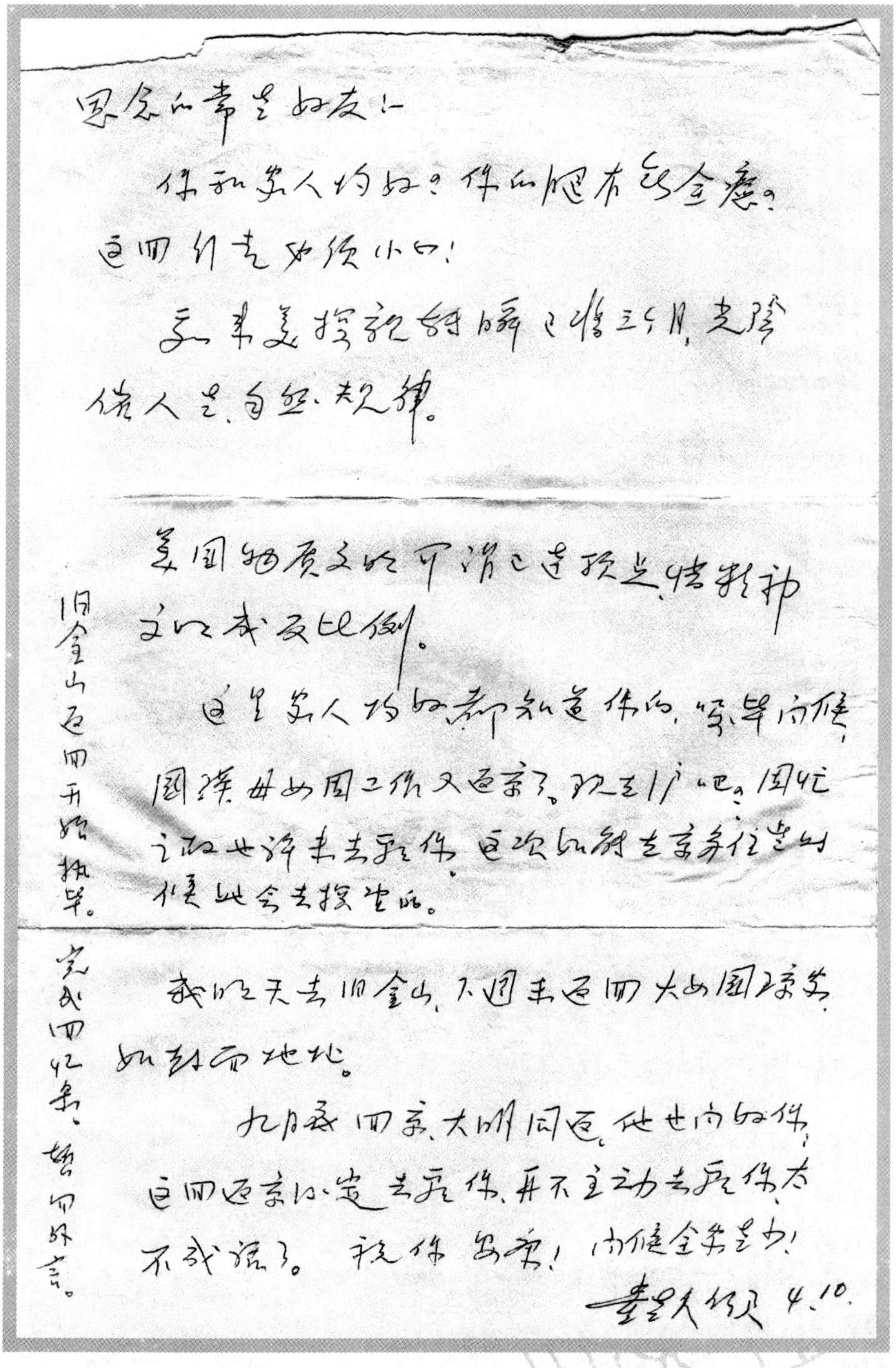

思念的常先好友：

你和家人均好？你的腿有否全癒？回国行走必须小心！

来美探亲转瞬已将三个月，光阴催人是自然规律。

美国物质文明可谓已达顶点，精神文明成反比例。

国里家人均好，都知道你的，嘱早问候，国璋母女因工作又回京了，现在广州吧。国忙之后也许来去看你，回沪她到北京务任先的便些会去探望的。

我明天去旧金山，下周来回国。大女国璋家如封面地址。

九月底回京，大明同回，但也向好你，回国回京以定去看你，并不主动去看你太不成话了。祝你安康！问候全家先生！

董竹君 4.10.

旧金山回国开始执笔。完成回忆录。暂勿外言。

董竹君致常任俠　27.5×18 厘米

常老：

您老又入院了，希望吉人天相早佔勿藥！祝您壽比南山……！

我在忙於寫完回憶録[1]，可能經常要去麻煩您，請見諒！但我想，凡我的事您老定願樂助也。

（一）在1915年左右時期，日本車站有帶［戴］紅帽子的服務員嗎？他們爲旅客協助拿行李送迎。

（二）有關日本武士和武士道的起源和其作用？並示存在和其結束時間。

在您病中來擾實不應該，請多多原諒！

以上請簡單説一下便行，我不是寫歷史，無非是點綴一下而已。

竹君　84.2.14

過三天去拿行嗎？若在醫治中不能寫的話則勿勉強。又及

【注釋】

該信作於1984年2月14日。

[1]董竹君撰回憶録《我的一個世紀》，北京三聯書店1997年出版。

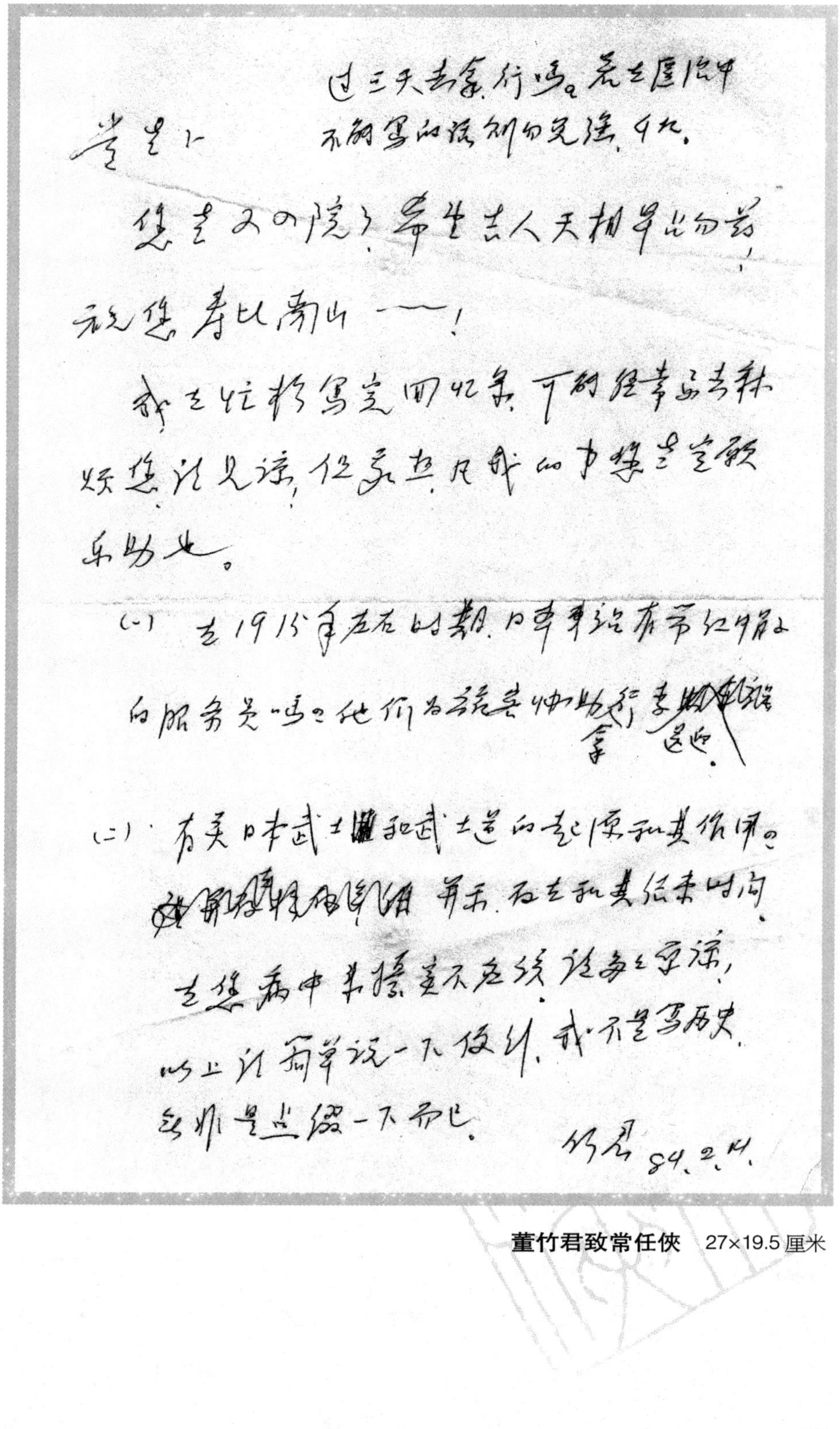

过三天去拿行吗。若已匿(?)中不能写的请划行免得误会。

常先生：

您去又回医院了，常先生吉人天相早日出院，祝您寿比南山——！

我已经将写完四个条。下面的经常出去[illegible]您请见谅，但实在只我的力量已尽乐助也。

(一) 在1915年左右的时期，日本军阀有常到[illegible]的服务员吗？他们为[illegible]。

(二) 有关日本武士和武士道的起源和其作用。[illegible]并示在日本和其后来的方向。

在您病中来搅并不应该，请多多原谅，

以上的简单说一下意见，我不是写历史，

而只是点缀一下而已。

竹君 84.2.14

董竹君致常任俠　27×19.5 厘米

思念的常老：

您們好！

您的腿疾想已痊癒？走路能自如？

我因三冬肺炎住院，去年遵醫囑於十一月25號來此療養，舊病未發，惟心臟憋氣難過。年齡不饒人，自然規律隨它去了。

新春轉瞬即到，在此遙祝閤府愉快！健康！長壽！您老友百歲太不成問題了！日前見報載全國百歲老人已有四千多人，令人高興！

大會三月25日召開，屆時返京[通]電話。

盼勞逸結合爲宜！

近來寫回憶録過多，手發抖，寫完奉上指教！

董老人　86.2.1 草

【注釋】

該信作於1986年2月1日，寄自廣東從化溫泉賓館。

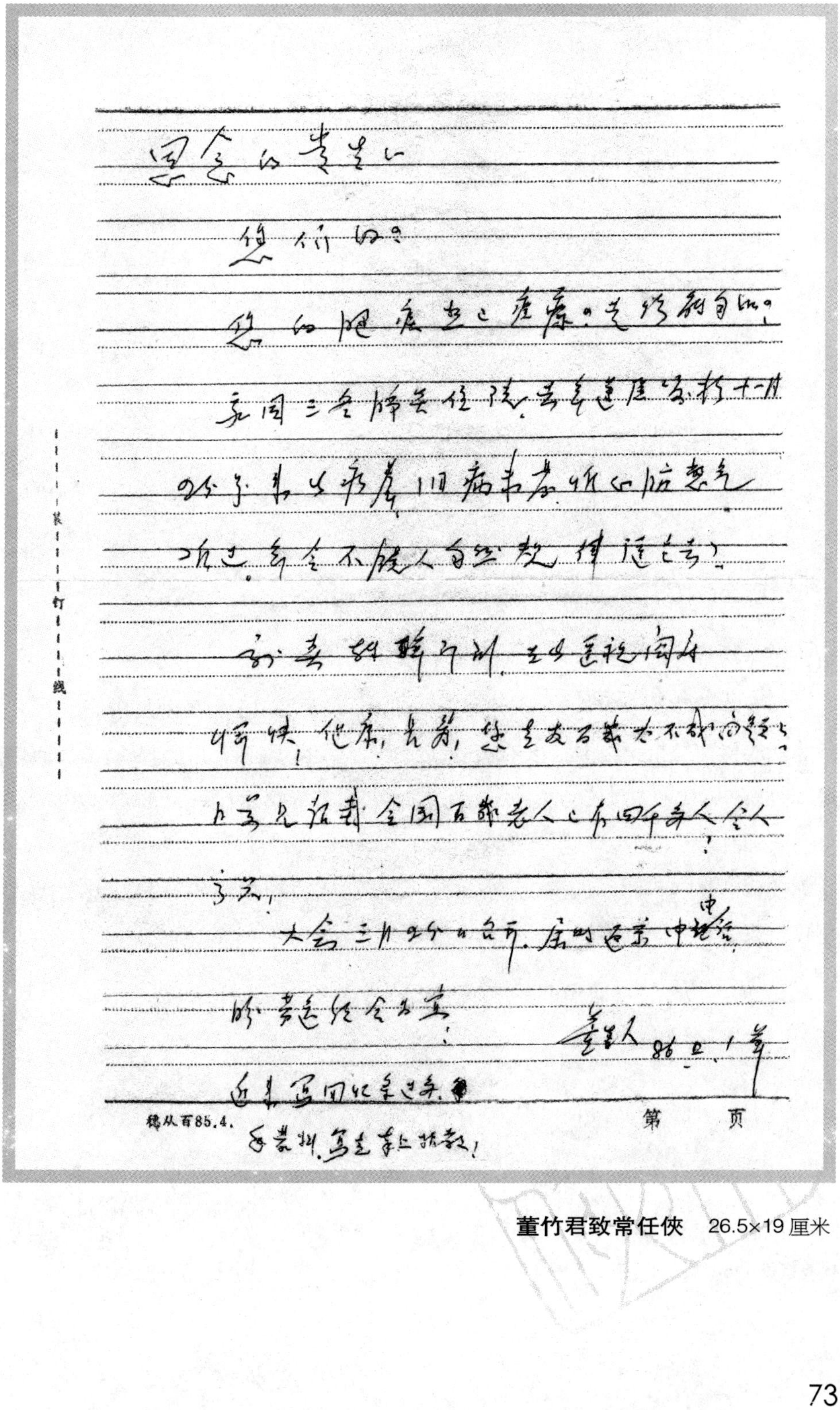

思念的常先生：

您好吗？

您的腿疾已已痊愈？[illegible]

全国三老[illegible]十一月

[illegible]

[illegible]不能人[illegible]

新春[illegible]

[illegible]侠，[illegible]，[illegible]，您[illegible]

[illegible]全国百[illegible]老人[illegible]

[illegible]

大会三月[illegible]召开。届时[illegible]中[illegible]

[illegible]

董竹君 86.2.1[illegible]

[illegible]

稳从百85.4.　　第　　页

董竹君致常任俠　26.5×19厘米

常老：

您好？

自序又修改過了，您一字不題。

您要的照片是我中年的，還是老年的，盼告！因爲現在整理照片中。

您的自傳是否已在進行中？您也是過了古稀之年，記憶力隨年令的增長而衰退，這是自然規律，盼接受我的意見快快動筆吧。外界事是作不完的，您的貢獻已不少了，回憶録亦屬貢獻之一。

我依然是三天打魚四天曬網的情況，致回憶録（自傳體的）老難脱稿，頗爲自我着急。

草祝

安康！百歲！

董老人　87.6.21 夜

問候家人老少！

盼信告以便翻印後送上。

【注釋】

該信作於 1987 年 6 月 2 日。

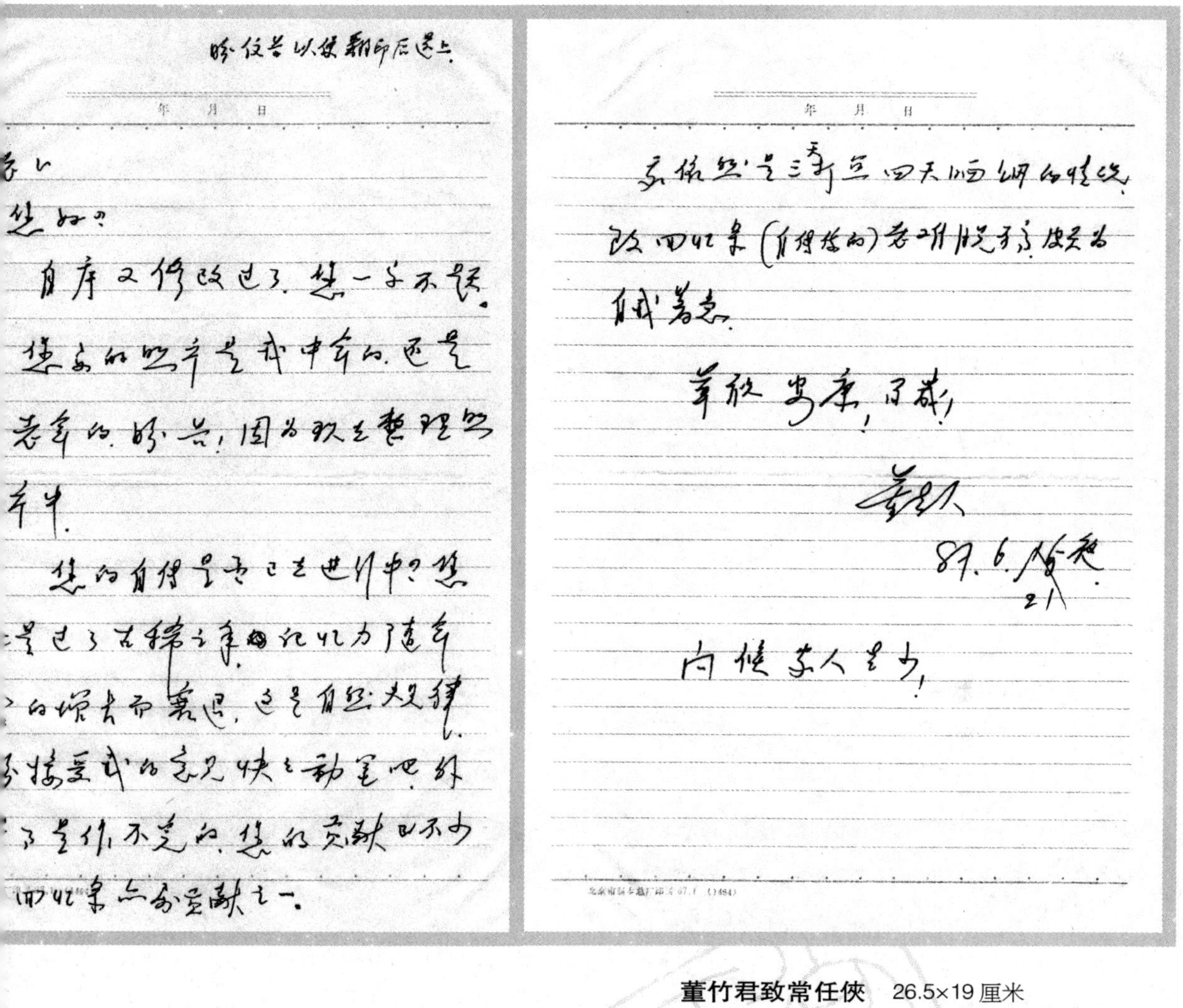

[illegible]以後翻印后送上。

年 月 日

[illegible]：

您好？

自序又修改过了，您一字不改。您写的那本书[illegible]中午的，还是老年的好书！因为我去整理那本书。

您的自传是[illegible]世[illegible]中？您[illegible]过了古稀之年，记忆力随年[illegible]的增长而衰退，这是自然规律。[illegible]接受我的意见快快动笔吧。外[illegible]是作不完的，您的贡献已不少，而此书亦为贡献之一。

年 月 日

[illegible]

祝你安康，长寿！

董竹君

87.6.21 [illegible]

向[illegible]家人[illegible]好！

董竹君致常任俠 26.5×19 厘米

思念的常老老友：

您好？

您的腿疾如何？還是日夜寫作？

我大會前寫了卅一個提案，會來客、瓊兒生病、瑣事等等，也病了一陣。這幾天好些又動筆回憶録，總覺得進度很慢，頗爲着急，想找一個安靜的地方去脱稿，苦無適當處，只好拖着寫着再説，總有一天會完工。

來電話知道了，謝謝您的關心！

特此問候，盼勞逸結合！

祝康樂！

董老人　89.4.15 夜草

【注釋】

該信作於 1989 年 4 月 15 日。

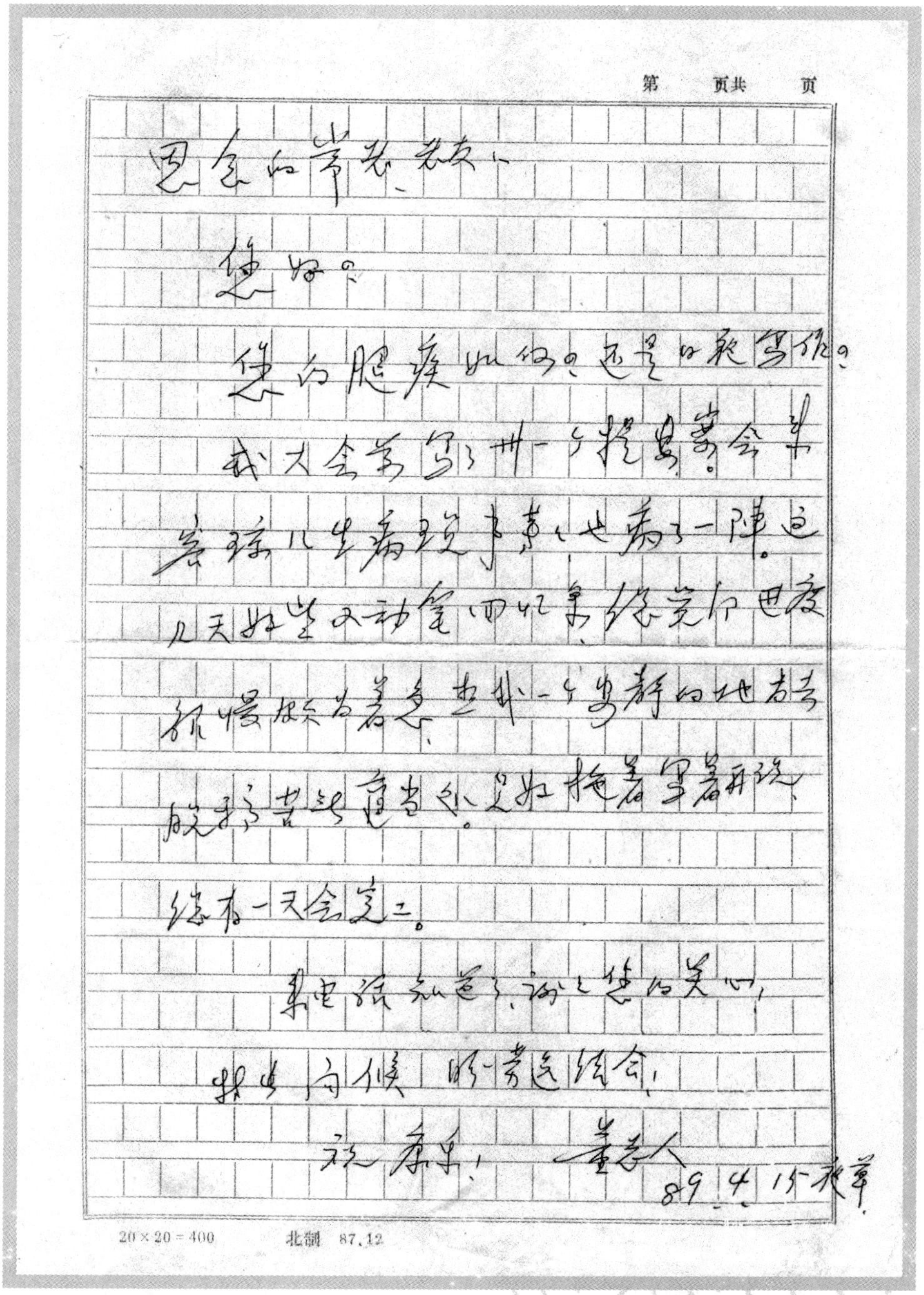
第　　页共　　页

思念的常老、老友：

您好！

您的腿疾如何？还是不能写信。

我大会前写了卅一个提案。会来

客谈几出来请我了事，也忙了一阵。这

几天好些又动笔回忆录、终究还是要

慢慢写着写。想找一个安静的地方去

[illegible]，这也不是好，拖着写着开头，

总有一天会完工。

来电话知道了，谢谢您的关心！

顺此问候 [illegible]，

祝康乐！　董竹君

89.4.15夜草

20×20＝400　　北制　87.12

董竹君致常任俠　26.5×19厘米

杜國庠(1889–1961)筆名杜守素、杜伯修。廣東省澄海人。中國現代哲學家、歷史學家。早年留學日本,回國後曾執教於北京大學等校。中華人民共和國建立後,任中國科學院哲學社會科學部學部委員和中國科學院廣州分院院長。主要著作有《杜國庠文集》、《中國思想通史》(和侯外廬等合編)。

任俠我兄史席:

霍兄從城來,承惠主編的《學術雜誌》[1]創刊號一冊,謝謝!本期內容充實,在學術不振的今日,誠可貴也。拙作《墨家的認識論研究》,已仍由徐兄送上,因經審查通過,故不更動,未卜何日可出版?日來因物價昂騰,頗需款,可否煩兄商之書店,稿費先予支用?並請兄交城天官府街七號朱秘書海觀兄轉下。如何之處竚候來鴻。敬請

著安!

弟杜國庠拜手　十、卅

【注釋】

經考證該信作於1944年10月30日。

[1]由常任俠、潘菽主編的《學術雜誌》於1943年9月1日創刊,係偏於理論性刊物,僅出版一期。

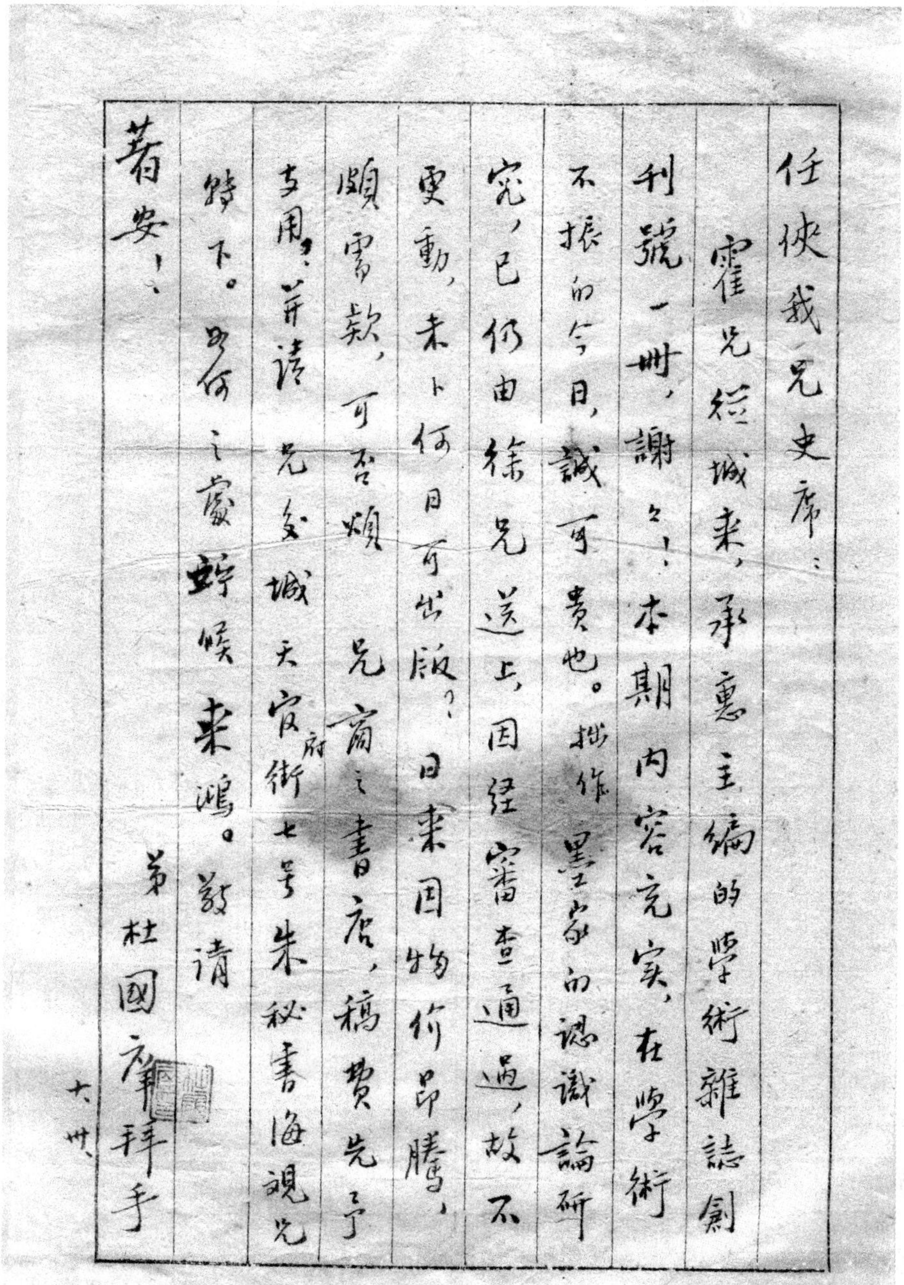
任俠我兄史席：
霍兄從城来，承惠主編的學術雜誌創
刊號一冊，謝謝！本期內容充實，在學術
不振的今日，誠可貴也。拙作墨家的認識論研
究，已仰由徐兄送上，因经審查通過，故不
更動，未卜何日可出版？日来因物價昂騰，
頗需款，可否煩 兄商之書店，稿費先予
支用？並請 兄交城天官府街七號朱秘書海觀兄
轉下。如何之處，佇候来鴻。敬請
著安！
弟杜國庠拜手
六卅

杜國庠致常任俠 27.5×17 厘米

端木蕻良(1912–1996),原名曹京平,筆名荃葉、羅旋、辛人、葉之琳、曹坪等。遼寧省昌圖縣人。中國現當代文學家。著有《科爾沁旗草原》、《曹雪芹》等小説及散文集和戲、曲劇本等十幾部。

任俠吾兄:

承贈藝術考古論文選集[1],深感。翻閱之餘,也鈎起抗日期間一些往事。在敵彈臨空之際,兄爲祖國考古,作出供[貢]獻,這也可作龍年的奉獻也。耑此即頌

龍年大吉

身體健康長壽

端木蕻良拜

【注釋】

經考證該信作於 1988 年 1 月 14 日。

[1]指 1984 年 12 月由文物出版社出版的《常任俠藝術考古論文選集》,集內收選 1939–1980 年所作論文二十五篇。

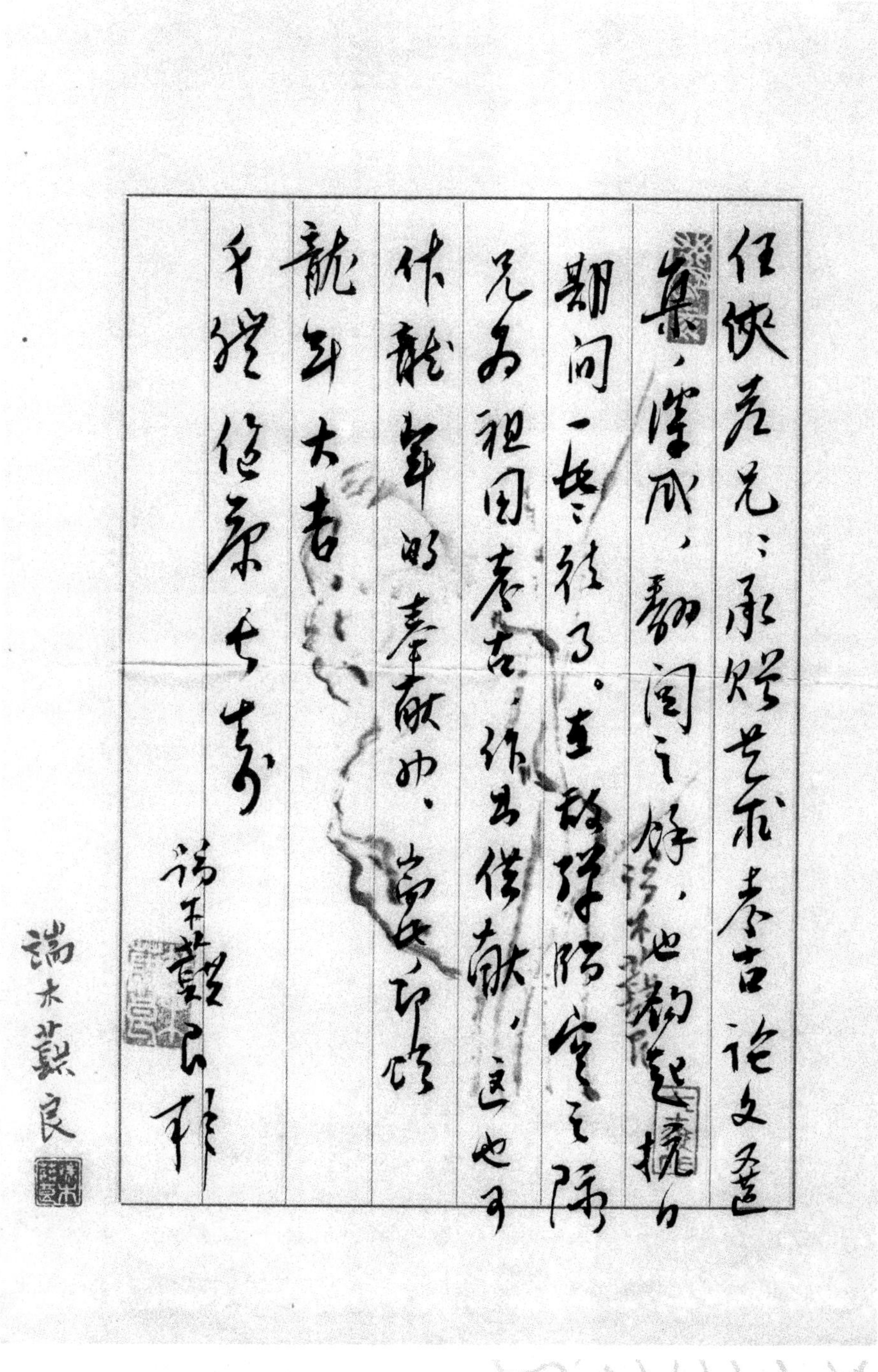

任俠吾兄：承贈藝術考古論文叢集，謹感。翻閱之餘，也勾起抗日期間一些往事。[illegible]之際兄為祖國考古作出貢獻，這也可作龍年的奉獻吧，當以[illegible]

龍年大吉

并頌健康長壽

端木蕻良拜

端木蕻良

端木蕻良致常任俠　28×19.5 厘米

任俠兄：

首先爲您拜節，其次要你早日爲《説畫集》寫稿。我最近因身體好些，主要是天氣也有秋高氣爽的關係。你我都忙，就不多寫了，專此，即頌

佳節健康！

端木蕻良　九，十四日

【注釋】

經考證該信作於 1989 年 9 月 14 日。

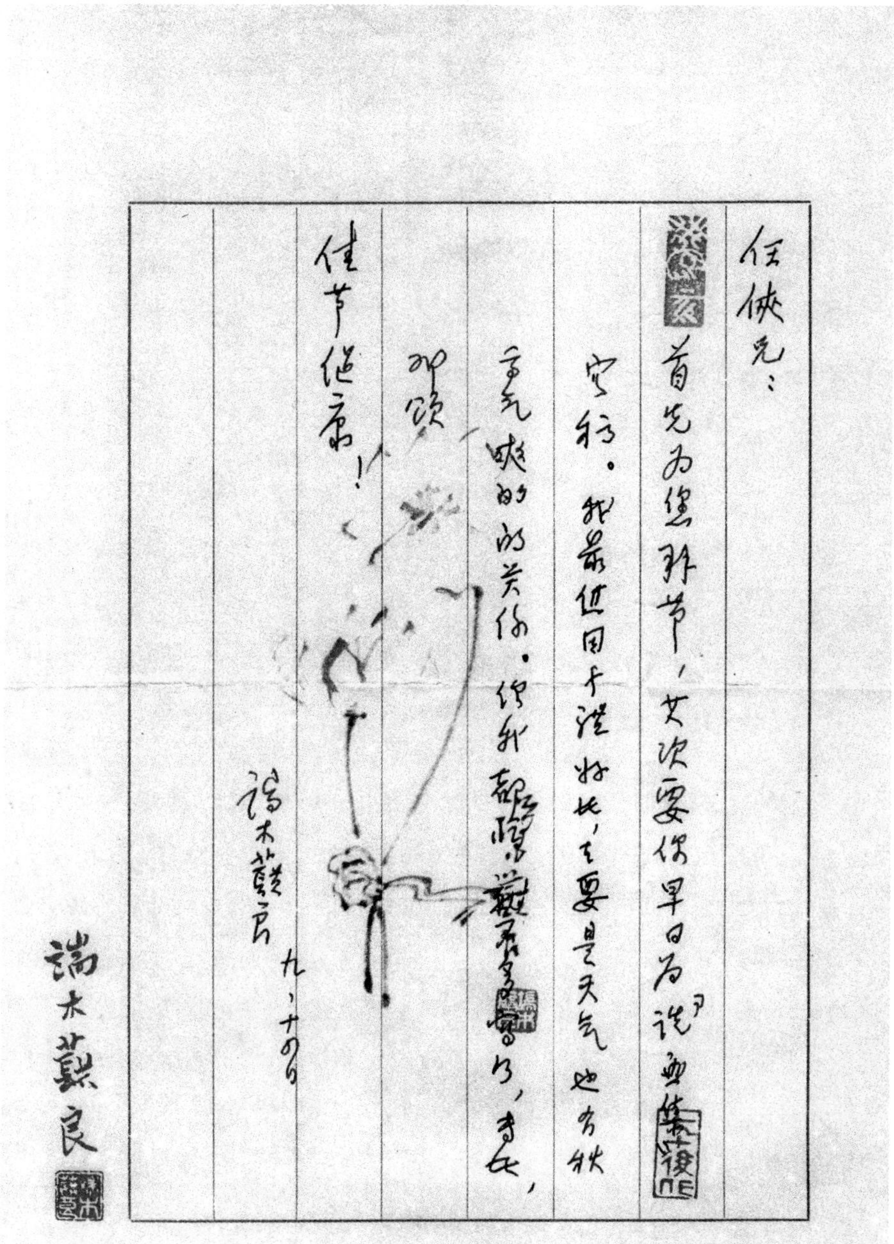

任侠兄：
首先为您拜节，其次要你早日为说画集作后实行。我最近因不适好长，主要是天气也有秋寒气候的的关系。你我都[illegible]，青长，
即颂
佳节健康！
端木蕻良
九、十四

端木蕻良

端木蕻良致常任俠　28×19.5 厘米

范曾（1938－），字十翼，别署抱冲齋主，江蘇南通人。畫家。1962年畢業於中央美術學院，分配在中國歷史博物館工作。1978年調中央工藝美術學院任教，1984年調天津南開大學東方藝術系任系主任。擅中國人物畫、書法兼長詩文。

任俠老師：

捧讀華翰及佳什，感慨萬端。老師當時身居“牛棚”，受極左分子凌辱，而尚懷念昔時學生，此情至深至誠，蓋非一般人所能理解。我與志龍、鍾華諸友闊别八載，又歡聚京師，念及老師爲人、學識，皆肅然敬生，惟盼早日班師回京，能得老師耳提面命，則幸甚矣。鍾華爲創作我館黄河一畫，已西去寫生，想更有“彩筆開新境”，容拭目待之。

老師年近古稀而於治學益篤，眞所謂“老驥伏櫪，志在千里；烈士暮年，壯心未已。”今世界正在走向對話的新時代，田中執政後，中日關係當會有一新篇章；而中日文化的交流當爲關係凍結廿餘年後改善的前奏。先生巨著《日本繪畫史》譯稿，應時而生，正是爲政治服務之極好書籍。而先生《漢唐時期從絲路傳播的西域藝術》盼能早日問世，或作小冊，或專文於《考古》或《文物》發表，均極合時宜，現在這樣的文章，對文化界乃是“及時雨”，这幾年的確有旱象。

現在我們正學習有關落實知識分子政策文件，料先生不會繼續“坐井觀天”或“守株待兔”，我們等待着您北歸的佳音[1]，等待着車站迎迓，共叙師生舊情的幸福。

此頌

夏祺

學生范曾　72.7.7

代問劉凌滄老師、黄均老師好！倘遇尙愛松老師代致意！

【注釋】

[1]常任俠時在河北獲鹿縣秦莊公社前東毘村1584部隊美院一連下放勞動。

任侠老师：捧读华翰及佳什，感慨万端。老师当时身居"牛棚"，受极左分子凌辱，而尚怀念昔时学生，此情至深至诚，盖非一般人所能理解。我与志龍、钟華诸友（阔别八载）又欣聚京师，念及老师为人、学识，皆肃然起敬。生，惟盼早日回到师门，能得老师耳提面命，则幸甚矣。钟華为创作《我爱黄河》一画，已西去写生，想更有"新笔开新境"，容拭目待之。

老师年近古稀而于治学益笃，真所谓老骥伏枥志在千里，烈士暮年壮心未已。今世界已在走向对话的新时代，田中执政后，中日关系当会有一新篇章，而中日文化的交流当为关係深远世界未来改善的前奏，先生正著"日本绘画史"譯稿，應时而生，已是为政治服务之极好书籍。而先生"漢唐时期流传播的西域艺术"盼能早日问世，或作小册，或专文于"考古"或"文物"发表，均极合时宜。现在这样的文章对文化界乃是"及时雨"，这几年的确有旱象。

现在我们正学习有关落实知识分子政策文件，料先生不会继续"坐井观天"或"守株待兔"，我们等待着您北归的佳音，等待着车站迎送，共叙师生旧情的幸福。

此致

夏祺

学生 范曾 72.7.7.

（途）代向刘凌蒼老师、黄均老师好，倘遇尚爱松老师代致意！

范曾致常任侠 25×17.5 厘米

任俠師：

讀致鍾華信極爲振奮，我們的意思是大作竣稿後可逕寄商務，或者約編輯去獲鹿與你面洽出版事宜，也可告知郭老徵求其意見，這樣書可早日問世，先生也可能爲此書早日返京校訂，不知妥否，您考慮。

詩兩首沉鬱悱惻，信爲佳作。林逆北墮、陳帥仙逝，一代忠奸，玉石俱焚。余讀先生詩，悲憤交加，詩思泉注，乃有依韻奉和之作，辭云：雨雪霏霏二月春，臨風灑淚哭斯人；泉台有幸添忠烈，世上從兹少鬼氛。篤信神州存正氣，寧憂聖代乏英魂；荒原北望邊風疾，折戟沉沙一炬焚！

△陳帥有詩云："此去泉台集舊部，旌旗十萬斬閻羅。"

我與鍾華時時念及吾師，惟盼早日返師回京，縱談古今，其樂當可預卜！

此頌

秋安

范曾　8.21.晨

【注釋】

經考證該信作於 1972 年 8 月 21 日。

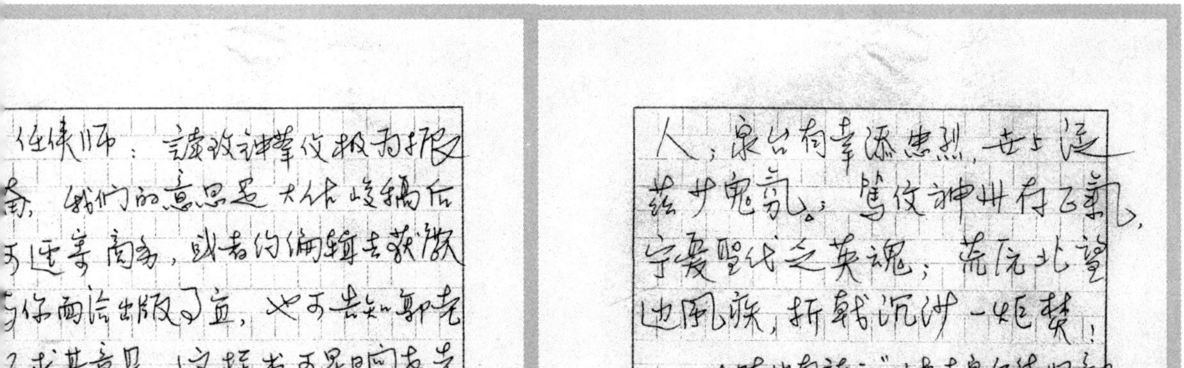
任侠师：读致钟華信极为振奋。我们的意思是大作峻稿后可送華商务，或者约编辑去获徵与你面谈出版了事，也可去知郭老征求其意见，这样书可早日问世。也可能有此书早日返京校订。不知妥否，请考虑。

诗两首沉郁悱恻，仗有杜作。林贼北堕、陈帅仙逝，一代忠奸，玉石俱焚。余读先生诗，悲愤交加，诗思泉涌，乃有次韵奉和之作，录之：雨雪霏霏二月春，临风洒泪哭斯

北京周报社稿纸 第 页 20×15=300

人；泉台有幸添忠烈，去上送兹廿鬼氛。笃信神州存正气，守护圣代之英魂；荒原北望边风疾，折戟沉沙一炬焚！

△陈帅有诗云：“此去泉台集旧部，旌旗十万斩阎罗”。

我与钟華时时念及老师，惟盼早日返师回京，继续古今共业之事可预卜！

此颂

秋安

范曾 8.21. 晨

北京周报社稿纸 第 页 20×15=300

范曾致常任俠 26.5×19 厘米

方瑄德（1921—1994）曾用藝名沈松，安徽桐城人。戲劇表演藝術家、導演。1937年參加流動救亡宣傳隊，1938年入四川國立戲劇專科學校學習。中華人民共和國成立後，任北京人民藝術劇院演員、導演，中國戲劇家協會會員，北京市文聯理事。著有自傳體小說《胭脂巷的子孫們》。

任俠老師：

接到來信，心里十分激動，尤其您給複印的令完十姑的詩一首，我讀完之後不禁淚濕衣襟。

日前我去舍堂妹方瑝處（她是十姑親姪女，十姑喪事，及後事皆由她前去鎮江處理），她告訴我，骨灰暫存鎮江，將來仍將移埋桐城，令完全部財產都捐給她所執教的學校了。

可見令完十姑一生坦蕩，豪情奔放。

據方瑝妹稱，她已收集了大部詩稿，在十姑住宿處，隨處皆詩，有的在火柴盒上，有的在一片紙上，在信封上；等等。方瑝決心整理成集。（她現在新華社，爲記者。已五十六七，離休在即。）

舒蕪家住崇文門豆穀衚衕15號，有事可寫信給他。

我雖半身麻木（輕度偏癱），但我仍在導演一個新編現代劇，名《不盡長江》，七月上演，還是：一分力，發一分光吧。

敬祝安好

學生方瑄德　2/5

【注釋】

經考證該信作於1982年5月2日。

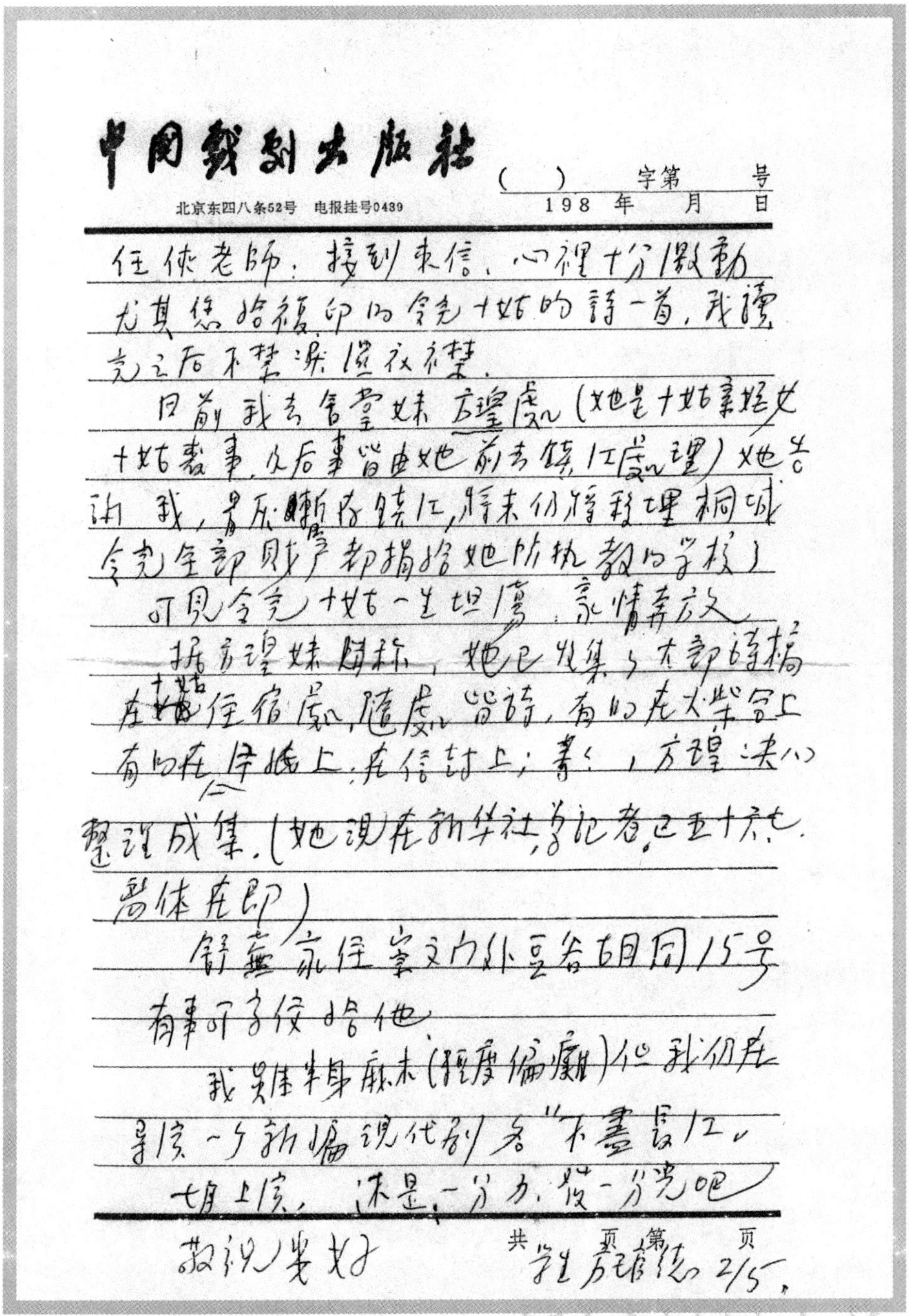

中国戏剧出版社 （ ）字第 号

北京东四八条52号 电报挂号0439 198 年 月 日

任侠老師：接到来信，心裡十分激動，尤其您给複印的令亲十姑的詩一首，我讀完之后不禁淚濕衣襟。

日前我去舍堂妹方瑝處(她是十姑親姪女，十姑喪事及后事皆由她前去鎮江處理)她告訴我，骨灰暫存鎮江，將来仍得移埋桐城。令亲全部財产都捐给她所執教的学校)

可見令亲十姑一生坦蕩，豪情奔放。

據方瑝妹閑称，她已收集了大部詩稿。十姑在住宿處，随處皆詩，有的在大学[?]上，有的在字條上，在信封上；等等，方瑝決心整理成集。(她現在新华社当記者，已五十六七，离休在即)

舒蕪京住宣武门外[?]胡同15号。有事可去信给他。

我雖精身麻木(輕度偏癱)但我仍在導演一个新编現代剧名"不盡長江"，七月上演，[?]是一分力，發一分光吧。

敬祝安好

共 页 第 页

学生方瑝德 2/5.

方瑝德致常任俠 26.5×19 厘米

方令完　(1910–1981)，女，安徽桐城人。畢業於安徽省立第一女子師範學校。先後在安慶、桂林、江津、重慶、南京、鎮江等地任教。1960年前後，兩次受高教部派遣，前往東德萊比錫大學和波蘭華沙大學教授漢語言文學。

來示奉讀，盛意可感。去京之日匆匆未及走辭，金陵之游倏爾已成回憶，荒江寂寞，梅柳未榮，白下風光想更勝於昔。家姊[1]病中時承探問可感，瑋德常從游否？此覆

任俠先生並頌

康樂無量

令完　十四日

【注釋】

經考證該信作於1933年2月14日，寄自安慶白花亭省立一女中實驗小學。

[1]指方令孺。

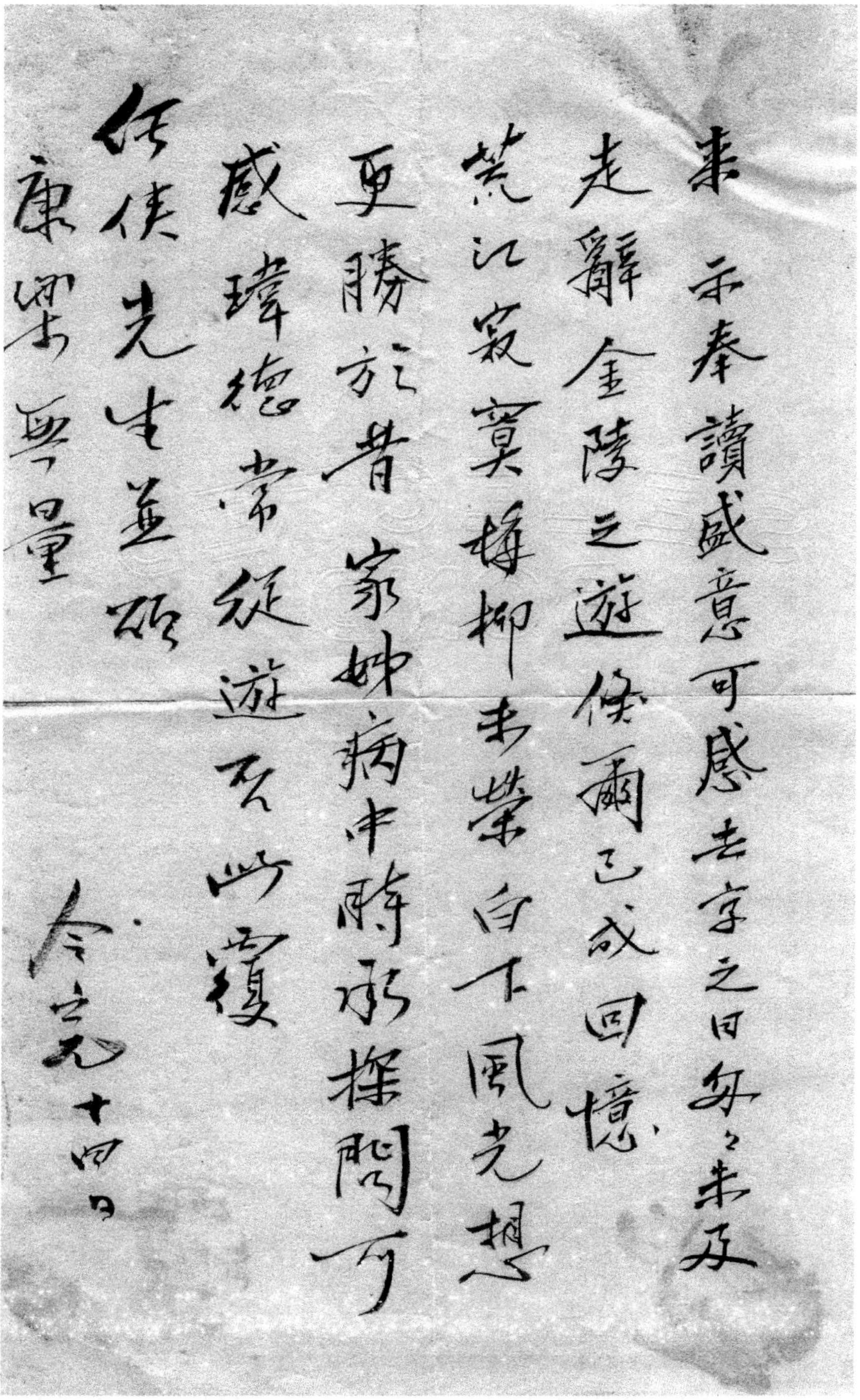
来示奉讀盛意可感去字之日每每未及
走辭金陵之遊倏爾已成回憶
荒江寂寞梅柳未榮白下風光想
更勝於昔 家姊病中時承探問可
感 璋德常從遊否以復
任俠先生並頌
康樂無量
令完 十四日

方令完致常任俠 21×13.5 厘米

方瑋德（1909—1935），安徽桐城人。詩人。1931 年畢業於南京中央大學，後執教於廈門集美中學。曾與徐志摩等創辦《新月》，爲新月派後期主要詩人。著有《瑋德詩文集》。

任俠吾友：

到京原擬即作長書，但以種種人事羈阻，吾友當能諒我。我身雖在朔北，但引領南望，安能忘吾任俠老友耶。

到此日惟賓朋歡逐，無暇作文，苦甚。北方之天眞好，作深藍色，有時如大海，爲南方不易覯。天壇北海諸勝皆幸有此美妙之天色耳，故宮尚未去玩，俟將全宮游過，當有報告奉上，擬明日作一文，題爲《北平的天》，當寄上請在南方報紙爲我發表。人物見面者如胡適之、吳宓、葉公超等，胡博士最可惡，那簡直是做官的人，不是學者。葉公超最好，俞平伯、朱自清也不錯。總之北平這地方還好對付，你明年如來，我當可作東道主矣。我在此謀事，胡適之勸我在文化基金作翻譯人員，但未發表耳。九姑已回南，她希望你常去看她，她在南寂寞死了。校中有何新聞，白華見過面否？我的獎金領過沒有？此地大學一齊領過了，希望你隨便寄三四十元給我，我窮死了。最好你常去看看九姑。祝你好。

瑋德

通信處　北平東四錢糧衚衕北花園十號孫宅轉方瑋德

【注釋】

經考證該信作於 1931 年 10 月 10 日。

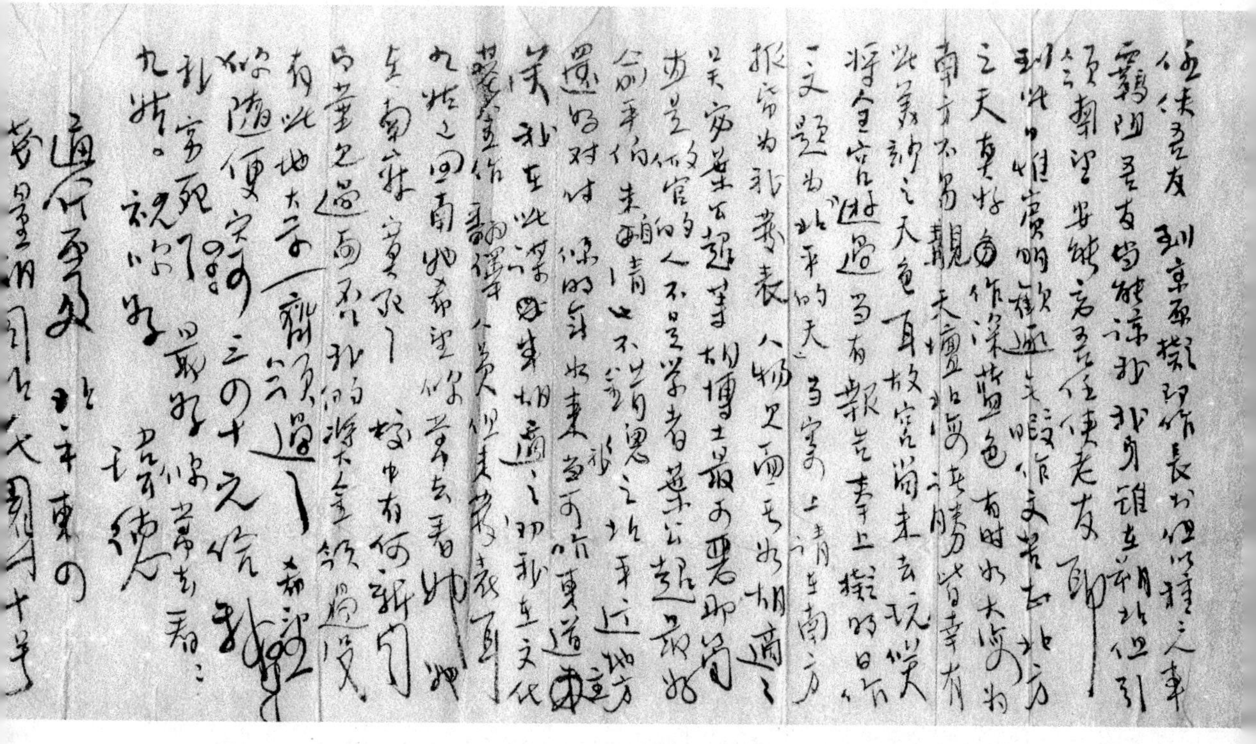

任俠吾友 到京[illegible]
[illegible] 吾友當能諒我 我身雖在[illegible]北但引
領朝望安能忘吾任俠老友耶
[illegible] 未暇作文[illegible]在北方
之天真好 每作深藍色 有时如大海的
南方不易覩 天壇北海之勝 皆幸有
此美好之天色耳 故宮尚未去玩 [illegible]
將全宮游遍 當有報告 [illegible]
之文 題為 北平的天 當寄上 請在南方
[illegible]為我發表 人物只見了[illegible]胡適之
吳宓 葉公超等 胡博士最和氣[illegible]
也是 做官的人 不是學者 葉公超[illegible]
[illegible]
[illegible]
[illegible] 胡適之 [illegible]
[illegible]
九姑之回南 她希望你常去看她
在南京 [illegible] 校中有何新聞
[illegible]
[illegible]
你隨便寫 [illegible]
[illegible] 最好你常去看看
九姑 祝你好 瑋德
[illegible]

方瑋德致常任俠 37.5×19.5 厘米

任俠：

有一快信想已到，昨日晚同瞿冰森、卞之琳等夜游北海，談南中諸友，我提及任俠爲人之風致，大家都甚爲欣羡。瞿今爲晨報副刊總編輯，甚願你寄些文章來。不論談什么都好。你要給我信，有兩處寄：一寄北平海甸燕京大學南宿舍陳夢家轉，一寄北平東四錢糧衚衕北花園十號孫君[1]轉，但孫君月底後即到日本，如你稿子在月底寄來，就寄燕大好了。我的獎金盼你在學校文書組打聽，即寄下二三十元至荷至荷，即請

近好

瑋德

【注釋】

經考證該信作於1931年10月13日。

[1]孫湜(1891- ？)，字伯醇，方瑋德的八姑父。1905至1914年在日本東京學習，曾在外國語大學和東京都大學當講師。1924年進入中華民國外交部，曾任駐日公使館書記官、大使館參贊等職務。

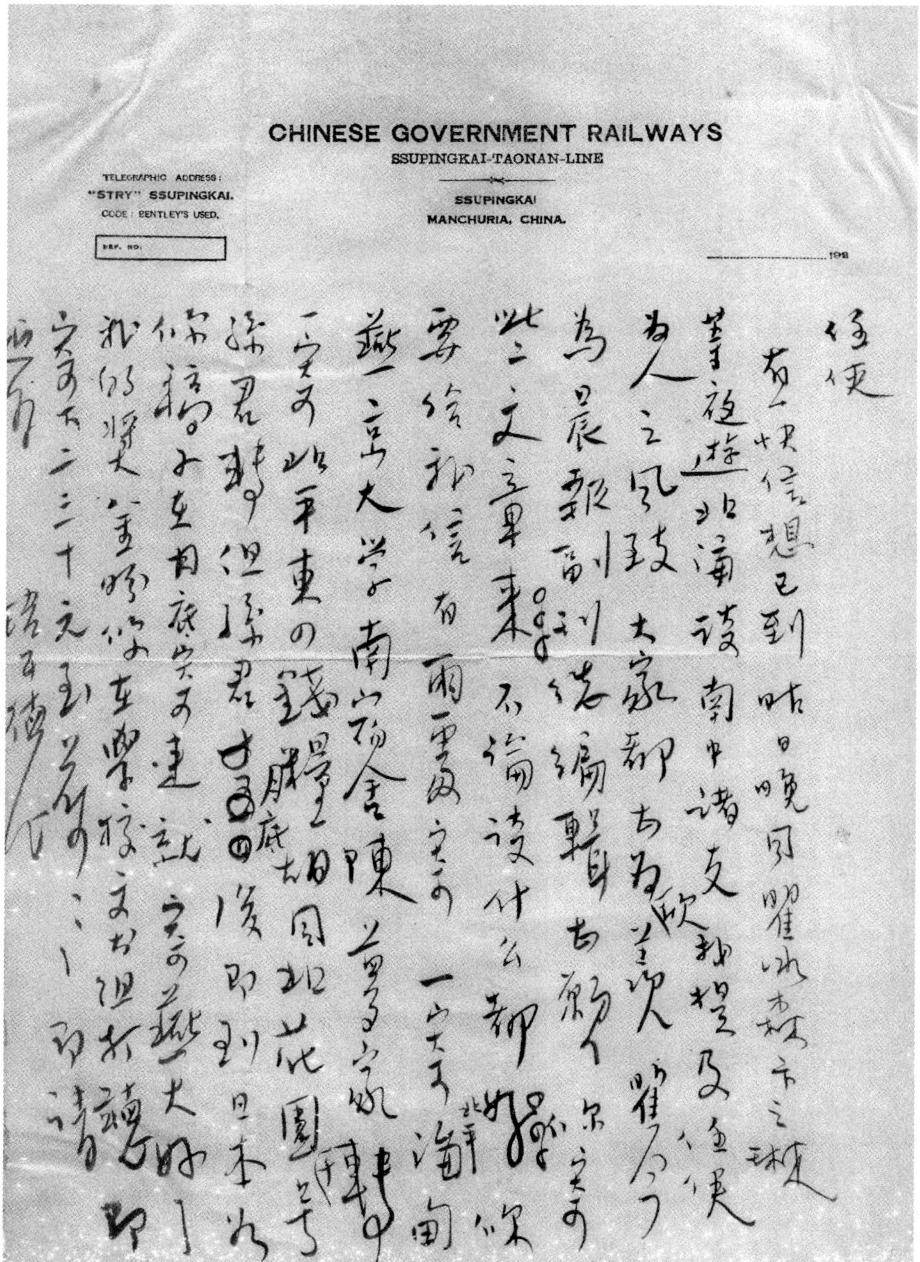

CHINESE GOVERNMENT RAILWAYS
SSUPINGKAI-TAONAN-LINE

TELEGRAPHIC ADDRESS:
"STRY" SSUPINGKAI.
CODE: BENTLEY'S USED.

REF. NO:

SSUPINGKAI
MANCHURIA, CHINA.

..................192

任俠

前一快信想已到 昨日晚同曜北森林之班

輩復遊北海談南中諸友都想及任俠

為人之風趣大家都甚為欽羨曜生

為晨報副刊編輯甚願你寫

些文章來發表不論談什麼都好

要給我信有兩處交寄的一定寄北平海甸

燕京大學南宿舍陳□□轉

一定可收北平東四錢糧胡同北花園

孫君轉但孫君十三四後即到日本去

你的稿子在我處寄來就寄燕大好了

我們將來算好以在學校寄去但於稿即

寄了二三十元到美術的□□ 即請

近安 瑋德

方瑋德致常任俠　29×22 厘米

任俠：

這半年沒有信給你，你一定在生氣，生氣瑋德是朋友中最負心的最不長進的！其實，任俠，我永遠忘不了《千代子的憂鬱》的作者。瑋德常常在作品上紀念一個朋友，就如你，當我對學生念你《千代子的憂鬱》的時候，我總忘不了任俠在車站上那一副慈祥而勇敢的面孔，任俠永遠是一個中世紀痴心的男人！我來廈門，一切照常，只多病，身體壞完了，壞得連自已都不相信再能回到南京看任俠了，多慘！任俠有什么理由不原諒一個多病的朋友？好任俠，別生氣我，瑋德也是憂鬱的。我住的地方近海，初來歡喜海，現在討厭看海，海潮的聲音聽厭了，我也整天擺起一個“準教授”的面孔，海里曾來不飄一來一只千代子。我的心還在紀念着北京那個女孩，我不忍捨去她，她也照樣對我熱，我不知道有什么理由可在此久留，瑋德是憂鬱的!在我的窗外是一片沙灘，有時潮水打在沙灘上，非常好看。我記起——

千代子，不要在你的眼睛里顯出憂鬱，
你憂鬱會引起我加倍的憂鬱。
你看浪花擁抱看浪花，
白沫已經奔到你的足底。

這南國風光不是我的份，我不想一個“豐圓的乳房”，我也是永遠憂鬱的。夢家常通信否，他依然作詩，奇怪之至！我們新辦了一個“大刊物”，今寄上一冊，盼查收。即復。

瑋德問好

一切信從“廈門大學謝文炳教授轉”，千萬千萬。

【注釋】

經考證該信作於1934年春。

任俠：這半年沒有信給你，你一定在生氣，生氣瑋德是朋友中最負心的最不長進的！其實，任俠，我永遠忘不了千代子的憂鬱、悲哀的作者。瑋德常常在作品上記念一個朋友，就如你，當我對學生唸你千代子的憂鬱的時候，我總忘不了任俠在車站上那一副慈祥而勇敢的面孔，任俠永遠是一個中世紀癡心的男人！我來廈門，一切照常，只多病，身體壞完了，壞得連自己都不相信再能回到南京看任俠了，多慘！任俠有什么理由不原諒一个多病的朋友？好任俠，別生氣我，瑋德也是憂鬱的。我住的地方近海，初來歡喜海，現在討厭看海，海潮的聲音聽厭了，我也整天擺起一個"佛教授"的面孔，海裏夜夜來不斷一束一束千代子。我的心還在記念着北京那个女孩，我不忍撂去她，她也照樣對我熱，我不知道有什么理由可在此久留，瑋德是憂鬱的！在我的窗外是一片沙灘，有时潮水打在沙灘上，非常好看，我記起——

千代子，不要在你的眼睛裏顯出憂鬱，
你憂鬱會引起我加倍的憂鬱。
你看浪花纏抱着良芯，
白沫也徑奔到你的足底。

這南國風光不是我的，你我不能一个"豐圓的乳房"，我也是永遠憂鬱的。曹白常通信否，他依然做詩，奇怪之至！我們新收了一

方瑋德致常任俠　29.5×24.5 厘米

馮雪峰(1903–1976)原名福春，筆名雪峰、畫室、洛揚等。浙江義烏人。文藝理論家。1950年任上海市文聯副主席，魯迅著作編刊社社長兼總編。1951年調北京，先後任人民文學出版社社長兼總編、《文藝報》主編、中國作協副主席、黨組書記。著有《雪峰寓言》、《馮雪峰文集》等。

任俠同志：您好！

今天下午5時後曾去看您，是想向您請教一個問題，即魯迅先生《華蓋集》中《忽然想到》之九的最後一段中有“……我的一個朋友從印度回來，説，那地方眞古怪，每當自己走過恆河邊，就覺得還要防被捉去殺掉而祭天。……”一句話。您熟悉印度歷史上宗教風俗等，可否回我一信，簡略地告訴我説的是怎么一回事，或者指點一下到圖書館去查什么書。這是我社中一個同志正準備在此處加一條注，我們都缺乏這方面的知識，想到您，故特向您請教，希賜教爲幸！

即致

敬禮，並祝健好！

淑芬同志問好！

馮雪峰

5月4日下午7時

紅日路17號

【注釋】

經考證該信作於1975年5月4日。

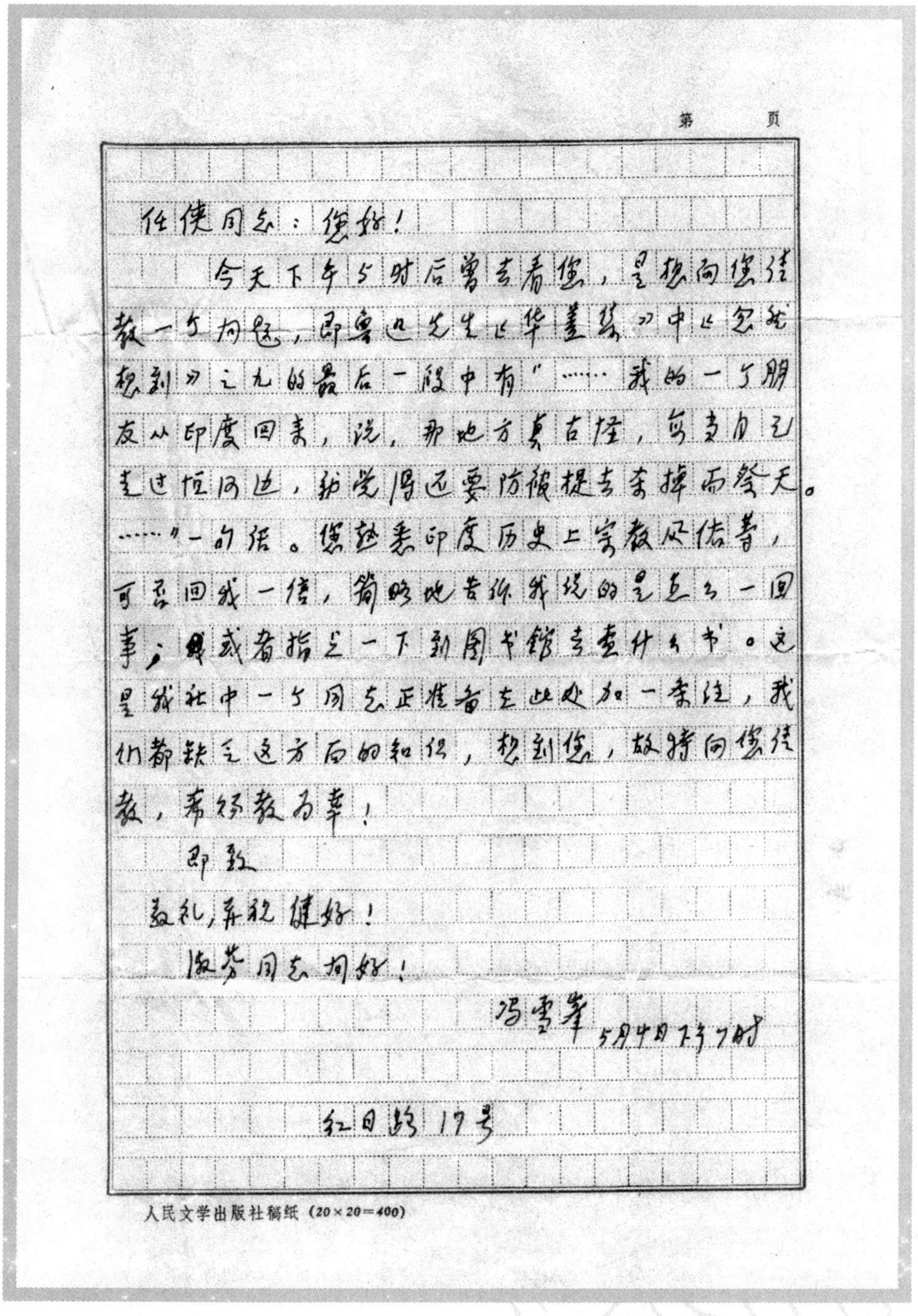

第　　页

任侠同志：您好！

今天下午5时后曾去看您，是想向您请教一个问题，即鲁迅先生《华盖集》中《忽然想到》之九的最后一段中有"……我的一个朋友从印度回来，说，那地方真古怪，每逢自己走过恒河边，就觉得还要防被提去杀掉而祭天。……"一句话。您熟悉印度历史上宗教风俗等，可否回我一信，简略地告诉我说的是怎么一回事；或者指点一下到图书馆去查什么书。这是我社中一个同志正准备在此处加一条注，我们都缺乏这方面的知识，想到您，故特向您请教，希赐教为幸！

即致

敬礼，并祝健好！

淑芬同志均好！

冯雪峰

5月4日下午7时

红日路17号

人民文学出版社稿纸（20×20=400）

馮雪峰致常任俠　26.5×19 厘米

高植（1911—1960），筆名高地。安徽合肥人。文學翻譯家，作家。1932年畢業於中央大學社會學系。曾任中山文化教育館編輯、金陵大學、山東師範學院教授、北京時代出版社編審。著有雜文集《千字文》等，譯有（俄）列夫·托爾斯泰《復活》、《安娜·卡列尼娜》等。

任俠兄：

在這里很偶然看到《大公報》，更偶然看到你的啓事，既覺人事之無奇不有，復動故人之思。重慶屢遭倭機偷襲，想也許受到驚擾，念念。

我到這里將近一年，生活上無事堪以奉告。在這里等於在牛角尖裡，過得已深感厭倦。很想換一個新環境，做一點有意義的工作，卻總是希望如行蜀道。請你留點意，如有什么宜於我做的工作（編著、寫作報告、翻譯……），我想試一試。

一年來，身體退步，見聞退步，在這里是生存，不是生活，是避難，不是工作。想拜託你借點書看看，不知可否。中大圖書館中諒有蘇聯與美國作家之著作甚多，如你知道有好的，介紹給我看看，是更好。英文俄文的都可以。勞神勞神。

祝

安好

弟高植頓首　六月十八日新都東街34號

【注釋】

經考證該信作於1942年6月18日。

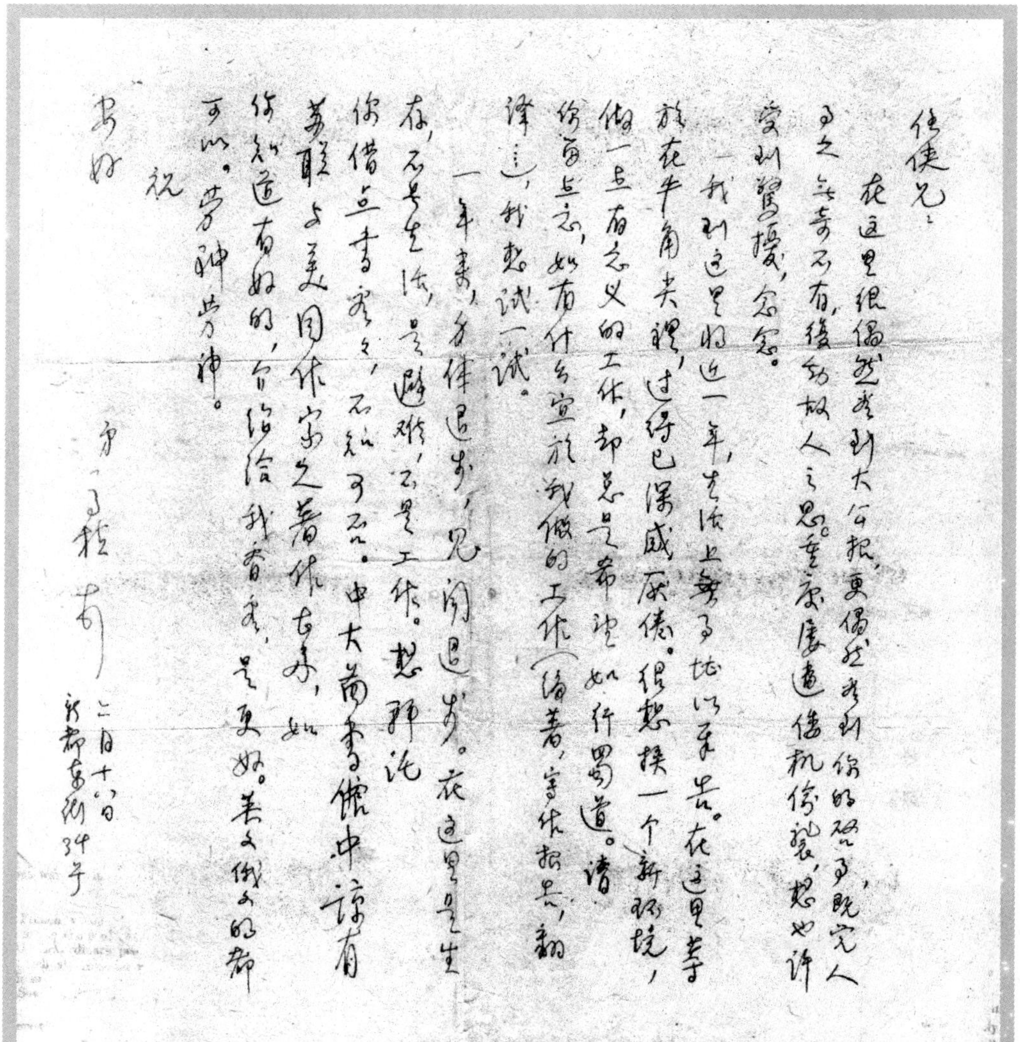

任侠兄：

在这里很偶然看到大公报，更偶然看到你的恐了，既完人了之，无奇不有，后勤救人之思。重庆广播电台播你的报，想也许受到赞扬，念念。

我到这里将近一年，生活上无多少地可以来苦。在这里学在牛角尖里，过得已深感厌倦。很想换一个新环境，做一点有意义的工作，却总是希望如何罢道。请你留点意，如有什么宜于我做的工作（编著，写作都可，翻译……），我想试一试。

一年来，身体退步，见闻退步。在这里是生存，不是生活，是避难，不是工作。想拜托你借点书看看，不知可否。中大图书馆中许有苏联与美国作家之著作去年，如你知道有好的，介绍给我看看，是更好。英文俄文的都可以。劳神劳神。

祝

安好

弟 高植 上

二月十八日

新都东街34号

高植致常任俠 24.5×22.5 厘米

任俠兄：

閱報載重慶連日遭倭機偷襲，母校頗受損失，得書悉故人平安，深以爲慰。弟在此除偏僻外，他無足道。想去人多處，亦非爲趕熱鬧，乃希望得見師友先進與同道，有砥礪之機會耳。渝方現有一機會，弟擬月內赴渝一試，屆時當約兄把晤，別來已轉瞬三載矣！此間物價昂貴，與重慶方面相伯仲，弟入少人多，長此以往，不堪設想。聞政府在法幣方面擬採取有相當地方性之改革，果如是，願其早日實現。我輩餬口階級或可稍減生活壓迫。人力車夫一日可得十元左右，從國家文化前途上看，我輩生活不如人力車夫，談何文化建設！無怪川西小學教員多棄業改行，竟亦有改業拉車者。然此亦是一種"競擇"，惟太不划算矣！此頌

暑安

弟植頓首　七月七日

【注釋】

經考證該信作於1942年7月7日。

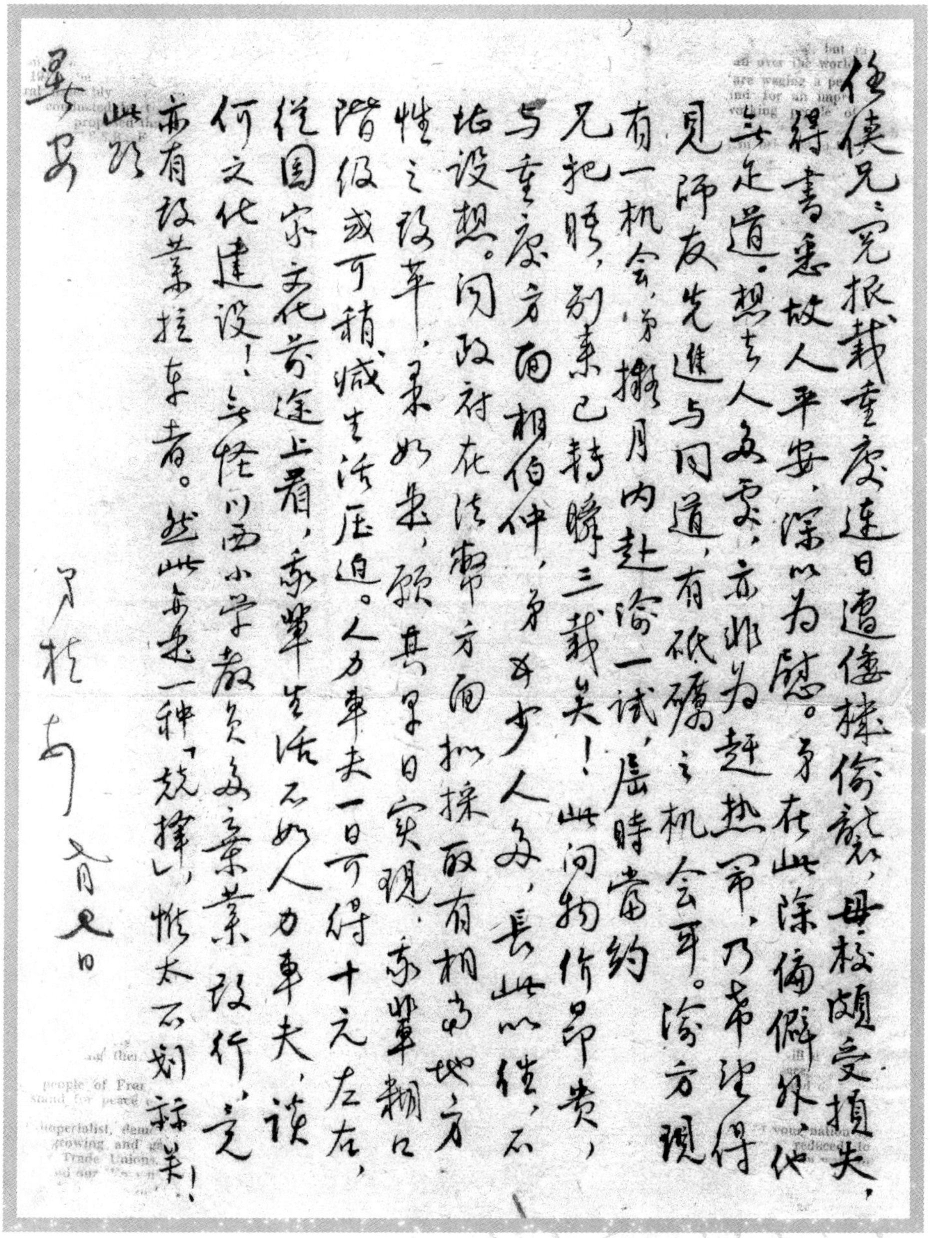

任侠兄：兄报载重庆连日遭遇敌机偷袭，母校颇受损失，得书悉故人平安，深以为慰。弟在此除偏僻外，他无足道。想吾人多灾，亦非为赶热闹，乃希望得见师友先进与同道，有砥砺之机会耳。渝方现有一机会，弟拟于数月内赴渝一试，届时当约兄把晤，别来已将满三载矣！此间物价昂贵，与重庆方面相伯仲，弟入少人多，长此以往，不堪设想。闻政府在经济方面拟採取有相当地方性之改革，未知如何，愿其早日实现，吾辈糊口阶级或可稍减生活压迫。人力车夫一日可得十元左右，从国家文化前途上看，吾辈生活不如人力车夫，谈何文化建设！无怪川西小学教员多弃业改行，亦有改业拉车者。然此亦是一种「競擇」，惜太不划算矣！

此颂

暑安

弟植上 八月九日

高植致常任俠　24.5×19 厘米

葛一虹(1913—2005),原名葛曾濟,字作舟,號巨川。上海嘉定人。戲劇理論家、翻譯家、戲劇史家、出版家。1939年起,擔任中蘇文化協會主辦的雜誌《中蘇文化》常務編委兼文藝欄目主編,同時還擔任《文學月報》編委、中國電影製片廠特約編導。中華人民共和國成立後,先後擔任中國戲劇家協會常務理事、書記處書記,中國戲劇出版社社長兼總編輯等職務。

任俠兄:

刻有中國藝術簡史譯稿乙件,係譯自蘇聯藝術家討論中國史之大綱草案。吾兄係此項專家,故特先奉上,未識有何高見?此稿即擬發表,屆時吾兄如有討論文稿[1],最爲歡迎。想當亦爲友邦人士歡迎也。譯文內如有不妥之處,祈請代爲修正,至盼至懇。專此即請

教安。

葛一虹頓首　七日

【注釋】

經考證該信作於1941年2月7日。

[1]常任俠《略談蘇聯編中國藝術簡史綱目》一文,刊1941年4月20日出版之《中蘇文化》第八卷第三、四合期。

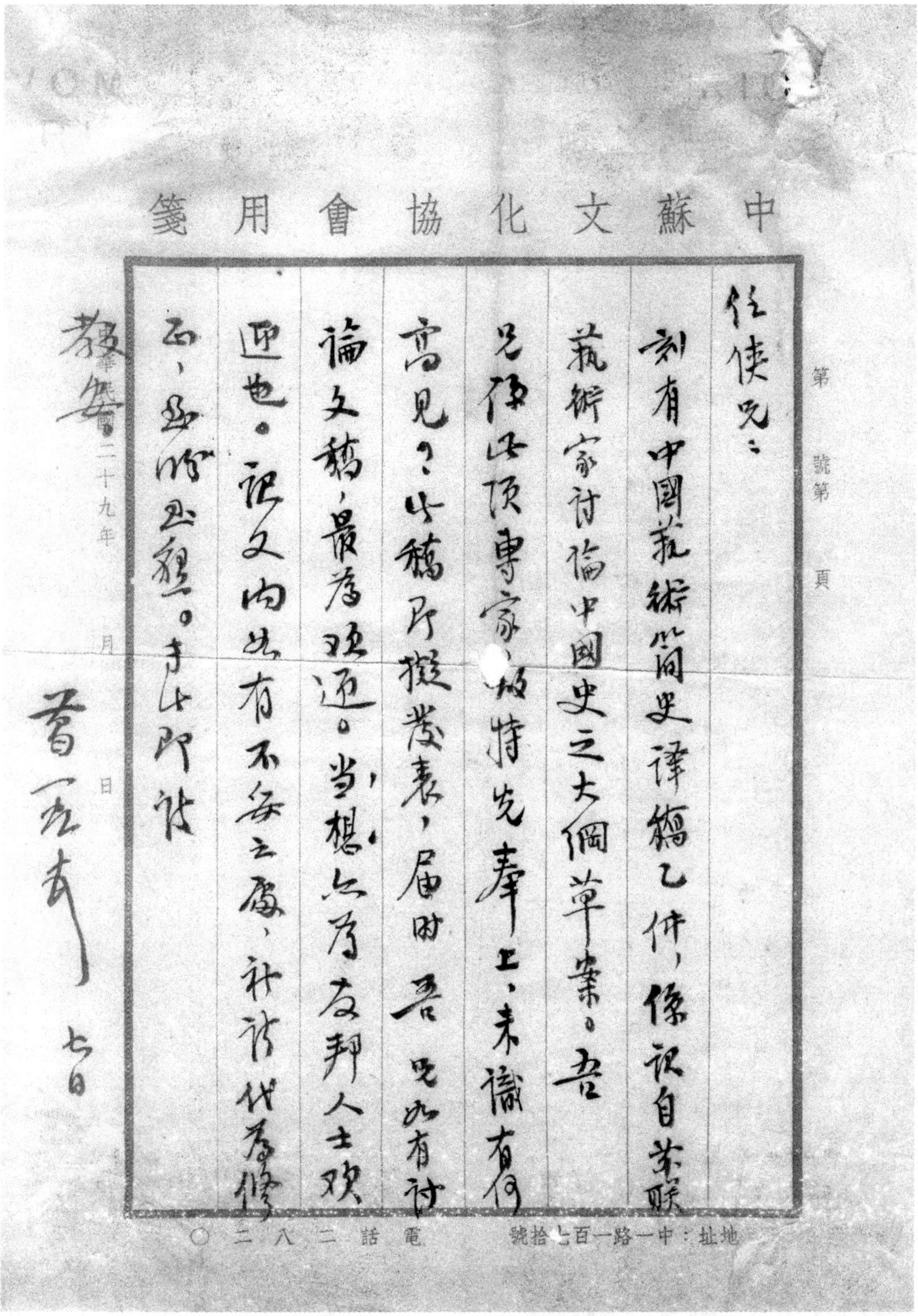

中蘇文化協會用箋

任俠兄：

到有中國藝術簡史譯稿乙件，係譯自蘇联藝術家討論中國史之大綱草案。吾兄係此項專家，故特先奉上，未識有何高見？此稿行擬發表，屆時吾兄如有討論文稿，最為歡迎。尚想亦有友邦人士歡迎也。譯文內如有不妥之處，祈請代為修正，並盼函覆。專此即頌

教安

葛一虹 七日

第　號第　頁

中華民國二十九年　月　日

地址：中一路一百七拾號　電話二八二〇

葛一虹致常任俠　29×21 厘米

古元（1919—1996），廣東中山人。版畫家。歷任延安魯迅文學院研究室創作組長、華北聯合大學文藝學院美術系教員、人民美術出版社創作室主任、中央美術學院院長。當選爲中國文聯委員、中國美術家協會副主席，第一、三、四屆全國人大代表，五至七屆全國政協委員。

常任俠同志：

您好！寄來的照片收到了，謝謝！照片記録了我們在慶祝孟加拉國慶日的情景，很有紀念意義。

近日氣候炎熱，望多保重。

祝

健康長壽！

古元

七月廿七日

【注釋】

經考證該信作於1988年7月27日。

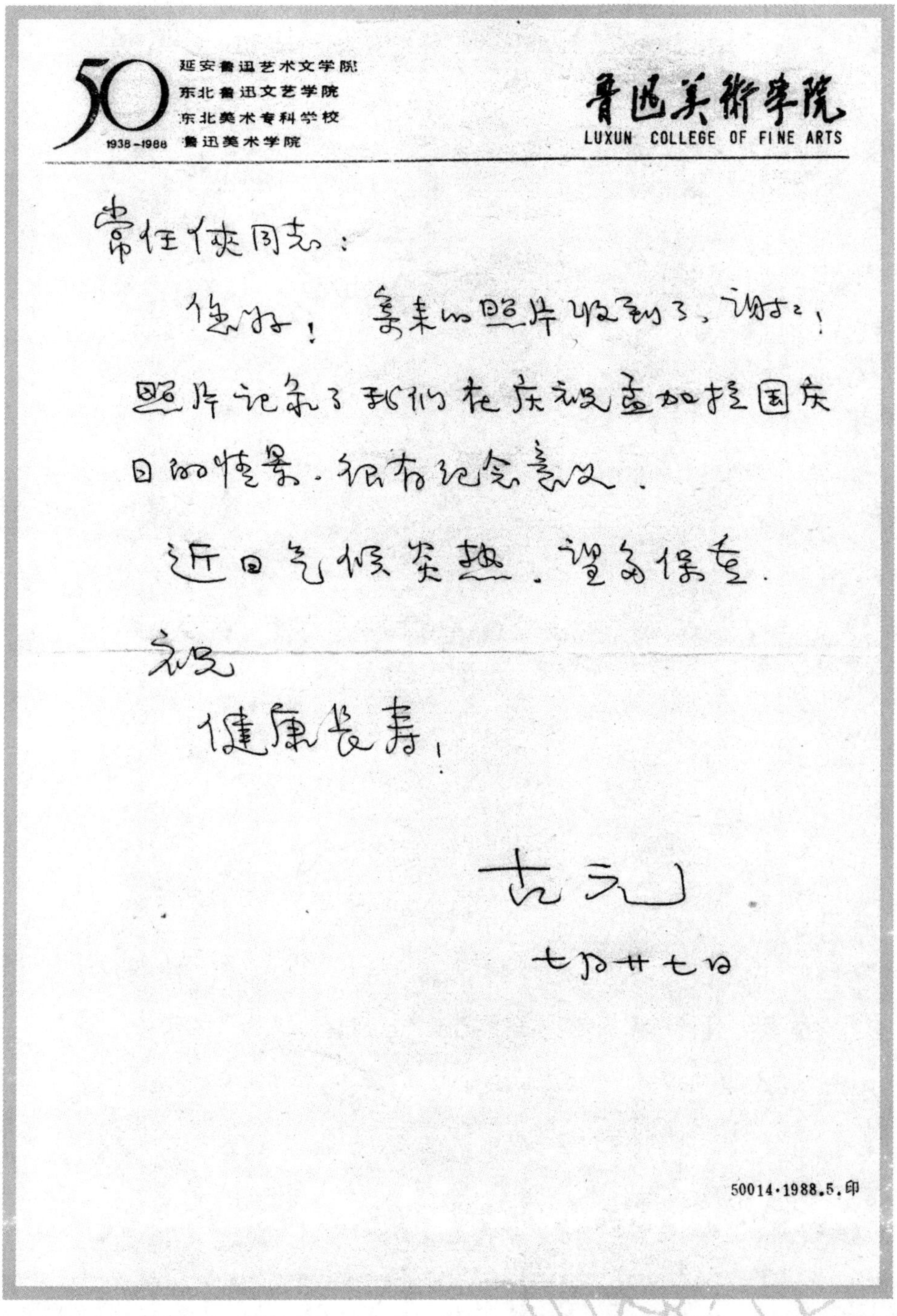

50
1938-1988
延安鲁迅艺术文学院
东北鲁迅文艺学院
东北美术专科学校
鲁迅美术学院

鲁迅美术学院
LUXUN COLLEGE OF FINE ARTS

常任侠同志：

您好！寄来的照片收到了，谢谢！

照片记录了我们在庆祝盂加拉国庆日的情景，很有纪念意义。

近日气候炎热，望多保重。

祝

健康长寿！

古元

七月廿七日

50014·1988.5.印

古元致常任俠 26.5×19 厘米

郭沫若（1892–1978），四川樂山人。文學家、歷史學家、社會活動家。抗戰期間曾任國民政府軍事委員會政治部第三廳廳長和文化工作委員會主任。1949年後當選爲全國文聯主席、中央人民政府委員、政務院副總理兼文化教育委員會主任、中國科學院院長、全國人大常委會副委員長、全國政協副主席等職。

張曙同志殉難[1]，派常任俠、葛蘊山、潘夏雨、李野萍、林路、朱禮邦諸同志爲治喪委員，以常任俠爲主任，籌佈一切治喪善後事宜。

郭沫若

十二，廿四

【注釋】

經考證該信作於1938年12月24日。

[1]音樂家張曙於是日在敵機轟炸中遇難。26日桂林文化界爲張曙父女舉行安葬儀式，郭沫若主祭並致悼詞，常任俠報告張曙生平。會後將張曙父女葬於將軍橋涼水井公共墓地，常任俠撰寫了墓誌銘。

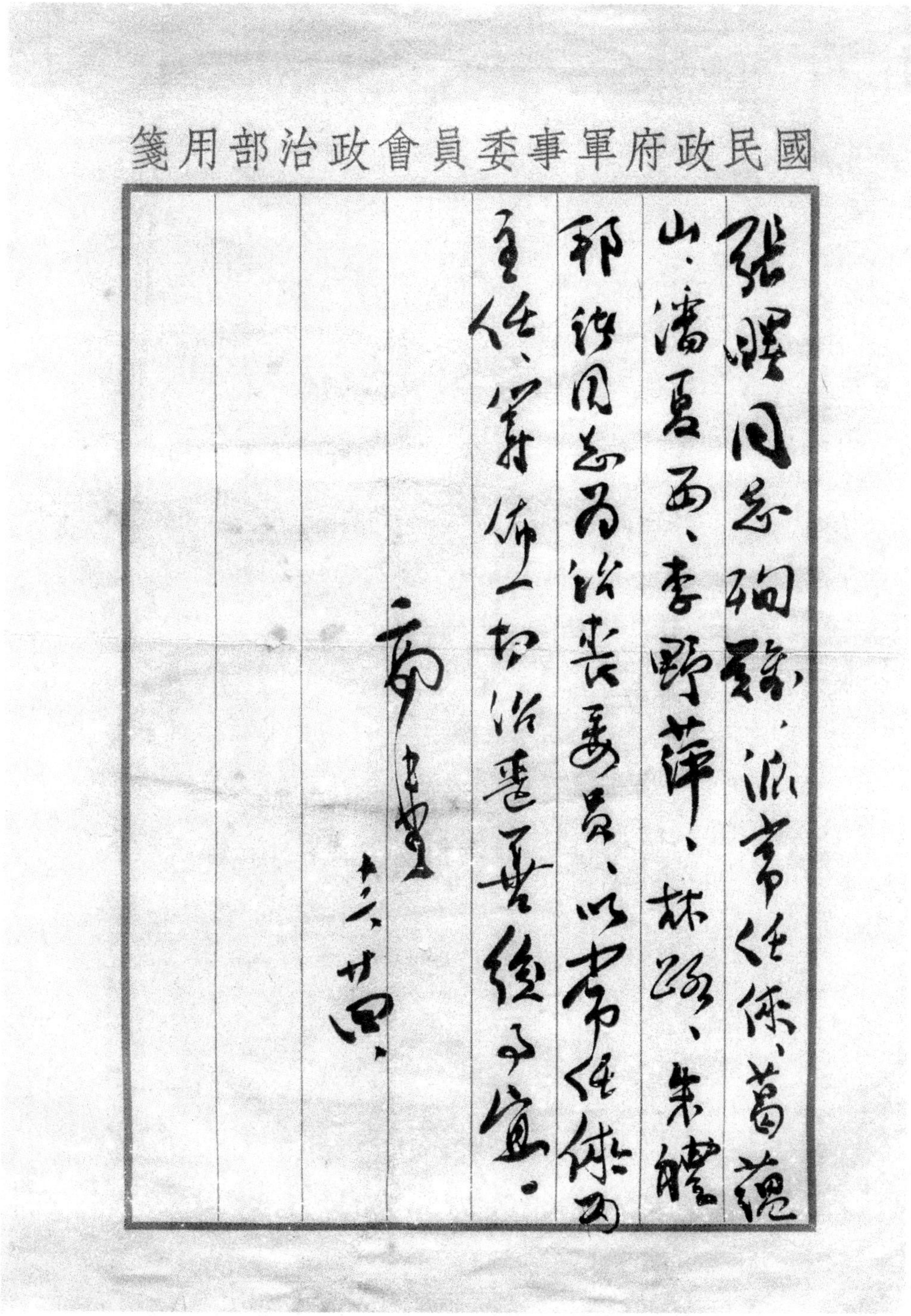

國民政府軍事委員會政治部用箋

張曙同志殉難，派常任俠、葛繩山、潘夏西、李野萍、林路、朱鷹邦諸同志為治喪委員，以常任俠為主任，籌備一切治喪善後事宜。

郭沫若

六、廿四

郭沫若致常任俠　29×20 厘米

任俠先生：

濬縣卣壺頗願快睹，明星期日下午三時左右在北京飯店候駕同往何如？

敬禮！

郭沫若　十一、廿六

【注釋】

經考證該信作於 1949 年 11 月 26 日。

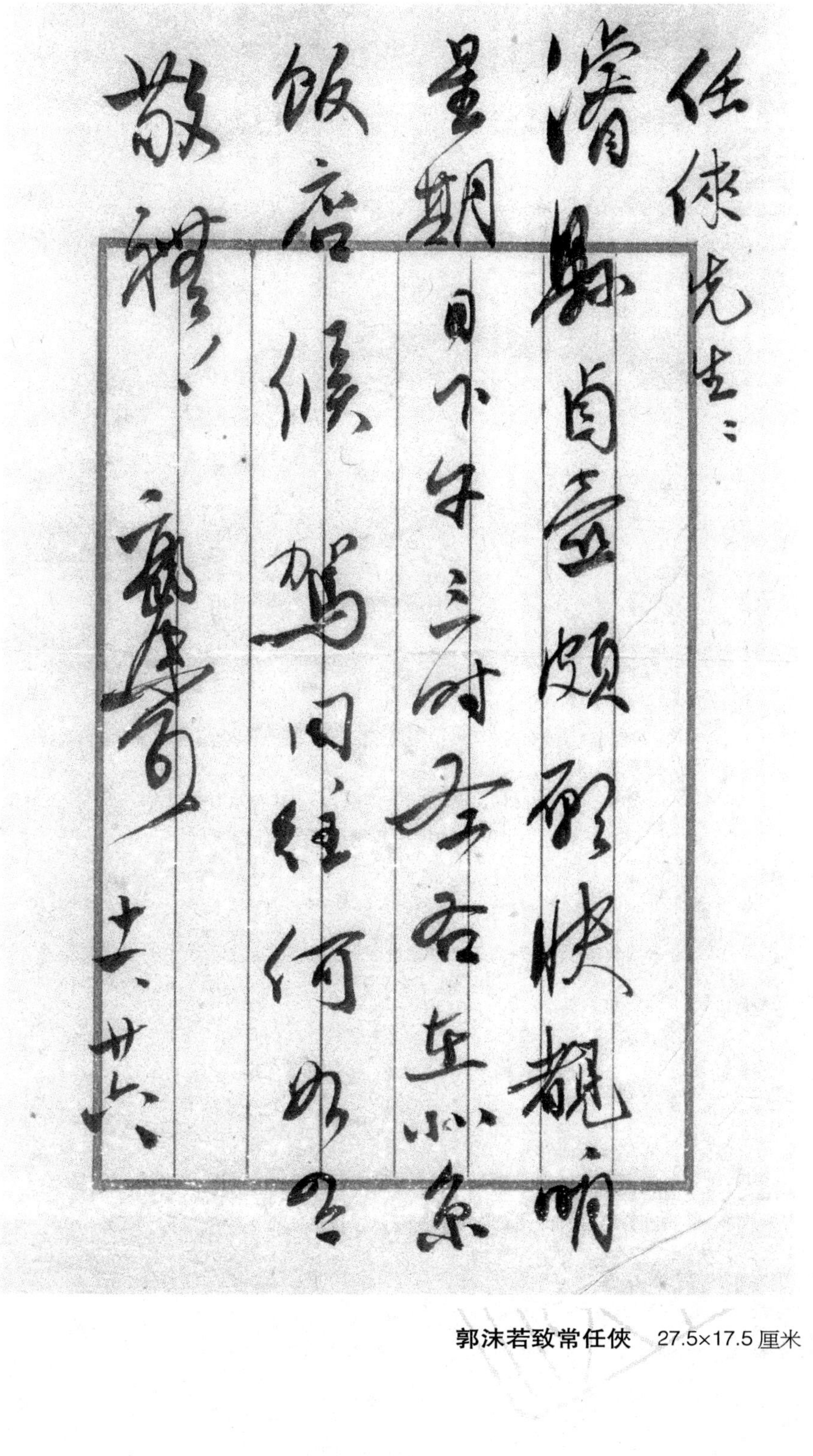
任俠先生：
[illegible]
星期日下午三時至[illegible]
飯店候駕，同往何如？
敬禮！
沫若
十一、廿六

郭沫若致常任俠 27.5×17.5 厘米

任俠先生：

薛君慎微[1]來信，言有拓本三紙托足下轉交，如便請擲下，急欲加以考釋。又薛君言有法國所貢花瓶，擬奉政務院，不知是售是贈，亦請便中詢明爲禱。如係出售則價格若干，請詢明。順致

敬禮！

郭沫若　十二、五

（薛君住址亦請見告。）

【注釋】

經考證該信作於 1949 年 12 月 5 日。

[1]薛慎微爲北京琉璃廠古董商人，時居第九區外二區椿樹下二條甲一號。

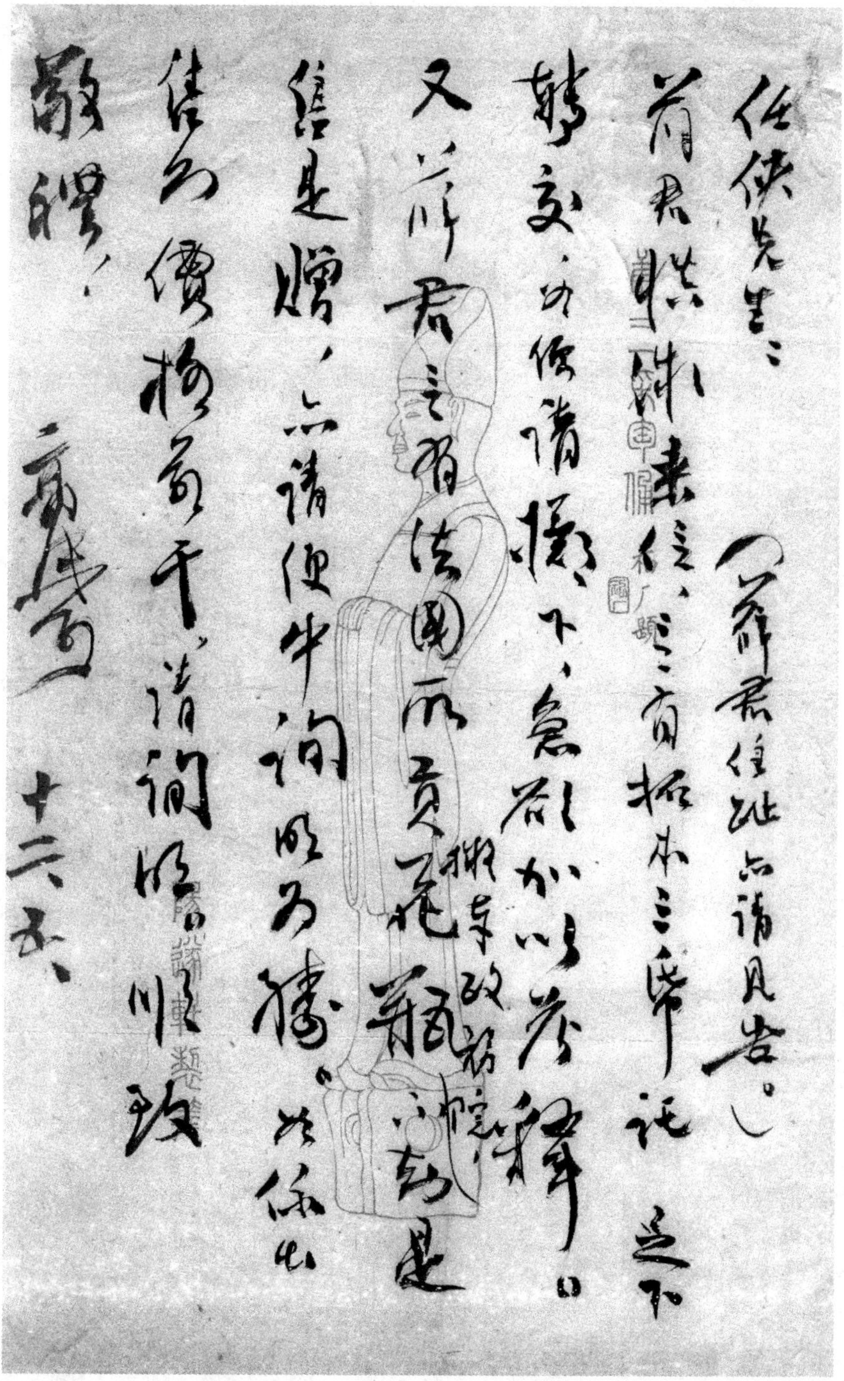
任俠先生：
（薛君住址亦請見告。）
蔣君[illegible]來信之商拓本三帋託之下
轉交，如係請[illegible]下，急欲以參[illegible]
又薛君之諸法圓融貢花箱是
贈人，亦請便中詢明為禱。此係
佳句價格若干，請詢明賜致
敬禮！
郭沫若 十二、六

郭沫若致常任俠 28×17.5 厘米

過旭初(1903—1992),安徽歙縣人。圍棋國手。喜好詩、書、畫,爲中國老年書畫研究會會員,北京市文史研究館館員。主編過《北平圍棋特刊》,上海《前線日報》圍棋專欄。編校過惕生、林志可選擇的《圍棋名譜精選》,著有《圍棋佈局要則》、《滄桑譜》(過惕生、過旭初弈譜精選附詩)等書。

閑居抒懷寫奉

任俠詩老教正兼簡鐵弦詩翁

我生貧寒無紹介,讀書每虞耳目隘。弱冠負笈游北京,始覺心胸拓境界。詩書深造出於勤,弈學成名在變化。劇憐手拙不能書,更兼眼昏不識畫。本手終成大弈家,騙着恐比杭柑賣。論弈不如東瀛深,論詩罔識唐宋派。好論詩人瑕與瑜,一生常被詩人罵。敢云弈理早精通?且喜胸中無蒂芥。出入京都五十年,恆守薄技與家戒。推敲時時爭朝夕,坐隱細細防攻敗。驚雷一聲三山碎,紅旗飄揚下匯海。百工獻技百花開,掃盡獨裁倡博愛。李陳史張匡時才,沈周劉楊同沆瀣。佇看凌雲會有時,報答知己已將屆。

乙卯秋仲過旭初呈草

【注釋】

經考證該信作於1975年9月24日。

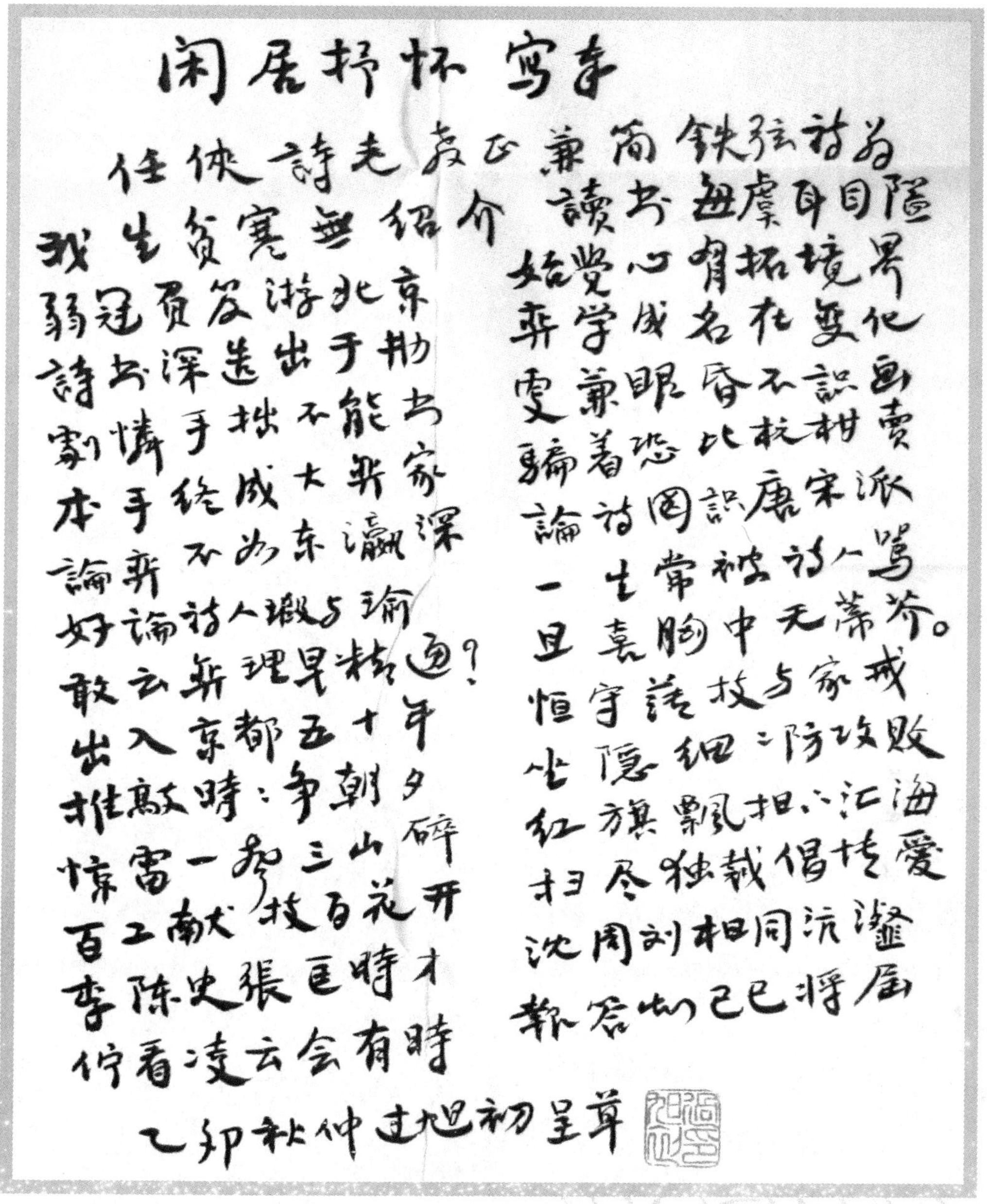
闲居抒怀 写奉

任侠诗老友正 兼简铁弦诗翁

我生贫寒无绍介
弱冠负笈游北京
诗书深造出于勤
劉情手拙不能书
本手终成大弄家
論弄不如东瀛深
好论诗人瑕与瑜
敢云新理早精通？
出入京都五十年
推敲时时争朝夕
惊雷一声三山碎
百工献技百花开
李陈史張巨時才
伫看凌云会有时

读书无虞耳目隘
始觉心胸拓境界
弃学成名在变化
变兼眼昏不識画
骗着恐比杭柑卖
論诗国識唐宋派
一生常被诗人骂
且喜胸中无蒂芥。
恒守諸技与家戒
坐隐细细防攻败
红旗飘扬扬汇海
扫尽独裁倡传爱
沈周刘相同沆瀣
鄭谷幽己巳将届

乙卯秋仲过旭初呈草

过旭初致常任侠　38×23 厘米

任俠老兄足下：

計違雅教，又度三旬，思念之誠，與時俱進。初於上月廿日由京到杭、轉歙。越昨與舍弟仍來杭州，大約再過旬日，即到上海，小住數日來京。承令侄秀峰攜去采白先生畫三張，不知合肥博物館出價若干？想足下已代決定割愛矣。見信如荷賜復，可以收到。

茲際秋高氣爽，更想足下攜螯賞菊，詩興尤深，定有一番眞樂境也。並祝

全家好

教弟旭初頓首　77.10.17.

惕生弟隨叩

【注釋】

該信作於 1977 年 10 月 17 日。

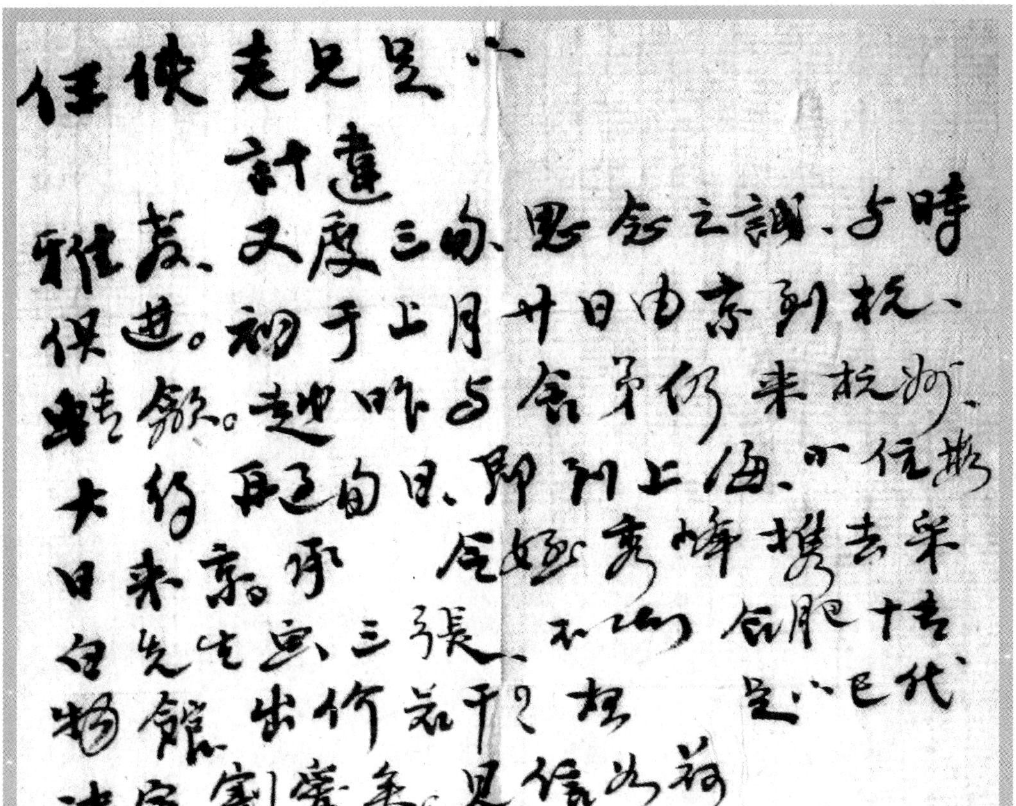

任俠老兄足下：

計違

雅范，又屢三月。思念之誠，與時俱進。初于上月廿日由京到杭，轉紹。趁昨與舍弟仍來杭州，大約再逗留日，即到上海，小住數日來京。承　令姪秉峰携去采白先生畫三張，和合肥博物館出价若干，想　足下已代決定割愛矣。見信如荷賜复，可以收到。

亦際秋高氣爽，定想

足下携眷賞菊，詩興尤深，定有一番真樂境也。並祝

全家好

敬弟旭初手　77.10.16

惕生弟隨叩

過旭初致常任俠　26×25.5 厘米

常任老足下：

日前走訪，適值足下與令愛赴醫院。越昨已到崇文，又遇六級大風而歸（將裱字畫帶回）。兹剪呈《團結報》一紙，請賜閱。最近方毅詩老賜我他的大作和法書，擬請令愛來取（商定再付裱），尚有其他小件，須要与她面議。今擬是月十九日下午二點以前，或二點以後，我在寓候她。祝

全家福

過旭初　11.17.上午書

方毅先生怀陈毅先生诗，过旭初同志之属。

（一）　与君手谈廿余年，知遇之情岂偶然；金戈铁马横吴鲁，艰难创业留诗篇。

（二）　炮火连天气益壮，纹枰對局意悠闲；是非历史有定论，岂容群丑欺人间。

和方老怀陈毅诗，写奉

任侠诗老教正，请斧正後交令爱携下为感。过旭初八三、十一、十七

英雄时勢两相联，赌墅围棋践诺言。霖雨養生期重，未容谢傳隐居闲[1]。

【注釋】

經考證該信作於1983年11月17日。

[1]此處修訂出於常任俠之手。

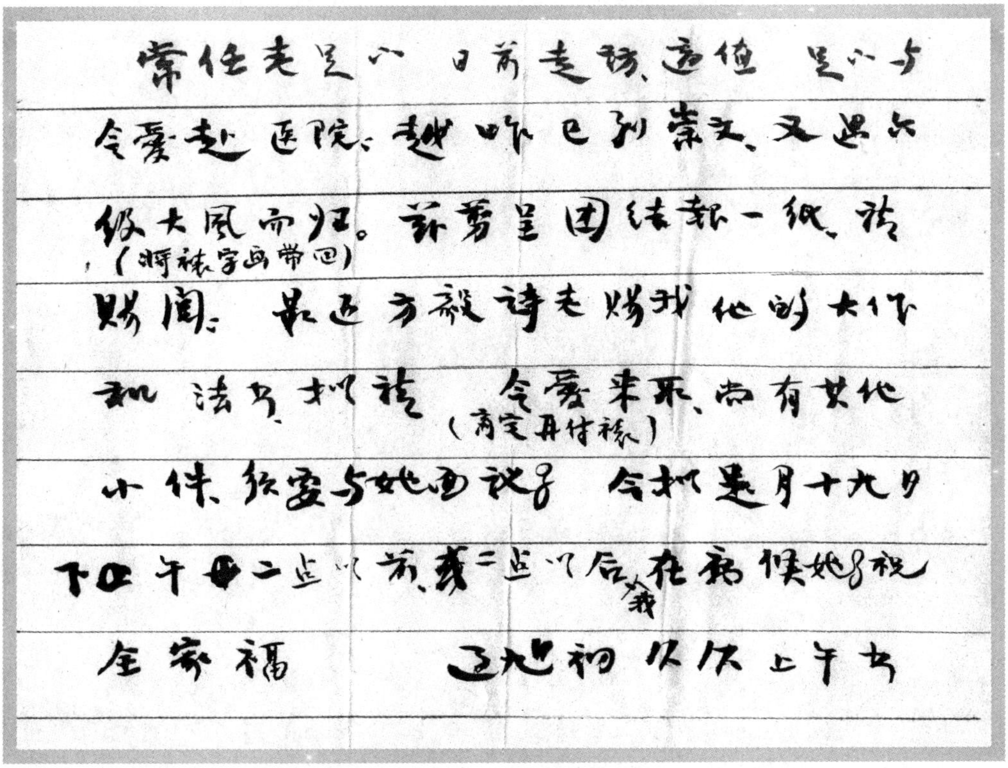

常任老兄：日前走访，适值兄与令爱赴医院，越昨已到崇文，又遇六级大风而归。兹寄呈团结报一纸，请（将裱字画带回）赐阅。最近方毅诗老嘱我代书大作和法书，拟请令爱来取，尚有其他（商定再付裱）小件，须要与她面谈。今拟是月十九日下午一时二点以前，我二点以后在家候她。祝全家福　过旭初　八八上午书

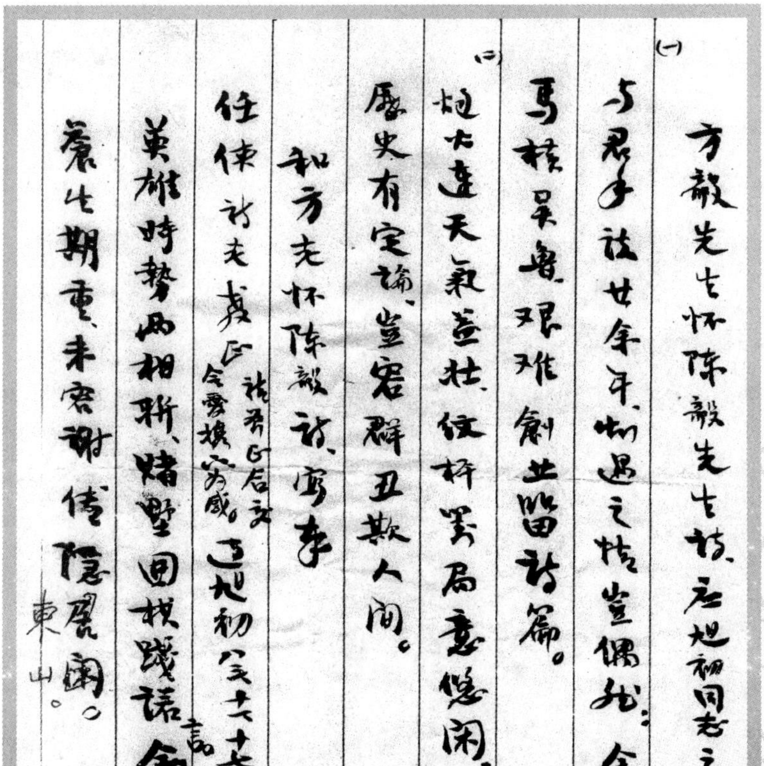

（一）方毅先生怀陈毅先生诗，应旭初同志之属。与君子谈廿余年，忽遇之情岂偶然。金戈铁马横吴粤，艰难创业留诗篇。（二）炮火连天气益壮，纹枰黑局意悠闲。是非历史有定论，岂容群丑欺人间。

和方老怀陈毅诗，寄李任侠诗老哀正。请君合家令爱棋宽为感。过旭初八十六老

英雄时势两相期，赌墅回棋践诺言。甘霖雨苍生期重，未容谢傅隐东山。

過旭初致常任俠
26.5×19 厘米

洪深（1894－1955），字淺哉。江蘇武進（常州）人。戲劇家。抗戰爆發後，任上海文化救亡協會理事、國民政府軍事委員會政治部三廳戲劇科長。歷任復旦大學、山東大學、中山大學、北京師範大學、暨南大學、廈門大學教授等職。1949年後任中國文聯委員、中國劇協副主席、中國作協理事、對外文化聯絡局局長、對外文協副會長等職。主要著作收入《洪深文集》。

任俠兄：

大函[1]及《夜上海》説明書收到，吾兄興致甚佳，弟則近來消沉極矣。承向壽昌代作解釋，至感；世事風雲變幻，猶有一二知友，豪直如壽昌，古道如吾兄者，亦可稍慰人生之寂寥矣。演講時最好由校來一公函，前曾與貴校長在廬山茶會時一度口頭衝突，誠恐其心中猶存芥蒂，對弟不表歡迎也。

專復即請

大安

弟 洪深　廿九、七、十六

【注釋】

該信作於1940年7月16日。

[1]指常任俠1940年7月12日寫寄洪深函。此時常應中大戲劇學會邀請導演《夜上海》話劇。

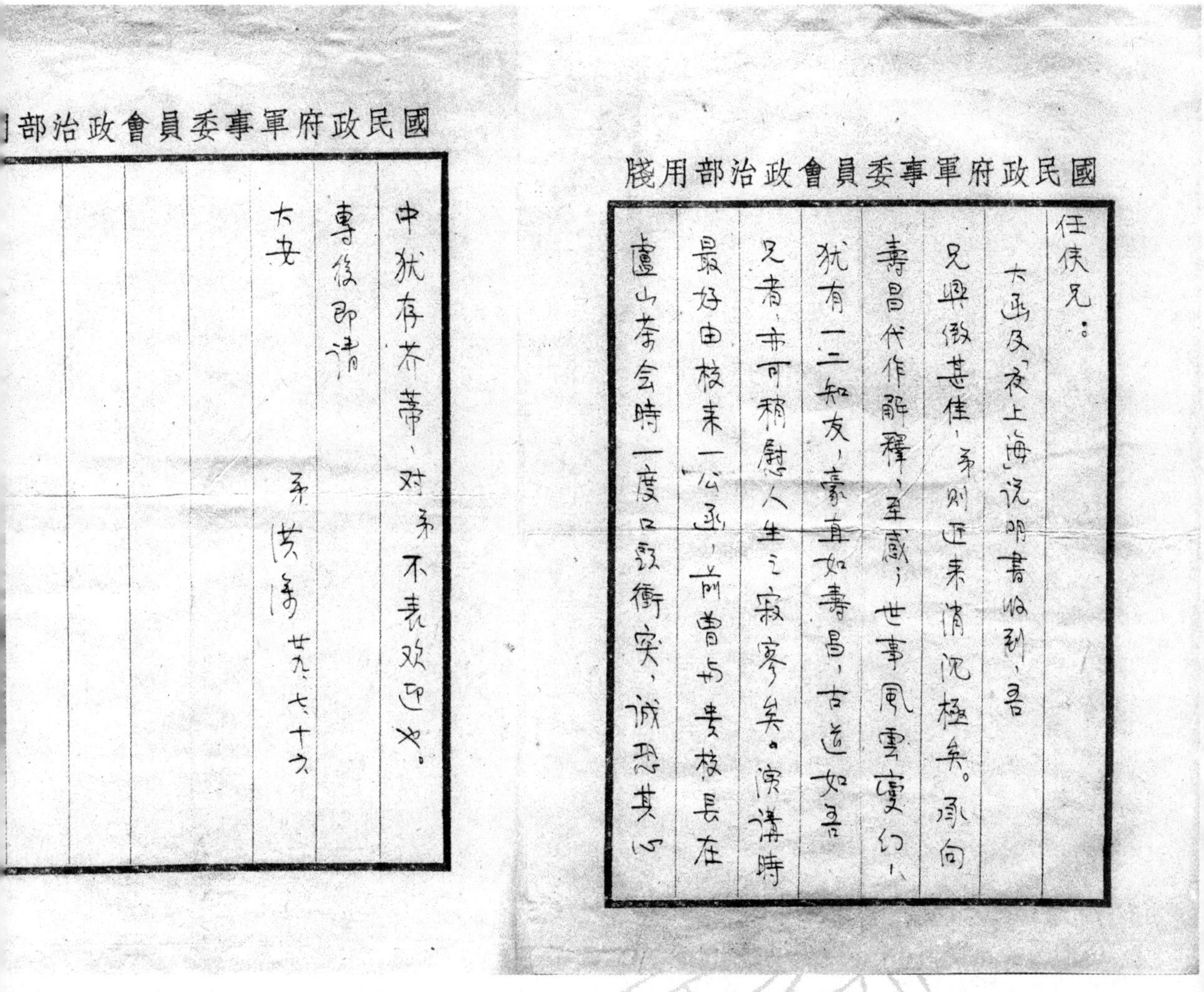

國民政府軍事委員會政治部用牋

任俠兄：

大函及「夜上海」說明書收到，吾兄興致甚佳，弟則近來消沉極矣。承向壽昌代作解釋，至感；世事風雲變幻，猶有一二知友，豪直如壽昌，古道如吾兄者，亦可稍慰人生之寂寥矣。演講時最好由校來一公函，前曾與貴校長在廬山茶会時一度口頭衝突，誠恐其心

國民政府軍事委員會政治部用

中猶存芥蒂，对弟不表欢迎也。專復即請

大安

弟洪深 廿九、七、十六

洪　深致常任俠　28.5×21 厘米

任俠兄：

惠書慰問[1]，愧感交並，將何以致謝愛我厚我之諸友耶！近來不如理想事太多，可傷心者非祇一端，而弟一時軟弱，遂出下策，蓋理智不弱不會吞毒，情感不弱，便不會許醫施救也。事後部長贈千元，又文藝獎助金保管委員會贈千元，一律璧謝。弟經濟誠窘，但寧舉債，不能以此事博取金錢，此亦稍見弟在不軟弱時之故我也。小女洪鈴病已甚深，相者（即前在漢相予者）謂其不能逃過去年舊曆年底，今已過年半月有餘，但痊癒之望，恐僅百分之十而已[2]。內人已健復，囑附筆道謝。專此，即請

大安

弟 洪深啓　三十、二、十四

【注釋】

該信作於1941年2月14日。

[1]常任俠1941年2月10日記："作函慰洪深，因其前日自殺也。"

[2]洪鈴於同年2月22日因患肺病去世。

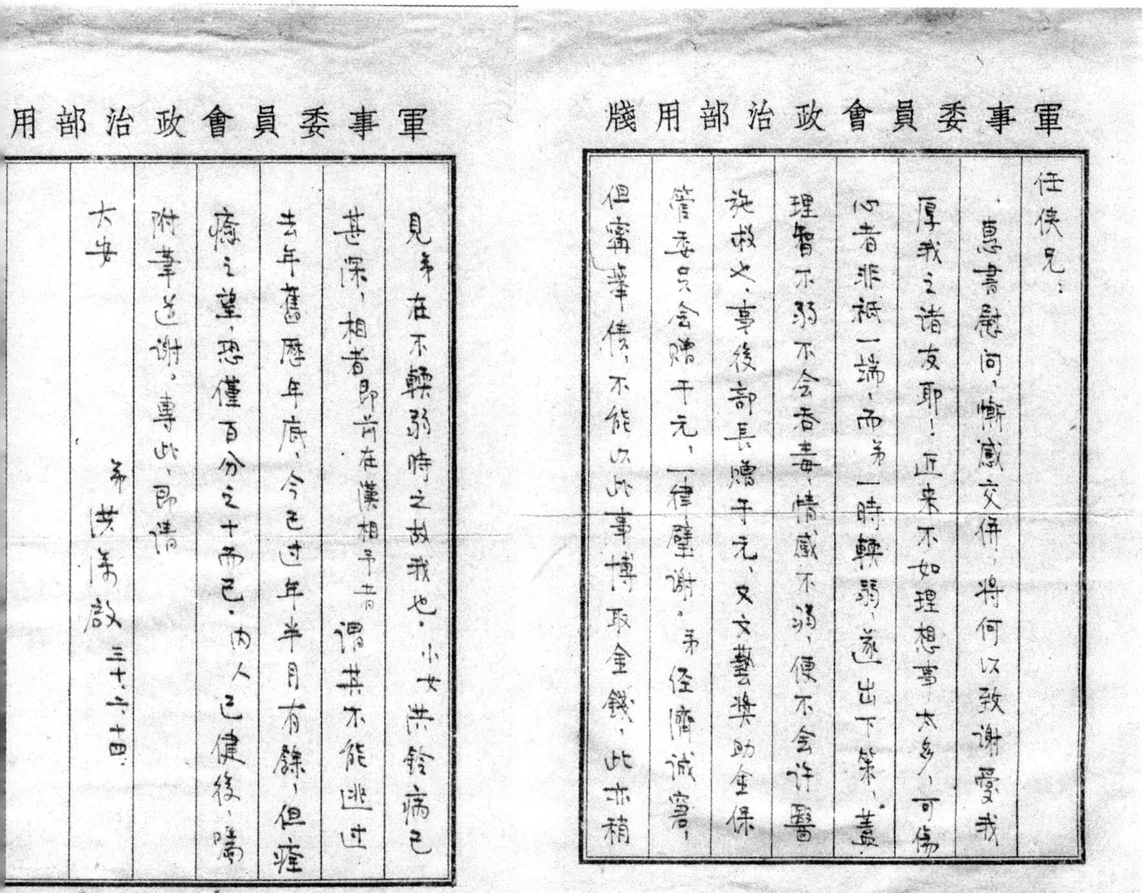
軍事委員會政治部用牋

任俠兄：

惠書慰問，慚感交併，將何以致謝愛我厚我之諸友耶！近來不如理想事太多，可傷心者非祇一端，而弟一時軟弱，遂出下策，蓋理智不弱不會吞毒，情感不強，便不會許醫施救也。事後部長贈千元，又文藝獎助金保管委員會贈千元，一律璧謝。弟從儉誠窘，但寧筆傳，不能以此事博取金錢，此亦稍見弟在不軟弱時之故我也。小女洪鈴病已甚深，相者即前在漢相弟者，謂其不能逃過去年舊歷年底，今已過年半月有餘，但痊癒之望，恐僅百分之十而已。內人已健復，囑附筆道謝。專此，即請

大安

弟 洪深敬 三十、二、十四

洪　深致常任俠　27.5×17 厘米

任俠吾兄：

渝地一別[1]，瞬將兩月矣。弟途中翻了一次車，又病了幾天，幸於上月底安抵坪石，本欲亟函諸舊友報告平安，而一因文學院去坪尚有三十餘里，覓屋遷居，都甚費事，又因放下書本較久，不敢不準備功課，遂覺忙碌不堪，信函只有分期寫寄，而吾兄之信，竟遷延至今也。文學院環境幽靜，弟與內人，租居一室，可半蔽風雨——此地一日之間，時冷時熱，時晴時雨，雨如傾盆，滿屋都漏，弟等常蓋油布睡眠——惟無須趕車買票，不受“持特約證排班”之苦也。生活程度，亦在趕速高長中，但米猶每斤七角，肉猶每斤乙元三角，因此乃得每頓放膽吃飽。此間樂，不思蜀矣！重慶文藝動態，暇時乞告知一二，來信並祈寫明文學院，以免取信周折。傅抱石兄寓金剛坡，而地名不知如何寫法，附一信，請代轉去，至托。專此，即請

大安

弟洪深啓　三十、四、廿一

再，壽昌兄即將到桂

【注釋】

該信作於 1941 年 4 月 21 日。

[1] 1941 年 2 月 28 日常任俠偕力揚前往文工會晤田漢、洪深，3 月 4 日洪深即離重慶前往廣東坪石任教於中山大學。

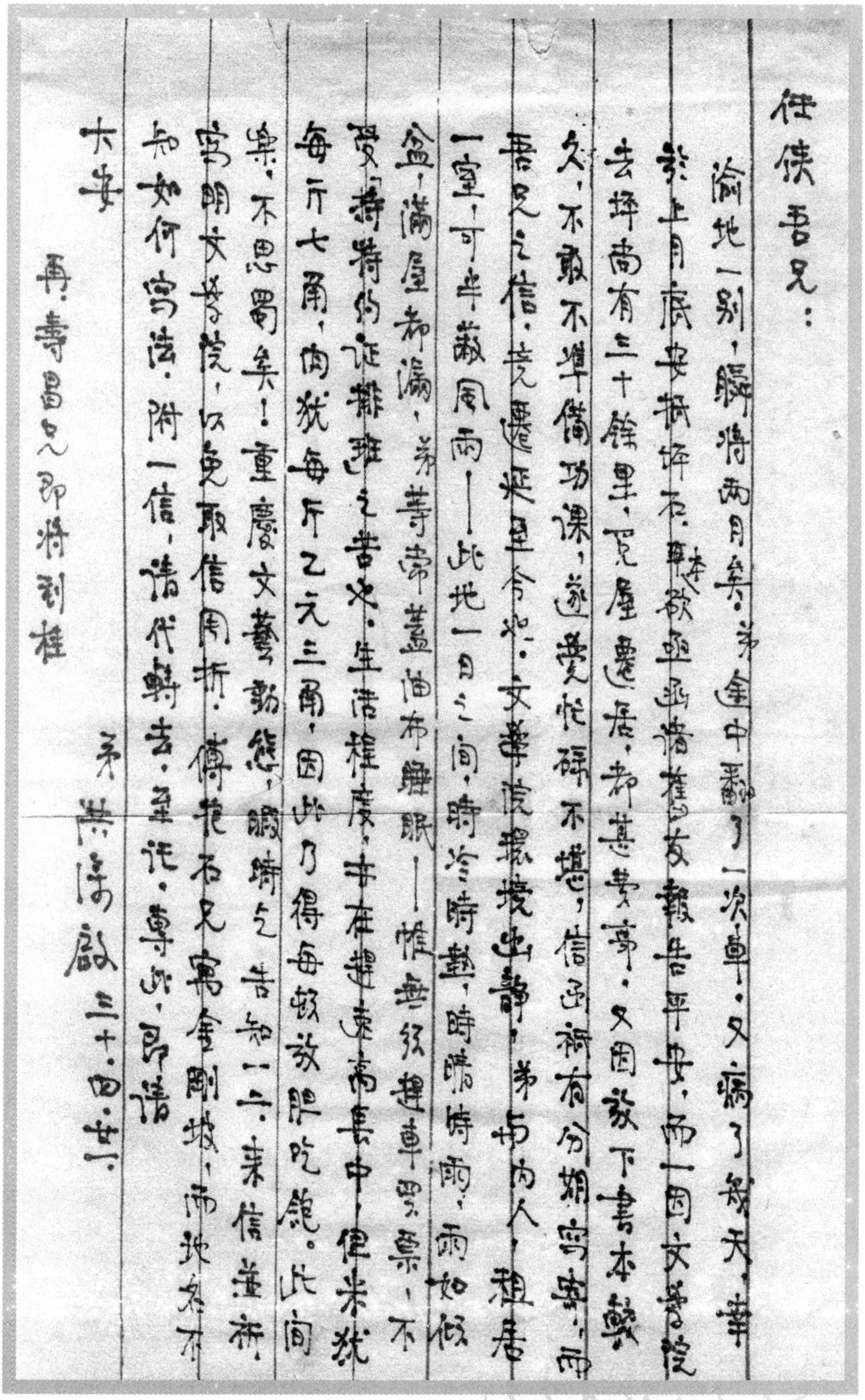
任俠吾兄：

渝地一別，瞬將兩月矣。弟途中翻了一次車，又病了幾天，幸於上月底安抵坪石，本欲亟函渝舊友報告平安，而一因文學院去坪尚有三十餘里，覓屋遷居，都甚費事。又因放下書本較久，不敢不準備功課，遂覺忙碌不堪，信函衹有分期寫寄，而吾兄之信，竟遲延至今也。文學院環境幽靜，弟與內人，租居一室，可半蔽風雨——此地一日之間，時冷時熱，時晴時雨，雨如傾盆，滿屋都漏，弟等常蓋油布睡眠——惟無須擠車買票，不受「擠擠的」並排班之苦也。生活程度，亦在逐漸高漲中，但米猶每斤七角，肉猶每斤乙元三角，因此乃得每數放膽吃飽。此間樂，不思蜀矣！重慶文藝動態，暇時乞告知一二。來信並祈寫明文學院，以免取信周折。傳抱石兄寓金剛坡，而地名不知如何寫法，附一信，請代轉去，至託，專此，即請

大安

弟洪深啟 三十、四、廿一

再，壽昌兄即將到桂

洪　深致常任俠　29.5×18 厘米

胡絜青(1905-2001),原名玉貞。北京人。畫家。1931年畢業於北京師範大學國文系,同年與作家老舍結婚。1951年加入中國畫研究會,先後擔任理事、常務理事、副主席等職。曾任第二至五屆北京市政協委員及全國政協委員、北京市文聯顧問等。出版有《胡絜青畫集》、《胡絜青百菊圖》等。

任俠老兄:

首先祝賀牛年如意,身健敏思!

承您索“四蟹”已畫就呈上,一笑!

我仍是很忙,社會活動無以應付,巧立名目邀請書畫之苦。

今特隨拜年之函,郵上拙作。

匆匆!祝

年禧!

全家幸福快樂!

胡絜青拜上

乙丑年元旦

【注釋】

經考證該信作於1985年2月20日。

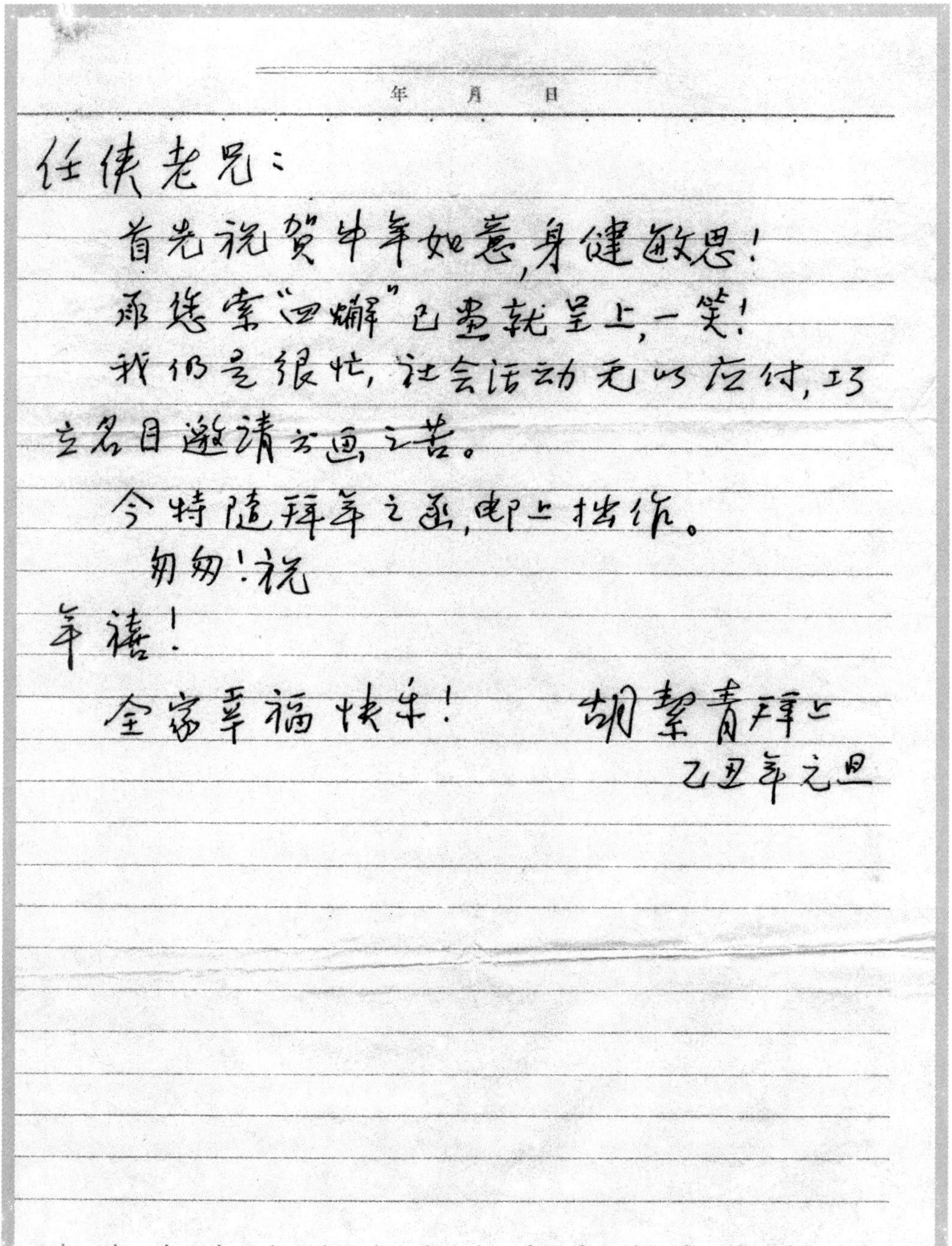

年　月　日

任侠老兄：

首先祝贺牛年如意，身健敏思！

承您索"四蠏"已画就呈上，一笑！

我仍是很忙，社会活动无以应付，巧立名目邀请字画之苦。

今特随拜年之函，即上拙作。

匆匆！祝

年禧！

全家幸福快乐！　　胡絜青拜上

乙丑年元旦

北京市制本总厂印制 84.7 （1464）

胡絜青致常任俠　26.5×19 厘米

胡愈之(1896-1986),原名學愚,字子如。浙江上虞人。著名的社會活動家。中華人民共和國成立後,曾任《光明日報》總編輯,國家出版總署署長,全國人大副委員長和全國政協常委。

任俠同志:

上月卅日來信並新三字經稿均已收到,謝謝你。

在批林批孔運動中,你做了許多很好的工作,十分欽佩。我自己要向你學習。特別是用三字經的體例寫儒法鬥爭史,對培養工農兵理論隊伍,很有幫助。我提不出意見,現在把稿送有關友人傳閱。

祝春節愉快。

胡愈之

二月九日

【注釋】

經考證該信作於1975年2月9日。

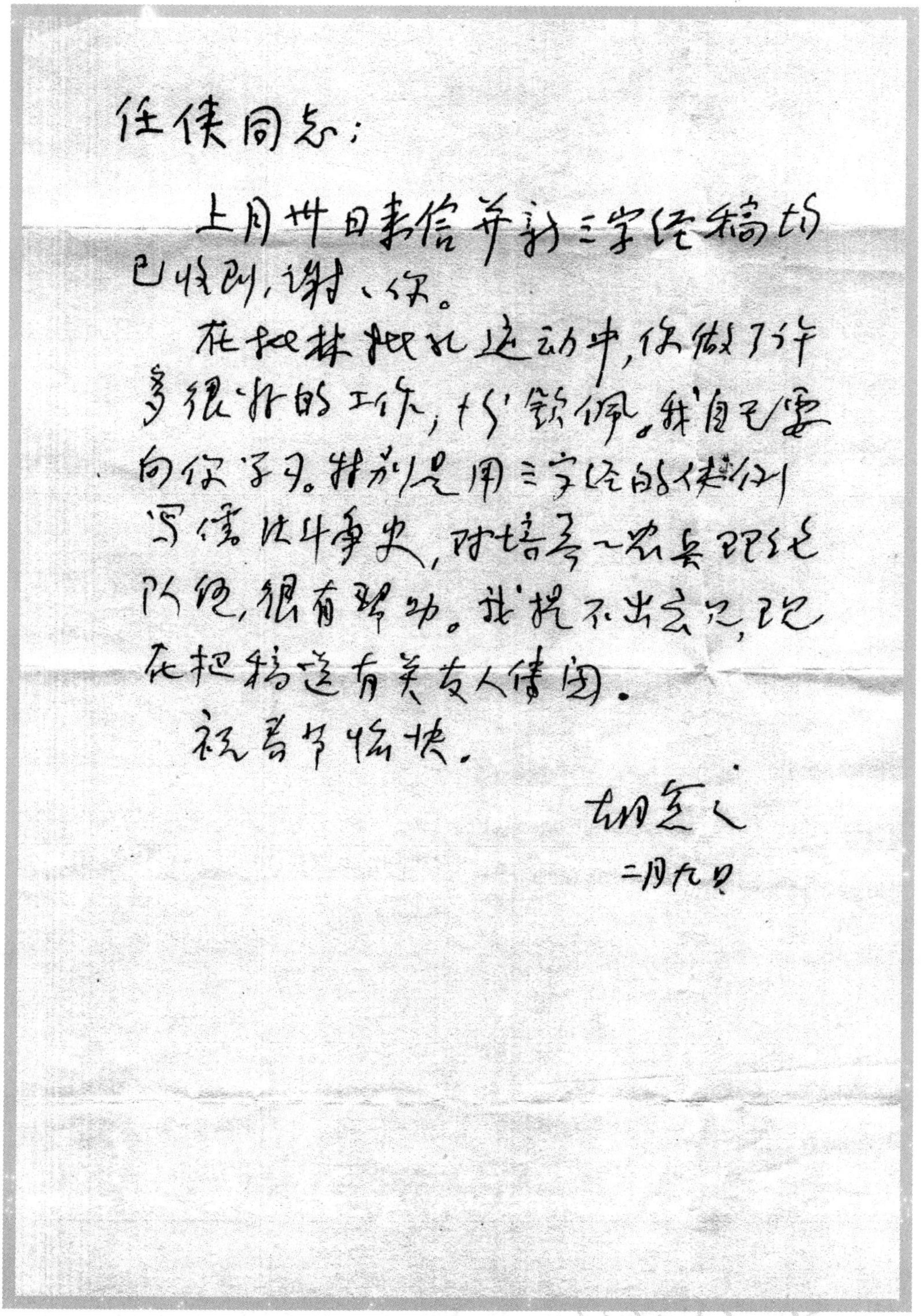
任侠同志：

上月廿日来信并新三字经稿均已收到，谢谢你。

在批林批孔运动中，你做了许多很好的工作，令人钦佩。我自己要向你学习。特别是用三字经的体例写儒法斗争史，对培养工农兵理论队伍，很有帮助。我提不出意见，现在把稿送有关友人传阅。

祝春节愉快。

胡愈之

二月九日

胡愈之致常任俠 21.5×15.5 厘米

荒蕪(1916-1995),原名李乃仁,安徽鳳台人。翻譯家、詩人。曾任職於國際新聞局(後外文局)、中國社會科學院文學研究所、外國文學研究所。中央文史館館員,民盟早期盟員,國務院參事室參事。著有《紙壁齋集》等。

任俠同志:

久不晤。比來興居佳勝否?

頃聞北京市代表大會開得很熱烈,發言盈庭,盛況空前,未知確否?

上月底去石家莊過了十餘天,本月七日始回京。

胡喬木、鄧力群、于光遠任我院正、副院長,目前正在各所瞭解情況。今後學部可望走上正路。

附打油詩兩首,請正。

祝好

荒蕪 ′77、12、11

【注釋】

該信作於1977年12月11日。

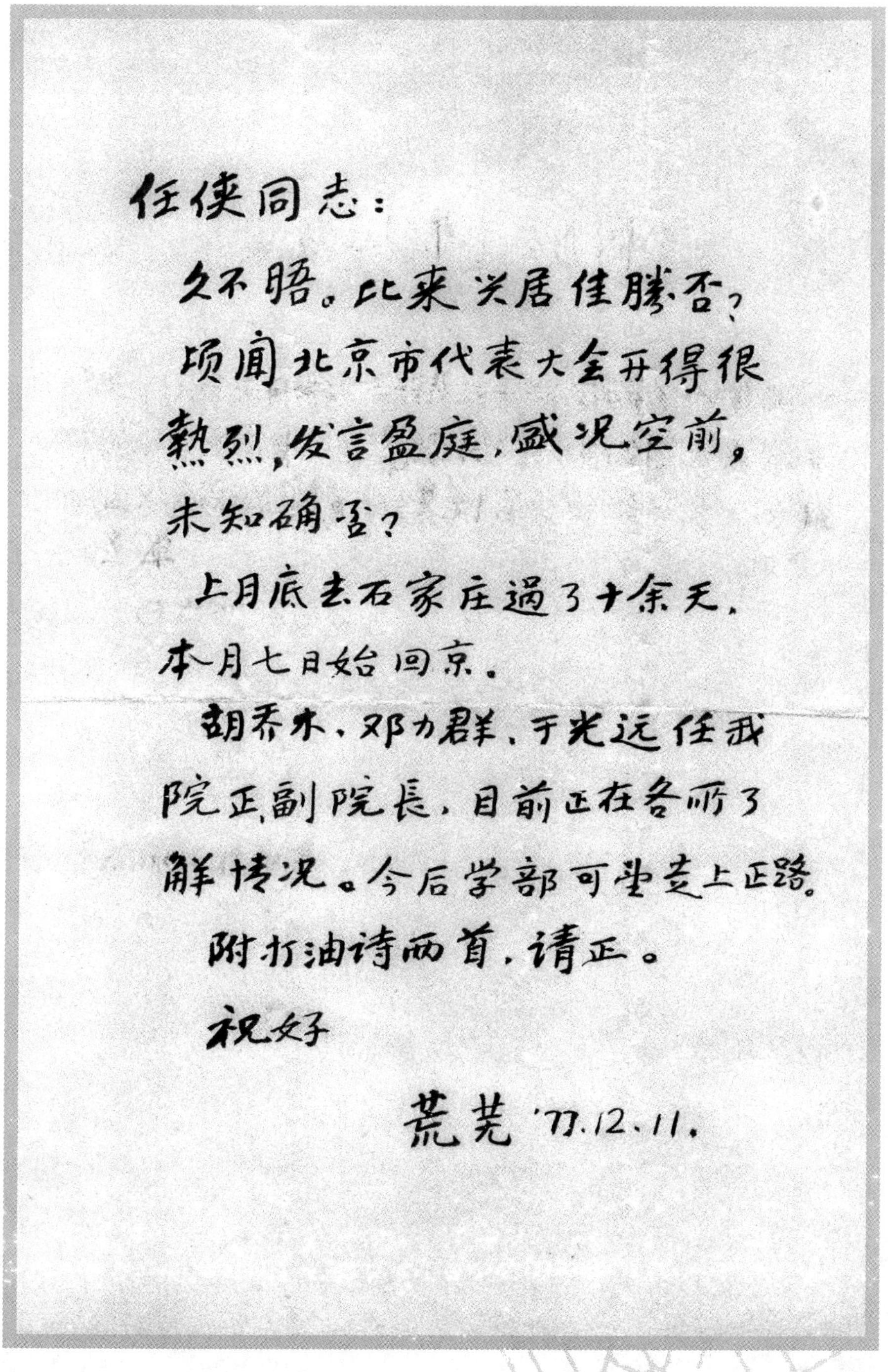

任侠同志：

久不晤。比来兴居佳胜否？

顷闻北京市代表大会开得很热烈，发言盈庭，盛况空前，未知确否？

上月底去石家庄过了十余天，本月七日始回京。

胡乔木、邓力群、于光远任我院正副院长，目前正在各所了解情况。今后学部可望走上正路。

附打油诗两首，请正。

祝好

荒芜 '77.12.11.

荒蕪致常任俠 26.5×18 厘米

常公：

大著《紅蓮華集》及來示拜收。抛磚竟得引玉，喜出望外。大著金聲玉振，有黃鐘大吕之音，可作一部詩史讀，甚盼將文革以來新作一併寫出集印，爲舊體詩放一異彩。謹復，祇頌

筆健

荒蕪　1981.12.5

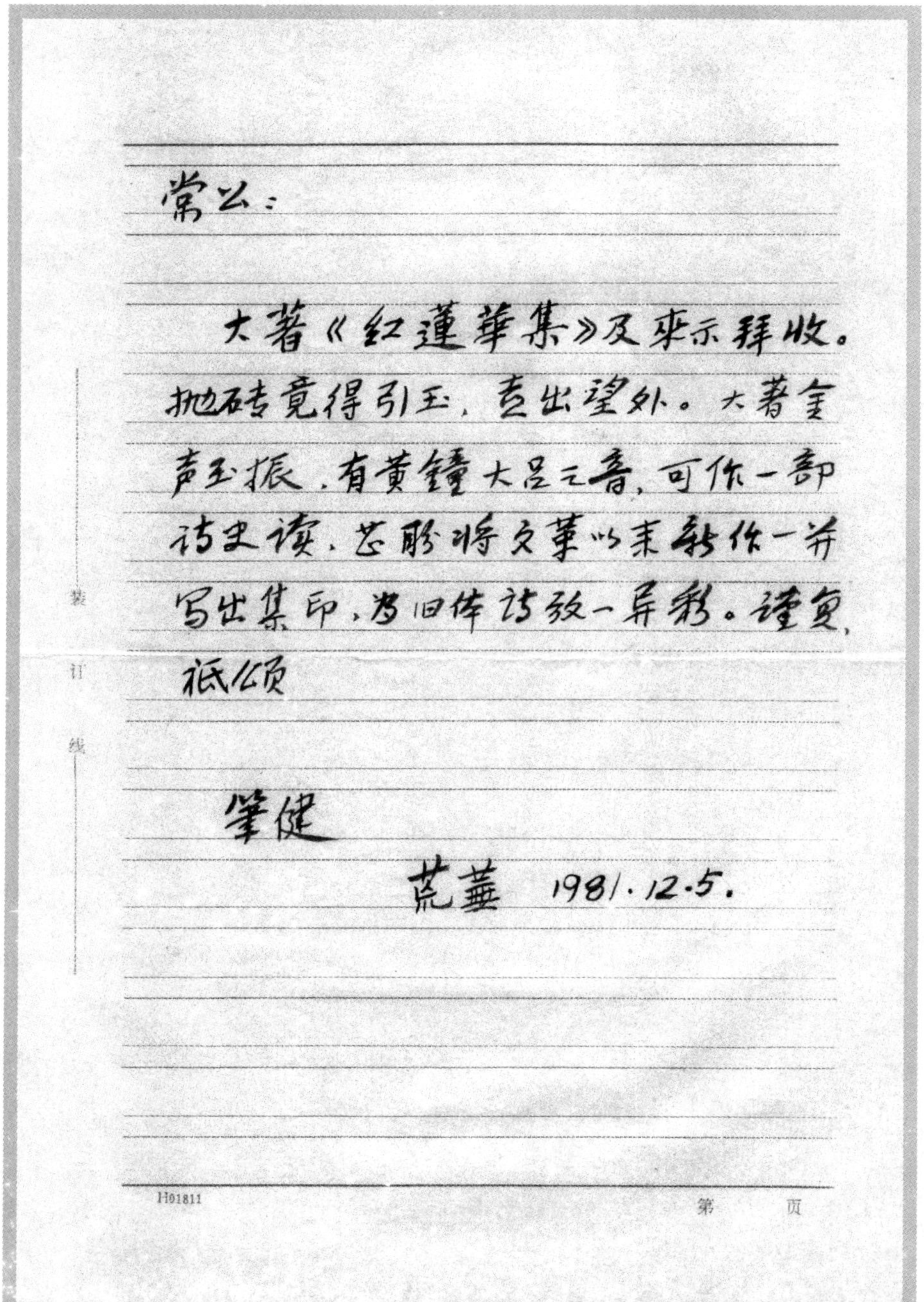

常公：

大著《紅蓮華集》及来示拜收。抛砖竟得引玉，喜出望外。大著金声玉振，有黄钟大吕之音，可作一部诗史读。甚盼将文革以来新作一并写出集印，为旧体诗放一异彩。谨复，

祇颂

笔健

荒蕪 1981.12.5.

装订线

H01811 第 页

荒蕪致常任俠 26×19 厘米

任俠同志：

我寄了幾首雜詩給《羊城晚報》，其中有一首是贈您的，他們準備發表。詩曰：

千首新詩萬口傳，才名今日滿長安。邇來閉戶成高隱，爲改《紅蓮》二百篇。

昨得文藝版編輯蕭荻同志來信，希望您能替他們寫點短文，雜文或散文。倘手頭有短稿，請直接寄給蕭。即頌

近好

荒蕪

八二，十一，十六。

【注釋】

該信作於 1982 年 11 月 16 日。

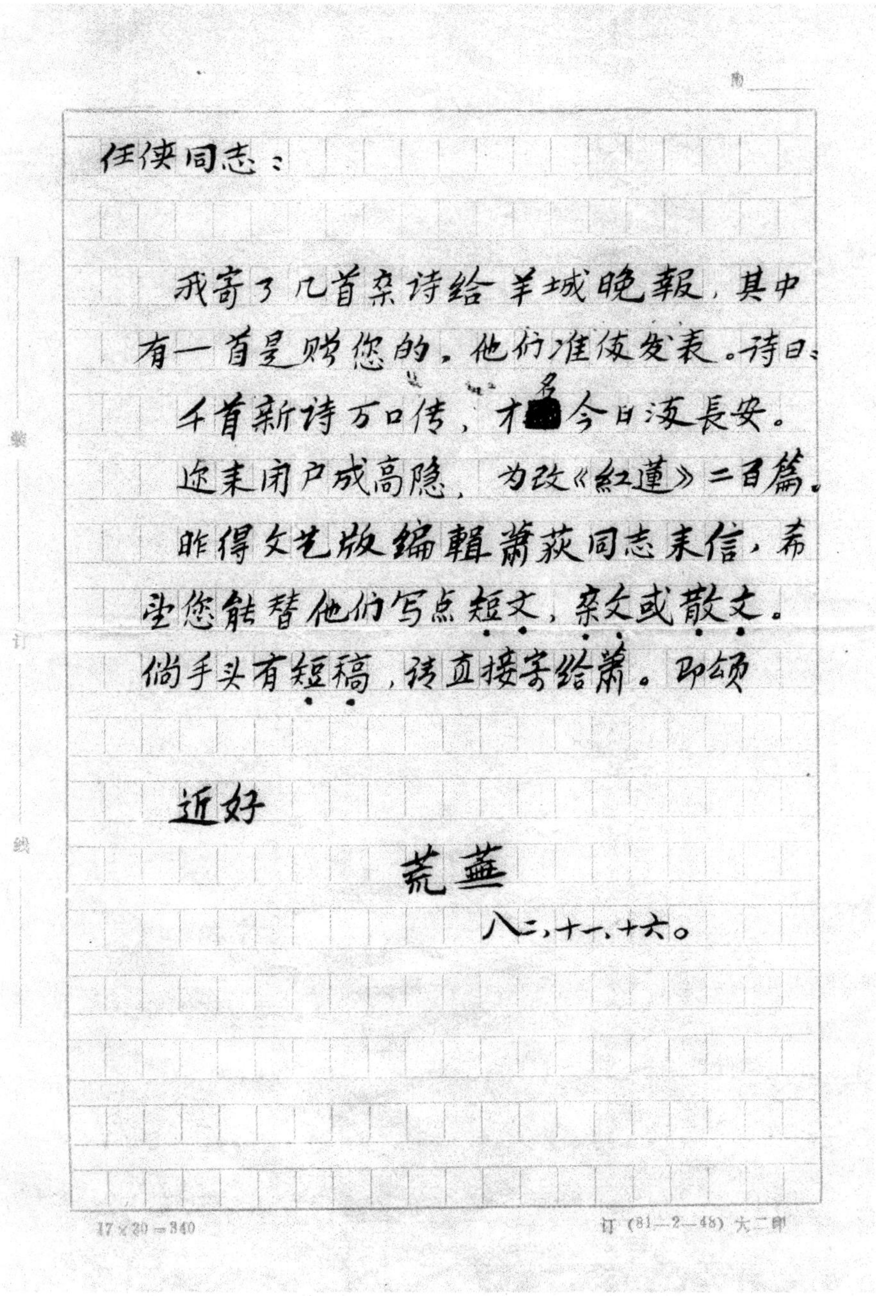

任侠同志：

我寄了几首杂诗给羊城晚報，其中有一首是贈您的。他们准备发表。诗曰：

千首新诗万口传，才多[redacted]今日凌長安。

近来闭户成高隐，为改《紅蓮》二百篇。

昨得文艺版编輯蕭荻同志来信，希望您能替他们写点短文，杂文或散文。倘手头有短稿，请直接寄给蕭。即颂

近好

荒蕪

八二、十一、十六。

17×20＝340　　订（81—2—48）大二印

荒蕪致常任俠　26.5×19 厘米

任俠同志：

我和幾位作畫寫詩的朋友合作，搞了一本《詩畫配》，即爲畫配詩，爲詩配畫。有畫有詩，便成一套。積至一百套，便出畫册。以後繼續出下去。目前作畫的有林鍇、韓羽、丁聰等人，寫詩的有苗子、陳邇冬、吳世昌等人。希望您也來共襄創舉。您如有題畫詩，盼連同畫照，惠寄若干套，以光篇幅。專此布達，並頌

撰安

荒蕪

八三、十一、廿八

題少林寺詩，如已寫就，盼抄寄一份。

【注釋】

該信作於 1983 年 11 月 28 日。

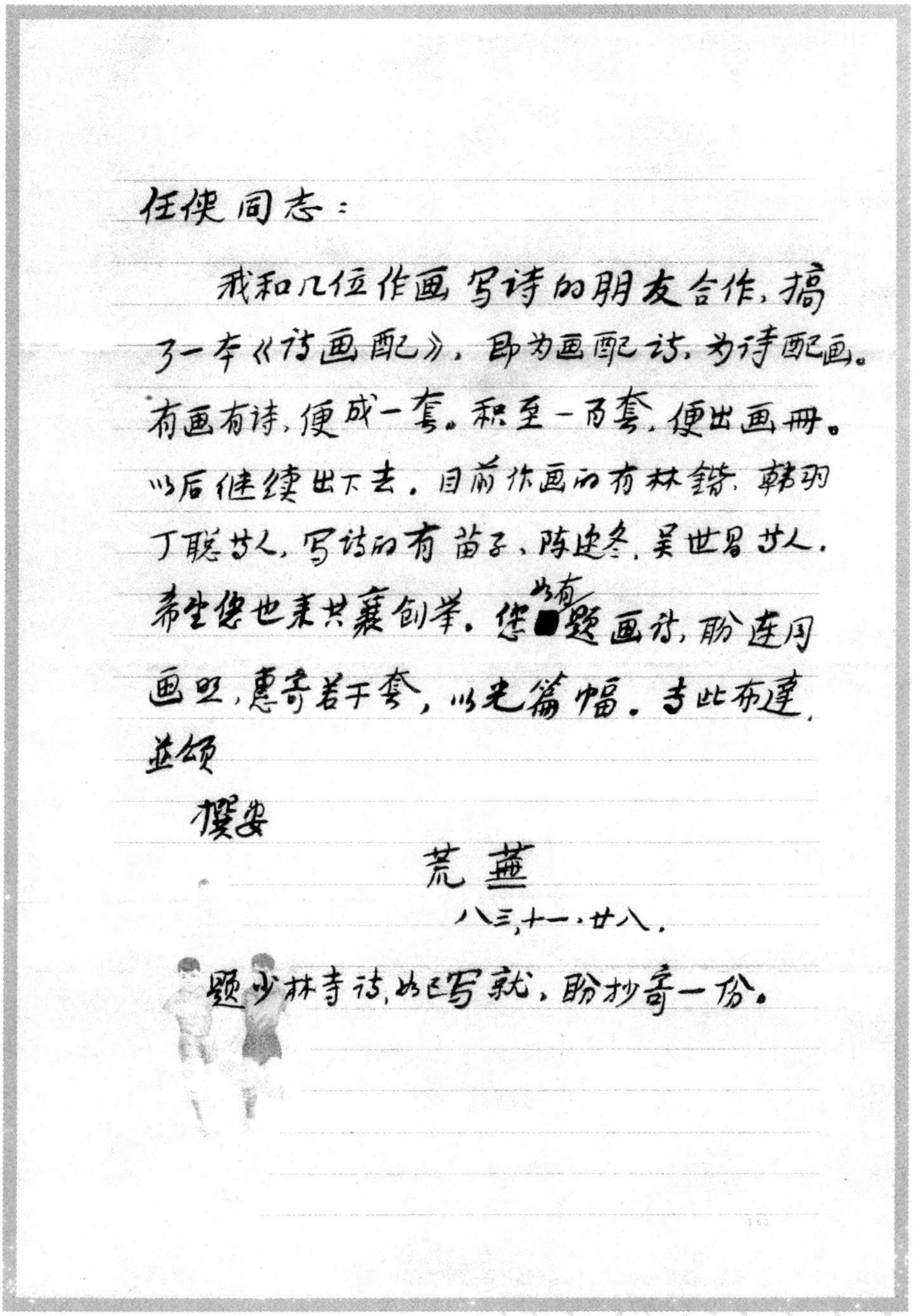

任侠同志：

我和几位作画写诗的朋友合作，搞了一本《诗画配》，即为画配诗，为诗配画。有画有诗，便成一套。积至一百套，便出画册。以后继续出下去。目前作画的有林锴、韩羽、丁聪等人，写诗的有苗子、陈迩冬、吴世昌等人。希望您也来共襄创举。您如有题画诗，盼连同画照，惠寄若干套，以光篇幅。专此布達，并颂

撰安

荒芜

八三.十一.廿八.

题少林寺诗，如已写就，盼抄寄一份。

荒芜致常任侠　25×17.5 厘米

任俠同志：

七月三日示悉。

腿腫有好轉，大佳。盼加意休養。

要我充當一名顧問，但不知要做點什么工作？我是無一技之長的人，濫竽充數，不亦令人齒冷乎？

山西方面要辦一張詩書畫三結合的半月刋小報一張，點名要苗子夫婦、丁聰、辛之和我作“跑堂的”。正在商洽中，倘或有成，將來總得在您身上打點主意。希望能有您親筆寫的詩。

大著亟盼惠贈一冊，先睹爲快。即頌

夏安

荒蕪

84.7.5

【注釋】

該信作於 1984 年 7 月 5 日。

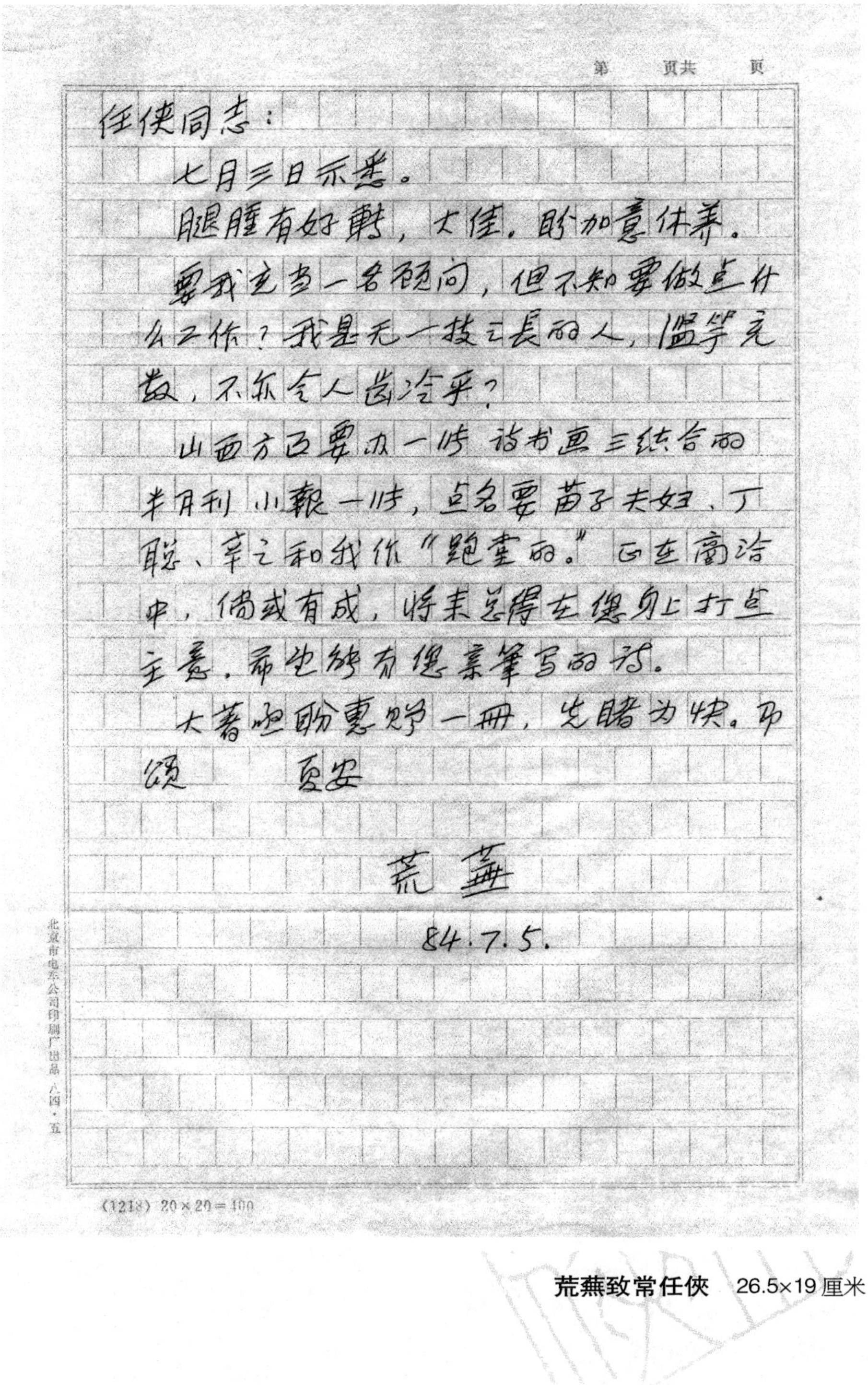

第　頁共　頁

任侠同志：

七月三日示悉。

腿踵有好转，大佳，盼加意休养。

要我充当一名顾问，但不知要做点什么工作？我是无一技之長的人，滥竽充数，不亦令人齿冷乎？

山西方面要办一份诗书画三结合的半月刊小報一份，点名要苗子夫妇、丁聪、辛之和我作"跑堂的。"正在商洽中，倘或有成，将来总得在您身上打点主意，希望能有您亲笔写的诗。

大著也盼惠赠一册，先睹为快。即颂

夏安

荒芜

84.7.5.

北京市电车公司印刷厂出品 八四·五

(1218) 20×20=400

荒蕪致常任俠 26.5×19厘米

常公：

《詩書畫》報定於今年十一月創刊。第一期擬着重介紹茅公的詩與書法。我們想請您寫一篇短文（不超過一千字）介紹他的書法。十月二十日以前集稿，能撥冗惠允否？

又尊處大約藏有不少茅公手迹，我打算帶一位同志來拍幾張照，盼約時以便按時前往。專此奉懇，順頌

節禧

荒蕪

84.9.29

【注釋】

該信作於1984年9月29日。

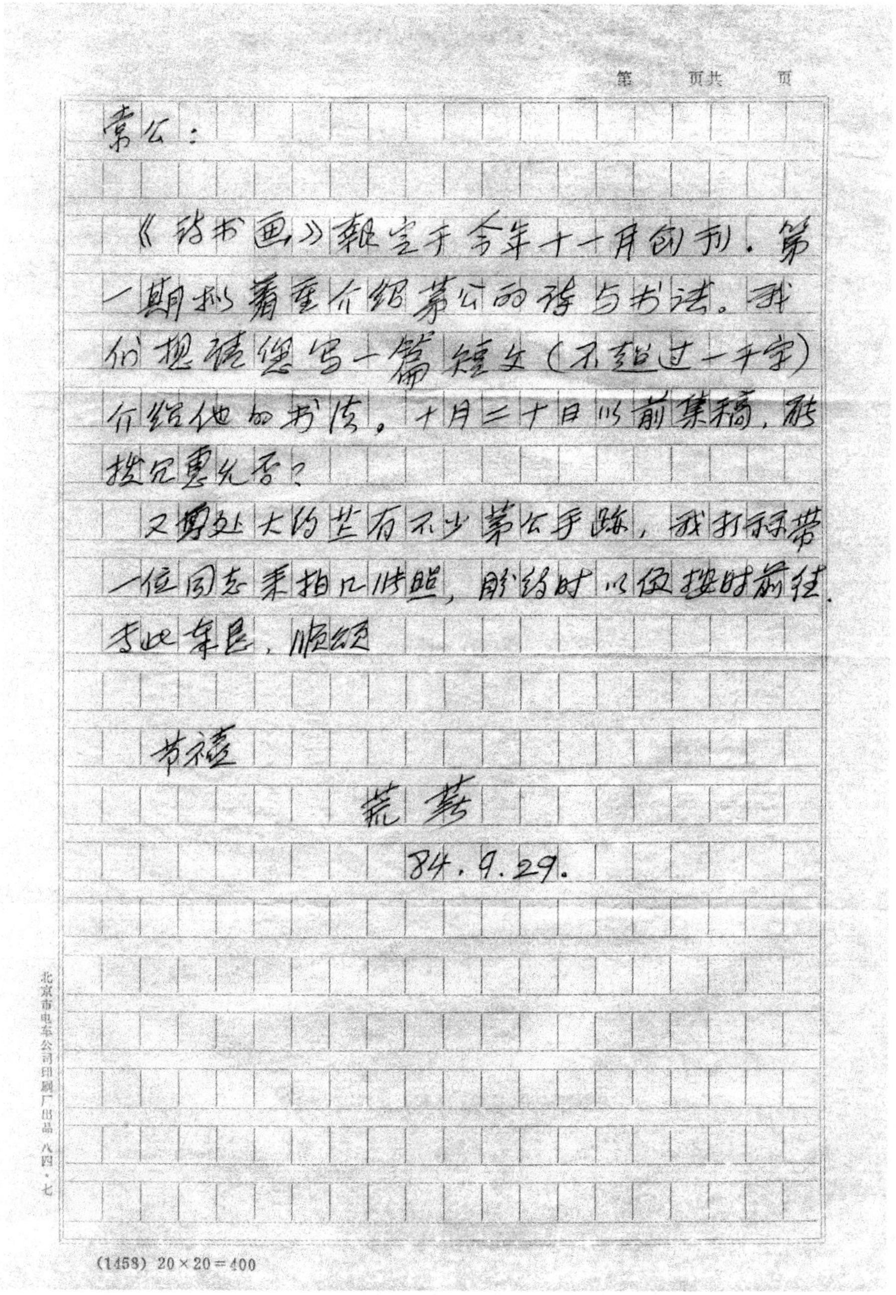
第　　页共　　页

常公：

《诗书画》报定于今年十一月创刊。第一期拟着重介绍茅公的诗与书法。我们想请您写一篇短文（不超过一千字）介绍他的书法。十月二十日以前集稿，能拨冗惠允否？

又贵处大约存有不少茅公手迹，我打算带一位同志来拍几张照，能约时，以便按时前往。

专此奉恳，顺颂

节禧

荒芜

84.9.29.

北京市电车公司印刷厂出品 八四·七

(1458) 20×20=400

荒蕪致常任俠 26.5×19 厘米

常老：

大示及自題《百寶箱》長句均拜讀，詩已抄轉《中國老年》雜誌，估計他們會用。寫詩最怕無病呻吟，只要有感而發，定係佳作。希望多寄幾首來，並附本事。

打了兩次電話均未打通，電話號碼爲 5008343，對否？

因患膽結石症，正在服藥治療中，很少出門。

彭子岡於本月九日去世，我送了她一幅輓聯：

十年燈火山城，瀝膽披肝留史筆。

千里舟車北國，相夫教子見文心。

上聯講的是重慶，下聯講的是徐盈被拘留在山西的事。本月二十二日上午九時在北京醫院舉行遺體告别儀式。您若得便，可以去會會老朋友。匆此，順頌

節禧

荒蕪

88.1.16

【注釋】

該信作於 1988 年 1 月 16 日。

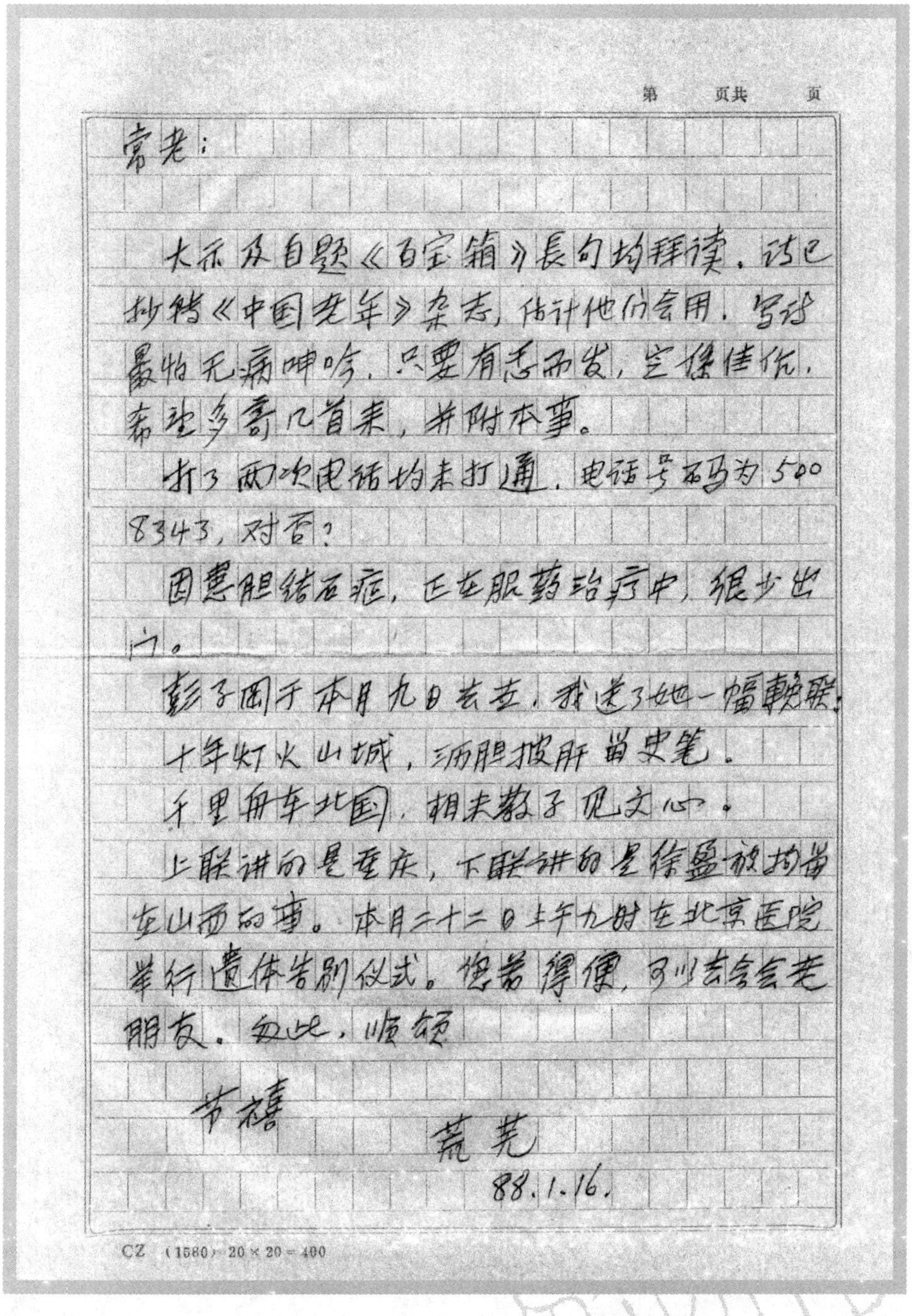

第　　页共　　页

常老：

大示及自题《百宝箱》長句均拜读。诗已抄转《中国老年》杂志，估计他们会用。写诗最怕无病呻吟，只要有志而发，定获佳作。希望多寄几首来，并附本事。

打了两次电话均未打通，电话号码为500 8343，对否？

因患胆结石症，正在服药治疗中，很少出门。

彭子冈于本月九日去世，我送了她一幅輓联：

十年灯火山城，沥胆披肝留史笔。

千里舟车北国，相夫教子见文心。

上联讲的是重庆，下联讲的是徐盈被拘留在山西的事。本月二十二日上午九时在北京医院举行遗体告别仪式。您若得便，可以去会会老朋友。匆此，顺颂

节禧

荒芜

88.1.16.

CZ (1560) 20×20=400

荒蕪致常任俠　26.5×19 厘米

黄苗子(1913-),原名黄祖耀,廣東中山人。美術學家。抗戰時期輾轉廣州、重慶和香港等地參加抗日救亡文藝活動。中華人民共和國成立後在北京人民美術出版社等單位從事編輯出版工作。善書法及美術評論,主要著作有《美術欣賞》、《畫壇師友録》等。

見碧微夫人冊子[1],尊題"有花枝處有鞦韆"一詞,極愛雅俊,附箋乞賜書擲下,以當珍賞,感企感企。

任俠吾兄文席

弟苗子頓首　十月十一

【注釋】

經考證該信作於1943年10月11日。

[1]1942年在重慶,常任俠任教四川省立教育學院及國立藝專。蔣碧微夫人囑書畫冊,遂寫舊作《鷓鴣天·爲關露作》小詞以應。原詞爲:

銀漢興波未許填,可應決絶更情牽。疏簾雕玉魂搖押,密字眞珍淚滿箋。　人寂寂,雨綿綿,有花枝處有鞦韆。羅衫不耐春陰薄,開盡酴醾似去年。

躑躅花前露滿衣,晚鶯啼處悵春歸。妝成玉鏡窺蛾瘦,彈罷銀箏怨雁飛。　風動燭,月侵幃,小紅樓外緑陰肥。沉香火細天涯近,未必相思寸寸灰。

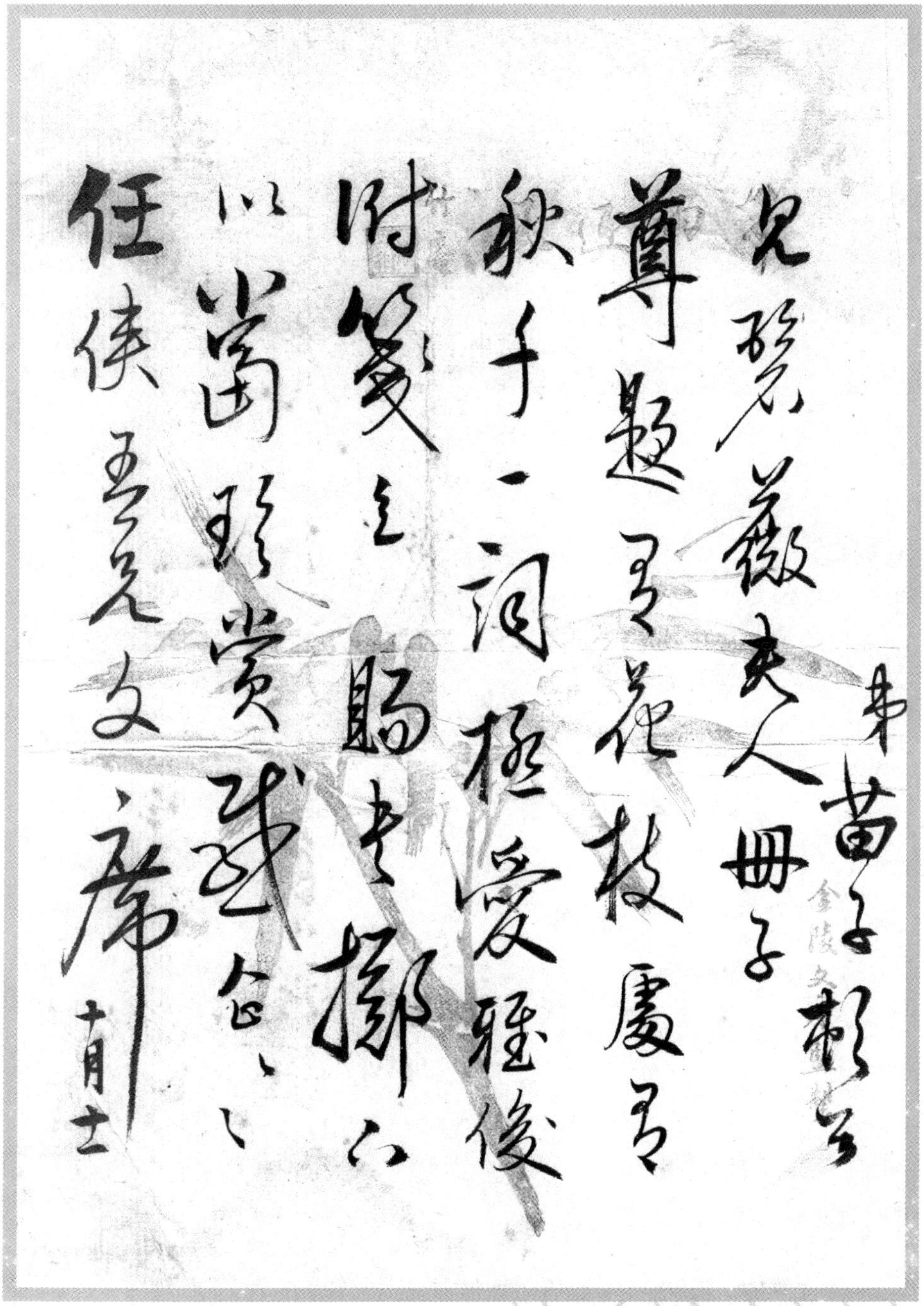

黄苗子致常任俠 27×19.5 厘米

黄文弼(1893–1966)字仲良。湖北漢川人。中國考古學家。畢業於北京大學哲學系。參加過中瑞合組的西北科學考察團。先後任北平研究院史學研究所研究員、中國科學院考古研究所研究員。曾4次去新疆考察,調查高昌古城和交河故城,發掘漢代烽燧遺址和雅爾湖高昌墓地等。對研究新疆史地、考古頗有貢獻。著有《塔里木盆地考古記》、《新疆考古發掘報告》等。

任俠吾兄:

前日因講到十二時半,到公園去遍兩次未找着,想兄已走了。奉上學術專刊一張,特奉上,此致

敬禮

弟文弼　20日

【注釋】

經考證該信作於1953年5月20日。

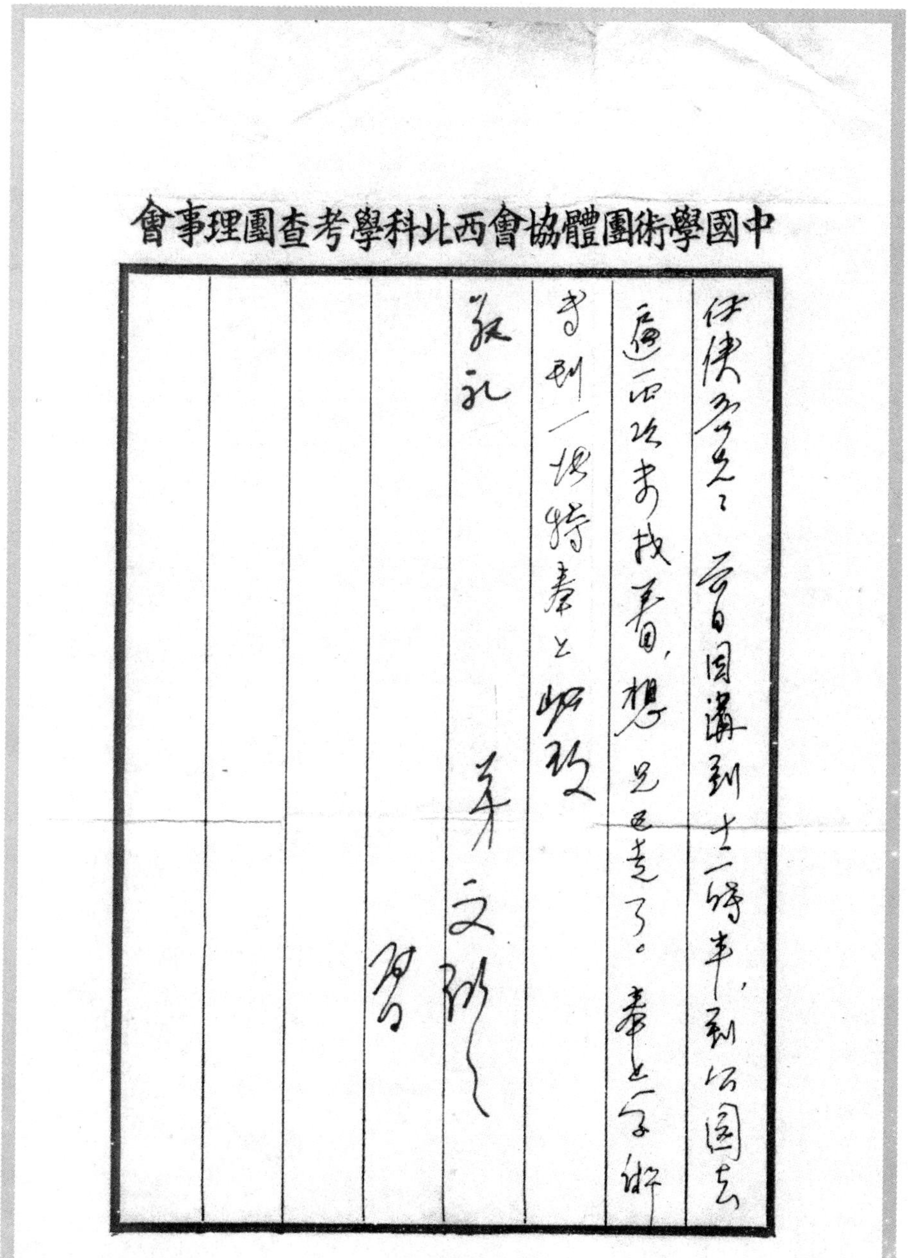

中國學術團體協會西北科學考查團理事會

任俠吾兄：今日因講到十一時半，到公園去，適石璋如來找舊，想兄已走了。奉上字幅書刊一張，特奉上 收改

敬禮

黃文弼 習

黃文弼致常任俠　28.5×19 厘米

黃養輝（1911–2001），別名黃易，黃旭晨，江蘇無錫人。美術家。早年就讀於國立中央大學藝術系和中文系。出版有《黃養輝藝術文集》、《黃養輝畫集》等。

任俠方家道長：

上年八月在北京參觀，得聆高論，大快大快，心佩之至。別後南返，經山東泰安，登泰山小游，雖匆匆未能多留，但名山壯麗宏偉，文物豐富，歷史邈遠，氣象巍峨，不愧五嶽之首。且亦爲歷史上幾次重大農民革命起義發源地區，如公元 18 年，新莽天鳳五年，樊崇率赤眉軍起義於泰山。又唐末乾符初，公元 874 年間黃巢亦於泰山起義。歷代封建帝王，登泰山封禪者，在秦始皇之前，已有七十餘王，勒石紀事千八百餘處。眞洋洋大觀也。歸來寫《泰山紀游》三千餘字。以後有機會，當呈教法眼指正。

前由過旭老寄來大作批“四人幫”詩書條一幅，情文兩茂，謝謝。兄爲文章高手，甚望能再得大文一讀，以資學習。茲附上《爲抱石先生跋印譜》拙稿，乞正。便請勿吝多賜教爲禱。

順祝

新禧！

弟黃養輝拜上

七八年元月卅日

过旭老常晤面否？均此致意。又及

【注釋】

該信作於 1978 年 1 月 30 日。

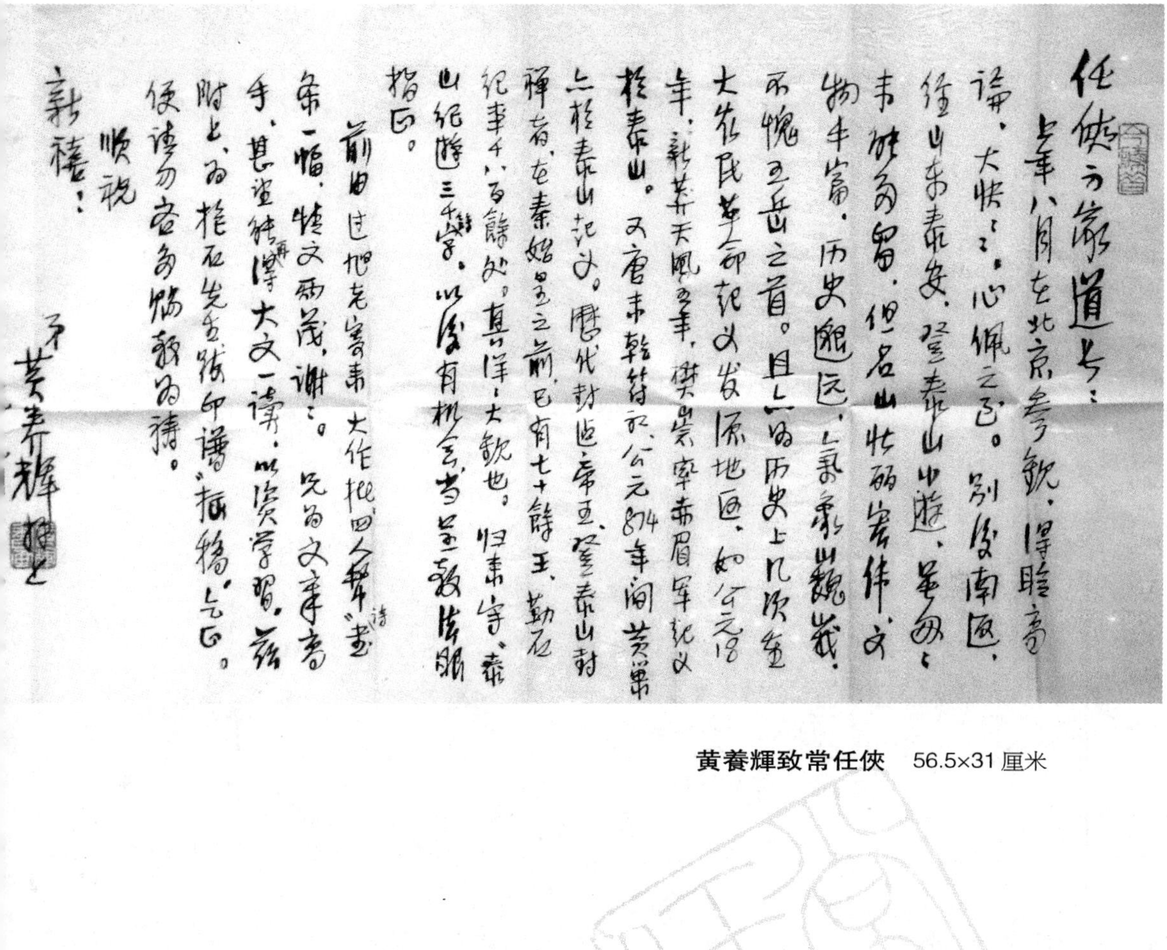

任俠方家道長：

上年八月在北京參觀，得聆高論，大快之之。心佩之已。別後南返，經山東泰安，登泰山小遊，草草未能多留，但名山壯麗宏偉，文物豐富，歷史悠長，氣象巍峨，不愧五岳之首。且山為歷史上九次全國大農民革命起義發源地區，如公元18年，新莽天鳳五年，樊崇率赤眉軍起義據泰山。又唐末乾符元年，公元874年間，黃巢亦據泰山起義。歷代封建帝王登泰山封禪者，在秦始皇之前已有七十餘王，勒石紀事千八百餘處，真洋洋大觀也。歸來寫泰山紀遊三十韻詩，以後有機會當呈教指正。

前由□□先寄來大作抵四人幫詩畫一幅，詩文兩茂，謝謝。兄為文章高手，甚望能再讀大文一讀，以資學習。茲附上為權石先生張印譜指稿，乞正。便請分贈各勝教為禱。

順祝

新禧！

弟黃養輝拜上

黃養輝致常任俠　56.5×31 厘米

黄芝岡（1895—1971），原名德修。又名黄衍仁、黄素、黄伯鈞。湖南長沙人。戲曲史家、民間文藝研究家。曾在南京國立戲劇專科學校等院校任教。中華人民共和國成立後，任中國戲曲研究院學術委員會委員、研究員，中國民間文藝研究會理事。長期從事戲曲史的研究。著有《中國的水神》、《湯顯祖編年評傳》等。

任俠我兄賜鑒：

承獎掖，甚感興奮，如能在《學燈》發表，實如心願，惟嫌學術性之不夠耳。前《學燈》有一文談中國哲學之各種特點[1]，讀之甚佩，欲覓此稿，而無法覓得，不知白華先生處尚有留存否，或能借白華先生所保存者一閱讀否？望爲道此意。再，近《學燈》刊出之《〈水經注〉之總成績》[2]，亦欲向白華先生索取一份，因日報已無從購買，故亦欲相煩也。專候

文祺

芝岡　二十二日晚

【注釋】

經考證該信約作於 1940 年 2 月 22 日。

[1]指唐君毅《中國哲學中自然宇宙觀之特質》一文，發表於 1939 年 10 月 29、11 月 5、19 日《時事新報·學燈》（渝版）第 57—59 期。

[2]即汪辟疆《明清兩代整理〈水經注〉之總成績——楊守敬、熊會貞〈水經注疏〉》一文，發表於 1940 年 1 月 22 日《時事新報·學燈》（渝版）第 69 期。

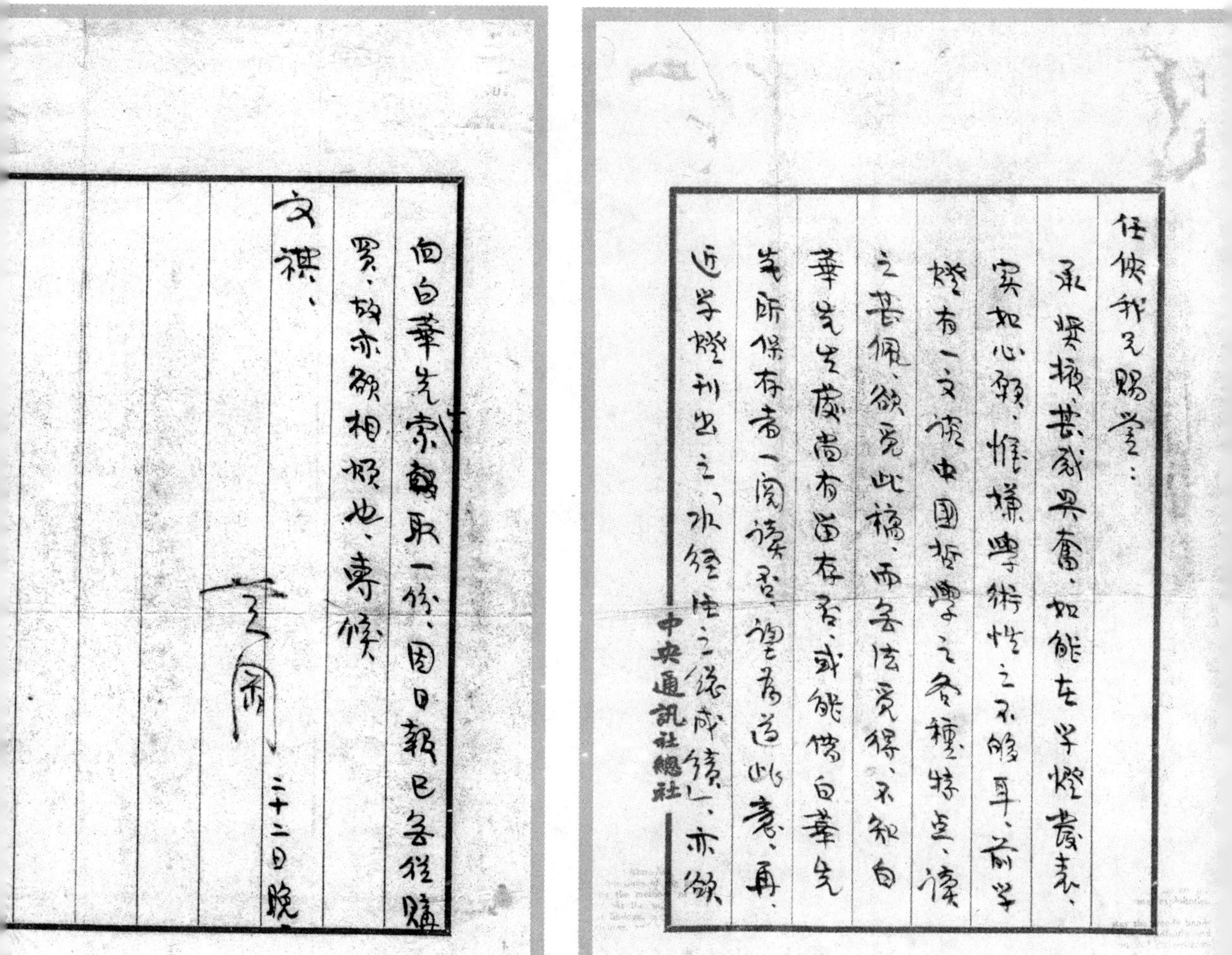

任俠我兄賜鑒：
承 奬掖，甚感興奮，如能在学燈發表，实如心願，惟嫌學術性之不够耳，前学燈有一文談中国哲學之各種特点，讀之甚佩，欲覓此稿，而無法覓得，不知白華先生處尚有留存否，或能借白華先生所保存者一閱讀否，望爲道此意，再近学燈刊出之"水經注之總成績"，亦欲向白華先索取一份，因日報已無從購買，故亦欲相煩也，專候
文祺，
芝岡
二十二日晚

中央通訊社總社

黄芝冈致常任俠　27.5×19 厘米

任俠我兄賜鑒：

沙坪壩被敵機投彈。兄與白華、小石先生未受驚否？數月未得良晤，田大來渝已久，兄有便，何不來城[1]，以圖一聚。張曙兄追悼會，亦正需發起也。前拙作承白華先生採用，至爲銘感，但未存稿，請兄向白華先生索《學燈》一二份寄來如何？

敬頌

文祺

芝岡　三十日

【注釋】

經考證該信作於 1940 年 5 月 30 日。

[1]黄芝岡時在中央通訊社任職。

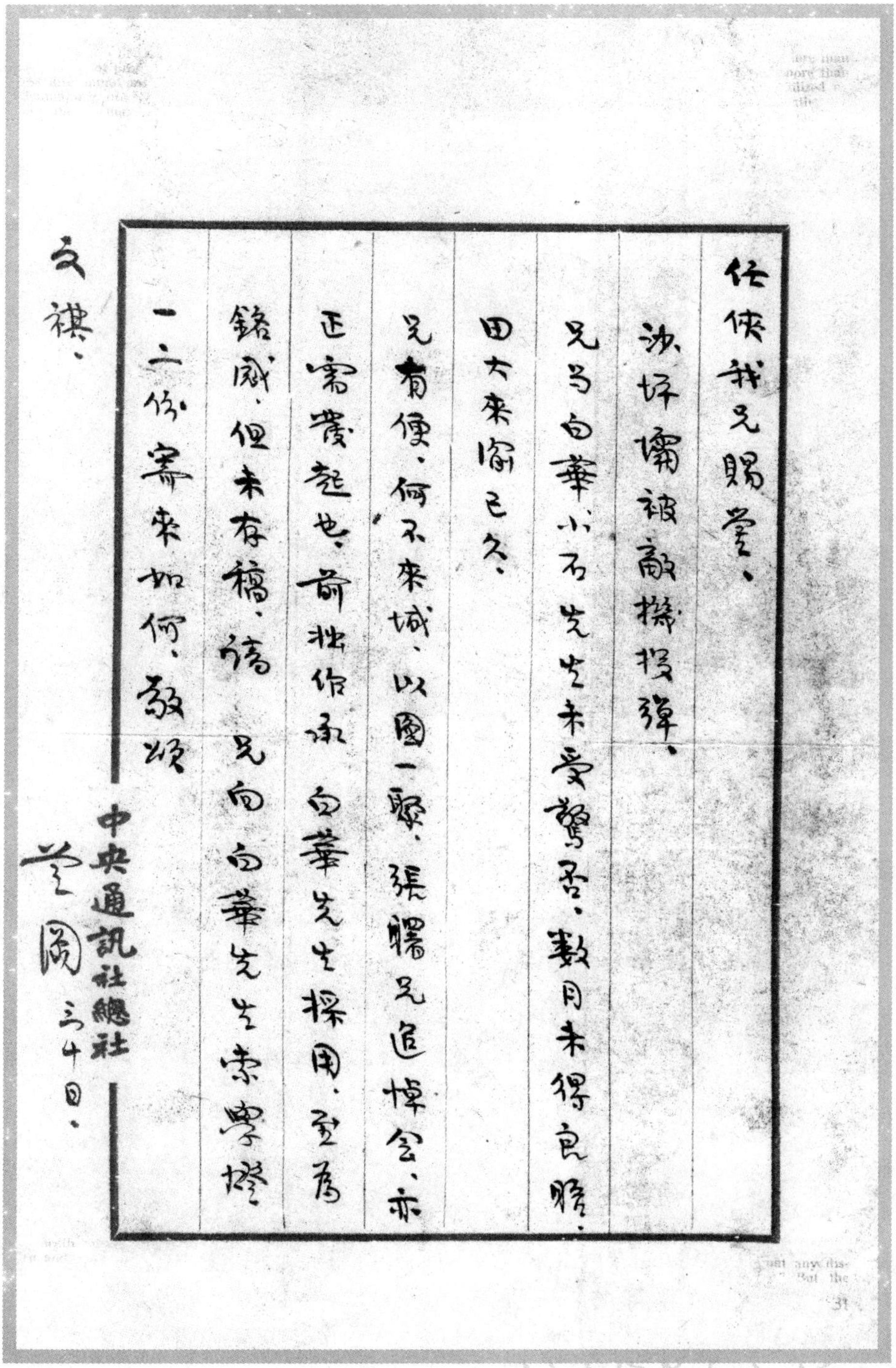

任俠我兄賜鑒、

沙、坪壩被敵機投彈、兄與白華小石先生未受驚否、數月未得良晤、田大來寓已久、兄有便、何不來城、以圖一聚、張曙兄追悼會、亦正需發起也、前此作承 白華先生採用、至為銘感、但未存稿、請 兄向 白華先生索學燈一二份寄來如何、敬頌

文祺、

芝岡 三、十四日、

中央通訊社總社

黃芝岡致常任俠　27.5×19 厘米

任俠吾兄青鑒：

大札敬悉。壽昌兄前在長沙留連月餘，近聞已往桂林，車塵馬迹中，未見音書，想亦不用函覆，蓋聞不久將來重慶也。承介紹貴門生，此間有一機會，稍待或可成熟（九分九成），請先寄一履歷片，並望能以其興趣志向約略相示，如貴門生有暇來渝，可介來與宣兄[1]一談，機會萬一過去，則仍當如命向校對方面進行也。

專候

教祺

芝岡　九月二十二日

家累日深，寫作日懶，朋友日少，快談不可得。兄如來城，深願枉駕，幸不遺我也。

【注釋】

經考證該信作於1940年9月22日。

[1]宣兄即宣諦之，在中央通訊社工作。

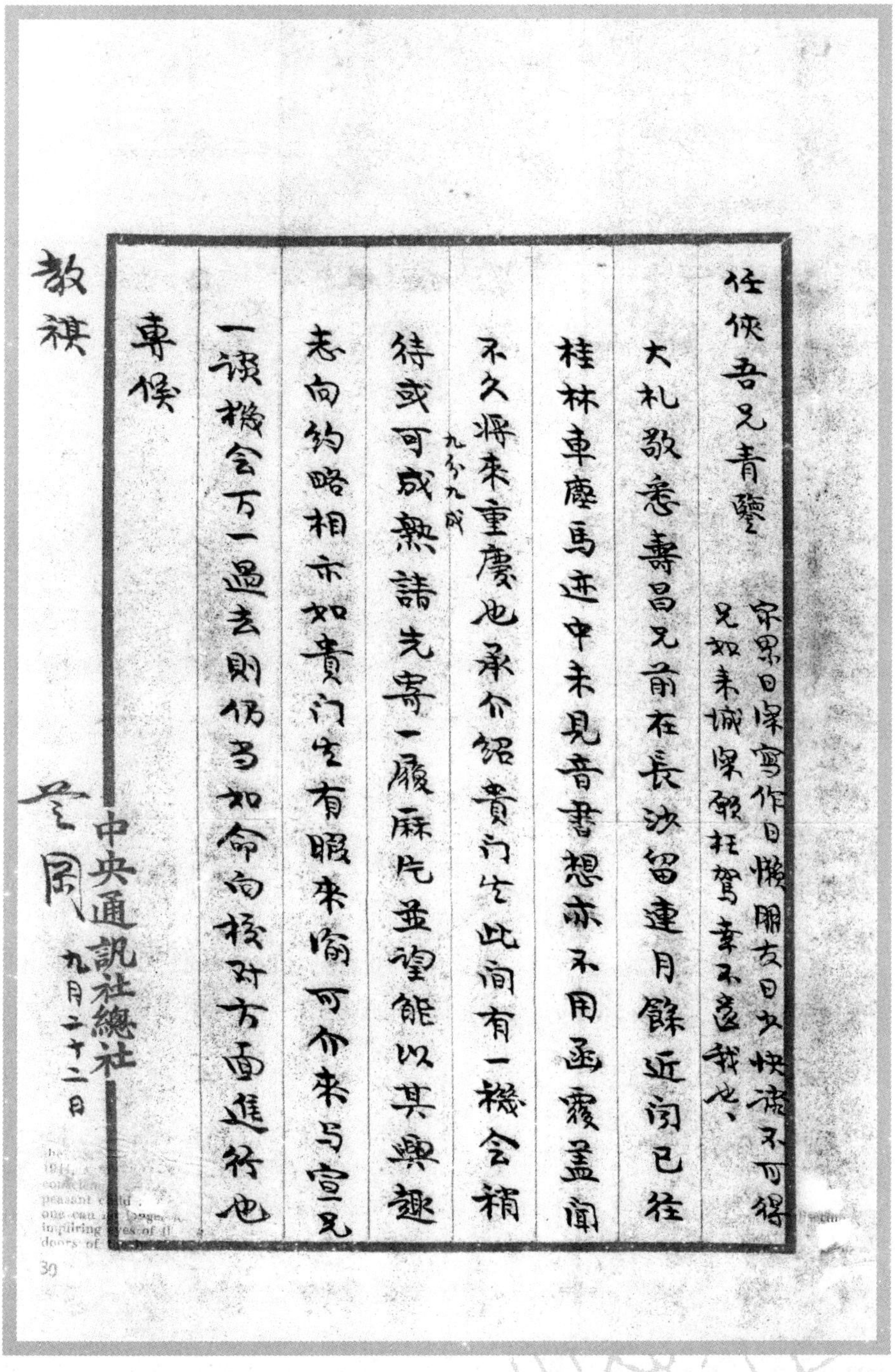
任俠吾兄青鑒
大札敬悉壽昌兄前在長沙留連月餘近聞已往
桂林車塵馬迹中未見音書想亦不用函覆蓋聞
不久將（九分九成）來重慶也承介紹貴门生此间有一機会稍
待或可成熟請先寄一履歷先並望能以其興趣
志向約略相示如貴门生有暇來渝可介來与宣兄
一谈機会万一過去則仍当如命向校对方面進行也
專候
教祺
芝岡
中央通訊社總社
九月二十二日
案累日深寫作日懶朋友日少快樂不可得
兄如來城深願枉駕幸不遺我也、

黄芝岡致常任俠　27.5×19 厘米

任俠兄：

文協研究部三晚會召集工作，已由弟經常負責，詩歌晚會召集人爲艾青、長虹與吾兄三人。下星期（二十七）日，由詩歌晚會打第一炮[1]，因吾兄不在，與艾青、長虹兩兄商量，定討論問題爲：

詩與語言

什么是詩的語言——詩與口語——詩與方言——詩與外來語言——如何採用傳説的詩的語言——如何豐富詩的語言

並請吾兄自選朗誦詩，作爲節目之一。艾青原欲即返北碚，今留渝專待吾兄之來。私意此次討論問題，如范存忠教授能光臨晚會，於問題當有最大助力，因不敢唐突，欲吾兄勸駕邀來參加，亦不另發通知，因通知對會員而發，故一切由吾兄負責，蓋吾兄爲召集人，弟向兄作一提議耳。專頌

文祺

芝岡　十月二十二日晚

【注釋】

經考證該信作於 1940 年 10 月 22 日。

[1]27 日晚間在中蘇文化協會，由常任俠、艾青、高長虹等三人主持詩歌晚會，常任俠朗誦了魯迅《復仇·二》及自作長詩《創世紀》各一首。

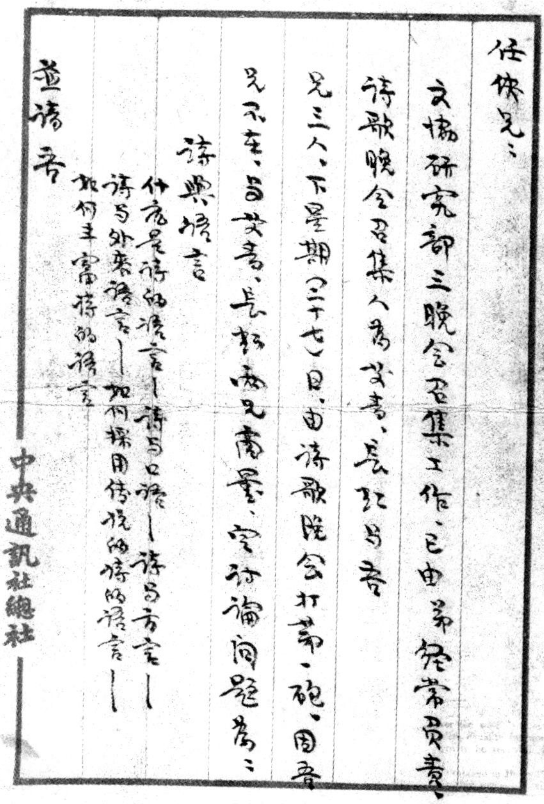

任俠兄：
文協研究部三晚會召集工作，已由弟負責，
詩歌晚會召集人為艾青、長虹與吾
兄三人，下星期(二十七)日，由詩歌晚會打第一炮，因吾
兄不在，與艾青、長虹兩兄商量，定討論問題為：
詩與語言
什麼是詩的語言——詩與口語——詩與方言——
詩與外來語言——如何採用傳統的詩的語言——
如何豐富詩的語言——
並請吾
中央通訊社總社

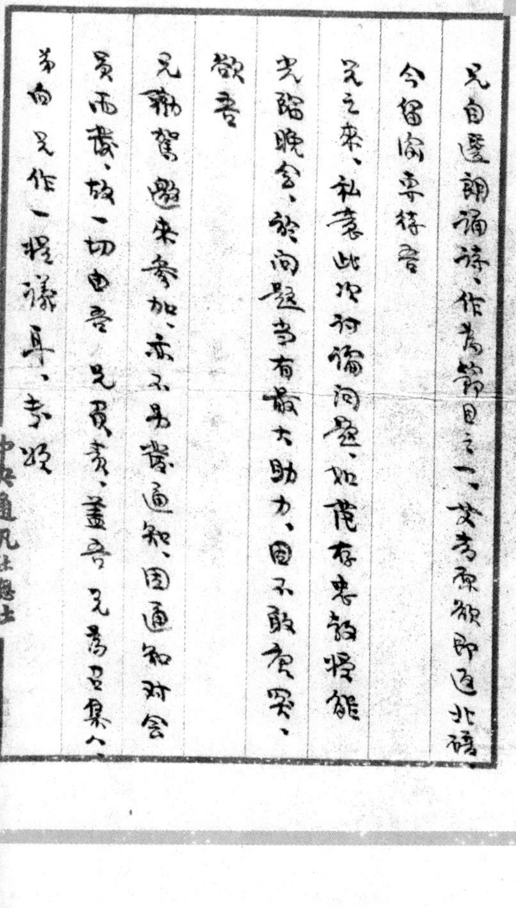

兄自選朗誦詩，作為節目之一，艾青原欲即返北碚，
今留渝專待吾
兄之來，私衷此次討論問題，如倦存衷設將能
光臨晚會，於問題當有最大助力，因不敢唐突，
欲吾
兄勒駕邀來參加，亦不另發通知，因通知對會
員而發，故一切由吾兄負責，蓋吾兄為召集人，
弟向兄作一提議耳，專頌
中央通訊社總社

黄芝岡致常任俠 27.5×19 厘米

任俠兄：

本月因小孩急病，虧累不少，兄手頭如寬裕，擬向兄通融二三十元，下月初領薪即還楚，不知可行否？意欲研究佛學，未得門徑，白華先生能爲介紹虞愚先生否？去年四月間，曾由李君堯兄之介，加入長沙一佛教團體，友朋間均未提及此事，因恐駭人聽聞故耳。近知兄亦有同好，故爲兄言之。望隨時予以方便爲幸。專候

文祺。

芝岡　十一日。

【注釋】

經考證該信作於1941年1月11日。

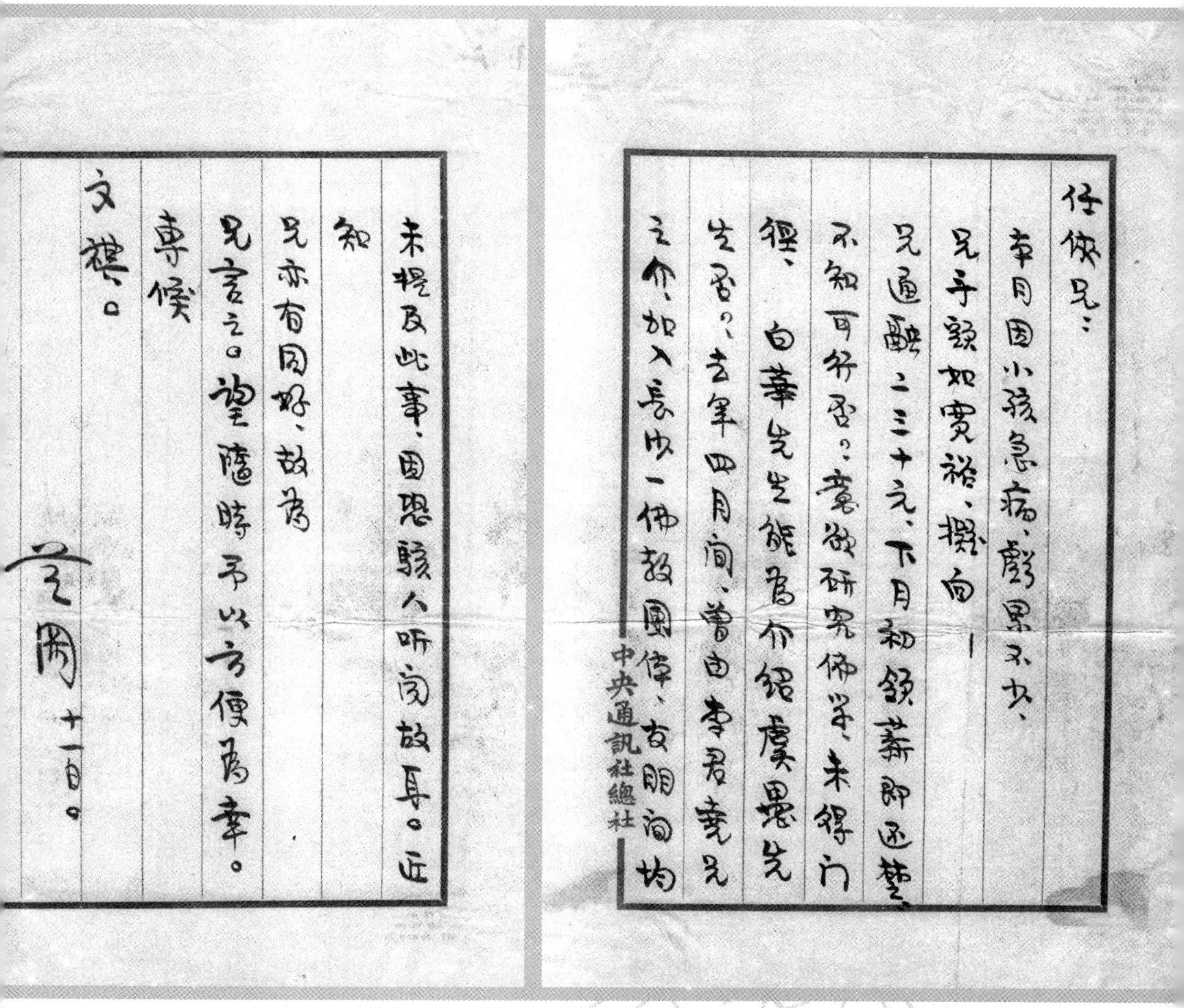
任俠兄：
前月因小孩急病，虧累不少，
兄手頭如寬裕，擬向
兄通融二三十元，下月初領薪即還璧，
不知可行否？？竟欲研究佛學，未得門
徑，白華先生能為介紹虞愚先
生否？？去年四月間，曾由李君競先
之介，加入長沙一佛教團体，友朋間均

未提及此事，因恐駭人听聞故耳。近
知
兄亦有同好，故為
兄言之。望隨時予以方便為幸。
專候
文祺。
芝冈 十一日。

黄芝冈致常任俠　27.5×19 厘米

季羡林(1911-),山東清平人。古文字學家、歷史學家、作家。曾任中國科學院哲學社會科學部委員、北京大學副校長、中國社科院南亞研究所所長。主要著譯收入《季羡林文集》。

任俠同志:

眞是久違久違了。想近况定當佳勝,爲祝爲慰。

中國社會科學院和北京大學合辦的南亞研究所尙未正式成立。最近研究學術委員會人選,已將尊名列入,想定能俯允。今年我們招了十八名研究生。尙未入校,將來如何培養,正在研究中。可能聘請一些導師分別指導。素仰您精研印度問題,對印度藝術有獨到研究,我所也想請您帶幾個研究生。不知尊意如何?具體人數和辦法都尙未確定。如蒙俯允,當進一步面商。

此致

敬禮

季羡林

1978年9月11日

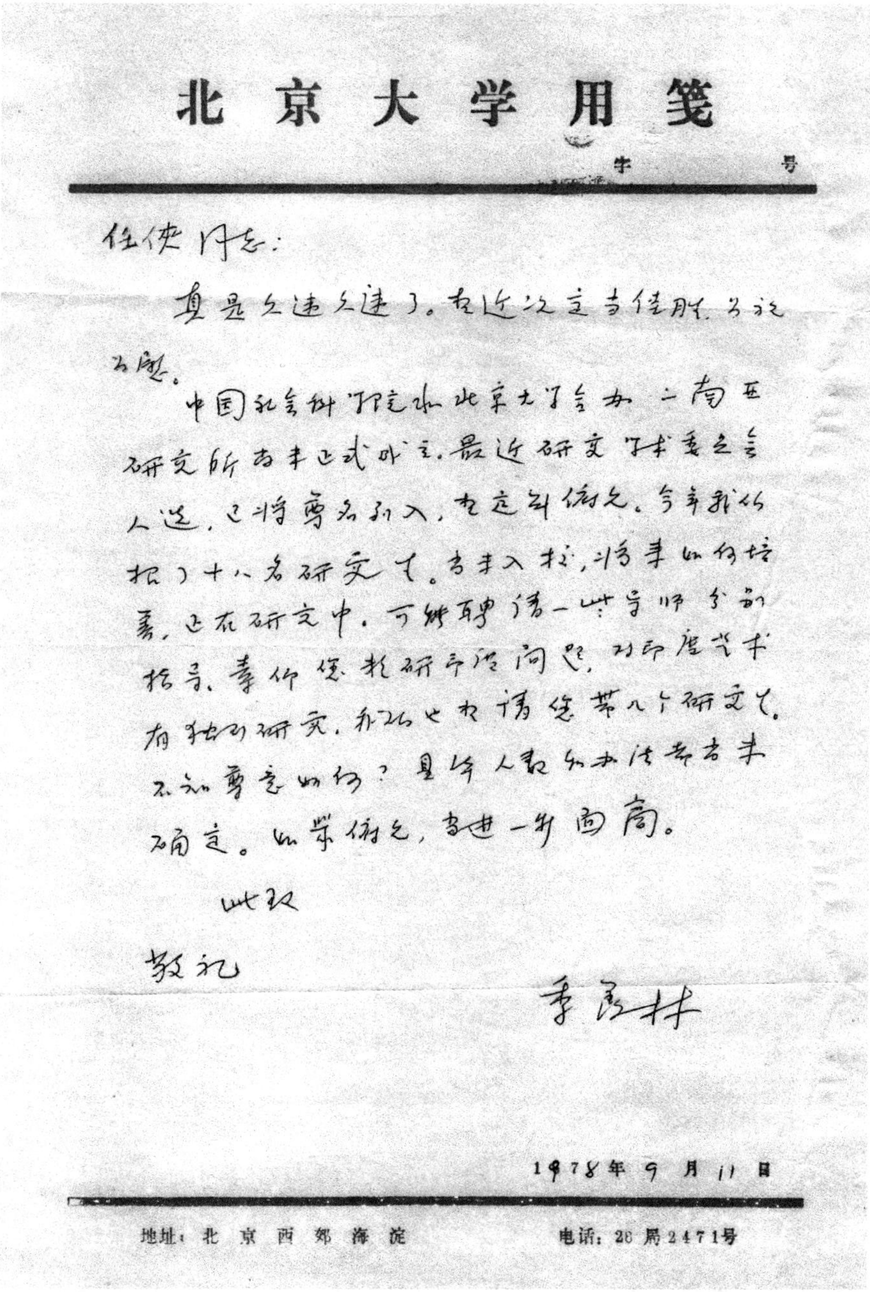

北京大学用笺

字 号

任侠同志：

真是久违久违了。最近谅定当佳胜，为祝为慰。

中国社会科学院和北京大学合办一南亚研究所，尚未正式成立。最近研究学术委员会人选，已将尊名列入，专此奉闻。今年我们招了十八名研究生，尚未入校，将来如何培养，正在研究中。可能聘请一些导师分别指导。素仰您对研究方法问题，对印度艺术有独到研究，我们也想请您带几个研究生。不知尊意如何？具体人数和办法等尚未确定。如蒙俯允，当进一步面商。

此致

敬礼

季羡林

1978年9月11日

地址：北京西郊海淀　　电话：28局2471号

季羡林致常任俠 25.5×17.5厘米

冀叔英（1920—2001），版本目録學家。1948年起在北京圖書館善本部工作，歷任助理研究員、善本組副組長、研究館員、副館長。擔任《中國古籍善本書目》副主編、國務院古籍整理規劃小組組員、文化部國家文物鑒定委員會常務委員、中國對外交流協會理事。主要著作有《北京大學圖書館藏李氏書目》、《西諦書目》、《冀淑英文集》等。

常老惠鑒：

賜示敬悉[1]。“西諦藏書”中有《紅樓夢》殘本一種，係清抄本，存第二十三、二十四兩回（並非二十一、二十三回），《西諦書目》編號12511。此外，並無存兩回的殘本，不知徐教授要影印的是否此書？這部殘本已選爲善本入藏善本書庫。北京圖書館的善本書於1988年夏遷往白石橋新館，當時因條件所限，未能入庫，只裝箱暫存。從89年十一月開始開箱清點上架，目前這項工作仍在進行中，所以現在還不能看書。館內規定，善本書複製只能拍縮微膠捲，不做影印，膠捲攝製費每拍（一頁）1.20元—2元，善本還要加底本費，每拍2—6元不等（看對方情況定，單位或個人收費不同）。請轉詢徐教授，所需是否此書（存23、24回）？拍縮微可否？

尊函未寫明郵政編碼，可能推遲投遞，又因我現在文津街舊館工作，信由白石橋轉來，稽延時日，未能即復，還祈見諒。

即頌

大安

冀叔英謹上　二月廿四日

【注釋】

經考證該信作於1990年2月24日。

[1]常任俠受台灣大學徐任存教授之托查找國家圖書館藏本，於1990年2月15日致函給作者。

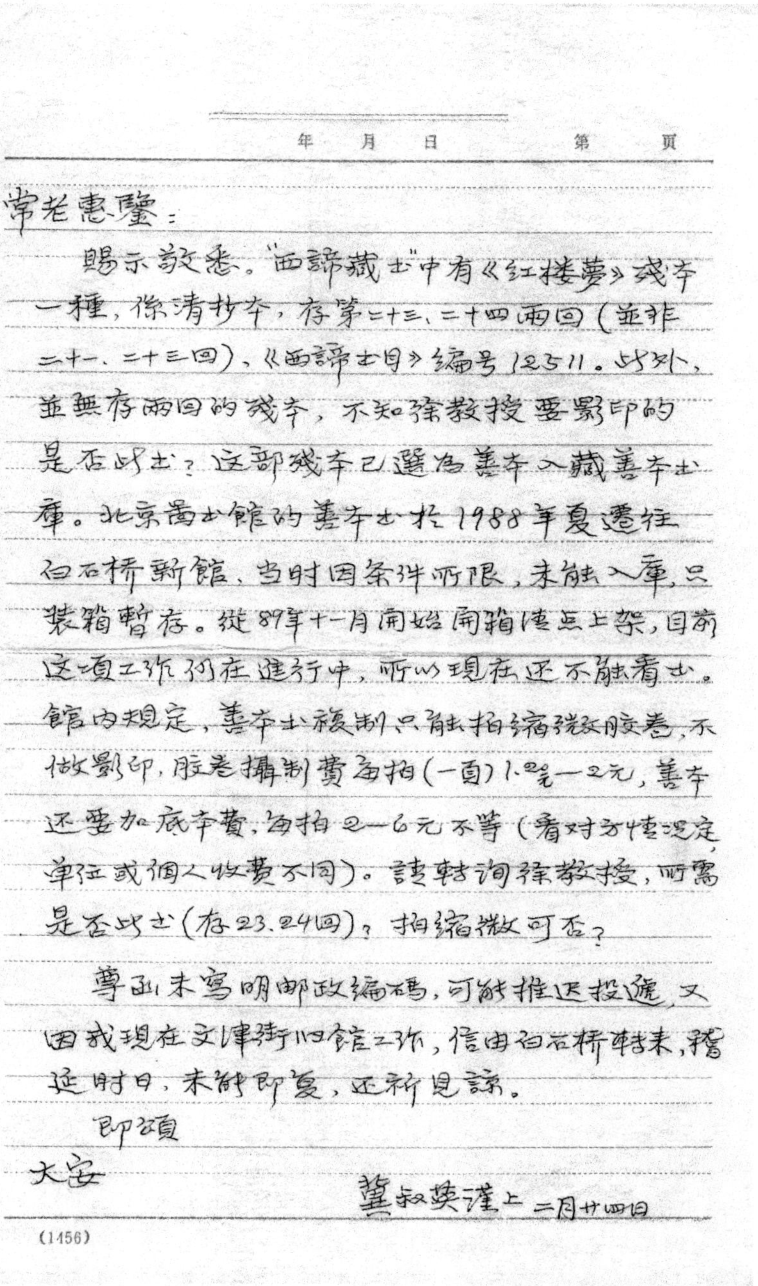

年 月 日 第 頁

常老惠鑒：

賜示敬悉。"西諦藏书"中有《红楼梦》残本一種，係清抄本，存第二十三、二十四兩回（並非二十一、二十三回），《西諦书目》编号12511。此外，並無存兩回的残本，不知孫教授要影印的是否此书？这部残本已選為善本入藏善本书庫。北京圖书館的善本书於1988年夏遷往白石桥新館，当时因条件所限，未能入庫，只裝箱暫存。從89年十一月開始開箱清点上架，目前这項工作仍在進行中，所以現在还不能看书。館内規定，善本书複制只能拍缩微胶卷，不做影印，胶卷攝制費每拍（一頁）1.00元—2元，善本还要加底本費，每拍2—6元不等（看对方情况定，单位或個人收费不同）。請轉詢孫教授，所需是否此书（存23、24回）？拍缩微可否？

尊函未寫明郵政編碼，可能推迟投遞，又因我現在文津街旧館工作，信由白石桥轉来，稽延时日，未能即复，还祈見諒。

即頌

大安

冀叔英謹上 二月廿四日

北京市电车公司印刷厂出品 八七・七

装 订 线

(1456)

冀叔英致常任俠 26.5×19厘米

江紹原（1898—1983），祖籍安徽旌德。民俗學家、比較宗教學家。早年留學美國，1923年回國歷任北京大學、中山大學、武昌大學、北平大學、中法大學、輔仁大學、中法文化交換出版委員會、上海中法孔德研究所、河南大學、西北大學等處教職、編纂或研究員。中華人民共和國成立後，先後任山西大學英語系教授、中國科學出版社編審、商務印書館編審等。著有《發須爪》、《江紹原民俗學論集》等。

任老：

賤體不適，特囑甥王江華（高中生）趨前代爲請安。

拙稿（1）如已承有所批示
尊輯石刻畫像選兩種如可借閱半旬　祈檢出

交渠帶回。草稿（6）（7）粗粗校訂一過，容當進觀。匆匆不盡欲言。

江紹原

1976.10.14

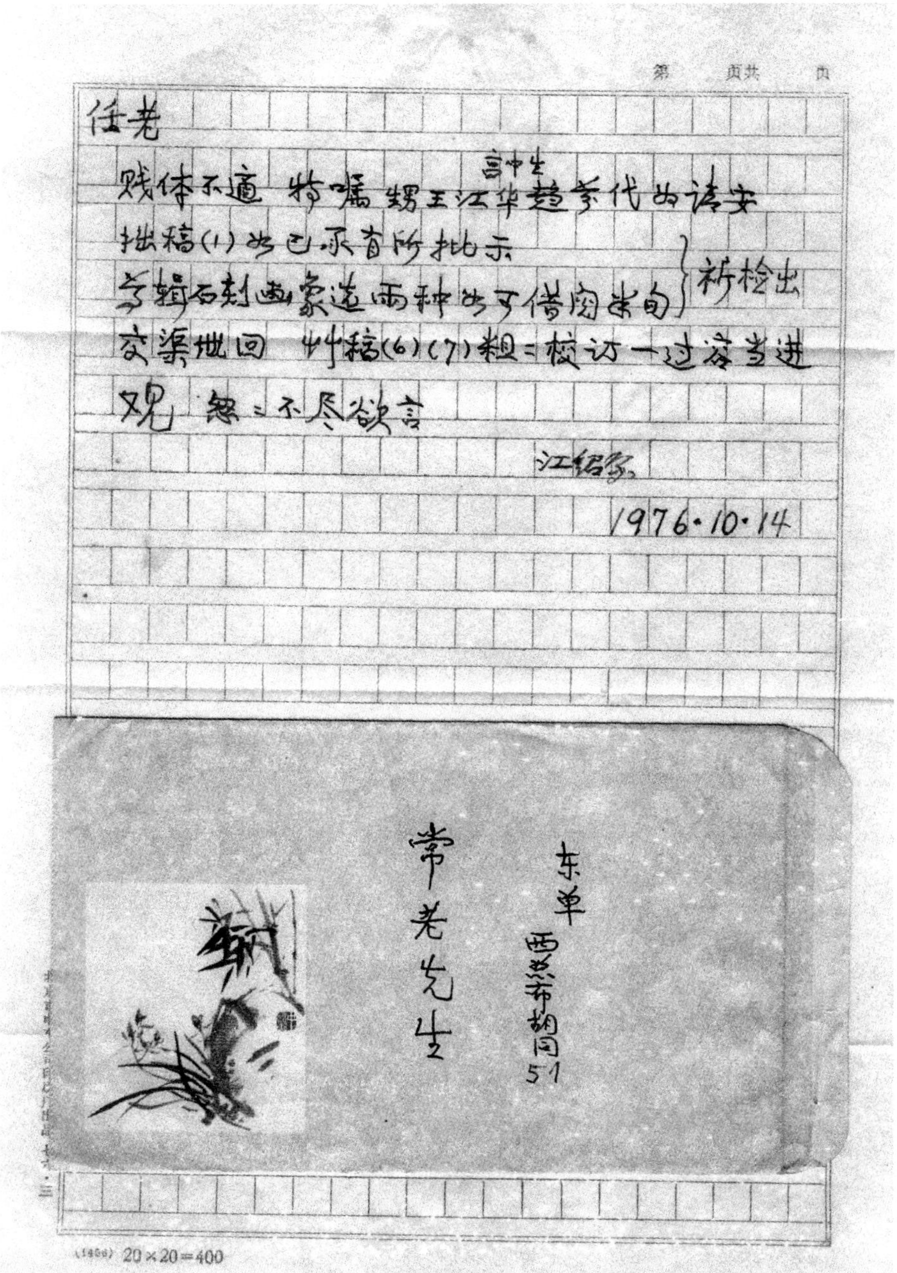
第　页共　页

任老

贱体不适 特嘱甥王江华（言中生）趋前代为请安

拙稿(1)如已承有所批示

另辑石刻画象选两种如可借阅求向 } 祈检出

交渠带回 抄稿(6)(7)粗粗校订一过容当进

观 匆匆不尽欲言

江绍原

1976·10·14

常老先生

东单 西总布胡同 51

(1406) 20×20=400

江紹原致常任俠 26.5×19 厘米

常老：

尊著《漢畫藝術研究》[1]，日來拜讀一過，對某四、五圖版略有所見。關於圖版二者，頃已寫出作爲拙稿（5）末兩頁，郵上請過目。稿（1）擬覓人清繕，不日走領，尊著同時奉還。先此布達，順頌笔健。

江紹原

1976.10.25

【注釋】

[1]常任俠著《汉画艺术研究》，上海出版公司 1955 年 12 月出版。

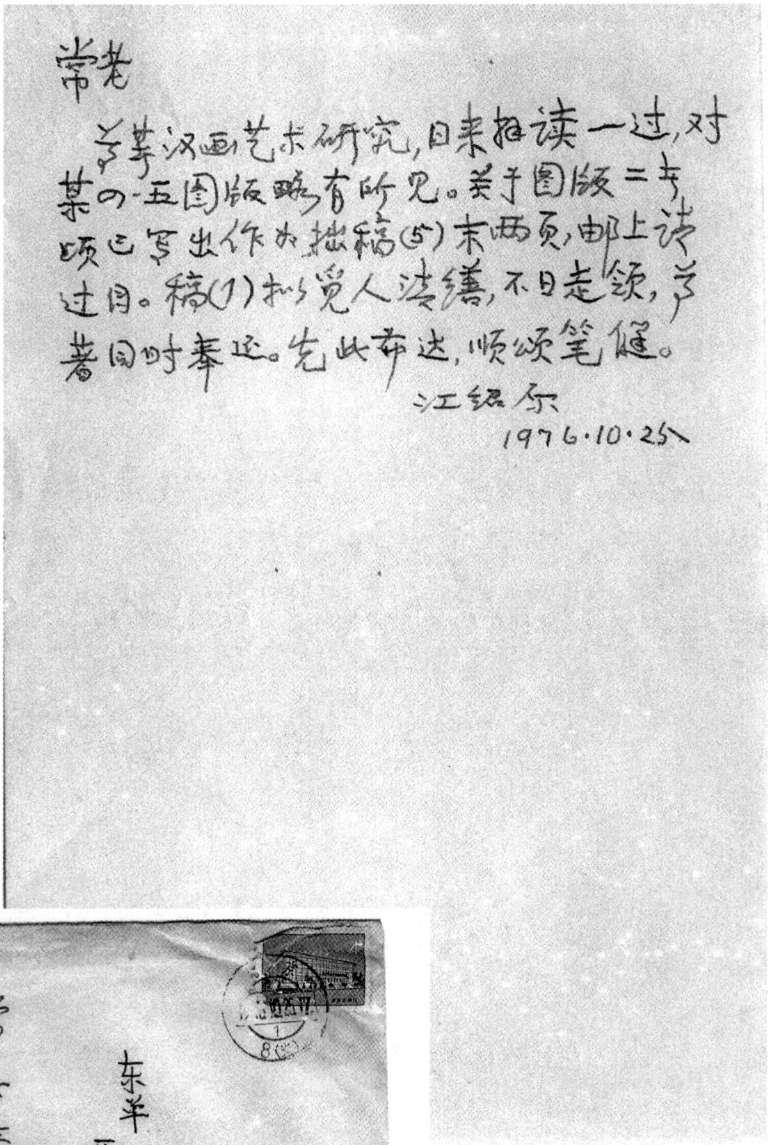

常老

尊著汉画艺术研究，日来粗读一过，对其四、五图版略有所见。关于图版二者，顷已写出作为拙稿(5)末两页，邮上请过目。稿(7)拟觅人清缮，不日走领，尊著同时奉还。先此布达，顺颂笔健。

江绍原

1976.10.25

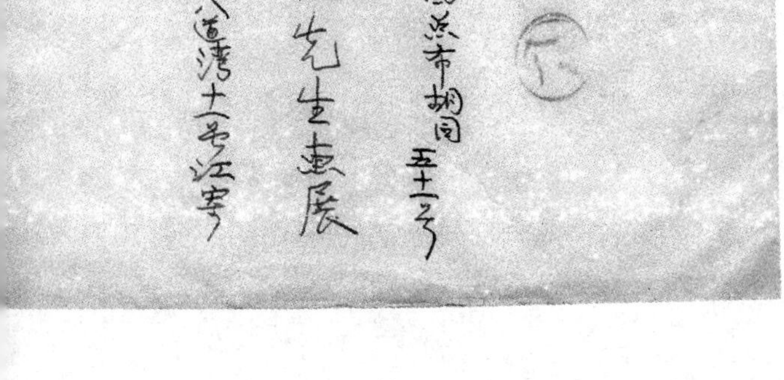

江紹原致常任俠　18×12.5 厘米

拙稿尚未擲還，頗感焦慮，務請即日付郵⋆，使全篇得於旬內校訂無遺，並避免一再提到大名失敬。下旬當走訪，聆聽教言。此上

任老

江紹原

1976.11.8

⋆請挂號，郵票可能不敷用，再寄上八分。

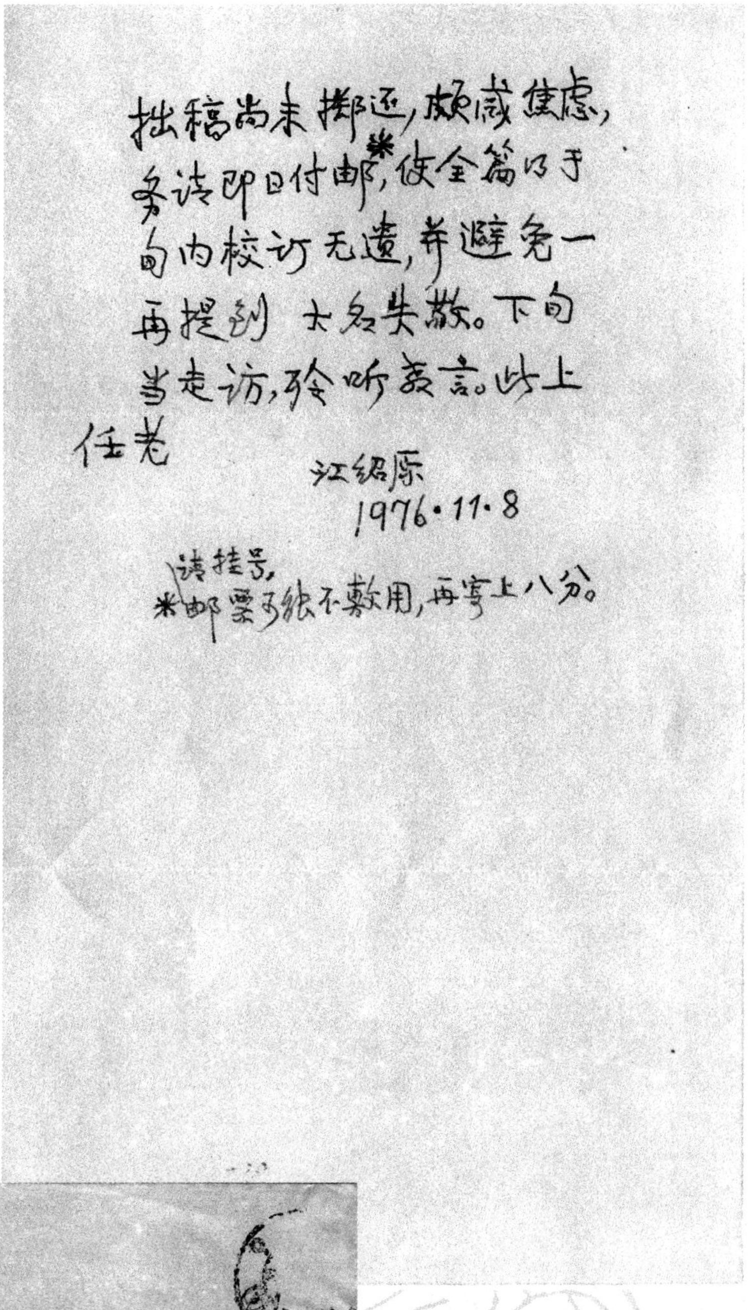
拙稿尚未掷还，颇感焦虑，务请即日付邮，*使全篇以于旬内校订无遗，并避免一再提到 大名失敬。下旬当走访，聆听教言。此上

任老

江紹原

1976·11·8

*请挂号，邮票3张不敷用，再寄上八分。

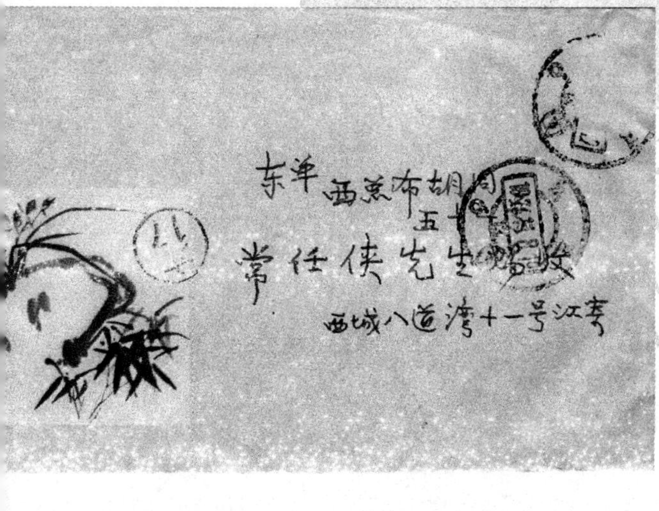

江紹原致常任俠 18×12.5 厘米

任公：

　　　　送　　　　一册
　　先後邮　呈拙稿　一纸 寄還者僅兩個半張。前函表示將避免一再提出大名，
　　　　送　　　　二页

有失敬意。此語不妥，取消爲是。《漢畫……研究》諸圖版，怕不止營城子壁畫小缺。大黑天乃復仇神之説，歐人似乎談過。古璽中人名讐一字抑觸讐連文，願聞其審。觸龍則御龍，豢×、乘×之比甚明。胡扯一通，幸勿見笑。

即頌日綏。

江紹原

1976.11.22

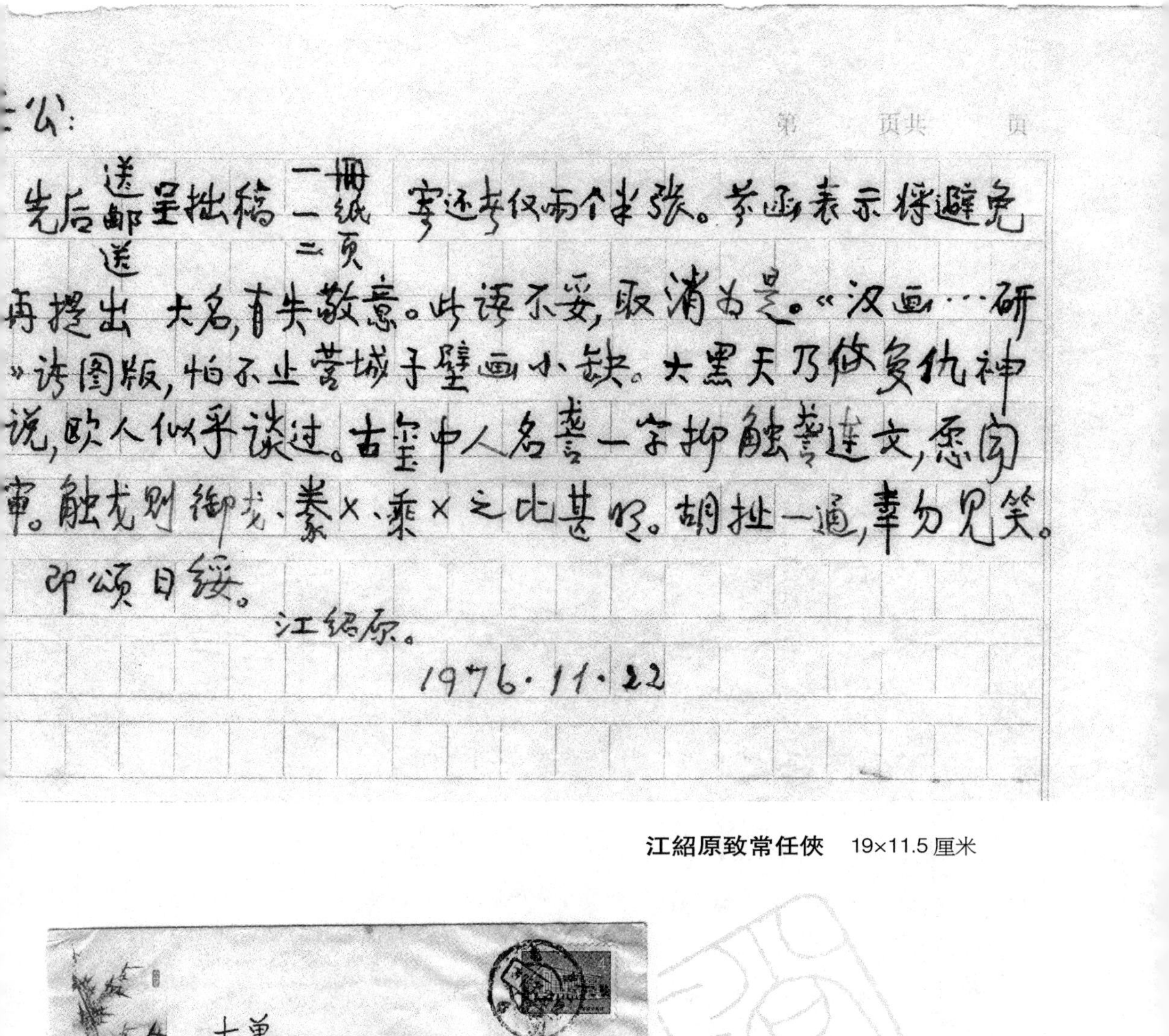

第　　页共　　页

□公：

先后送（邮送）呈拙稿一册（一纸二页）寄还者仅两个半張。前函表示将避免再提出大名，有失敬意。此语不妥，取消为是。《汉画……研究》诸图版，怕不止营城子壁画小缺。大黑天乃佛家仇神说，欧人似乎谈过。古玺中人名耆一字抑触耆连文，愿闻審。触尤则御尤、秦×、乘×之比甚明。胡扯一通，幸勿见笑。

印颂日綏。

江紹原。

1976.11.22

江紹原致常任俠　19×11.5 厘米

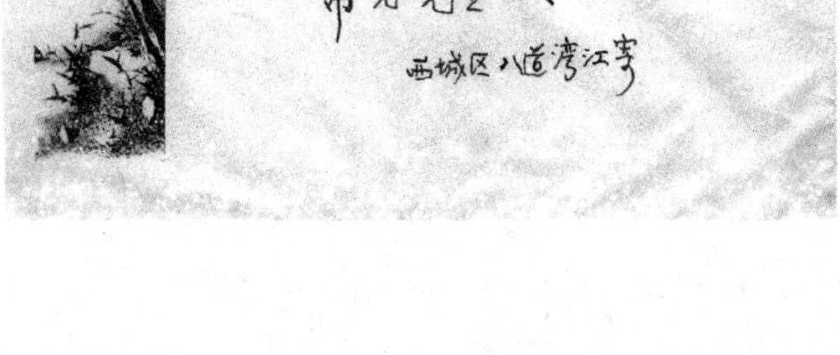

蔣兆和(1904—1986)原名萬綏,四川瀘州人。現代畫家、美術教育家。1950年起任中央美術學院教授。代表作爲創作於1942—43年間的巨幅長卷《流民圖》。出版有《蔣兆和畫集》等。

任俠同志:

附件請閱後交王遜同志。

再者日前由彩墨系在圖書館借出《流民圖》照片一份,需於一個月後方能歸還。理由:因我代表現代中國畫赴莫斯科展出,包括拙作《流民圖》原作,但此原作已殘缺,必須將原照片同時展出,以便參考。因自己未存此照片,不得不從你處暫借一用。由我負責歸還。謹請

給予批準是荷

敬禮

蔣兆和

一九五七、三、九

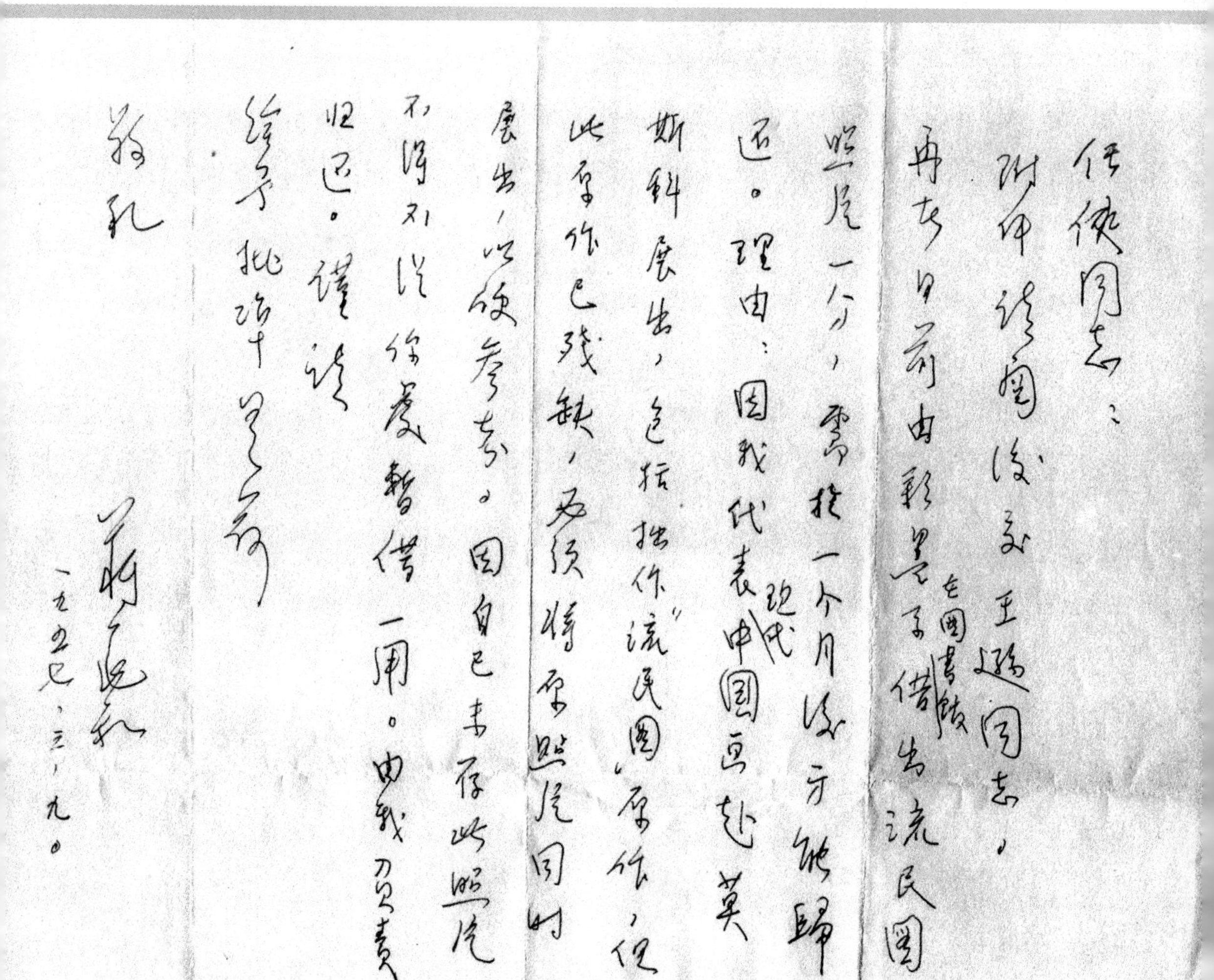
任俠同志：

附印讀圖後，交王遜同志。

再者，日前由彩墨畫室（在圖書館）借出流民圖照片一份，需於一個月後方能歸還。理由：因我代表中國（現代）參加莫斯科展出，包括拙作"流民圖"原作，但此原作已殘缺，必須將原照片同時展出，以便參考。因自己未存此照片，不得不從徐處暫借一用。由我負責歸還。謹請

徐先生批准是荷

敬禮

蔣兆和

一九五七、三、一九。

蔣兆和致常任俠　25×17.5 厘米

老舍（1899—1966），原名舒慶春，字舍予，北京人。現代作家。1938 年任“中華全國文藝界抗敵協會”總務部主任。1946 年應邀赴美國訪問和講學。1949 年 10 月回國後，先後擔任中國民間文藝研究會副理事長，北京市文聯主席，中國作家協會副主席，北京市第一、二屆人大代表，全國人民代表大會第一、二、三屆主席團成員，全國政協三屆會議常務委員等職。主要著述收入《老舍全集》。

任俠兄：

本星期日[1]下午三時在中蘇文化協會，由在渝文化人（個人的，不是團體的）百人招待在渝蘇聯友人，藉資聯歡。每人出錢四元，略備茶點。務請參加，更希請白華[2]先生同來，千萬！匆匆，祝

吉！

弟舍頓首　廿六

【注釋】

經考證該信作於 1940 年 11 月 26 日。

[1]后因故推迟到 1940 年 12 月 8 日下午举行。

[2]白華應指宗白華。

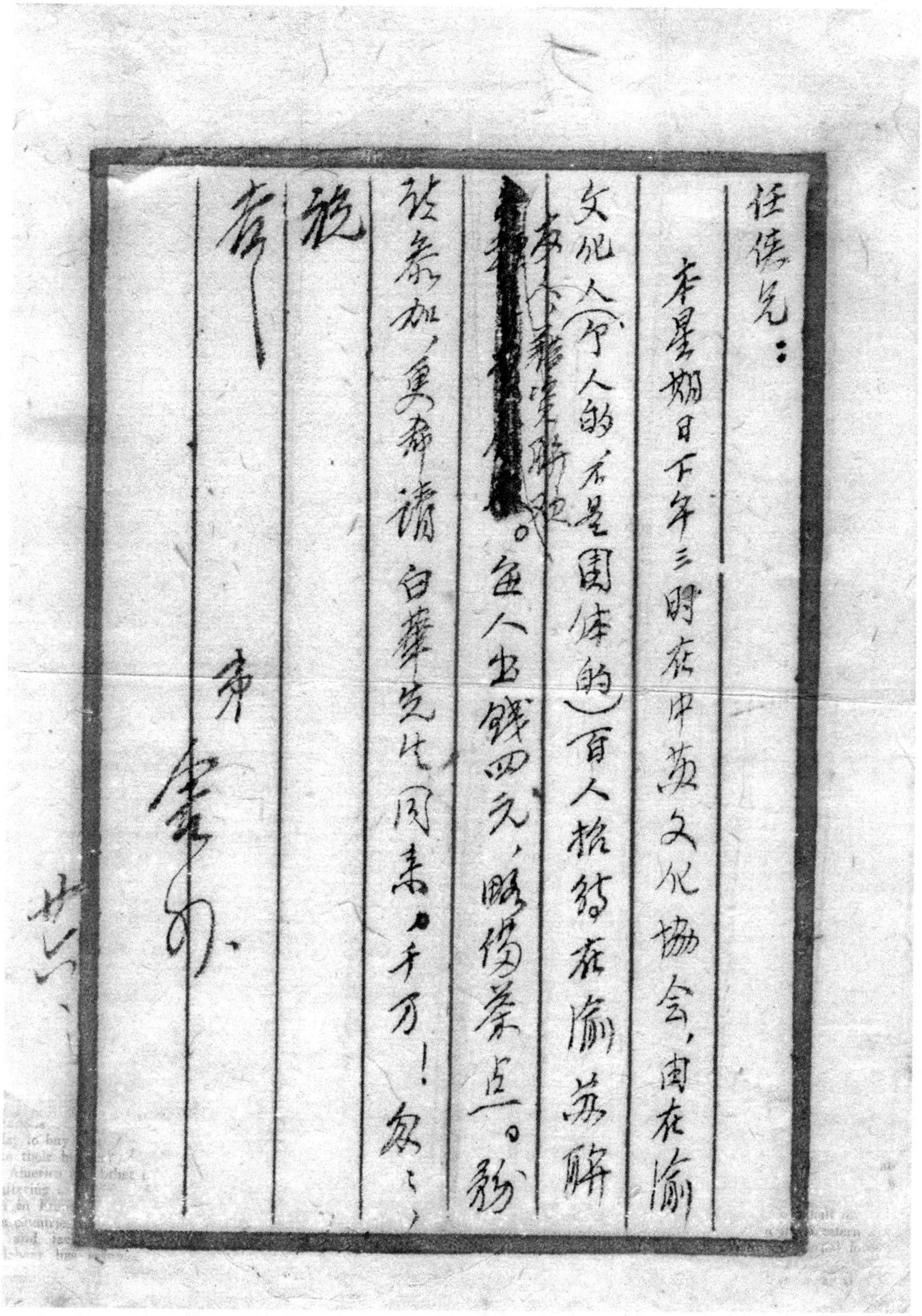

任侠兄：

本星期日下午三时在中苏文化协会，由在渝文化人（个人的，不是团体的）百人招待在渝苏联[redacted]。每人出钱四元，略备茶点。务请参加，兼约白华先生同来。千万！务务，

祝

安！

弟 舍予

廿六

老舍致常任俠 24.5×18 厘米

任俠兄：

今年馮煥章[1]先生六十正壽，朋友們想送他一點字畫。附紙一張，祈寫點什么，於一星期內賜交敝處[2]，最爲激感！匆匆，祝

吉！

弟舍頓首

三

这样写  纸之大小勿改动

【注释】

經考證該信作於 1941 年 6 月 3 日。

[1]馮玉祥(1882–1948)，安徽巢縣人，字煥章，抗日戰爭爆發後，曾任第六戰區司令長官。

[2] 常任俠 1941 年 6 月 5 日記："晨起，將老舍寄來宣紙祝馮詩寫就。"原詩如下：

《馮煥章先生六十壽》

馮將軍，壽六十，精神旺，軀幹直。重節義，崇眞實。不愛財，不怕死。論兵殺敵意縱橫，浩然正氣貫白日；六十年中外侮頻，豺狼盜賊紛入室。將軍百戰老益壯，邊關坐鎮甘鋒矢。讀其日記，即民族戰史；讀其詩歌，則血淚盈紙。嫉惡如仇，愛兵如子；接物推誠，教戰明耻。願祝將軍壽無窮，青如松柏堅金石。炳炳煥爲民族光，千秋萬歲常如此。

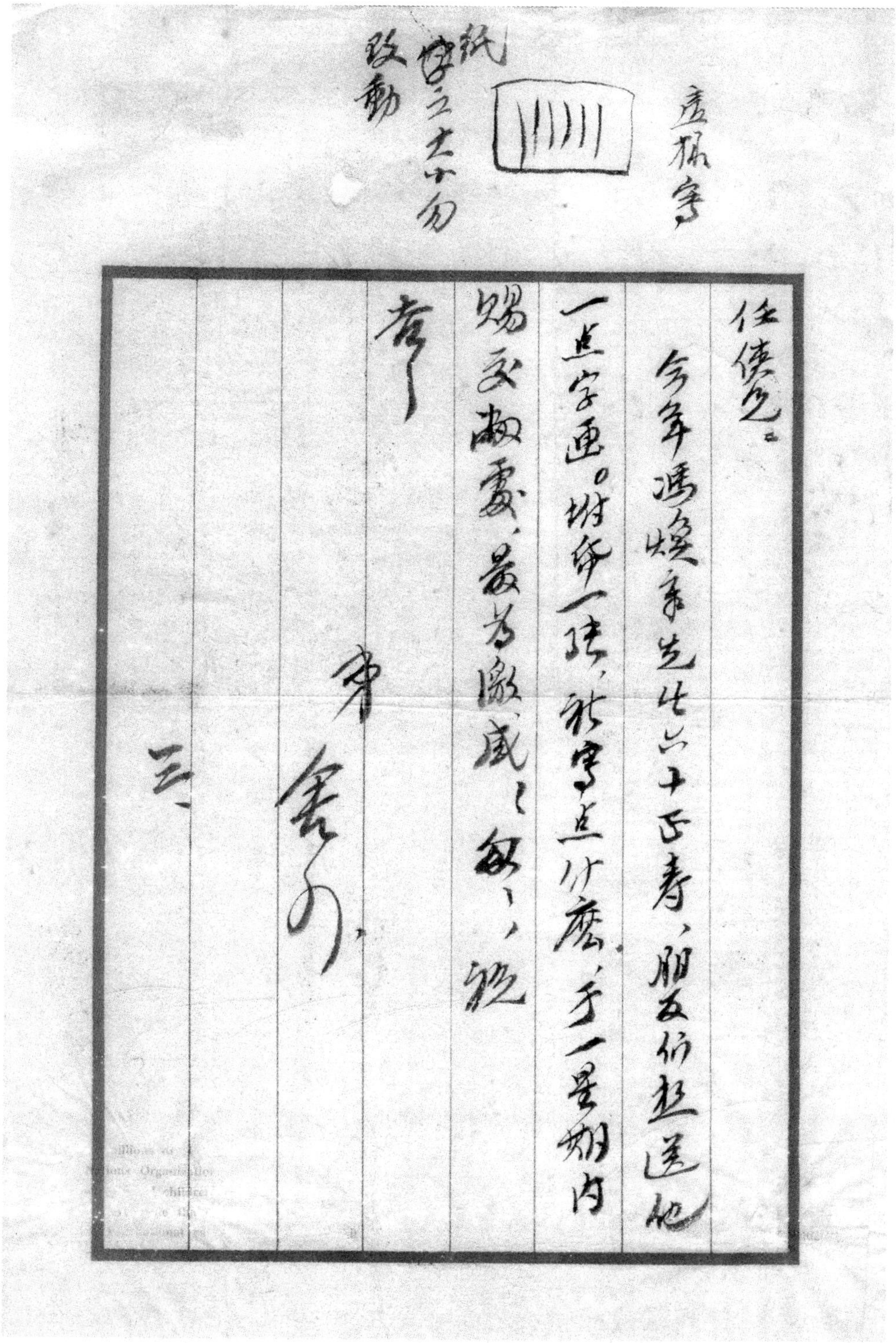

任俠兄：

今年馮煥章先生六十正壽，朋友們擬送他一點字畫。附紙一張，請寫點什麼，于一星期內賜交敝處，最為感激，感感！敬禮！

老舍 三、

老舍致常任俠 29.5×20 厘米

李長之 (1910—1978)原名李長治、李長植,山東利津人。詩人、翻譯家、學者。畢業於清華大學哲學系,先後在中央大學、北京師範大學任教。著作有《李长之文集》等。

任俠兄如晤:

前聞安治[1]言兄壯健如昔,可慰可羡可賀也。現有一事相煩,某出版社擬再版拙著《中國文學史略》稿,弟發奇想附插圖若干,可增讀者興趣,如神話中之女媧后羿部[分],與屈原有關之楚器楚簡,陶謝像之佳者,李杜像之佳者,義山書此常見記載,迄未見其眞迹,宋元有關歌舞演劇者諸如此類。尊處倘有照片副本望助我一二,又弟有太史公墓照片,太白故里照片,苦不美觀,不足與史公太白精神相稱,亦思有所更換,歷史博物館有辛稼軒像,肥頭大耳,不知何據。久不見,拉雜書之,以代暢叙。弟因足疾,不能出門,不一一,敬請

近安

弟李長之

一月廿九

【注釋】

經考證該信作於 1978 年 1 月 29 日。

[1]安治即張安治。

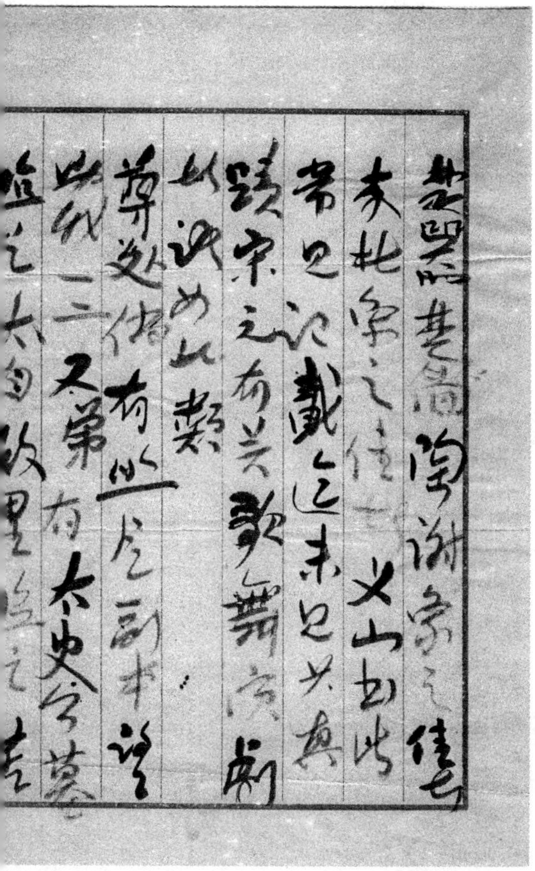

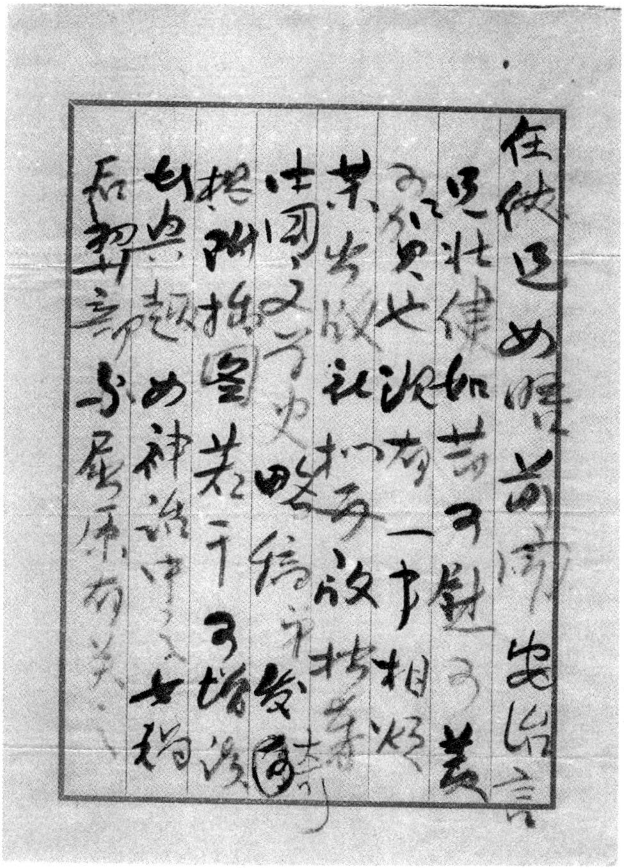

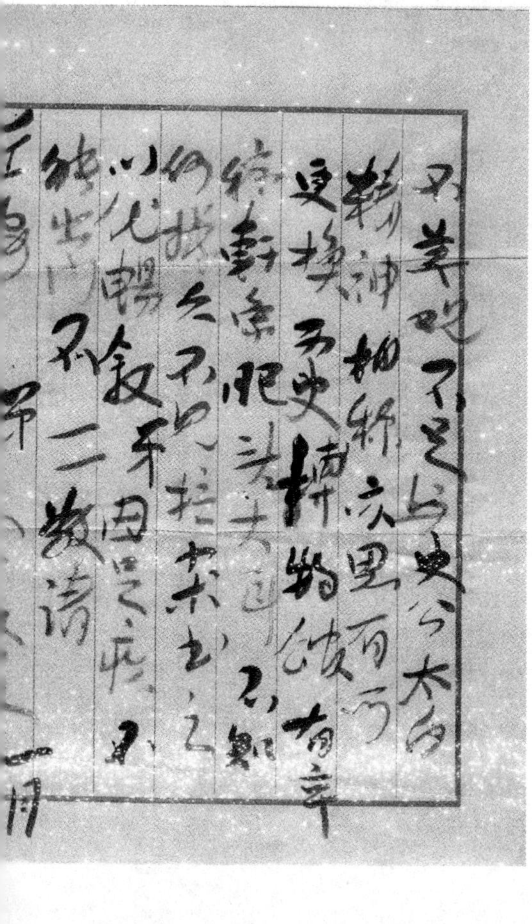

李長之致常任俠　26.5×19.5 厘米

李何林(1904—1988),安徽霍邱人。文藝理論家。歷任天津女子師範、台灣大學、華北大學、北京師範大學、南開大學等校教職,北京魯迅博物館館長、中國魯迅研究會副會長及民盟中央委員等職。著有《魯迅論》、《近二十年來中國文藝思潮論》等。

任俠同志:

欣奉手書,至深感慰!

從閤府照片上,見老兄並不見老,依然是十年前的任俠,眞是難得。今年春節,四個兒女回來三個,(女兒遠在喀麥隆中國大使館,三個兒子都回來了)也曾借照相機照了幾張全家相,哪知全部壞了,現在只能附上我個人小相一張,老兄看我,也可能變化不大吧?別人都說我不像70歲的人。

71年7月醫生發現我右肺上部有鷄蛋大一塊結核病,遂吃藥至今,不見好,也未擴大。醫令休息,實際做不到,也無什症狀(不咳,不吐痰,不發低燒),我是照常工作,仍當系主任。去年十月中旬曾去京在長安戲院講了三次,當時覺累,休息一下也覺得無什么了。

這二三年我常去京,因失去老兄住址,未能往訪,實一憾事。我妻王振華早患高血壓、心臟病,有時四肢也發麻,心區疼痛,入冬臥床,不能出門,不發病時,也能起床活動十來分鐘。這種病未聞有治好者,"脈通""潘生丁"她都服過,也不能根治。

視力日壞,不能多寫。即祝

全家安好!

李何林　1月28日

他日去京時定當往訪。

【注釋】

經考證該信作於1974年1月28日。

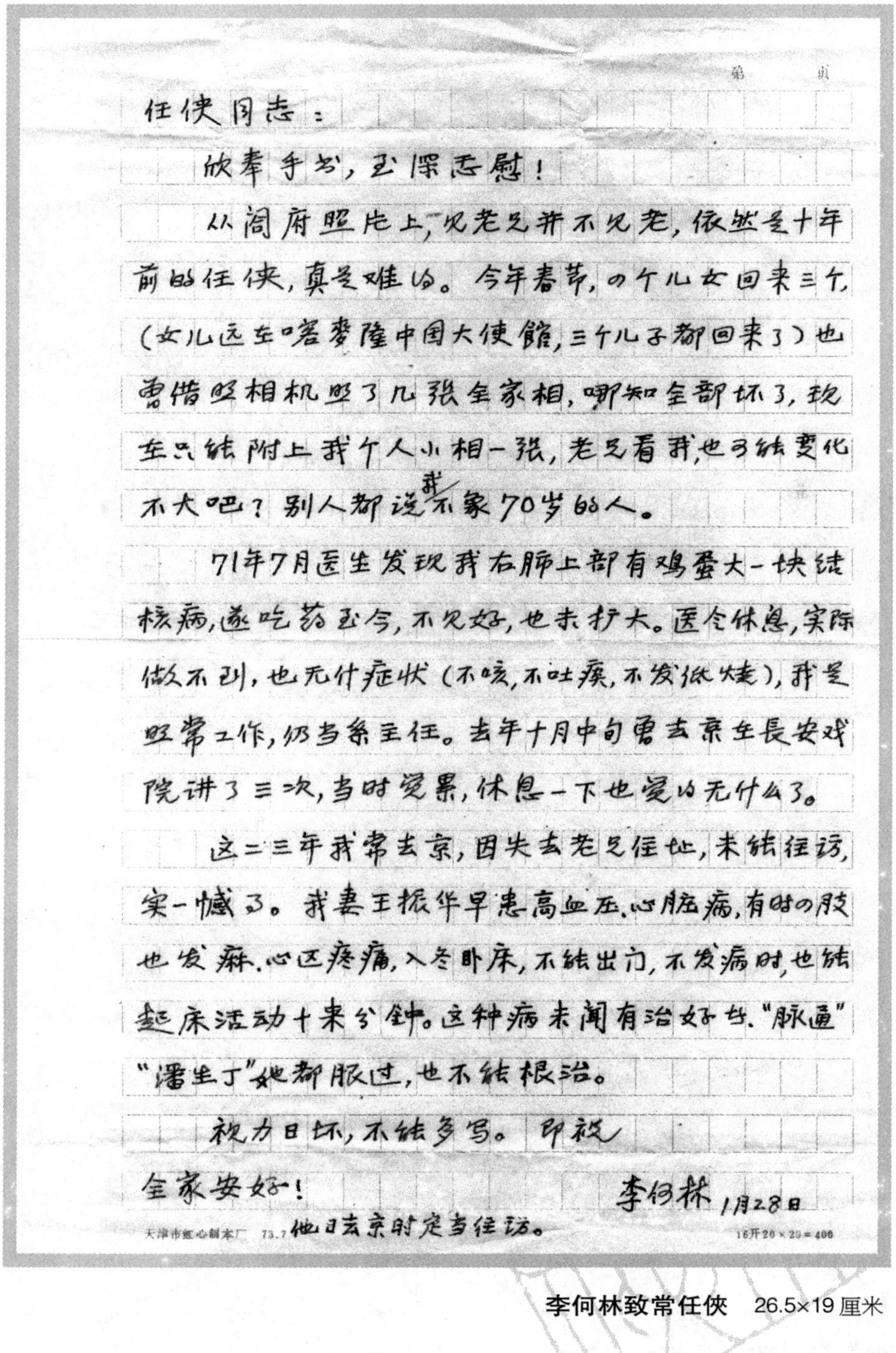
第　页

任侠同志：

欣奉手书，至深志慰！

从阖府照片上，见老兄并不见老，依然是十年前的任侠，真是难得。今年春节，四个儿女回来三个（女儿远在喀麦隆中国大使馆，三个儿子都回来了）也曾借照相机照了几张全家相，哪知全部坏了，现在只能附上我个人小相一张，老兄看我也可能变化不大吧？别人都说我不象70岁的人。

71年7月医生发现我右肺上部有鸡蛋大一块结核病，遂吃药至今，不见好，也未扩大。医令休息，实际做不到，也无什症状（不咳，不吐痰，不发低烧），我是照常工作，仍当系主任。去年十月中旬曾去京在長安戏院讲了三次，当时觉累，休息一下也觉得无什么了。

这二三年我常去京，因失去老兄住址，未能往访，实一憾事。我妻王振华早患高血压、心脏病，有时四肢也发麻、心区疼痛，入冬卧床，不能出门，不发病时，也能起床活动十来分钟。这种病未闻有治好者。“脉通”“潘生丁”她都服过，也不能根治。

视力日坏，不能多写。即祝

全家安好！

李何林 1月28日

他日去京时定当往访。

天津市红心纸本厂　73.7　　16开20×20＝400

李何林致常任俠　26.5×19 厘米

李平心（1907—1966），原名李聖悦，曾用名循鉞，江西南昌人。歷史學家。1946 年與馬敘倫、許廣平等籌組中國民主促進會。1952 年任華東師大歷史學教授並當選為上海歷史學會副會長。第二至第四屆全國政協委員。著有《李平心史論集》、《平心文集》等。

任俠先生：

前承惠稿二篇，拜讀甚佩。弟因病一度轉地療治，新史學集稿匪易，致出版衍期。大作擱置甚久，殊爲歉疚，兹已與中華書局商定，先印史學論文集一二冊，並結清全部稿費。

尊稿發表費當於日内結出，是否仍匯原處，乞速示知，以便遵辦。即致

敬禮

平心　十月六日

【注釋】

經考證該信作於 1951 年 10 月 8 日。

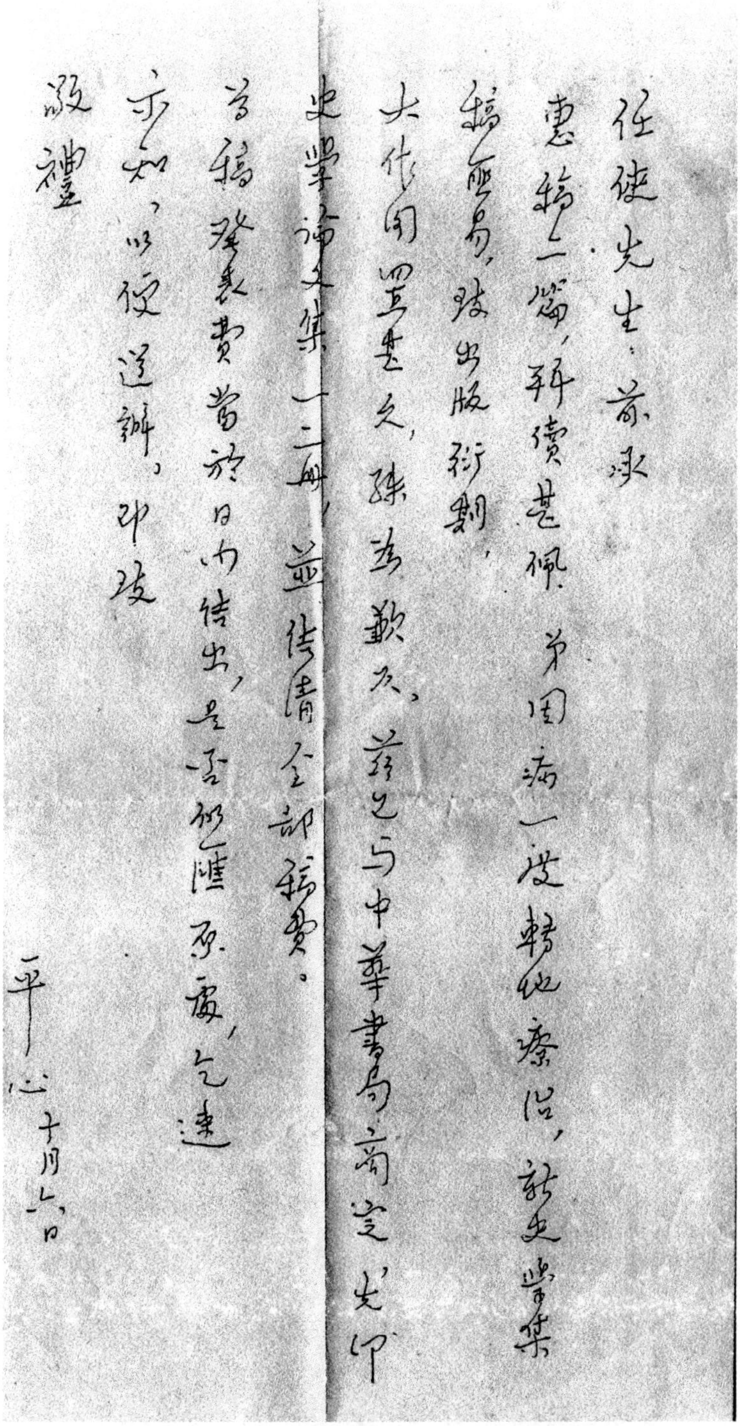
任俠先生：前承
惠稿一篇，拜讀甚佩。弟因病一度轉地療治，新史學集稿無着，致出版衍期，大作閣置甚久，殊為歉疚。兹已與中華書局商定，先印史學論文集一二冊，並付清全部稿費。尊稿發表費當於日內付出，是否仍匯原處，乞速示知，以便遵辦。即頌
敬禮

平心 十月六日

李平心致常任俠 20×10.5 厘米

李小緣（1897—1959），原名國棟。江蘇南京人。圖書館學家。1920年畢業於金陵大學文理科，1920年留學美國，分別在紐約州立圖書館學校、哥倫比亞大學教育研究院獲圖書館學士、教育社會學碩士學位。1925年返國，歷任金陵大學、東北大學圖書館館長兼圖書館學系主任、金陵大學中國文化研究所研究員、所長兼史學部主任。1950年兼任南京市文物保管委員會委員。1952年院系調整後任南京大學圖書館副館長。著有《雲南書目》等。

任俠先生惠鑒：

渝市一晤，倏已數月，承賜大著，環誦至再，無任欽佩，已轉交錫永先生。讀畢惟尚有數點擬付商榷，在渝時承詢《金陵學報》是否出版，返蓉後乃積極籌備，擬在滬排印，插圖仍用銅版付印，投稿人擬以單行本廿冊奉貽。錫永先生討論之稿擬亦排入，台端如有另著與漢闕研究有關之著作可否同時排入，請先將論文題目示知，月後寄稿亦可[1]。小石、靜庵、子植、纘虞他往，渝中又少知音。聞前有來蓉遊覽之意，何日可以成行？當預爲歡迎，專此布肅，順頌

撰安

弟李制小緣謹白　廿一年十一月十三日

【注釋】

經考證該信作於1939年11月13日。“廿一年”係筆誤。

[1]常任俠後將論文《沙坪壩出土之石棺畫像研究》經修訂後寄李刊於《金陵學報》上。

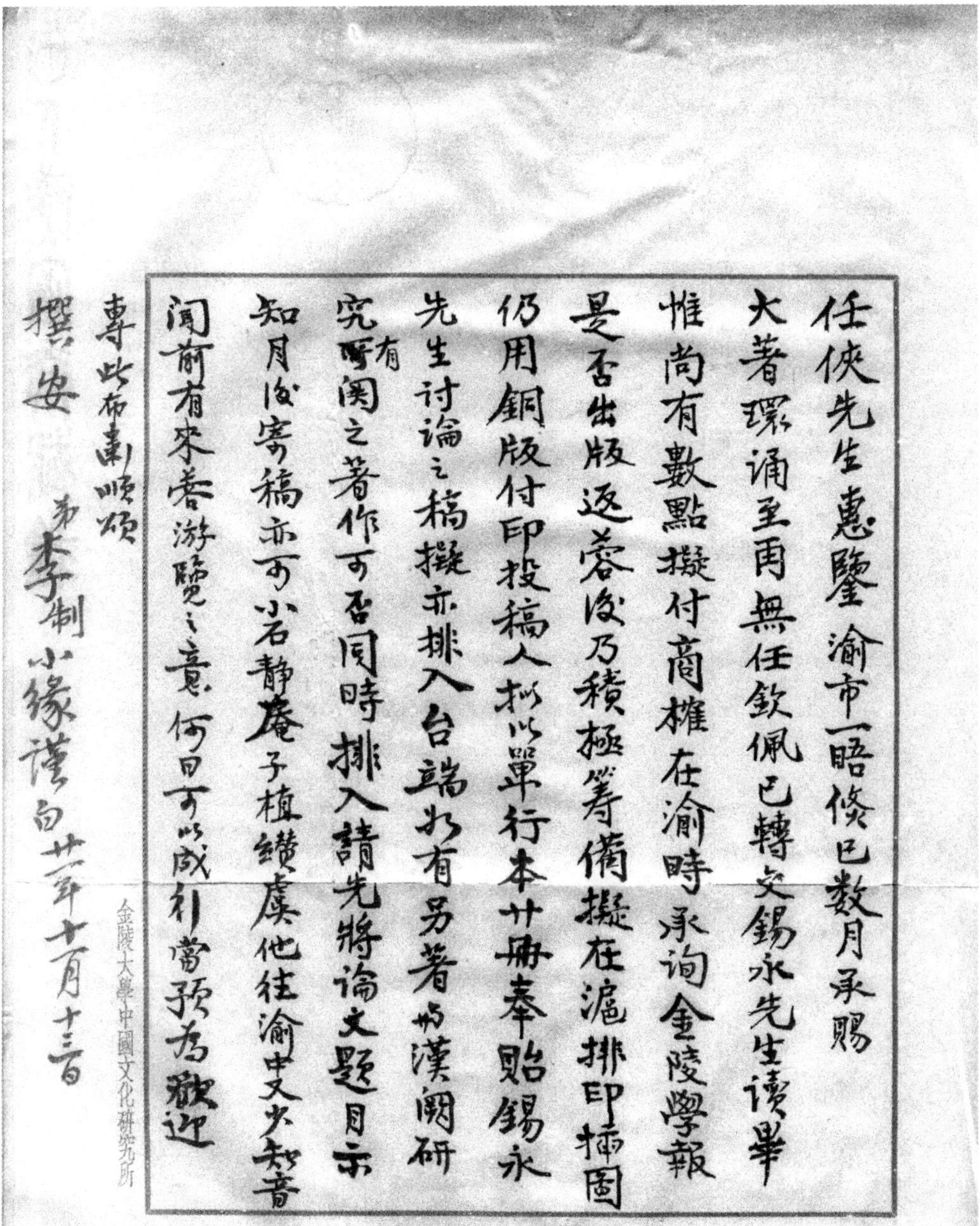

任俠先生惠鑒：渝市一晤，倏已數月。承賜
大著，環誦至再，無任欽佩。已轉交錫永先生讀畢，
惟尚有數點擬付商榷。在渝時承詢金陵學報
是否出版，返蓉後乃積極籌備，擬在滬排印，插圖
仍用銅版付印。投稿人擬以單行本廿冊奉貽。錫永
先生討論之稿擬亦排入。台端如有另著，如漢闕研
究有關之著作，可否同時排入？請先將論文題目示
知，月後寄稿亦可。小石、靜庵、子植、纘虞他往，渝中文史知音
聞前有來蓉游覽之意，何日可以成行？當預為歡迎。
專此布覆，順頌
撰安
弟李制小緣謹白 卅一年十月十三日
金陵大學中國文化研究所

李小緣致常任俠　29×22 厘米

任俠先生道鑒：

前承惠賜大著，甚感，已謄録即寄申付排，末校到時仍擬請爲一校。敝所出版《南陽漢畫像匯存》近由徽寄到，特寄贈一部（今日挂號投郵），敬希哂納指正爲荷。學報另又籌備文史專號一期，如有大著敬希早日惠賜爲感。近日學校放假，作何消遣？耑此敬頌

著祺

弟李制小緣謹啓　民國廿九年一月廿六日

【注釋】

該信作於 1940 年 1 月 26 日。

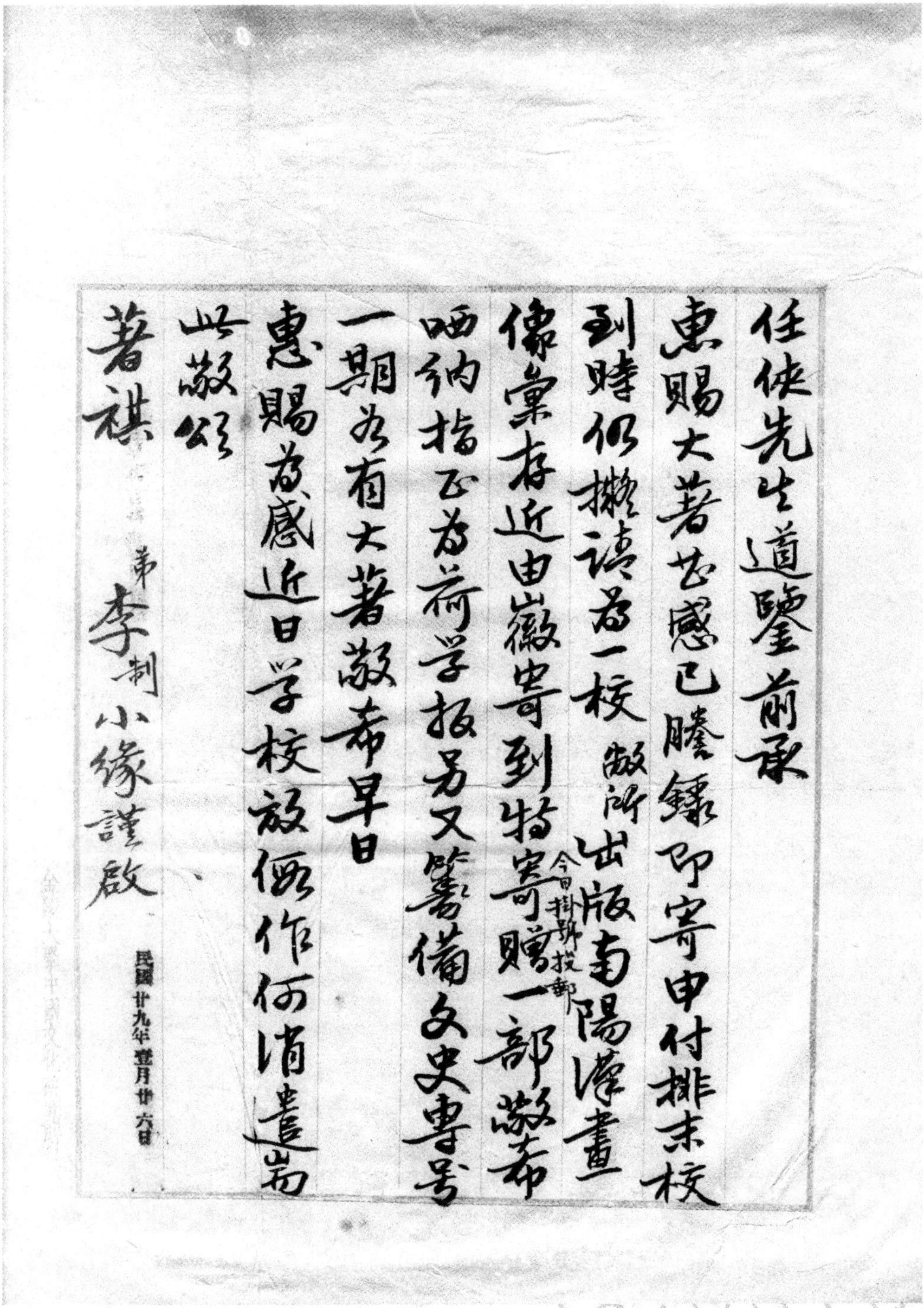

任俠先生道鑒：前承
惠賜大著並感已謄錄即寄申付排末校
到時仍擬請為一校　敝所出版南陽漢畫
像彙存近由嶽寄到將寄贈（今日掛號投郵）一部　敬希
哂納指正為荷　學報另又籌備文史專號
一期尚有大著　敬希早日
惠賜為感　近日學校放假作何消遣
此敬頌
著祺
弟李小緣謹啟　制
民國廿九年壹月廿六日

李小緣致常任俠　29×22 厘米

任俠先生惠鑒：

前承寵錫鴻文，感激無已。近謄録一過（另用挂號寄），發見字迹不易辨認或引用符號未能一致應用，敢請復校一次，校後連同原稿一併寄下爲感（寄到後即寄上海付印），隨函附上郵票五角，以爲寄遞之用。終葵石敢當等小考已見報端[1]，惟未及細讀耳。縉雲山石刻[2]已脱稿否？如成，可否登敝學報下期文史專號？《長沙古物聞見記》[3]爲寫鐫人所誤，以致愆期，奈何奈何！出版後當即敬呈斧正。近日功課忙否？尊稿有關各圖，敝所未經入藏，如蒙賜下，可於本文揷入，不識以爲何？（如不能見賜，借下照相後寄奉亦可。）耑此即叩

教綏

弟李制小緣拜上　廿九年四月三日

【注釋】

該信作於1940年4月3日。

[1]指常任俠作《饕餮終葵神荼郁壘石敢當小考》一文，發表於1940年3月25日《時事新報·學燈》。

[2]指常任俠作《重慶北溫泉縉雲山之石刻》一文，發表於1940年4月15日《時事新報·學燈》。

[3]商承祚著《長沙古物聞見記》一書，1939年（延期出版）金陵大學中國文化研究所木刻版。此書對當時長沙出土文物記載相當詳細豐富。

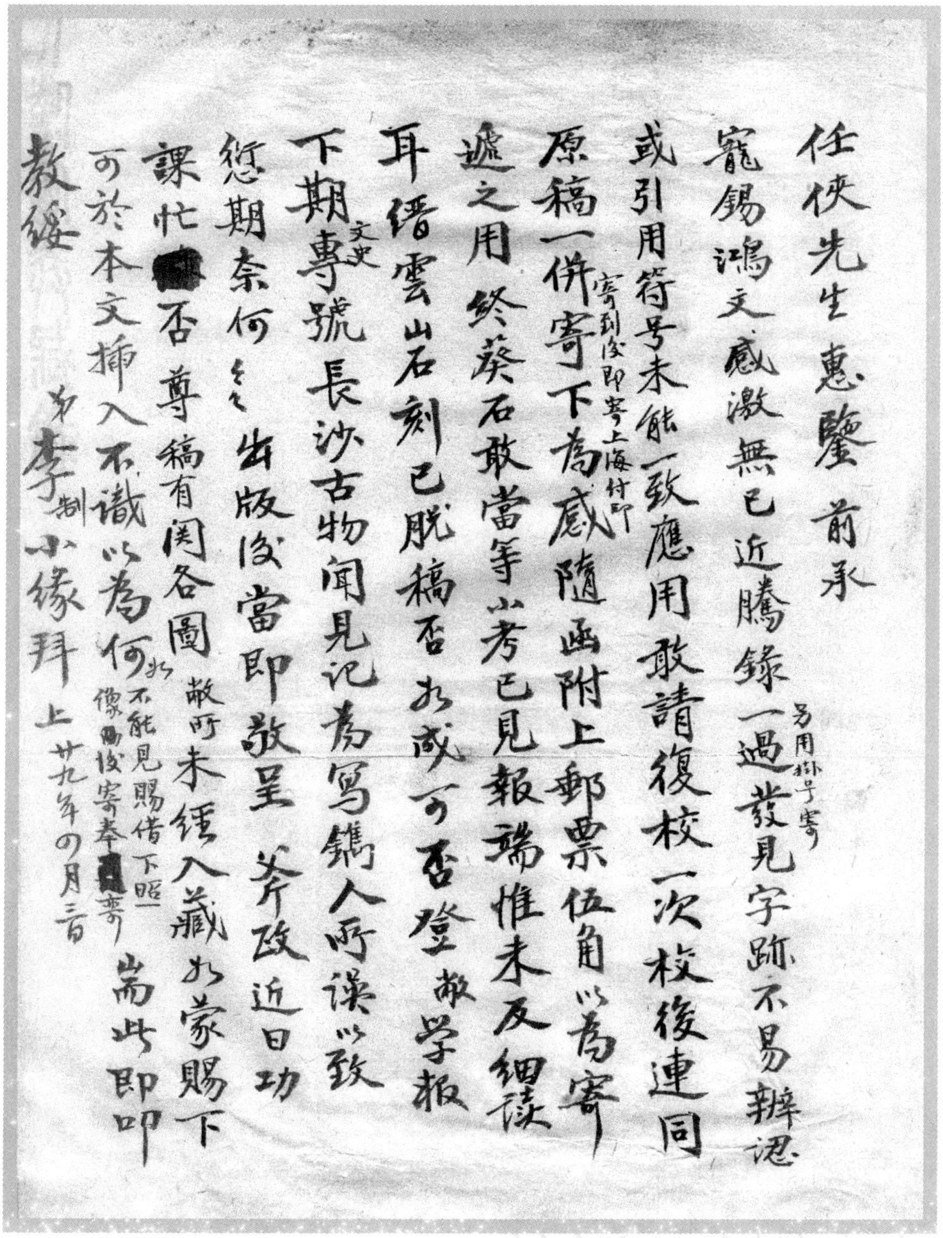
任俠先生惠鑒 前承
寵錫鴻文 感激無已 近騰錄一過 發見字跡不易辨認 另用掛号寄
或引用符号未能一致 應用 敢請復校一次 校後連同
原稿一併寄下為感 寄到後即寄上海付印 隨函附上郵票伍角 以為寄
遞之用 終葵石敢當等小考已見報端 惟未及細談
耳 縉雲山石刻已脫稿否 如成可否登 敝學報
下期文史專號 長沙古物聞見記 為寫鐫人所誤 以致
愆期 奈何 之之 出版後當即敬呈 斧政 近日功
課忙[redacted]否 尊稿有關各圖 敝所未經入藏 如蒙賜下
可於本文插入 不識以為何如 如不能見賜 借下照一像 照後寄奉[redacted]壽 常此即叩
教綏
弟李制小緣拜上 廿九年四月三日

李小緣致常任俠　27.5×21.5 厘米

任俠我兄惠鑒：

今晨接奉手教，敬悉尊稿承校閱一過，無任心感，惟底稿未見寄下，存兄處亦好，幸勿遺失爲要，如能寄下，則敝所可校數過，蓋謄録本送滬不再寄回，故末次校閱，蓉中無可對正。石棺畫像全部八張尙未收到，用畢當即歸趙，請放心。兄擬另撰一稿，不知題目擬定否，請早日示知。如大稿撰成，早日賜下，尤所感禱。楊寬著《中國尺度考》，錫永兄尙未代辦。昨日星期，兄等在生生花園發掘漢墓[1]，甚爲欽佩，惜不能飛往一觀究竟，料不久即可公佈於《學燈》[2]。此次靜庵先生未曾加入，致衡如兄一函已轉交，據云（自怡齋詩）早已請佘磊霞兄轉交，如未收到請示知，弟當設法可也。《金陵學報》例有撰述人略歷一則，記學歷經歷與著述三項，請爲開示，以便插入。草草敬覆，順頌

著祺

弟李制小緣謹上　廿九年四月十五日夜十一時

附上郵票二角五分四枚計一元，以爲來往寄稿之用。緣又及

【注釋】

該信作於 1940 年 4 月 15 日。

[1]1940 年 4 月 10 日始，常任俠曾與郭沫若、馬衡、衛聚賢、金靜安、胡小石、楊仲子諸人數次對重慶江北培善橋漢墓進行發掘，並將發掘古物，在半山竹廬進行展覽。

[2]常任俠作《整理重慶江北漢墓遺物紀略》一文，發表於 1940 年 7 月 1 日《時事新報·學燈》。

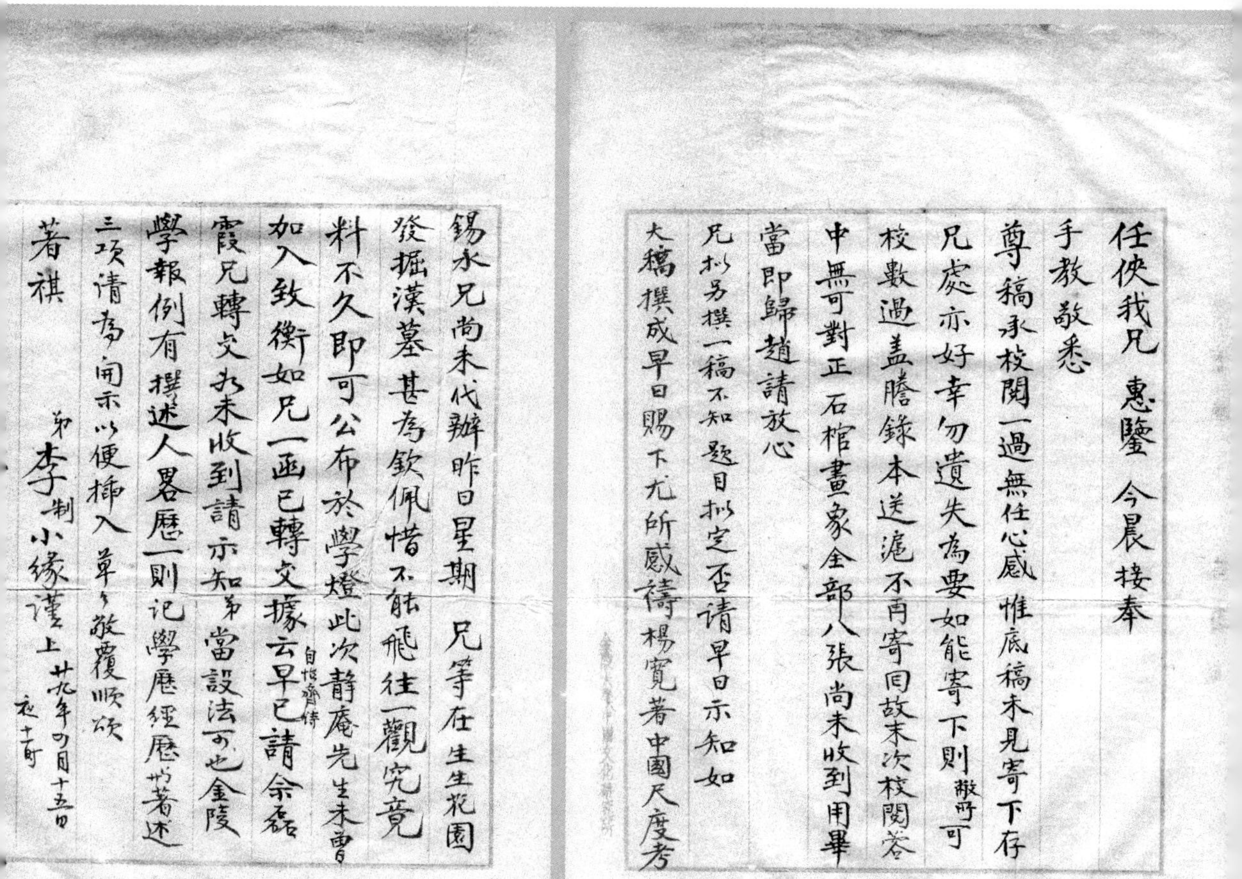
任俠我兄 惠鑒 今晨接奉
手教敬悉
尊稿承校閱一過無任心感 惟底稿未見寄下存
兄處亦好 幸勿遺失為要 如能寄下則敝哥可
校數過 蓋謄錄本送滬不再寄回 故未次校閱 荅
中無可對正 石棺畫象全部八張尚未收到 用畢
當即歸趙 請放心
兄擬另撰一稿 不知題目擬定否 請早日示知 如
大稿撰成 早日賜下 尤所感禱 楊寬著中國尺度考
錫永兄尚未代辦 昨日星期 兄等在生生花園
發掘漢墓 甚為欽佩 惜不能飛往一觀 究竟
料不久即可公布於學燈 此次靜庵先生未曾
加入致衡 如兄一函已轉交 據云早已請余磊（自怡齋侍）
霞兄轉交 尚未收到 請亦知弟 當設法可也 金陵
學報例有撰述人略歷一則 記學歷經歷所著述
三項 請為開示 以便插入 草草 敬覆 順頌
著祺
弟李制小緣謹上 廿九年四月十五日夜十時

李小緣致常任俠 28.5×22 厘米

任俠先生道鑒：

兩奉手教並承將沙坪壩石函拓片（共八張）見寄，感荷殊深，兹已用畢，已於二日包紮做爲快信付郵，收到後請即示知，以免掛念。尊文底稿及略歷皆已收到，自怡齋詩已商之衡如兄再寄一冊，衡如兄業已首肯，謂即另寄。此次在重慶發掘收穫甚豐，鐵劍陶罐諸器不知已照像否？延光四年磚（共有幾塊？）等已拓出否？[1]希一睹爲快。尊稿有成，務希見賜爲感，專此敬覆，順頌

教綏

弟李制小緣謹白　廿九年五月四日

【注釋】

該信寫於 1940 年 5 月 4 日。

[1]考古發掘所得延光、昌利二磚拓片曾請郭沫若題跋，並與友人有唱和之作多首。

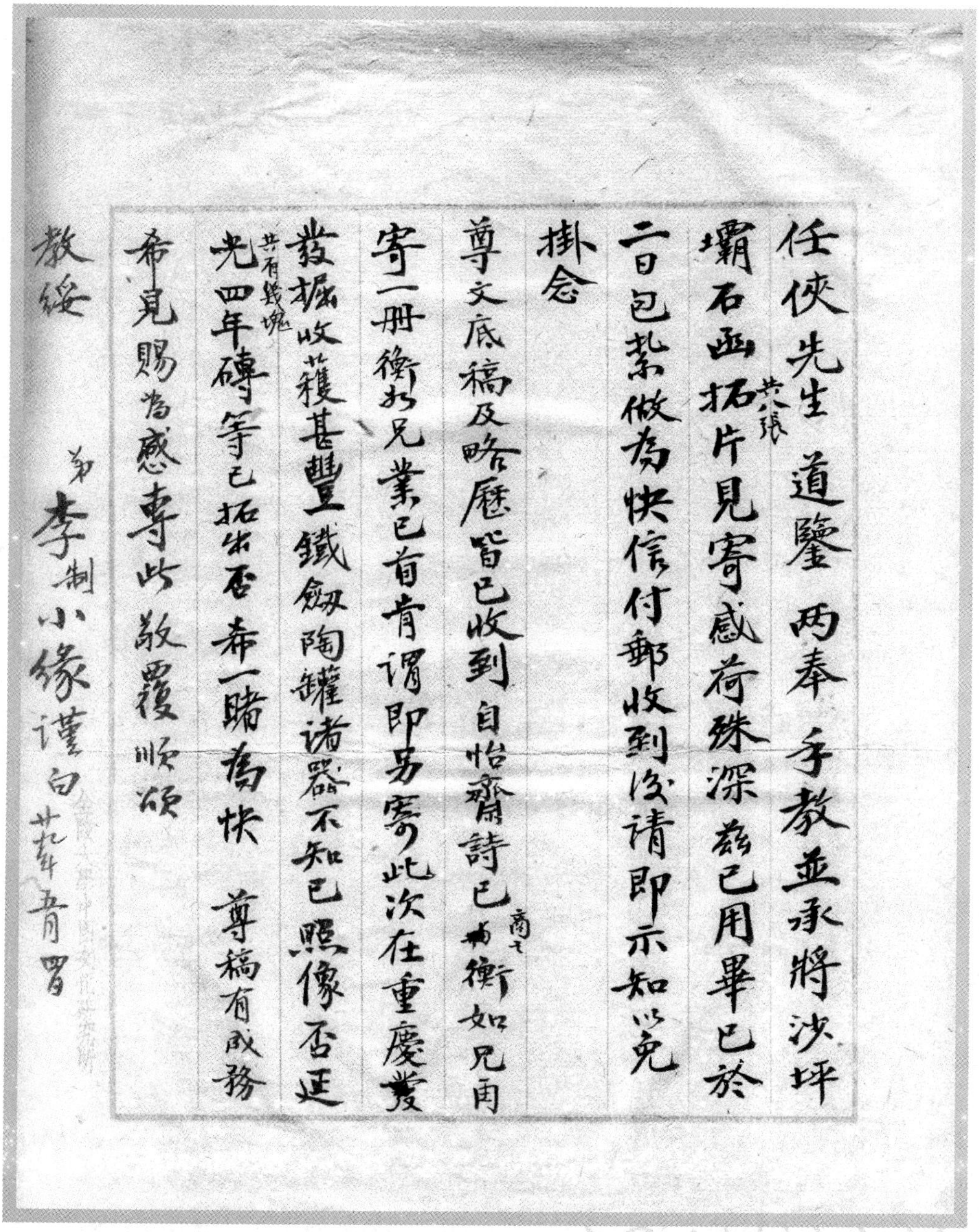

任俠先生 道鑒 兩奉 手教並承將沙坪壩石函拓片（共八張）見寄感荷殊深 茲已用畢已於二日包紮做為快信付郵收到後請即示知以免掛念
尊文底稿及略歷皆已收到 自怡齋詩已商之衛如兄再寄一册衛如兄業已首肯謂即另寄此次在重慶發掘收穫甚豐鐵劍陶罐諸器不知已照像否廷光四年磚（共有幾塊）等已拓出否 希一睹為快 尊稿有成務希見賜為感專此敬覆 順頌
教綏

弟 李（制）小緣謹白 廿九年五月四日

李小緣致常任俠 27×22 厘米

任俠先生道鑒：

惠示敬悉。承惠賜拓片（墓磚），感荷實深。重慶墓群未能儘量發掘以資探討，十分可惜。鄉野間於衆人不知不覺之間爲無識者所盜發（甚至摧毀古物甚多，轉無人過問）而政府負責人反不負其責，可見負責人並未負起責來。郭沫若先生一文業經拜讀一過，結尾處甚爲幽默[1]。墓中所得之物藏貴校史學系，極表贊同。花紋磚不知有同樣否。尊稿如成，甚盼能在敝校學報發表，圖表非用銅版紙不能清楚，學報印紙已在上海購儲待用。尊稿捧字已改爲擎字，文末附注與所開來者全同。專此敬覆，順頌

教綏

弟小緣拜上　廿九年五月廿一日

自怡齋詩今日又函衡如，蓋要人健忘耳。緣

【注釋】

該信作於1940年5月21日。

[1]常任俠1940年4月27日日記："試掘江北漢墓事，忽有所謂古物保管委員會負責人者，發消息於報端，謂不合規定手續云。職司救火者不救火，別人強救犧牲，乃反見忌，此眞可笑也。此漢墓被人建築破壞，轉瞬即消滅無迹，余與聚賢、沫若，拾其殘餘，公開展覽，引人注意，不如此則誰知江北有漢墓乎。古物保管會只保條文，不保古物，誠懵然無知矣。"郭沫若則認爲此次"只是偶然的試掘程度，根本説不上'發掘'"，當然也就無所謂"與規定手續不合"，並於是日作《關於發見漢墓的經過》一文，載28、29日重慶《大公報》，收入《郭沫若文集》十一卷《羽書集》。

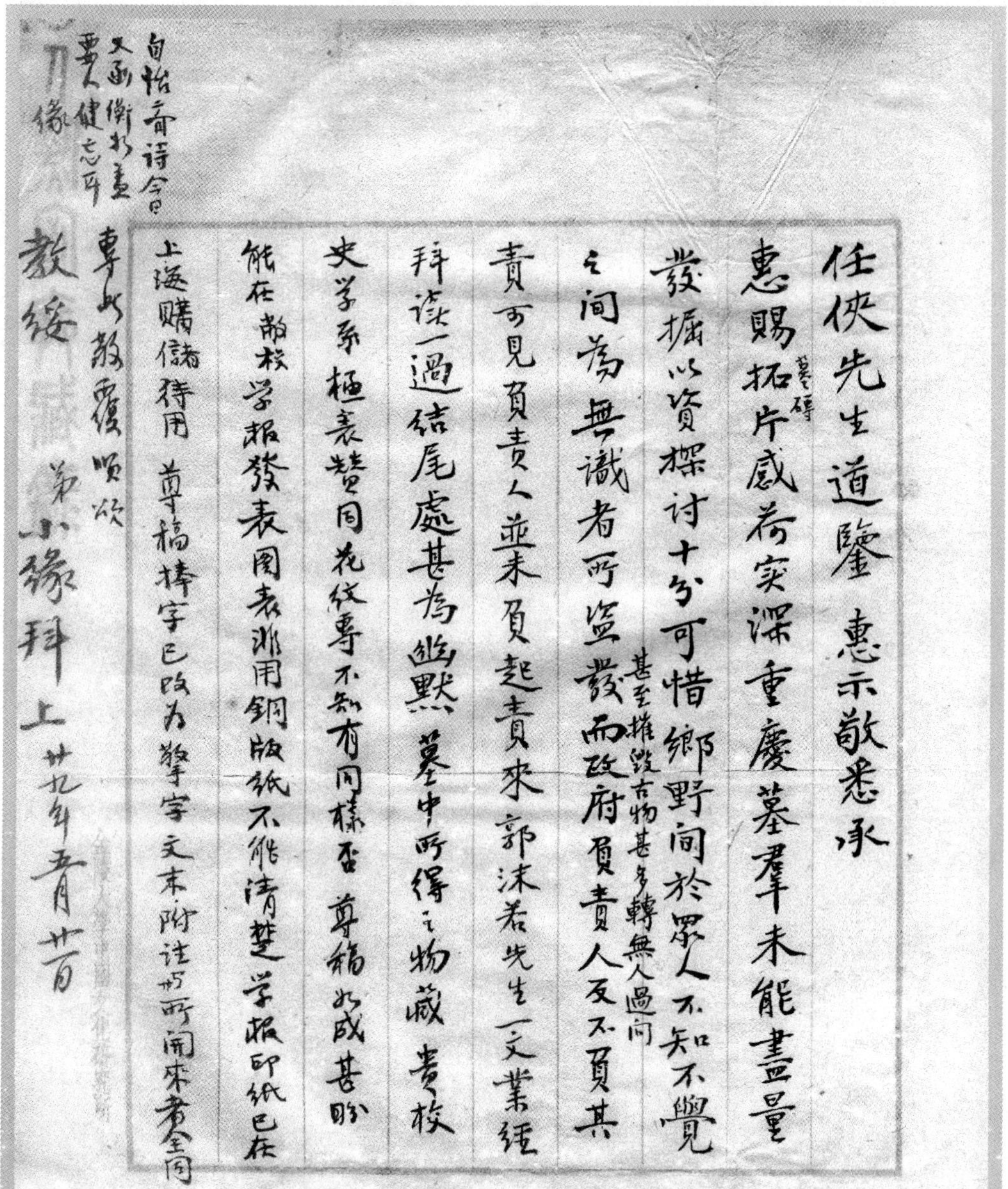

任俠先生道鑒：惠示敬悉，承惠賜墓磚拓片，感荷實深。重慶墓羣未能盡量發掘以資探討，十分可惜。鄉野間於眾人不知不覺之間為無識者所盜發，甚至推毀古物甚多，轉無人過問，而政府負責人又不負其責，可見負責人並未負起責來。郭沫若先生一文業經拜讀一過，結尾處甚為幽默。墓中所得之物藏貴校史學系，極表贊同。花紋專不知有同樣否？尊稿如成，甚盼能在敝校學報發表，因表非用銅版紙不能清楚，學報印紙已在上海購儲待用。尊稿捧字已改為擎字，文末附註所開來者全同。專此敬覆，順頌

教綏

弟小緣拜上 廿九年五月廿日

自怡齋詩今日又函衡叔矣，要人健忘耳。緣

李小緣致常任俠　27×22 厘米

任俠我兄道鑒：

來示及書又元興鏡拓片一紙具收到，謝謝。元興鏡拓片不知兄處尚有多餘否？尊文中需插元興鏡圖，早已察及（以其爲定本文年代之關鍵，非印不可），已就近在蓉借到照像，惜拓工不及尊藏之精美，如兄處尚有多餘，可否許弟將拓片留下？如無多餘，仍當隨書奉還。書已送照像館翻制人首蛇身像，尊稿業已送滬排印，如能趕上當即插入，將來大可將人首蛇身像各處聚攏刊印一册，以爲比較研究，兄意以爲何如？我兄擬撰《重慶附近之漢代三種墓葬》以賜敝刊《金陵學報》，不勝欽佩之至，極願先睹爲快。貴校舉辦之古器物展覽會，滿目琳琅，誠盛事也，惜爲敵“光顧”[1]，大爲掃興耳。黃仲良所藏之人首蛇身像，不知兄處有照片否？《學術》雜誌已在上海購辦，惟遲遲其來爲可憾耳。兄處特快，專此敬覆，即頌

撰祺

弟李制小緣謹上　廿九年六月七日

連日重慶轟炸，我兄受驚否？念念。靜庵先生亦祈代爲問候。小緣

【注釋】

該信寫於1940年6月7日。

[1]1940年5月26日中央大學舉辦古物展覽會，突遇空襲，急收展品於防空洞中，故有“爲敵‘光顧’”語。

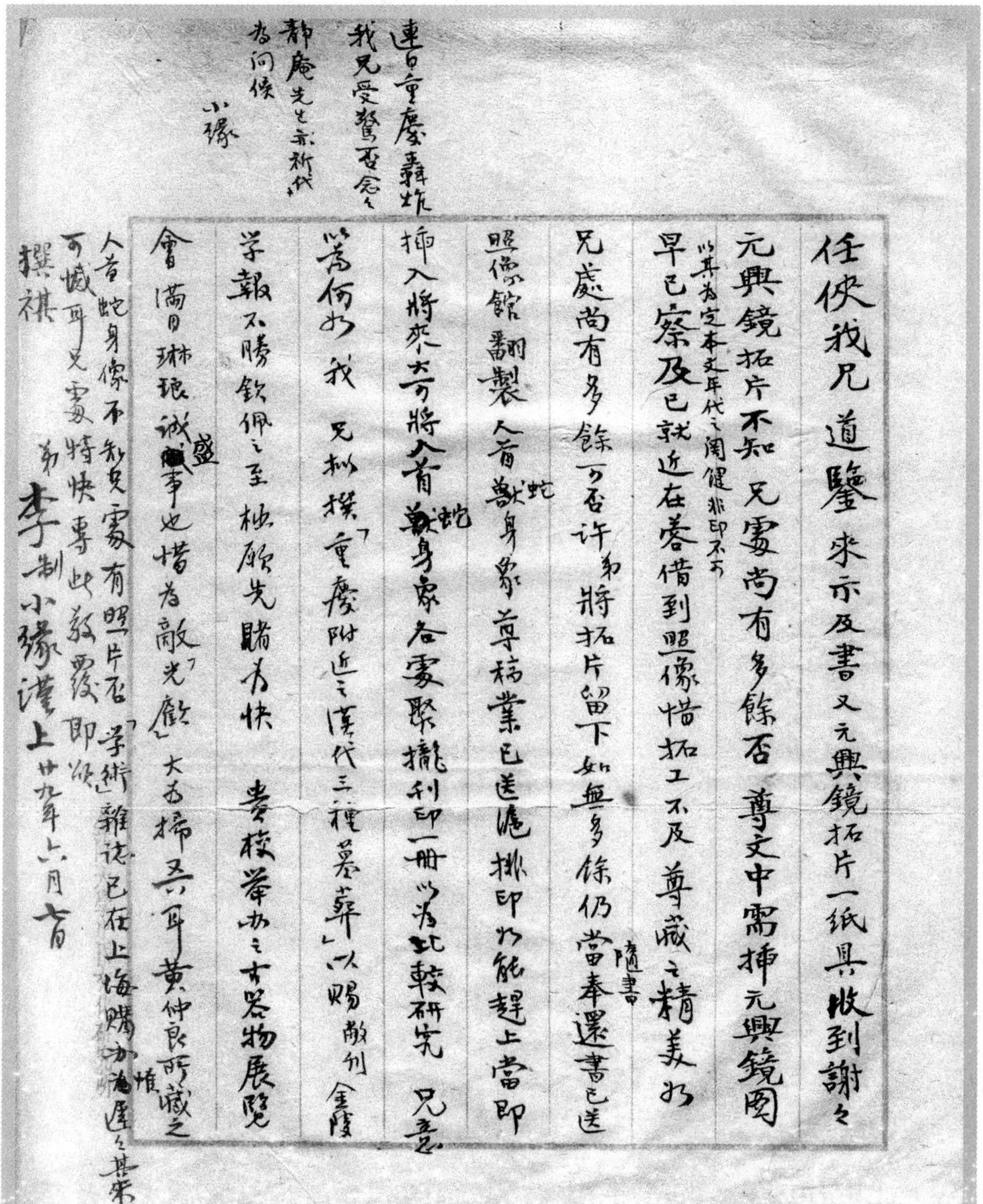

任俠我兄道鑒 來示及書又元興鏡拓片一紙具收到謝謝

元興鏡拓片不知 兄處尚有多餘否 尊文中需插元興鏡圖

以其為定本文年代之關鍵非印不可

早已察及已就近在蓉借到照像惜拓工不及 尊藏之精美耳

兄處尚有多餘可否許弟將拓片留下如無多餘仍當奉還書已送隨書

照像館翻製人首蛇身象 尊稿業已送滬排印如能趕上當即

插入將來亦可將人首蛇身象各處聚攏刊印一冊以為比較研究 兄意

以為何如 我 兄擬撰「重慶附近之漢代三種墓葬」以賜敝刊金陵

學報不勝欽佩之至 極願先睹為快 貴校舉辦之古器物展覽

會滿目琳琅誠盛事也惜為敵「光顧」大為掃興耳 黃仲良所藏之

人首蛇身像不知兄處有照片否 「學術」雜誌已在上海購辦惟遲遲其來為

可憾耳 兄處特快專此敬覆即頌

撰祺 弟 李制小緣謹上 廿九年六月旬

連日重慶轟炸 我兄受驚否念念

靜庵先生亦祈代為問候 小緣

李小緣致常任俠 26.5×22 厘米

任俠先生惠鑒：

昨奉大札敬悉。承賜元興鏡拓片，感荷良深。人首蛇身像先將資料匯齊作一比較研究，可以原原本本作一總考，亦可爲研究中之一貢獻。黄君仲良所藏未見，爲可憾耳。《中央亞細亞發掘論》一書人首獸身像，已照像寄滬插入尊文中。兹特將此書另包快郵奉還，謝謝。渝市屢遭敵毒手，可恨。我兄勢必受驚不淺，萱舍之屋料已爲瓦礫，幸兄早已遷移，近仍居沙坪壩否？念念。即頌

著綏

弟李小緣謹上　廿九年六月十九日

附上錫永兄一函希查收[1]。

【注釋】

該信寫於1940年6月19日。

[1]見商承祚1940年6月18日致常任俠函。

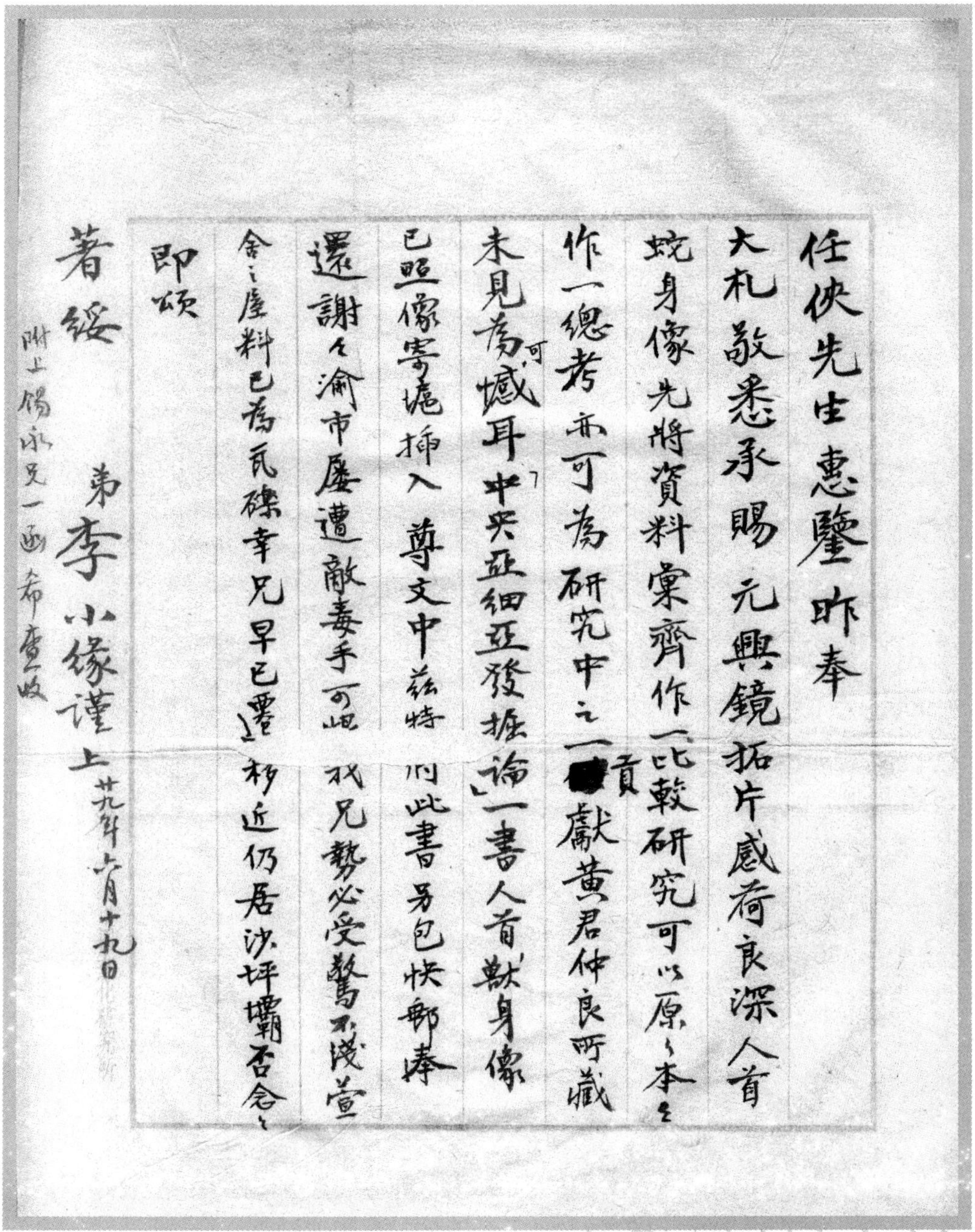
任俠先生惠鑒昨奉
大札敬悉承賜元興鏡拓片感荷良深人首
蛇身像先將資料彙齊作一比較研究可以原原本本
作一總考亦可為研究中之一[redacted]貢獻黃君仲良所藏
未見為可憾耳「中央亞細亞發掘論」一書人首獸身像
已照像寄滬插入尊文中茲特將此書另包快郵奉
還謝謝渝市屢遭敵毒手可怕我兄勢必受驚不淺萱
舍之屋料已為瓦礫幸兄早已遷移近仍居沙坪壩否念念
即頌
著綏
弟李小緣謹上 廿九年六月十九日
附上錫永兄一函希查收

李小緣致常任俠 26.5×22 厘米

任俠先生道鑒：

廿日接奉惠書及大著《重慶附近之漢代三種墓葬》，欣羨之至，於轟炸瘧疾之中寫定，尤可欽佩。惟尊文內所擬之插圖，敝所中只有一部，闕少甚多。此間最近由滬購得《學術》第四輯中載楊寬文一篇論《古史中之鳥獸神話》，爲《古史辨》第七冊之序文，內亦涉及人首蛇身像，可以一閱。何日來蓉，祈先告知，不勝歡迎之至。錫永囑附筆致意，靜庵、小石、白華皆平安否？念念。現各人新住址爲何？便祈告知，專此敬覆，順頌

著祺並問

痊安

弟李小緣拜白　廿九年七月廿七日

叔平沫若二人住址可否賜知？

《長沙古物聞見記》刻已出版，聞兄即將來蓉，當預留一部面贈可也。

【注釋】

該信寫於1940年7月27日。

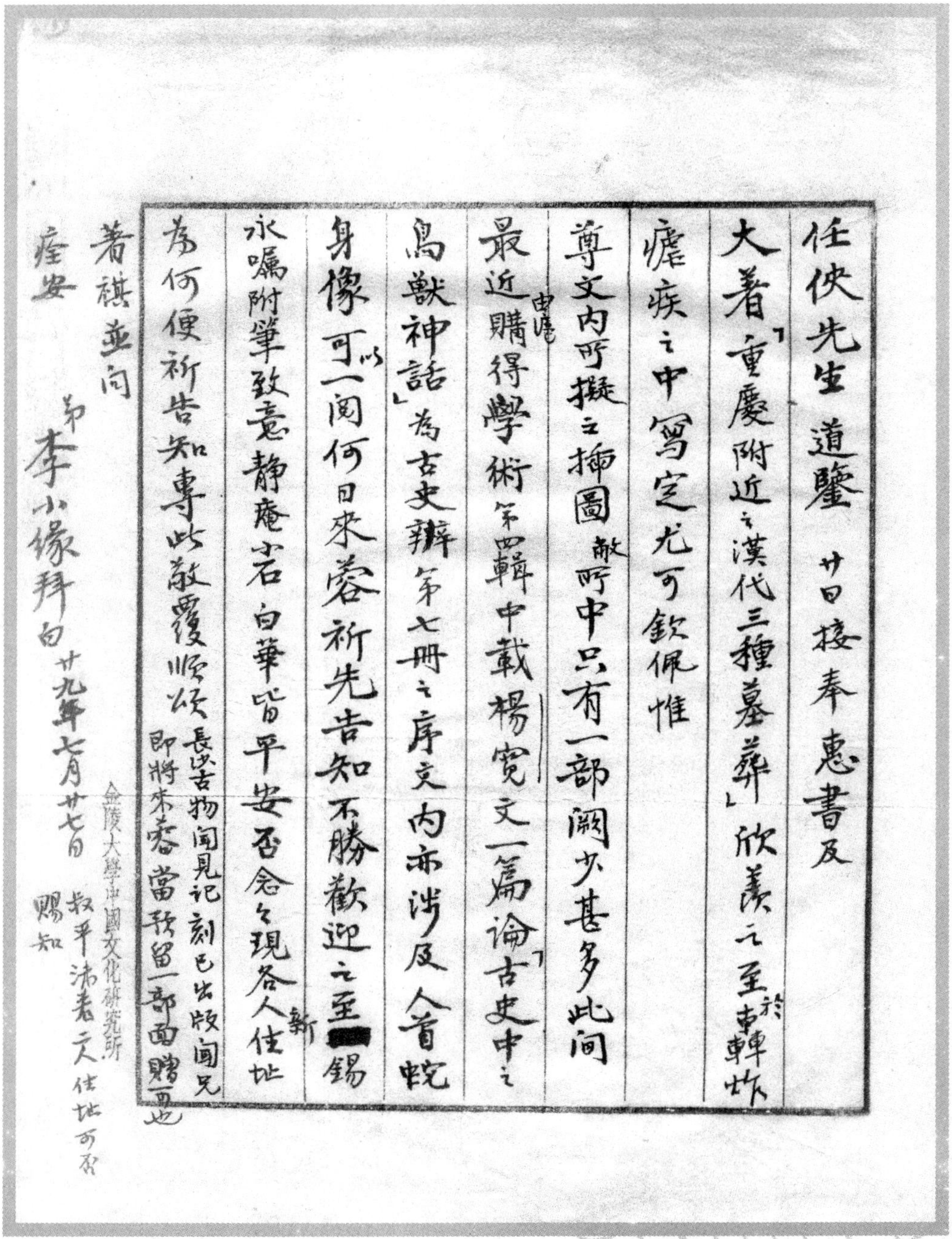

任俠先生道鑒：廿日接奉惠書及
大著「重慶附近之漢代三種墓葬」，欣羨之至。於轟炸
瘧疾之中寫定，尤可欽佩。惟
尊文內所擬之插圖，敝所中只有一部，闕少甚多。此間
最近由滬購得《學術》第四輯，中載楊寬文一篇，論古史中之
鳥獸神話，為古史辨第七冊之序文，內亦涉及人首蛇
身像，可以一閱。何日來蓉，祈先告知，不勝歡迎之至。新[redacted]錫
永囑附筆致意。靜庵宕白華皆平安否？念念。現各人住址
為何，便祈告知。專此敬覆，順頌 長沙古物聞見記刻已出版，聞兄即將來蓉，當預留一部面贈也
著祺，並問
痊安
弟 李小緣拜白 廿九年七月廿七日
金陵大學中國文化研究所
叔平、沛者二人住址可否
賜知

李小緣致常任俠　27×22 厘米

任俠我兄偉鑒：

七日惠緘敬悉。我兄近爲病魔所纏，不克來蓉，不知近日已告痊可否，甚念。兹特遵囑將《長沙古物聞見記》二冊用快郵寄呈，敬希指正爲感，倘能撰一介紹文刊登《時事新報·學燈》，則尤爲感荷，如有評論之處，祈先寄示一閱，再爲刊登可也。

尊文中所需之揷圖希早日寄下爲感，我兄所用之照相機惜爲敵炸毁，靜安先生聞下年度有到東北大學之説，小石先生亦有到雲大之説，此説究竟確否？隨長沙包寄贈《中日抗戰史料集刊》第一期，乃由敝所代爲刊印，如能作一介紹刊登《時事新報·學燈》，亦盛事也。

貴處發現磚文竟有百十餘種，誠鉅觀也，如能拓取，甚願出價購藏，敬希鼎力一辦爲感，專此敬覆，並頌

痊安

弟李小緣謹上　廿九年八月十四日

錫永兄囑爲致意。

【注釋】

該信寫於1940年8月14日。

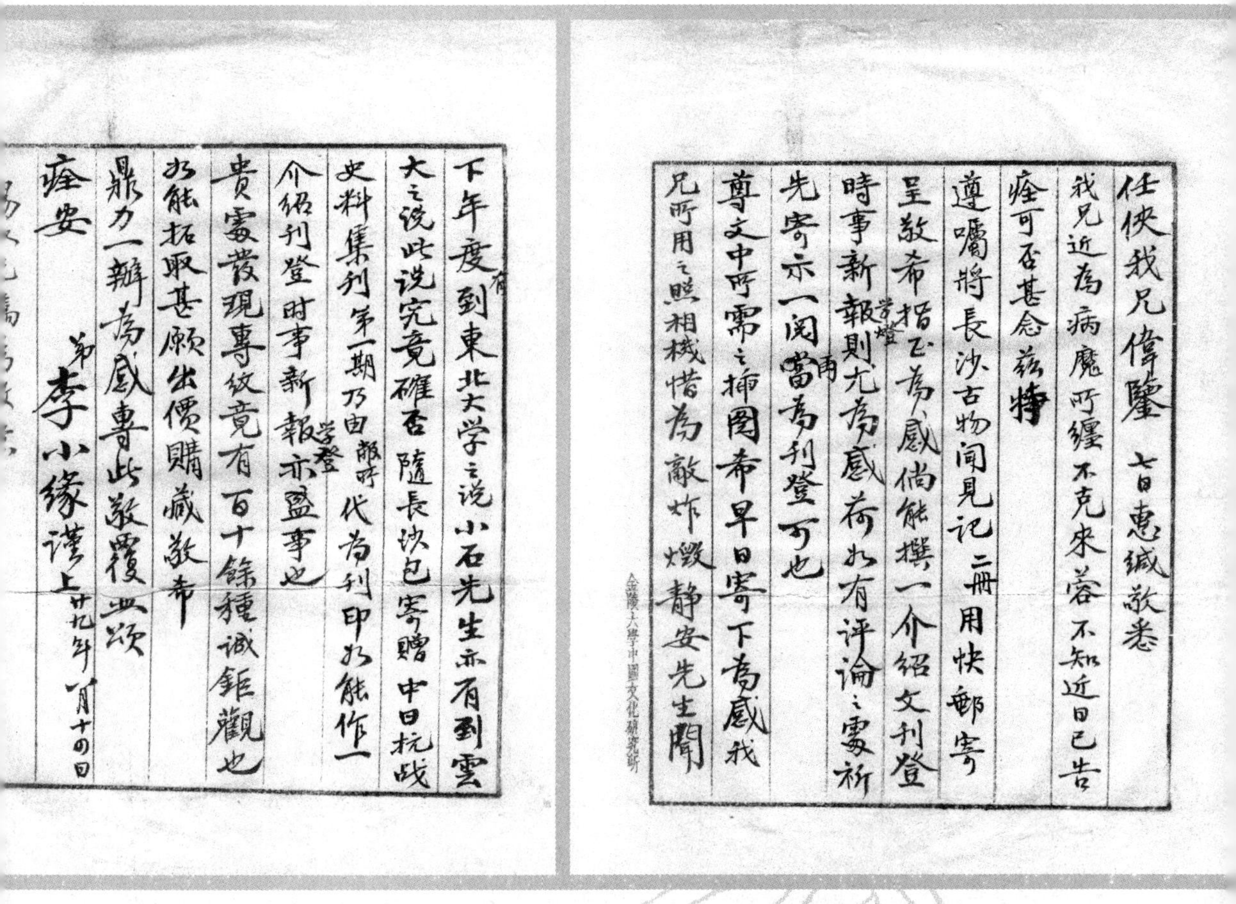
任俠我兄偉鑒 七日惠緘敬悉
我兄近為病魔所纏不克來蓉不知近日已告
痊可否甚念茲特
遵囑將長沙古物聞見記二冊用快郵寄
呈敬希擇一二為感倘能撰一介紹文刊登
時事新報學燈則尤為感荷如有評論之處祈
先寄示一閱再當為刊登可也
尊文中所需之插圖希早日寄下為感我
兄所用之照相機惜為敵炸燬靜安先生聞

金陵大學中國文化研究所

下年度到東北大学之說小石先生亦有到雲
大之說此說究竟確否 隨長沙包寄贈中日抗戰
史料集刊第一期乃由敝所代為刊印如能作一
介紹刊登時事新報學燈亦盛事也
貴處叢現專故竟有百十餘種誠鉅觀也
如能拓取甚願出價購藏敬希
鼎力一辦為感專此敬覆並頌
痊安
弟李小緣謹上 廿九年一月十四日

李小緣致常任俠 27×22 厘米

任俠先生惠鑒：

十二日接奉惠緘敬悉。承爲文在《時事新報》介紹敝所刊物《長沙古物聞見記》甚感。原書粗定挂漏實多，蒙兄台補正，尤爲感激。圖譜現正在接洽付印中，尊著插圖到後隨即令敝所繪圖員繪清一份，玆特附上，如有不對之處，可以改正，惟有下列三點，擬與兄一討論之：

（一）該墓長寬高尺度若何，若能舉出更覺詳明；

（二）該墓墓門之所在？（1）門之方向；（2）有門幾道；（3）如門在正向入門處，似與兄所指棺之所在有所抵觸，不知尊意以爲如何？否則即爲前人所盜發翻動。

（三）圖中各物件大小之比例是否一律（如圖）。

尊意若何，祈便中示知爲感。其他插圖有片無相機，奈何奈何。捶拓漢磚一時尚無辦法，當候諸異日，不知現在尚集中一處或分散數處？靜安先生過此只見一面，未得細談。我兄來蓉之日似將展緩，衛聚賢兄在此，刻往綿竹，日內即返。近日重慶仍爲敵不斷轟炸，不知受驚否？念念。錫永兄囑代爲致意，專此敬覆，即頌
著祺

弟李小緣拜上　廿九年九月十六日

尊圖閱畢祈賜還。貴校已開學否？念念。

【注釋】

該信寫於 1940 年 9 月 16 日。

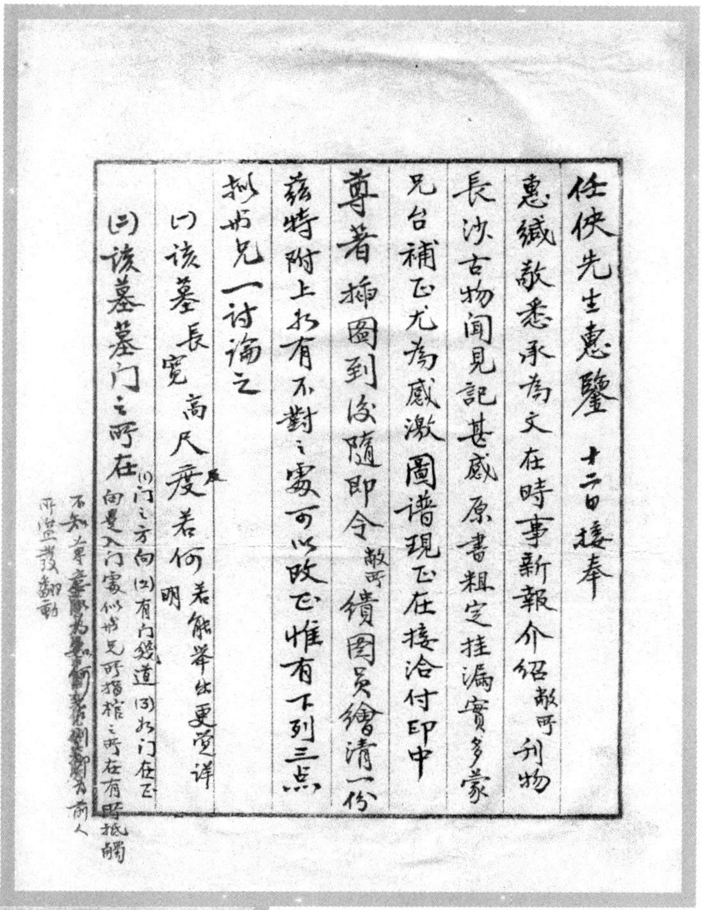

任俠先生惠鑒 十二日接奉
惠緘敬悉承為文在時事新報介紹敝所刊物
長沙古物聞見記甚感原書粗定挂漏實多蒙
兄台補正尤為感激 圖譜現正在接洽付印中
尊著插圖到後隨即令敝所繪圖員繪清一份
茲特附上 如有不對之處可以改正 惟有下列三點
擬请兄一討論之
(一)該墓長寬高尺度若何 若能舉出更覺詳明
(二)該墓墓門之所在 (1)门之方向 (2)有何羨道 (3)如门在正面是入门處似請兄可指棺之所在有所抵觸
不知尊[illegible]前人所盜發翻動

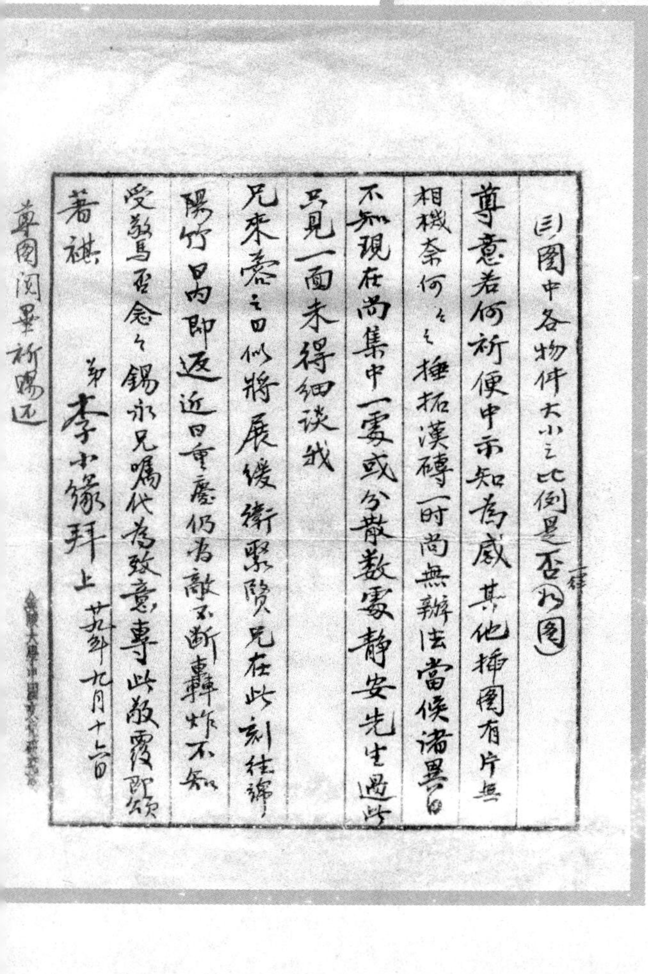

(三)圖中各物件大小之比例是否如圖
尊意若何 祈便中示知為感 其他插圖有片無
相機奈何奈何 捶拓漢磚一時尚無辦法 當俟諸異日
不知現在尚集中一處或分散數處 靜安先生過此
只見一面未得細談 我
兄來蓉之日 似將展緩 衛聚賢兄在此刻往渝
陽竹日內即返 近日重慶仍有敵不斷轟炸 不知
受驚否 念念 錫永兄囑代為致意 專此敬覆 即頌
著祺 弟李小緣拜上 廿九年九月十七日
尊圖閱畢祈賜还

李小緣致常任俠 27×22 厘米

任俠先生惠鑒：

前接惠緘，久未作覆爲歉。報載嘉定發現漢墓事，乃報人故甚其辭，以聳觀聽耳，實乃地方上人奉政府令將各家後室之土除去以備防空洞之用，因友人之請，故得前往一觀耳。既未發現又未嘗發掘，而報人乃鼓其似簧之舌謂功在我，並影響一般考古家，罪過罪過。敝校學報第八卷全卷已在滬印出，惟以印刷郵寄不通，故無法寄贈，今晨適由航郵接到尊著一冊，趕即快郵寄上以慰渴望，專此敬頌

著祺

弟李小緣謹上　卅年三月十五日

【注釋】

該信寫於 1941 年 3 月 15 日。

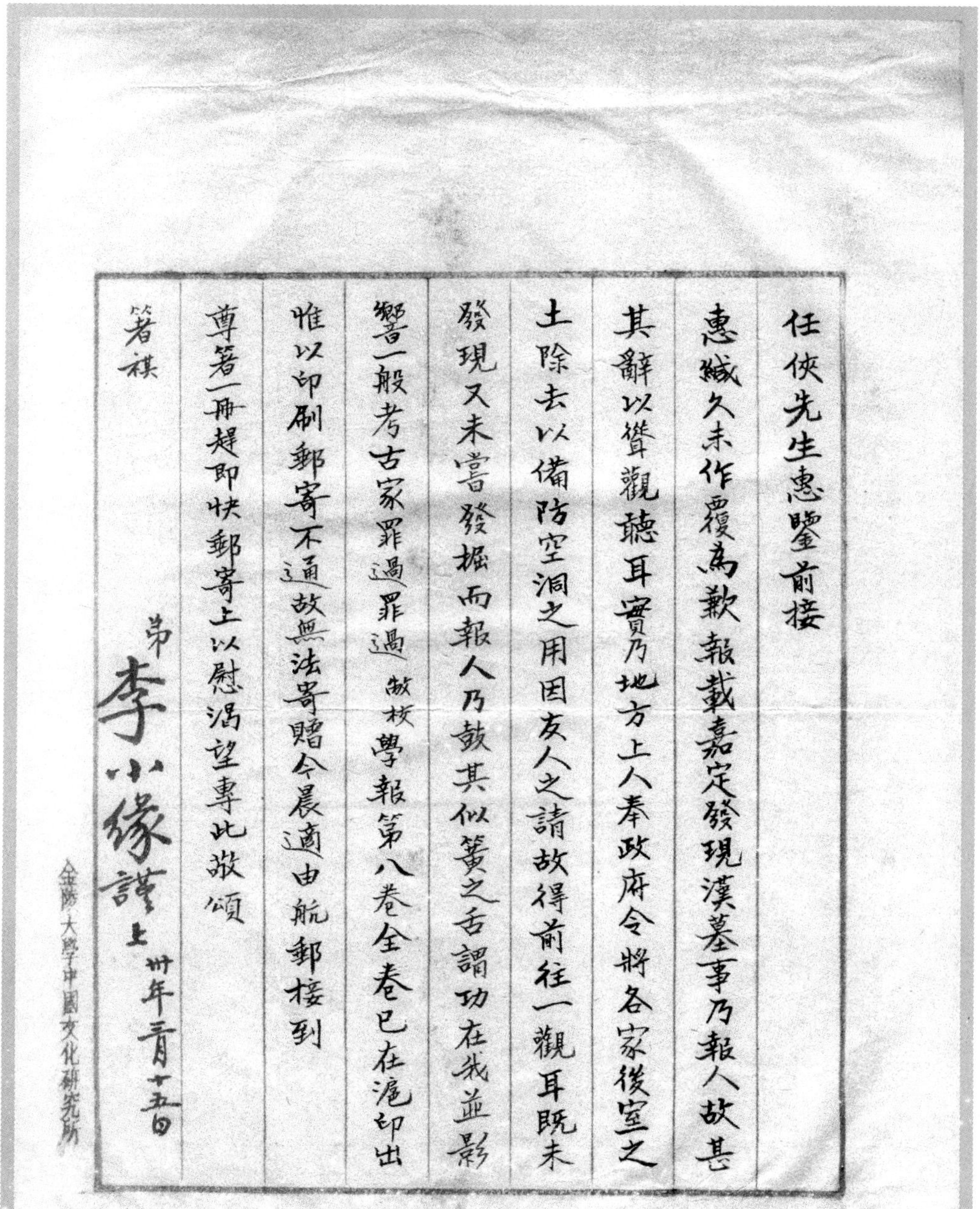

任俠先生惠鑒前接
惠緘久未作覆爲歉報載嘉定發現漢墓事乃報人故甚
其辭以聳觀聽耳實乃地方上人奉政府令將各家後室之
土除去以備防空洞之用因友人之請故得前往一觀耳既未
發現又未嘗發掘而報人乃鼓其似簧之舌謂功在我並影
響一般考古家罪過罪過　敝校學報第八卷全卷已在滬印出
唯以印刷郵寄不通故無法寄贈今晨適由航郵接到
尊著一冊趕即快郵寄上以慰渴望專此敬頌
著祺
弟李小緣謹上　卅年一月十五日

金陵大學中國文化研究所

李小緣致常任俠　28×22厘米

任俠先生惠鑒：

頃奉惠緘敬悉。尊著單行本如能繼續由南京寄到，自當寄贈不誤。另一大著現仍集稿未齊，故尚未發排，十分歉仄。所囑改正之處，當遵囑照辦，如有其他新稿，仍盼賜下藉光篇幅。製藥公司後之漢墓，不知尚有新發現否？[1]敝所自錫永兄樂山之行後，因報紙誤載，傳拓爲發掘，引起多少誤會，故此間不擬有何行動，殊覺使人灰心也。此與渝停止漢墓工作同一因也。故吾人對沫若所發表之文，甚感同情。近日授課多餘暇否？常與若渠晤面否？靜安仍在貴校授課否？專此敬布，

即頌

著祺

弟李小緣拜上　卅年三月廿七日

【注釋】

該信作於 1941 年 3 月 27 日。

[1]1941 年 3 月 25 日上午，常任俠應中國藥產提煉公司之請，前往指導發掘漢墓。"獲漢磚多方。"

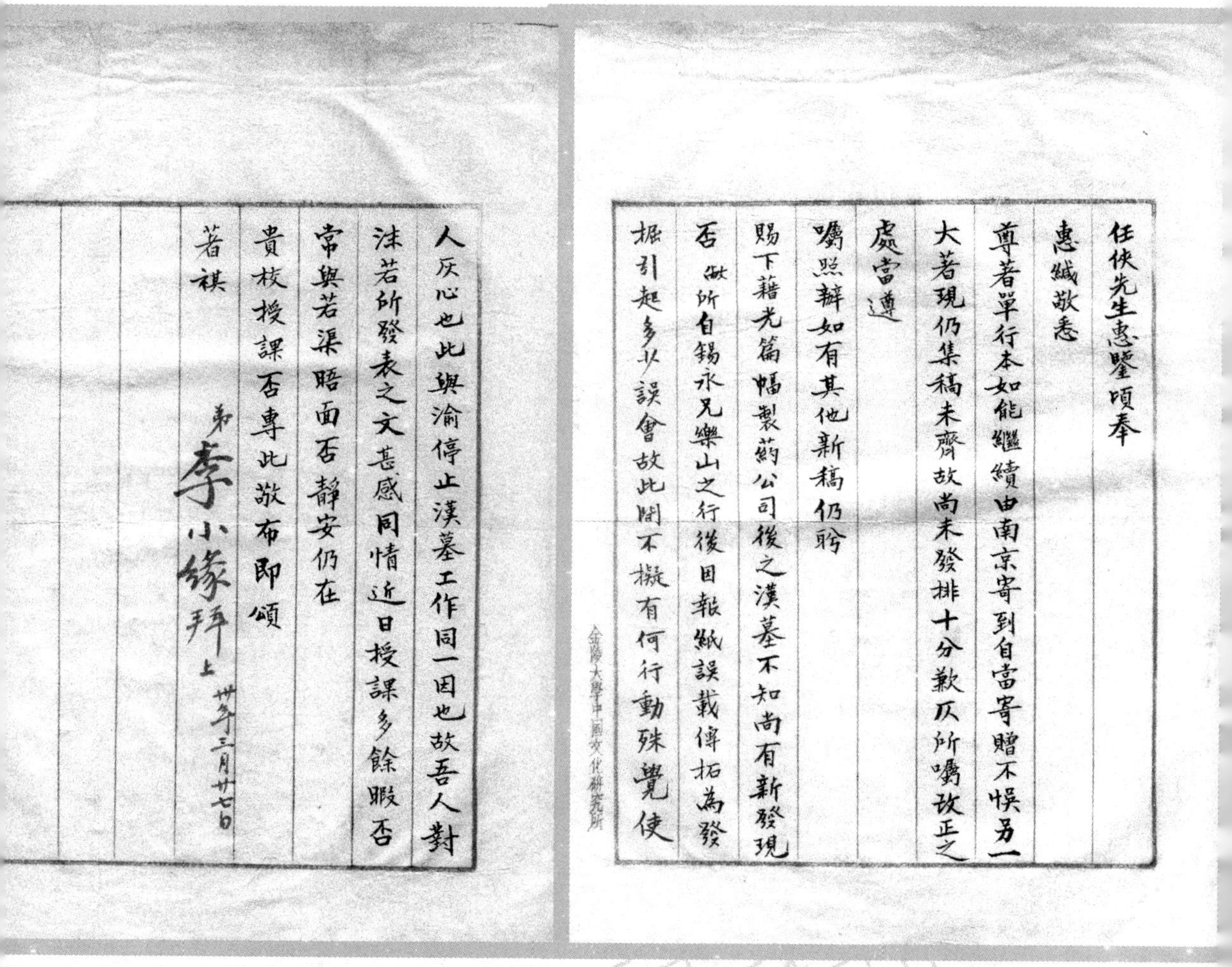
任俠先生惠鑒頃奉
惠緘敬悉
尊著單行本如能繼續由南京寄到自當寄贈不悞另一
大著現仍集稿未齊故尚未發排十分歉仄所囑改正之
處當遵
囑照辦如有其他新稿仍盼
賜下藉光篇幅製葯公司後之漢墓不知尚有新發現
否 敝所自錫永兄樂山之行後因報紙誤載傳拓爲發
掘引起多少誤會故此間不擬有何行動殊覺使
人灰心也此與渝停止漢墓工作同一因也故吾人對
沫若所發表之文甚感同情近日授課多餘暇否
常與若渠晤面否靜安仍在
貴校授課否專此敬布即頌
著祺
弟李小緣拜上
卅年三月廿七日

金陵大學中國文化研究所

李小緣致常任俠 28×22厘米

任俠吾兄惠鑒：

上月接奉十月八日手示敬悉。承賜大著，感激之至，惟敝校學報近有改組之意，尚未完全决定，至尊著單行本尚未全部寄到，寄到時自當奉上不誤。錫永兄尚未歸來，佘磊霞已於九月間病故。中大新校長到任後對史學系有何特殊意見，有無新教授？静庵先生仍在貴校否？抑在三台？兄台前有來蓉一游之意，近尚有實現可能否？小石先生在白沙常相見否？近日有何研究計劃？中大區域八月間慘遭轟炸，不知受驚否？專此敬頌

撰祺

弟李小緣敬上　卅年十一月十二日

若渠物化，甚爲不幸，渝藝術界有無表示？[1]

【注釋】

該信作於 1941 年 11 月 12 日。

[1]1941 年 5 月 20 日滕固病逝重慶，中國藝術史學會在渝理事常任俠、金静安、陳之佛召開緊急會議，决定發起悼念滕固，並定十一月間開年會。後因故未果。

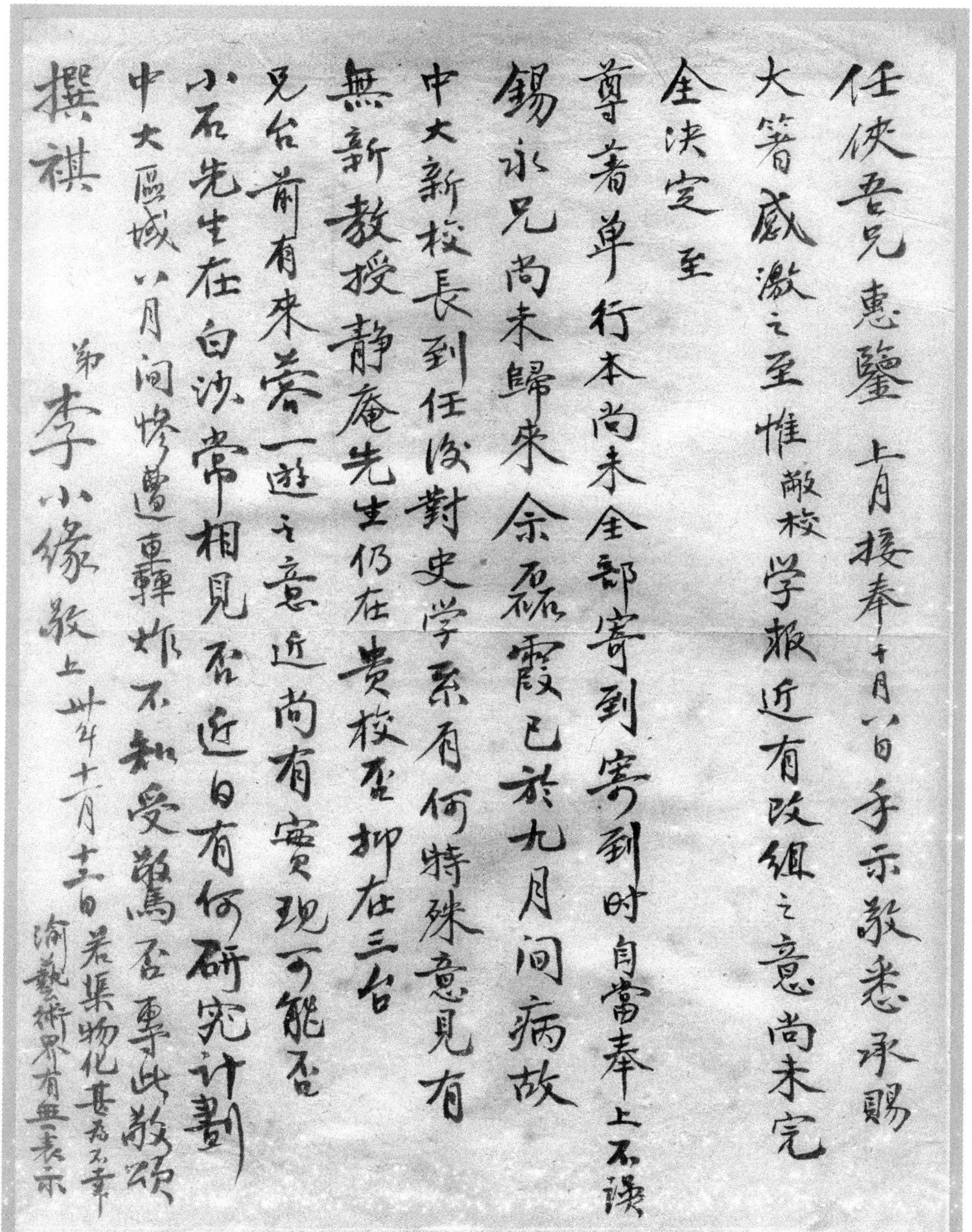
任俠吾兄惠鑒 上月接奉十月八日手示敬悉承賜
大箸感激之至惟敝校学报近有改组之意尚未完
全決定至
尊著单行本尚未全部寄到寄到时自當奉上不誤
錫永兄尚未歸來余磊霞已於九月间病故
中大新校長到任後對史学系有何特殊意見有
無新教授静庵先生仍在貴校否抑在三台
兄台前有來蓉一遊之意近尚有實現可能否
小石先生在白沙常相見否近日有何研究計劃
中大區域八月间惨遭轟炸不知受驚否專此敬頌
撰祺
弟李小緣敬上 卅年十月十三日 若渠物化甚為不幸
渝藝術界有無表示

李小緣致常任俠 27×21.5厘米

李一平(1904–1991)名玉衡,以字行。雲南大姚人。教育家,民主人士,曾任國務院參事、中國佛教協會常務理事。

任俠同志:

示敬悉。當約王君面談,囑其趨前承教。

各以事牽,多時未能晤對暢談,聆懷萬端。俟兄等會畢,即抽暇走訪,以慰飢渴。近作數首,伴函博笑。

匆匆即頌起居!

第一平手上　12.8

【注釋】

經考證該信作於1982年12月8日。

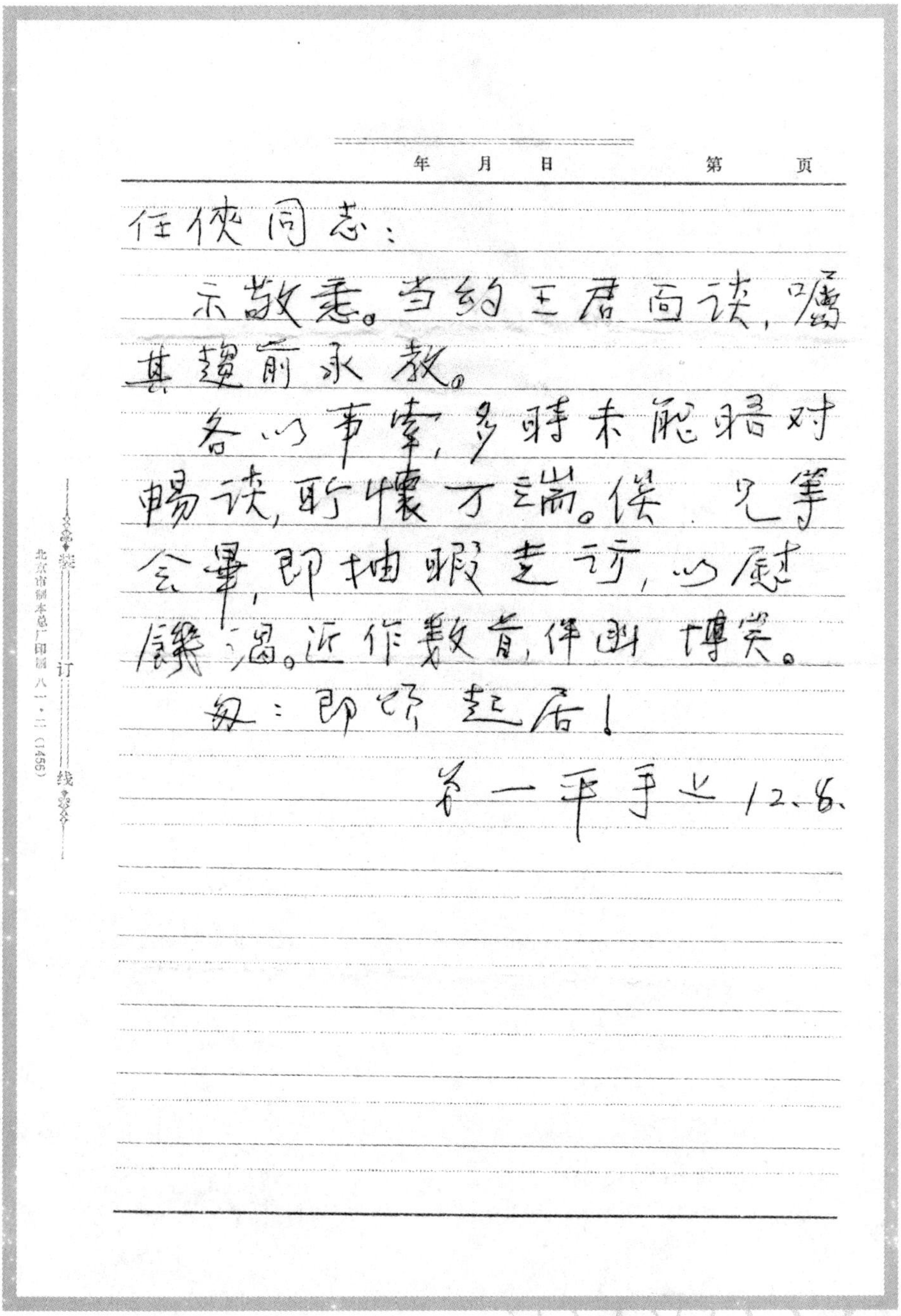
年 月 日 第 页

任侠同志：

示敬悉。当约王君面谈，嘱其趋前承教。

各以事牵，多时未能晤对暢谈，聆怀万端。俟 兄等会毕，即抽暇走访，以慰饑渴。近作数首，伴函博笑。

匆匆即颂

起居！

李一平手上 12.8.

北京市制本总厂印刷 八一·二（1456） 装 订 线

李一平致常任俠 26.5×19 厘米

廖静文(1923-),湖南瀏陽人。北京徐悲鴻紀念館館長、全國政協常委。著有《徐悲鴻一生:我的回憶》。

任俠先生:

承惠函並寄贈照片,心感無已。不知近芳居住何處,殊歉。近忙於館內建築,並撰寫小文,而健康不佳,垂垂老矣。明春政協開會,當可晤談。匆匆敬候

儷安

廖靜文　二月十七日

【注釋】

經考證該信作於1982年2月17日。

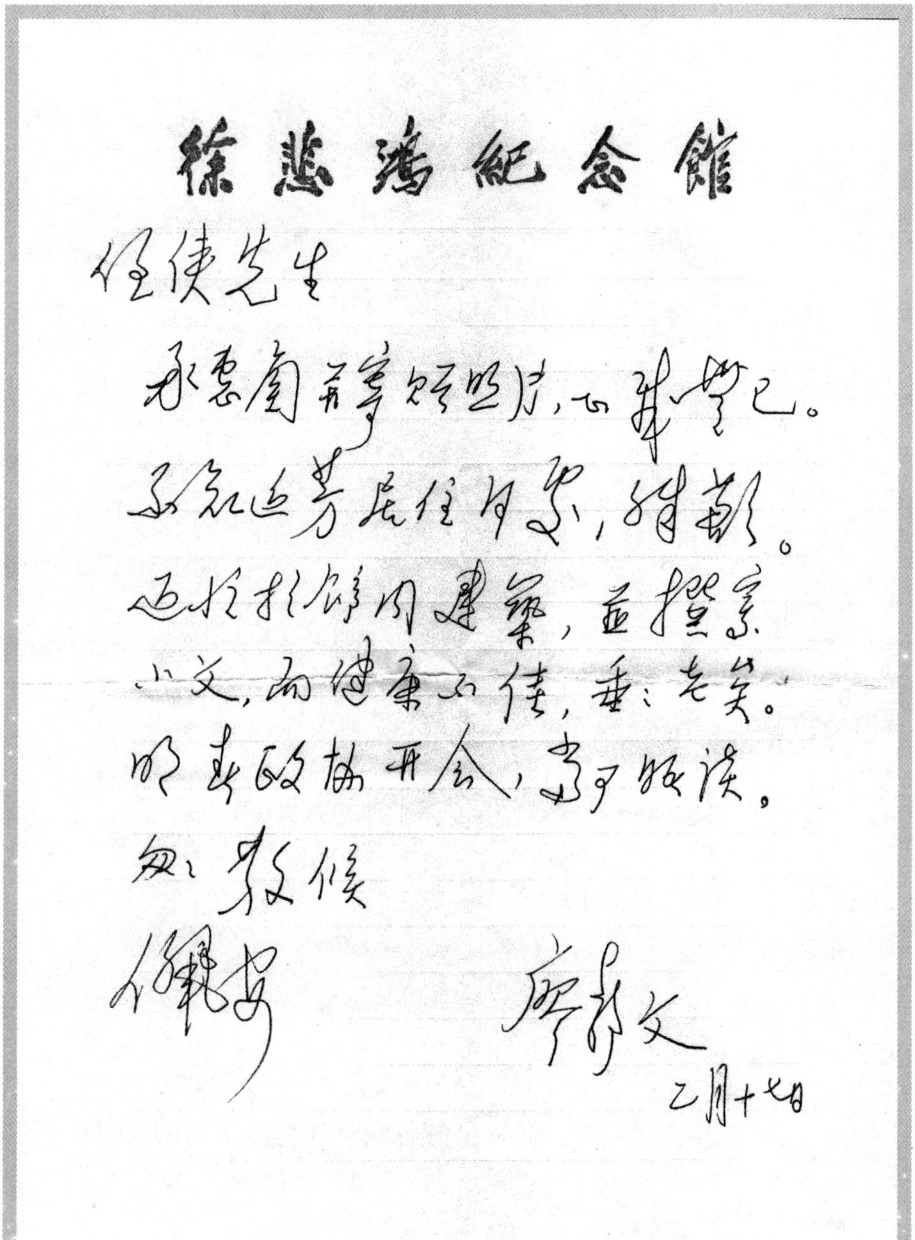

徐悲鴻紀念館

任侠先生

承惠寄肖像照片，已拜收了。

得知近况居住北京，甚欢。

近於指导館內建築，並撰寫

小文，而健康不佳，垂垂老矣。

明春政协开会，当可晤谈。

匆匆 敬候

俪安

廖静文

二月十七日

廖静文致常任俠 26.5×19 厘米

廖沫沙(1907—1991),原名廖家權,湖南長沙人。雜文作家。中華人民共和國成立後,先後任中共北京市委宣傳部副部長、教育部部長、統戰部部長、市政協副主席、全國政協委員。

任俠吾兄:

田壽康的地址,我查到的是:

長沙市坡子街一一四號。

這是幾年前的住址,是不是已有變遷,我因同他久不通訊,無法知道。不過你在信封上加寫“湖南湘劇院轉”,恐怕也可收到。因爲他是湘劇院退休的。

田漢師的兒子田海男(現名田申)現住地安門東大街(又名張自忠路,即鐵獅子衚衕)五號。如果你那里有同[田]漢師的合影,送海男一份,他必定非常感激你。

此致

敬禮!

廖沫沙

八四年八月廿九日

【注釋】

該信作於1984年8月29日。

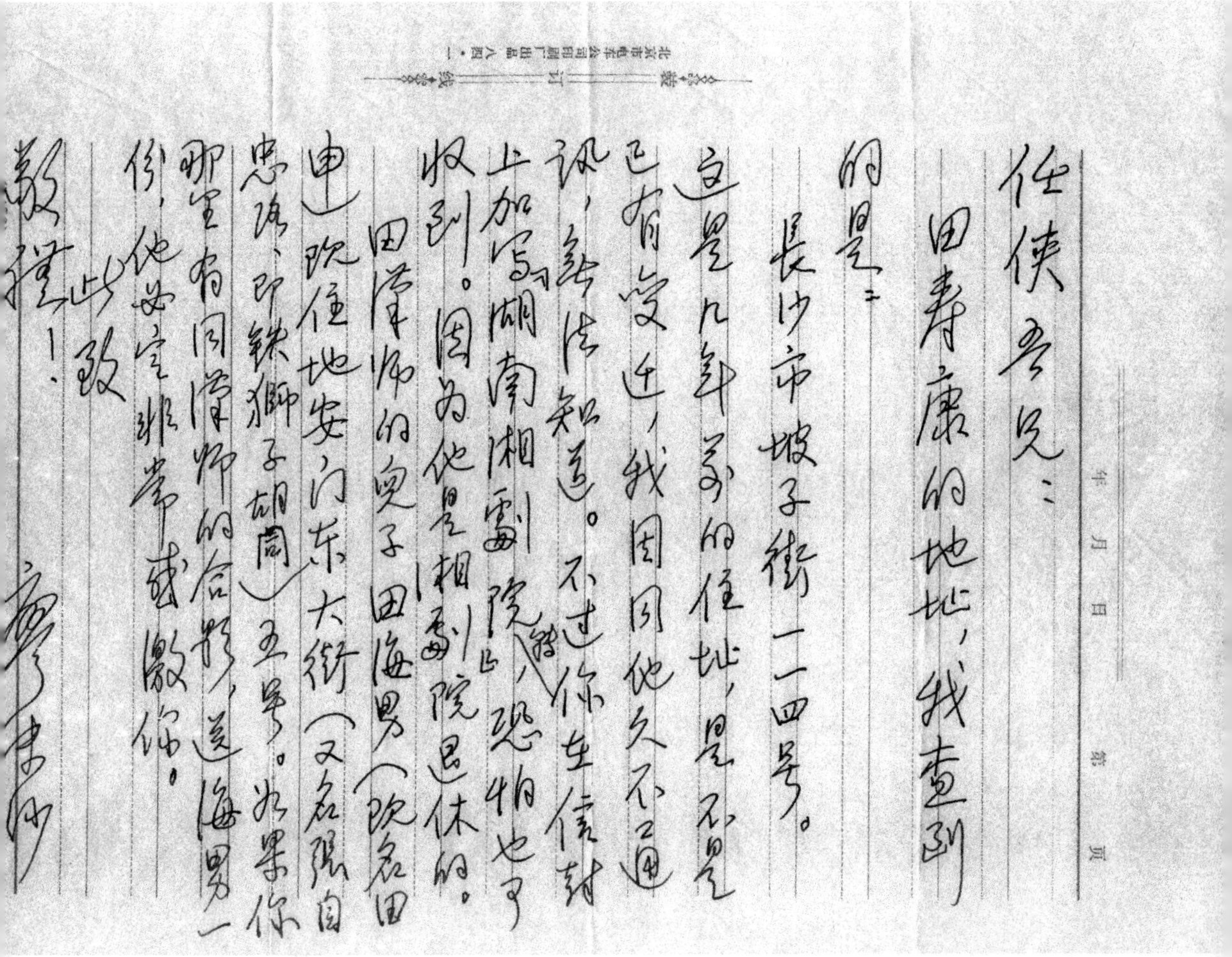

任侠吾兄：

田寿康的地址，我查到的是：

長沙市坡子街一一四号。

这是几年前的住址，是不是已有变迁，我因同他久不通讯，無法知道。不过你在信封上加写湖南湘劇院轉，恐怕也可收到。因为他是湘劇院退休的。

田汉师的兒子田海男（汉名田申）现住地安门东大街（又名張自忠路，即鐵獅子胡同）五号。如果你那里有同汉师的合影，送海男一份，他必定非常感激你。

此致

敬禮！

廖沫沙

廖沫沙致常任俠 26.5×19厘米

林咏泉，生卒年不詳。現代詩人。著有詩集《塞上吟》。

任俠兄：

許久未函候了，轉瞬又是一年。

去年12月梢，離妻函囑重圓，方擬成行，忽獲長子林牧晨之電，伊母已因腦血栓之突發亡故，悲痛中獲兒子派車來接，於12月24日到滬後住下，目前正在辦理戶口事宜。（蘇州遷來上海）

我是1958年離開上海去江西接受鍛煉（勞教）的，三十二年後再飲黃浦江水，心情由紛亂而痴獃，漂泊一生，不知云何！

您一切都好吧？難得高壽如您，又時見詩作，對此，我則愧汗了。

孫望伉儷，近無信。去年底有函謂患骨質增生及內外零星病症，於以［此］見人到老年，除個別長壽健者外大都與造化小兒結緣。人生如夢，怎不令人感喟！

入春後很久爲剪刀似的寒風所苦，近一二日來，始見晴見暖，人到暮年是畏寒怕冷的。

來滬後因居地很少書報售處，除《新民晚報》外，如《團結報》則從未見到，可能您又有不少詩作發表吧？亟希一讀。

不盡　敬頌

健愉。

弟 林咏泉 1990.3.10日於上海

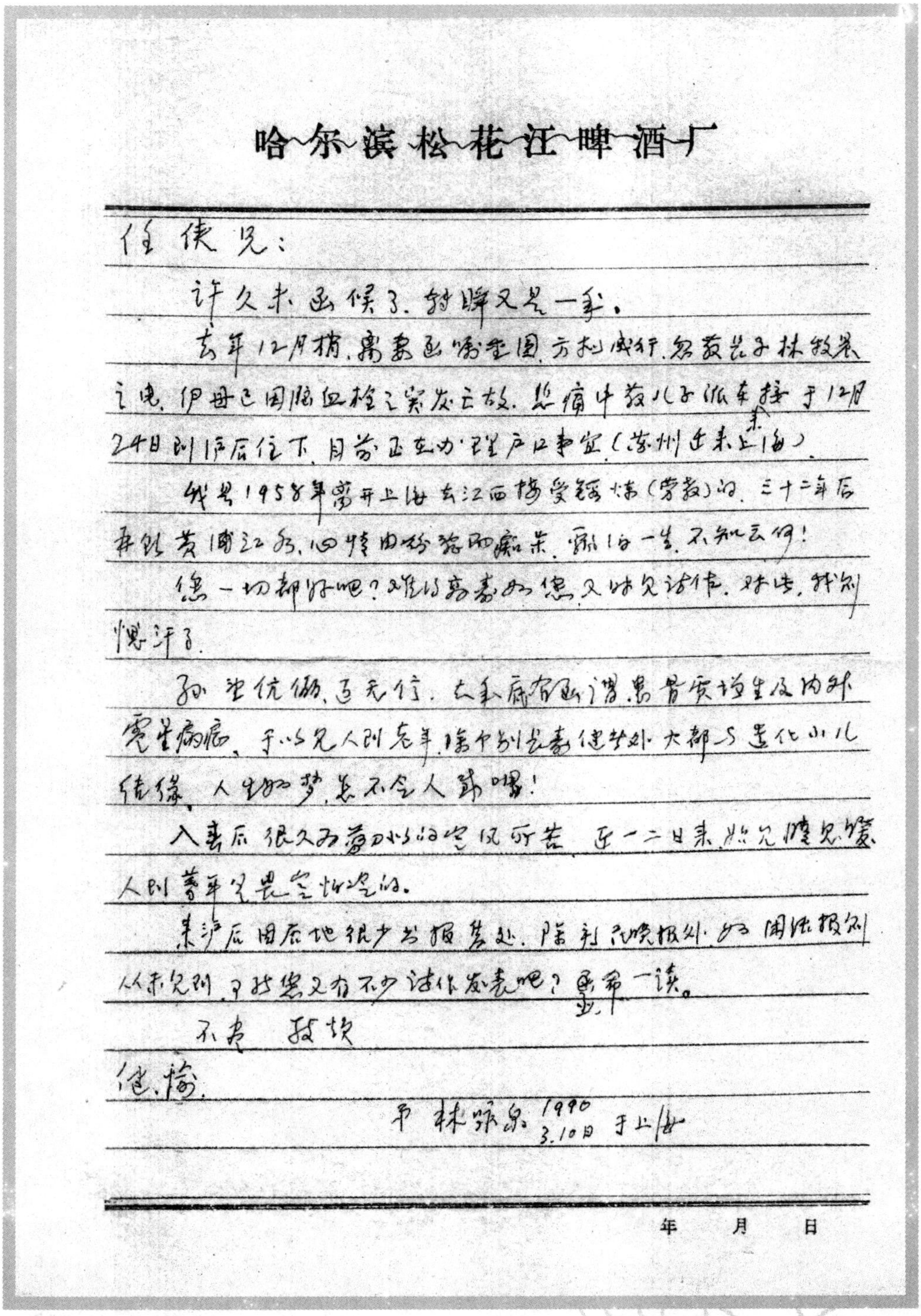

哈尔滨松花江啤酒厂

任侠兄：

许久未函候了，转瞬又是一年。

去年12月梢，离秦函嘱全国方封成行，忽获长子林毅岚之电，伊母已因脑血栓之突发亡故。悲痛中获儿子派来接，于12月24日到沪居住下，目前正在办理户口事宜（苏州迁来上海）。

我是1958年离开上海去江西接受锻炼（劳教）的，三十二年后再踏黄浦江头，心情由纷繁而麻木，飘泊一生，不知云何！

您一切都好吧？难得离秦后您又时见诗作，难忘，我到愧汗了。

孙望伉俪，[illegible]，去年底官函谓患骨质增生及内外痔等病症，于以见人到老年，除少到长寿健步外，大都与退化小儿结缘，人生如梦，岂不令人兴嗟！

入秦后很久而蒙[illegible]所告，近一二日来，始见[illegible]兄，人到暮年，只是空怀望的。

来沪后因居地很少书报售处，除刘[illegible]报外，好多国际报刊从未见到，可能您又有不少诗作发表吧？函示一读。

不尽 致候

健愉。

弟 林咏泉 1990 3.10日 于上海

年 月 日

林咏泉致常任侠 26.5×19 厘米

任俠兄：

孫望之死，不知您收到訃告未？

他是在6月1日因腦溢血逝世的。當時我還在天津友人家里，是兒子林牧晨電告的。返滬後因治喪期已過，未能得見遺容，遺恨了！

最近他的女兒孫原靜來函説師大將爲他出一集紀念文字，希望您能抽暇給她寄去一批［篇］大作，以志友情並光該集。

冬來我腰創大作，僅能臥床伏枕爲書了，草草乞諒！

順頌

冬綏

弟林咏泉　1990.12.6日上海

稿件請在1991年2月前寄寧，郵編210024　南京師範大學中文系孫原靜收

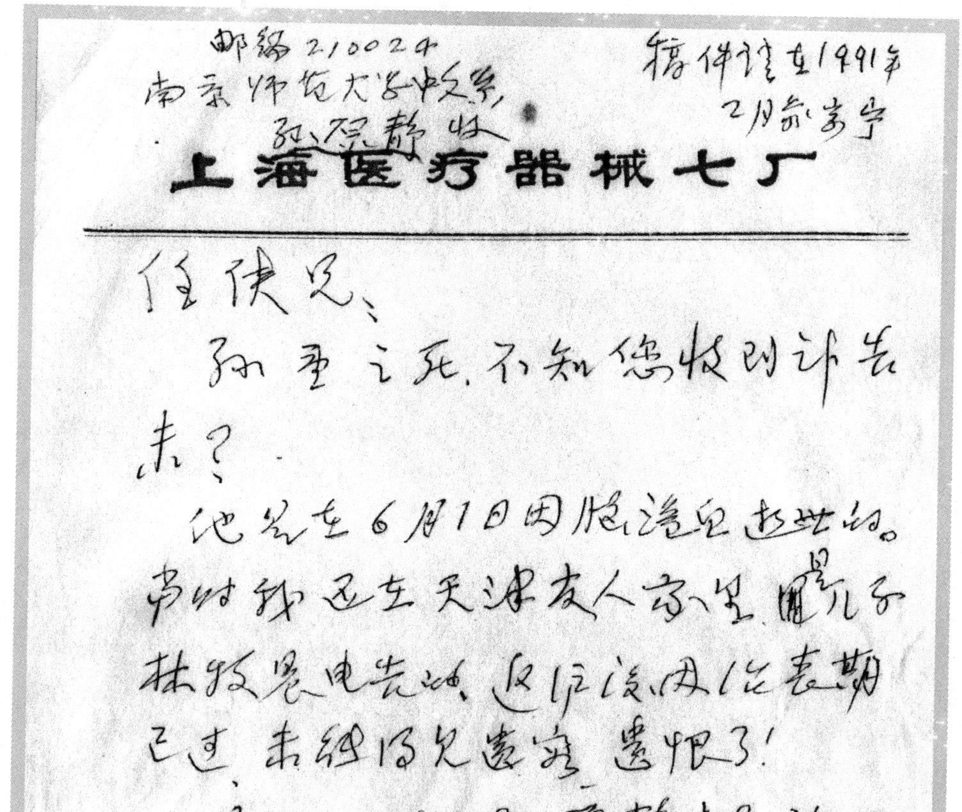

邮编210024
南京师范大学中文系
孙康静 收

稿件请在1991年
2月前寄去

上海医疗器械七厂

任侠兄：

孙望之死，不知您收到讣告未？

他是在6月1日因脑溢血逝世的。当时我还在天津友人家里，由儿子林牧农电告的，返沪后因吊唁日期已过，未能向兄遗容，遗恨了！

最近他的女儿孙康静来函说师大将为他出一本纪念文集，希望您能抽暇给她写一批大作，以志友情并光该集。

[illegible]大作，[illegible]，特此告辞！

顺候

冬绥

弟林咏泉 1990 12.6日 上海

厂址：上海市闸北区徐家宅路84号　　电话：242194·244836

林咏泉致常任俠 19×13厘米

劉白羽（1916–2005），北京人。作家。抗戰期間，先後任中華全國文藝界抗敵協會延安分會黨支部書記、重慶《新華日報》副刊部主任。中華人民共和國成立後，歷任中國作協副主席、文化部副部長、中國人民解放軍總政文化部部長等職。著有《心靈的歷程》、《劉白羽散文選》、《劉白羽代表作》等。

任俠兄：

承又賜談傅抱石畫稿，甚感，日內即可見報。

前談司徒喬畫稿[1]，稿費二千元，因爲我總沒記清你的住址，現按來函信封，將款付上，希哂納，爲盼！

遠行期定否？念念。

大安

弟　白羽　十一月十一日

【注釋】

經考證該信作於1945年11月11日。

[1]指1945年9月16日重慶《新華日報》發表常任俠《司徒喬畫展與中國新藝術》一文。

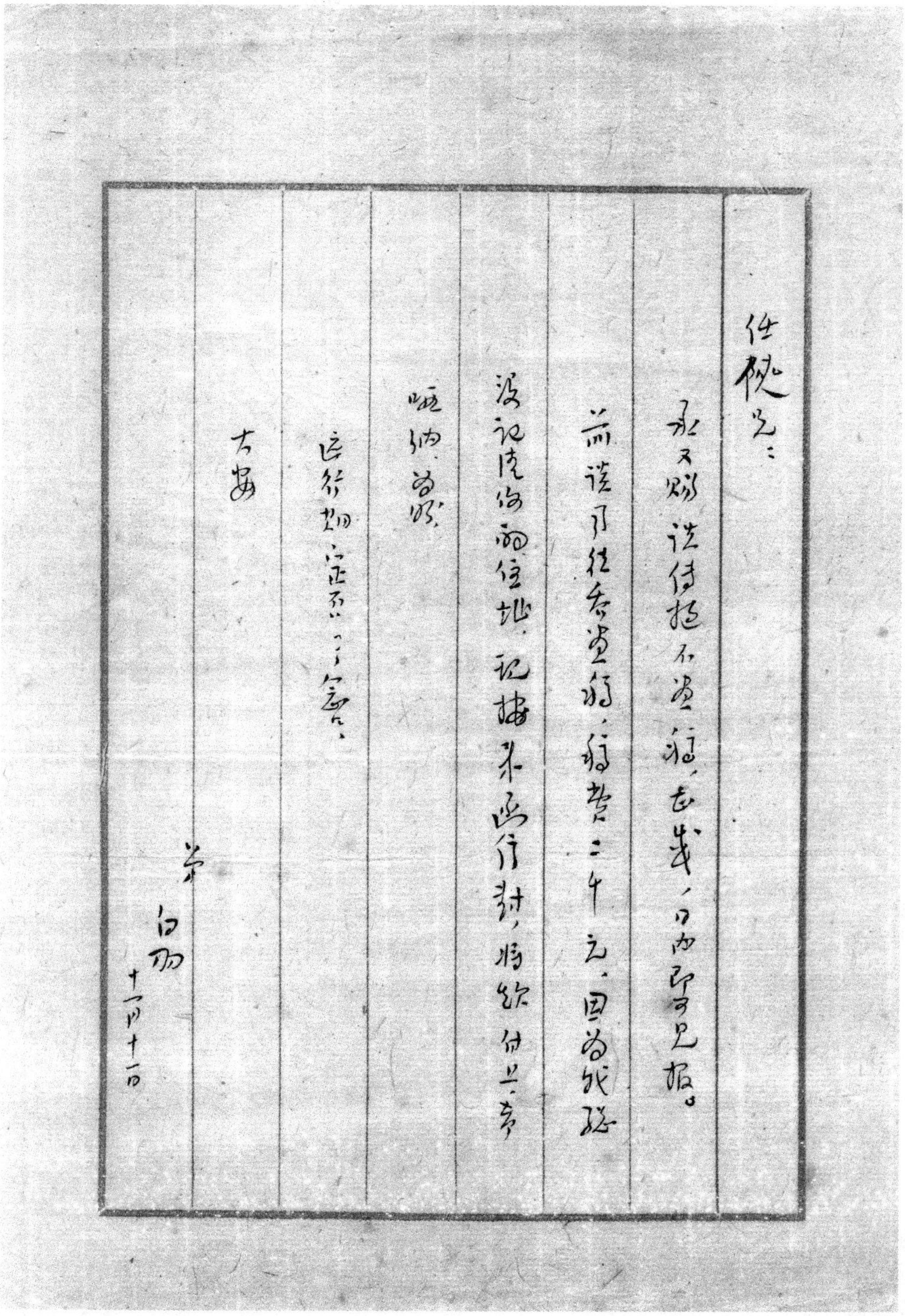

任俠兄：

承又賜法付稿不盡稿，感戢，日內即可見報。

前談可往香港寄稿，稿費二千元，因為紙張

沒記清你兩位住址，現擬來函行封，將欽付與方

暇辦為盼，

近作[illegible][illegible]一一寄下，

大安

弟 白羽

十一月十一日

劉白羽致常任俠 26×18.5 厘米

劉北汜（1917—1995）曾用名劉惠民，筆名馮荒、董桑。吉林延吉人。1943年畢業於昆明西南聯大歷史系，曾任昆明峨㑩中學、雲南大學附中等校教員。1946年入上海《大公報》，任《文藝》副刊編輯，並隨《大公報》遷天津、北京。1978年調故宫博物院，任研究室主任、紫禁城出版社社長、總編，主編《故宫博物院院刊》和《紫禁城》，並爲中央文史研究館館員。著有《荒原雨》、《涉水集》、《故宫滄桑》等。

任俠同志：

您好！

您爲《紫禁城》寫的《從故宫珍寶館談起》，已排在第二期，即可從港運到，到後即寄上。第三期已看過大樣，十月出版。現寄上二三期目録，請指正。

希望您能在百忙中再爲《紫禁城》或故宫院刊寫點什么。目前第四期正在集稿，下月中旬編好寄港。

匆此

祝好

劉北汜

8月20日

電話55.5031—445分機

【注釋】

經考證該信作於1980年8月20日。

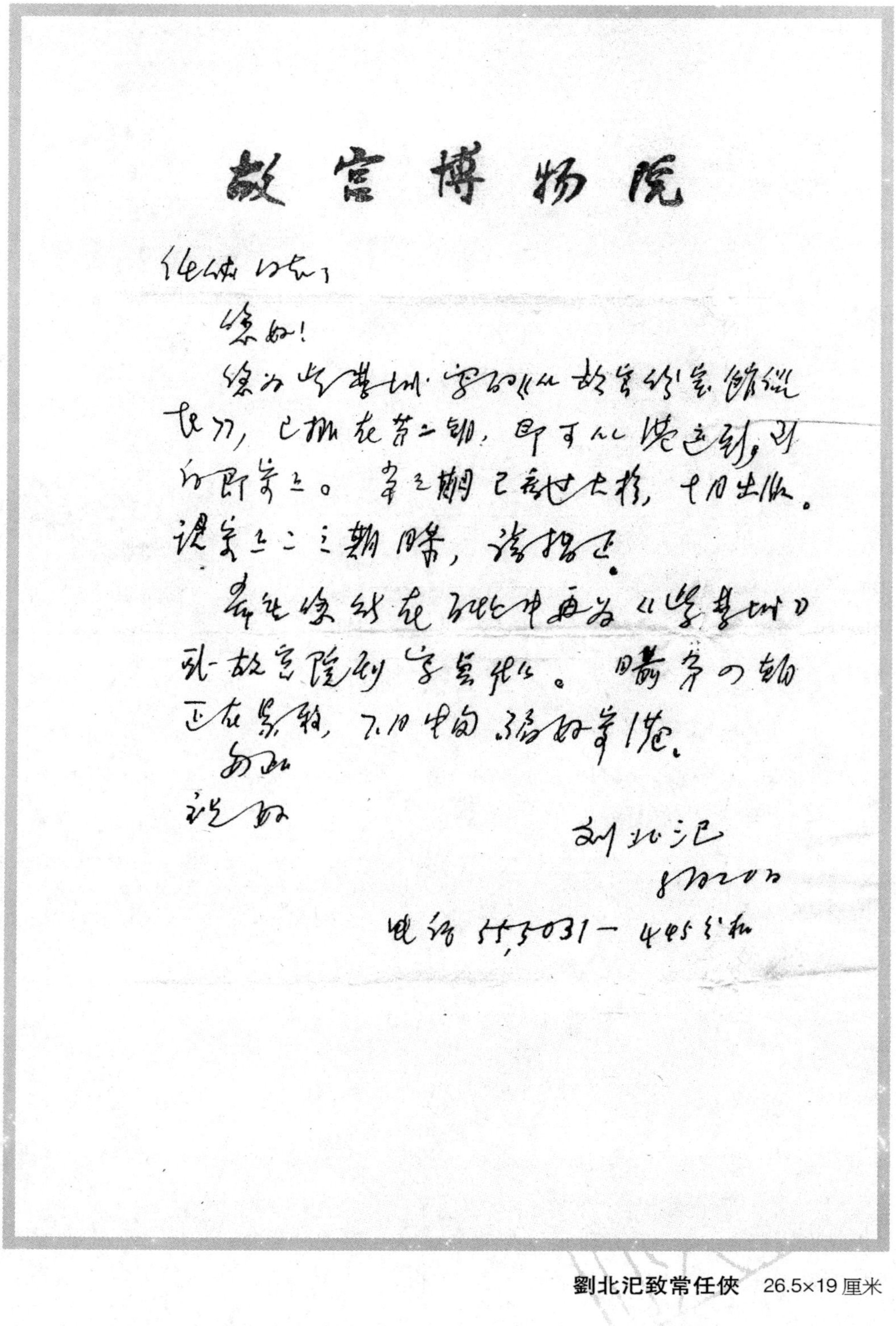

故宫博物院

任侠同志：

您好！

您为《紫禁城》写的《从故宫戏衣馆谈起》，已排在第二期，即下次送厂付印，可即寄上。第三期已发出大样，七月出版。俟寄上二、三期时，请指正。

希望您能在百忙中再为《紫禁城》和故宫院刊写些文章。明年的四期正在集稿，下月中旬盼给我写1篇。

即颂

近好

刘北汜

8月20日

电话 553031－445分机

劉北汜致常任俠　26.5×19 厘米

常老：

你好！

雙忽雷一稿[1]，我已要來多日。我對樂器完全外行，原來提出這兩具忽雷是清代而不是唐代的同志，正好去了日本（参加故宮展覽），他的意見只是别人轉告我的，本想等他回來，詳細問問他的意見，現瞭介[解]要到月底才能回來，怕您等待，因此先把稿子寄上。

我已囑人待那位同志回來時，請他詳細説一下，再轉告你，供你參考。主要意見是説最初的鑒定搞錯了，而不少證據屬於清代。待他的意見寫來，我再轉你。

我仍在家休息。請您寫的另一稿子可寄我家中：本市宣武區永安路南三樓丙單元 404 室。也許半個月後，我可以上半班。

前兩天尚愛松同志來看我，説到您。我 1945 年在昆明鄉下雲大附中教書時，尚愛松同志也在學校附近住，便常有來往，卻一直不知道你們早有深交厚誼。

匆此，順致

暑安

劉北汜

7 月 26 日

【注釋】

經考證該信作於 1982 年 7 月 26 日。

[1]常任俠作《故宫藏古樂器雙忽雷》一文，後收入《東方藝術叢談》，上海文藝出版社 1984 年 6 月第一版。

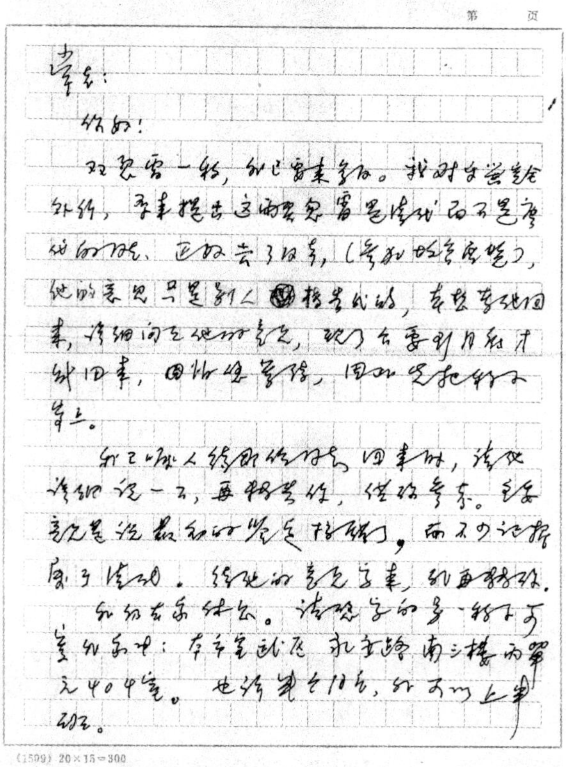
第　页

常兄：

　　您好！

[illegible]

(1509) 20×15=300

劉北汜致常任俠　26.5×19 厘米

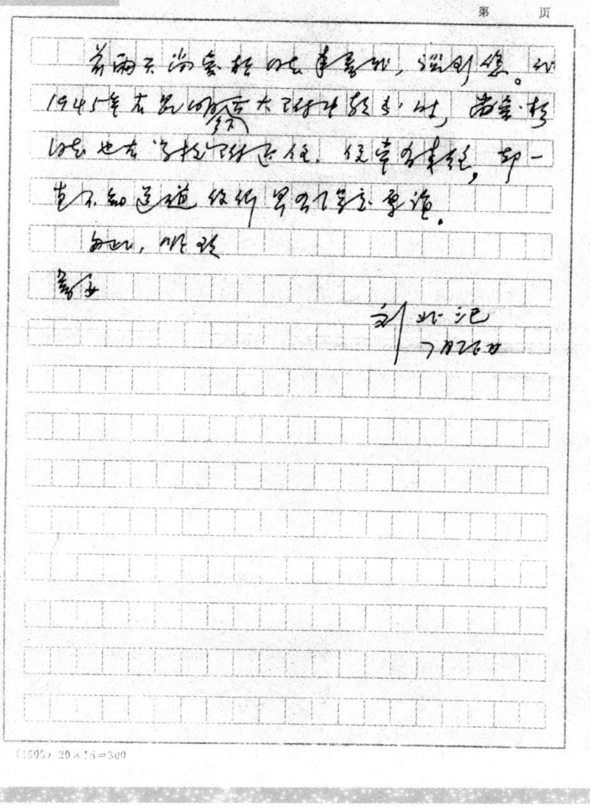
第　页

[illegible]

刘北汜
7月26日

(1509) 20×15=300

任俠教授：

你好！

久不見，你爲中央文史館寫的一組稿子，給尚愛松同志約來，都已發排在中央館編的《史迹文踪》上[1]。約在明年夏可出版社[2]。

我們編的《紫禁城》已出到70多期，想在明年有所改進。你是刊物的老作者，希望能得到你的支持，爲明年第一期趕寫一二篇稿子，能在九月下旬寫出寄我即來得及發在第一期上。

新闢兩個專欄：（1）“成才之路”，記古代某一著名書畫家的成功道路，寫他們的刻苦鑽研，鍥而不捨精神，以啓迪當今後學。（2）畫壇掌故，軼事、札記，千字文，記載一書畫名家某方面事，從而見出他爲人、從藝、生活的一個側面，幫助讀者瞭解其人其事。寫長點也可。

兩個新專欄，都望您能執筆，而且希望能趕出一篇用在明年第一期上，寄我即可。

匆此，敬頌

秋綏

劉北汜

8月31日午

【注釋】

經考證該信作於1992年8月31日。

[1]蕭乾主編、中央文史研究館編《史迹文踪》（新編文史筆記叢書第三輯）一書，上海書店1994年4月出版。內收常任俠《從王伯沆師學詩》、《記胡小石師》、《記吴梅老師》、《憶黄侃老師》、《汪辟疆和汪旭初老師》五篇。

[2]“社”字衍。

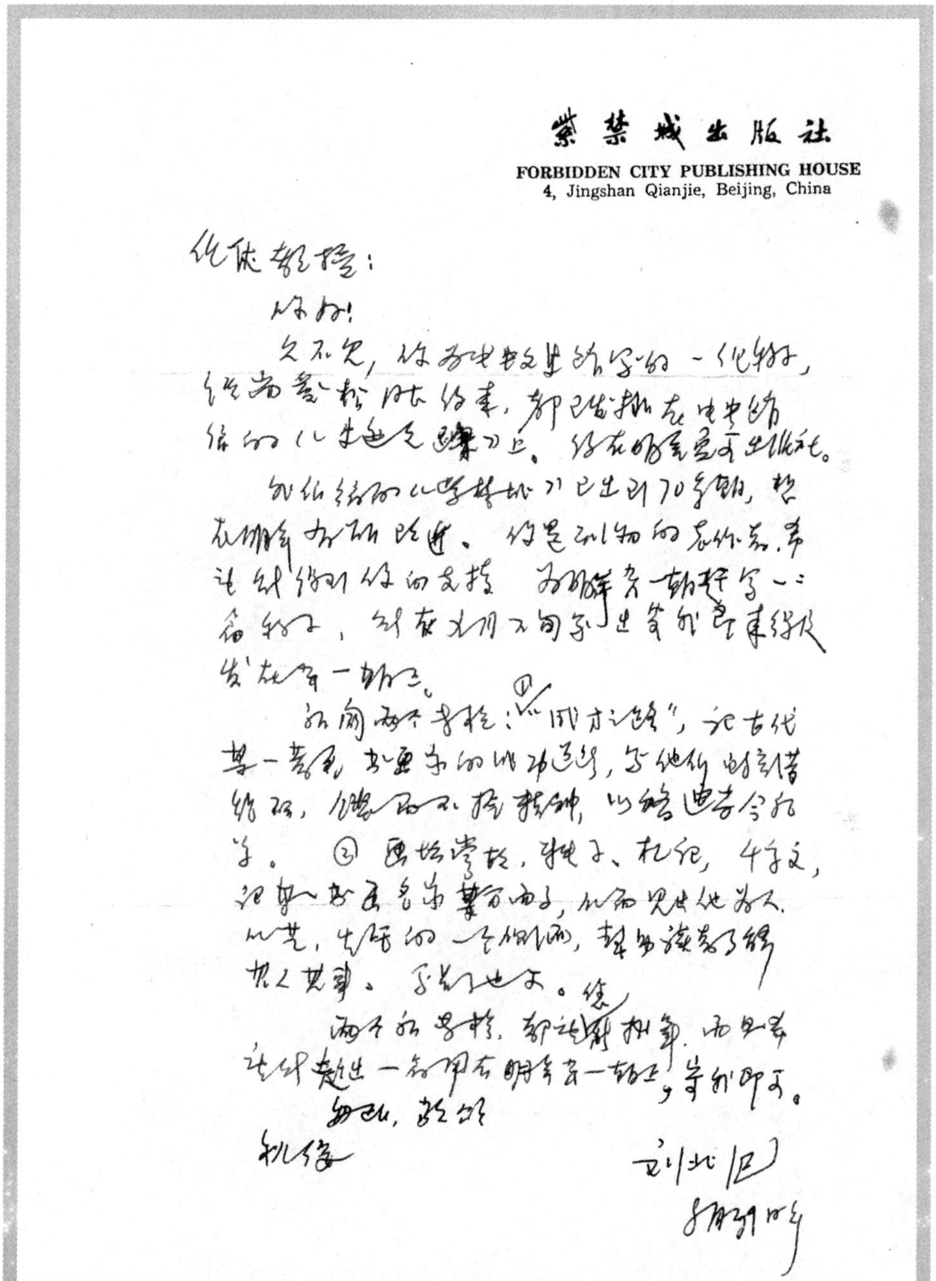
紫禁城出版社
FORBIDDEN CITY PUBLISHING HOUSE
4, Jingshan Qianjie, Beijing, China

任侠教授：

你好！

刘北汜

劉北汜致常任俠　27×19.5 厘米

任俠先生：

你好！

寄上《紫禁城》徵稿信，希望能得到你的支持。你是《紫禁城》的老作者，如可抽空寫點什么，那是我們最歡迎的。

特別希望您能爲“掌故札記”一欄寫些有關古書畫名家作品，其人、其事的札記，一事一談，千來字一篇，可同時發幾篇。

如有談古代畫家成才之路的文章，也是我們歡迎的。

順頌

春安

劉北汜　3 月 13 日

【注釋】

經考證該信作於 1993 年 3 月 13 日。

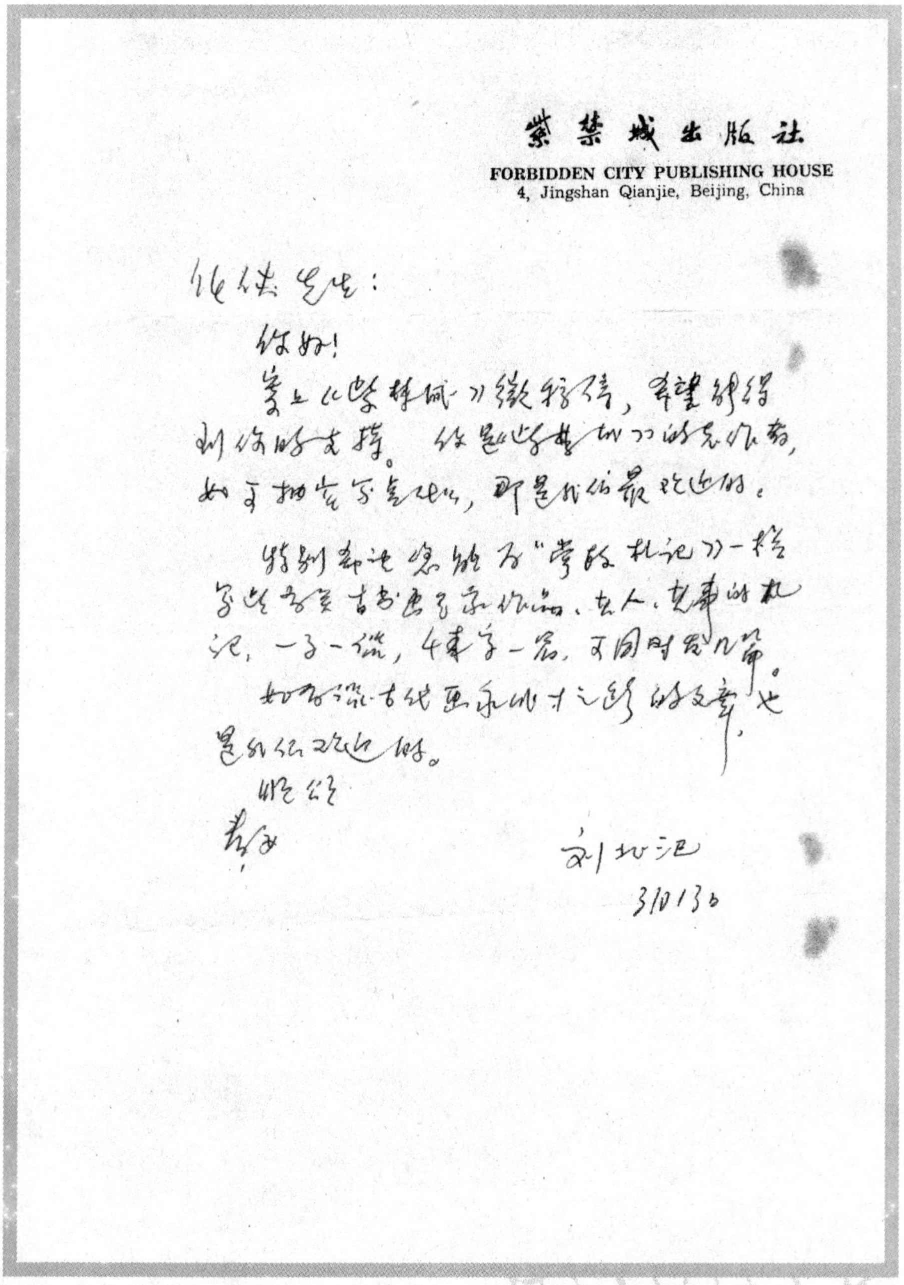

紫禁城出版社
FORBIDDEN CITY PUBLISHING HOUSE
4, Jingshan Qianjie, Beijing, China

任侠先生：

您好！

寄上《紫禁城》征稿信，希望能得到你的支持。你是《紫禁城》的老作者，如可抽空写点东西，那是我们最欢迎的。

特别希望您能为"紫禁城札记"一栏写些有关古书画文物作品、古人、故事的札记，一事一篇，千来字一篇，可同时写几篇。

如有谈古代画家佚事之类的文章，也是我们欢迎的。

顺祝

春安

刘北汜

3月13日

劉北汜致常任俠 26.5×18.5 厘米

劉王立明(1896-1970),女,安徽太湖人。社會活動家。1920年畢業於美國伊利諾州西北大學。回國後參加婦女解放運動,創辦婦女職業學校,擔任中華婦女節制會會長,世界婦女節制會遠東區副主席。1944年加入中國民主同盟。中華人民共和國成立後,曾任政務院政法委員會委員,全國婦聯第一、二屆委員會常務委員,民盟中央委員。

任俠先生:

違教多日,曷勝念念。兹請於月之廿日下午來舍下便餐(張表方左舜生先生等亦已被邀允來)藉此歡叙[1],務請光臨爲荷,專此

即請

台安

劉王立明　七月十七日

【注釋】

經考證該信作於1945年7月17日。

[1]常任俠1945年7月20日記:"劉王立明邀晚餐,到袁坊、舜生、伯鈞、初民、伯鈞夫人、王小姐、劉女士等,在嘉陵賓館進西餐,肴饌甚豐。散席後在劉莊坐月閒話,九時返。"

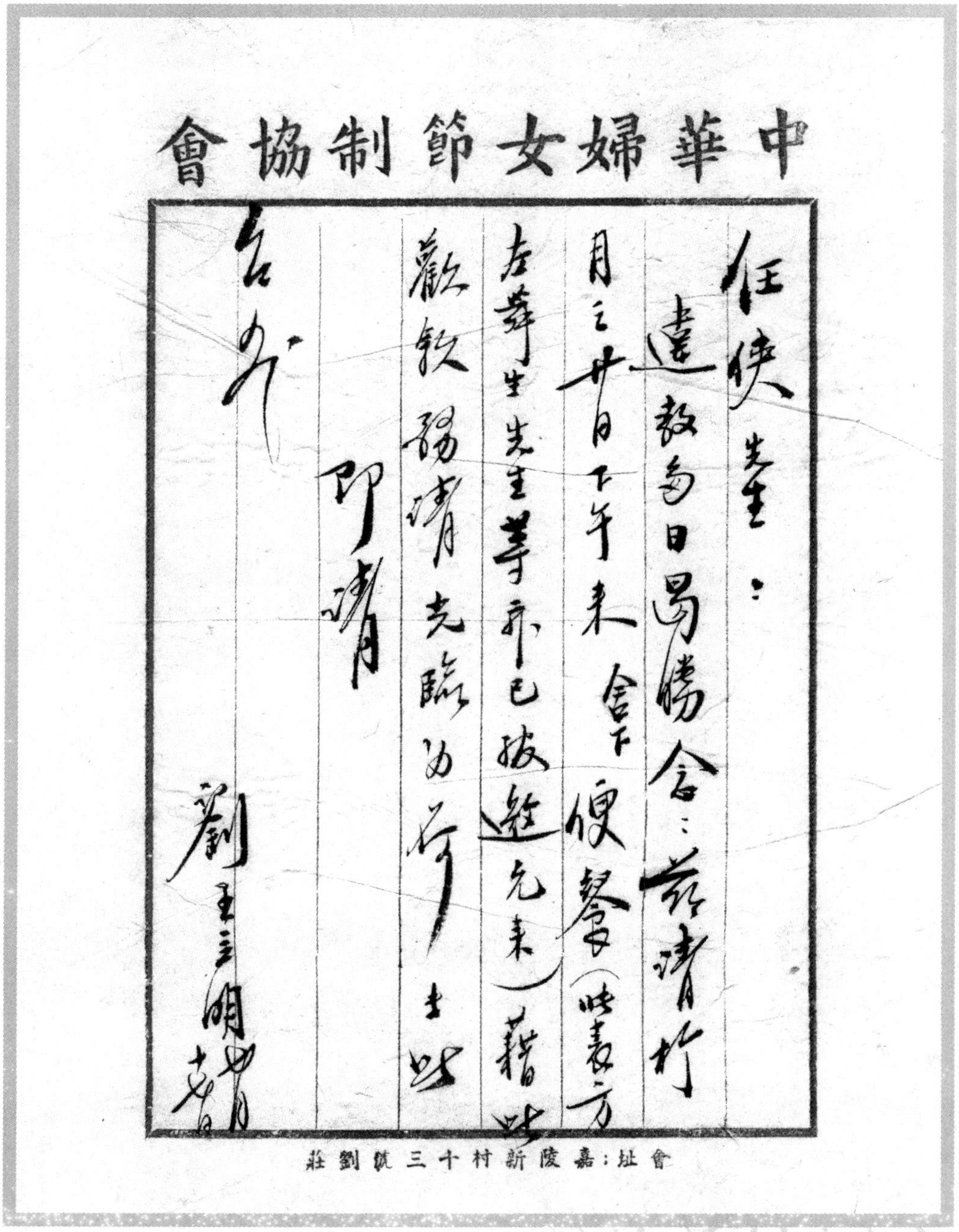

中華婦女節制協會

任俠先生：

違教多日，曷勝念念。茲請於月二十日下午來舍下便餐（張表方、左舜生先生等亦已被邀允來）藉此歡叙，務請光臨為荷。專此

即請

台安

劉王立明 廿七日

會址：嘉陵新村十三號劉莊

劉王立明致常任俠 25.5×20 厘米

樓適夷（1905－2001）原名錫春，曾用筆名樓建南，浙江余姚人。作家、翻譯家、編輯出版家。早年投身於文學事業，為太陽社成員。1931年自日本留學返國後參加中國左翼作家聯盟。抗戰時期為中華全國文藝界抗敵協會理事。中華人民共和國成立後任職國家出版總署，1952年起歷任人民文學出版社副總編輯、副社長、顧問。著有《適夷散文選》、《適夷詩存：新與舊》等。

常任俠同志：

日前在東安市場遇見，曾請代爲於中央美術［學］院畢業生中，物色繪圖人材。我處急需通俗讀物挿圖封面繪畫人員，條件不必過高，僅求歷史清白，有素描基礎，願努力政治及技術學習容易培養的青年，能作彩色西畫者當然更好，不知兄有無適當學生可以介紹，並請先將詳細自傳及作品寄示，以資提供人事處考核，不勝盼禱。

敬禮

弟樓適夷　26/6/50

【注釋】

該信作於1950年6月26日。

中央人民政府

出版總署

常任俠同志：

日前在東安市場遇見，曾請代為于中央美術院畢業生中，物色繪圖人材，我處急需通俗讀物插圖封面繪畫人員，條件不必過高，僅求歷史清白，有素描基礎，願努力政治及技術學習容易培養的青年，能作彩色畫者當然更好，不知兄有無適當學生可以介紹，並請先將詳細自傳及作品寄示，以資提供人事處考核，不勝盼禱。

敬禮

弟 樓適夷

26/6/50

北京東總布胡同十號　電話：五·〇四七四　電報掛號：四二〇七

樓適夷致常任俠　27×19.5 厘米

任俠同志：

謝謝您的回信。我們現在急需繪畫人員，須來處辦公，作各式插圖、封面裝幀設計工作，美院此屆畢業生中，如您認爲適當者，請予一度談話，並請其寫詳細自傳，隨附作品寄示，以便提供人事處考核決定，未畢業同學如可分擔繪畫，亦祈將作品示知，另行約稿。那位留法的先生，不知詳情如何，乞示。

敬禮

弟適夷上　1/7/50

【注釋】

該信作於1950年7月1日。

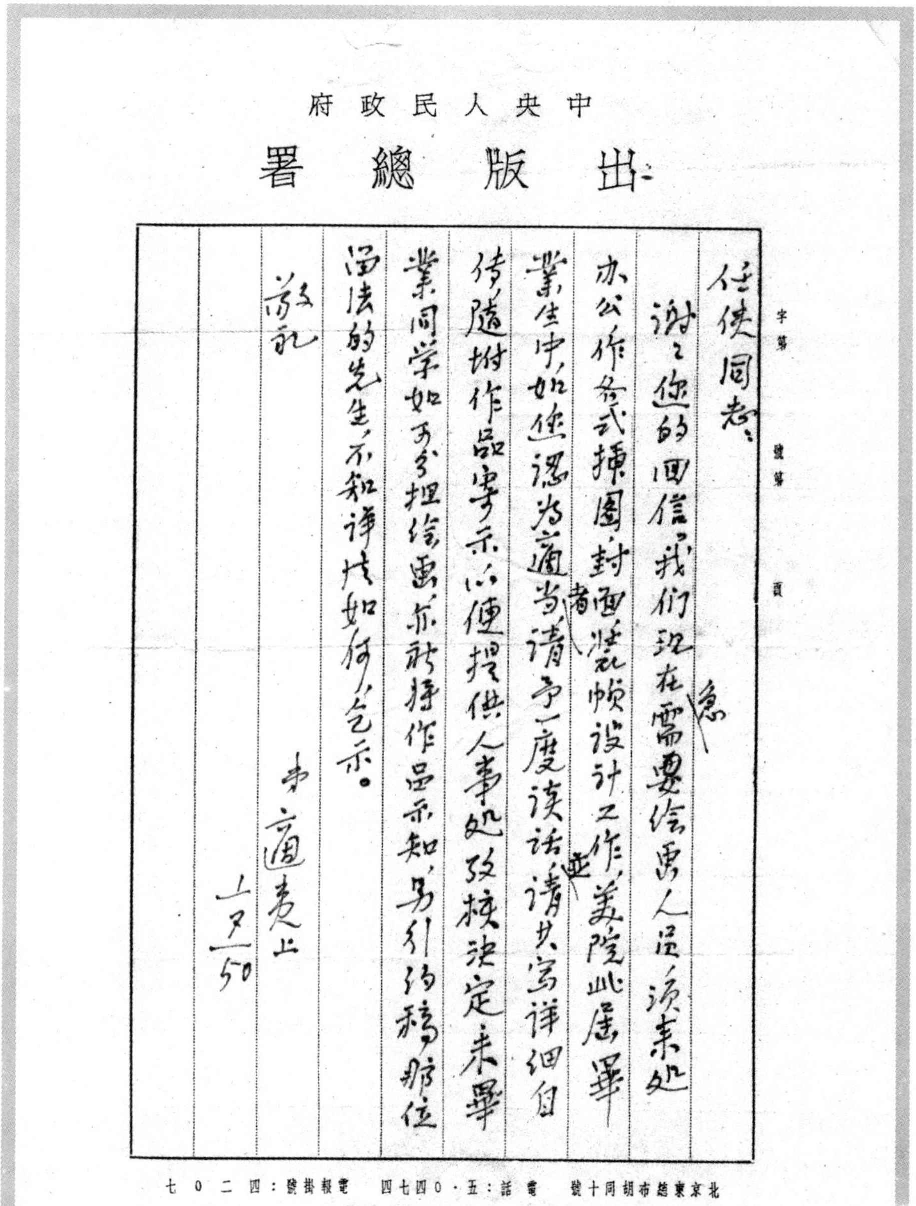

中央人民政府
出版總署

字第　號　第　頁

任俠同志：

謝謝您的回信，我們現在急需要繪畫人員，須來處辦公作各式插圖、封面裝幀設計工作，並於此屆畢業生中，如您認為適當者，請予一度談話，請其寫詳細自傳，隨附作品寄來，以便提供人事處考核決定。未畢業同學如可分担繪畫，亦歡迎將作品示知，另行約稿。那位留法的先生，不知詳情如何，乞示。

敬禮

婁適夷上
1/7 50

北京東總布胡同十號　電話：五·〇四七四　電報掛號：四二〇七

婁適夷致常任俠　27×19.5 厘米

呂驥（1909−2004）原名展青。長沙湘潭人。音樂家。1932年參加左翼劇聯。1937年赴延安，任魯迅藝術學院音樂系主任、華北聯合大學文藝部副主任兼音樂系主任。中華人民共和國成立後，歷任東北大學魯迅文藝學院院長、中央音樂學院副院長、中國音樂家協會主席等職。

任俠同志：

來信收到。

關於岸邊[1]先生旅遊來我國進行學術研究活動的設想，我已交我會對外聯絡委員會蘇揚同志研究辦理。不過因其要求研究的項目均分屬文物局及各省博物館，必須與他們商量，徵得他們的同意，始能答復，因此不能很快答復岸邊先生。據我們估計有些項目可能難以實現；同時邀請他們來訪的日期可能要延至十一月以後，始能實現。待有確實消息後，由蘇揚同志直接告您。

即致

敬禮！

呂驥　九月十三日

【注釋】

經考證該信作於1980年9月12日。

[1]岸邊成雄（1912−2005），日本音樂學家。1936年於東京帝國大學文學部東洋史學科畢業，受教於田邊尚雄，與常任俠有同窗之誼。1961年取得東京大學文學博士學位，並獲得日本學士院獎。1980年前在東京藝術大學音樂學部授課30年，曾三度赴美國講學。他先後擔任過東京國立文化研究所的研究員和東洋音樂學會會長、國際民間音樂理事會和國際音樂學學會的領導成員、日本平凡社《音樂大事典》的編委。其重要著作有《東方的樂器及其歷史》、《音樂向西方流播》、《唐代音樂的歷史研究》、《日本的傳統音樂》等。

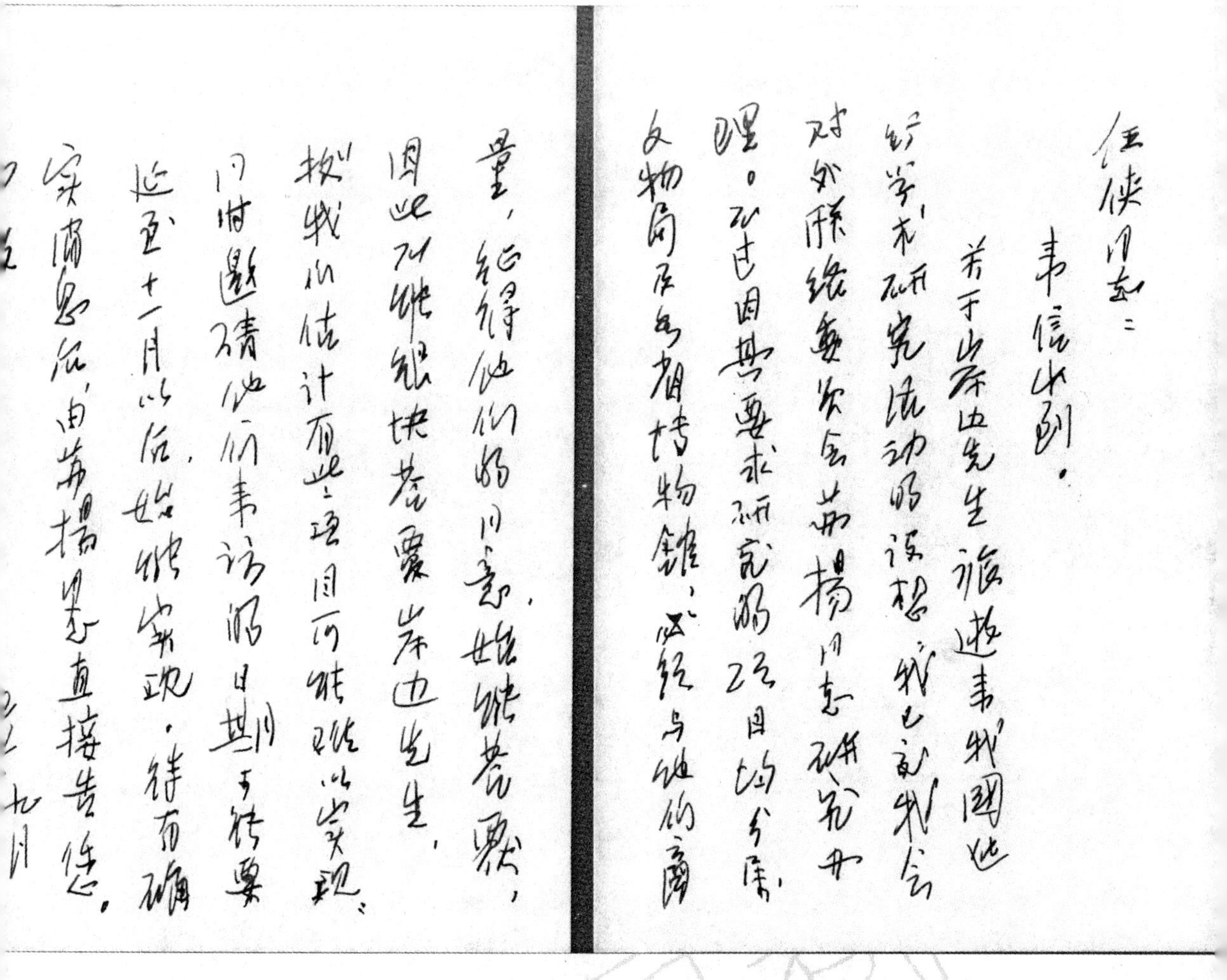

任侠同志：

来信收到。

关于山岸先生旅游来我国进行学术研究活动的设想，我也就我会对外联络委员会商揚同志研究办理。不过因其要求研究的项目均分属文物局及各省博物馆，必经与他们商量，征得他们的同意，始能答覆，因此不能很快答覆山岸先生，据我们估计有些项目可能难以实现；同时邀请他们来访的日期，则可能要延至十一月以后，始能实现。待有确实消息后，由商揚同志直接告您。

……九月

吕驥致常任俠　19×13 厘米

呂劍（1919—　　），原名王聘之。山東萊蕪人。詩人、散文家。1938年開始從事文學創作。1944年加入中國民主同盟，歷任文協昆明分會常務理事、文協港粵分會理事，昆明《掃蕩報》副刊主編，香港《華商報》副刊主編，《中國詩壇》編委，北方大學藝術學院教師，華北大學文藝研究室研究員，隨軍記者，《人民文學》編輯部主任、詩歌組長，《詩刊》、《中國文學》編委等。

任俠同志：

手教敬悉。怎么會忘了過去並肩作戰的兄弟們呢？幾次開會，都不是詩歌聯誼會召集的。名單也是幾個人擬的，可能因爲你偏於美術教學，忘記請你了。以後我如參加召集工作時，當提醒友人們注意，如何？那天來玩啊！致以

敬禮！

呂劍　十一月十日

【注釋】

該信約作於20世紀50—60年代間。

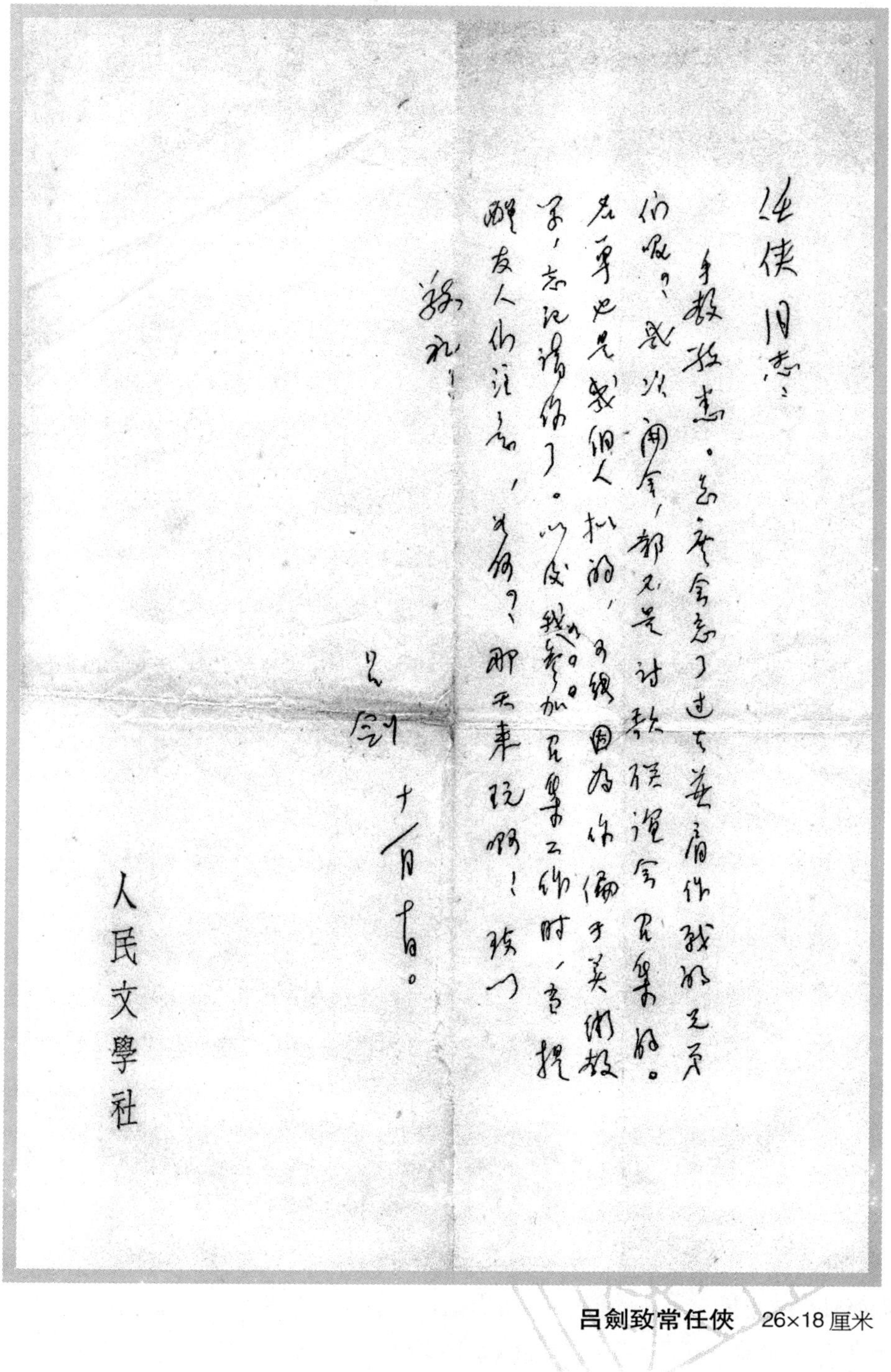
任侠同志：
手教收悉。怎会忘了过去并肩作战的友人们呢？我此次开会，都不是诗歌组召集的。名单也是我们个人拟的，不过因为你偏于美术教学，忘记请你了。以后我如参加召集工作时，当提醒友人们注意，好吗？那末来玩啊！致
敬礼！
吕剑 十月十日。
人民文學社

吕劍致常任俠 26×18 厘米

常翁賜鑒：

久未見教，懷想何似。遵囑寫字，早有所從，但極不愜意。再易其稿，仍不理想。兹另草憶昆明五古一首，尚未定稿，一俟稍就，當眞書請正。幸勿縈懷。何時有空，一定趨候。專此敬問

秋安

呂劍　八月廿五日

【注釋】

經考證該信作於 1977 年 8 月 25 日。

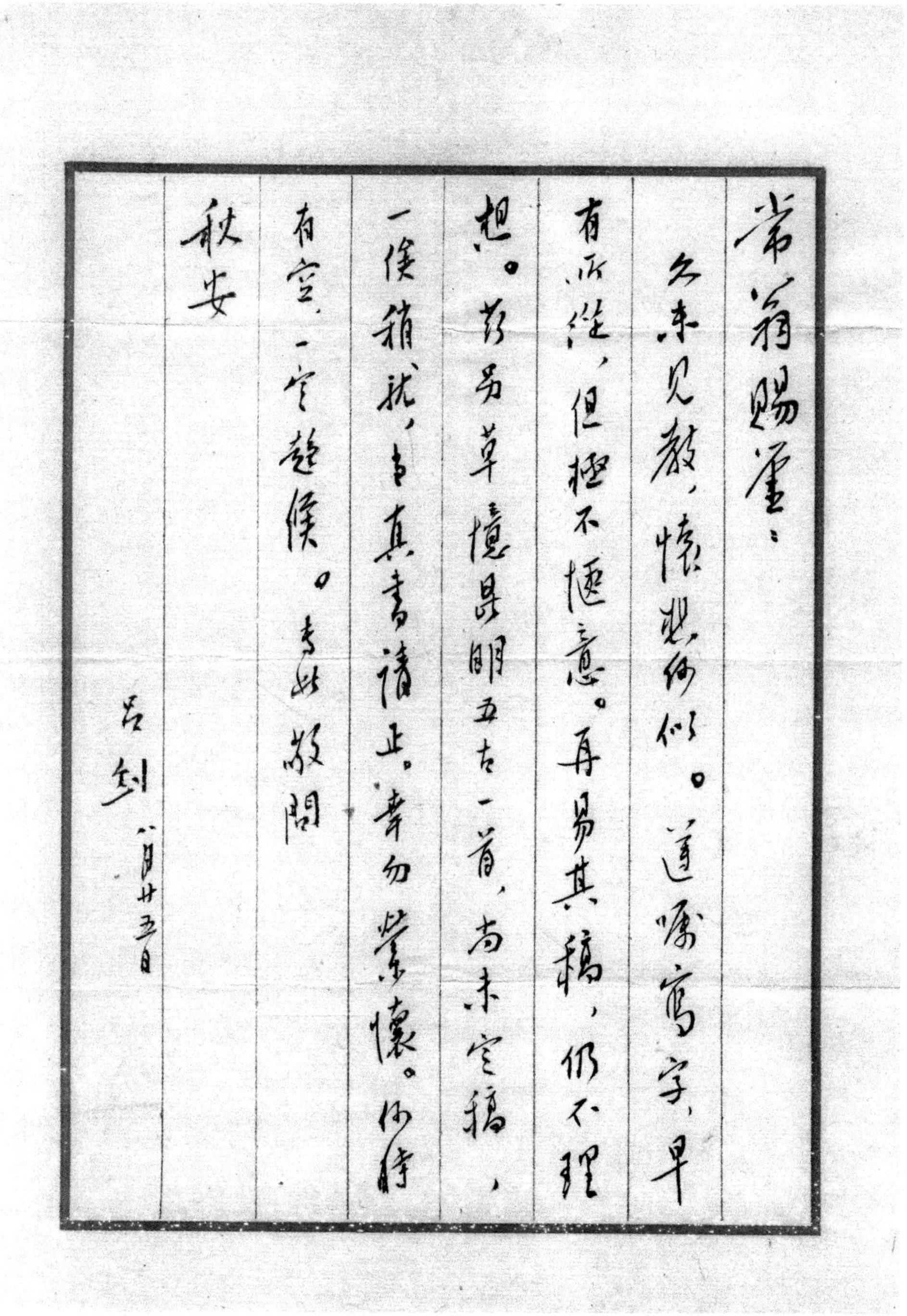

常翁赐鉴：

久未见教，懷想何似。遵囑寫字，早有所從，但總不愜意。再易其稿，仍不理想。茲另草憶呈明五古一首，尚未定稿，一俟稍就，當再請正。幸勿縈懷。何時有空，一定趨候。專此敬問

秋安

呂剑 八月廿五日

呂劍致常任俠 26.5×19.5 厘米

常翁：

聽説您摔了一下，正住醫院，甚爲掛念。我一時怕不能來看您，請您安心休養，早日康復。

尊作詩集極爲動人，我寫了一個初稿，俟整理一下，專呈請正！

年好！

呂劍頓首

一九七九年元旦。

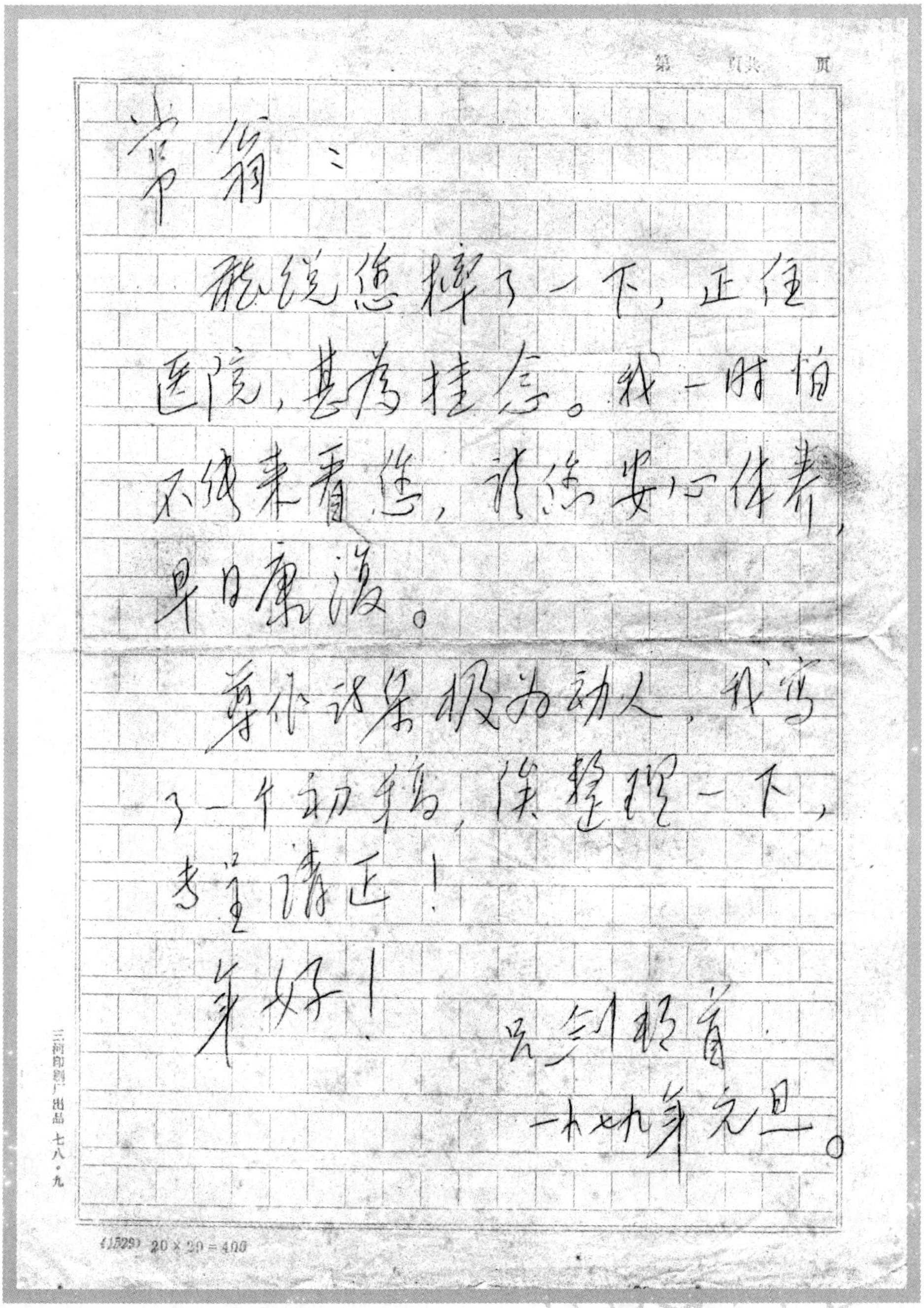
第　页共　页

常翁：

顷悉您摔了一下，正住医院，甚为挂念。我一时怕不能来看您，请您安心休养，早日康复。

尊作诗集极为动人，我写了一个初稿，俟整理一下，奉呈请正！

年好！

吕剑顿首

一九七九年元旦。

三河印刷厂出品 七八·九

(1529) 20×20=400

吕劍致常任俠 26×19 厘米

常老：

晚已移居外文局新樓：展覽路甲十二樓二門一號，地點在展覽館南一站二里溝站附近，環境、條件尚可。路遠不敢求顧，但如有機會來西苑時歡迎光臨。如蒙賜教，請寄該處。

憶吾翁曾道及爲弟再寫一條幅，如蒙見貽，則蓬華生輝矣。

順候

大安

呂劍　十月十五日

【注釋】

經考證該信作於 1981 年 10 月 15 日。

中国文学　CHINESE LITERATURE
Beijing (37), China

常老：

晚已移居外文局新楼：展览路甲十二楼二门一号，地点在展览馆南一站二里内该附近，环境、条件尚可。路远不敢枉顾，但如有机会来西苑时欢迎光临。如蒙赐教，请寄该处。忆吾翁前曾道及为弟再写一条幅，如蒙见贻，则蓬荜生辉矣。顺候

大安

吕剑　十月十五日

吕劍致常任俠　27×19 厘米

呂霞光（1906－1994），安徽臨泉人。畫家。青年時代先後就學於南京美術專科學校和上海藝術大學。1929 年赴法國留學。抗戰期間，先後擔任蘇州美術學院、上海美術大學及重慶分校教授。抗日戰爭勝利後，旅居法國。

任俠老兄如握：

大作《東方藝術叢談》[1]已收到，多謝。拜別四十餘年之久，前年在京會晤，深爲欣幸。我雖已將近八十歲的老人，但弟還以爲尚是輕[青]年人，仍是很忙，每天至深夜下一時，才去睡覺，早八時左右起床。兹托楊起先生新華社駐巴黎社長，本擬托帶一點禮物，但不知何物爲宜，故煩托楊社長帶去五百法郎，望兄親自選購禮物。匆此敬祝

新年康樂並祝

嫂夫人新春快樂

弟呂霞光賀　八五年正月十七日

馬德蘭向您問好

【注釋】

該信作於 1985 年 1 月 17 日。

[1]指常任俠著《東方藝術叢談》新一版，由上海文藝出版社 1984 年 6 月出版。該書增録初版後所寫 22 篇文章，附 1982 年 9 月 1 日所作《後記》。

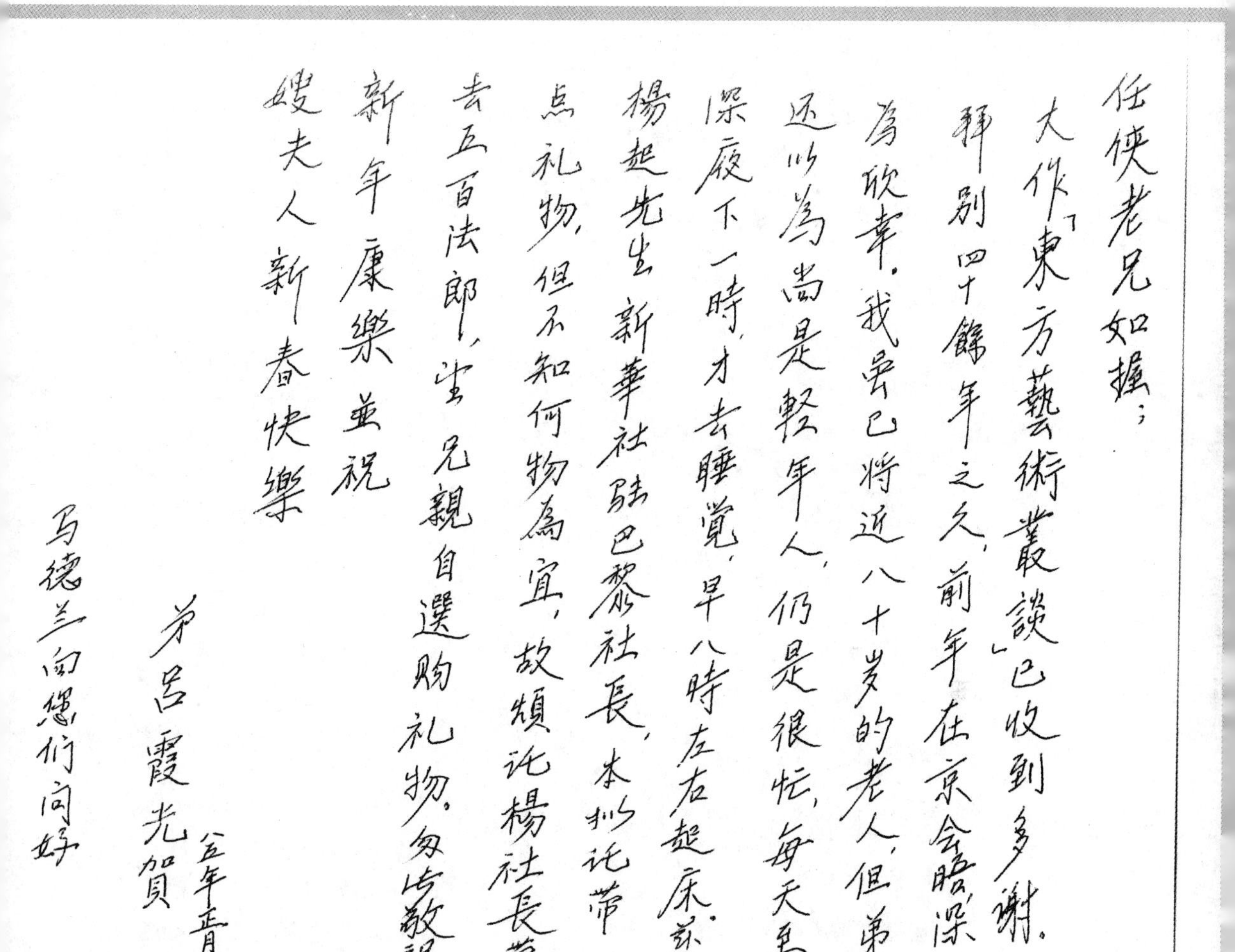

任俠老兄如握：

大作「東方藝術叢談」已收到，多謝。拜別四十餘年之久，前年在京会晤，深為欣幸。我虽已将近八十岁的老人，但弟还以為尚是輕年人，仍是很忙，每天至深夜下一時，才去睡覺，早八時左右起床。茲託楊起先生 新華社駐巴黎社長，本擬託帶一点礼物，但不知何物為宜，故煩託楊社長帶去五百法郎，以当 兄親自選购礼物，多占敬祝

新年康樂 並祝

嫂夫人新春快樂

弟 呂霞光賀

八五年正月十五

马德兰向您们问好

呂霞光致常任俠 27.5×21 厘米

馬衡（1881—1955）字叔平，别署無咎，號凡將齋主人，浙江鄞縣人。考古學家。1925年故宫博物院成立，任古物館副館長、院長。抗戰期間，他主持故宫博物院西遷文物的維護工作。抗戰勝利後，主持故宫博物院復員與西遷文物東歸南京的工作。中華人民共和國成立後，繼續留任故宫博物院院長。1952年調任北京文物整理委員會主任委員。著有《凡將齋金石叢稿》等。

任俠吾兄大鑒：

久不晤教甚念。

貴校圖書館有《蔡孑民先生七十紀念論文集》否？如其有之擬請以兄名義代借一閱，惟此書甚重，郵寄不便，能交舍侄馬泰（醫學院二年級生）帶來最妥，此頌

台祺

弟馬衡上言　二月廿四日

【注釋】

經考證該信作於1939年2月24日。

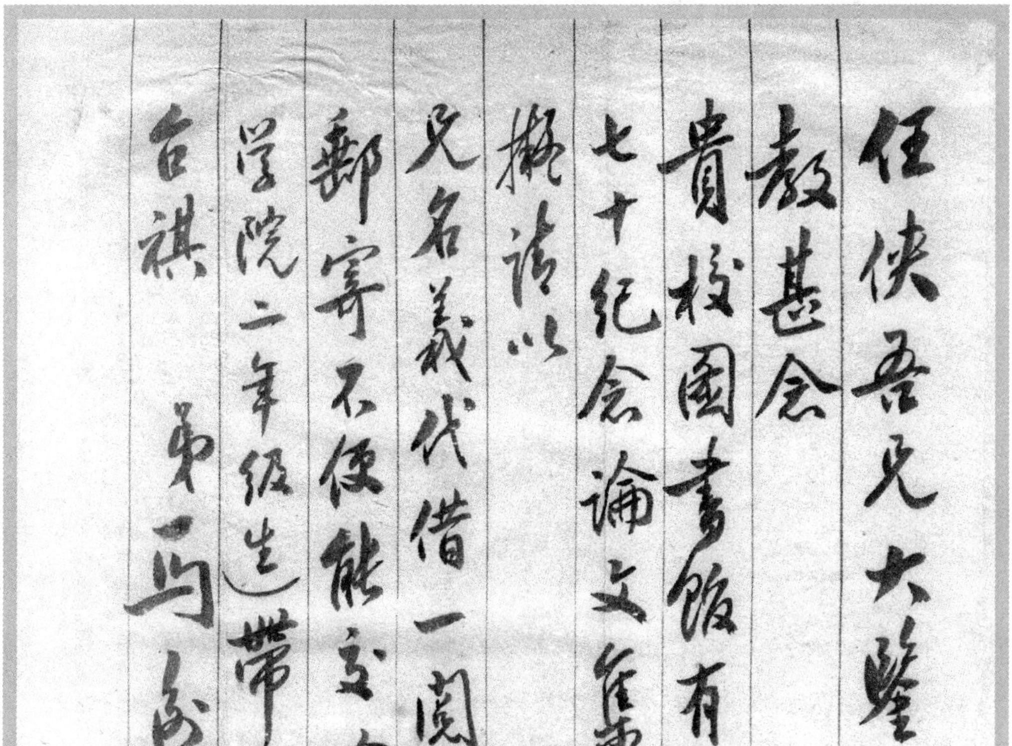

任俠吾兄大鑒：久不晤
教，甚念。
貴校圖書館有蔡孑民先生
七十紀念論文集否？如其有之，
擬請以
兄名義代借一閱。此書甚重，
郵寄不便，能交舍姪馬泰（醫
學院二年級生）帶來最妥。此頌
台祺
弟馬衡上言　六月廿四日

國立北平故宮博物院公用箋

馬衡致常任俠　27×21 厘米

任俠吾兄大鑒：

友人沈尹默君爲當代書家，此次來渝未攜石硯，聞尊處藏有佳硯，可否暫假一用[1]，幸甚幸甚，此頌

刻安

弟馬衡上言　五月廿七日

【注釋】

經考證該信作於 1939 年 5 月 27 日。

[1]常任俠以金星歙硯出借，後曾收馬衡轉來沈尹默書詩一首，以表致謝。

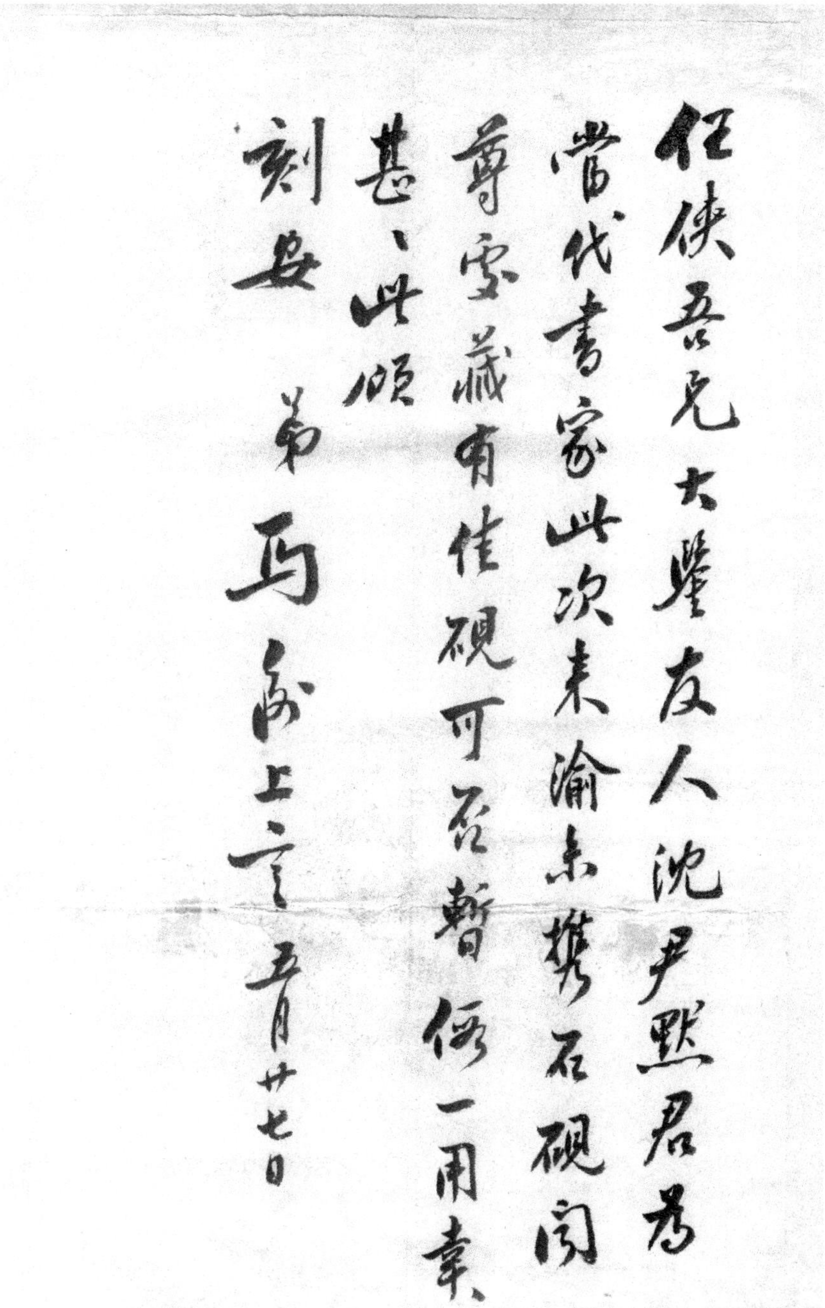

任俠吾兄大鑒：友人沈尹默君為當代書家，此次來渝，亦攜石硯，聞尊處藏有佳硯，可否暫借一用，幸幸甚甚。此頌
刻安
弟 馬衡上言 五月廿七日

馬衡致常任俠 25×14.5 厘米

任俠吾兄大鑒：

久不晤教，惟興居佳勝爲頌。昨得唐立庵[1]兄昆明來函，謂近撰《戰國銅器銘文研究》一書已蒐得材料四五百種，但斷戈殘劍之刻文，一般人所不甚重視者，較難搜集，同好中及中大史系如有此等材料而爲兄所知者，尚希廣爲介紹，毋任感謝。此頌

著祺

弟馬衡上言　四月一日

【注釋】

經考證該信作於 1941 年 4 月 1 日。

[1]即唐蘭。

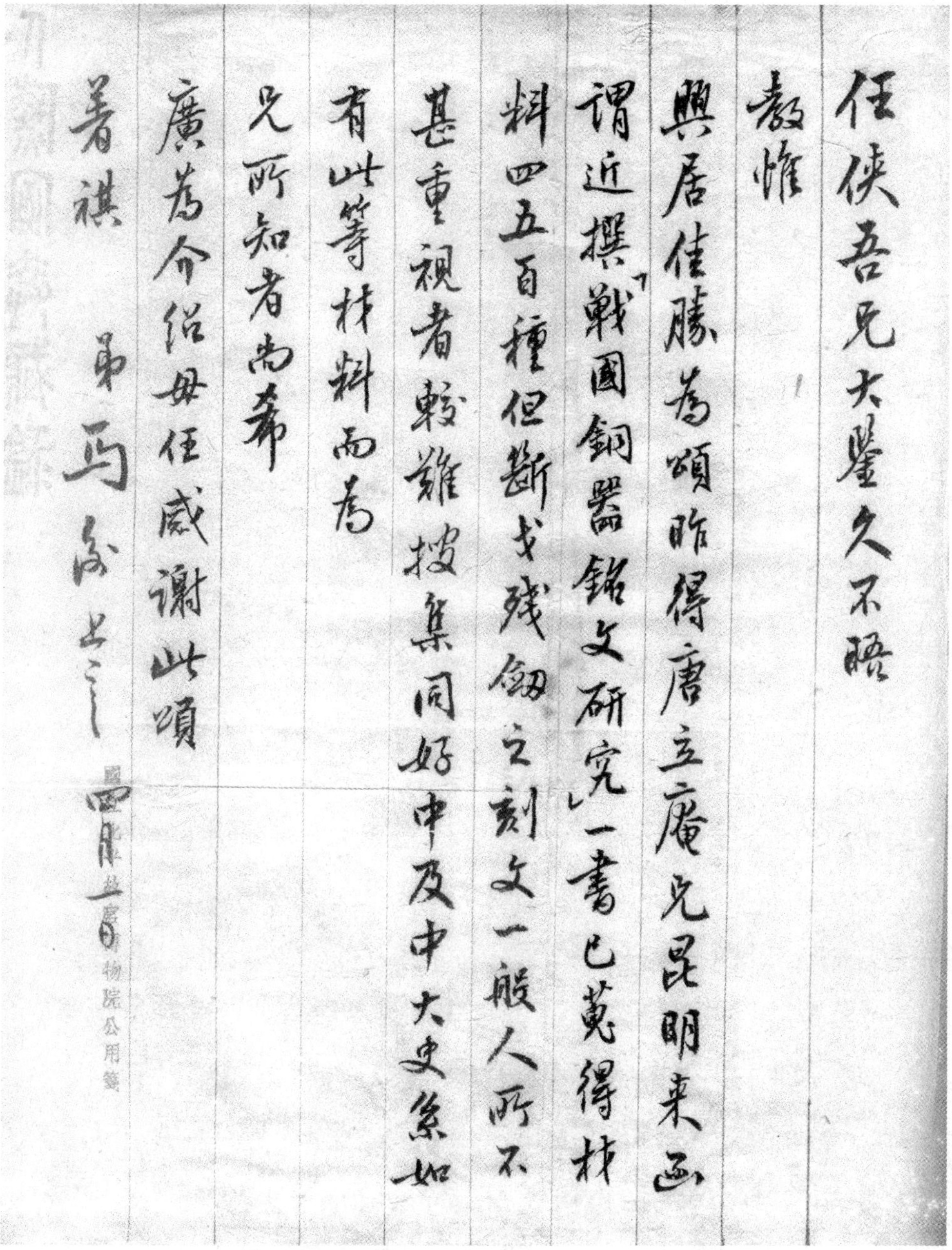

任俠吾兄大鑒久不晤
教惟
興居佳勝為頌昨得唐立厂兄昆明來函
謂近撰戰國銅器銘文研究一書已蒐得材
料四五百種但斷戈殘劍之刻文一般人所不
甚重視者較難搜集同好中及中大史系如
有此等材料而為
兄所知者尚希
廣為介紹毋任感謝此頌
著祺 弟馬衡 [illegible]
國立北平故宮博物院公用箋

馬衡致常任俠 27×21 厘米

任俠吾兄大鑒：

接藝史會通知書敬悉，玆將選舉票寄請察收。匯寄周圭許寶駒二君之地址未悉，惟郭寶鈞君聞已來渝，住沙坪壩中央博物院籌備處（？），詢之中研院據云在沙坪壩重慶大學工學院後身中央研究院歷史語言研究所倉庫，希照寄，書簽奉呈，即頌

台祺

馬衡上言　八月廿五日

【注釋】

經考證該信作於 1941 年 8 月 25 日。

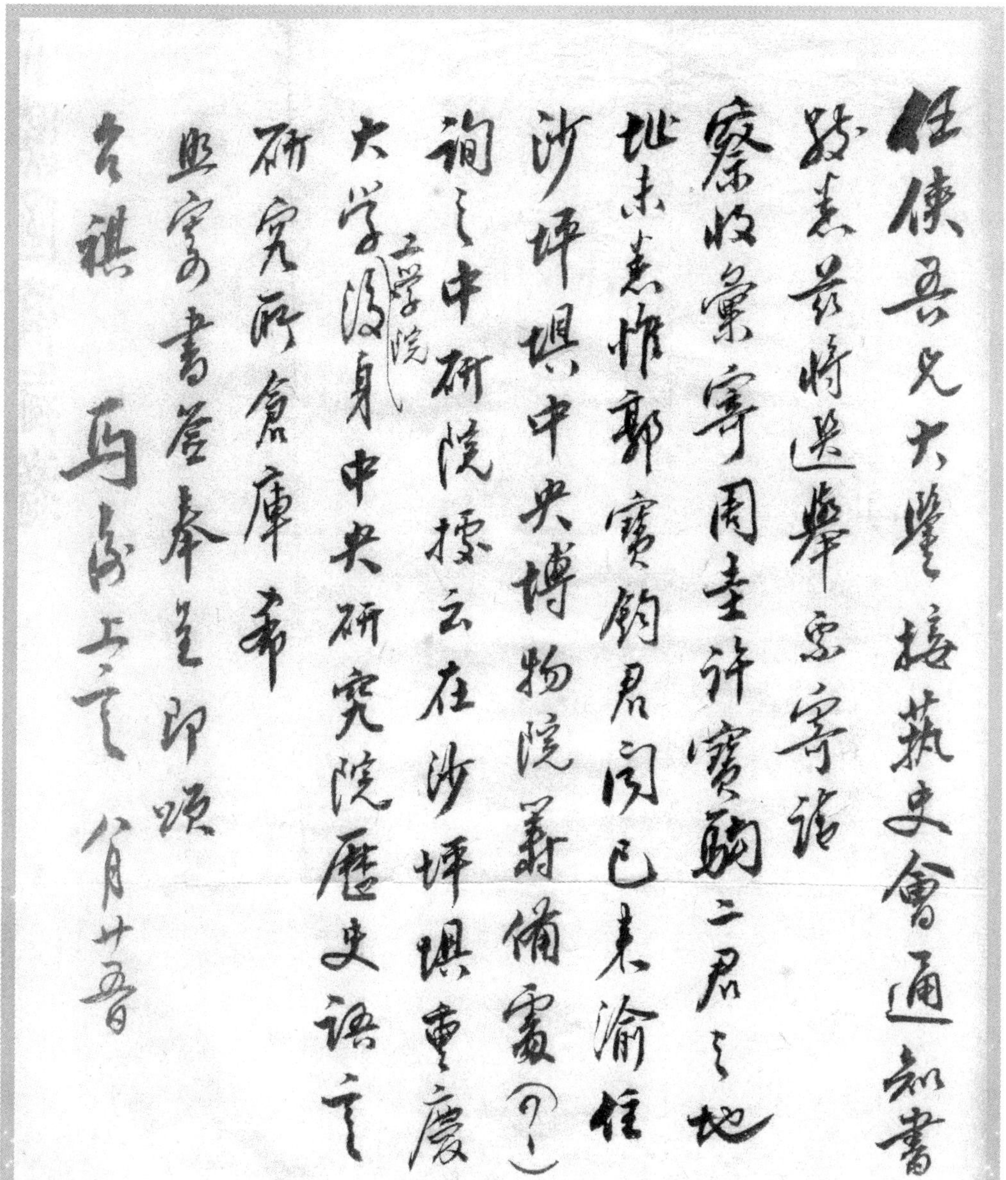

任俠吾兄大鑒：接藝史會通知書
敬悉，並將選舉票寄請
察收。彙寄周圭、許寶駒二君之地
址未悉。昨鄭寶鈞君詢已來渝，住
沙坪壩中央博物院籌備處（？）
詢之中研院，據云在沙坪壩重慶
大學（工學院）後身中央研究院歷史語言
研究所倉庫。肅
此寄書簽奉呈，即頌
吉祺。馬衡上言 八月廿五日

馬衡致常任俠 25.5×22.5 厘米

馬萬里（1904-1979），原名允甫，又名瑞圖，號曼廬，晚年自號大年，江蘇常州人。書畫家。1924年南京美專畢業後留校任教。歷任上海真如國立暨南大學、上海美術專科學校、中華藝術大學教授。1941年參加創辦私立桂林榕門美術專科學校，任校長兼國畫系主任。1960年後任廣西文史研究館副館長。為中國美術家協會廣西分會理事。作品集有《馬萬里書畫篆刻集》等。

大著《中國古典藝術》已收到[1]，衹看目録便覺學貫中西，十分偉大，俟細讀之，必有所獲。先此復謝，衹頌任俠吾兄先生道祺

公元一千九百五十六年六月五日

齊文仍未到，念念

【注釋】

[1]常任俠著《中國古典藝術》，上海出版公司1954年11月出版。1956年6月1日作者寄贈馬萬里一冊。

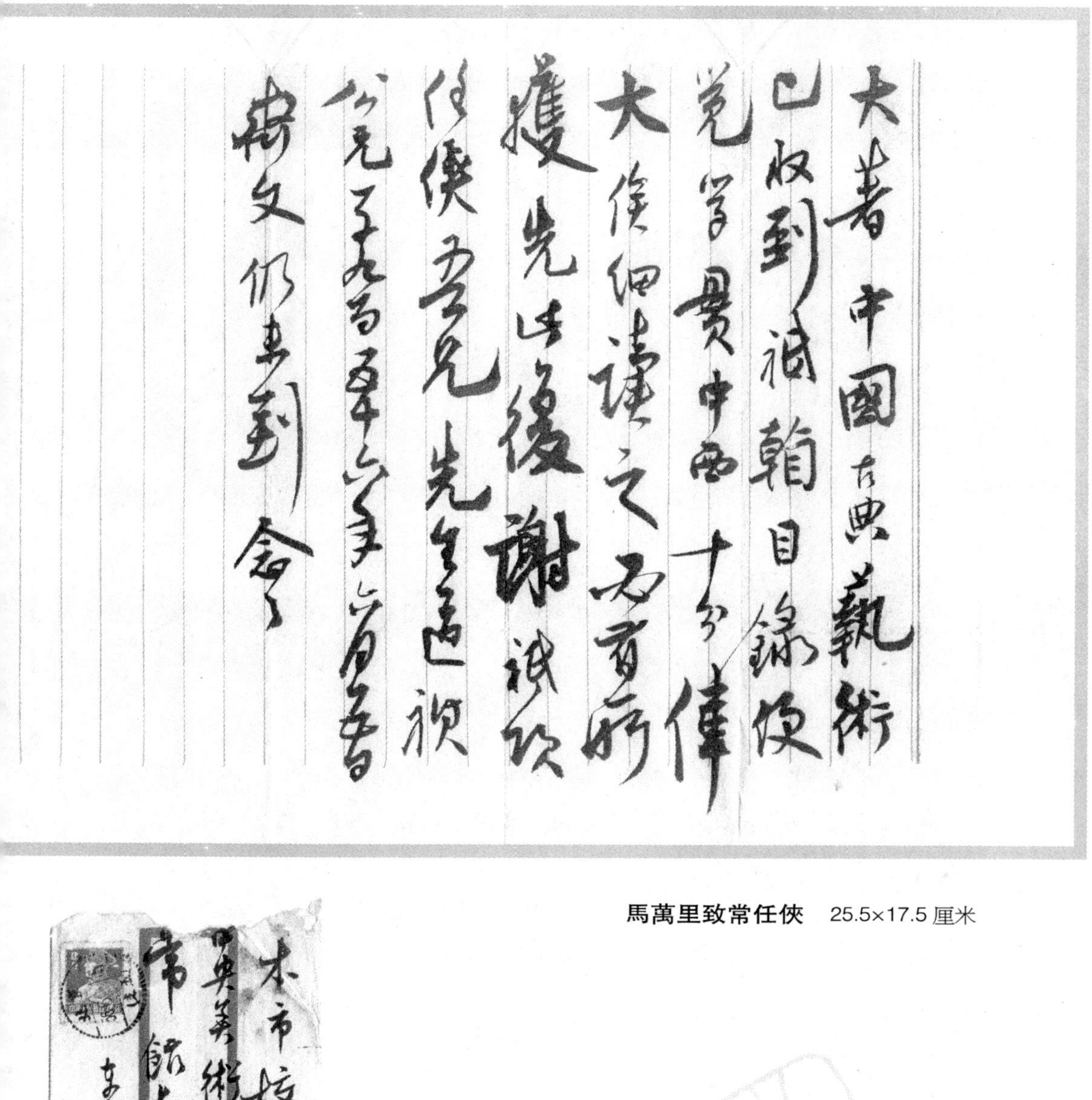

馬萬里致常任俠　25.5×17.5 厘米

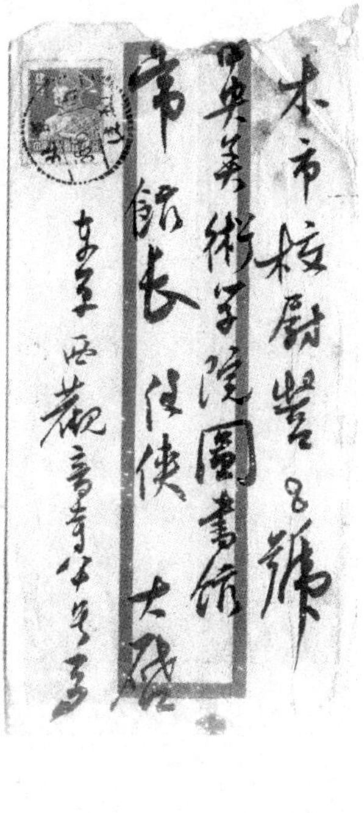

馬彥祥(1907—1988),原名履,筆名尼一、司徒勞。原籍浙江鄞縣,生於上海。戲劇導演、戲劇理論家。1934年後與田漢等籌組中國舞臺協會,與曹禺等創辦半職業劇團中國戲劇學會。1937年底被選爲中華全國戲劇界抗敵協會理事,1942年到江安國立戲劇專科學校任教,1943年到重慶任中央青年劇社社長。1949年後任文化部戲曲改進局副局長、藝術局副局長、中國戲劇家協會副主席等職。

任俠吾兄惠鑒:

久未晤教爲念。近有友人自仰光來渝,談及該地有一自稱重慶文化界代表之常任俠,以重慶劇團欲赴仰公演名義,迭向華僑方面募集基金,已得甸幣數萬元。其所用以向外間號召者爲各刊物上所發表之署名常任俠者之作品(必爲吾兄大作無疑)。玆事影響國內藝壇信用甚鉅,於吾兄令譽損失尤多,除已與此間各有關友好商討阻止方法外[1],謹以奉聞,我兄如願在仰光報上刊載啓事,請即擬就廣告稿[2]寄下,中制廠當可代爲辦理也。如何之處,即希示復。專此即請

教安

弟馬彥祥手上　九、一三

【注釋】

經考證該信作於1941年9月13日。

[1]友人張光年使用"李懷"筆名在1941年9月30日、10月1日緬甸《仰光日報》晨刊上刊登《我的朋友常任俠》一文,對冒名者加以揭露。該文重刊《新文學史料》1998年第三期,"藉以表達我對老友常任俠同志的懷念之意。"

[2]1941年10月4日重慶《新蜀報》刊登《常任俠啓事》,揭發一江蘇泰興人竊冒常的履歷、著作騙取錢財事。

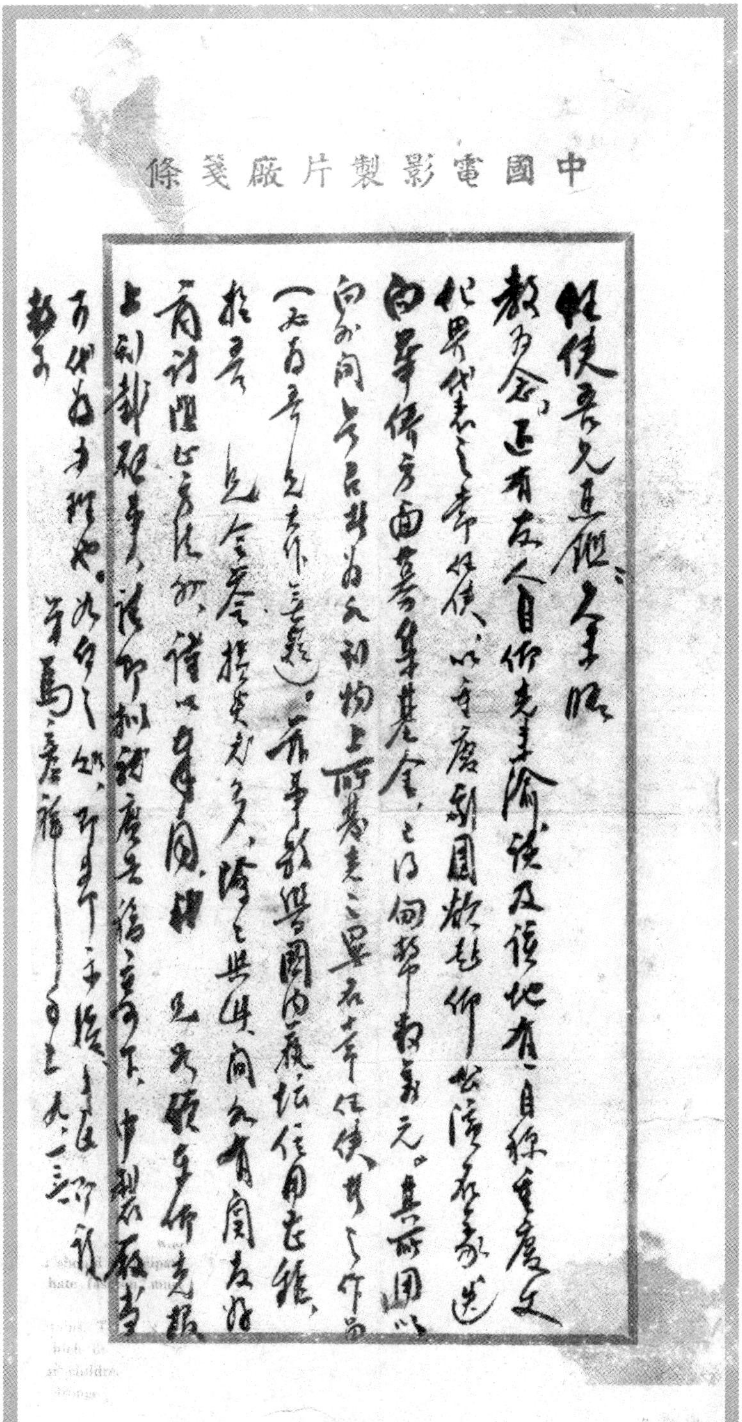

馬彥祥致常任俠 25×12.5厘米

梅林（1908—1986）原名張芝田，筆名微風、穆林等。廣東大埔人。現代作家。抗戰爆發後，參加發起中華全國文藝界抗敵協會，在武漢、重慶、上海等地擔任全國文協秘書、駐會理事、會刊《抗戰文藝》、《中國作家》編委等。

任俠兄：

寫了一首詩：《筆》，是呈給你的。在《蜀道》發表了，怕你沒有看到，特寄來一張，請指正。

對於詩，相當愛好，但不願提筆寫。近來"詩人"越發多起來，因之也姑試寫一二首，呈之友好，以博一粲。即此祝

早安。

弟梅林上　十一月廿二夜

【注釋】

經考證該信作於 1941 年 11 月 22 日。

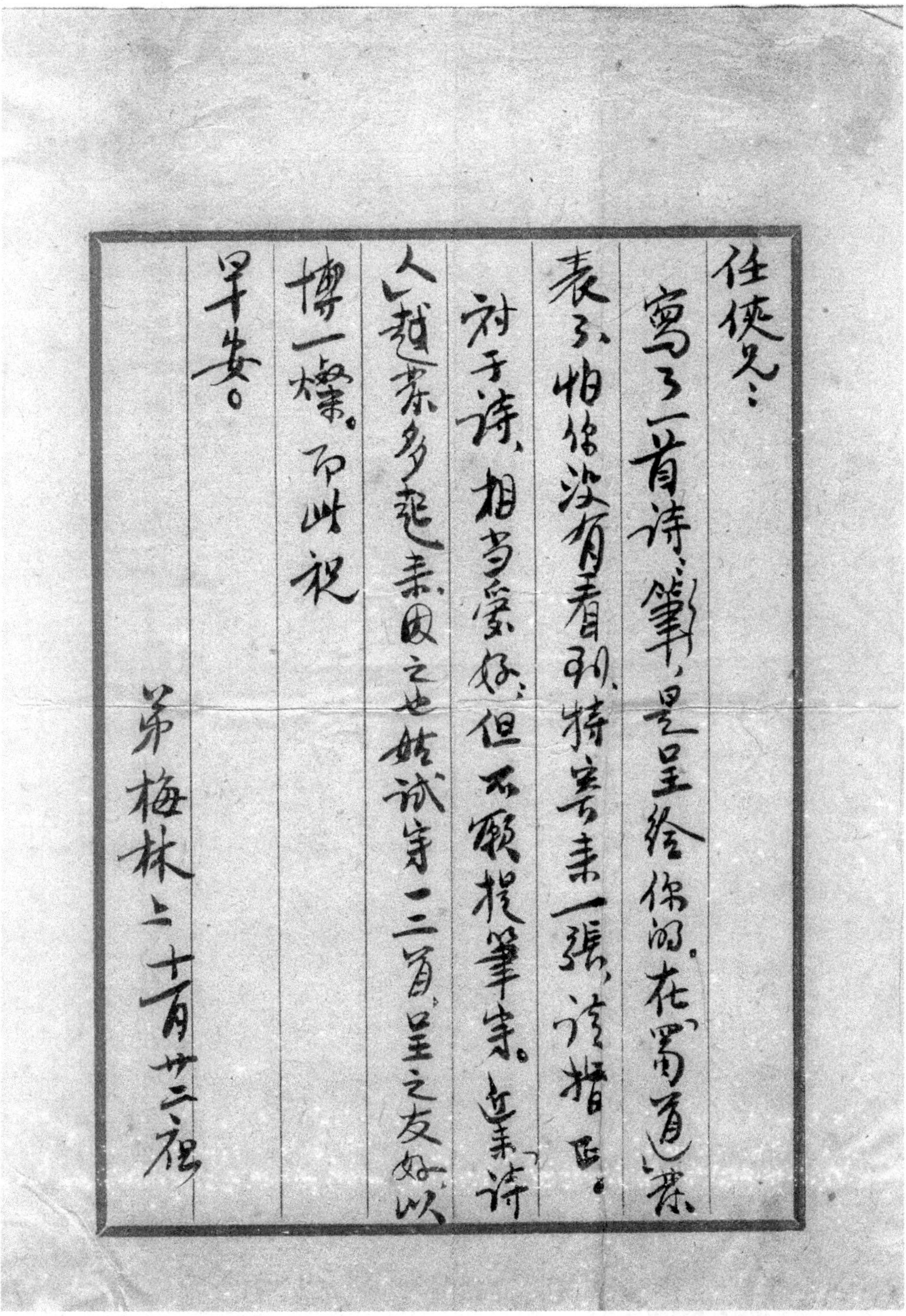

任俠兄：

寫了一首詩，箏，是呈給你們。在蜀道發表了，怕你沒有看到，特寄来一張，請指正。對于詩，相當愛好，但不願提筆寫。近来詩人越来越多起来，因之也姑試寫一二首，呈之友好，以博一粲。即此祝

早安。

弟梅林上 十月廿二日

梅林致常任俠　29×21厘米

聶華苓（1925－），女，湖北應山人。美籍華裔作家。1948 年畢業於南京中央大學。1949 年抵台灣定居並從事創作，曾任《自由中國》半月刊編輯，台灣大學、東海大學副教授。1964 年由於“《自由中國》停刊”事件，聶華苓離開台灣，應聘至美國愛荷華“作家工作室”工作，致力於世界文化交流。

任俠先生：

從北京回來後，一直太忙，今天才寫信，並將照片寄上，十分抱歉！前次見面匆匆[1]，沒能長談，很遺憾。希望下次再來時，可以好好談談！

今春休假，寫小說。歐洲之行已取消（本應劍橋大學之邀），82 年恐怕不能再來中國，83 年一定來！

寄上照片數張，希望你們喜歡。

敬祝全家福！

聶華苓

五月廿四日

【注釋】

經考證該信作於 1980 年 5 月 24 日。

[1]1980 年聶華苓自美國來華，於 4 月 21 日訪晤常任俠，常贈聶華苓《日本繪畫史》譯著一冊並合影留念。聶亦曾將創作的長篇小說《失去的金鈴子》、《桑青與桃紅》等寄贈常任俠。

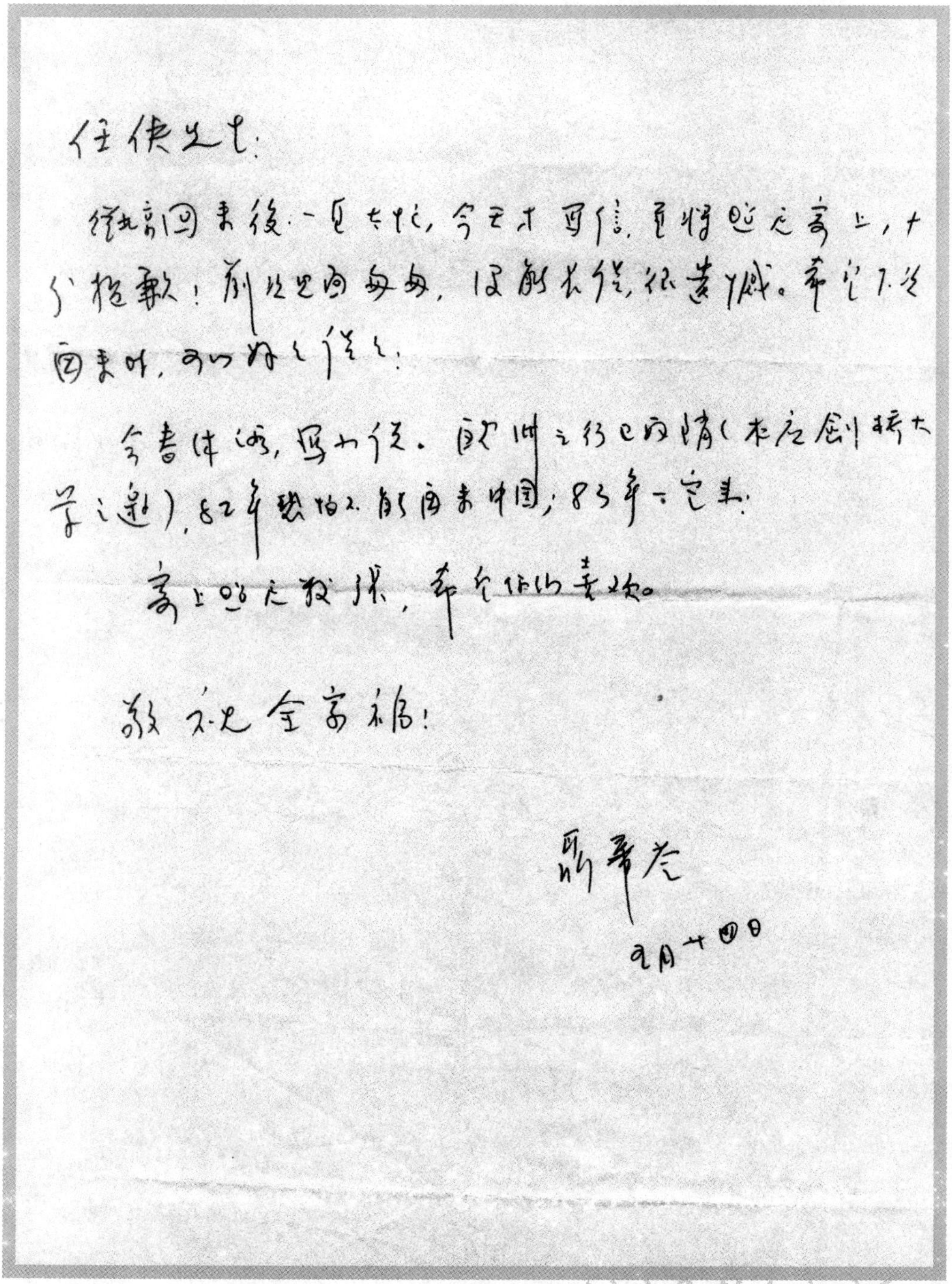

任俠先生：

從新疆回來後一直忙忙，今天才寫信，並將照片寄上，十分抱歉！前此見面匆匆，沒能長談，很遺憾。希望下次回來時，可以好好談談。

今春休假，寫小說。歐洲之行已取消（本應劍橋大學之邀），82年恐怕不能回來中國；83年一定來。

寄上照片數張，希望你們喜歡。

敬祝全家福！

聶華苓

五月廿四日

聶華苓致常任俠 28×21.5 厘米

潘絜兹（1915—2002），原名昌邦，浙江武義人。工筆重彩人物畫家。1936 年畢業於北平京華美術學院，從事美術教育工作。曾任職中國歷史博物館美術組組長、中國美術家協會理事，中國美術家協會北京分會副主席，北京工筆重彩畫會會長。

常先生：

多日未見，工作忙否？

昨日往謁一氓李老，他出示萬歷版畫《對弈畫卷》，囑請您看看，並希望寫一跋語[1]，現將此卷留下，您寫好後，望轉王琦同志。我近期可能去山西拍攝壁畫照片，約一個月回來，屆時再來拜候。給您添麻煩，謹此致謝。

祝好！

潘絜兹　15 日

【注釋】

經考證該信作於 1978 年 9 月 15 日。

[1] 常任俠題詩："決戰縱橫列眼前，智珠在握著宏篇。手談頗識橘中趣，坐隱曾聞爛柯仙。喁喁蒼生望北斗，巍巍謝傅起東山。指揮早定千秋業，只在高人一着間。"。

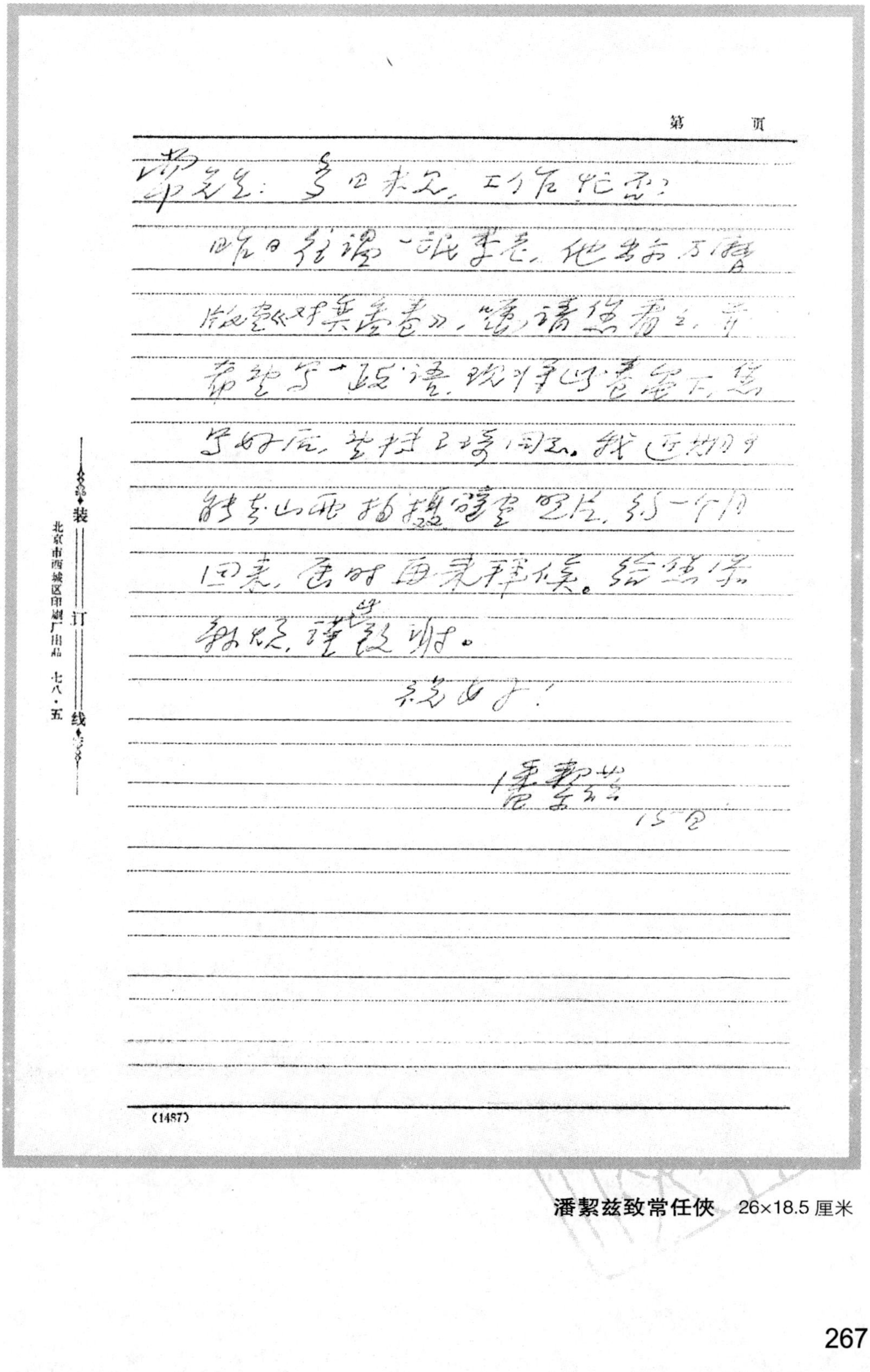

第　　页

常先生：多日未见，工作忙否？

昨日往谒一张争老，他出示了唐临画《对弈画卷》，嘱请您看之，并希望写一跋语。现将此卷送上，您写好后，望挂号寄回。我近期将去山西拍摄壁画照片，约一个月回来，届时再来拜候。给您添麻烦，谨致谢。

祝好！

潘絜兹
15日

北京市西城区印刷厂出品　七八·五

(1487)

潘絜兹致常任俠　26×18.5 厘米

潘重規（1908－2003），本名崇奎，字襲善，號石禪。江西婺源人。敦煌學家、紅學家。中央大學中文系畢業後，歷任國立東北大學、暨南大學、四川大學、安徽大學中文系教授。1949年去台灣，先後任台灣師範大學國文系教授、系主任兼國文研究所所長，新加坡南洋大學中文系教授，香港中文大學新亞書院中文系教授、系主任、文學院院長，台北中國文化大學中文系教授兼中文研究所所長、文學院院長，東吳大學中文研究所研究教授。曾獲法國法蘭西學院漢學儒蓮獎、韓國嶺南大學榮譽文學博士。

任俠學長兄文席：

翁同文[1]教授日前轉致手書贈詩照片[2]，適暑中患急性膽炎，施行手術割去膽囊，正返寓休息，忽得瑤章，快同覿面。因奉和一章，藉誌欽仰，並祈郢政爲幸。耑此即頌

著安並敏潭福

弟潘重規手上　十月三日

【注釋】

經考證該信作於1991年10月3日。

[1]翁同文（1915－1999），溫州泰順人。歷史學家。1939年畢業於西南聯合大學歷史系，1943年與常任俠同教於國立東方語專。後赴台灣，任東吳大學歷史系教授。1989年自台灣來大陸觀光時，曾與常相晤談。

[2]1982年，常任俠即受國務院古籍規劃整理出版小組委託，作書邀請潘重規來大陸講學。1990年4月7日潘來北京時相共傾談，攝影留念。1991年8月17日，常爲翁、潘二人題詩相贈。

任俠學長兄文席：荷同文教
授日前轉致
手書、贈詩、照片，適暑中患急
性腸炎，施行手術割去膽囊，
近返寓休息，忽得
瑤章，快同覿面，因奉和一章，
藉誌欽仰，並祈
郢政為幸。耑此即頌
著安，並敬潭福。弟潘重規手上 十月三日

潘重規致常任俠 27×21 厘米

千家駒（1909–2002），浙江武義人。經濟學家。1932年畢業於北京大學經濟系。歷任北京大學、廣西大學、香港達德學院、清華大學、交通大學教授。1945年加入中國民主同盟，任南方總支部秘書長；1949年後，歷任中國人民銀行總行顧問，政務院財經委員會委員，中央工商行政管理局副局長，中央社會主義學院副院長，中國科學院哲學社會科學部學部委員，中國社會科學院顧問等職。第二至五屆全國政協委員，第六、七屆全國政協常委，民盟第五、六屆中央副主席。

任俠同志：

季龍[1]同志上次談到醫癌秘方（用活甲魚兩只敷在胸前），據云得之於張君秋，但未知是否可靠？聞兄與張君熟識，季龍想托兄去找一下張君秋，證實一下。未知便當否？頃季龍來電話要我轉告，如何之處，請逕復季龍同志爲荷。

即頌

時綏！

千家駒　29/10

（季龍電話33.7457，或函和內西松樹衚衕25號）

【注釋】

經考證該信作於1975年10月29日。

[1]張志讓（1893–1978）號季隆，又號季龍，江蘇常州人。法學家。

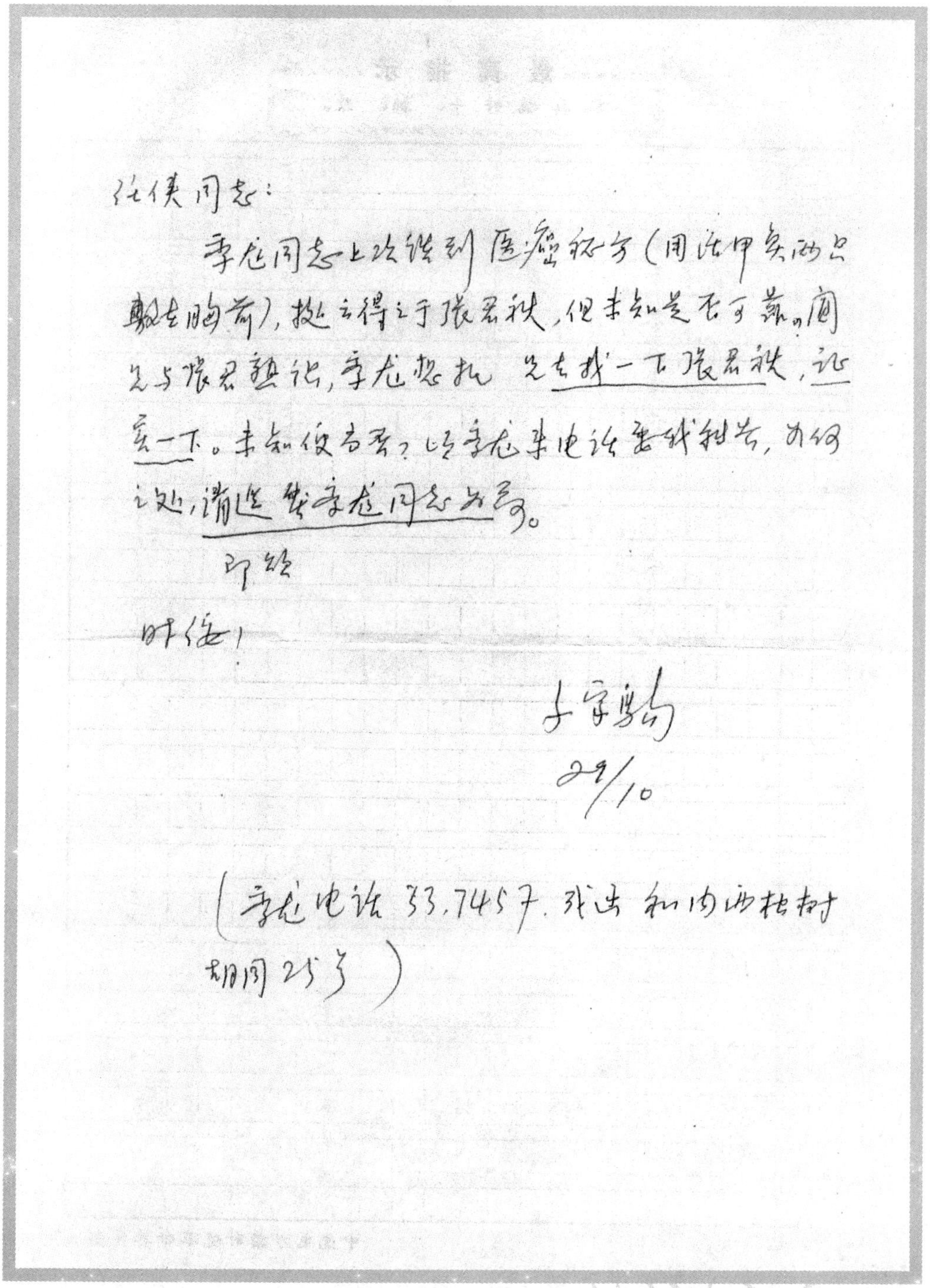
任侠同志：

李龙同志上次谈到医癌秘方（用治甲[illegible]胸前），据云得之于张君秋，但未知是否可靠。因先与张君熟识，李龙想托先去找一下张君秋，证实一下。未知便否？顷李龙来电话要我相告，如何之处，请迳告李龙同志为荷。

即颂

时绥！

千家驹

29/10

（李龙电话 33.7457. 住在和内西柏树胡同25号）

千家駒致常任俠 26.5×19 厘米

任俠同志：

我想買一部《魯迅書信集》和《魯迅日記》（精裝本），但昨去新華書店已經售罄。您與李何林同志很熟，不知可否托他代我購買一套。費神謝謝。並頌

近好！

千家駒　13/11

【注釋】

經考證該信作於1976年11月13日。

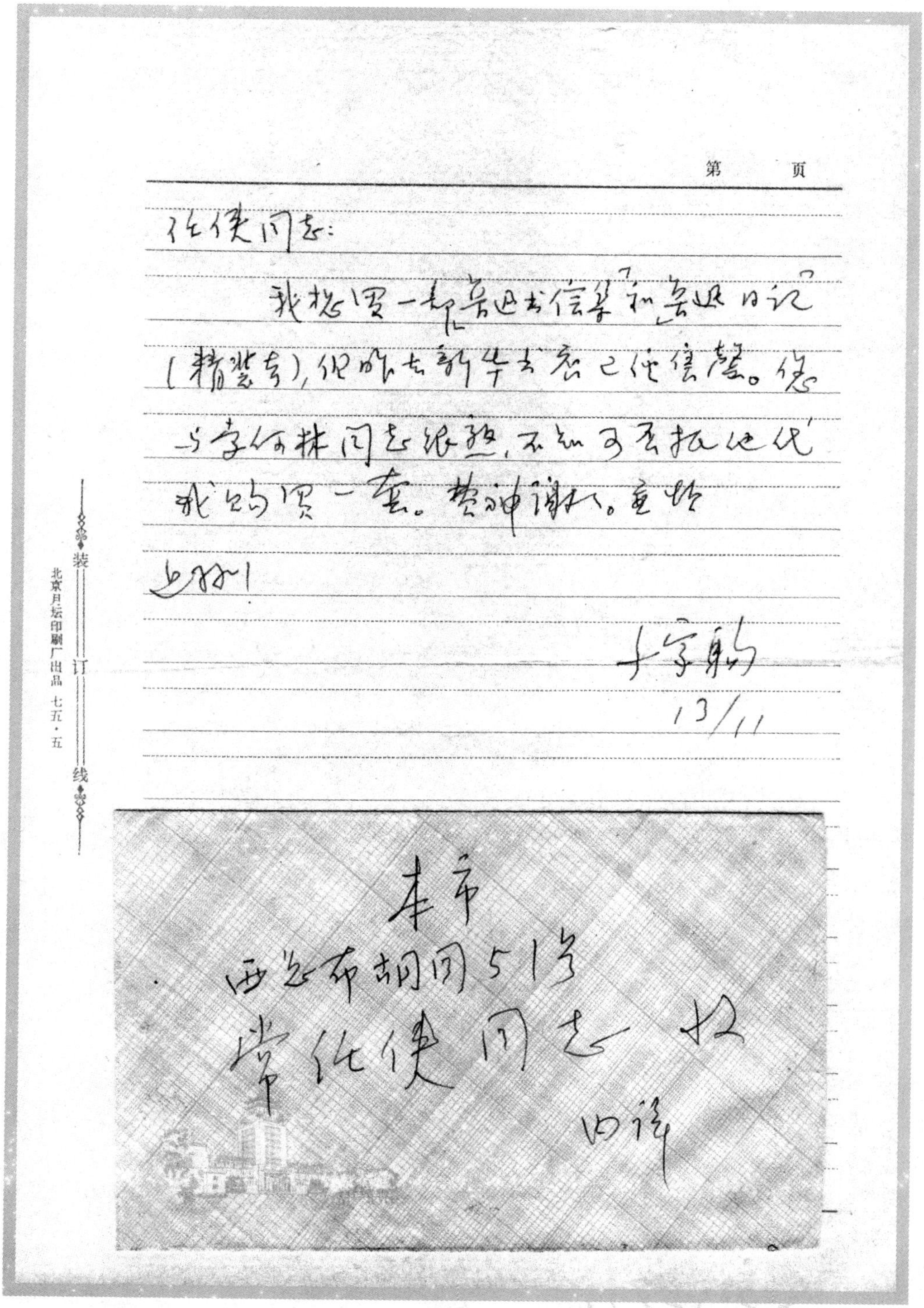

第　页

任侠同志：

我想买一部《鲁迅书信集》和《鲁迅日记》（精装本），但听说新华书店已经售罄。您与李何林同志很熟，不知可否托他代我购买一套。先此谢谢。并祝

安好！

千家驹

13/11

北京月坛印刷厂出品　七五·五

本市

西总布胡同5号

常任侠同志　收

内详

千家駒致常任俠　26.5×19 厘米

任俠同志：

多日未晤，近況如何？

前聞兄有一朋友邵同志（邵循正的兄弟）[1]住在我的附近，善養月季花，我想去看看他，請教他揷花的方法。請便中寫一介紹信（以及邵君住址）如何？

我一外孫，今年十三歲，喜愛繪畫，關於人體結構的參考讀物，不知有［何］處有賣？兄存有此類書刊否？便中希介紹一二，甚感。

尊夫人工作問題已介［解］決否？念念。

祝

好！

弟千家駒　23/4

得便希來談談，又及

【注釋】

經考證該信作於 1977 年 4 月 23 日。

[1]指邵懷民(1912–　)，昆曲票友。

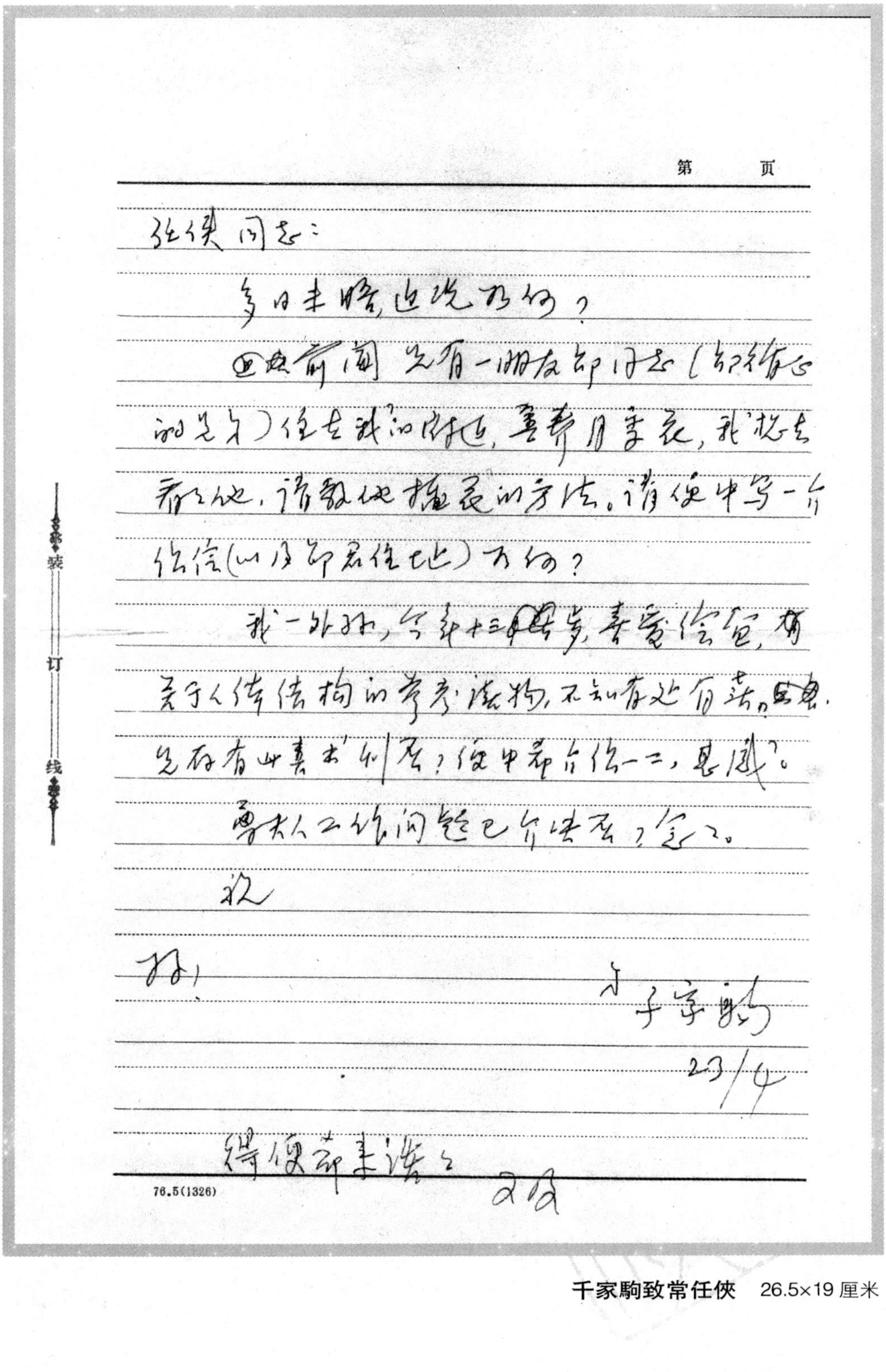
第　　页

任侠同志：

多日未晤，近况如何？

日前闻兄有一湘友郭日新（郭维新的儿子）住在我的附近，善养月季花，我想去看看他，请教他种花的方法。请便中写一介绍信（以及郭君住址）可以吗？

我一外孙，今年十三岁，喜爱绘画，有关于人体结构的参考读物，不知有些什么书出版。兄存有此书否？便中希介绍一二，甚感。

尊夫人工作问题已解决否？念念。

致

礼！

千家驹

23/4

得便希来谈谈

又及

76.5(1326)

千家駒致常任俠　26.5×19 厘米

商承祚（1902–1991）字錫永，號驚剛、蠖公、契齋，廣東省番禺縣人。古文字學家、金石篆刻家、書法家。曾任教於南京東南大學、中山大學、北京女子師範大學、清華大學、北京大學、金陵大學、齊魯大學、東吴大學、滬江大學、四川教育學院、重慶大學、重慶女子師範大學等校。編著有《長沙古物聞見記》、《殷墟文字類編》、《石刻篆文編》、《十二家吉金圖録》、《渾源彝器圖》、《商承祚篆隸冊》等。

任俠先生鑒：

頃讀手教，敬悉一切。拙藏鏡拓銘爲"道路遼遠中有關梁鑒不隱請（情）修毋相忘"，此拓弟尚能函索，以符疋望如何。尊藏鑒能假拓甚欣，容工事齊備時當走取。本星期午後二時半（如雨則改期）擬與徐養秋[1]兄走訪一賞金星硯，並擬同訪李某，冀有所遇也，順頌

教安

弟承祚啓　十二早

【注釋】

經考證該信作於 1937 年 11 月 12 日。

[1]徐養秋（1896–1972）字則陵，江蘇金壇人。教育家。1928 年受聘爲金陵大學教授，擔任金大中國文化研究所所長期間，聘請了商承祚、李小緣、呂叔湘等來所從事研究工作。

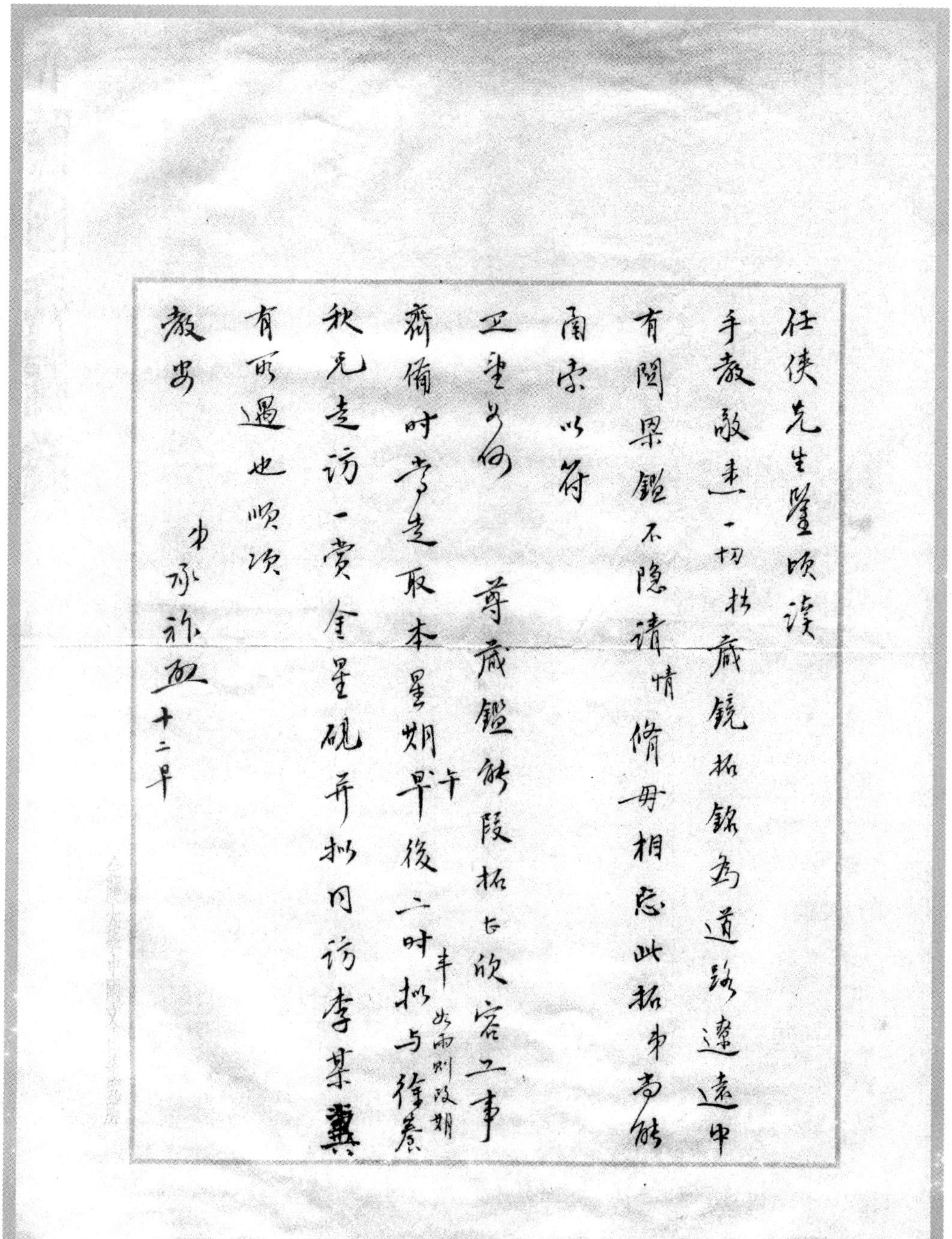
任俠先生鑒頃讀
手教敬悉一切抄藏鏡拓銘為道路遼遠中
有閃梁鑑不隱請情 倘毋相忘此拓本當能
南宋以符
遲望如何 尊藏鑑銘段拓長欣容二事
齋備時常走取本星期日午後二時半（如雨則改期）擬與徐森
秋先生走訪一賞金星硯并擬同訪李某冀
有所遇也順頌
敬安
弟承祚上
十二日

商承祚致常任俠　28.5×22 厘米

任俠兄鑒：

十日晚失迓，閱片云沫若先生昱［翌］午來談，並去看銅器，乃於早間將各種約會辭卻，在館等候郭先生降臨，一直候到夜九時始上船，痴女等痴漢，得一場空，匪但銅器弟不能看到，而郭先生亦不得賞玩晚周漆木各器，的是可惜。此物入川則一時不易見，將來雖能看相片，總不如實物之好也。聞船明晚到宜，若有船赴渝，即刻改乘抵渝，三四日弟便往成都，不久又來漢，屆時先函通知，再謀良晤也。

弟祚拜啓　十五晚於舟中

晤沫若先生代致意

【注釋】

經考證該信作於 1938 年 5 月 15 日。

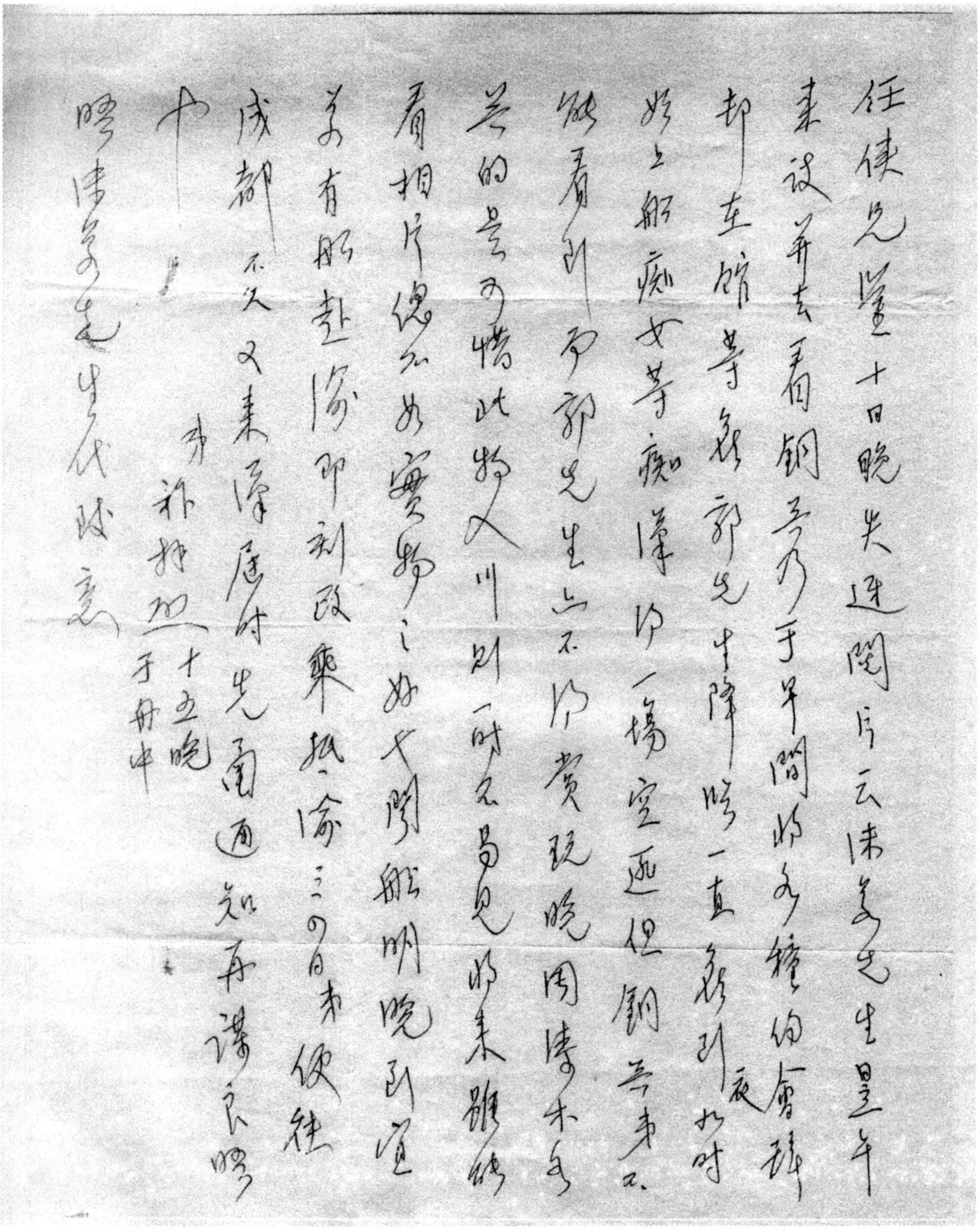

任俠兄鑒：十日晚失迷，聞子云沫若先生是午
來談，并去看銅器，乃于早間將各種約會辭
卻，在館等候郭先生降臨，一直候到夜九時
始上船。癡女等癡等，仍一場空，遂但銅器弟已
飽看，而郭先生亦不得賞玩，晚間情緒未免
莫名其妙。惜此物入川，則一時不易見，將來離渝
看拓片總不如實物之好也。大閣船明晚到渝，
弟有船赴瀘，即刻啟乘，抵渝之日，弟來信往
成都，不久又來渝，届時先函通知，再謀良晤。
中
晤博笑先生代致意
弟承祚拜啟 十五晚 于舟中

商承祚致常任俠　21×16.5 厘米

任俠兄鑒：

別後即無法通詢，昨讀來示，空谷足音，喜可知矣。長沙之游不堪回憶，大火後精萃已盡，弟未完工作，當變灰燼矣。涵星硯在行篋，諾重季子，可欽可欽，翌日晤面再當拜領。成都風景甚清幽，初夏來一游最好，如研究不定地，則仍以來蓉爲宜也。近正整理《長沙古物聞見記》，不久可付刊，時不我與，是所難料，速以問世籍是故耳。順頌

旅祺

弟祚啓　十九

白華兄爲致意

【注釋】

經考證該信作於 1939 年 1 月 19 日。

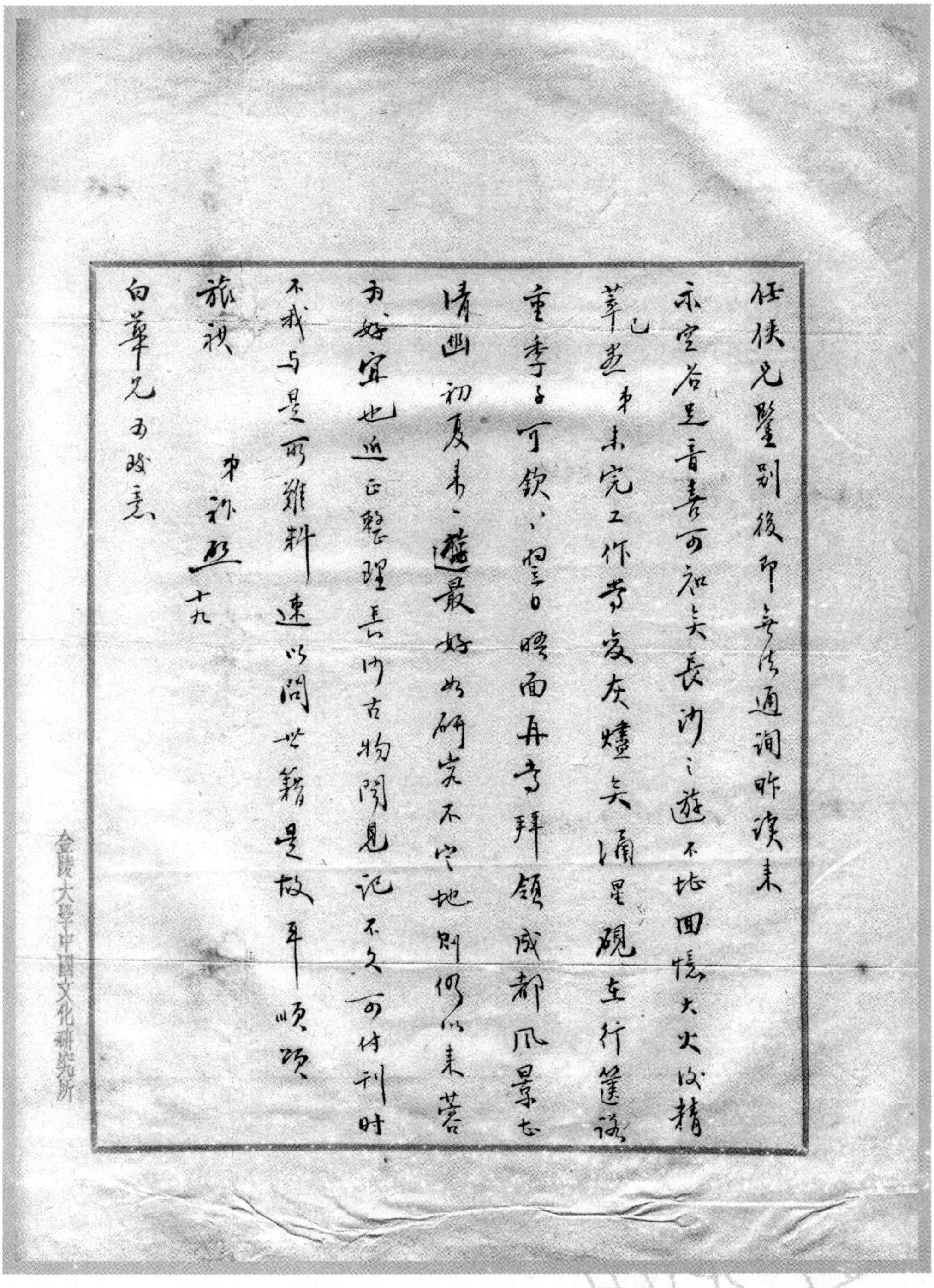
任俠兄鑒：别後即無信通詢，昨讀來
示，空谷足音，喜可知矣。長沙之遊，不堪回憶，大火以精
華盡已，中未完工作并發灰燼矣。痛星硯在行篋，識
重季子可欽之。望日晤面再當拜領。成都風景尤
清幽，初夏來之遊最好。如研究不定地則何以來蓉
而好？穿也，近正整理長沙古物聞見記，不久可付刊，時
不我与，是所難料，速以問世，籍是故耳。順頌
旅祺
弟 承祚 頓首 十九
白華兄為致意

商承祚致常任俠　28.5×22 厘米

任俠兄鑒：

日前讀惠書並附硯銘拓，爲之三嘆惋，蓋材難在大，尤其金星，今戕其樸以就意，當毀其半，石質無論，大片金光爲俗手喪失者，當無法知見者豈不痛惜。鐫手復劣拙傷及全底，一厄再厄，可謂致盡。試觀佳硯舊刻銘多在側，即愛護意，此層不可不知也。然此類品仍不易購，希寶藏之。弟來期猶未定，把握當在嘉平月。《長沙古物聞見記》祇刻就三之一，工人疲玩，實爲氣人，即出當呈教，順頌

教祺

弟祚拜啓　十二月九日

【注釋】

經考證該信作於 1939 年 12 月 9 日。

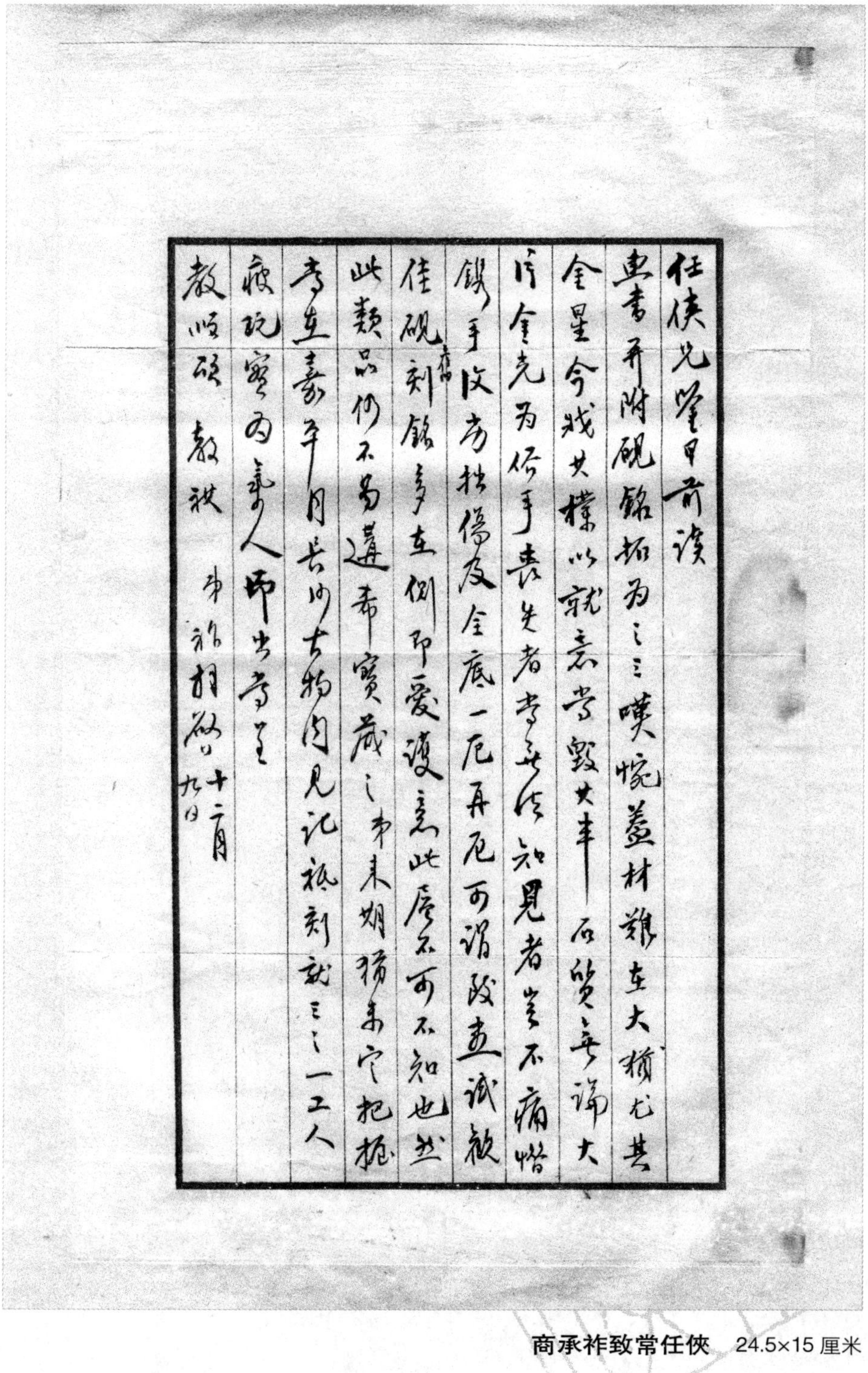
任俠先生鑒：日前讀
惠書并附硯銘拓，為之三嘆。惋蓋林雞左大橫尤甚，
金星今戕其樸以就意，毀其本。一石質無論大
小，金先為僞手書先者，考是傳知見者無不痛惜。
鐫手段方拙，傷及全底，一厄再厄，可謂殘盡誠敝。
佳硯商刻銘多在側，即愛護意，此層不可不知也。然
此類品何不易遺，希寶藏之。弟未始猜來究把握，
考其款年月，是以古物，內見記祇刻就三三一工人
疲玩，寧為書人師出常是
教。順頌　教祺　弟承祚頓首　十二月九日

商承祚致常任俠　24.5×15 厘米

任俠我兄左右：

在渝多承指示傳拓，甚感。三日赴石門，所得以磚俑爲多，其它物已爲路工毀棄填路，可惜可恨。十二乘木船回渝，十三晚登陸，聞靜庵先生已反[返]，本欲一兩日出城一晤，而十五早有便車開蓉，不得不隨以來，未得握談甚悵甚悵，可見一切皆有數存然也，古泉雜咏當同永壽拓寄還外，照片可存念。敬頌

著祺

弟祚拜啓　二月廿二

聞沫若云棗子埡開路見石函二端有華文（紋），兄曾看過，此時是否土填不可知，已請勘視，便希一詢。小緣致候。

【注釋】

經考證該信作於1940年2月22日。

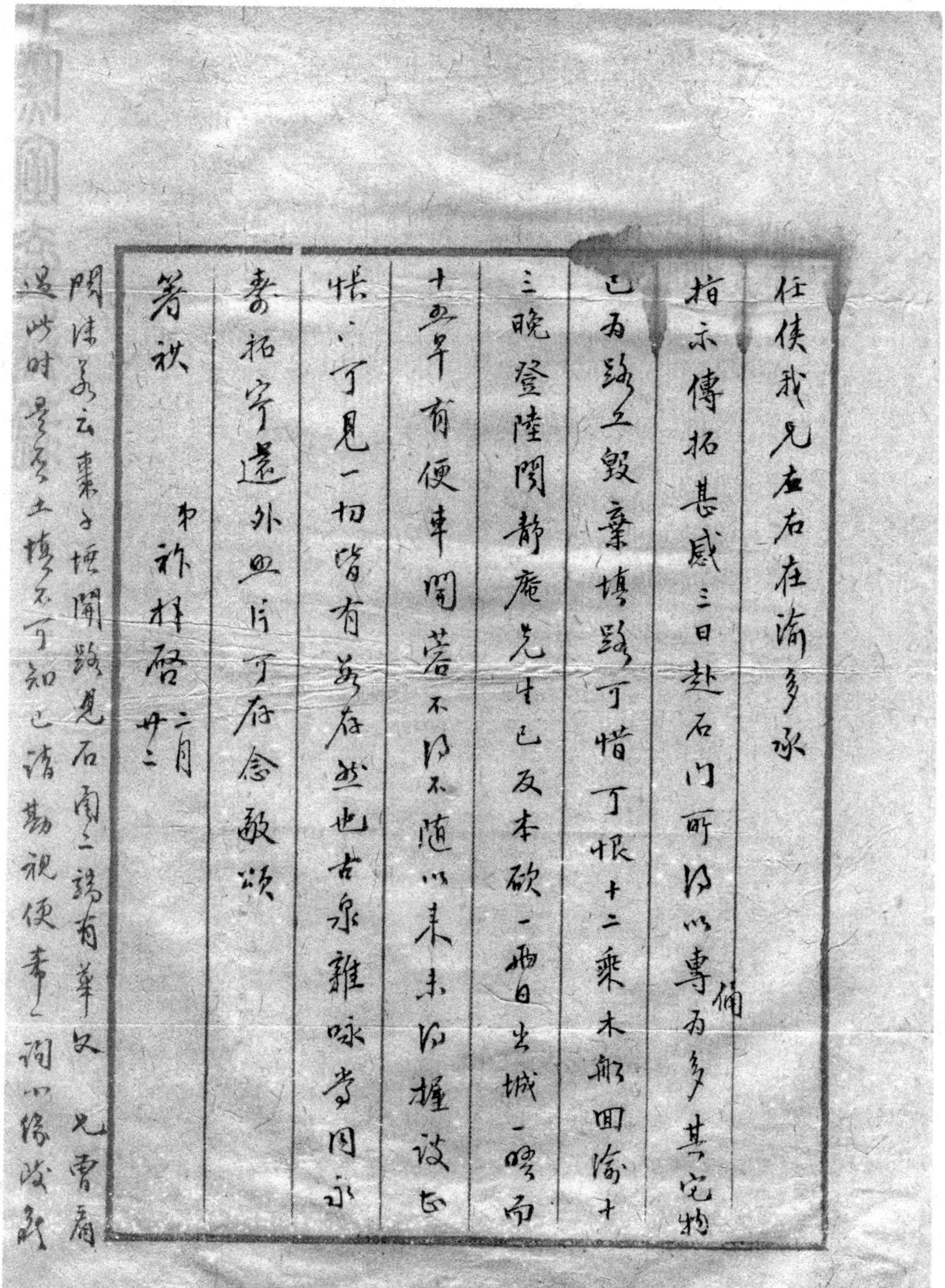
任俠我兄左右在渝多承
指示傳拓甚感 三日赴石门所得以專（甫）为多 其它物
已为路工毁棄 墳路可惜可恨 十二乘木船回渝 十
三晚登陸 聞靜庵先生已反本 欲一两日出城一晤 而
十五早有便車聞落不得不隨以來 未得握談 至
悵悵 可見一切皆有緣存 然也 古泉雜咏 當同承
惠拓 寄還 外照片可存念 敬頌
著祺 弟承祚啓 二月廿二
聞陳君云棗子埡開路見石闕二端有華文 兄曾屬
過此時是否出土 墳否不可知 已請勘視 便希詢以緣故

商承祚致常任俠 28×20.5 厘米

任俠兄鑒：

昨讀手示，知驚而安，甚慰。成都遭炸亦在早遲間，無窟可避，危險性大矣。弟藏楚竟［鏡］無佳者，照像費太大，八寸須十七八元，無乃不值邪。徵文啓如到即分送。敬頌

台綏

弟祚拜啓　六月十八

【注釋】

經考證該信作於 1940 年 6 月 18 日。

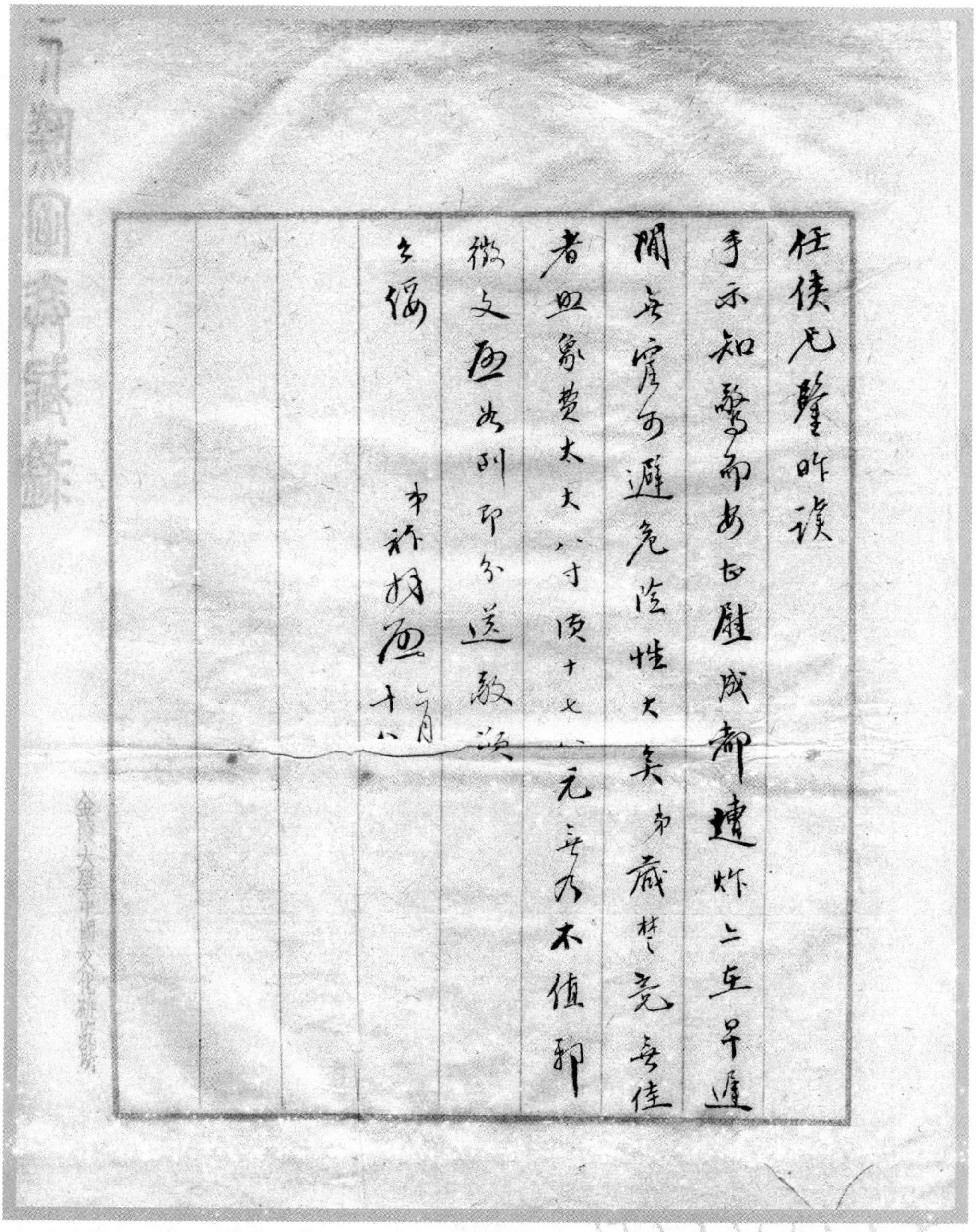

商承祚致常任俠 26.5×22 厘米

任俠兄鑒：

徵文啓[1]及示敬悉，各紙已代分送，再觀成效，可徵稿者，尚大有人在，雖不祈必其來，然不祈不希企之也。徵啓請寄下若干，以被填寫如何。貴校古物展覽[2]可謂極一時之盛，亦可知渝地向無類此者爲之倡也。顏君[3]人首它［蛇］身俑可謂奇品，祈攝一景［影］否？《學術》三輯未見，便希代購一冊，款如數奉璧，敬頌

教祺

弟祚拜啓　六月四日

【注釋】

經考證該信作於 1941 年 6 月 4 日。

[1] 指中國藝術史學會擬編輯《馬衡教授六十年紀念論文集》徵文啓事。

[2]指 1941 年 5 月 11 日由中央大學歷史系舉辦文物展覽會。

[3]顏實甫(1989−1974)，重慶江津人。四川省立教育學院院長。

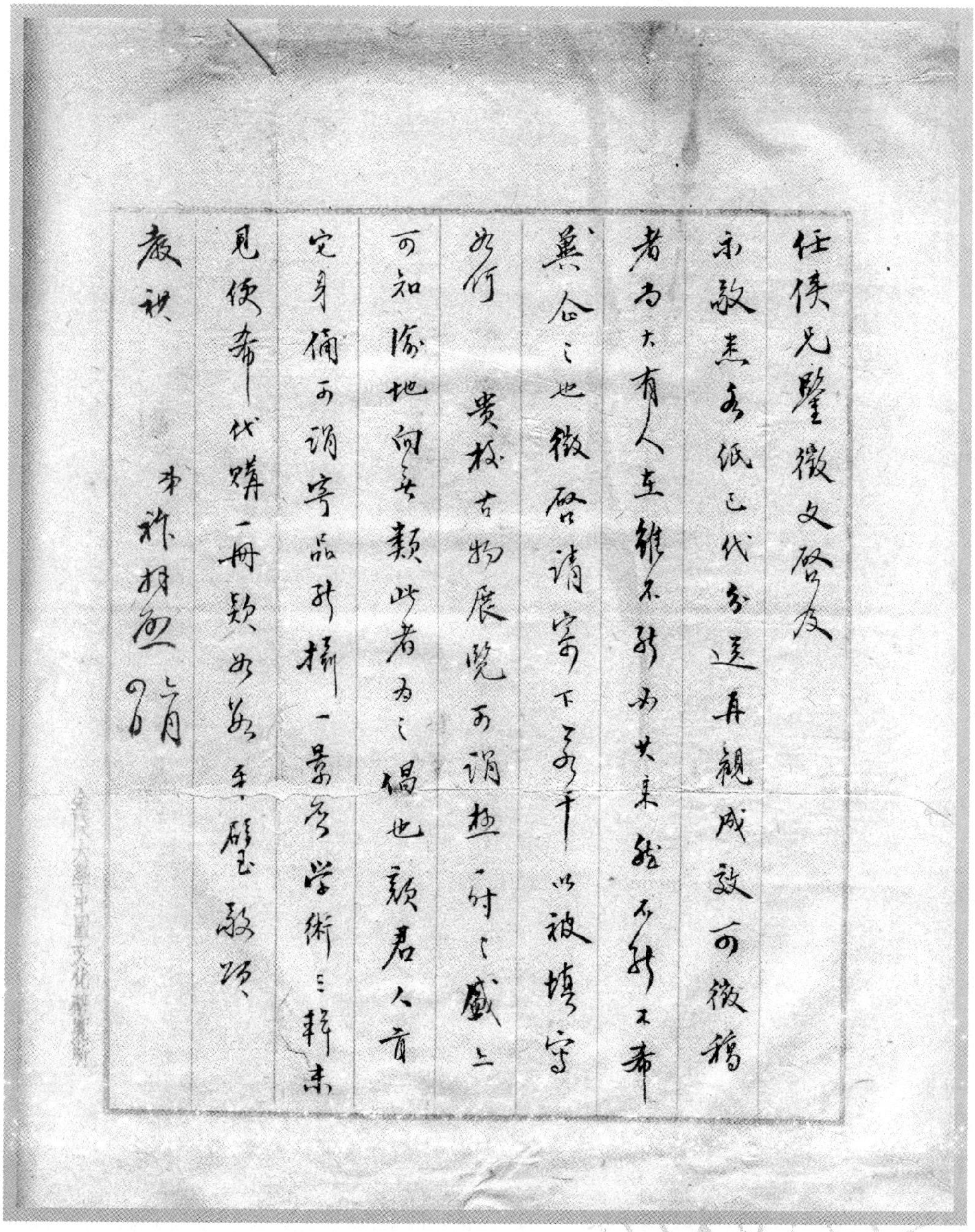
任俠兄鑒：徵文啟及
示敬悉。各紙已代分送，并親成致，可徵稿
者為大有人在，能不於外埠來稿，不能不希
冀合之也。徵啟請寄下若干，以便填寫
如何？貴校古物展覽可謂極一時之盛，上
可知濟地向無類此者，為之倡也。顯君人育
定身備，可謂寄品於構一景為學術之粹，未
見便希代購一冊，款如數奉璧。敬頌
教祺。承祚拜啟　六月四日

商承祚致常任俠　26.5×21.5 厘米

任俠兄鑒：

《學術》第三集已收到，謝謝！兹附上郵票一元爲書價，不專（敷）續奉，四集如有，望仍代購，將來如見有關於是項文章，即代爲帶一冊，蓉市無法買也。《美術生活》第三十九期中有畫像挿圖，正端一共幾張請查示爲荷，叔平師處弟去信未見復，極以爲念，抑它徙耶。順頌

著祺

弟祚拜啓　六月廿五

小緣詢寄還之書到否。

【注釋】

經考證該信作於 1941 年 6 月 25 日。

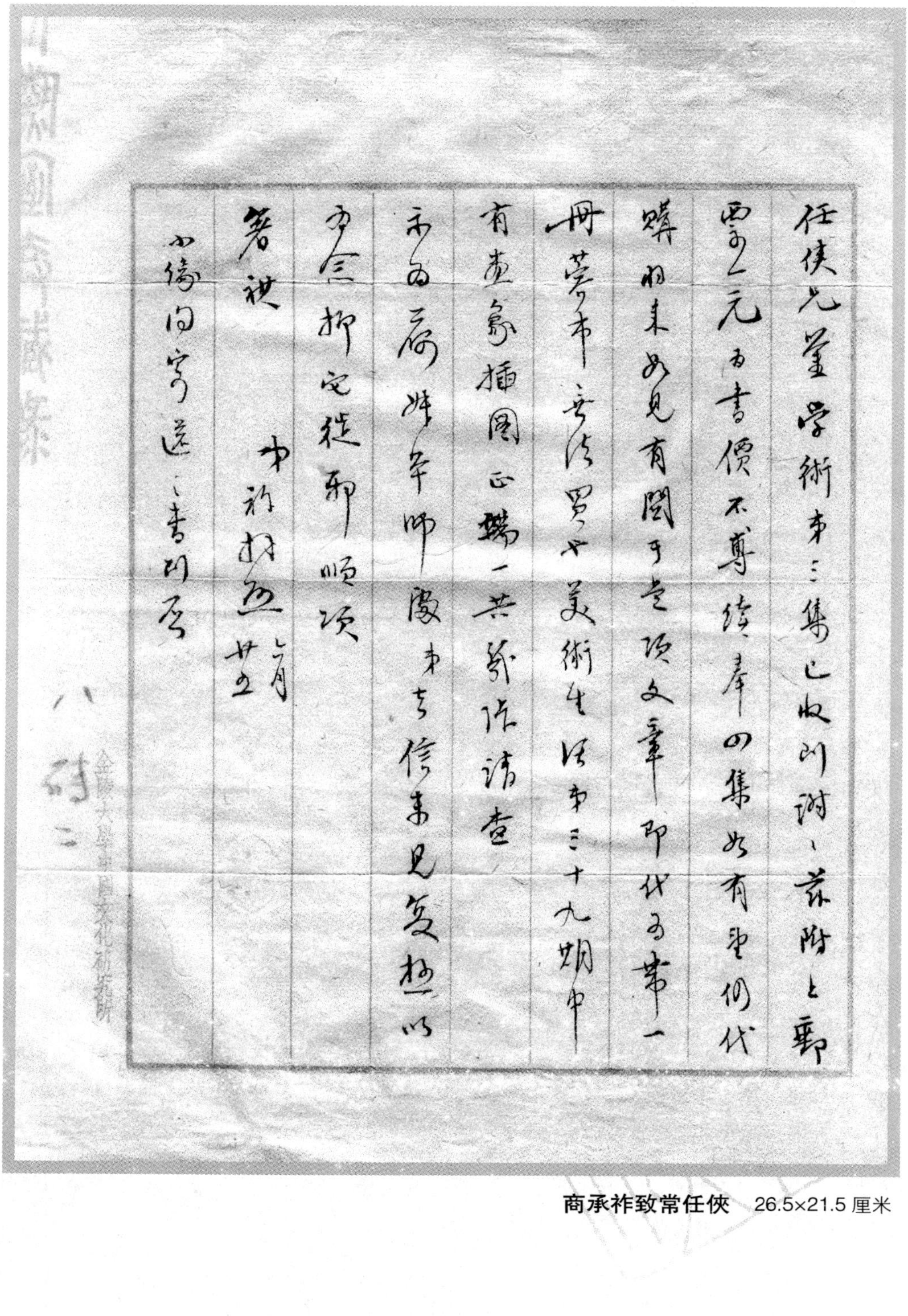

任俠兄鑒：學術第三集已收到，謝謝。茲附上郵
票二元，為書價不夠，續奉四集如有望仍代
購。前來如見有關于這項文章，即代為第一
冊蒙本去後買了美術生活第三十九期中
有畫象插圖正端一共幾張，請查
示為荷。前年所發第三信未見覆，想以
弟已搬定從那順頌
著祺
弟祚拜上 七月廿五
小傳向容遠之書刊否

八
附二
金陵大學中國文化研究所

商承祚致常任俠 26.5×21.5 厘米

任俠兄左右：

弟足病瘡已八日矣，今始上班。前函想已收到，款望速送達。弟已籌得六千，如兄不願投資，亦望即告爲荷，此候

暑祺

弟祚拜　七月廿二

【注釋】

經考證該信作於 1942 年 7 月 22 日。

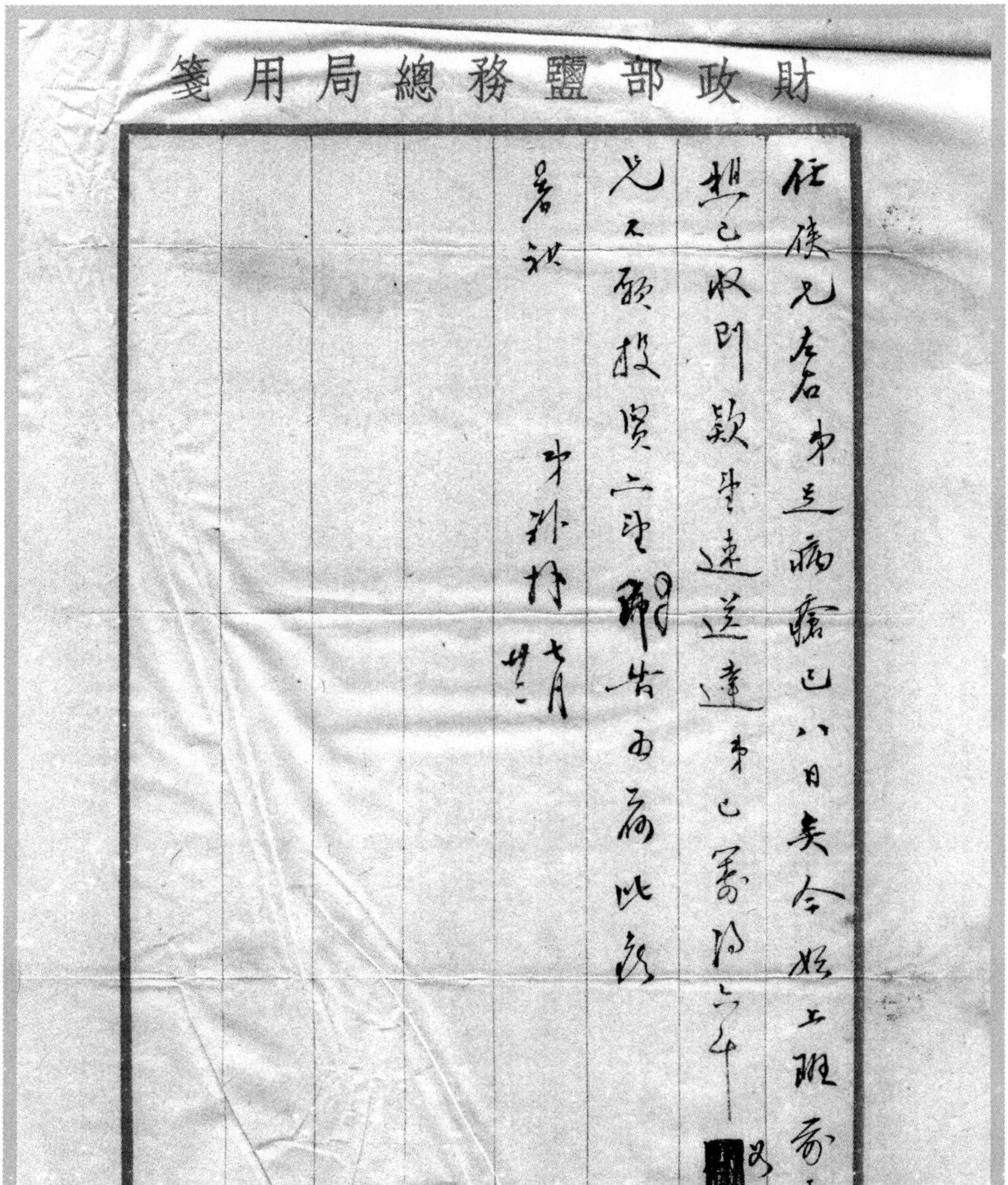

財政部鹽務總局用箋

任俠兄左右：弟之病瘧已八日矣，今始上班。尊函想已收到。款望速送達，弟已簽得六千。兄之願，授貿二處。聯告西府。此致
暑祺
弟承祚拜 七月廿二

商承祚致常任俠 27.5×19 厘米

任俠兄鑒：

兩示奉悉。投資機會太多，俟之昱［翌］日可耳。邇來熱□，梓椅如沸，幾不能作事，鄉間入夜當尚涼爽否？終日科頭跣足不思市矣。外紙便中請至圖書館代查漢書卷幾列傳第幾，如得廿四史索引則更省事，敬候

暑安

弟祚拜　八，四

【注釋】

經考證該信作於 1942 年 8 月 4 日。

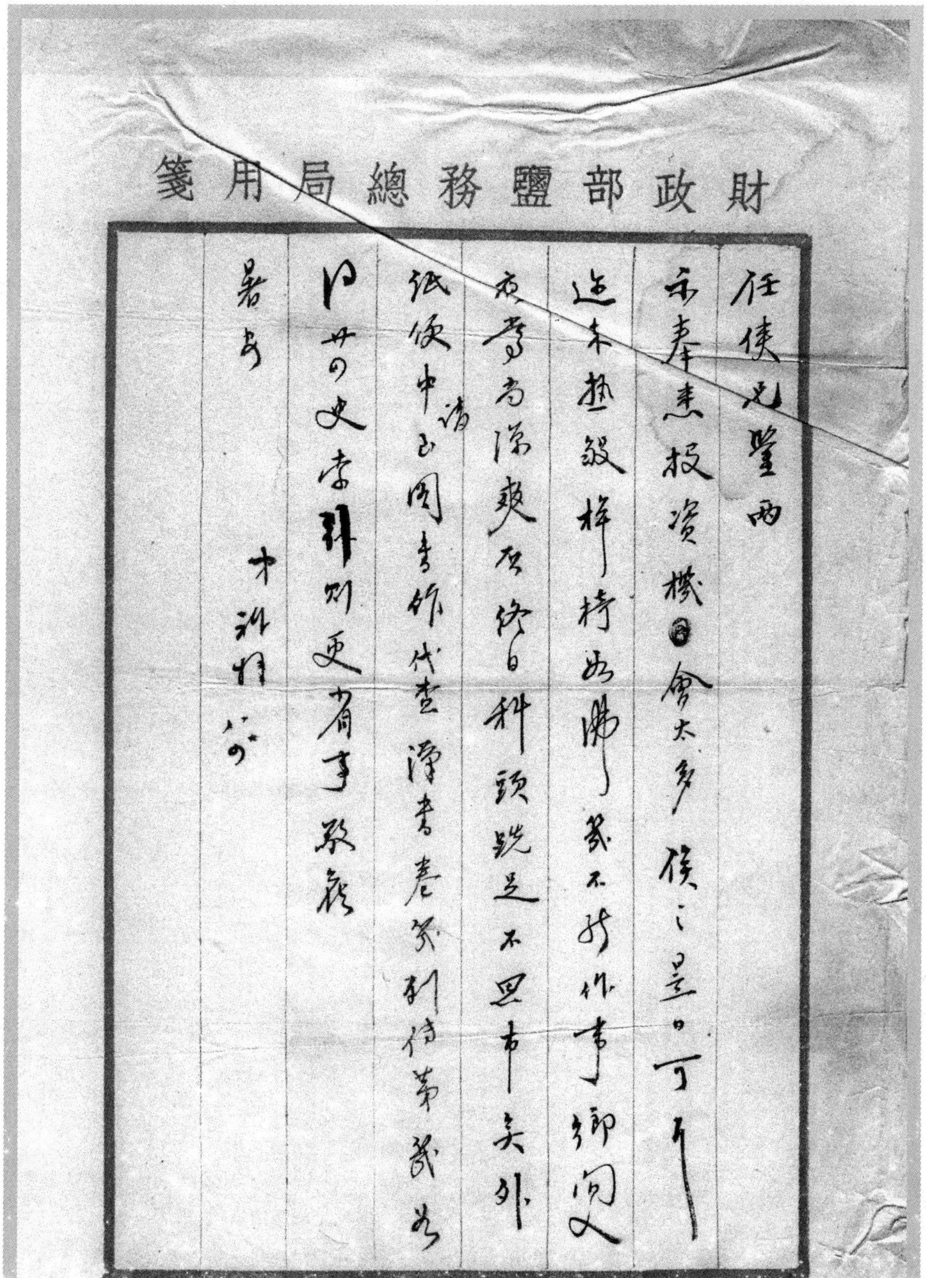
財政部鹽務總局用箋

任俠兄鑒:兩

示奉悉。

著安

商承祚致常任俠　27.5×19 厘米

任俠兄：

近來眞熱得人頭發暈，鄉間尚風涼否？前所談煤股事，弟已湊得五千，兄能加入多少，望速送來，至盼至盼。

弟祚拜　十三

【注釋】

經考證該信作於 1942 年 8 月 13 日。

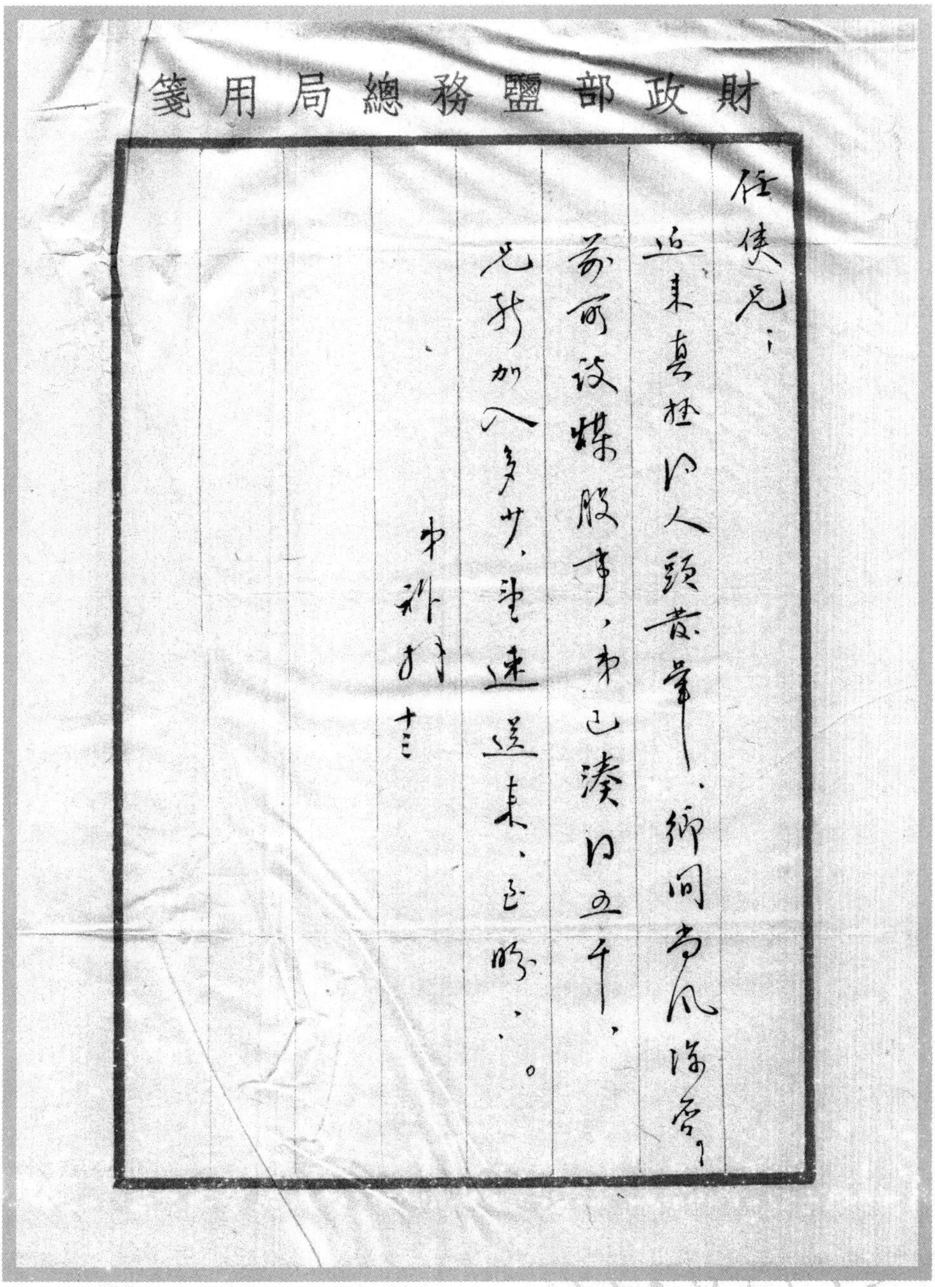
財政部鹽務總局用箋

任俠兄：
近來真極以人頭黃常，鄉間常風俗啓，
前所設棋股事，本已湊得五千，
兄能加入多少，望速送來，至盼。。
承祚 十三

商承祚致常任俠 27.5×19 厘米

任俠兄史席：

頃讀快示，即函白沙慰堂[1]，未説明兄物，俟得復再告。自強[2]昨午來訪，謂因資委會工作太忙，無暇自修，又因體弱已辭職照準，伊欲在學界覓職務，兄能爲在中大或美專找一國文課程否？但其負擔略重，月入非八百元不專（敷）也。日間當直接函托，玆便爲一言之。敬頌

著祺

弟祚拜　九，三

【注釋】

經考證該信作於1942年9月3日。

[1]蔣復璁(1898－1990)，字美如，號慰堂，海寧硤石人。時任中央圖書館館長。常任俠爲生活困境，欲將自藏部分圖書出讓該館。

[2]即孫望。

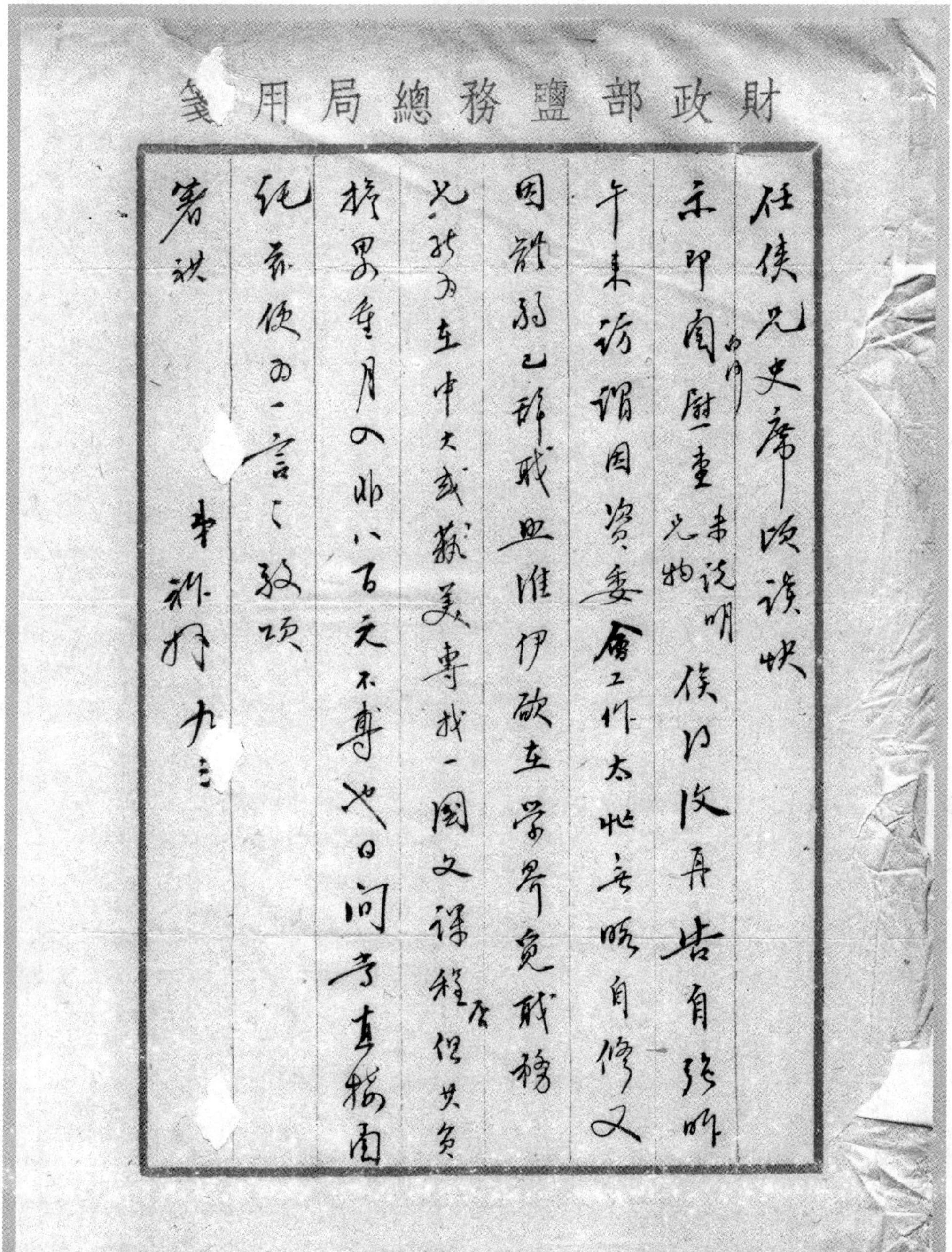

商承祚致常任俠　27.5×19 厘米

任俠兄鑒：

電話挂上一小時即接慰堂復信，欲告兄已行矣。兹將蔣函附上，日後還是面談爲好，或先將書目開來由弟交去探價，如不相距過遠，則直接交涉如何？外書請查卷，拜託拜託。匆候

著祺

弟祚拜　九，九

弟近售印，每方百元，介紹人擬入陳之佛先生名，如面時徵同意，《盧山縣誌》中大如有能假一閲尤感，又及

【注釋】

經考證該信作於1942年9月9日。

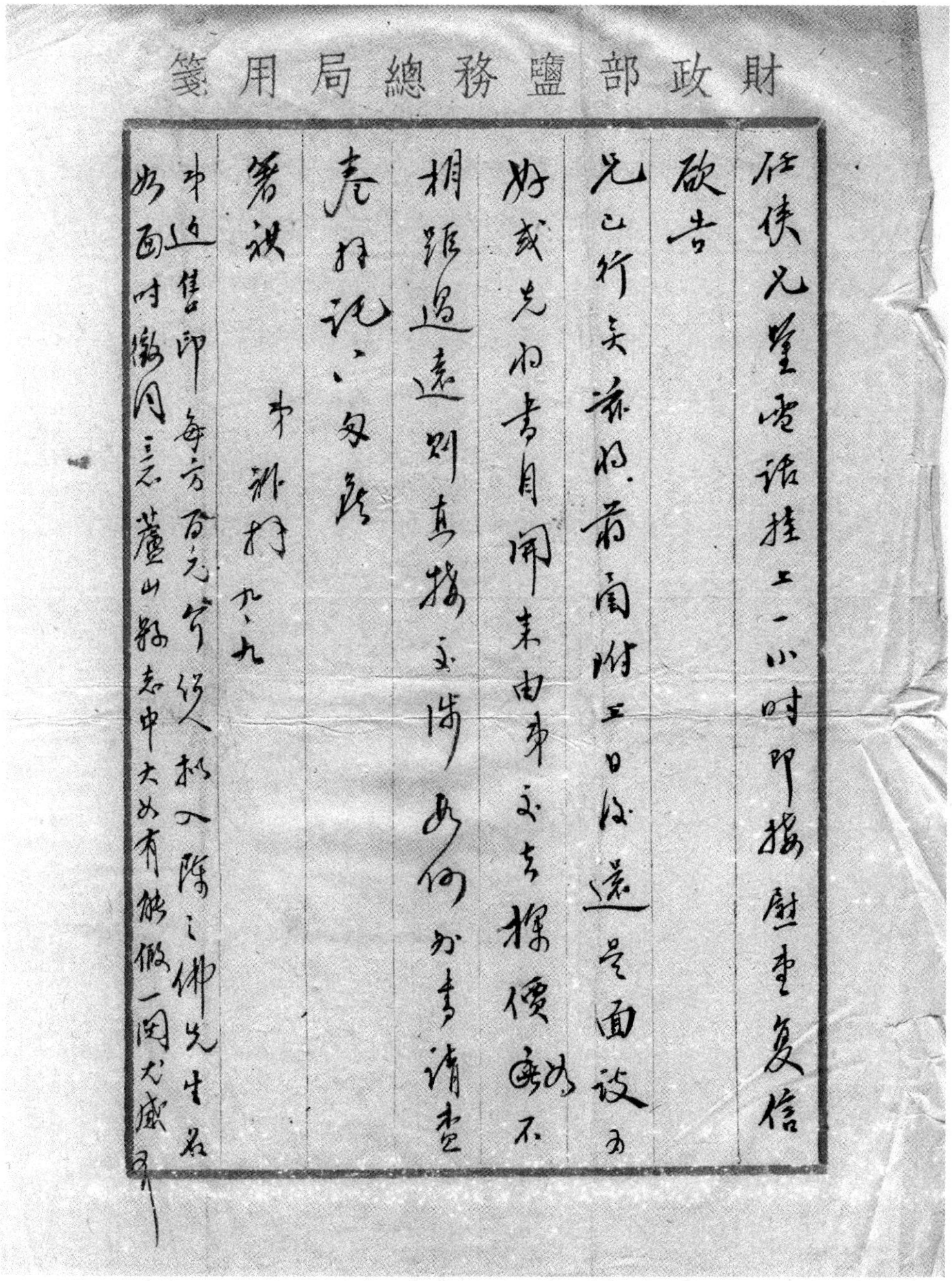
財政部鹽務總局用箋

任俠兄鑒：電話掛上一小時即接尊重復信，

敬告

兄已行矣。旅滬前函附上，日後還是面談方

好。或兄有書目開來，由弟去探價，亦不

相距過遠，則直接去函如何，弟當請查

委托之事，多謝。

著祺

弟 承祚 九、九

弟近售印，每方百元，介紹人揚之介入陳之佛先生名

如面時徵詢，三志、蘆山好志中大如有能做一份，尤感。

商承祚致常任俠　27.5×19 厘米

任俠我兄史席：

不晤又已已，來復未識進城否？弟兼旬前忽患痔，友人有瘻症曾被廖元文治好，屬往一診，及檢查後始知又兼瘻已朞年而不自覺，爲之悚然，而廖素負盛名，如白崇禧凡五瘻以及其他名流皆爲其所治愈，但其人竹杠甚大，動輒四五千金，乃托其譆友爲之説項，允二千元包醫，十日左右可全好，不施手術只用藥，然弟邇來甚窘，決定賣脱一批物以謀醫藥費，而即刻不能成交，不知我兄能爲先設法千金以救其急疾[1]，昱［翌］日悲鴻反［返］再爲通融若干，弟必於短期中一一歸趙，叨在相知故敢冒昧，如兄手頭不便，請毋相強，弟知兄耿率摯情，恐令作難也。匆候

著祺

弟祚拜　十三日

【注釋】

經考證該信作於1943年1月13日。

[1]常任俠1943年1月21日記："上午赴商錫永處，錫永近患痔，求假醫資，送與千元。"

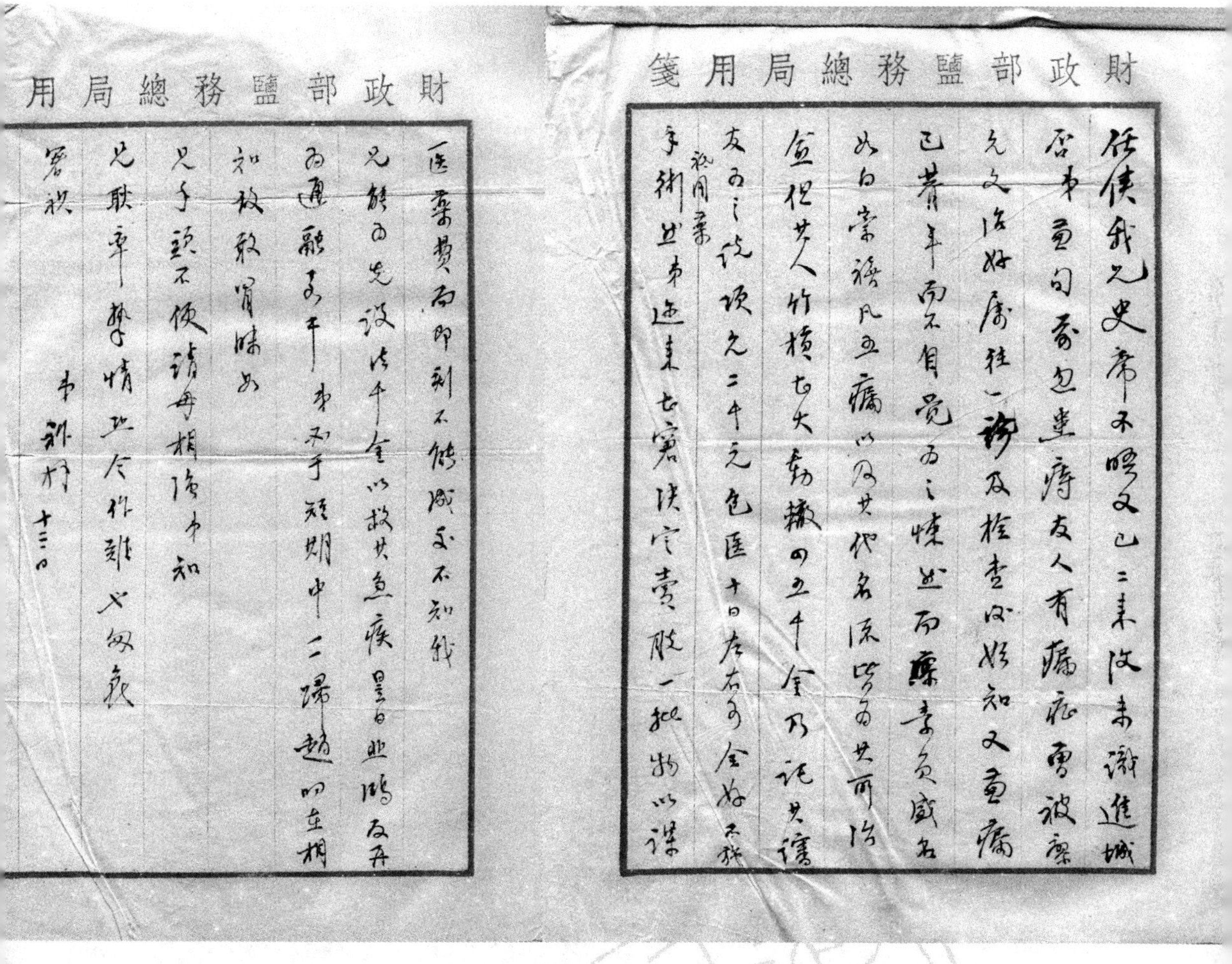
財政部鹽務總局用箋

財政部鹽務總局用

商承祚致常任俠 27×19 厘米

沈從文(1902－1988),原名沈岳煥,湖南鳳凰縣人。現代作家、歷史文物研究學者。1924年開始文學創作，抗戰爆發後到西南聯大任教,1946年回到北京大學任教,1949年後在中國歷史博物館和中國社會科學院歷史研究所工作,主要從事中國古代服飾的研究。主要著述收入《沈從文文集》。

任俠老兄：

前送來尊紙,已在塗抹中報廢,因另用殘餘絹素試書二小幅請教。寫字作詩，本非當行,新社會凡事必求落實,解放以來“空頭作家”名分尙難冒充。早已自動取消,那宜書此等“新風雅”另挿一腳？草草寫來,只是博專家一笑,並爲同處此大城廿多年留一紀念而已。因此特附一請求,萬望莫破費一文不加以裝裱,更希望不要附於任何時賢墨寶中,感謝之至!

並候佳好。

弟沈從文　二月六日

【注釋】

經考證該信作於1976年2月6日。

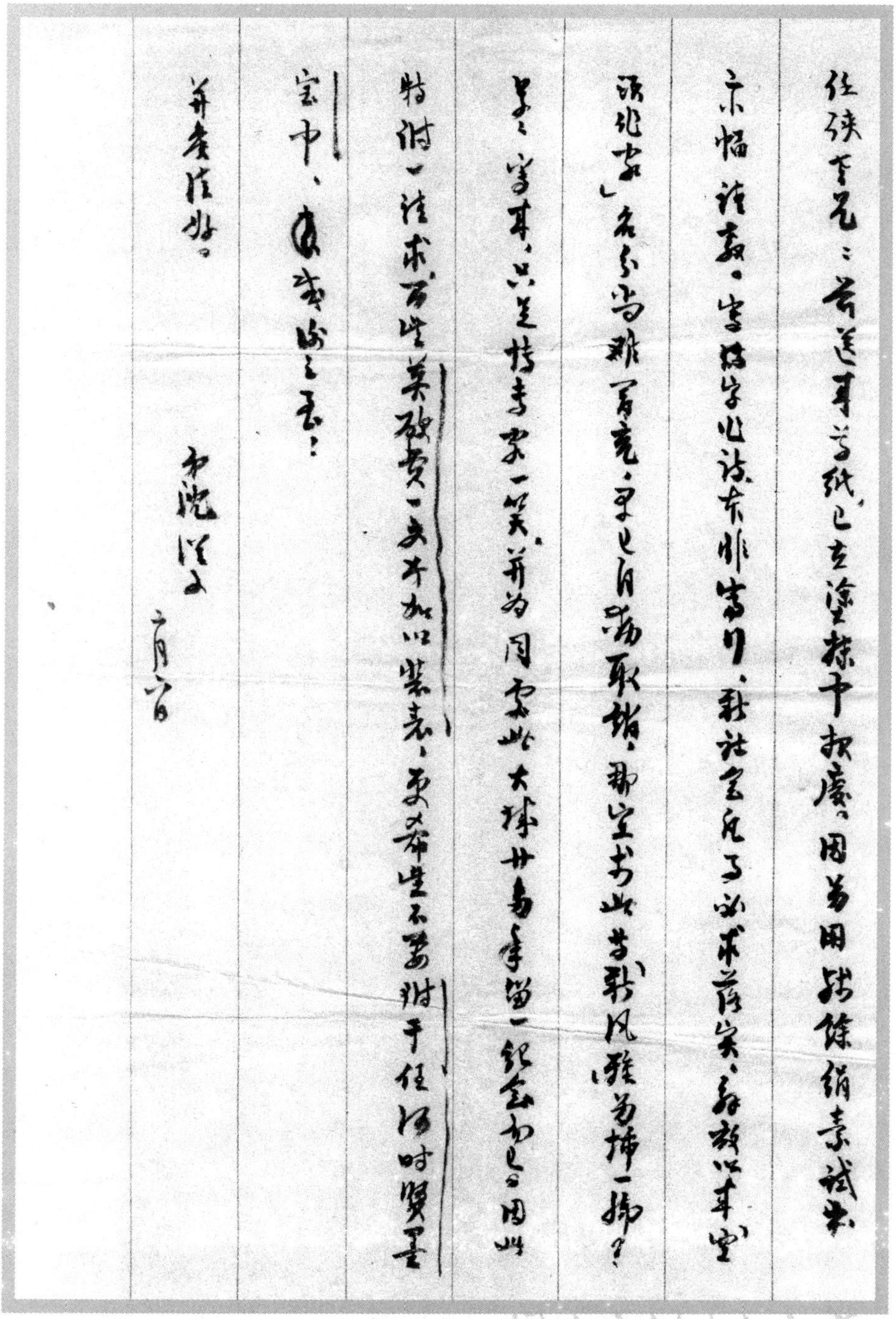

沈從文致常任俠 28.5×19.5 厘米

沈雁冰（1896—1981） 本名沈德鴻，字雁冰，筆名茅盾。作家。浙江桐鄉人。中華人民共和國成立後，任文化部部長，《人民文學》主編。中國人民政治協商會議第四、五屆全國委員會副主席。主要著作收入《茅盾文集》。

任俠先生：

久缺音訊，忽奉大札，欣慰何如？弟之書法至爲拙劣，乃蒙讚許，慚感交並，請稍假以時日，當有以報命，因近日常患頭暈也。如承枉顧，不勝企盼；但體弱多病，不能劇談，爲憾。舍下電話爲四四、四〇八九號；倘先電約，當恭候。匆此，敬致

革命的敬禮！

沈雁冰上　二月廿五日

【注釋】

經考證該信作於1975年2月25日。

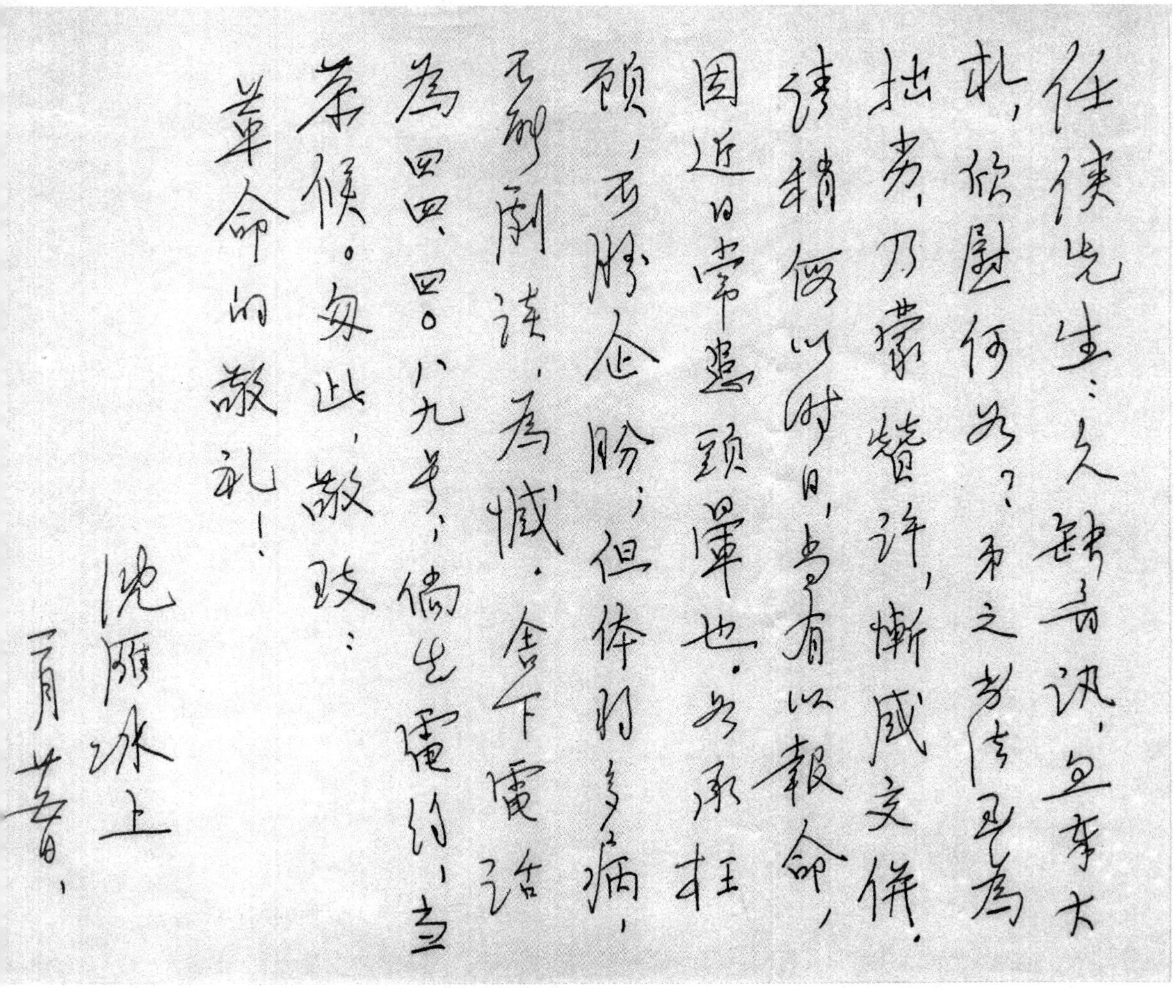

任俠先生：久缺音讯，並奉大札，欣慰何如？！弟之考證至為拙劣，乃蒙讚許，慚感交併。請稍假以時日，當有以報命，因近日常患頭暈也。前承枉顧，至勝企盼；但体弱多病，不耐劇談，為憾。舍下電話為四四．四〇八九号；倘先電约，當茶候。匆此，敬致：
革命的敬礼！
沈雁冰上
一月廿日，

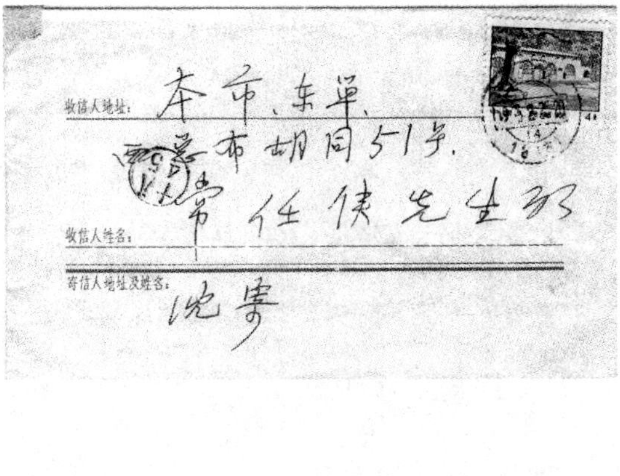

收信人地址：本市、东單、西總布胡同51号

收信人姓名：常任侠先生収

寄信人地址及姓名：沈寄

沈雁冰致常任俠 19.5×14.5 厘米

任俠先生：

日前承惠顧甚慰渴念。昨已寫好尊囑之小幅[1]，郵寄則折摺不便。卻好明日（六日）我將到北京醫［院］例診，大概下午三時許去，四時許可完事，歸途擬乘便登門拜訪，並帶所寫之紙來，不知此時大駕在家否？如有事不在家，弟當留紙而去。匆此即頌

大安！

沈雁冰　三月五日

【注釋】

經考證該信作於 1975 年 3 月 5 日。

[1]即詩作《讀臨川集感賦》。

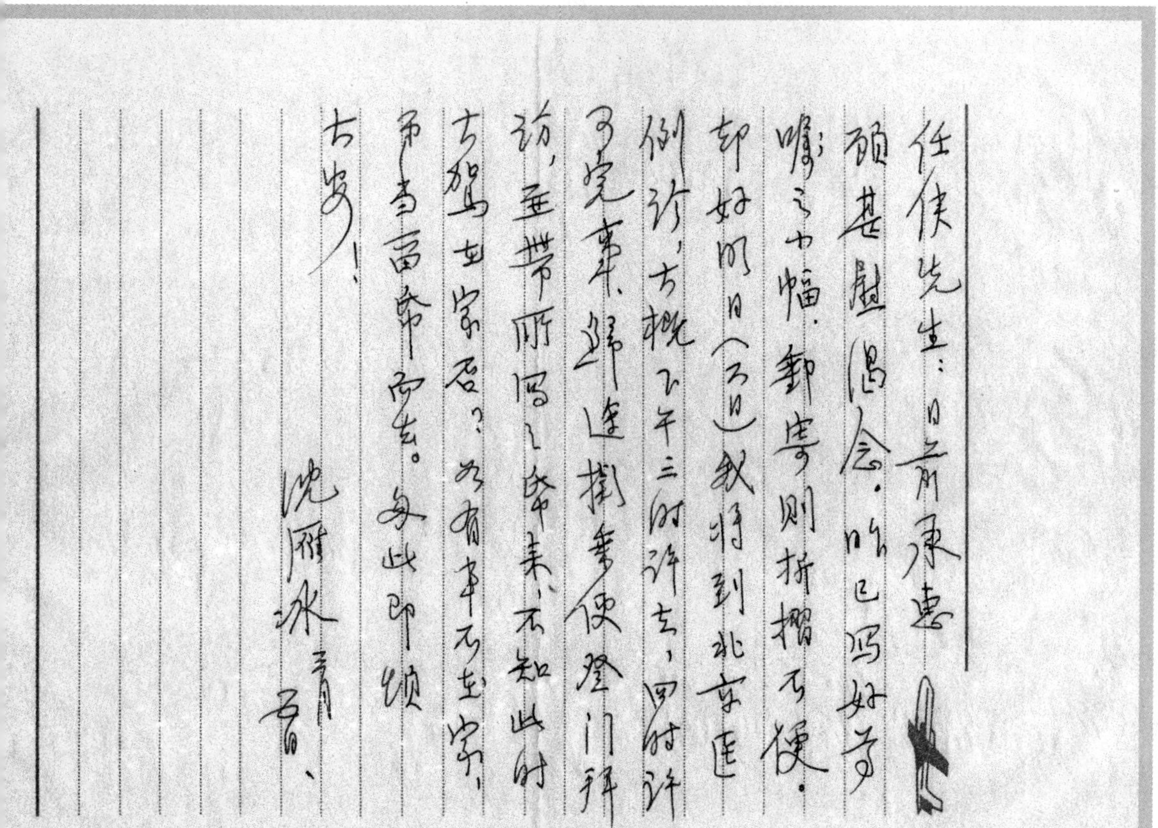

任侠先生：日前承惠
顾甚慰，想念。昨已写好
嘱之小幅，勤学则拆摺不便。
却好明日（5日）我将到北京医
院访，大概下午三时许去，四时许
可完事。归途拟乘便登门拜
访，并带所写之条来，不知此时
大驾在家否？如有事不在家，
弟当留条而去。匆此即颂
大安！
沈雁冰 三月四日、

沈雁冰致常任俠 25×17.5 厘米

任俠先生：

函及尊作七古敬悉[1]，因住院檢查身體，遲覆爲歉。詢及之黃女士非白薇。她在武漢時名慕蘭；抗戰初年在上海辦《譯報》，改名定慧，今是否健在則不得而知矣。匆此即頌

健康！

沈雁冰　四月十日

【注釋】

經考證該信作於 1975 年 4 月 10 日。

[1]即常任俠《讀臨川集並謝沈雁冰先生惠新作》七言古體詩橫幅。

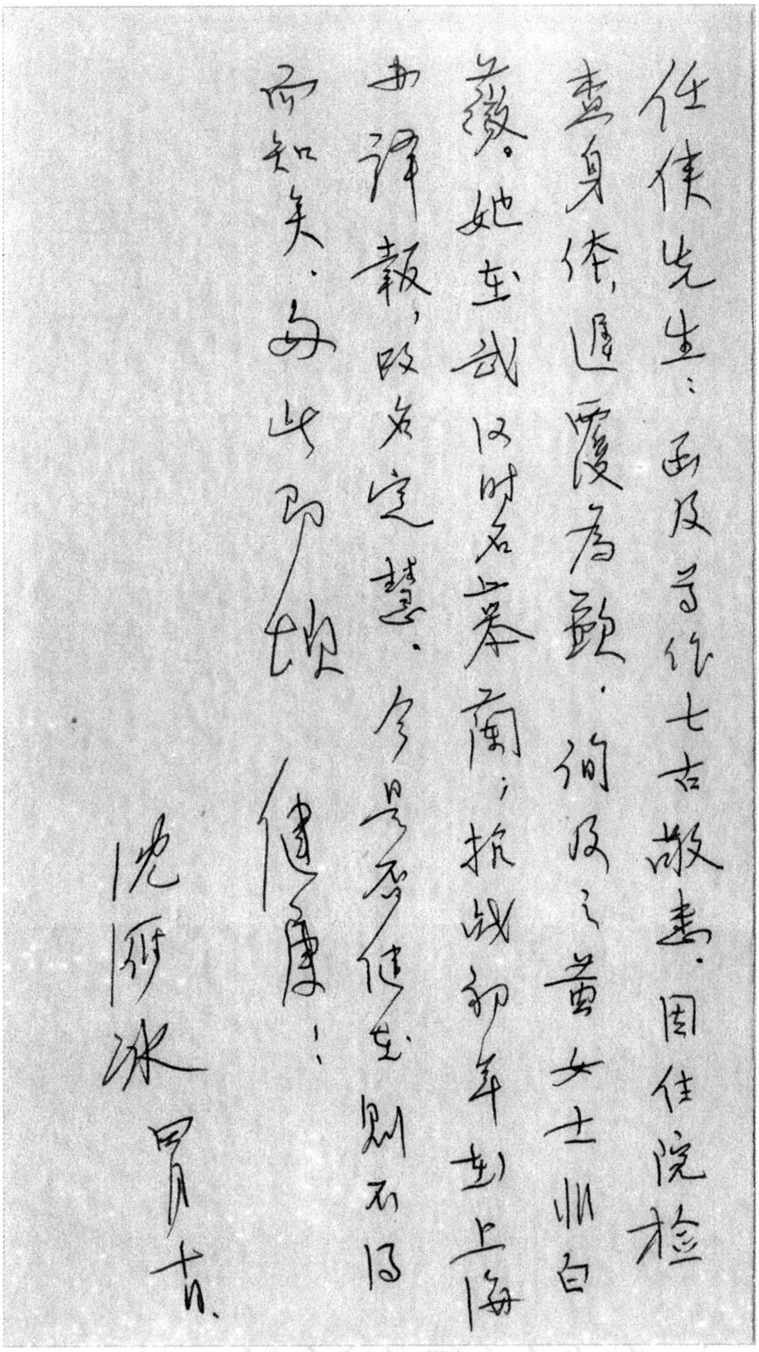

任侠先生：函及所作七古敬悉。因住院检
查身体，迟覆为歉。诗及之黄女士似白
薇。她在武汉以时名上幕蘭；抗战初年到上海
当译教，改名定慧。今是否健在则不得
而知矣。匆此即颂
健康！
沈雁冰
四月十八

沈雁冰致常任俠　17.5×10 厘米

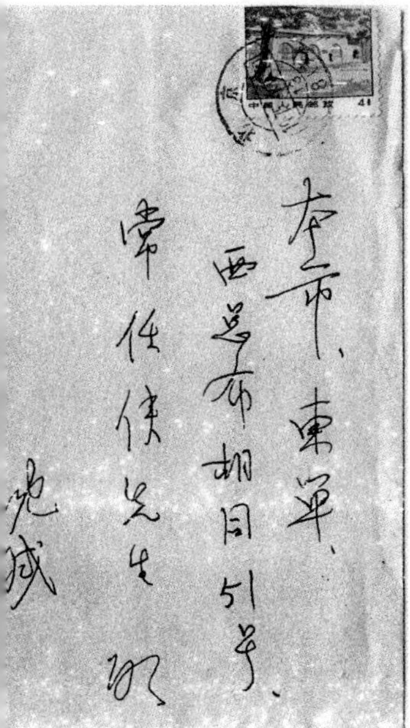

本市东单西总布胡同51号
常任侠先生 收
沈缄

沈志遠(1902—1965) 浙江紹興人,經濟學家。1931年畢業於蘇聯莫斯科中國勞動大學。回國後曾任暨南大學、北京大學、西北大學教授,生活書店副總編輯。中華人民共和國成立後,歷任出版總署編譯局局長、華東行政委員會文教委員會副主任、中國科學院哲學社會科學部委員、上海社會科學院經濟研究所研究員。

任俠吾兄大鑒:

至正誼書店奉訪達六七次之多[1],均未獲晤教,至深悵悵!拙作《論質變之性質階段形式……》一文,如已蒙採納可否提前惠賜稿費,因弟月內須遷家,需用浩繁故也。倘不合用,請即擲還,以便轉投他處發表;倘一時未能付排(鑒於貴志第二期迄未出版,第三期之出版日期,可能頗爲遙遠),出版尚遙,則亦懇即日擲還,至盼!耑此即頌

著安

弟沈志遠拜上　十二月十八日

回示請賜交生活書店或讀書出版社收轉!

【注釋】

經考證該信作於1943年12月18日。

[1]正誼書店在重慶民生路七十九號,時常任俠、潘菽主編《學術雜誌》即設"學術雜誌社"於該店樓上。《學術雜誌》於1943年9月1日創刊,僅出一期即停刊。

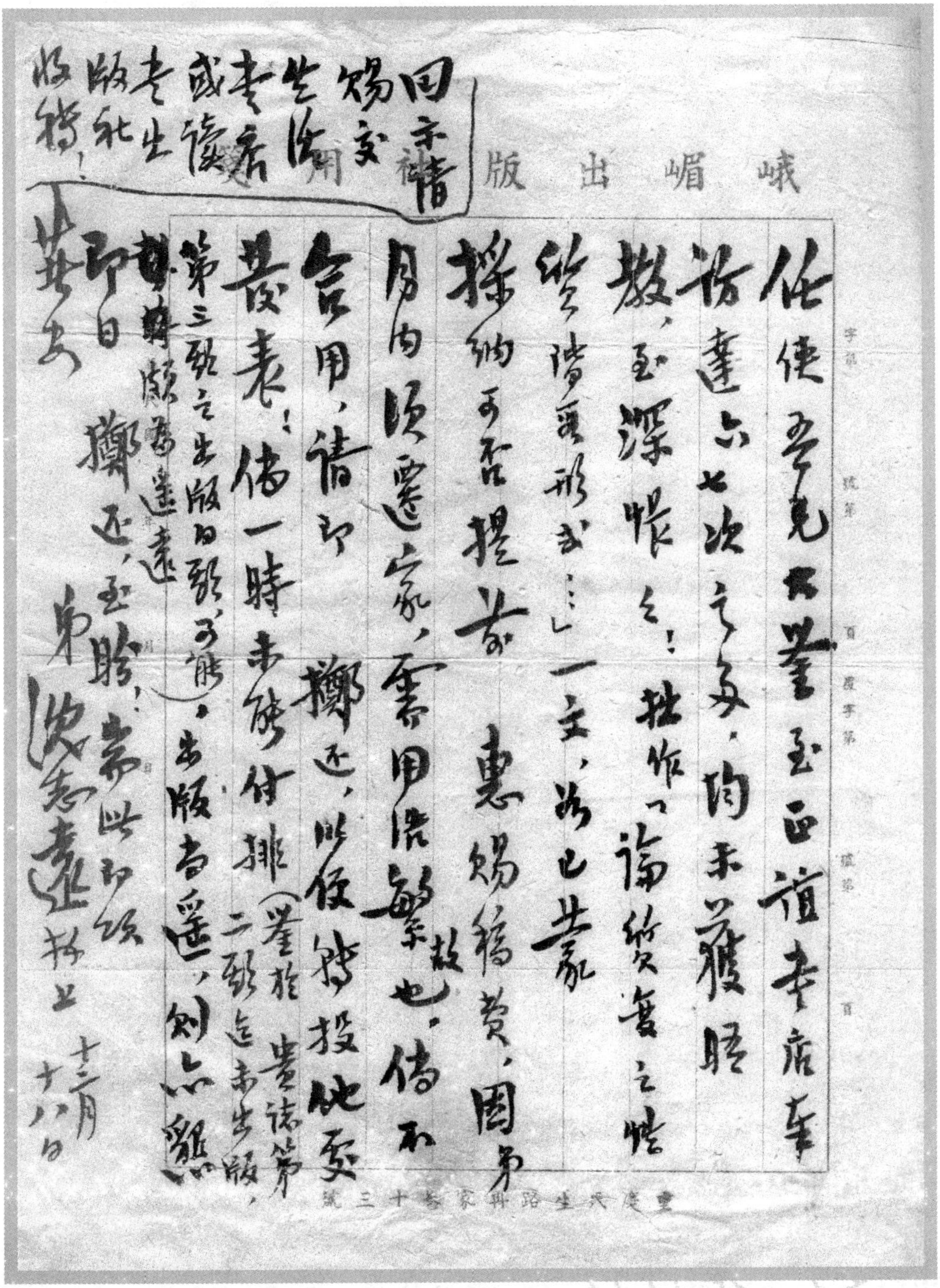
峨嵋出版社用箋

重慶民生路冉家巷十三號

沈志遠致常任俠 26×20 厘米

舒蕪(1922－),原名方管,安徽桐城人。文學理論家。曾任人民文學出版社編輯、中國社會科學院《中國社會科學》雜誌編審等職。著有《挂劍集》、《回歸五四》等。

任翁:

久疏候謁,歉咎殊深。比維興居萬吉,爲頌爲慰。

兹因中國照片檔案館擬借尊藏照片複製事,偕同該館辦公室主任雷卓夫同志等前來奉訪,適值外出,悵悵。卓夫同志好學能文,久欽山嶽,渴思面聆雅教,至希撥冗同他聯繫,約定時間,請他再來,爲懇。

匆匆不恭,即頌

道安!

舒蕪頓首　五月六日

附雷卓夫同志名片一張

我已遷居,新址:皂君廟社科院宿舍三樓一門六號。

【注釋】

經考證該信作於1985年5月6日。

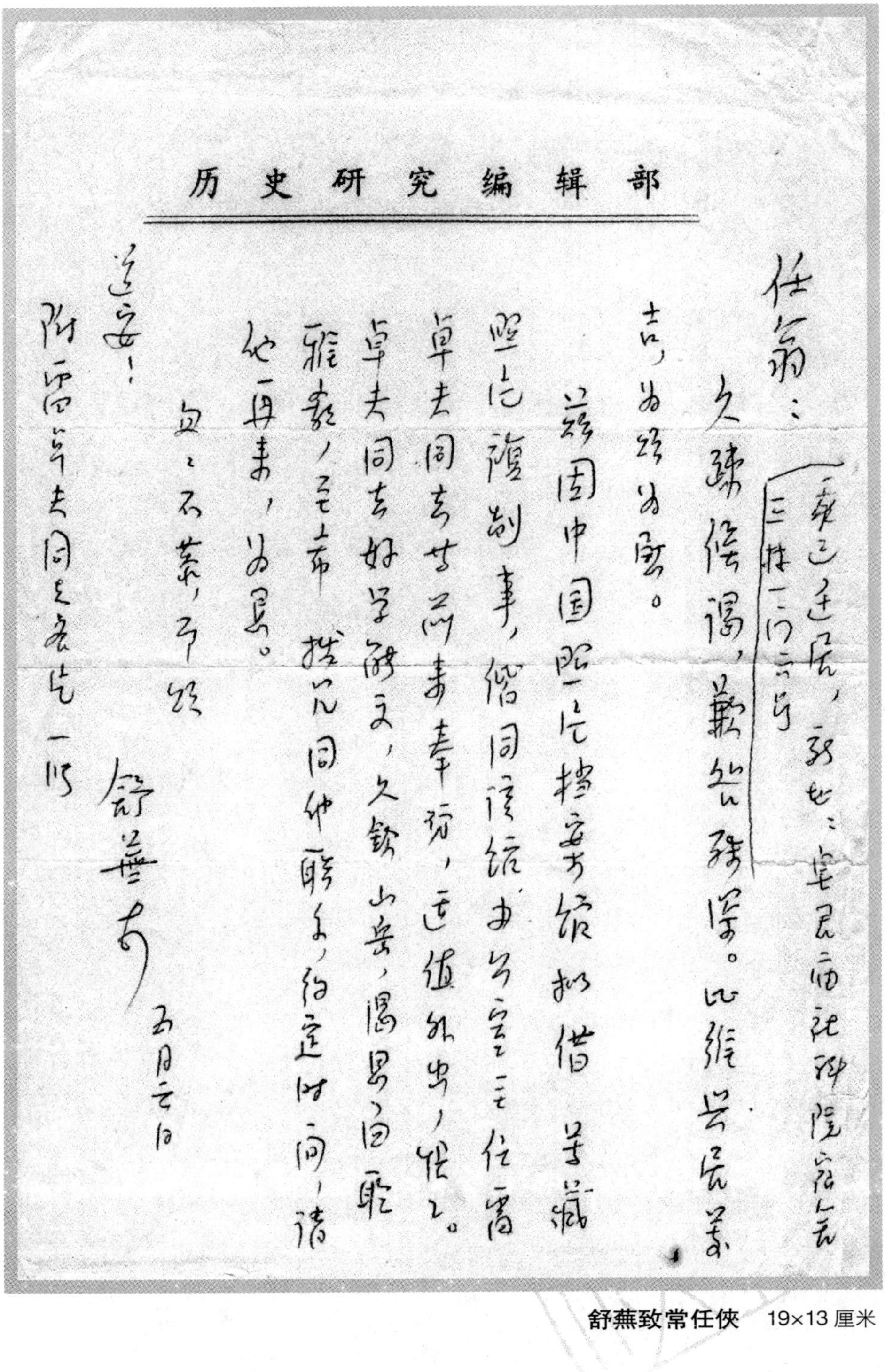
历史研究编辑部

任翁：

久疏候问，歉然殊深。比维起居康吉，为颂为慰。〔燕已迁居，新址：宅居西四北[illegible][illegible]院宿舍三楼二门六号〕

兹因中国照片档案馆拟借 先生藏照片复制事，偕同该馆由吴宝之任宣卓去同志专为来奉访，适值外出，怅怅。卓夫同志好学能文，久钦山岳，渴思面聆雅教，今上午拟先同仲联兄，约定时间，请允一再来，为感。

匆匆不[illegible]，即颂

道安！

舒燕上 五月六日

附西单卓夫同志名片一张

舒燕致常任俠 19×13 厘米

任翁：

附上尊作剪報一份[1]，請檢收。

桐城方氏有三，“桂林方”最爲望族，明末方孔炤、方以智，清初方文、方觀承、方苞皆是也。寒宗號“魯谼方”，原爲魯谼山上獵戶，故往往被人背地貶稱曰“獵戶方”，自方東樹始有聞人，東樹是我的曾祖父輩；我的曾祖父方宗誠（號柏堂），理學家，于東樹爲族弟，又是弟子；我的祖父方守敦（槃君），即柏堂之子。［白華表兄的外祖父，方守彝（倫叔），是我的伯祖父，柏堂公之長子。］桐城還有“會宮方”，方治即是其族。以上三方，皆同姓不宗也。

耑此布達，順頌

撰綏！

舒蕪頓首　一九八七年三月廿日

【注釋】

[1]指常任俠《往日的回憶》一文，刊 1987 年 3 月 19 日《人民日報》第八版。因文中提及“由於宗先生的外家是桐城桂林方氏，使我因此結交到不少桐城的友人。”舒蕪作此信訂正之。

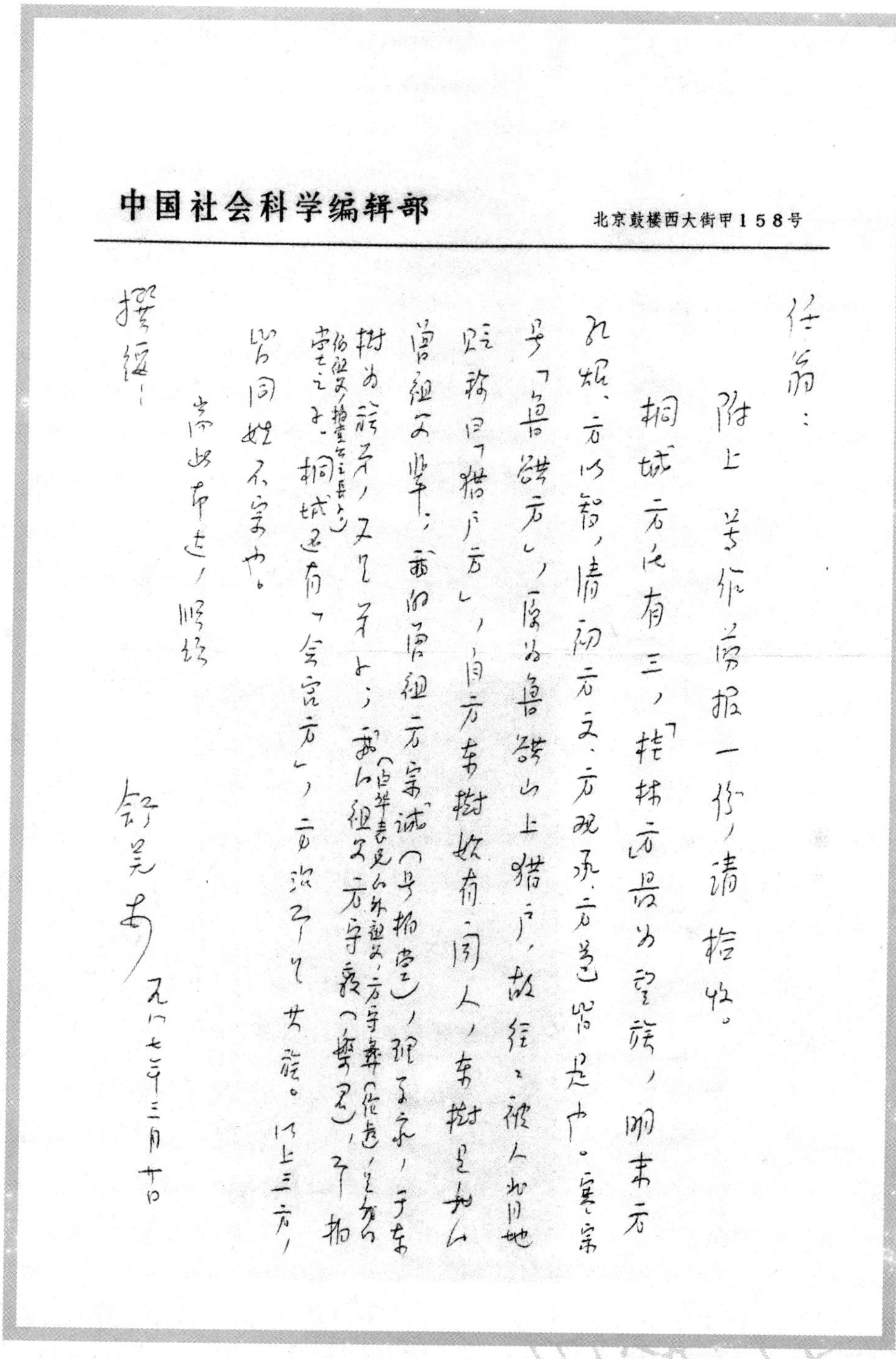

中国社会科学编辑部　北京鼓楼西大街甲158号

任翁：

附上拙作剪报一份，请检收。

桐城方氏有三，「桂林方」最为望族，明末方孔炤、方以智，清初方文、方观承、方苞皆是也。寒宗号「鲁谼方」，以居鲁谼山上猎户，故往往被人[illegible]地贬称曰「猎户方」，自方东树始有闻人，东树是我的曾祖父辈；我的曾祖方宗诚（号柏堂），继了东树为族长，又是学者；我的祖父方守敦（白华表兄外祖父，方守彝（伦叔）（伯祖父，柏堂之长子）之弟）字槃君，是柏堂之子。桐城还有「会宫方」，亦次于此世族。以上三方，皆同姓不宗也。

专此布达，顺颂

撰绥！

舒芜 上

一九八七年三月廿日

舒蕪致常任俠　26×19 厘米

孫望（1912—1990），原名自強，字止畺。江蘇常熟人。現代作家，教授。1937年畢業於金陵大學國文系。曾任金陵大學副教授。1949年加入中國民主同盟。1949年後歷任金陵大學、南京師範學院、南京師範大學教授、中文系主任，中國作協江蘇分會第一、二屆副主席，江蘇省高等學校語言文學教學研究會第一屆會長。編著有《元次山年譜》、《蝸叟雜稿》、《全唐詩補逸》等。

任俠兄：

來示收悉，知生活尚未安定，兼以工作繁忙，不暇寫詩。白鶴處詩幸於行前強逼寫成，不然恐亦將石沉大海矣。昨日又發力揚一函，想亦看到。不知兄對弟等所提各點作如何想。時日已近十五，各方稿子尚未見寄來，眞急死人。弟意一切計劃，可由兄與穆[木]天力揚諸兄商定，編輯方法亦可商定然後寄來此間，由長沙印刷，爲此間印工較便宜也。週刊仍繼續維持，有空時，請寫一篇詩的論文，大約一千二百字左右，備用於週刊上。

昨日白鶴囑弟轉向兄索稿，寫短篇劇本一篇，第二期《今天》就要用，最好在五天里寄來，並請先將字數告知，爲第二期各文章已付排，已爲兄留出一地位。沫若先生會過否，談過否？田先生及力揚張曙諸兄之出版費用已問過否？迄今各方一無消息，急死老孫也。第一期內容需兄在漢口設法者，（一）穆木天先生論文，（二）郭沫若先生論文，（三）胡風先生詩作，（四）吾兄及力揚張曙田先生詩作，（五）蓬子詩作，（六）鹿地亙、池田杏子之日本詩壇消息及對中國抗戰詩歌之意見，（七）國外詩壇消息，（八）譯作。各人題材，最好先事分配一下，或作衝鋒詩，或作後方描寫詩，或作國際問題詩，或作慰勞詩。又盧鴻基羅工柳之木刻迄今不見寄來，封面木刻亦請轉託二位趕快趕起，如定五月中出版，最好封面木刻含有“五月”之意義的。在長諸友，由弟力催，必不成問題，怕只怕吾兄與力揚兄懶勁大發，不出奔走，那我準要急死的。房子租定，立即趕詩趕文、趕劇本、趕趕趕趕……餘不一

刻安

弟　望手啓 四月十一日

【注釋】

經考證該信作於1938年4月11日。

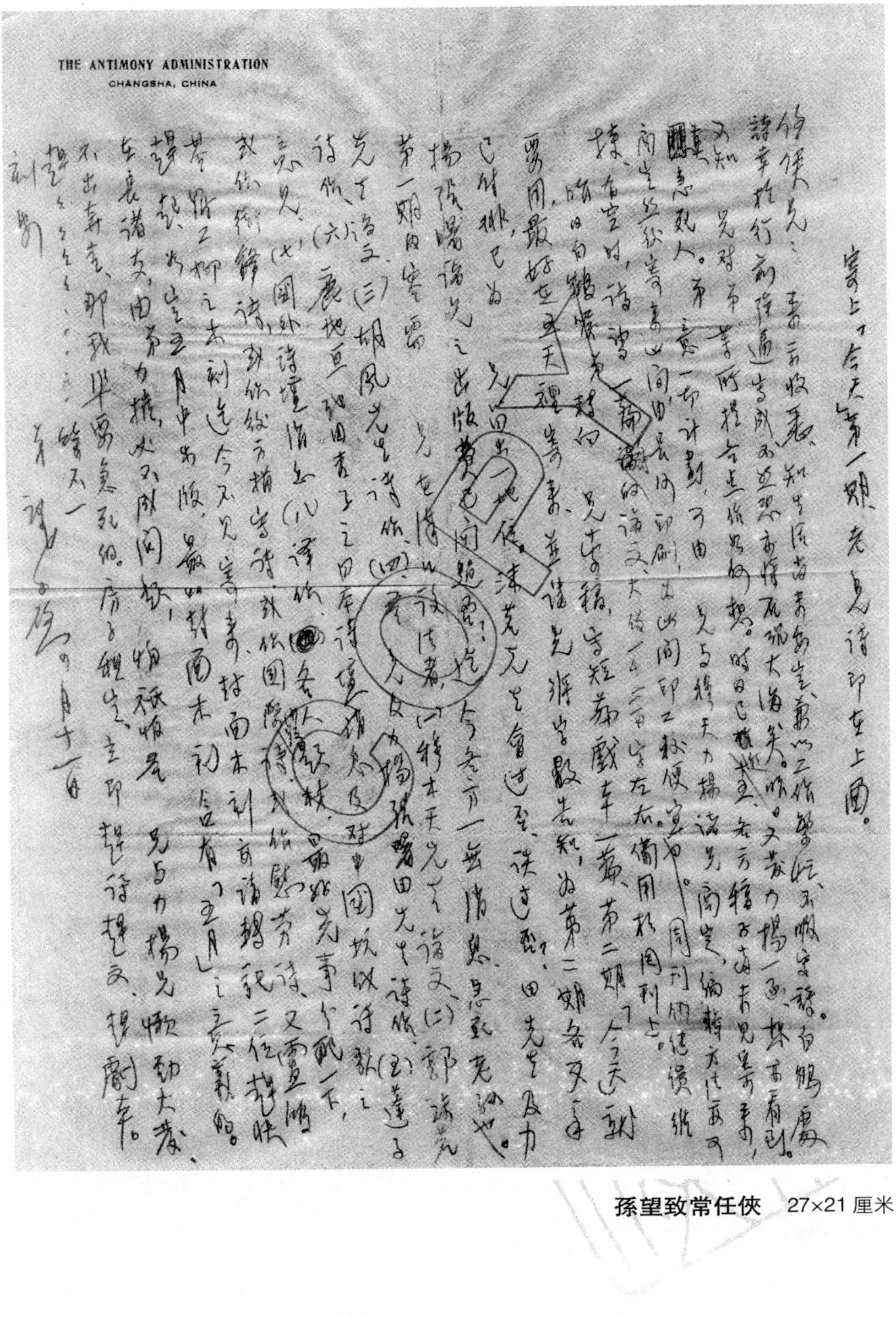

THE ANTIMONY ADMINISTRATION
CHANGSHA, CHINA

寄上"今天"第一期，老兄請印在上面。

任俠兄：

孫望致常任俠　27×21 厘米

任俠兄：

三月七日手翰收悉。知兄已辭去政治部工作，榮就中英庚款考古藝術史研究員職，敬爲吾兄二賀。甘運衡兄近在築擬組詩社，白鳳兄已有函相邀，想皆係同好，不致卻之也。紫曼近無信來，是否仍住新街口上水巷子十三號附一號，乞告。《中國詩藝》仍擬待機復刊，如無復刊希望，當全部寄轉《文藝月刊》或其他詩刊。《沙坪壩出土漢石棺畫像之研究》如刊出，乞將該報賜寄一份。《文藝月刊》現何人主持，能代索一份寄閱否？《亞細亞之黎明》弟早拜讀，承贈一份予霍薇小姐，弟已寄去，昨來函未見提及，想尚未收到也。徐愈兄在湖南祁陽湖南公路局，曾來永州，在弟處住宿一晚，相談極暢。舍弟閆健近亦到重，其擬借讀中大工學院，恐不易成事實耳。白華先生、仲年先生見時乞代候。辟畺先生仍在中大否？見時亦乞代候。草草不盡，敬頌

著安

弟望 手上　三月廿四日

【注釋】

經考證該信作於 1939 年 3 月 24 日。

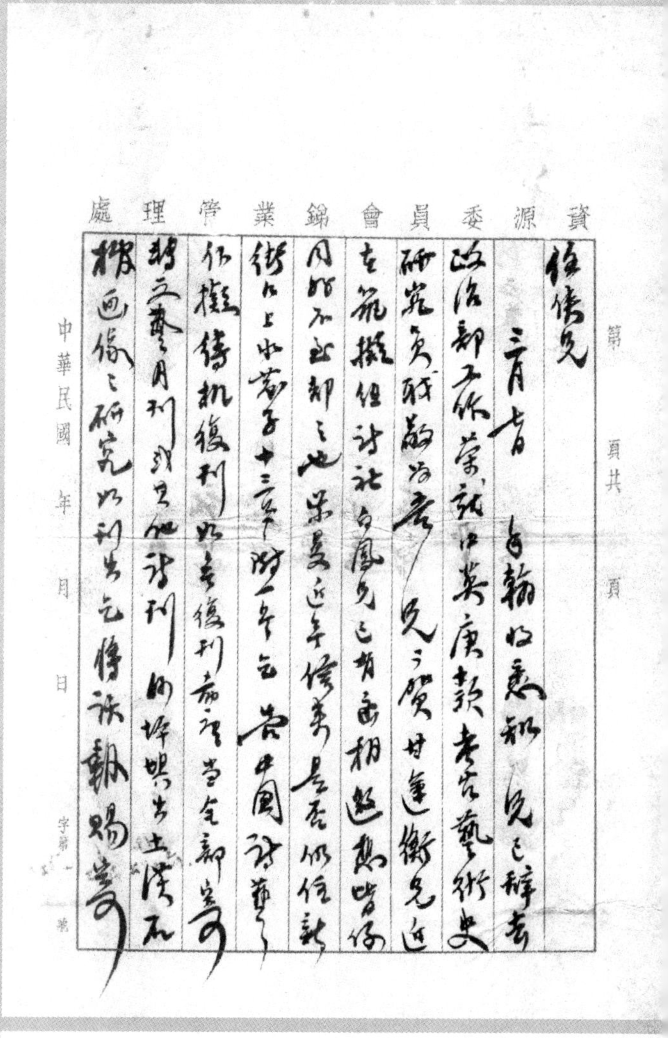

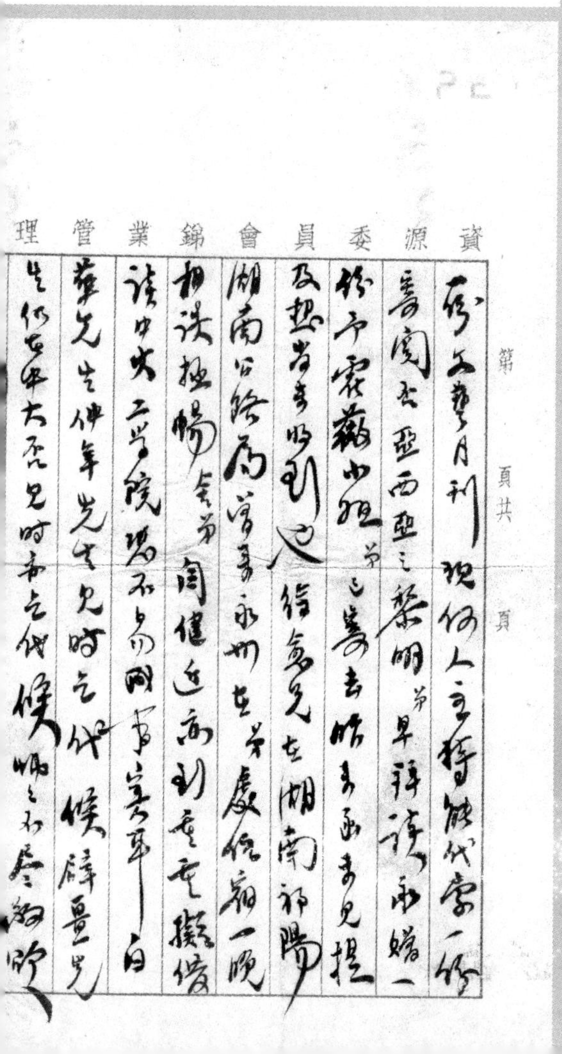

孫望致常任俠　29×19.5 厘米

任俠兄：

多年不通音訊，但無時不在念中。您的住址，在文化革命中抄家時被抄掉了，所以也無法修書奉候。今冬千帆兄調來南大，他把您的地址抄給了我，所以才能寫這封信。弟和千帆時可相晤，可惜的是紫曼去年不幸作古，否則雙雙調寧，又該多么熱鬧？老友中我還經常想念的是汪銘竹兄，您知道他香港的住址否？他的近況如何？倘承賜告，我眞會喜出望外的。人到老來，總是特別喜歡回憶年輕時的朋友。

我一直仍在南師中文系，文化大革命中也受到衝擊，是72年才獲得解放的。現在除名義上擔任中文系的負責人外，主要是爲帶研究生而煩心，我和唐圭璋同志合帶六名研究生，所以平時也就很少空閑。前月我系所編《文教資料簡報》紀念郭老專輯中刋登了郭老1941—42年間給我的兩封信，信里涉及你，現在奉寄一份，請檢收。吾兄倘有這一類珍藏的書翰，倘承對我們的小刋物愛護，十分歡迎借給我們刋出，作爲文界資料，公諸同好。原件一定愛護保管，待製版後，立刻妥善奉趙。京居近概，尙乞得暇賜告爲荷。祇頌

著安

弟　孫望　十一月十五日

地址：南京師範學院中文系

或：南京天竺路二號（住址）

【注釋】

經考證該信作於1978年11月17日。

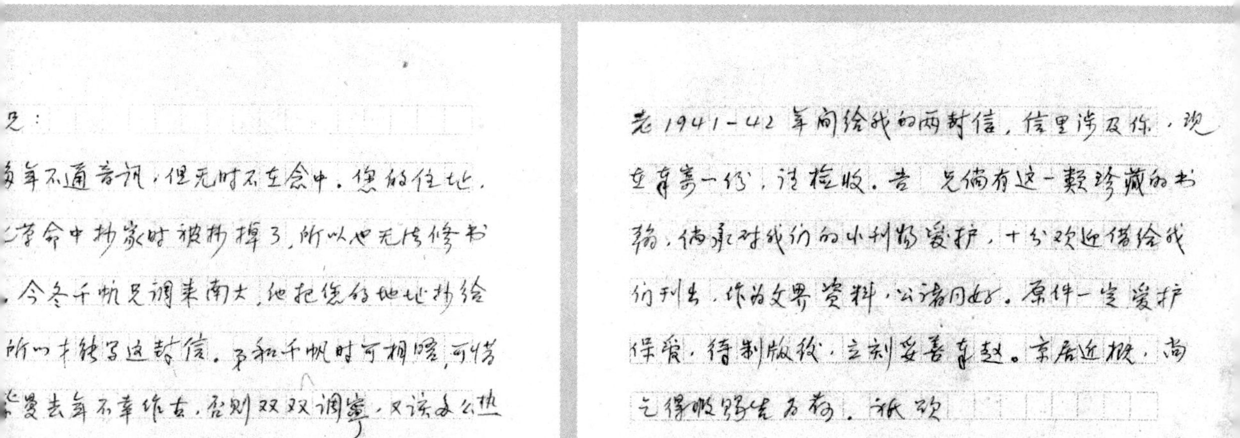

兄：

多年不通音讯，但无时不在念中。您的住址，
文革命中抄家时被抄掉了，所以也无法修书
。今冬千帆兄调来南大，他把您的地址抄给
所以才能写这封信。弟和千帆时可相晤，可惜
曼去年不幸作古，否则双双调寄。又谈及公热
老友中我还经常想念的是汪铭竹兄，您知道他
的住址否？他的近况如何？倘承赐告，我真
[illegible]外的。人到老来，总是特别喜欢回忆年轻
友。

我一直仍在南师中文系，文化大革命中也受到冲击，
年才获得解放的。现在除名义上担任中文系的负
，主要是为带研究生而烦心，我和唐圭璋同志合
研究生，所以平时也就很少空闲。前月我系所
《文教资料简报》纪念郭老专辑中刊登了郭

5=300　南京师范学院稿纸

老1941-42年间给我的两封信，信里涉及你，现在复寄一份，请检收。吾兄倘有这一類珍藏的书稿，倘承对我们的小刊物爱护，十分欢迎借给我们刊出，作为文学资料，公诸同好。原件一定爱护保管，待制版後，立刻妥善奉赵。京居近状，尚乞得暇写告为荷。祇颂

著安

弟 孙望 十一月十五日

地址：南京师范学院中文系
或：南京天竺路二号（住处）

20×15＝300　南京师范学院稿纸

孫望致常任俠　26.5×19 厘米

任俠兄

淑芬嫂：

接到淑芬嫂上月三十日的信，才知道任公去年十二月中旬因雪地滑倒，致折脚骨，驚聞之下，恨不能立刻到北京一爲探望。接着又知道目前已有好轉，這才比較安心。希望任公和醫生合作，悉心治療，並誠懇的祝任公早日痊癒復原。來日如有機會到北京，一定趨府奉訪。

《往日的詩情》一稿，收到，並已拜讀一過，覺得這些材料很可寶貴，郭老的詩，任公的詩，還有辟老的詩，互相輝映，使我們也大致瞭解了那一時期諸公往還唱和的情致。我覺得，可作文學讀，亦可作歷史觀。目前已交《文教資料》的主持同志，渠對此等材料很有興趣。等他拜讀後我再請教他有什么看法。

臧雲遠兄前天因一同聽一個文聯的傳達報告，見面了，他提起照片的事，能送我一張，所謂求之不得，先此道謝。等我有比較滿意的照片，我也一定寄奉一張。千帆兄在南大中文系，和他同時從武大調南大中文系的還有張月超同志，想也是任公所熟悉的。千帆住南大南園十三舍 222 號，知道你們關心他，特爲附告。不盡，祇頌

痊安

弟　孫望拜上　二月十一日

【注釋】

經考證該信作於 1979 年 2 月 11 日。

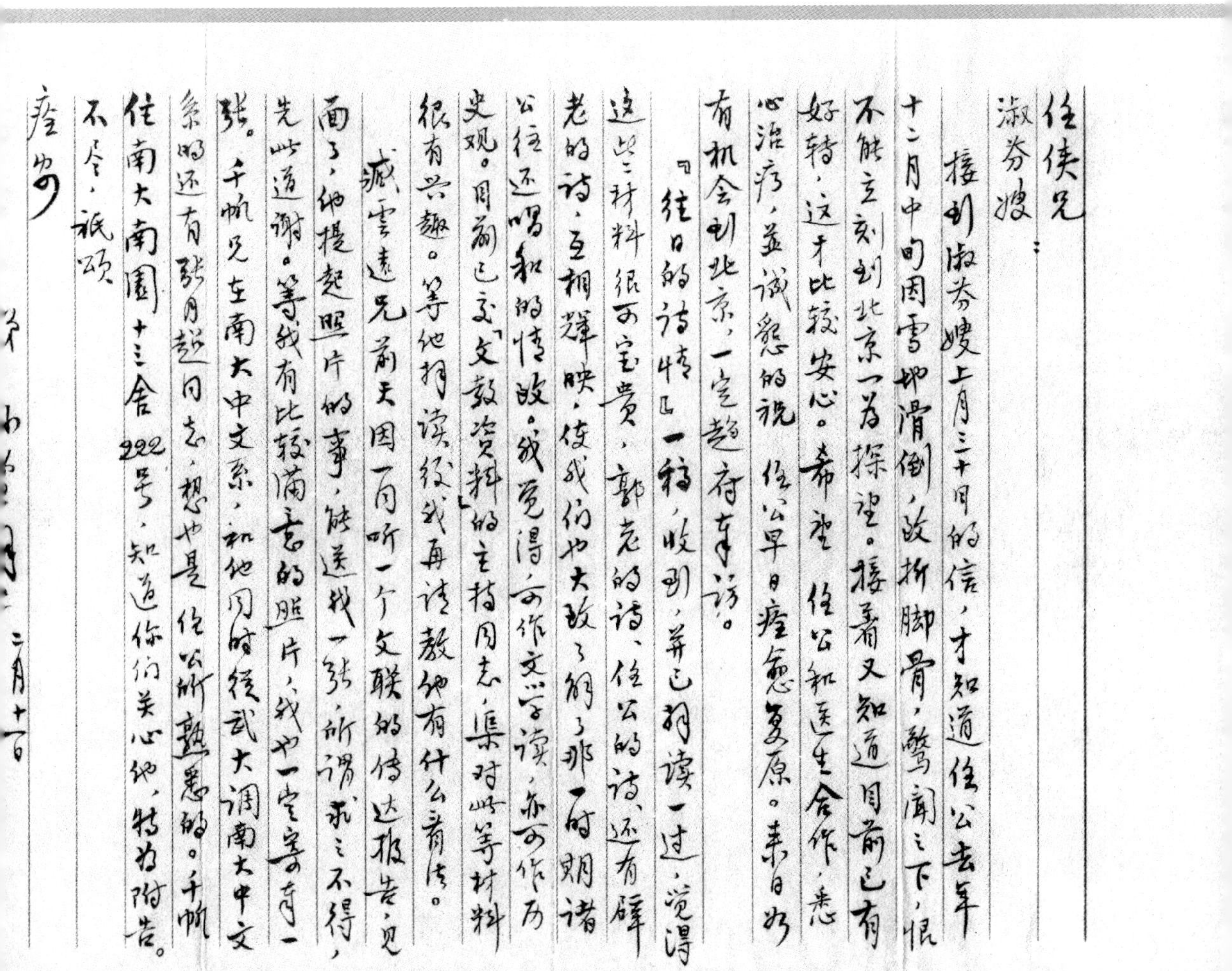

任侠兄
淑芬嫂：
接到淑芬嫂上月三十日的信，才知道任公去年十二月中旬因雪地滑倒，致折脚骨，惊闻之下，恨不能立刻到北京一为探望。接着又知道目前已有好转，这才比较安心。希望任公和医生合作，悉心治疗，並祝愿任公早日痊愈复原。来日如有机会到北京，一定趋府拜访。
『任公的诗情』一稿，收到，並已拜读一过，觉得这些材料很可宝贵，郭老的诗、任公的诗，还有辟老的诗，互相辉映，使我们也大致了解了那时朋诸公往还唱和的情致。我觉得可作文学读，亦可作历史观。目前已交「文献资料」的主持同志，渠对此等材料很有兴趣。等他拜读後我再请教他有什么意见。
臧云远兄前天因开会，听一个文联的传达报告，见面了，他提起照片的事，能送我一张，所谓求之不得，先此道谢。等我有比较满意的照片，我也一定寄奉一张。千帆兄在南大中文系，和他同时从武大调南大中文系的还有张月超同志，想也是任公所熟悉的。千帆住南大南园十三舍222号，知道你们关心他，特为附告。
不尽，祗颂
痊安
弟 [illegible] 二月十日

孫望致常任俠　25.5×18 厘米

任公左右：

前奉手翰並所附照片三幀，除自留一幀外，餘者分別轉致千帆、雲遠二兄矣。讀信，藉悉折骨接合尚佳，可扶杖步履，且已出院，曷勝忭慰。大作《往日的詩情》一文，近於我系《文教資料簡報》第85期刊出，爲篇幅所限，編者將引詩兩三首割愛删去，又以印期急促，未先奉商，尚祈見諒。昨日編者告我，謂已寄上十冊，諒不久即可遞到。且謂編輯組人手極少，校對不細，難免錯誤。請兄抽暇再爲一校，倘發現脱誤，希即函示，俾便於下期作更正。此類文章，既有史料價值，復可作文學欣賞，又富風趣，誠文教界所共愛，倘有續篇，還希賜寄，藉爲此小刋物生光。寫作之暇，尚望加意珍攝。專此祇頌

吟綏

弟　孫望拜上　五月二日

【注釋】

經考證該信作於1979年5月4日。

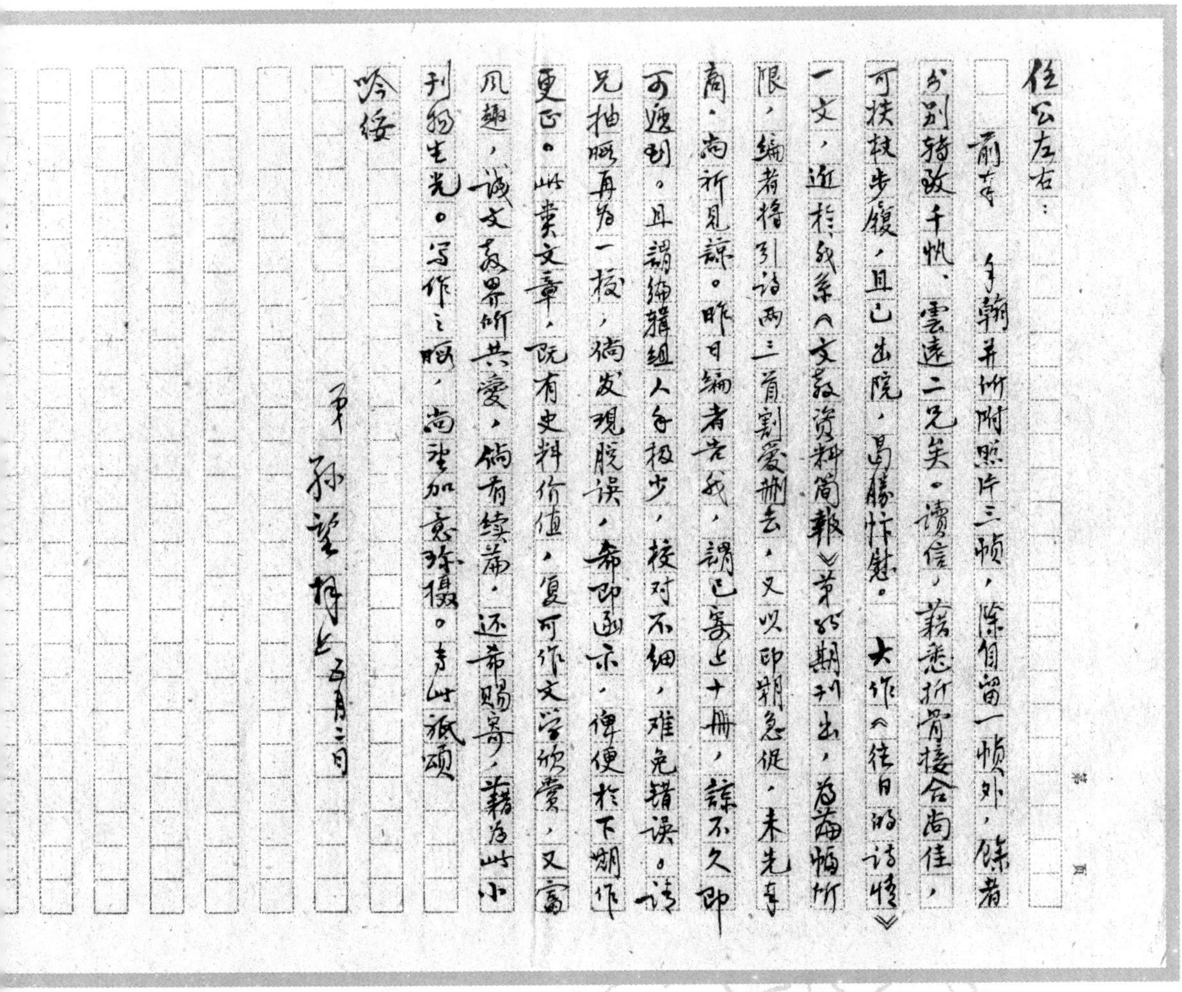

任公左右：

前奉 手翰并所附照片三帧，除自留一帧外，余者分别转致千帆、云远二兄矣。读信，藉悉折骨接合尚佳，可扶杖步履，且已出院，曷胜忭慰。 大作《往日的诗情》一文，近於我系《文教资料简报》第85期刊出，为篇幅所限，编者将引诗两三首割爱删去，又以印期急促，未先奉商，尚祈见谅。昨日编者告我，谓已寄上十册，谅不久即可递到。且谓编辑组人手极少，校对不细，难免错误。请兄抽暇再为一校，倘发现脱误，希即函示，俾便於下期作更正。此类文章，既有史料价值，复可作文学欣赏，又富风趣，诚文苑界所共爱，倘有续篇，还希赐寄，藉为此小刊物生光。写作之暇，尚望加意珍摄。专此祗颂

吟绥

弟 孙望 拜上 五月二日

孫望致常任俠 26×19 厘米

任公吾兄：

不相晤者又幾兩年矣，遙企風光，曷勝馳繫。頃者小兒原平以公差到京，渠在南京藝術學院圖書館工作，爲採購國外畫冊資料事，慕公專家，海內所仰，特囑造府趨謁，祈賜教益，不勝感荷之至。

耑頌

著綏

弟孫望拜上　五月廿三日

【注釋】

經考證該信作於 1981 年 5 月 23 日。

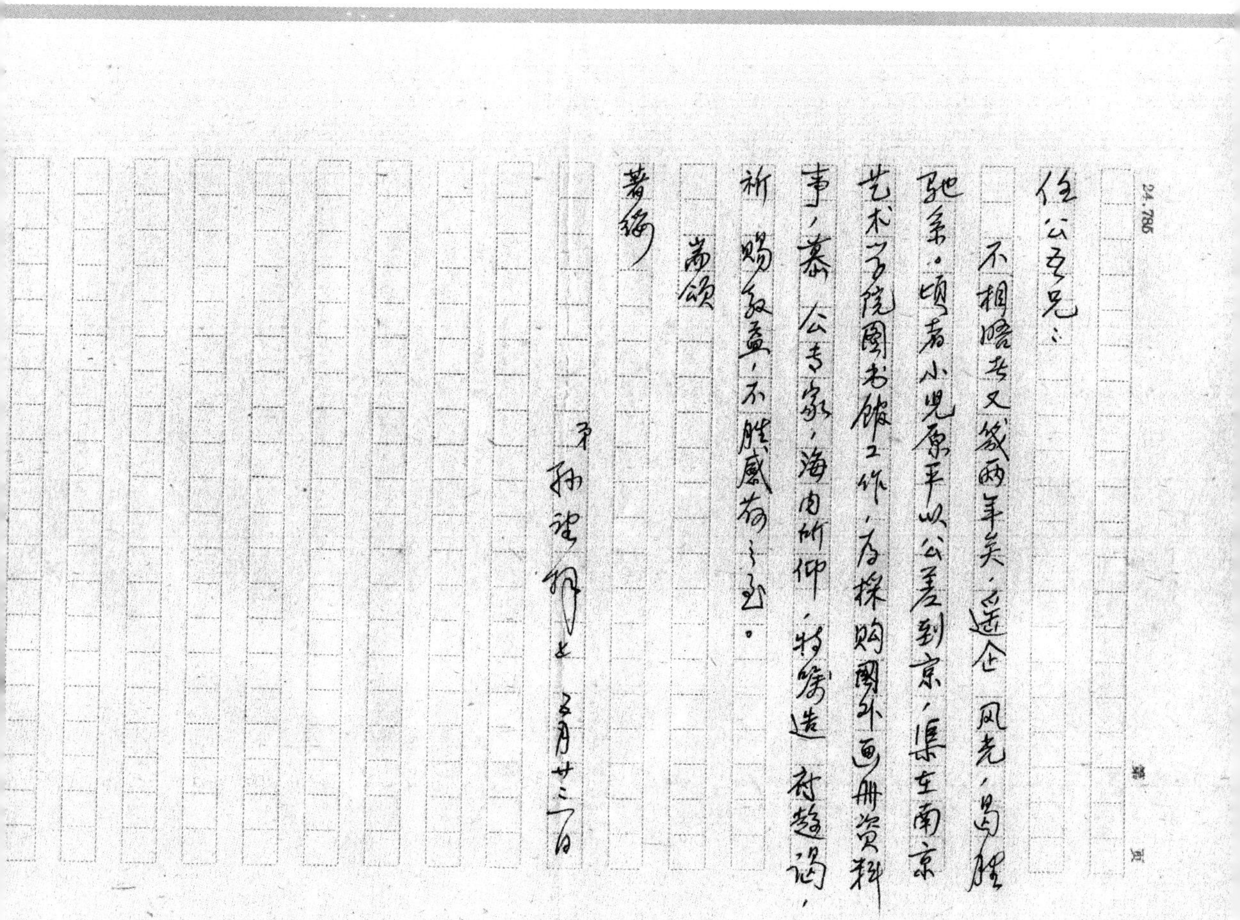
任公吾兄：
不相晤者又几两年矣，遥企风光，曷胜
驰系。顷者小儿原平以公差到京，渠在南京
艺术学院图书馆工作，为採购国外画册资料
事，慕公专家，海内所仰，特嘱造府趋谒，
祈赐教益，不胜感荷之至。
耑颂
著绥
弟 孙望 拜上 五月廿二日

孫望致常任俠　27×19 厘米

任公吾兄左右：

秣陵忽忽一晤，雖未得傾懷暢叙，然亦足聊解八年闊別之衷，誠快事也。尊體左腿靜脈管炎，拙內霍薇當即致函乃弟霍鑾鏘醫師，今日獲復，兹隨函附奉，或者可資參考也。

閣下、艾青、咏泉及弟四人合影[1]，亟盼早日翻拍兩張（其一自留，其一擬寄江西轉贈林咏泉），寄寧，敬先致謝。

土星筆會詩選當再與千帆兄斟酌如何選法？但再不能一壓數年，待初步交换意見後，再爲奉告。專頌

著綏

弟孫望拜上

1987，10，10日

【注釋】

[1]指1941年1月19日在重慶所攝四人合影。

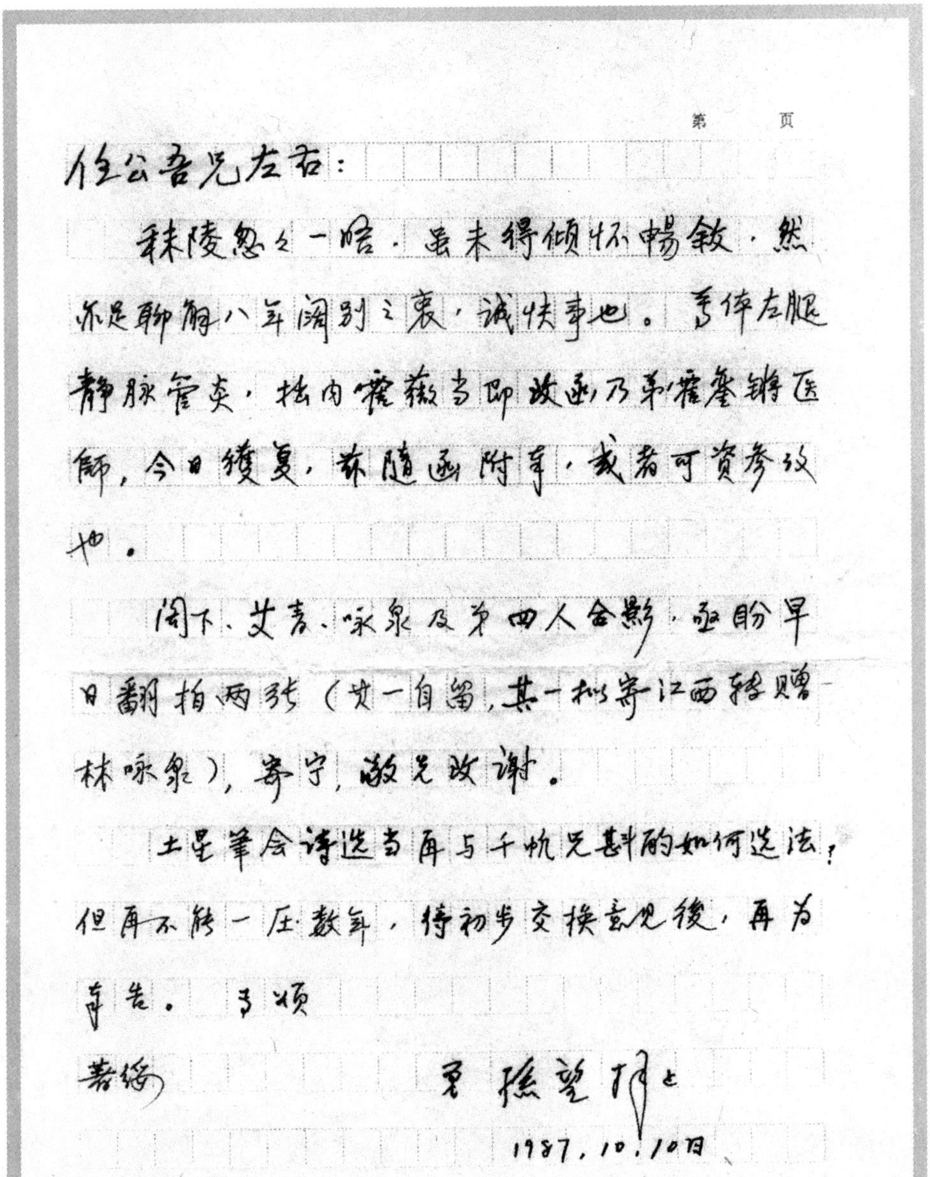
第　　页

任公吾兄左右：

秣陵匆匆一晤，虽未得倾怀畅叙，然亦足聊解八年阔别之衷，诚快事也。弟体左腿静脉管炎，拙内霍薇当即致函乃弟霍鉴铮医師，今日獲复，兹随函附奉，或者可资参考也。

阁下、艾青、咏泉及弟四人合影，亟盼早日翻拍两张（其一自留，其一拟寄江西转赠林咏泉），寄宁，敬先致谢。

土星笔会诗选当再与千帆兄斟酌如何选法？但再不能一压数年，待初步交换意见後，再为奉告。　专颂

著绥

弟 孫望 拜上

1987.10.10日

15×20=300　　南京师范大学中文系

孫望致常任俠　26.5×18.5 厘米

任公：

手教及所附照片兩張收到，自 1941 年迄今中間已隔四十六春秋，弟所藏者，早於文革中作爲罪證被抄沒，今日能復得此舊像，誠如獲至寶矣。另一幀已轉寄咏泉，渠通訊地址爲：“江西省進賢縣 1357 號信箱”，順爲奉聞。所需《詩帆》，當接洽複印，印就即當寄奉。千帆近因心臟欠佳正住在軍區醫院療養。又方今台胞省親正在熱潮，倘遇返大陸探親台胞，請順便留意探聽銘竹兄是否在台灣，是否尚健在？土星筆會主催人，“詩帆”創辦者，獨具風格之詩人，弟實無時不在念中也。不盡，敬祝

冬綏

弟　孫望　一九八七年十一月十一日

第　　页

任公：

手教及所附照片两张收到，自1941年迄今，中间已隔四十六春秋，弟所藏者，早於文革中作为罪证被抄没，今日能復得此舊影，诚为获至宝矣。另一帧已转寄咏泉，渠通讯地址为："江西省、进贤县1357号信箱"，顺为奉闻。所需"诗帆"，当接洽複印，印就即当寄奉。千帆近因心脏欠佳，正住在军区医院疗养。又方今台胞省亲正在热潮，倘遇返大陆探亲台胞，请顺便留意探听铭竹兄是否在台湾，是否尚健在？土星笔会主催人，"诗帆"创办者，独具风格之诗人，弟实无时不在念中也。不尽，敬祝

冬绥

弟 孙望 一九八七年十一月十一日

15×20=300　　　　南京师范大学中文系

孫望致常任俠　26.5×18.5 厘米

任公左右：

前後兩賜書並附寄照片，均依次收到，眞如獲至寶矣，謝謝。近以評閱研究生答辯論文，幾無片刻暇，遲報甚歉。《詩帆》一二卷合訂本已理出，懼郵遞有失，欲更覓一本之不可得，故乘文學研究所沈玉成同志來寧參加南大千帆兄博士論文答辯之便，妥爲帶上，希望能早日選定成書，亦詩苑之一小花也。不盡，敬祝

撰安

弟望拜上　八八年三月廿二日

【注釋】

該信作於 1988 年 3 月 22 日。

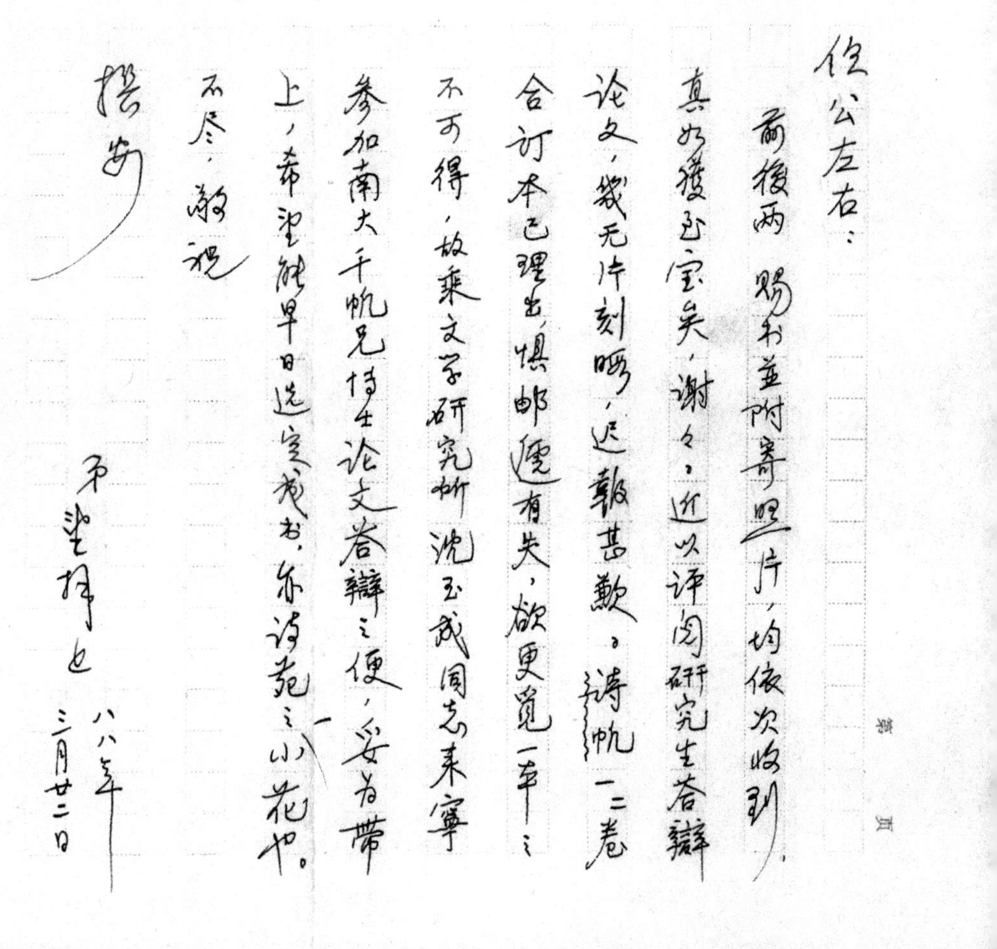
任公左右：

前後兩　賜书並附寄照片，均依次收到，真如獲至宝矣，謝々。近以评阅研究生答辯论文，几无片刻暇，迟報甚歉。诗帆一二卷合订本已理出，惧邮遞有失，欲更覓一年々不可得，故乘文学研究所沈玉成同志来寧参加南大千帆兄博士论文答辯之便，妥为带上，希望能早日选定成书，亦诗苑之一小花也。不尽，敬祝

撰安

弟　望拜上

八八年三月廿二日

孫望致常任俠　26.5×18.5 厘米

任公：

久未奉候，時在念中。我校青年教師朱曉進同志近撰文論及《詩帆》同人詩刊，題爲《在詩海里，這里也有一片帆》，副標題爲《略論〈詩帆〉詩歌的成就》，已刋載於我校 88 年第 3 期（總 59 期）學報，特郵奉一冊，想公所願讀也。可惜文中叙述各位履歷，多有錯誤，只好留待來日更正矣。

夏去秋來，諸祈珍攝。祝

健康幸福

弟望拜上　1988，9，9 日

學報另郵，內子附筆代候。

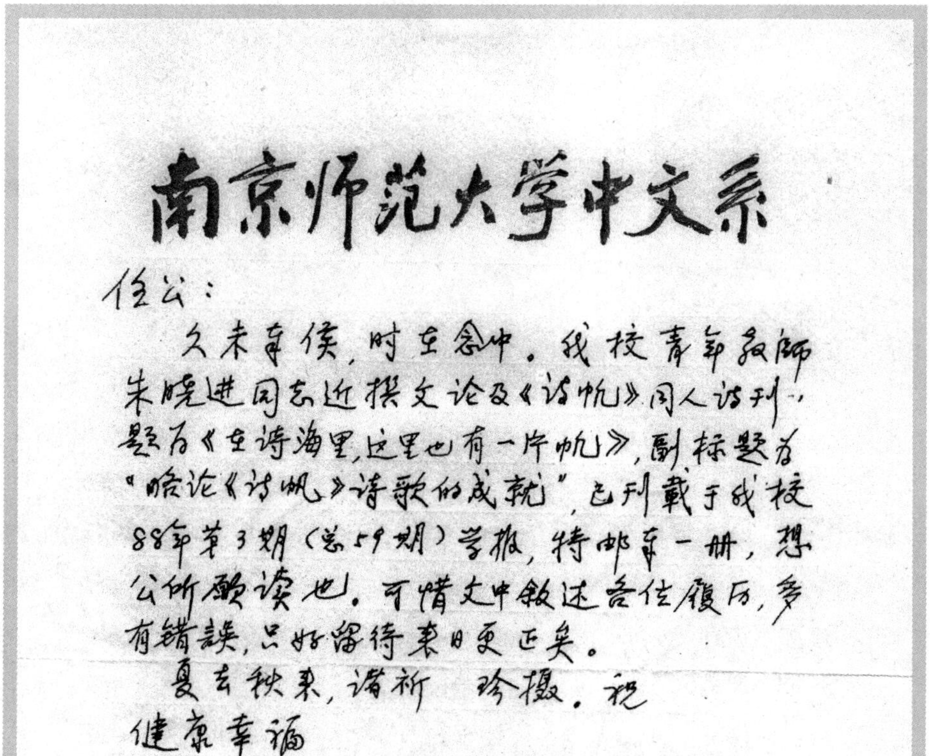

南京师范大学中文系

任公：

久未奉候，时在念中。我校青年教师朱晓进同志近撰文论及《诗帆》同人诗刊，题为《在诗海里，这里也有一片帆》，副标题为"略论《诗帆》诗歌的成就"，已刊载于我校88年第3期（总59期）学报，特邮奉一册，想公所愿读也。可惜文中叙述吾侪履历，多有错误，只好留待来日更正矣。

夏去秋来，谨祈　珍摄，祝

健康幸福

弟望拜上 1988.9.9日.

学报另邮 内子嘱笔代候.

孫望致常任俠　26.5×19 厘米

孫宗慰(1912—1979),江蘇常熟人。畫家。1938年畢業於國立中央大學藝術科。曾任中央大學藝術科副研究員,國立北平藝專副教授。1955年轉任中央戲劇學院副教授、教授。

任公道席:

十一月十四日手教敬悉。關於弟赴印至貴院研究事多蒙頂[鼎]力玉成,至深感激。當弟獲得是項消息時,不禁雀躍三百,惟再經思維,依弟目前境况,一時勢難成行。其最大困難莫非經濟問題,如到印後食用雖可希望獲得奬學金補助(亦未可必),而旅費一項,即難籌措,且目前弟之唯一收入爲此間薪津,一旦離職,此項來源即告斷絶,向人借貸,短期內無法償還即難啓齒,故爲大艱難事,以我有此願心,必當全力以赴。如台端還能在貴院方面爲設法解決此一問題,俾克成行,則感戴無盡矣。蒙譚先生不嫌卑微,此心感甚,如更能助我所難,自當矢志爲中印文化之構[溝]通貢其棉[綿]力。雲岡五台敦煌普陀皆爲佛地,弟咸遍游,可謂三生有幸與佛有緣者,今欲朝拜佛國,自信亦有緣分,亦敢深信台端與雲山先生定能助成此行也。讀來書知吾公有倦游思歸之意,就國內各文教機關現况言,如但以食飲不甚習慣,我意無需如是急也。致王文萱先生函已寄出。鄭穎蓀先生現在南京禮樂館。致鄭慧小姐一片已加封航寄鄭先生。又如辦理赴印手續,必須先往南京,即須先離此間,故手續詳細還請多多指示。舊都天候已入嚴冬,雖今年尚未降雪,而積水整日凍結,西北風作砭人肌骨,燃料缺乏,煤價高昂,謹以公教薪入,已甚難求得如往年居北平時之溫飽生活矣。餘容再述,祇請

教安

弟孫宗慰再拜　十二月五日

譚雲山先生前乞爲致候

【注釋】

經考證該信作於1946年12月5日。

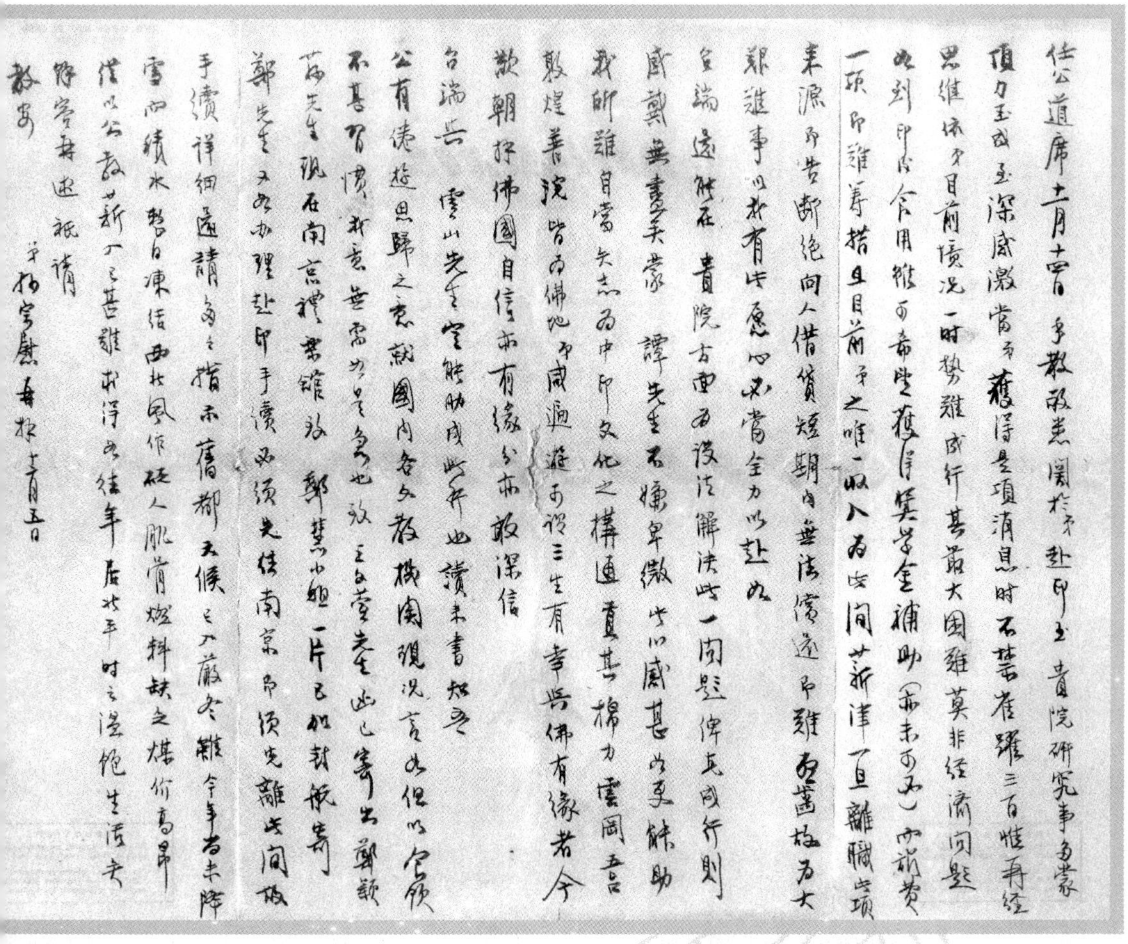
任公道席：十一月十三日手教敬悉。關於赴印至貴院研究事，多蒙
碩力玉成，至深感激。當弟獲得是項消息時，不禁雀躍三百，惟再經
思維，揆之目前境況，一時勢難成行。其最大困難莫非經濟問題
也。到印後食用雖可希望獲得獎學金補助（亦未可知），而旅費
一項，即難籌措。且目前弟之唯一收入爲此間薪津，一旦離職，此項
來源即告斷絕，向人借貸短期內無法償還，即難負荷，極爲大
艱難事，以我有此願心，必當全力以赴也。
台端遠在貴院，古西而後設法解決此一問題，俾早成行，則
感戴無盡矣。蒙譚先生不嫌卑微，以此感甚，以更能助
我所難，自當矢志爲中印文化之溝通，貢其棉力。雲岡、
敦煌善說皆爲佛地，弟感通游可謂三生有幸，與佛有緣者，今
欲朝拜佛國，自信亦有緣分，亦敢深信
台端共此。雲山先生實能助成此行也。讀來書知悉
公有倦遊思歸之意，就國內各文教機關現況言之，但以
不甚習慣，我意無需如是急也。致王白蒼先生函已寄出。鄭穎
蓀先生現在南京禮樂館，致
鄭先生函又如辦理赴印手續，必須先往南京，即須先離此間，故
手續詳細，逕請高之指示。舊都天候已入嚴冬，雖今年尚未降
雪，而積水都已凍結，西北風作，砭人肌骨，燃料缺乏，煤價高昂，
從此公教人員薪水已甚難以維持往年居北平時之溫飽生活矣。
特此奉述，祇請
教安
弟孫宗慰再拜 十二月五日

孫宗慰致常任俠　27.5×21.5 厘米

唐蘭（1901—1979）原名張佩，又名佩蘭、景蘭，號立庵。浙江嘉興人。歷史學家、古文字學者。先後在東北大學、北京大學、清華大學、燕京大學等校任教。1936 年任故宮博物院專門委員。1939 年後任西南聯合大學教授、北京大學教授、文科研究所導師、代理系主任。1949 年後，任北京大學教授兼中文系代理主任，故宮博物院研究員、學術委員會主任、副院長，中國科學院歷史研究所研究員、學術委員。

任俠兄：

茲介紹居瀛棣同志前往學習資料室經驗，請加以指導。此致

敬禮

唐蘭即刻

我兄前需要之照片，彼時因玉舞人尚未買到，未能攝奉。如尚有需要，請另寫一函給我院，如何？

【注釋】

經考證該信約作於 1953 年。

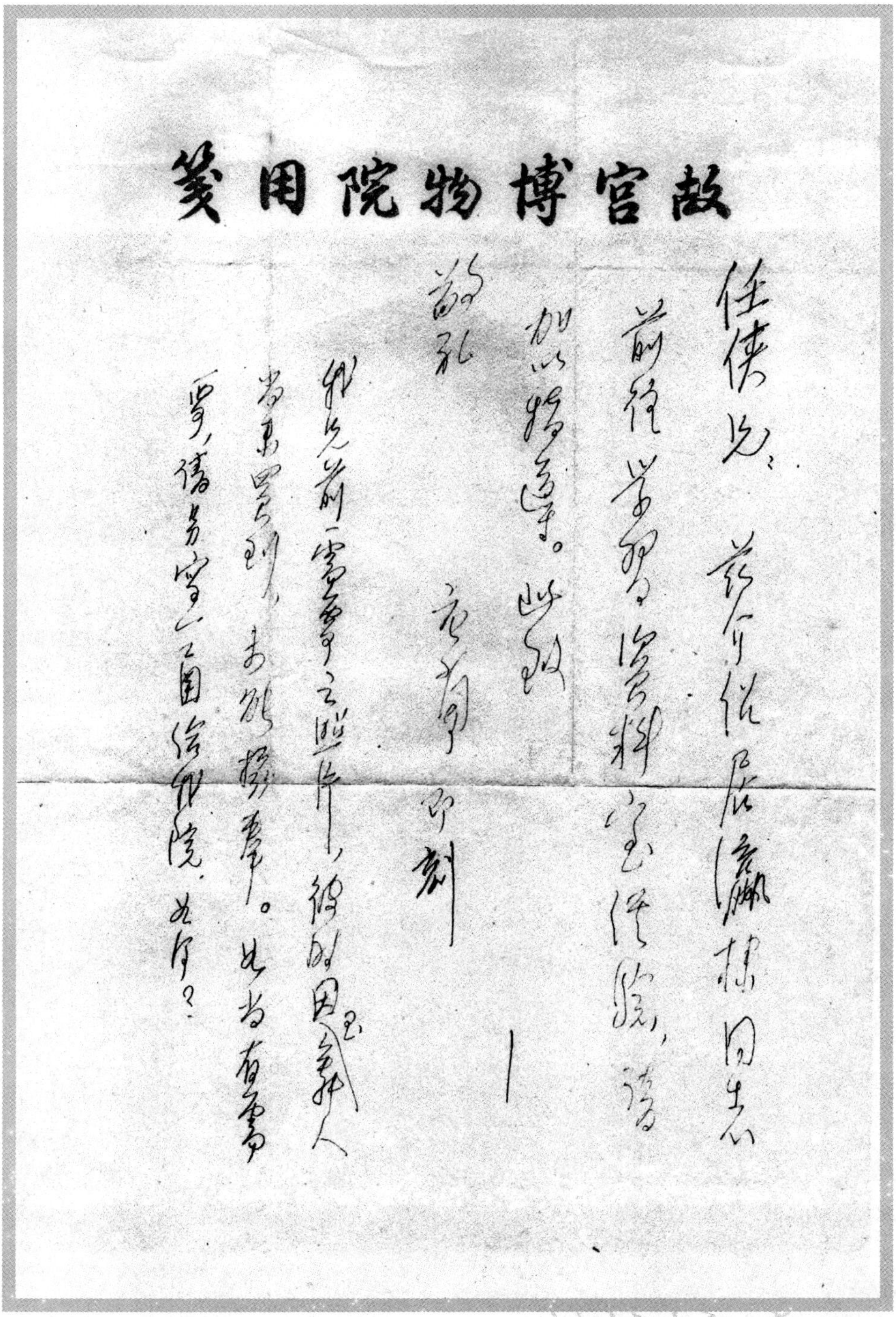

故宫博物院用笺

任侠兄：兹介绍居瀛棣同志前往学习资料室借阅，请加以指导。此致

敬礼

唐兰 即刻

我兄前一封索要之照片，彼时因正缺人尚未照到，未能携奉。兄当有需要，请另写公函给我院，如何？

唐蘭致常任俠 26.5×18 厘米

滕剛（1905—196？），字孟雄。作家。早年從事新詩創作和外國文學翻譯，爲土星筆會同人。出版有短篇小説集《夜未央》、《末日》、《我所尋找的女人》等。

任俠兄：

上次在浙江杭縣喬司農場曾寫過一封信給你，沒有接到你的回信，想係教務忙碌之故。我於本年九月七號接農場通知，處理回家。現在家中自學，有時跑跑省立圖書館，看看《光明日報》副刊"文學遺産"等刊物，很想寫點東西，但至今還沒有動筆。隔了三四年沒有親紙筆了，不僅"腹儉"，而且在各方面都感到自己落後，因此更不感下筆寫作。

最近國務院專家局、中國科學院、高等教育部、教育部等四機關也在浙江省設立了招聘工作人員委員會，我不揣簡陋，也去試試，經初步審查，我已通過，拿到了應聘書兩份，不過在報名的同時，必須繳送學歷及經歷證件，我因在抗日戰爭時，幾經播遷，戰前的一些證件，早已在逃難中遺失了。例如過去在震旦大學南京分校肄葉［業］二年半的證明書及你介紹我到江蘇蕭縣縣立師範學校（校長孫善閔）任語文教員的聘書等，招聘會都需要。據招聘會辦事處的同志説只要有一個熟悉你過去情況的人同時是在職幹部或學校教員給證明一下，也是一樣的。因此我便想起你來，我曾經鄭重地考慮過，我認爲你替我用學校的公箋替我證明一下過去的學歷和經歷，是不會引起你什么麻煩來的。當然，我不敢勉強請你這樣做，如果實際上仍認爲有困難，那也就不必了。因爲是有過三十年以上的友誼存在，所以我才有自信來寫這樣一封信。

此祝

筆健！

滕剛　九月十六日晚寓中

【注釋】

經考證該信作於20世紀50年代中後期。

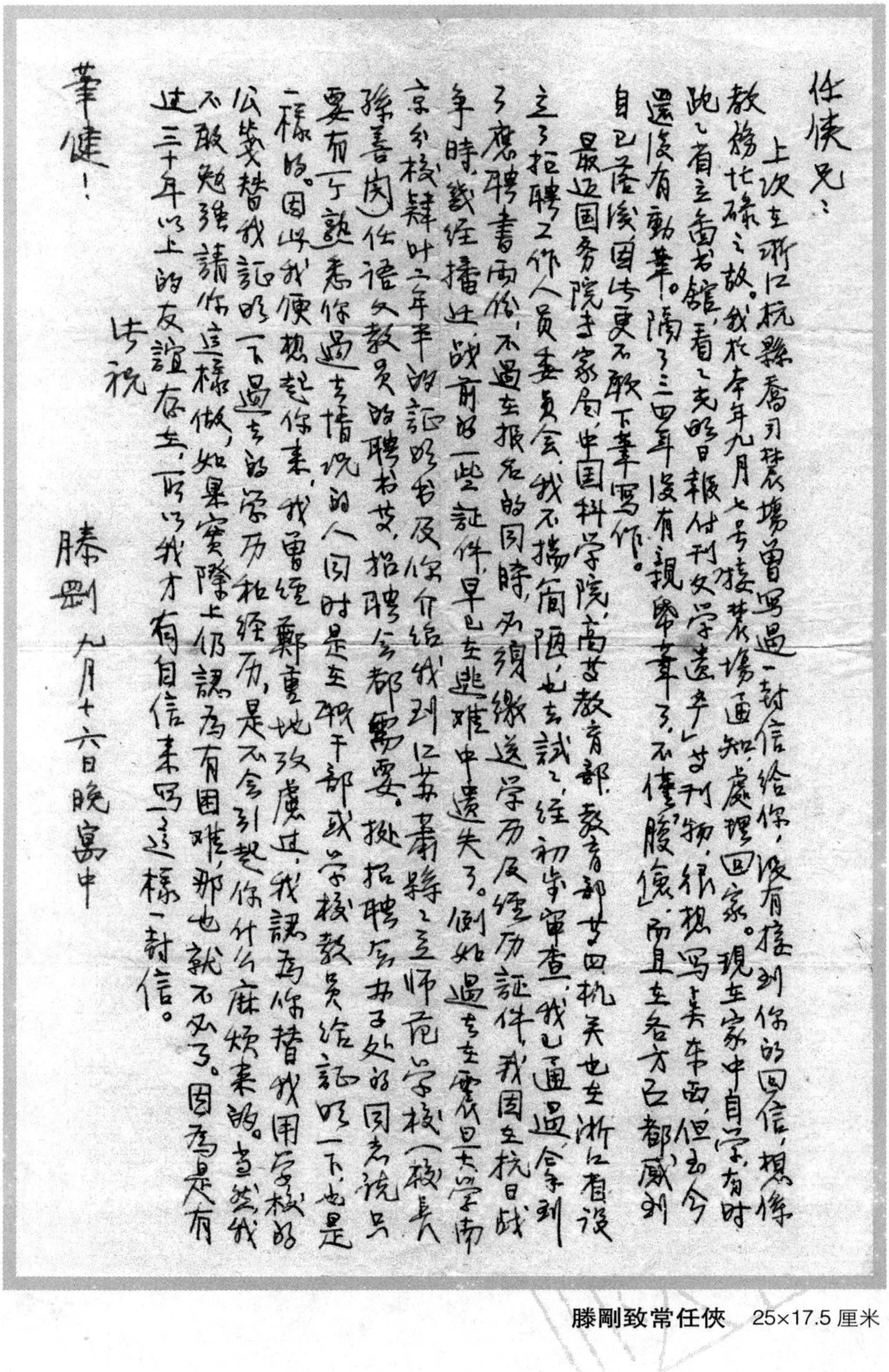

任俠兄：

上次在浙江杭縣喬司農場曾寫過一封信給你，沒有接到你的回信，想係教務忙碌之故。我於本年九月七号接農場通知，處理回家。現在家中自学，有时跑跑省立圖書館，看看光明日報付刊「文学遺产」等刊物，很想寫点东西，但至今還沒有動筆。隔了三四年沒有親舉筆了，不僅膽怯，而且在各方面都感到自己落後，因此更不敢下筆寫作。

最近國务院专家局，中国科学院，高等教育部，教育部等四机关也在浙江省設立了招聘工作人員委員会，我不揣簡陋，也去試了試，经初步審查，我已通過，今寄到了應聘書兩份，不過在報名的同時，必須繳送学历及經历証件，我因在抗日战争時，曾经播迁，战前的一些証件早已在逃难中遗失了。例如過去在震旦大学南京分校肄业二年半的証明书及你介绍我到江苏蕭縣縣立師范学校（校長孫善閔）任语文教员的聘书等，招聘会都需要。拟招聘会办事处的同志说只要有一个熟悉你過去情况的人同时是在职干部或学校教员给証明一下，也是一樣的。因此我便想起你来，我曾经鄭重地考慮过，我認為你替我用学校的公箋替我証明一下過去的学历和經历，是不会引起你什么麻烦来的。当然我不敢勉強請你這樣做，如果實際上仍認為有困难，那也就不必了。因為是有过三十年以上的友誼存在，所以我才有自信来寫這樣一封信。

此祝

筆健！

滕剛 九月十六日晚寓中

滕剛致常任俠　25×17.5 厘米

滕固（1901—1941），字若渠，江蘇寶山人（今上海市）。文學家、藝術史學家。早年留學日本，歸國後在上海美術專門學校及金陵大學等校任教。1930年赴歐洲，1932年於德國柏林大學獲哲學藝術史博士。自1933年起，擔任國民政府行政院參事、中央古物保管委員會常務委員、國立藝術專門學校校長、中央大學教授等職。著有文學創作《死人之嘆息》、《外遇》及《中國美術小史》、《唐宋繪畫史》、《滕固藝術文集》、《挹芬室文存》等。

任俠吾兄大鑒：

日前枉顧失迓爲歉，所留傅君文稿謹暫存弟處。頃奉尊示甚慰。靜庵已來晤，聘書亦即收到，弟樂於兼教課程，每週赴沙坪壩一行，可晤見舊友，亦甚快樂也，惟近來交通不便，爲美中不足耳。匆匆即頌

台安

弟　固叩　十一、一

【注釋】

經考證此信作於1939年11月1日。

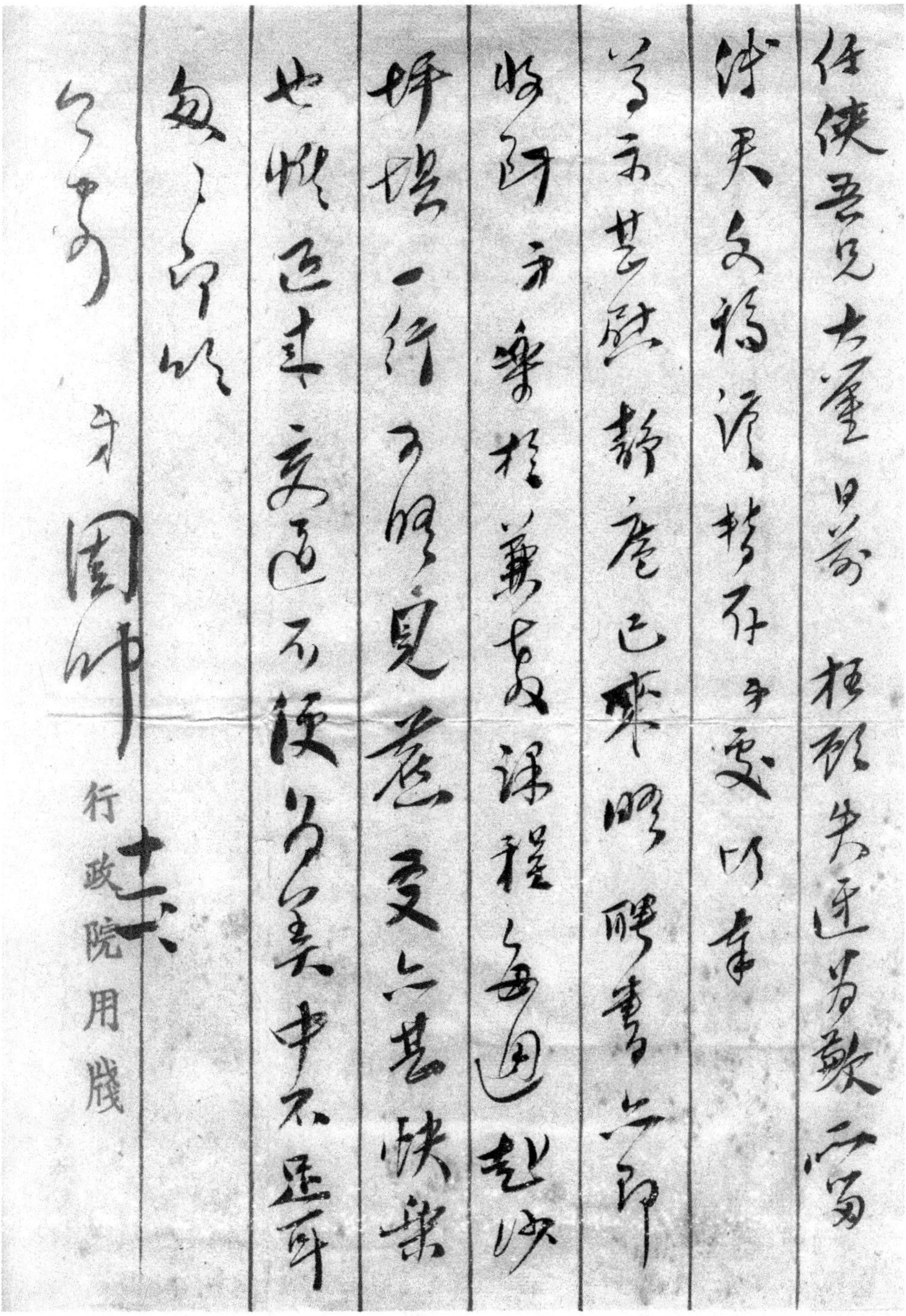
行政院用箋

滕固致常任俠 29×20 厘米

任俠吾兄：

弟因事來渝，後日即返昆，此行匆促，上星[期]四到沙坪壩，兄公出未晤，深悵。當離昆時接賜贈詩集及挽吳簡齋先生詩，拜惠拜惠。過兩三個月即當回渝，再面詳言也。不一，即頌

教安。

弟　固叩　三、十一

【注釋】

經考證此信作於 1940 年 3 月 11 日。

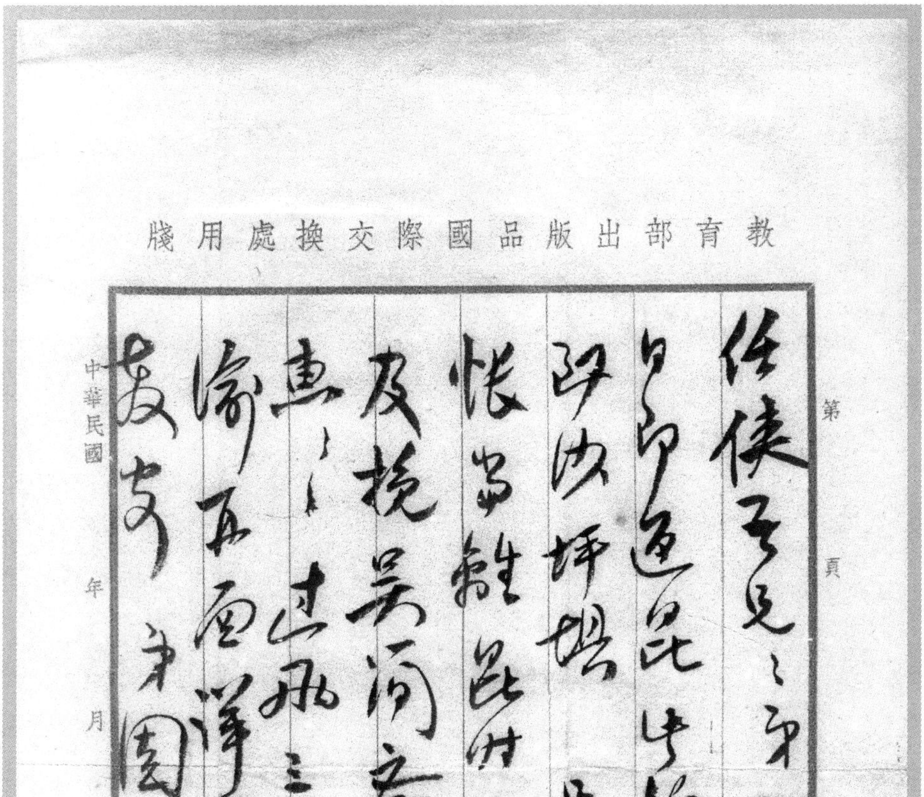
教育部出版品國際交換處用牋

第　頁

中華民國　年　月　日

渝交19—28—11—1000

滕固致常任俠　30×20.5 厘米

任俠吾兄:

航空公司要延緩一天,客居無聊,以包皮紙爲兄書拙作一章,兹附奉哂存,兄接到此件,弟已在昆明矣。暑期回渝,良晤不遠也。即頌

教安

弟　固叩　三、十四

經歲結綢繆,寸心忻有托,平生慕慷慨,汝亦重然諾。今夕何夕乎,涼颸凄帷幕,低眉似有恨,酬對言落落。問汝何愁悶,問汝何思索,側身久無語,我心如焚灼。移時拂袖出,蒼莽步林壑,執手始爲言,肺腑吐盤錯。衆口但悠悠,炎涼難忖度,譏嘲噂沓來,令我心情惡。我亦血肉軀,焉能常示弱。好勝激所取,是非良鑿鑿。憂忿易傷人,汝懷且寬拓,蚍蜉撼不已,大樹無損削。前哲不我欺,其言炳昭焯,竊恐有累汝,耿耿萌慚怍。至理或如斯,君言可咀嚼,嗟哉同心人,氣誼誠未薄。珍貴此一晤,餘事盡糟粕,吻汝手掌別,願汝長康樂。星月燦風霄,澄瀾蕩綽约。回首渺天人,嫣然在寥廓。

九月一日之夜歸自翠湖,轉側不能成寐,倚枕作此,不知東方之既白。頃來巴渝,任俠吾兄詢及近作,輒録奉兩正。

民國廿九年三月十四日滕固

【注釋】

該信作於 1940 年 3 月 14 日。

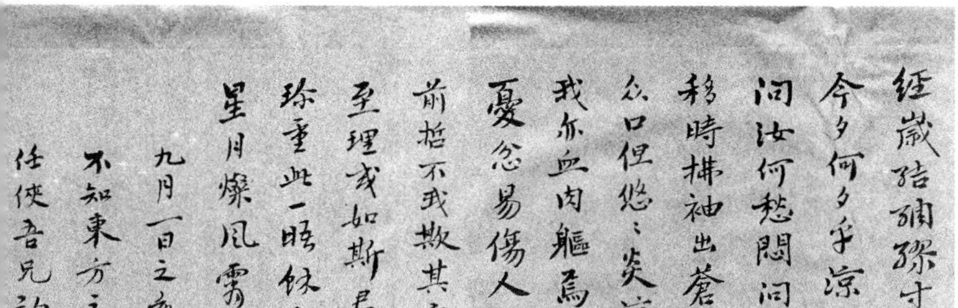
經歲結繩孫寸心怀有託平生慕慷慨汝亦重然諾
今夕何夕乎涼飈遠帷幕佇眉似有恨酬對言落落
問汝何愁悶問汝何思索側身久無語我心如焚灼
移時拂袖出蒼莽步林壑執手始為言肺腑吐盤錯
眾口但悠悠炎涼難忖度讒喇嘈嘈來令我心情惡
我亦血肉軀為能常示弱好勝徼所取是非良鑿鑿
憂忿易傷人汝衷且寬拓蚍蜉撼不已大樹無損削
前指不我欺其言炳昭焯竊恐有累汝耿耿荫惴怍
至理或如斯君言可咀嚼諾哉同心人氣誼誠未薄
珍重此一時餘事本糟粕留汝手掌別願汝長康樂
星月爍風霧澄瀾溢綠萼回首渺天人嫣然在寥廓
九月一日之夜睞自翠湖轉側不能成寐倚枕占此
不知東方之既白頃來巴敏
任俠吾兄詢及近作輒錄奉 哂正

滕固致常任俠 34×30 厘米

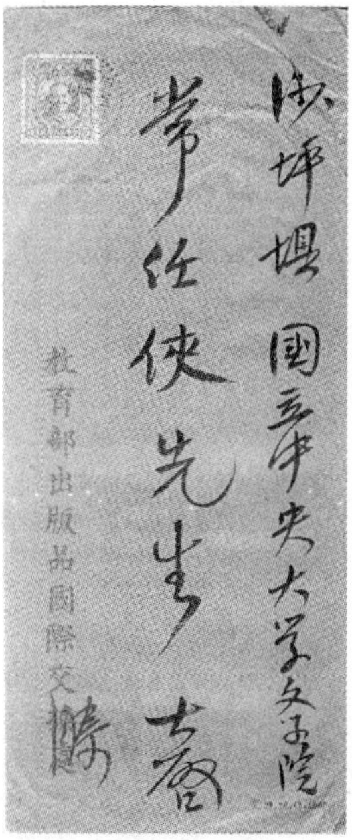
渝 沙坪壩 國立中央大學文學院
常任俠先生 台啓
教育部出版品國際交換

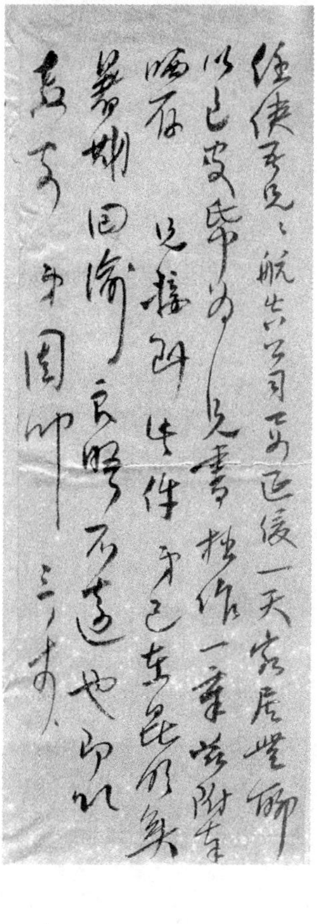
任俠吾兄：航空公司要延後一天，容居無聊，
[illegible]
[illegible]
[illegible]
[illegible]
三月一日

滕固致常任俠 30×10.5 厘米

任俠吾兄道鑒：

關於中國藝術史學會改組事已分呈教社兩部備案[1]。弟之疾尚未痊，可請吾兄主持召集理事會議、進行一切爲感、玆奉上呈文稿一紙，即希察閱後存卷是禱。耑此敬頌

近祺

弟滕固敬啟　五，十五[2]

【注釋】

經考證此信作於 1941 年 5 月 15 日。

[1] 由滕固、常任俠、朱希祖、馬衡、陳之佛、商承祚等發起組織中國藝術史學會，於 1937 年 5 月 18 日成立。旋以抗戰爆發，會員星散，會務停頓。此時有恢復活動計劃，推舉馬衡、董作賓、滕固、宗白華、胡小石、陳之佛、常任俠、徐中舒、傅抱石、梁思永、金毓黻十一人爲理事。

[2] 不料五天之後，滕固因患腦膜炎醫治無效，在重慶中央醫院病逝。學會無形解體。

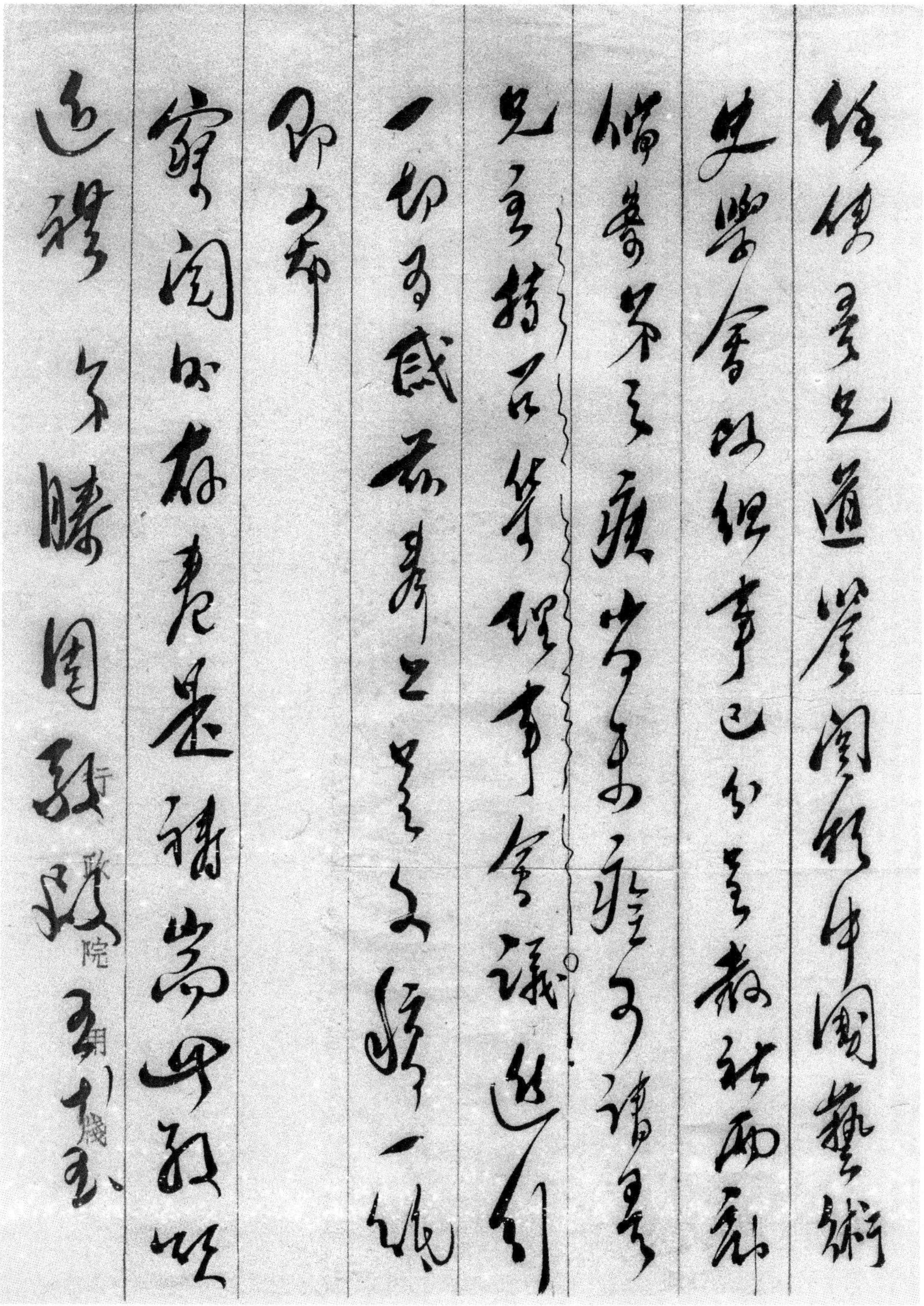

滕固致常任俠　27.5×20.5 厘米

田漢（1898–1968），原名田壽昌，湖南長沙人。戲劇家、詩人、文藝活動家。中華人民共和國成立後，曾任中華全國文學藝術界聯合會副主席、中國戲劇家協會主席等職；並被選為第一、第二屆中國人民代表大會代表、第四屆中國政治協商會議委員。主要著述收入《田漢全集》。

任俠兄：

今晚百歲們演《走麥城》於南京大戲院，兄如有雅興請帶同你昨天説的那位可以讀《海燕》的女友同去觀劇如何？老五在門口等着。即問

刻安

弟　漢頓首

【注釋】

經考證該信作於 1937 年 3 月 2 日。

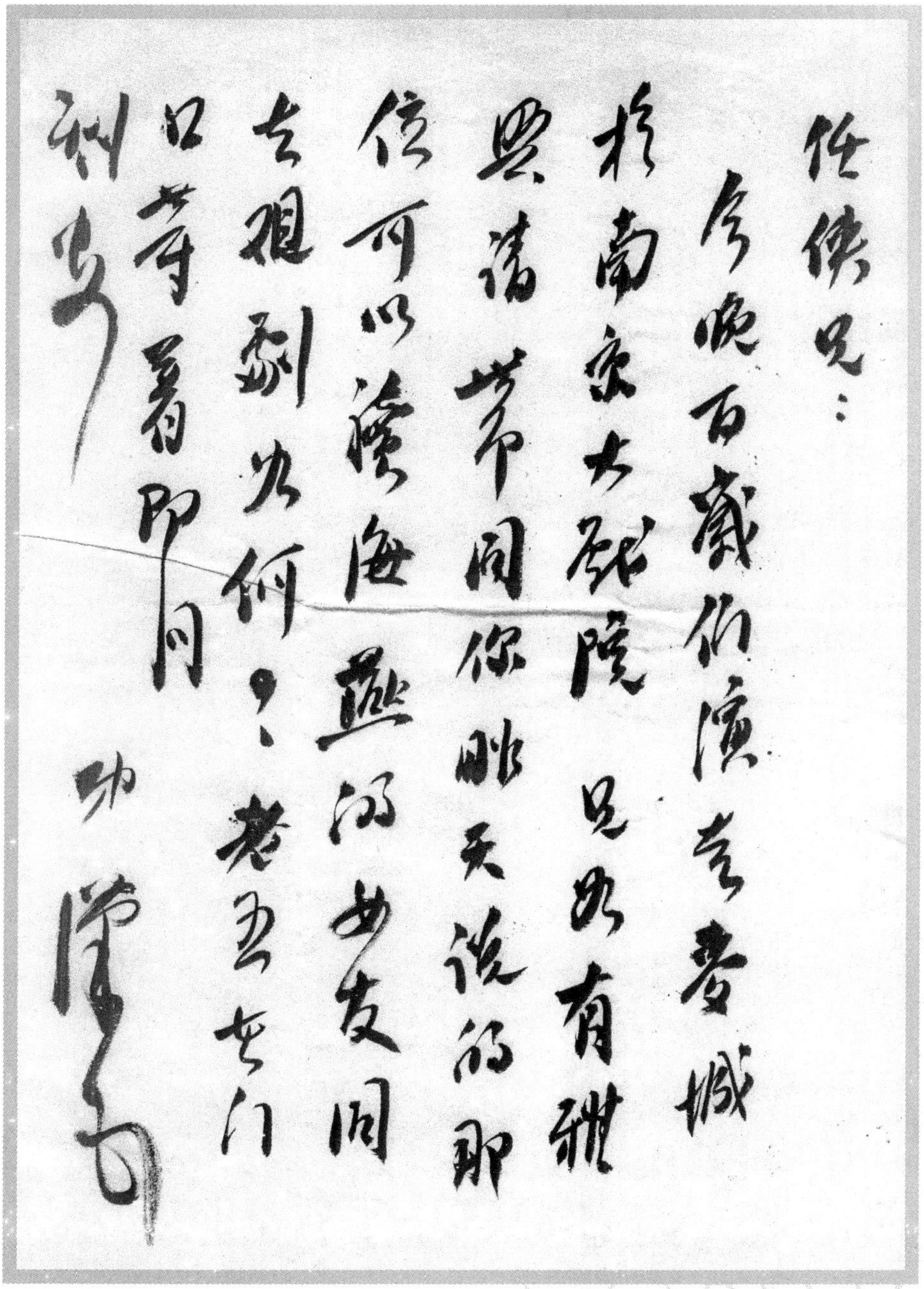
任侠兄：
今晚百岁们演去春城
於南京大戏院，兄如有暇
望请带同你那天说的那
位可以演海燕的女友同
去观剧，如何？老五也们
日等着，即问
刻安
弟 汉

田漢致常任俠　27.5×19.5 厘米

任俠兄：

頃惕口兄來信索《復活》宣傳材料，適周孝芬小姐午後歸滬，仍擬借兄“海內孤本”[1]一用。將來即由周小姐帶歸決不致誤。三爺[2]所拍花前清影底片寄上，成績極佳。面片留弟處可也。即問

刻安

弟漢

【注釋】

經考證該信約作於 1937 年 4 月 7 日。

[1]即常任俠藏《復活》初印舞臺本。

[2]指田洪(1902-？)，字壽康。田漢弟。朋友間稱田老三。

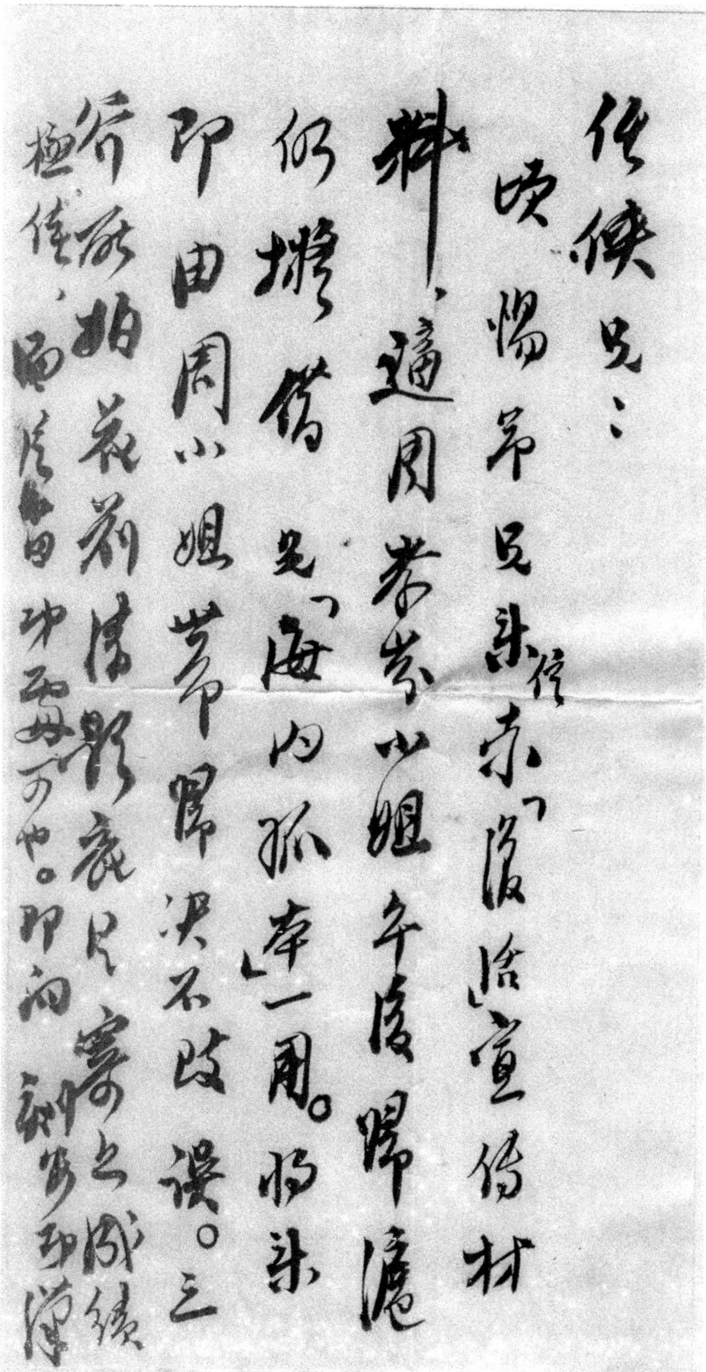

任俠兄：

吹鴻、芳兄來信，示、複洽宜備材料。適周蔭小姐年後歸滬，似擬備兄、海內孤本一用。將來即由周小姐帶歸，決不致誤。三館蔡柏萊前漢報影義兄寄之。誠績極佳，兩漢綸白功西無可也。印向

田漢致常任俠　18×9.5 厘米

任俠兄：

今日天氣晴和，不免偕二三好友薄游後湖以遣春愁，吾兄望美人兮天一方，亦頗有鬱鬱之意，何妨帶起照相機並買一打雲片爲柳絲波點留影耶。中飯如不嫌淡薄，來舍亦佳，不然吃過飯來亦好。最好卻是吾兄請客，但又不敢望也。酸文已盡，即請快點來吧。

漢頓首

【注釋】

經考證該信作於 1937 年 4 月 17 日。

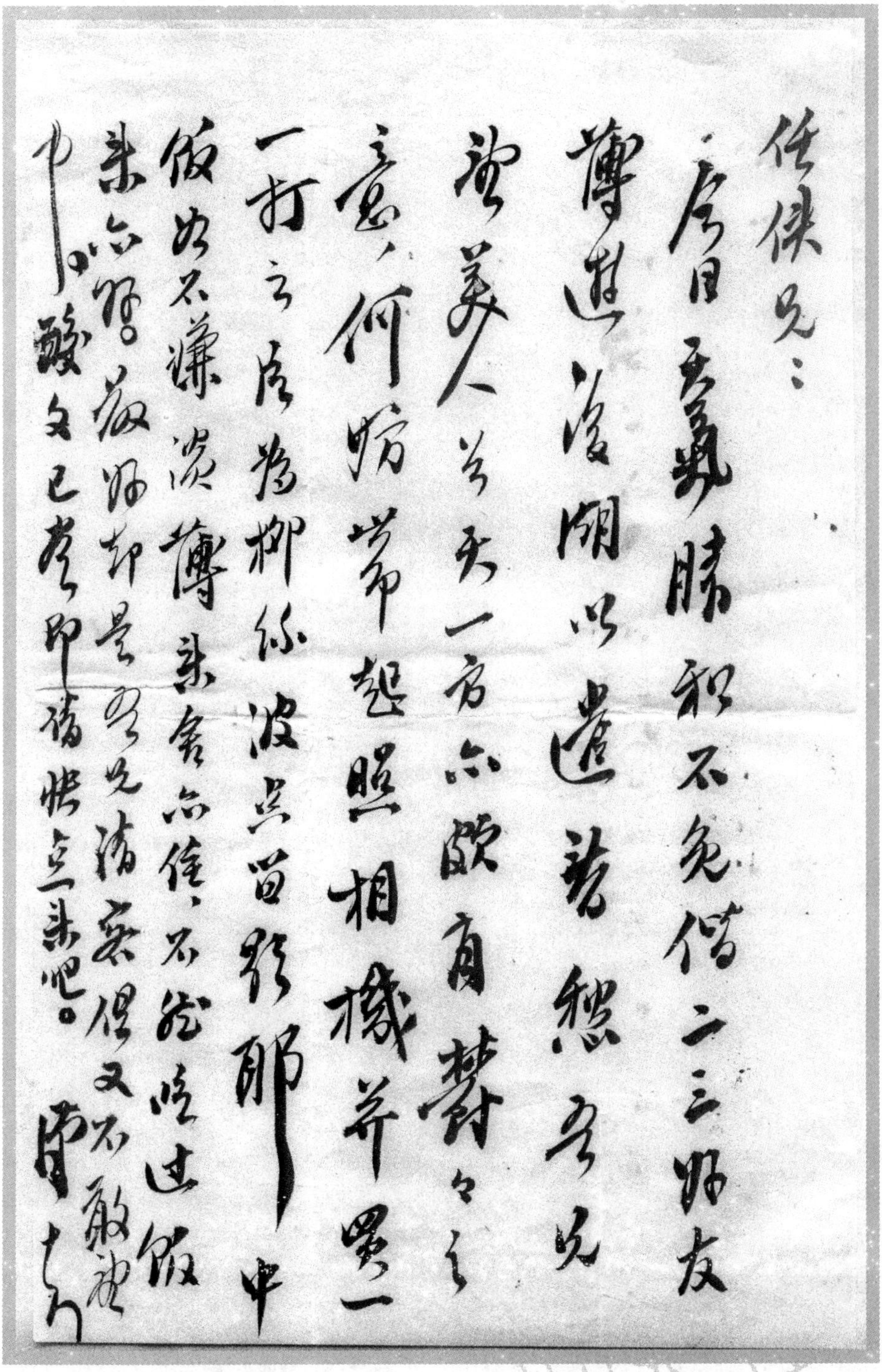

任俠兄：
前日丟醜勝利，不免信二三朋友
傳遊湖以遣[illegible]總兄
諸美人，若天一方，亦頗負[illegible]々
意，何妨帶起照相機並畀一
打，亦應為柳絲波上留影耶。中
飯如不嫌淡薄，來舍亦佳，不然，吃過飯
來亦好。[illegible]即是兄請客，但又不敢被
中[illegible]酸。文已寄，即請將之來吧。田漢

田漢致常任俠 28.5×18 厘米

任俠兄：

聞倒嗓極念。

陳穆兄倉卒中恕無法準備，又無衣服。除非兄直接與陳兄一商，弟此時亦難找到陳兄也。本日午後日場萬請仍由吾兄參加，反正已沒有幾場，請兄奮戰到底。因嗓音稍壞，更足以形容吉團長之聲嘶力竭忠勇奮發也[1]。匆此即問

晨安

弟漢手復

【注釋】

經考證該信作於 1937 年 8 月中下旬。

[1] 田漢編寫四幕話劇《蘆溝橋》，以南京新聞記者聯誼會的名義，於 1937 年 8 月 9 日在南京中華大戲院作首場演出。日後繼續在國民、首都、新都三家戲院上演。常任俠在劇中飾抗日將領吉星文團長。

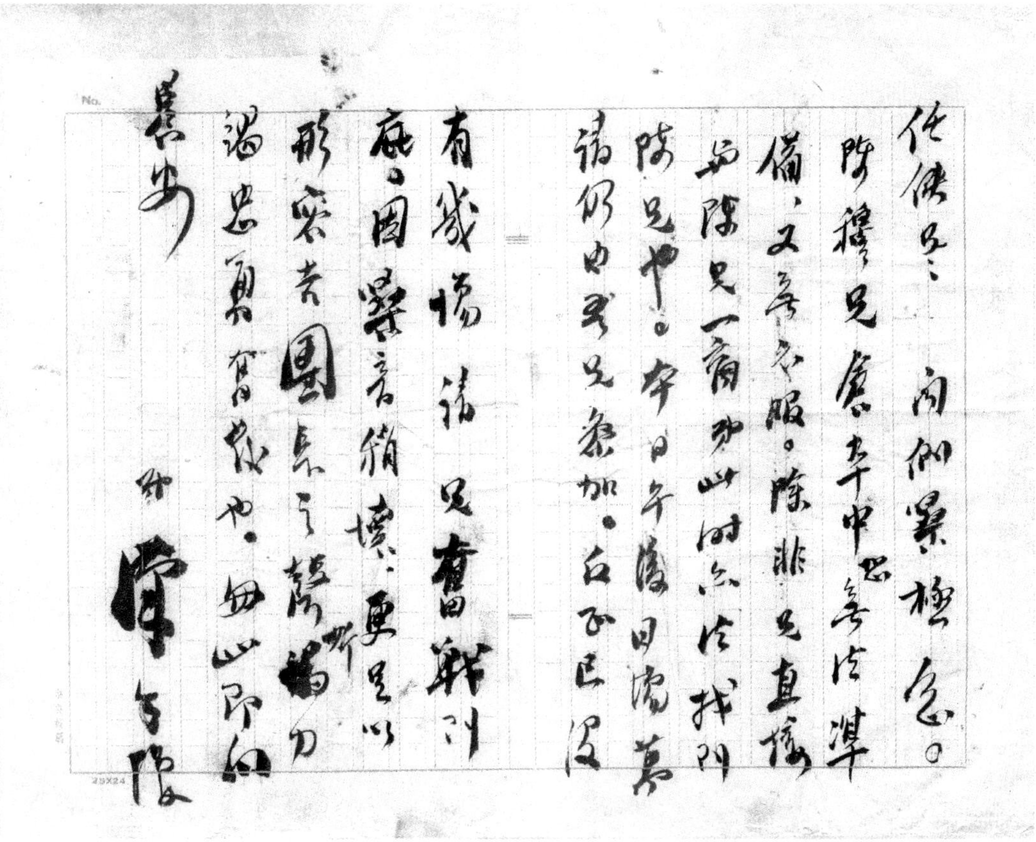

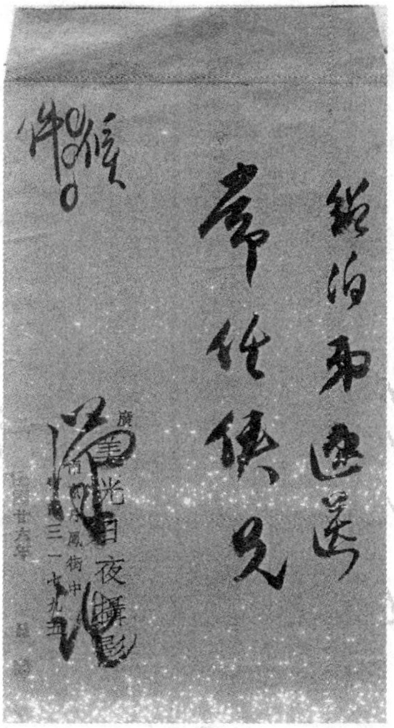

田漢致常任俠　31×24.5 厘米

汪銘竹(1905—1989),南京人。畢業於國立中央大學哲學系,1934年曾與常任俠等組織“土星筆會”,創辦《詩帆》。抗戰期間客居貴州經營白鳥書屋,1949年赴台灣,晚年僑居美國。出版有詩集《紀德與蝶》、《自畫像》等。

任俠兄:

正要寫信給你,剛巧接到廿七日手教,快慰異常。前日奉兄編《學術雜誌》,覺久矣夫未見到此種有重量之雜誌矣,可見兄之精力猶昨也。白鳥書齋式小型書屋,乃今春與數友人所開辦,旨在稍薄蠅頭利,並可遣永日,玩玩板本,並無任何奢望也。三月間曾去長沙桂林等地閒逛一次,五月始歸來,曾獲邃古齋金石索,楊守敬留眞譜,及研陶瓷書數種,餘皆爲戰前刋行之世界名著譯品等。抗戰之年,後方書籍艱難,雖昔日之通行本亦變成珍貴善本矣。近獲品有小泉八雲所著三種,泉志新編,同文版毛詩稽古編,景元本續復古編,同文版困學紀聞,皆覺相當得意者。而數日前所獲李調元之南越筆記一種,爲人強購而去,我剛開卷,閱未終篇也。考古書曾得多種,今皆脫手,陳萬里過此時頗許所搜之相當精粹,伊精治越陶瓷,現供職渝衛生署,有興可訪談。

兄與蒙古女事,我前微聞之。女人本如夏日彩雲,變幻萬端,雜合可一任自然,只問此一段間,有無一二奇筆,可資回憶,即足矣。否則徒昏然兩口相守,雖偕老白首,有何趣味耶。兄,達人,諒能自解,而思更有所奮發也。詩,久擱筆,此與所遇之女性皆爲“毋忘草”者或多少有關係。我也樂得休息休息,讓血冷一冷也。詩選聞已問世[1],我仍未見,可否由兄處請該發行書店逕寄我處十冊試銷。宗師常見面否?煩代致敬請安,即祝好。

弟銘竹　十月卅日

滕剛有消息否,又及

【注釋】

經考證該信作於1943年10月30日。

[1]指常任俠、孫望選輯的《現代中國詩選》,由重慶南方印書館1943年7月出版發行。

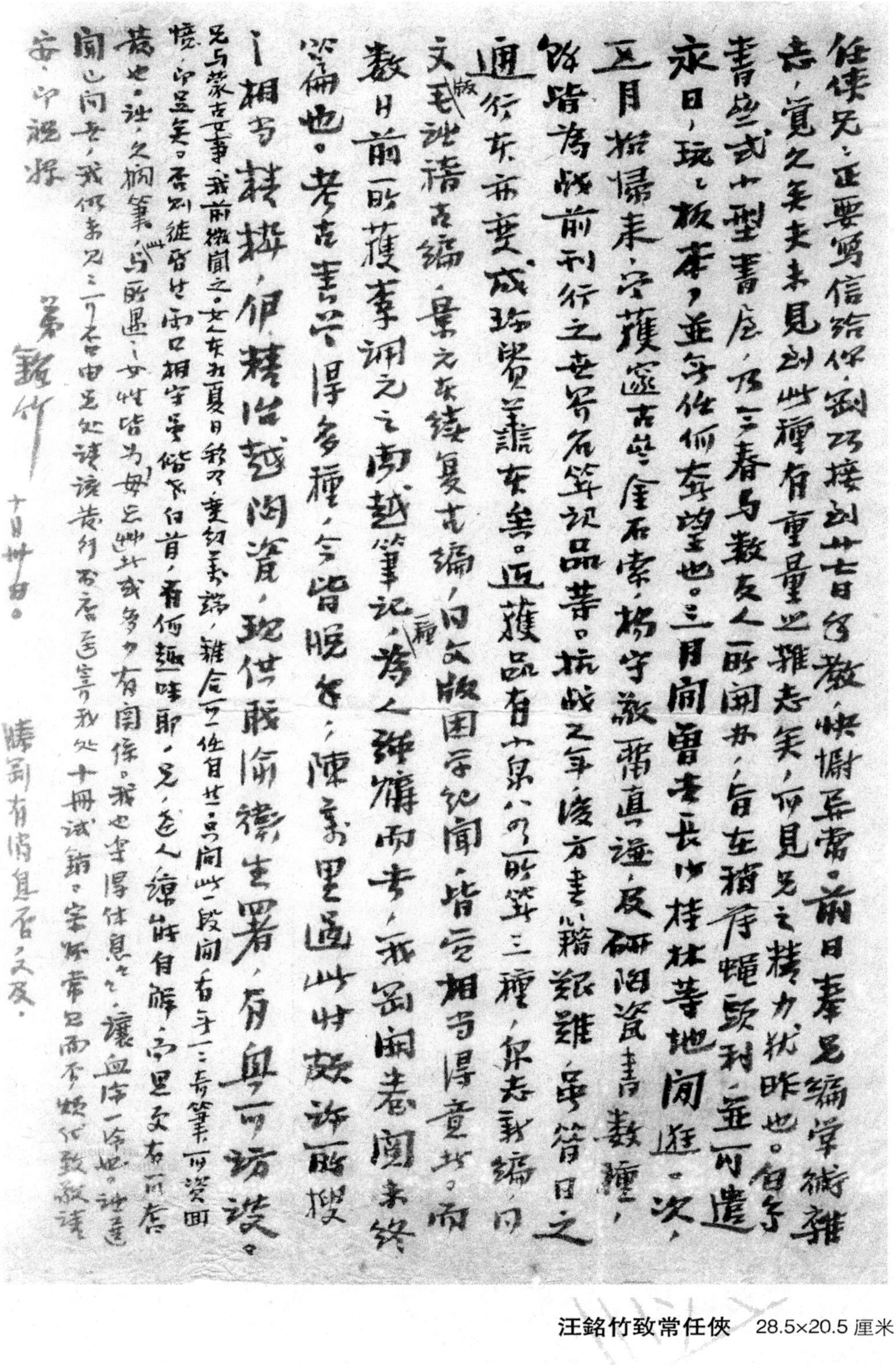

任俠兄：正要寫信給你，剛巧接到廿五日手教，快慰無需。前日奉兄編《學術雜誌》，覽之美夫未見到此種有重量之雜誌矣，可見兄之精力猶昨也。但今書無出小型書店，乃三春與數友人所開者，今在稽停蠅頭利上並可遣永日，玩玩板本，並無任何奢望也。三月間曾去長沙桂林等地閒遊一次，五月始歸來。守護盜古學金石索，搜字藏帶真謨，及研陶瓷書數種，皆皆為戰前刊行之無背在箋記品等。抗戰之年，後方書籍缺難，每借日之通行本亦變成珍貴善本矣。近獲品有小泉八咏所箋三種，泉志新編，日文版式譜書編，集之續書編，日文版困學紀聞，皆是相當得意者。而數日前所獲李詡之戒菴老人漫筆，稱為人稱讚而未，我留兩卷閱未終必備也。考古書只得多種，今皆脫售，陳書里過此世數許所攖之相當精撰，但精治越陶瓷，現供職於衛生署，有興可訪談。

兄與蒙古事，我前始聞之。女人在九夏日我們更加蒙鑄，雜念皆一任自然。與同此一段間，有手一二奇筆可資回憶，即足矣。否則徒留此兩口相守，皆俗下白首，有何趣味耶。兄、達人，諒能自解，而且交友亦屬老著也。前、久稠箋，與所遇之女性皆為毋已嬸如或多少有關係。我也望得休息休息，讓血液一流也。詩進聞之向去，我們求兄三四本由兄處請諒借行而在寄我處十冊試銷。害你常日而不煩代致敬候

安。即頌撰祺

弟銘竹 十月卅日。

聞剛有消息否？又及。

汪銘竹致常任俠 28.5×20.5 厘米

任俠兄：

讀手教知吾兄豪情不減當年，可喜可賀。弟則垂垂老矣，山居日惟埋首故紙堆中，聊殺時光，悠悠歲月，百無一成，愧甚。念三十餘年來土星星散，故舊凋落，不禁邑邑，臨穎神馳，遙祝起居佳勝，諸多珍攝爲禱，諸友前煩致千萬意，內子附筆。

弟銘竹拜上　十二月二日

【注釋】

經考證該信作於 1983 年 12 月 2 日。

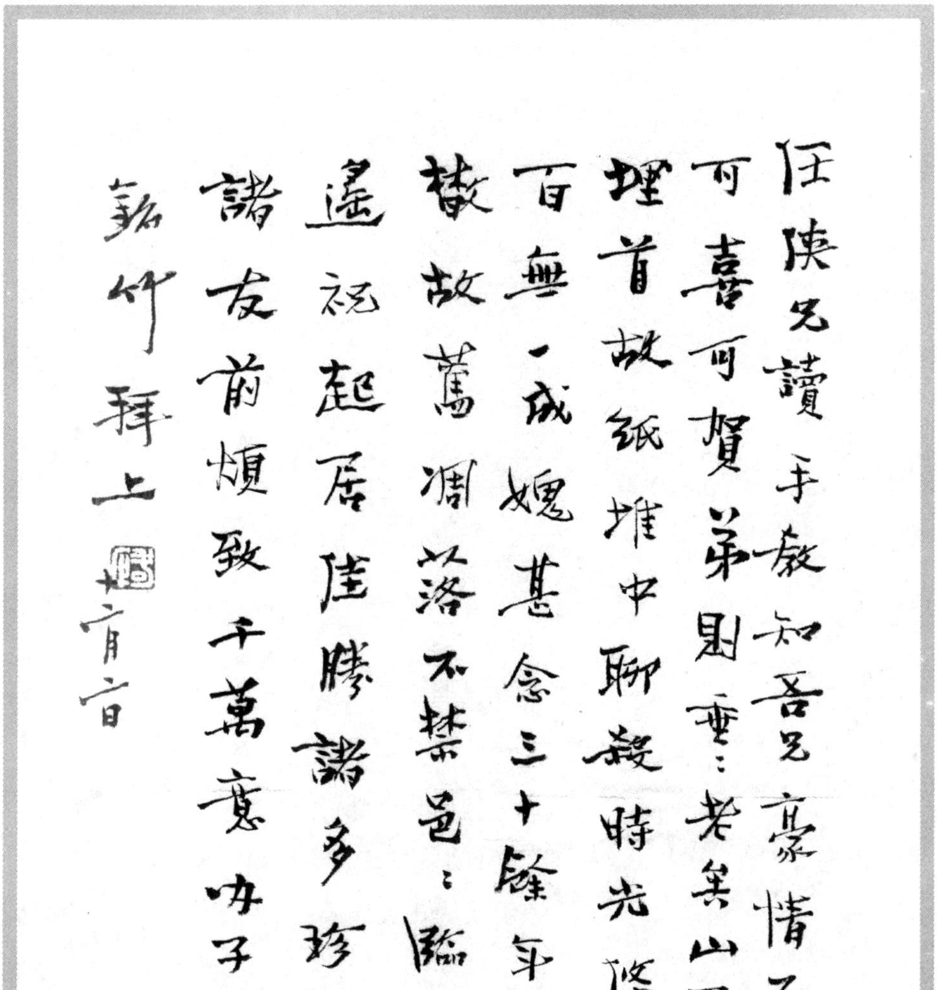
任俠兄：讀手教，知吾兄豪情不減當年，可喜可賀。弟則垂垂老矣，山居日惟埋首故紙堆中，聊銷時光，悠悠歲月，百無一成，媿甚。念三十餘年來土星星散，故舊凋以落，不禁悒悒。臨穎神馳，遙祝起居佳勝，諸多珍攝爲禱。諸友前煩致千萬意。此子擱筆。弟銘竹拜上 十二月二日

汪銘竹致常任俠　30×20 厘米

王季思(1906–1996),原名王起,字季思,福建溫州人。古典文學家。1925年考入南京東南大學中文系,1929年畢業於中央大學中國文學系。曾在浙江大學龍泉分校、杭州浙江大學、之江大學文理學院、中山大學任教,早期專寫雜文和詩歌,後長期致力於中國文學史和古典戲曲史的學術研究。著有《西廂五劇注》、《桃花扇注》、《元雜劇選注》、《玉輪軒曲論》、《玉輪軒古典文學論集》等。

任俠我兄:

奉大札並近影,兼承複製五十五年前照片見寄,感何可言。匆匆成小詩一首:

潛社聯吟日,青衫各少年。
同邀桃渡月,共醉板橋船。
一別風流散,前盟金石堅。
多君寄舊影,回首涕潸然。

詩寫不好,還是紀實的。潛社成立時,吳先生曾以潛心學問相覓,"前盟金石堅",指此而言,不悉兄以爲有當否?

寄上弟與內子去秋在大明湖照片,並希哂存。專復,並祝

新年幸福

闔第安康

弟王起上

2.2.

【注釋】

經考證該信作於1984年2月2日。

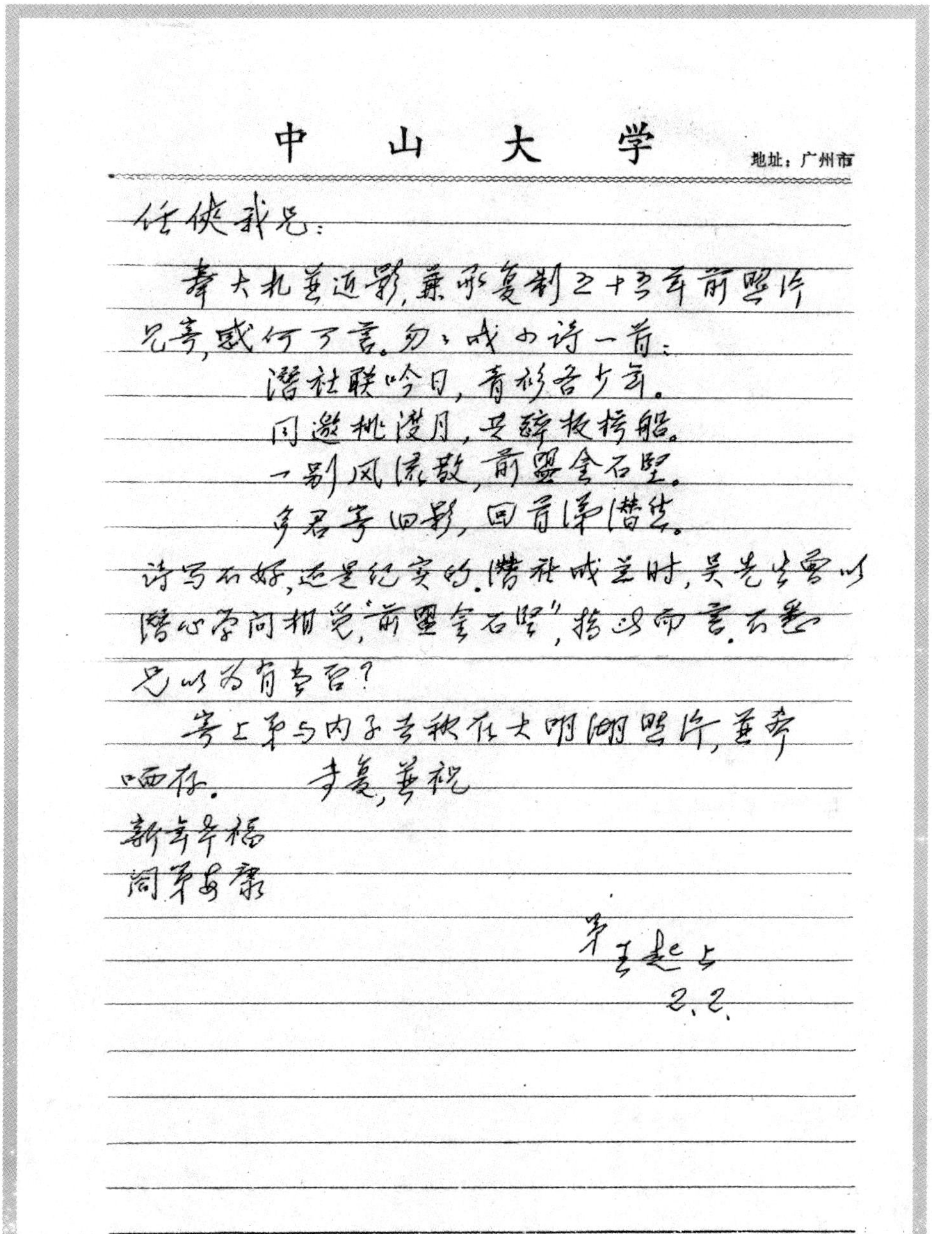

中山大学　　地址：广州市

任侠我兄：

奉大札并近影，兼承复制三十多年前照片见寄，感何可言。匆匆成小诗一首：

潜社联吟日，青衫各少年。
同邀桃渡月，共醉板桥船。
一别风流散，前盟金石坚。
多君寄旧影，回首泪潸然。

诗写不好，还是纪实的。潜社成立时，吴先生曾以潜心学问相勉，"前盟金石坚"，指此而言。不悉兄以为有当否？

寄上弟与内子去秋在大明湖照片，并奉哂存。　专复，并祝

新年幸福
阖第安康

弟季思上
2.2.

王季思致常任俠　26.5×19厘米

任俠吾兄：

奉手教，謂同學少年，今皆白首，惟吾兄弟，尚能健步，不勝感慨。觀近照，雖白髮盈顛，而神威仍在，所望精心頤養，永保康寧。弟今春亦曾患病住院半月，出院後又忙於編寫戲曲史，指導研究生，以此全國政協亦未能出席，與兄及諸老友圖良晤。

承告將彙集舊作，出版戲曲集，並囑爲寫叙，甚盼即將各稿見寄，俾得先睹爲快。

今年十一月，蘇州文化界將集會紀念霜厓師誕生百周年，甚盼爾時能圖良晤。

專復，並頌

安康

弟季思手上

7.16.

【注釋】

經考證該信作於1984年7月16日。

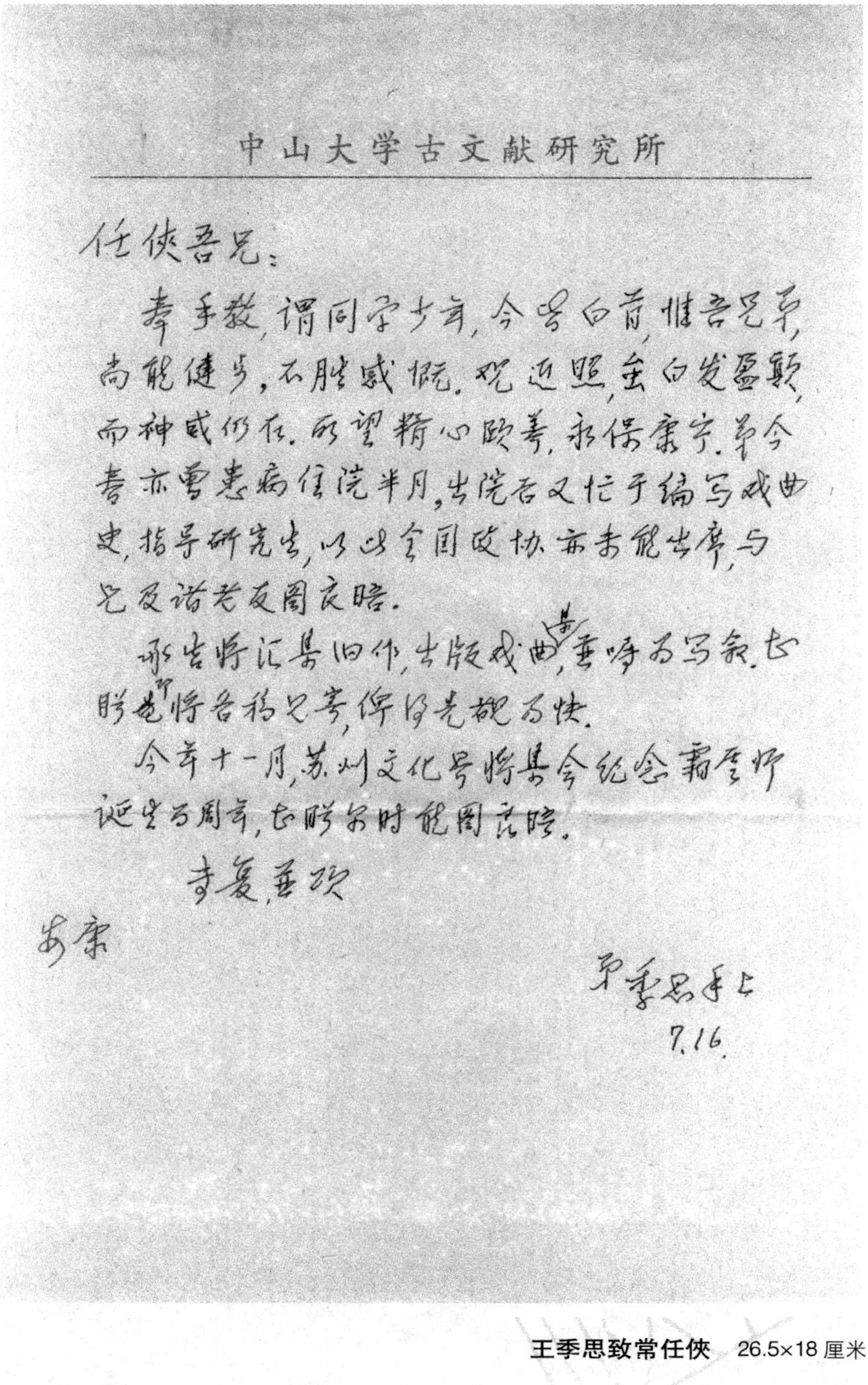

中山大学古文献研究所

任侠吾兄：

奉手教，谓同学少年，今皆白首，惟吾兄弟，尚能健步，不胜感慨。观近照，虽白发盈颠，而神气仍在。所望精心颐养，永保康宁。弟今春亦曾患病住院半月，出院后又忙于编写戏曲史，指导研究生，以此全国政协亦未能出席，与兄及诸老友图良晤。

承告将汇集旧作，出版戏曲集，垂嘱为写叙。甚盼即将原稿见寄，俾得先睹为快。

今年十一月，苏州文化界将集会纪念霜厓师诞生百周年，甚盼届时能图良晤。

专复，并颂

安康

弟季思手上

7.16.

王季思致常任俠 26.5×18 厘米

王遜(1916—1969),山東萊陽人。美術史學家。1938年畢業於清華大學哲學系。1939年在昆明清華大學研究院攻讀中國哲學研究生。歷任雲南大學文史系講師、西南聯大哲學系講師、敦煌藝術研究所設計委員,天津南開大學哲學系副教授、系主任,中央美術學院教授兼《美術》雜誌執行編委。著有《中國美術史》等。

兆和同志
任俠同志:

曾竹韶同志入盟申請書已送來,如果等下次支委會則時間太遲,只好輪流看看作爲審查。如果沒有意見就作爲正式通過。請兆和同志看過後轉任俠同志,再退還給我。

敬禮!

王遜　三月八日

【注釋】

經考證該信作於1953年3月8日。

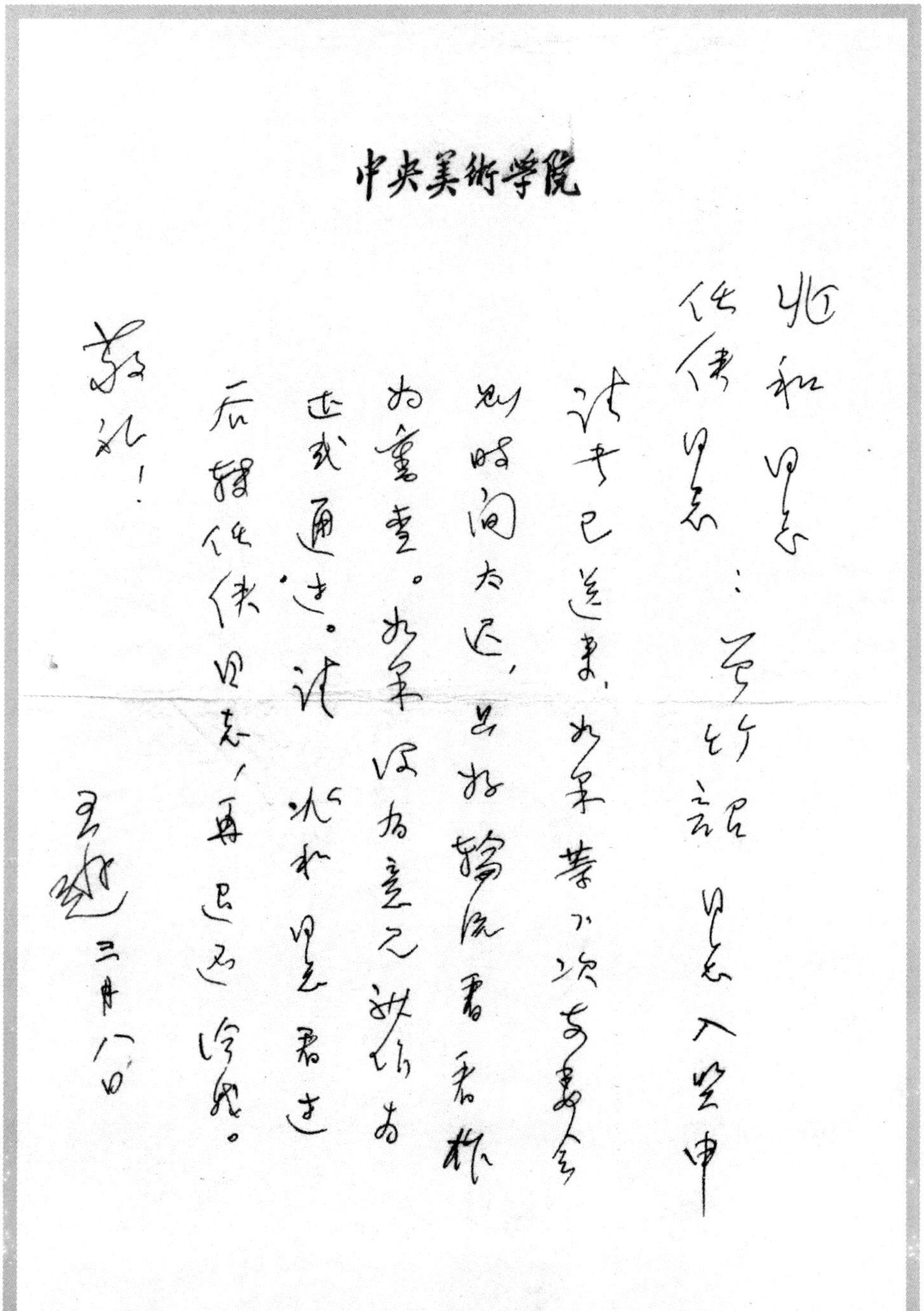
中央美術学院

兆和同志

任侠同志：苗竹诏同志入党申请书已送来，如果等下次支部会则时间太近，只好轮流看看材料再查。如果没有意见，作为正式通过。请兆和同志看过后转任侠同志，再退还给我。

敬礼！

王逊 三月八日

王遜致常任俠 25×17.5 厘米

任俠先生：

魏廣洲書鋪有四川畫像磚拓片六十餘張，美院如有可能，可以買下，但價錢稍貴。

敬禮！

王遜　十八日

【注釋】

經考證該信作於 20 世紀 50 年代初期。

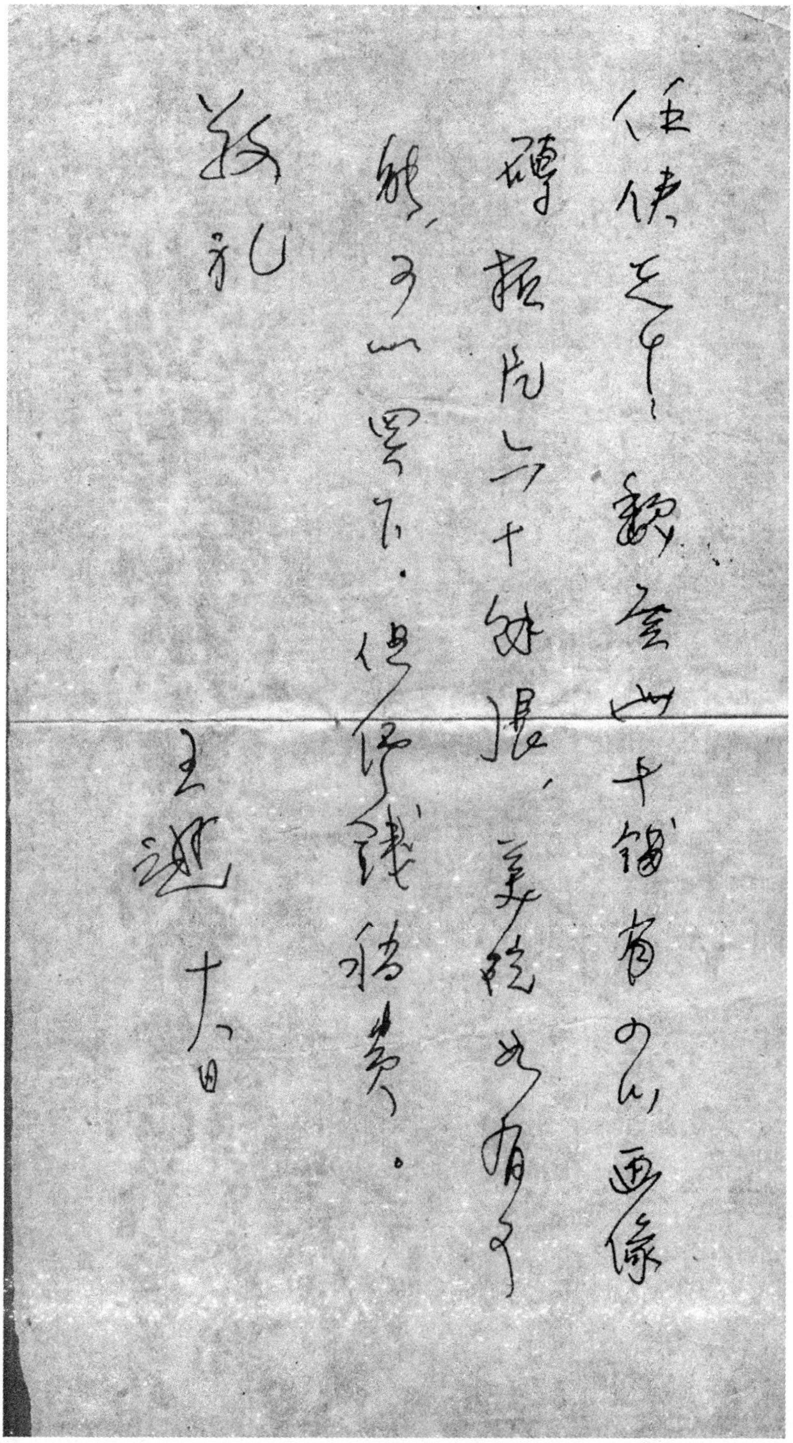

任俠先生：
茲奉上四十餘首四川画像
磚拓片六十餘張，美術也有
能多少買下。但價錢稍貴。
敬禮
王遜 十八日

王遜致常任俠 18.5×10.5 厘米

衛聚賢（1898–1989），字懷彬。山西萬泉人。考古學家。歷任暨南大學、中國公學、持志大學、中央大學教授，曾任南京古物保存所所長。主編《說文月刊》。香港大學東方文化研究院研究員，臺灣輔仁大學教授。著有《中國的幫會》、《中國考古學史》等。

任俠先生：

關於在江北發現漢墓，今天《中央日報》、《時事新報》、《益世報》、《新民報》，均有登載，已定於十日前往發掘，請先生轉請金靜庵、繆贊虞、程仰之諸先生屆時到其地共同發掘，並請將中大關於測量人員，請上幾位，帶上測量儀器測量。屆時大約于右任、吳稚暉、張溥泉等也去參觀，請先生多約幾個人來。順候

教安

弟衛聚賢鞠躬

廿九年四月八日

【注釋】

該信作於 1940 年 4 月 8 日。

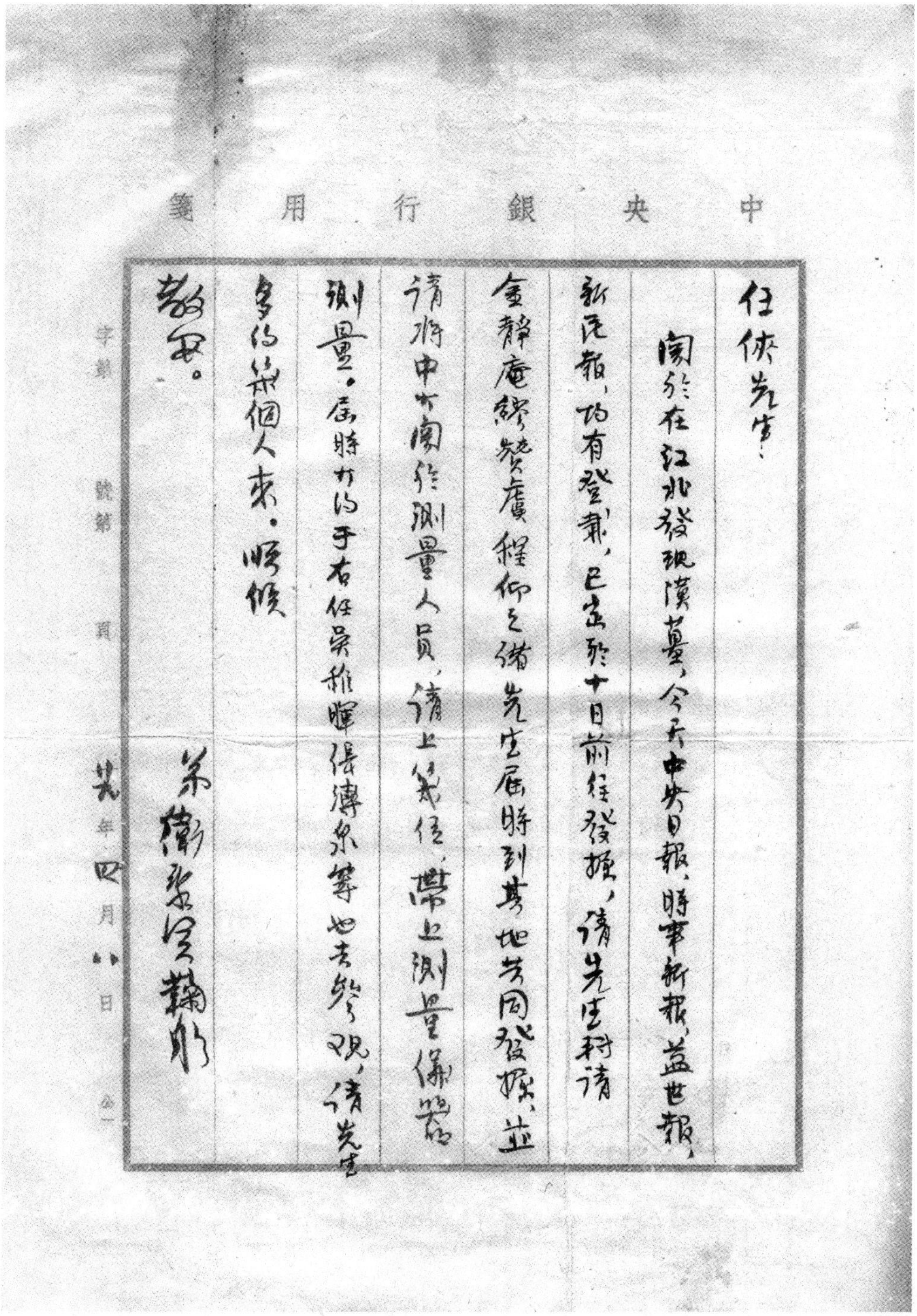
中央銀行用箋

任俠先生：

關於在江北發現漢墓，今天中央日報、時事新報、益世報、新民報，均有登載，已定於十日前往發掘，請先生轉請金靜庵、繆贊虞、程仰之諸先生屆時到某地共同發掘，並請將中大關於測量人員，請上幾位，帶上測量儀器測量。屆時於右任、吳稚暉、張溥泉等也去參觀，請先生多約幾個人來。順候

敬安。

弟衛聚賢鞠躬

字第 號第 頁

卅五年四月八日

公一

衛聚賢致常任俠　29×21 厘米

魏荒弩(1918－　)原名魏真,河北無極人。1930年代開始寫作和翻譯。1940年代初曾與友人主編《楓林文藝》、《詩文學》和《詩文學叢書》。從1943年起,曾先後在東方語專、西北大學、交通大學等校任教。1949年出席全國第一次文代會,同年加入中國作家協會。1950年任北京大學教授。主要譯著有:《捷克詩歌選》、《俄國詩選》、《涅克拉索夫詩選》、《涅克拉索夫初探》、《渭水集》等。

任翁:

照片太小,不能複製,兹將原物奉還。

秀峰同志處,望代函詢,圖章如已刻好,即請其捎來,並代致深深謝意。

闔府好!

荒弩　四月廿五日

【注釋】

經考證該信作於1978年4月25日。

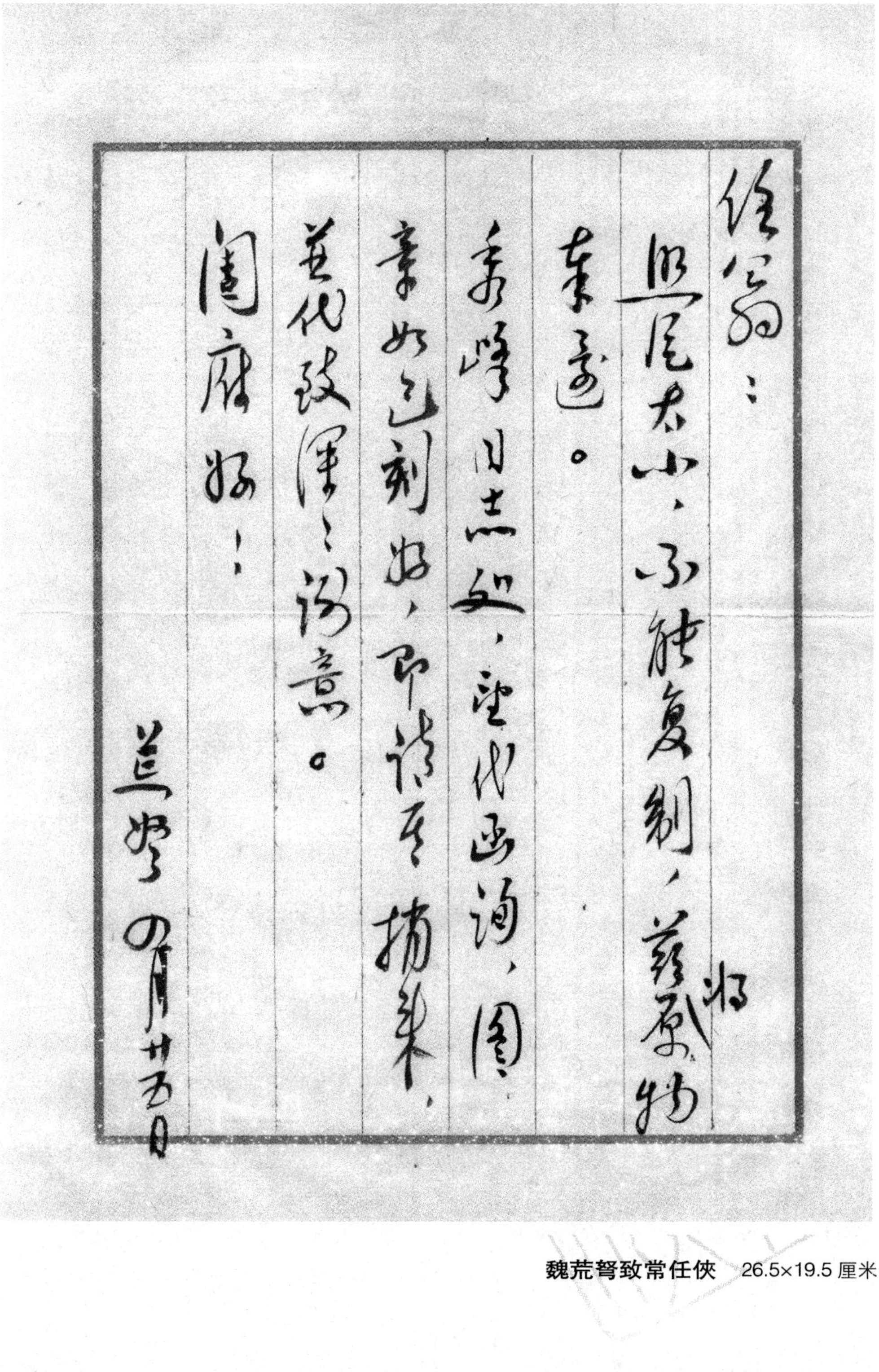

任俠：

照片太小，不能復制，茲將原物奉還。

來件已悉知，望代函詢，園章如已刻好，即請其掛來，並代致渠之謝意。

園麻好！

荒弩　四月廿五日

魏荒弩致常任俠　26.5×19.5 厘米

任公：

您好！

昆明友人擬選一部四十年代詩，由雷石榆等主編。時間只限於四十年代中期。範圍：經常在《戰歌》、《楓林文藝》、《詩文學》、《詩焦點》、《星火詩叢》等刊物寫詩的人，約選二十家，各選詩三、四首，並二、三［百］字小傳一篇。昆明方面，擬選李廣田、雷濺波、羅鐵鷹、包白痕等；北京則有王亞平、呂劍、李岳南和您。如果您同意，即請將尊作及小傳於六月十五日前寄我，不知有困難否？盼復！

匆祝

安健

嫂夫人好

魏荒弩上

五月九日

【注釋】

經考證該信作於1982年5月9日。

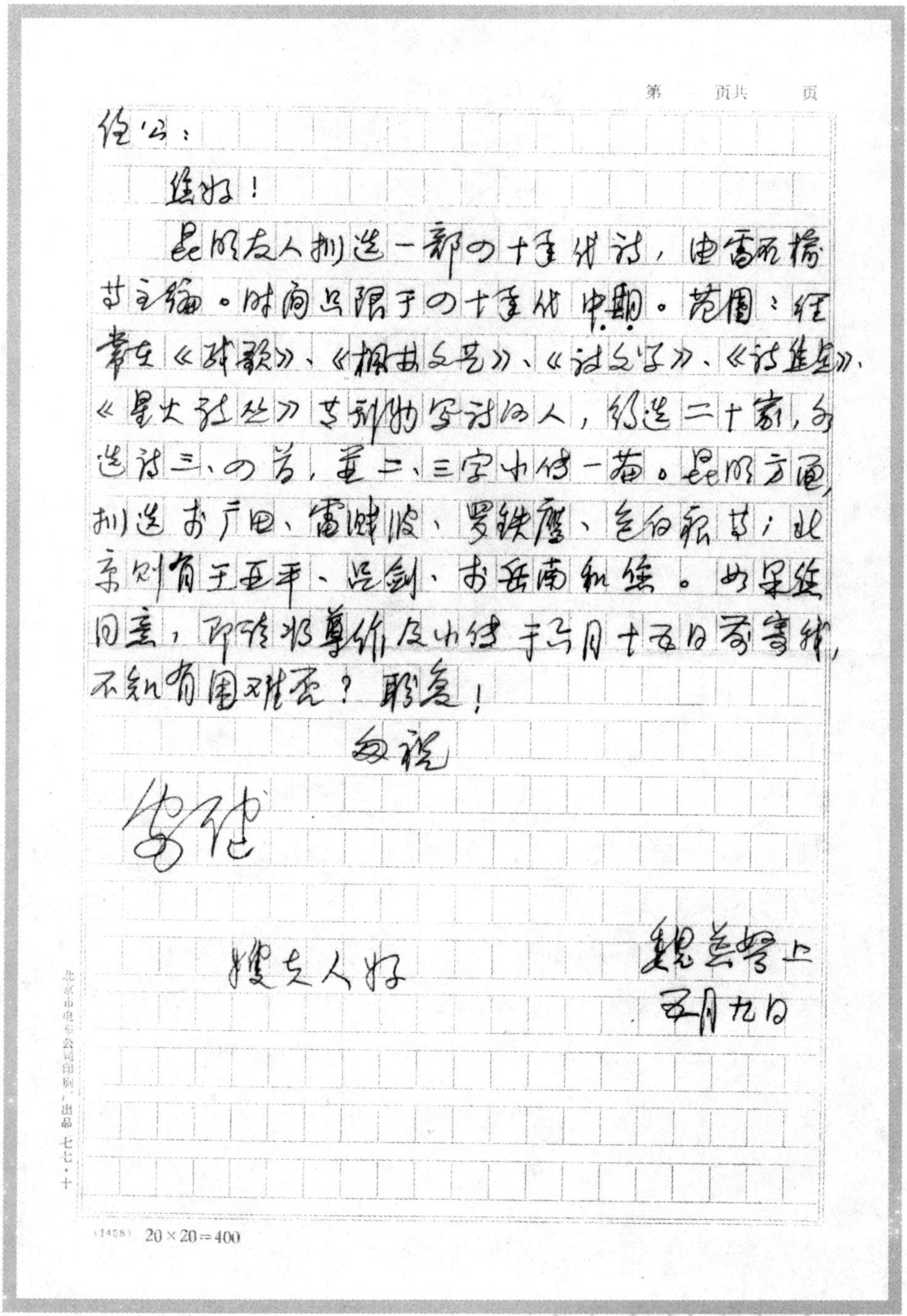
第　　页共　　页

任公：

您好！

昆明友人拟选一部四十年代诗，由雷石榆等主编。时间只限于四十年代中期。范围：经常在《诗歌》、《枫林文艺》、《诗文学》、《诗生活》、《星火诗丛》等刊物写诗的人，约选二十家，每家选诗三、四首，并二、三字小传一篇。昆明方面，拟选于产田、雷溅波、罗铁鹰、色白痕等；北京则有王亚平、吕剑、于岳南和您。如果您同意，即请将尊作及小传于五月十五日前寄我，不知有困难否？盼复！

敬礼

安健

嫂夫人好

魏荒弩上

五月九日

北京市电车公司印刷厂出品 七七·十

(1408) 20×20=400

魏荒弩致常任俠 26.5×19 厘米

任公：

尊詩和小傳，均已收閲，極好。前些時，曾從《楓林文藝》抄録《布谷鳥》一首，將來或可一同編入詩選，附閲。

腿腫，乃係血液循環不好的表現，務請到醫院檢查，不可忽視！

小女尚無朋友，請嫂夫人代爲留心，謝謝！

我曾於六月三日下午三時去拜訪，撞鎖不遇，想您去看病去了。請保重。

匆匆，即頌

夏安

魏荒弩上

六月二十一日

【注釋】

經考證該信作於1982年6月21日。

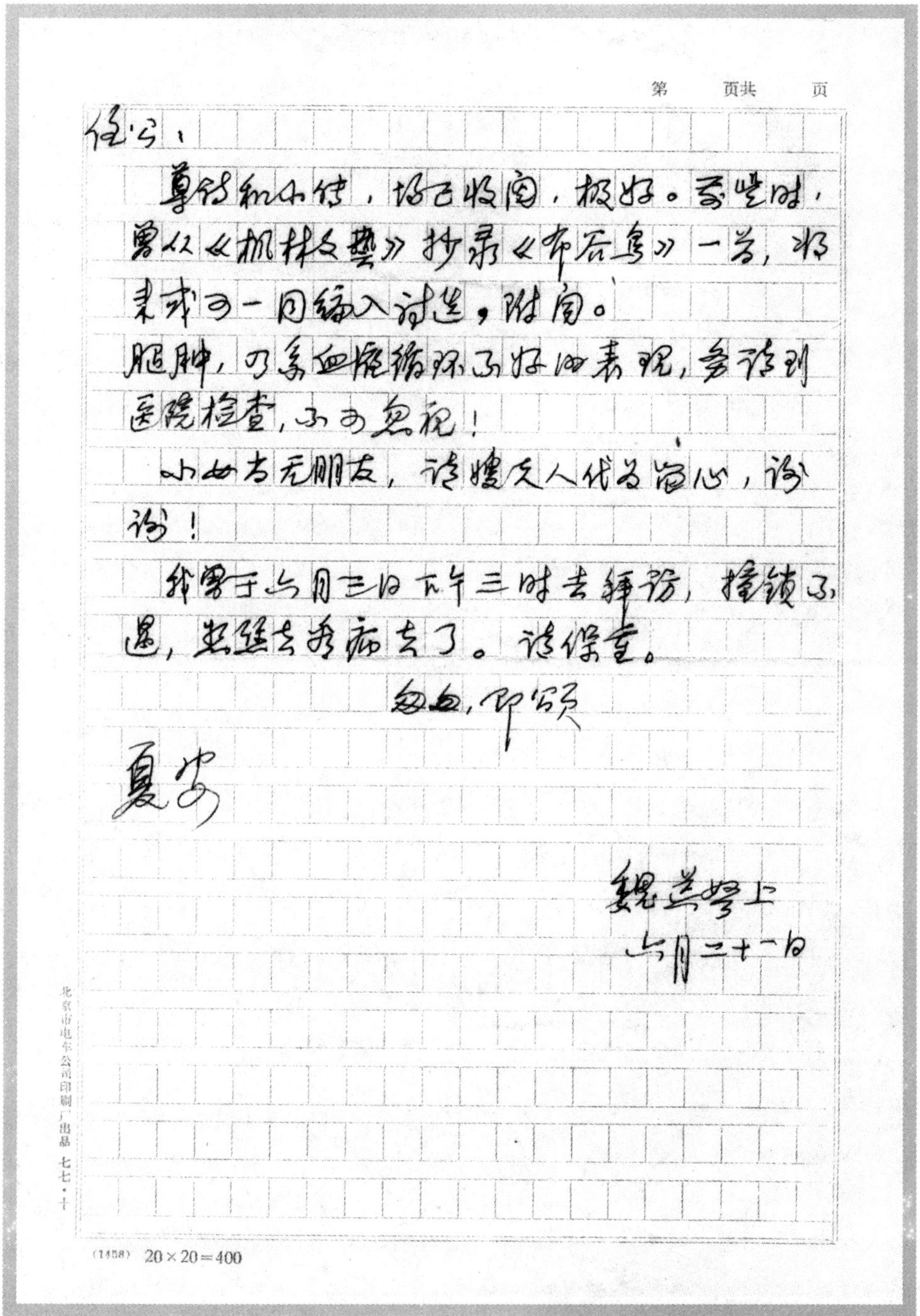

第　　页共　　页

任公：

尊诗和小传，均已收阅，极好。前些时，曾从《枫林文艺》抄录《布谷鸟》一首，将来或可一同编入诗选，附阅。

腿肿，可系血液循环不好的表现，务请到医院检查，不可忽视！

小女有无朋友，请嫂夫人代为留心，谢谢！

我曾于六月三日下午三时去拜访，惜值不遇，出[illegible]去看病去了。请保重。

匆匆，即颂

夏安

魏荒弩上

六月二十一日

北京市电车公司印刷厂出品　七七·十

(1458)　20×20＝400

魏荒弩致常任俠　26.5×19 厘米

常老：

今上午本擬乘車拜訪，因交通事故，受阻於西外立交橋，遂廢然而返。只好改日再去了。

近日安健否？天熱，仍望多多保重。

兹寄上新編之《外國小叙事詩》[1]一本，請指教留念。

多次求您寫字，十分感謝。今哈市老友吴朗又寫信來求您寫一十二字横幅，實在難以推辭，只有請再寫一張吧！過幾天我去取，實在麻煩您了。

又，您歷年所寫短文（千字上下小文）隨筆之類能結成一集否？花城要我代爲組稿，見面時再議可也。

匆匆，即頌

夏祺

荒砮

六月廿一日

【注釋】

經考證該信作於1986年6月21日。

[1]魏荒弩編《外國小叙事詩》，花城出版社1986年出版。

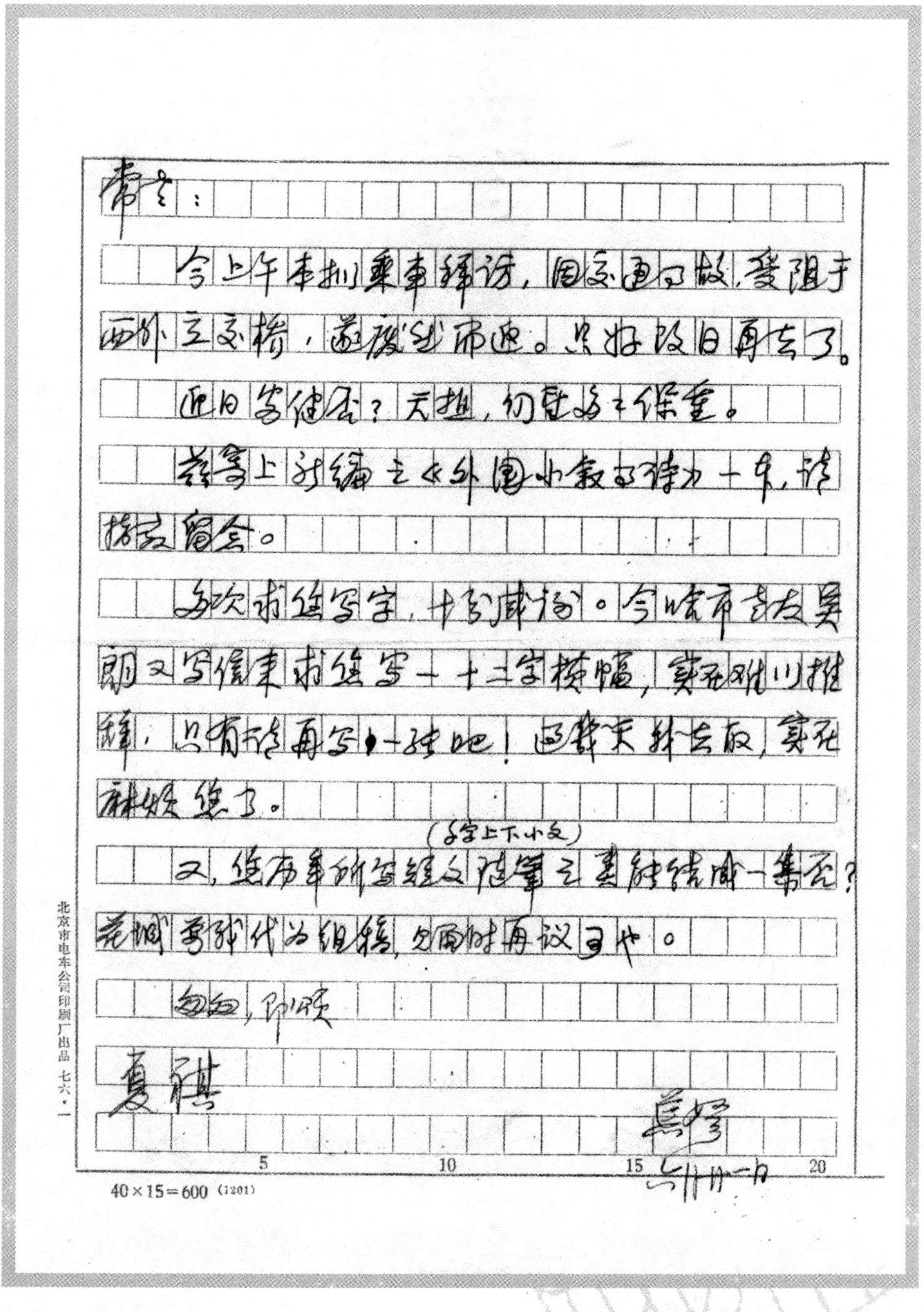

常之：

今上午本拟乘车拜访，因交通可能受阻于西外立交桥，遂废然而返。只好改日再去了。

近日写作否？天热，仍望多加保重。

兹寄上新编之《外国小说赏析》十本，请指正留念。

多次求您写字，十分感激。今晴市之友吴朗又写信来求您写一十二字横幅，实在难以推辞，只有请再写一张吧！过几天我去取，实在麻烦您了。

又，您历年所写短文随笔之类能结成一集否？（不管上下小文）花城嘱我代为组稿，您同时再议可也。

敬礼，即颂

夏祺

荒弩

六月廿一日

北京市电车公司印刷厂出品 七六·一

40×15＝600 (1201)

魏荒弩致常任俠 26.5×19 厘米

常老：

信及稿，均已收到。

稿已挂號寄《新文學史料》，並打來電話，説凡是常老的稿，我們一律刊用。如有可能，請將已寫出的《青年時代》徑寄他們發表爲妥。

聽説您又住院了。路太遠，近期不能去看您。望安心静養，爭取早日康復。

匆此，即頌

秋祺

魏眞謹上

1992.9.24

我的地址：

西外展覽館路 4 號樓（原 24 樓）1 門 203 室　郵編 100044

電話：8321155－142

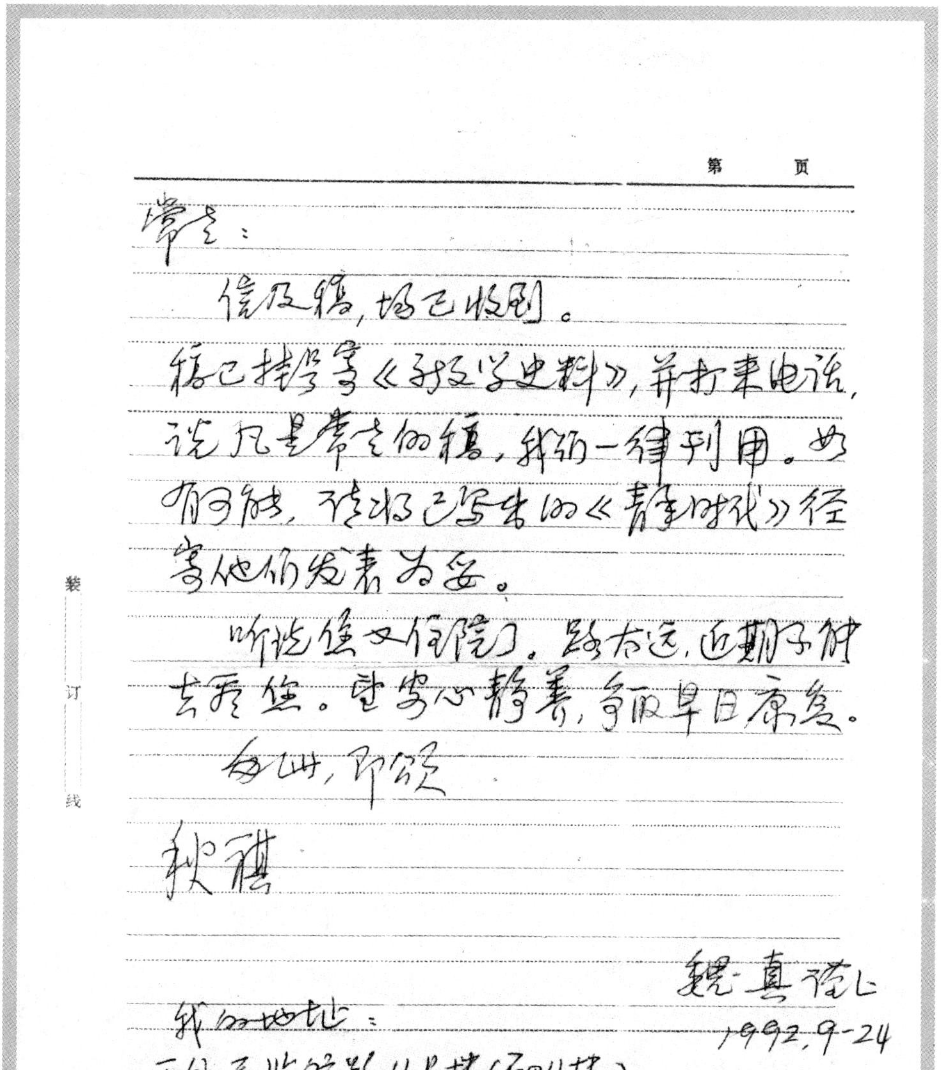
第　页

常老：

信及稿，均已收到。

稿已转寄《新文学史料》，并打来电话，说凡是常老的稿，我们一律刊用。如有可能，请将已写出的《青年时代》径寄他们发表为妥。

听说住入医院了，路太远，近期不能去看望。望安心静養，争取早日康复。

专此，即颂

秋祺

魏真 谨上
1992.9-24

我的地址：
西外展览馆路4号楼（原24楼）
1门203室　邮编100044
~~电话：832-1155-142~~

北京市对外贸易咨询服务公司

装　订　线

魏荒弩致常任俠　26.5×18.5 厘米

文懷沙(1910−)號燕叟，齋名燕堂。祖籍湖南，生於北京。學者。歷任國立女師、上海劇專、北京大學、清華大學、北京師範大學、中央美術學院等國內多所大學教授、客座教授、顧問等。著有《離騷今繹》、《九歌今繹》、《屈原集》、《文懷沙序跋集》等。

祝猴年吉星高照，賢伉儷福慧雙修，延壽千霜，闔第吉祥如意！

今年我們郵局從日本學來發行有獎賀卡，符合當前社會心態，這一舉措，使郵局坐收大利，施小惠得獎者，普施希望於持賀卡者，坐收大利者並不興奮，必然也。收小利者洋洋自得，人人稱羨，偶然也。語云：喜出望外，不聞“望內”、“望中”，望內與望中則不足云喜，可見幸運或喜悅如納入“理所當然”“勢所必然”的軌迹中，則不復存生機，世間萬事，俱作如是觀。以上獨到領略如我穎上翁不哂爲悖論，幸甚幸甚，願壬申年您不斷邂逅來自偶然的好運——像砧上火花！您當然不會稀罕那有形的、有限的戔戔小利——所謂“頭獎”。因爲它比不上這張無價卡寄託了我由衷的虔誠祝福！

文懷沙鞠躬　九二、二、二

【注釋】

該信作於 1992 年 2 月 2 日。

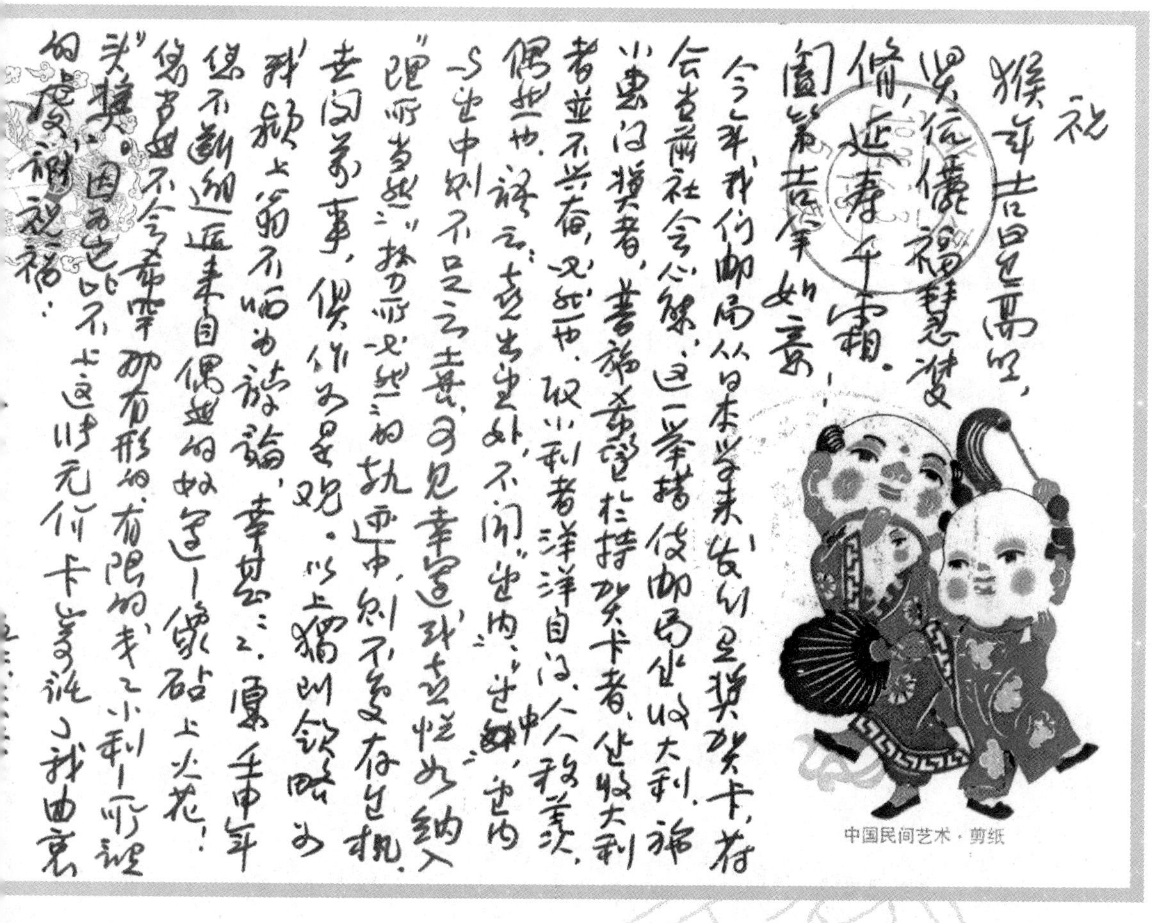

祉
猴年吉星高照，
吳儂儀福慧雙
修，延壽千霜。
闔第吉祥如意！
今年，我們郵局從日本學來發行具獎賀卡，存
會者有社會心態，這一舉措使郵局坐收大利。而
小惠得獎者，書店茶館於持賀卡者，坐收大利
者並不興奮，況然也。取小利者洋洋自得，人人稱羨，
偶然也。語云：喜出望外，不聞望內。望內
之望中則不足云喜。可見幸運之性，如納入
"理所當然"、"勢所必然"的軌道中，則不復存在也。
吉凶禍事，偶作如是觀。以上猶則欽哈
我願上蒼不嚇而諄諄論，幸甚之之。願甲申年
您不斷迎近來自偶然的幸運一線砧上火花！
您亦不全靠那有形的，有限的，末之小利，所謂
"頭獎"，因而也只不過時元價卡寫誰了我由衷
的慶謝祝福：

文懷沙致常任俠　15×20 厘米

聞鈞天(1900—1986)　字一尊，號劬廬，湖北浠水人。中國畫家。早年畢業於南京美專和東南大學。歷任西南美專和社會教育學院教授、武漢畫院名譽院長、武漢市文史研究館館長。中央文化部中國畫創作組成員。

任俠吾兄大鑒：

連奉惠書，首先應向您謝罪，延誤時日，多勞眷念，故人篤誼，感何如之。賤軀較前進步得多，眼面手足等處浮腫消退，晴日在院內，爭取步行百數十步，以資鍛煉。兩週前痔瘡復發，臥床數日，不料痔愈後而牙部膿腫，幸穎女及時診治，減少許多痛楚，以視吾兄健適康寧，誠不知何以自了也。

畫事在晴窗日影中時一展紙，美館陳列之作多承獎飾，益當鼓進。國畫創作組方面來人亦多囑意，更使我忘年驅筆，振奮有加，倘望吾兄本當年共讀之精神，不我遺棄，臨穎無任懷繫，有便過西苑時，渴望命駕。小窗多明，能不一坐耶。

即復並頌

近祉

弟鈞天拜上　十一月八日　十三日投郵（日復一日，對不起人）

偶得小詩録請一笑，久不事此道，並希教之。

行年七十有九來京作畫居西苑述懷兼示家人以紀生日

解釋編齡八十秋，亦如沙浪一浮鷗。陽春着意回天地，太華高瞻仰勝流。夢也狂時呼展紙，誰知世路曲如鈎。年來所累兒和女，分取烏私養白頭。

録請任俠學兄粲政

弟鈞天

【注釋】

經考證該信作於 1978 年 11 月 8 日。

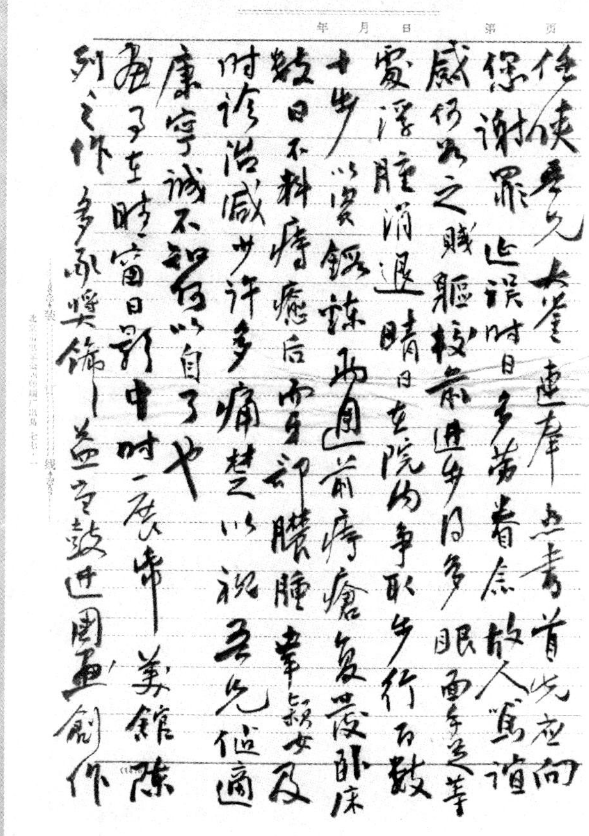

任侠吾兄大鉴：违库无青，首先应向您谢罪，近误时日，多劳眷念，故人之谊，感何如之。贱躯校前进步日多，眼耳手足等处浮肿消退，晴日去院内争取步行百数十步，以资锻炼，而周前痔疮复发，卧床数日，不料痔愈后而右部膝肿，幸兼女及时诊治，减少许多痛楚，以视吾兄值适康宁，诚不智何以自了也。画予去时，留日影中时一展佛，美馆陈列之作多承奖饰，益当鼓进图画创作

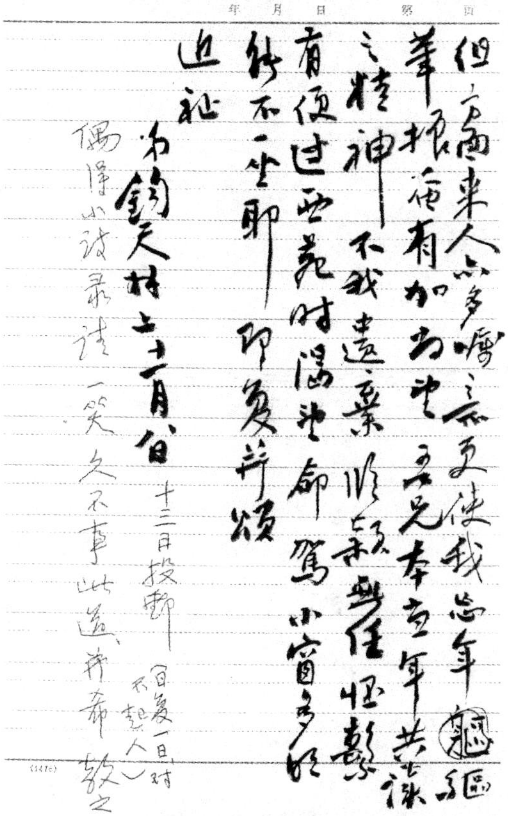

但亦南来人亦多嘱之，亦更使我忘年之躯笔振而有加，为此吾兄奉去年共谋之精神，不我遗弃，收录无任感激。有便过西苑时，沿此命驾小窗多晤，能不一叙耶。即复并颂近祉

弟钧天拜上 十一月廿日 十二月投邮（日复一日，对不起人）

偶得小诗录请一笑，久不事此道，幸希教之

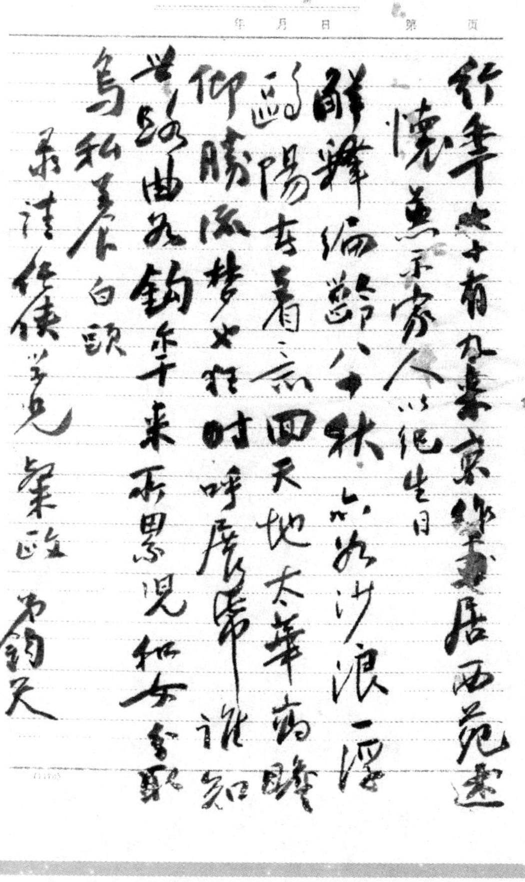

行年六十有九来京华，寓居西苑处怀无家人，以纪生日

醉舞编龄八十秋，六州沙浪一浮沤，迟阳去看云回天，地太华高骞仰胜流，梦女狂时呼展佛，谁知世路曲如钩，廿年来不见倪和女，贤乌私甚白头

录请任侠吾兄粲政 弟钧天

闻钧天致常任侠　26.5×19 厘米

任俠學長文席：

久未函候罪甚。四十年前小照收到，復益慚老醜，如夢如煙，無由名狀。回漢後屢以畫務羈勞，俗事亦皆瑣瑣，欲罷不能，惟賤軀較昔健勝，足告故人耳。

小子立聖隨側習畫，年來尚有門徑，擬謀進修（由單位繳納進修費），不知貴校可否接收，有何手續，請煩見告。如有困難亦請直告，其間若需有人事安排之處，不知兄能爲我作一臂之助否，一言九鼎想當能有所推愛也。立聖以習花鳥爲主，進修期限約爲一年，別無他冀。耑肅候

大安

嫂夫人請問好

弟聞鈞天上　五、十四

回信寄武昌大東門千家街 161 號紅軍樓弟收

【注釋】

經考證該信作於 1979 年 5 月 14 日。

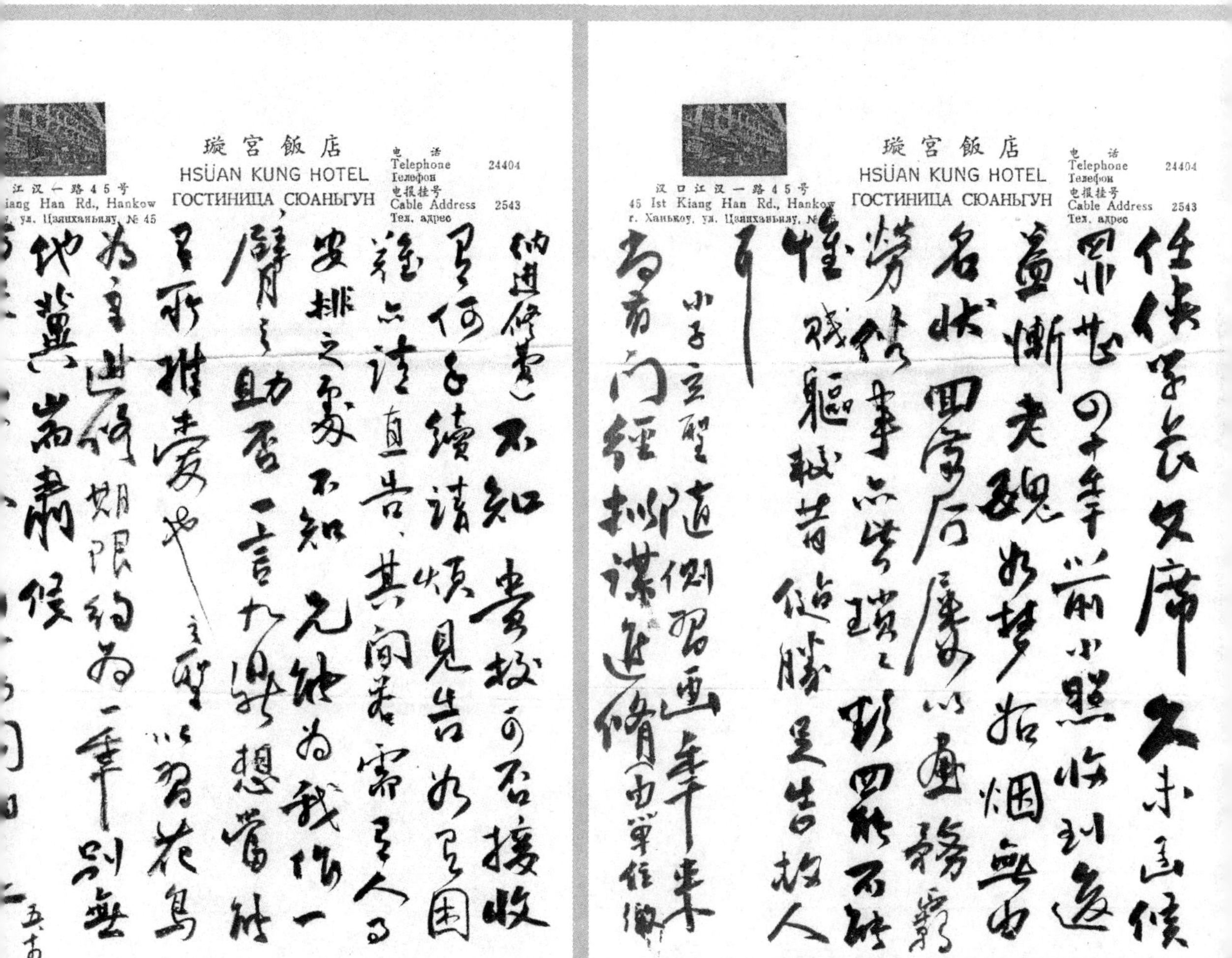

聞鈞天致常任俠　26.5×19 厘米

吴冠中(1919-),江蘇宜興人。畫家。曾任教於國立重慶大學建築系、中央美術學院、清華大學建築系、北京藝術學院、中央工藝美術學院。中國美協常務理事、全國政協常委。著述有《吴冠中文集》及出版多種畫集。

任俠前輩老師:

老尙[1]轉交的大作七絶兩首及您給他的信均讀到,最近又收到手書兩首七絶,十分感謝您對我的鼓勵,我永遠珍視這難得的贈品。

因離京三、四個月,歸來後積事甚多,畫債亦多,最近美協貴州分會主辦我的個人畫展,爲他們選送100件作品,所以一直很忙碌。老尙轉達希望我給你畫張畫,我也早答應了他,待時間寬裕些試試,畫成當寄上,有機會當偕老尙前來拜訪。並致

敬禮

吴冠中　八月五日

【注釋】

經考證該信作於1978年8月5日。

[1]指尚愛松(1918-2006),學者、美術史研究專家,時任中央工藝美術學院教授。

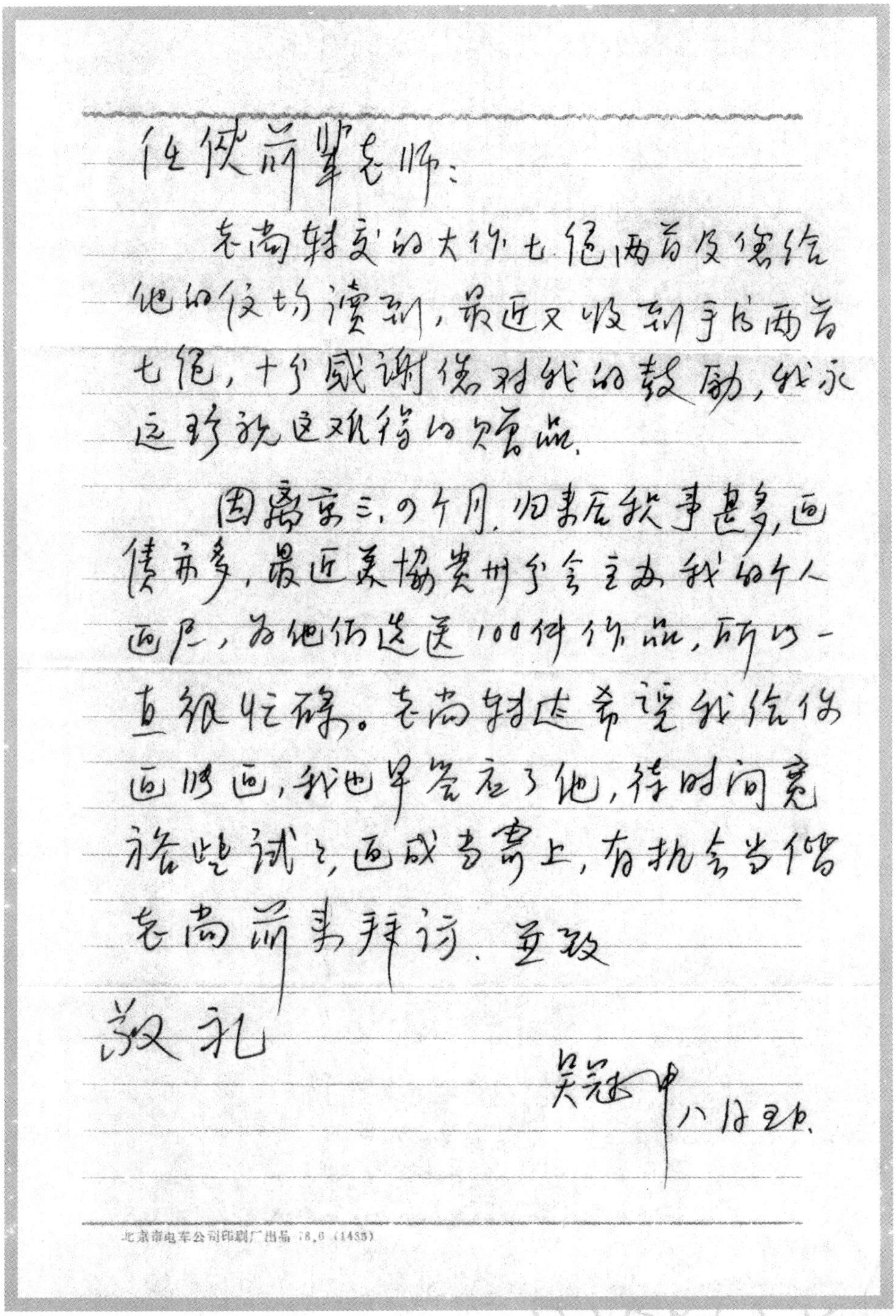

任侠前辈老师：

老尚转交的大作七绝两首及您给他的信均读到，最近又收到手书两首七绝，十分感谢您对我的鼓励，我永远珍视这难得的赠品。

因离京三、四个月，归来后积事甚多，画债亦多，最近美协贵州分会主办我的个人画展，为他们选送100件作品，所以一直很忙碌。老尚转达希望我给你画幅画，我也早答应了他，待时间宽裕些试之，画成当寄上，有机会当偕老尚前来拜访。并致

敬礼

吴冠中　八月五日

北京市电车公司印刷厂出品 78.6 (1435)

吴冠中致常任俠　25.5×17.5 厘米

任俠前輩老師：

總是任務多，畫債纍纍，下月又將帶學生外出任課，恐一時抽不出安寧的時間爲您作畫，故先檢去年作《長江山城》小幅奉寄，聊表心意，並請指導。並致

敬禮

吳冠中　八月廿日

【注釋】

經考證該信作於1978年8月20日。

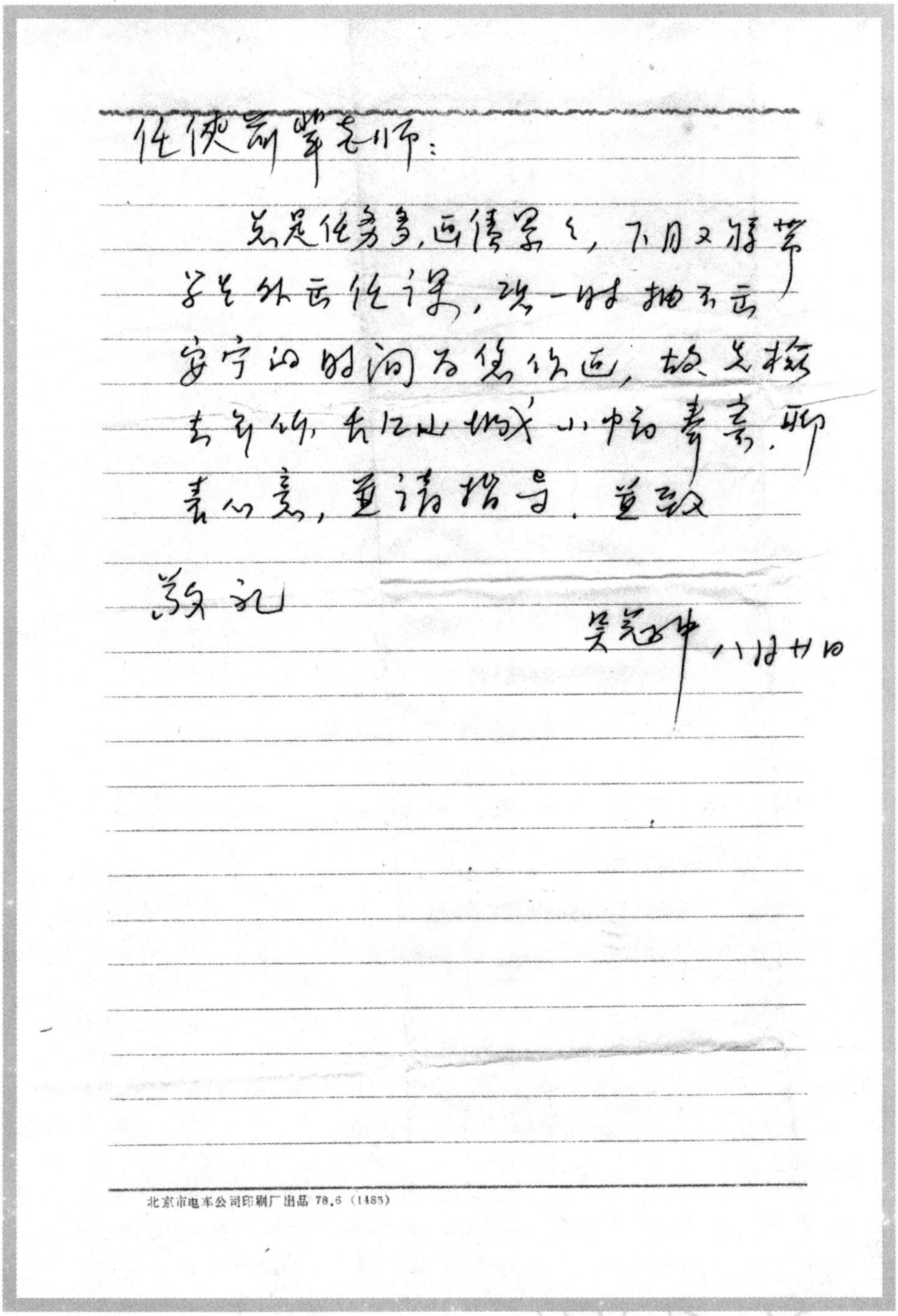

任侠前辈老师：

近是任务多，画债累累，下月又将带学生外出任课，致一时抽不出安宁的时间为您作画，故先检去年所作长江山城小幅素稿，聊表心意，并请指导。并致

敬礼

吴冠中 八月廿日

北京市电车公司印刷厂出品 78.6（1485）

吴冠中致常任俠 25.5×17.5 厘米

吳梅（1884—1939），字瞿安，晚號霜厓，江蘇長洲（今吳縣）人。古典文學家。曾任東吳大學、北京大學、東南大學、中山大學、光華大學、中央大學、金陵大學教授，著有《霜厓文録》、《霜厓詞録》、《霜厓曲録》四卷及《霜厓四劇》等。

日前枉顧失迓爲歉，承命減飲，兄當書紳也。寫件奉上，外附《潛社匯刊》十四冊並呈文几，收到盼復。課餘盍顧我一談，此上即問

季青仁弟近祉

三月廿六日霜厓頓首

【注釋】

經考證該信作於1930年代前期。

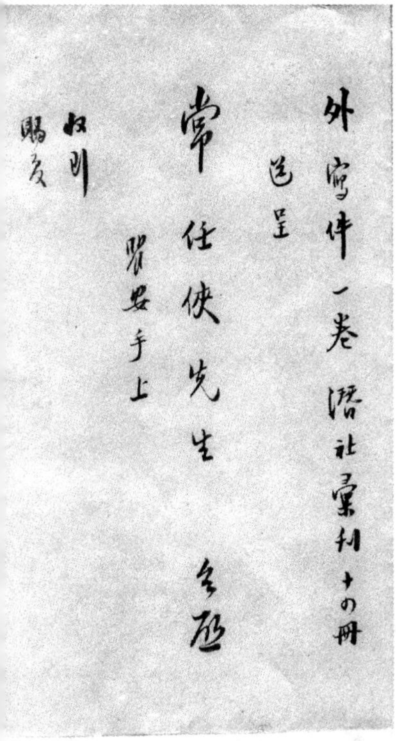
外寫件一卷 潛社彙刊十四冊
送呈
常任俠先生 [illegible]啟
瞿安手上
收到
賜复

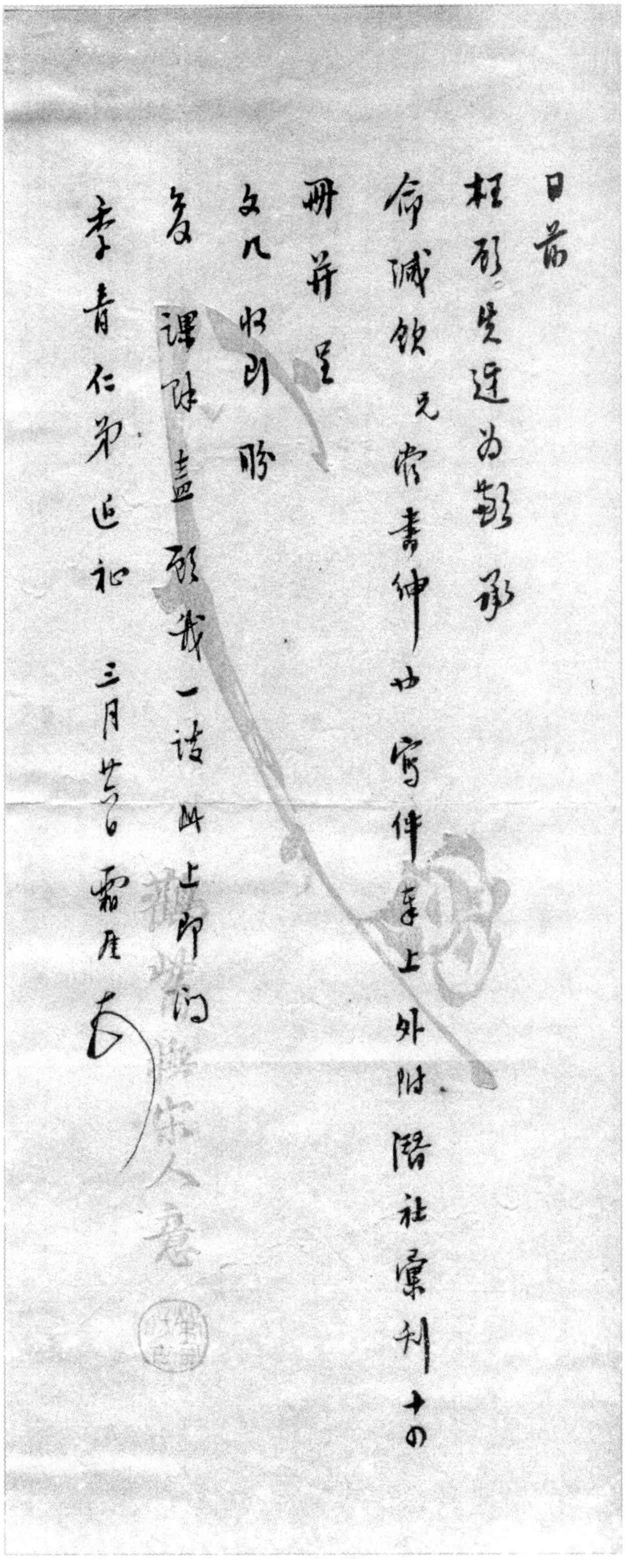
日前
枉顧，失迓為歉。承
命誠飲元常書伸廿寫件奉上，外附潛社彙刊十四
冊，并呈
文几，收到盼
答。
課餘盡賜我一詩，此上即問
李青仁弟近祉 三月廿七日 霜厓 吳

吴梅致常任俠 24.5×10 厘米

吳天（1912—1989），江蘇揚州人。編劇、導演。1930年代赴日留學，專攻戲劇，1938年返國，在上海劇藝社擔任編導。1949年後任中央電影演員劇團副團長，後調北京、長春、珠江等電影製片廠擔任領導職務。“文革”後，為廣東省文聯的專業作家。著有《劇場藝術講話》、《電影簡話》及多部劇本。

任俠兄：

謝謝你寄來《洪水》[1]舞臺面及《六藝》。你這樣關心，眞是使我欣慰。這次《洪水》的演出大概跟南京的略有不同，特別是主題及技術方面，前者擬強調一部份，後者擬盡量用日本現成的物質設備。

《復活》演得怎樣？我非常想知道一切情形，你能寄點特刊舞臺面之類的東西，則我就非常感謝了。

東京方面，不久前，“國防”在築地演了一次戲，是《月亮上昇》、《嬰兒殺戮》，以及創作劇《夜明》。

現在《洪水》正在開排，不過成績尚不能料定，因爲《洪水》這劇本眞不大好演呢！

餘再談！

弟吳天　25日

就便請問問田漢先生對這劇排演的意見。

【注釋】

經考證該信作於1936年4月25日。

[1]田漢創作以黃河水災爲題材的一幕兩場話劇《洪水》，於1935年12月下旬由中國舞臺協會在南京世界大戲院舉行第二次公演時演出。

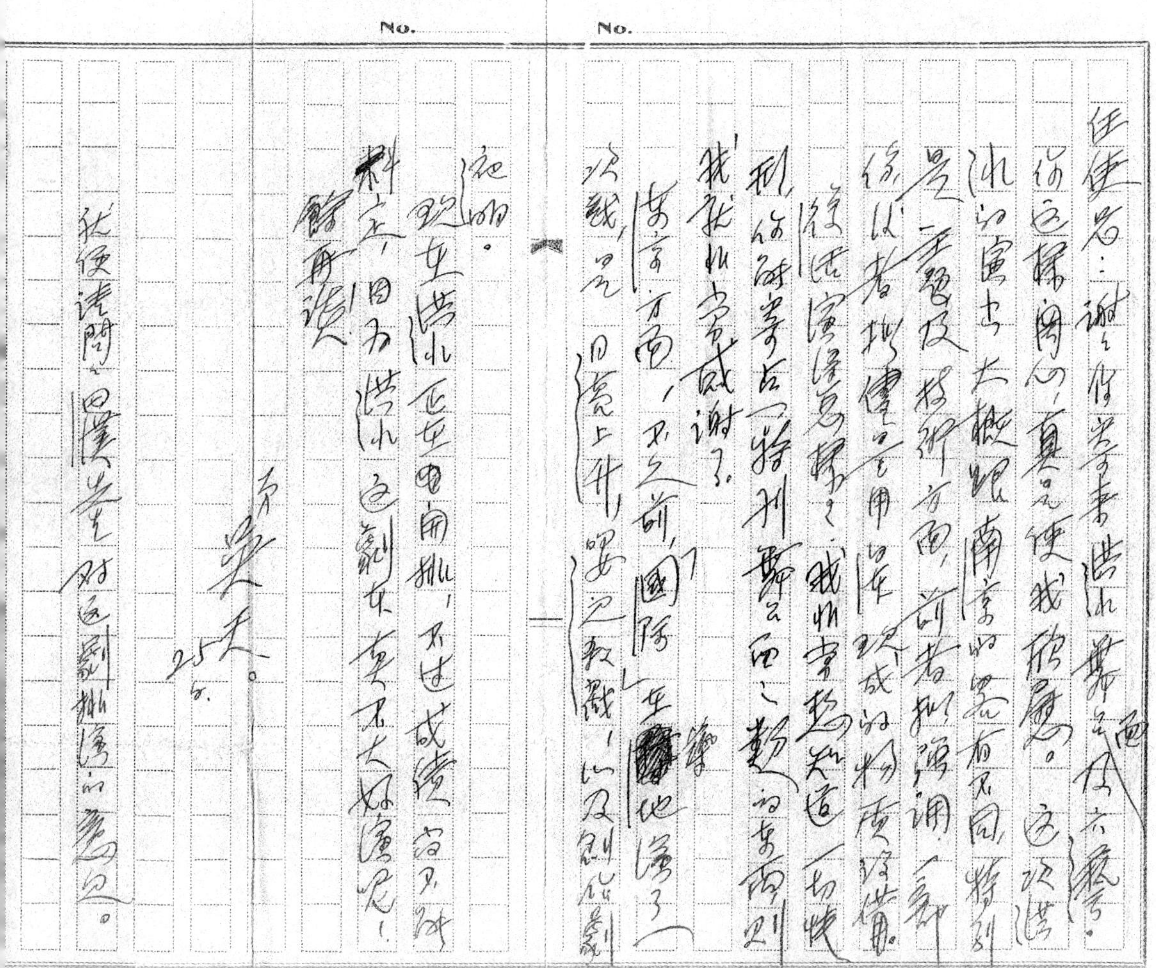

任侠兄：

谢谢你寄来书、浩洲兄舞台画及六张像。你这样関心，真是使我感愿。这次浩洲的寓去大概跟南京的不同，特别是一些表演方面，剧若排演调，音乐后以着批像电用的程现，成的物质设备。但据浩说这样，我们常想知道一切情形，你能寄点一些刊载舞台面的报道的东西，则我很想常感谢了。

东京方面，不久之前，国际上[redacted]地演了一次戏，是日本上演，要见教戏，以及剧[illegible]

祝

好。

现在浩洲正在电南排，不过成绩留几[illegible]料定，因为浩洲这剧本来不太好演呢！余再谈。

弟 吴天。

25/5.

我便请问问田汉先生对这剧排演的意见。

吴天致常任俠　33×24 厘米

吴曉鈴(1914—1995),遼寧綏中人。語言學家,戲劇家。1937年畢業於北京大學中國語言文學系,先後在北京大學、北京神學院、燕京大學、昆明西南聯大任教。1942年至1946年在印度寂鄉泰戈爾國際大學中國學院任教授。1947年起任法國巴黎大學北京漢學中心通檢組主任,兼任北京大學、清華大學、輔仁大學、中央戲劇學院教授。1949年後,任中國科學院哲學社會科學學部文學研究所(即今中國社會科學院文學研究所)研究員,民間文藝研究會顧問,中國曲藝家協會理事,國家文物咨詢委員會委員等職。主要著作有:《西厢記》校注本、《關漢卿戲曲集》、《吴曉鈴集》等。

任公:

我於月之六日來晉,已經跑了大同、五台、繁峙、代縣、寧武、原平、忻縣等處,看了天岩寺金代壁畫,昨日抵太原,明日即去晉南,約九月底返京。

摯友黄公肅秋,想來您和他是相知的,現在介紹他陪同興縣(賀老總120師駐地)的畫家王玉堂同志去看您,玉堂同志是位農村業餘畫師,工花鳥,這次去京主要是問師訪友,求學論道;在理論和美術史上希望得到您的教益,在實踐中,希望代爲介紹他能見到田世光、俞致貞等名家,感同身受了!

貴體恢復得如何?至爲繫念,諸希珍攝,專肅順頌

潭第上下均吉!

曉鈴拜狀

一九七九、八、廿五

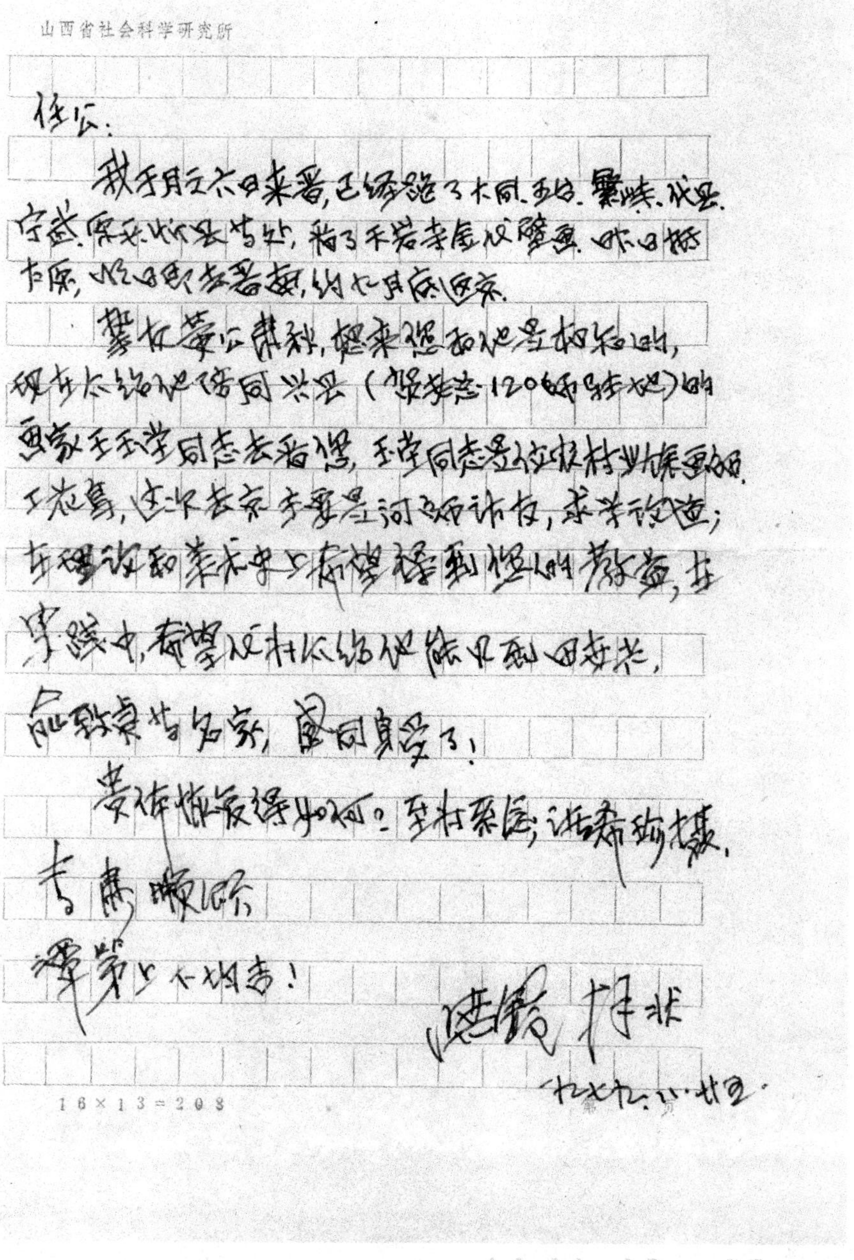

山西省社会科学研究所

任公：

我于七月六日来晋，已经跑了大同、五台、繁峙、代县、宁武、原平、忻县等处，看了千岩寺金代壁画。明日赴太原，以后即去晋东，约七月底返京。

蔡公书稿，想来您和他是相知的，现在介绍他陪同兴县（贺龙老120师驻地）的画家王玉堂同志去看您，玉堂同志是位农村业余画家的工农画，这次去京主要是访师访友，求学深造；在理论和艺术上希望得到您的教益，在实践中，希望农村的绘画能从画中发现，能致卓然大家，您同意吧！

贵体恢复得如何？至为系念，请多珍摄。

专肃 顺颂

潭第均吉！

晓铃 拜状

一九七九、八、廿五。

16×13=208

吴曉鈴致常任俠　26×18.5 厘米

任老：

久違，想近況清吉！

有在北大的美國友人姜世彬教授（Prof.Dr.Davis Johnson）專治影戲，他讀過您不少有關的論著，亟欲識荆就教。我們計劃在月之二十六日（星期一）上午九時後去拜訪您，您如有時間，則祈稍候，不必復我；如屆時有事，則請另定一個時間，寫個條兒通知我，感甚！

專肅，頌

潭第上下均吉！

曉玲拜啓

84.3.22

【注釋】

該信作於1984年3月22日。

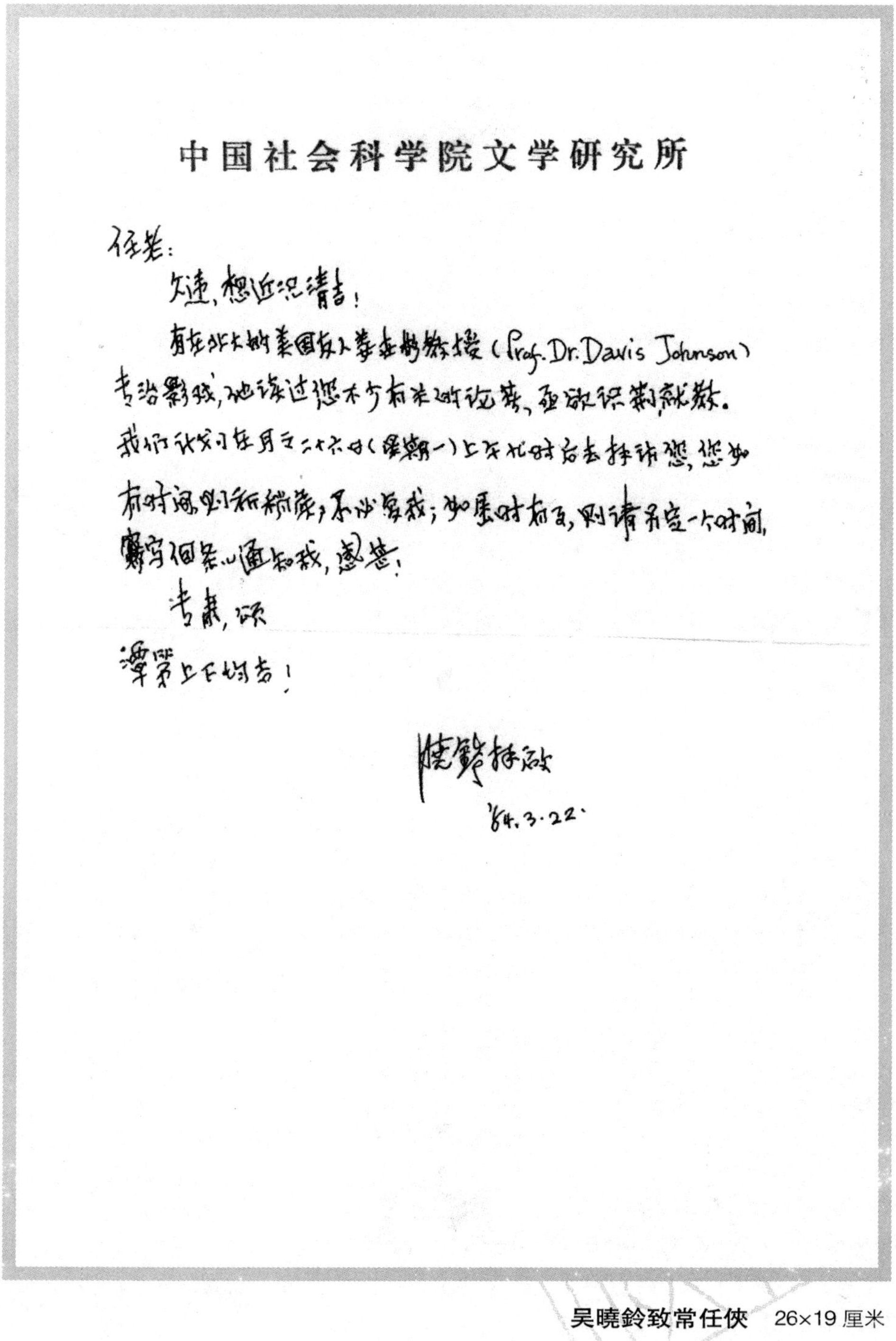

中国社会科学院文学研究所

任老：

久违，想近况清吉！

有在北大访问的美国友人詹森教授（Prof. Dr. Davis Johnson）专治戏剧，他读过您不少有关戏论著，亟欲识荆就教。我们计划本月二十六日（星期一）上午九时去拜访您，您如有时间，则祈赐接，不必复我；如届时有事，则请另定一个时间，赐写个条儿通知我，感甚！

专肃，顺

潭第上下均吉！

晓铃拜启

84.3.22.

吴曉鈴致常任俠 26×19 厘米

吳祖光(1917—2003),江蘇常州人,著名學者、戲劇家。1937 至 1941 年在國立戲劇專科學校任教。1941 年至 1943 年在中央青年劇社、中華劇藝社任編導。1944 年後任重慶《新民晚報》副刊編輯。1946 年後任上海《清明》雜誌、《新民報》副刊編輯。1947 年至 1949 年在香港任大中華影業公司、永華影業公司編導。中華人民共和國成立後,歷任中央電影局、北京電影製片廠、中國戲曲學校實驗京劇團、北京京劇團編導。著有《吳祖光劇作選》、《吳祖光選集》等。

任俠兄:

請將梅蘭芳畫交來人帶下,並且告訴我是多少錢。

《龍宮牧笛》劇本[1],日內把我的意見用書面題到亞農同志處去。

即請

早安

弟祖光叩　三十日

【注釋】

經考證該信作於 1954 年 4 月 30 日。

[1] 指常任俠創作的兒童劇《龍宮牧笛》劇本。吳祖光於是年 2 月 16 日曾記曰:"讀常任俠之《龍宮牧笛》,亦極無趣。信乎創作之不易為。"

任俠兄：

請將梅蘭芳像交來人帶下，並且告訴我是多少錢。

「龍宮取寶」劇本，日內把我的意見用書面提到戲曲[illegible]處去。

即候

早安

弟 祖光 叩 二十日

吴祖光致常任俠　21×13 厘米

任俠兄：

梅畫並非“醉酒”而是出浴，又是長形，無用，故仍退尊處。謝謝。此祝

雙安

弟祖光　五、二

【注釋】

經考證該信作於1954年5月2日。

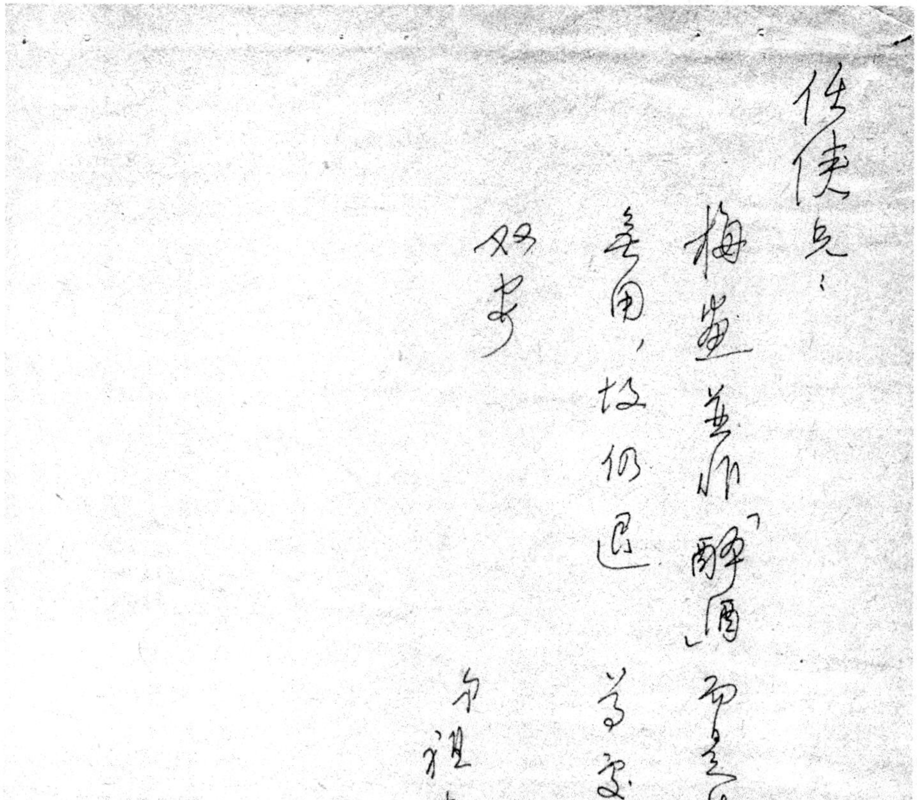

任俠兄：

梅蘭芳「醉酒」已是出版，又是長形，

無用，故仍退 尊處。謝謝代找

好安

弟祖光 五、二、

吴祖光致常任俠 25.5×17.5 厘米

冼星海(1905—1945),廣東番禺人。音樂家。早年加入南國社。1935年由法國巴黎音樂院畢業後回國,參加抗日救亡活動。1939年任延安魯藝音樂系主任,創作有《黄河大合唱》等。

任俠兄:

許久以前曾接到你來信和《亞細亞之黎明》[1],我即發動幾位同志來討論,預備在"九一八"演出,後經過他們决意認爲你的大作有點太長,而且"九一八"上演的期間又迫近,因此停頓下去,就寫了另一個"九一八"大合唱,這個大合唱在"九一八"演出成功了,但你的大作還擱在我書台上,我相當的對你不住,但是你也許要知道這里是民主的,一切都要經過討論和集體的批判,你的大作里面的軍歌他們認爲很好的,前幾個月他們想叫我寫一個《打到鴨緑江邊》,除掉開始和最後一個曲子之外,其餘都是你的歌詞,後來又因時間不許可,我又沒有握筆去寫,直至昨天我從邊區文協代表大會歸來,看見你的信,你以爲《亞細亞之黎明》已上演的消息,我眞抱歉,因此我就替你再加解釋。我希望你能寫一點短的一幕歌劇給我們,這里物質條件艱苦,你可以原諒我們還沒有替你的大作實現出來。

你現在環境太好了,望你把戲劇史早日寫成贈我一份,尤其關於中國古代的音樂舞蹈。我在這里任教,沒有什么特別成績,我們只要記着在這抗戰期間每個文化人都要守着他自己的崗位替國家民族貢獻他們最大的努力。望時賜教爲荷,致敬禮。

弟冼星海　一月十五日

再者我已生了一個女孩現在已經六個月了。

【注釋】

經考證該信作於1940年1月15日。原件於"文革"抄家時失去,此爲留存照片。

[1] 1938年在武漢國民政府軍事委員會政治部第三廳時,二人曾多次合作抗戰歌曲。同年底,常任俠創作的四幕抗戰歌劇《亞細亞之黎明》劇本油印成冊,寄至延安由冼星海制譜。

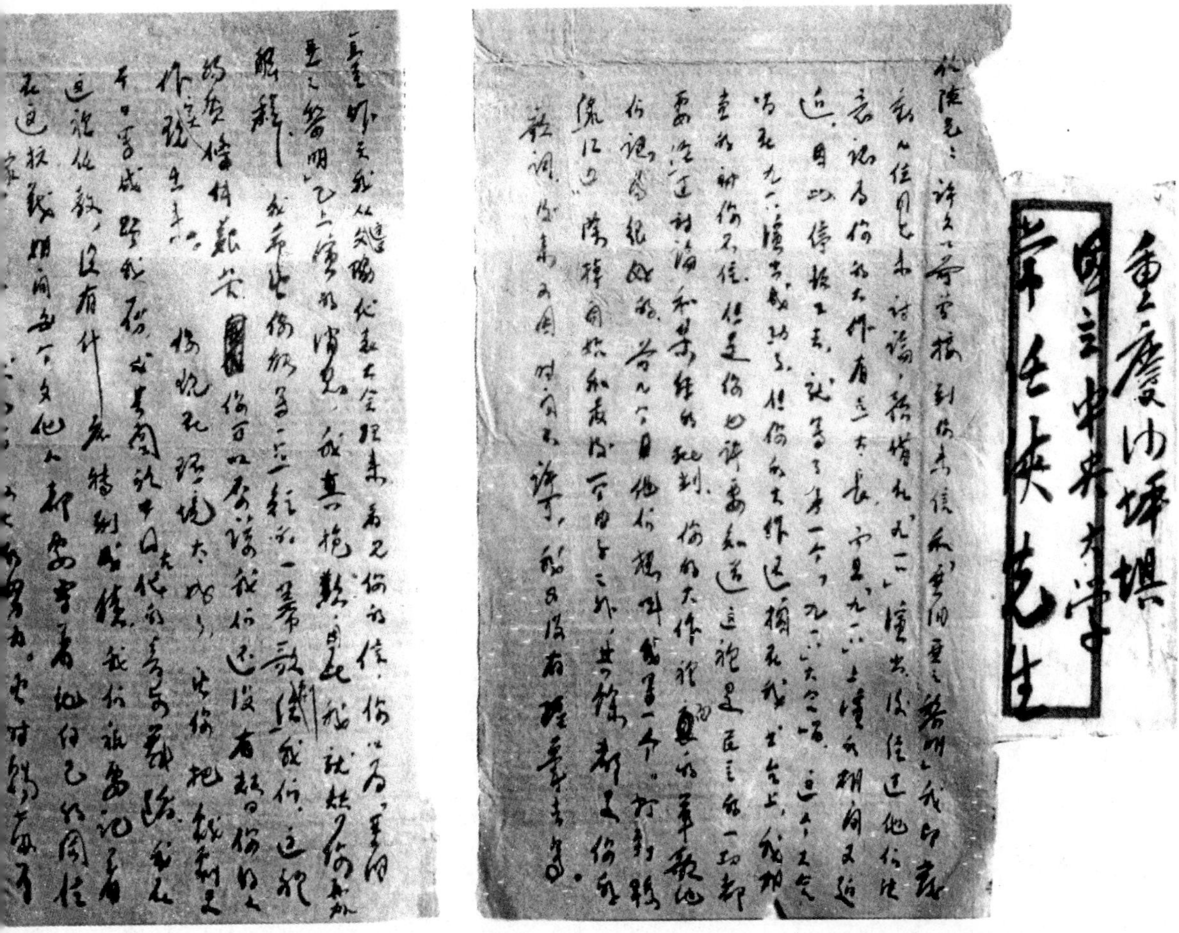

冼星海致常任俠　不詳

蕭軍(1907—1988)，原名劉鴻霖，另有筆名三郎、田軍等。遼寧義縣人。作家。文學創作有《八月的鄉村》、《吳越春秋史話》、《第三代》等。

任俠兄：

來訪不遇，悵悵！我們順路去董家[1]看看。小照一幀奉上。

此致

近好

蕭軍及蕭燕留字

七七，二月一日

【注釋】

該信作於1977年2月1日。

[1]指董竹君宅。

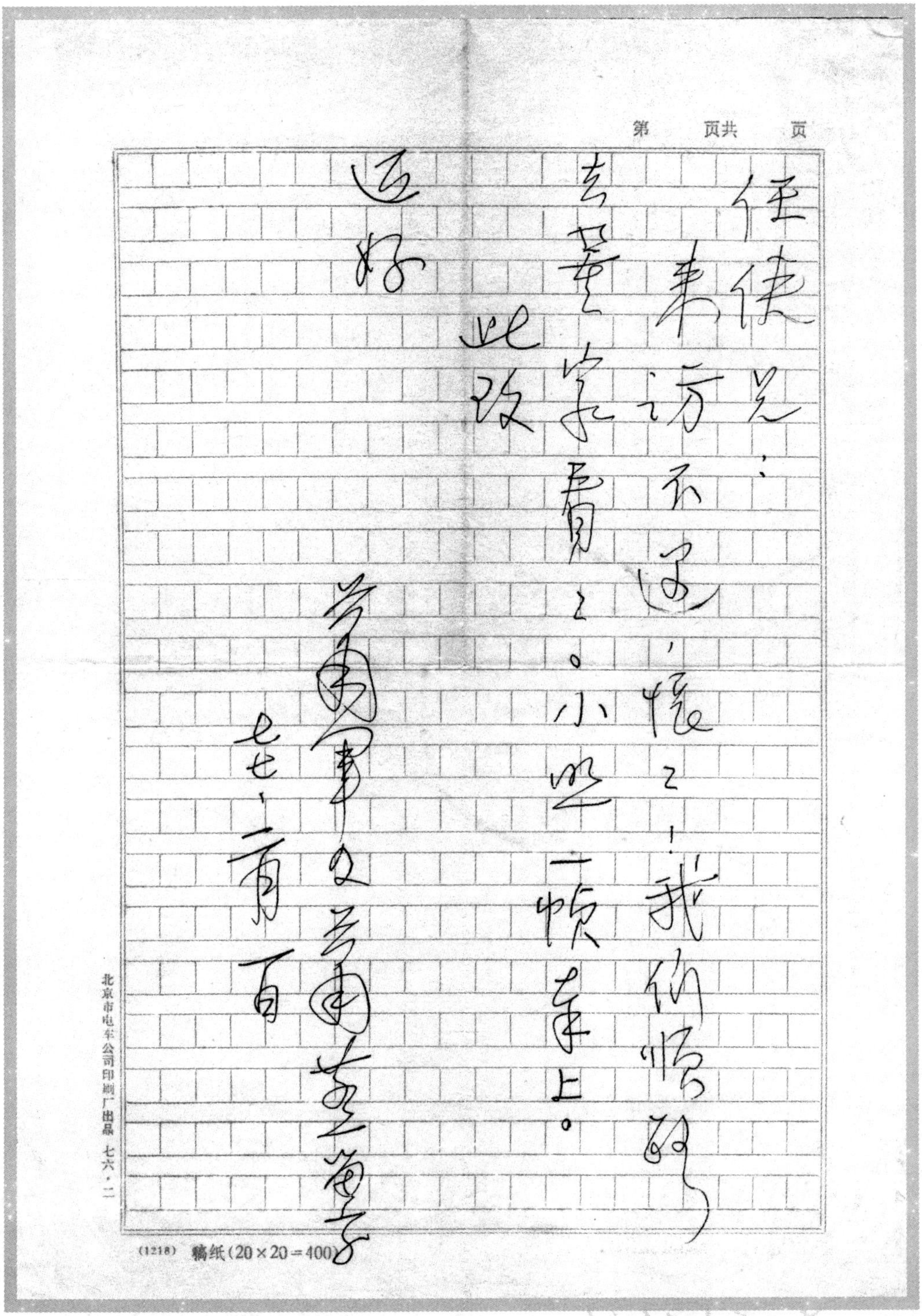

第　页共　页

任侠兄：

来访不遇，怅怅！我们惦的去華家看看。小照一帧奉上。

此致

近好

萧军及萧耘萧燕等

七、一二日

北京市电车公司印刷厂出品 七六·二

(1218) 稿纸(20×20=400)

蕭軍致常任俠 26.5×19 厘米

蕭乾（1910–1999），祖籍內蒙古，生於北京。作家，文學翻譯家。1935年畢業於燕京大學新聞系。1942–1944年在英國劍橋大學專攻“英國心理派小說”。曾任職於《大公報》。復旦大學教授。採訪過歐洲戰場、聯合國成立大會、波茨坦會議、紐倫堡戰犯審判。1986年獲挪威王國政府授予的國家勳章。出版有翻譯作品《好兵帥克》、《尤利西斯》及著述《蕭乾全集》等。

任俠同志：您好！

茲介紹中央電視台藝術及國際組編輯李纓同志趨訪。他們花了很大精力拍下一系列（四卷）介紹西藏歌舞戲劇的電視片，即將放映，想請方家給以評論介紹。相信您一定肯於協助。即頌

著祺

蕭乾

1987.8.5

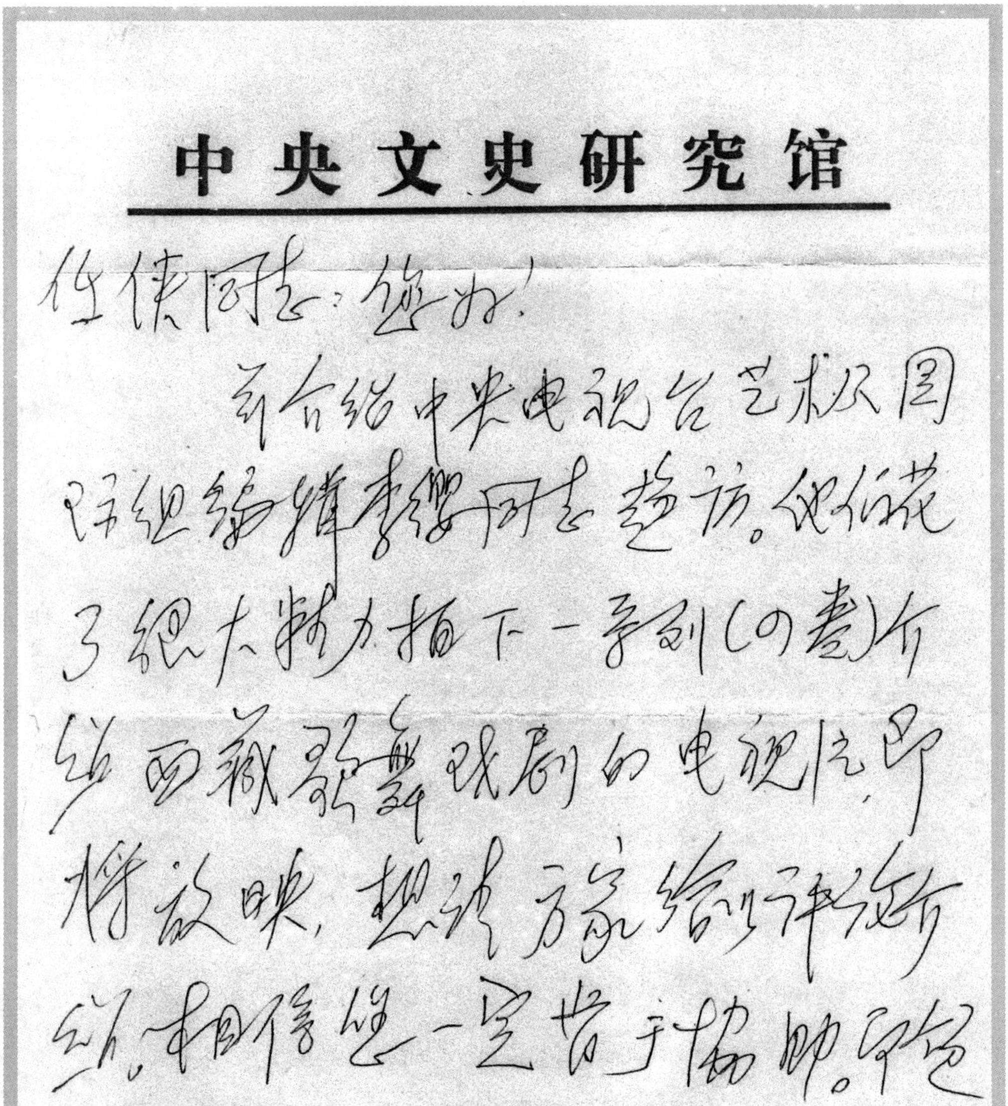

中央文史研究馆

任侠同志：您好！

兹介绍中央电视台艺术团队组编辑李缨同志趋访。他们花了很大精力拍下一部剧（四卷）介绍西藏歌舞戏剧的电视片，即将放映，想请方家给以评论介绍。相信您一定肯予协助。即颂

笔祺

萧乾

1987.8.5

萧乾致常任俠 26×18.5 厘米

謝蔚明(1917-),安徽桐城人。新聞記者、編輯。1940年春開始記者生涯,先後在安徽、湖北、湖南從事戰地新聞報導。抗戰勝利後,在南京繼續新聞工作。1957年錯劃為“反革命”,流放到北大荒等地勞動改造。1979年平反,定居上海,任《文匯月刊》副主編。1985年離休後,以自由撰稿人身份從事寫作。著有《雜七雜八集》、《那些人那些事》等。

任俠先生:

《章西女皇》劇本奉上,即請入覽,並盼一揮生花之筆,爭取在卅一日以前惠下鴻文是感!即頌

撰安!

文章[1]希望不超過兩千字。

謝蔚明敬禮

26/8

【注釋】

經考證該信作於1957年8月26日。

[1]指常任俠作《“祖國高於一切!”——印度電影〈章西女皇〉觀後》一文。刊於1957年9月4日《文匯報》。

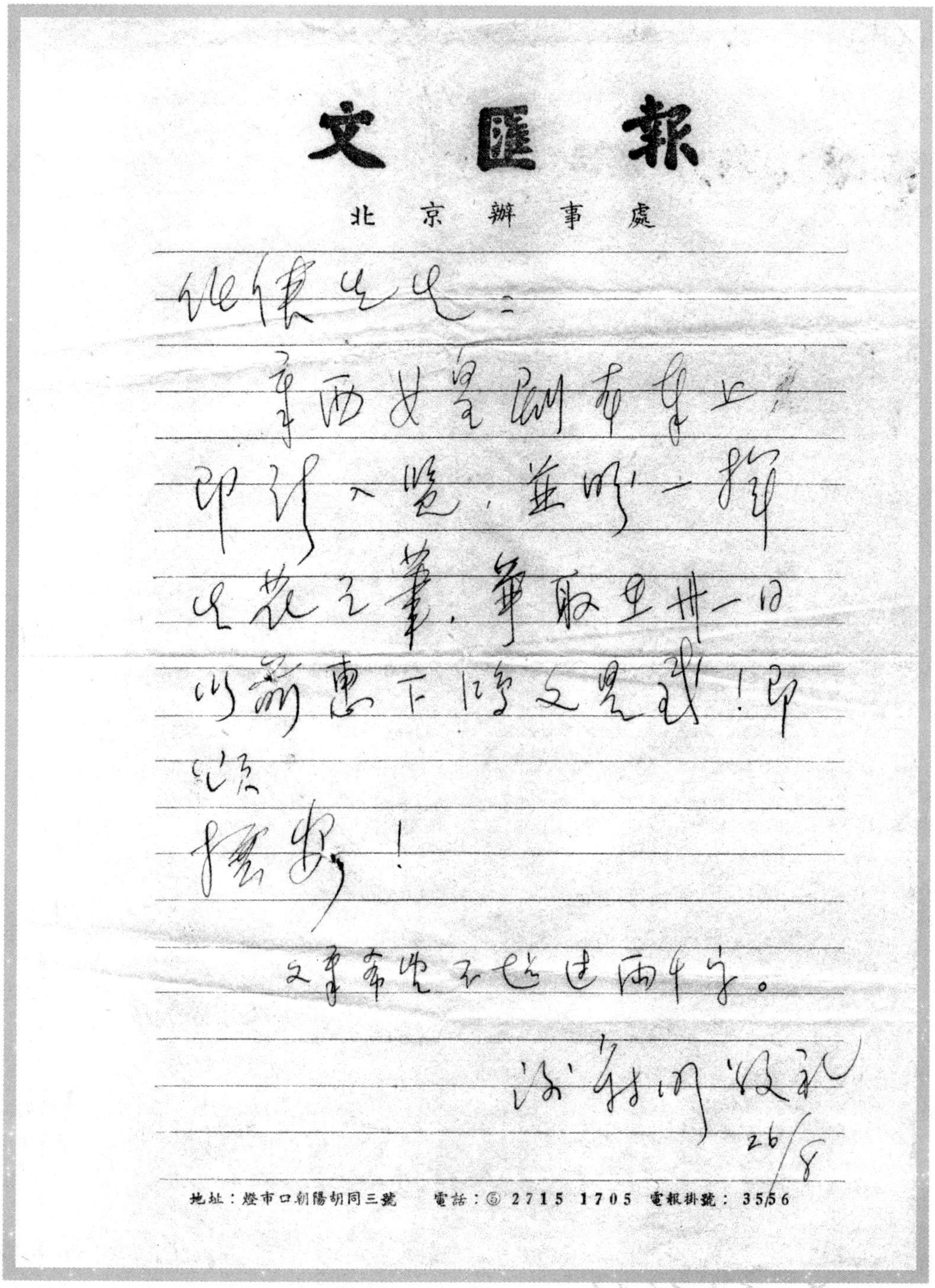

文匯報

北京辦事處

任俠先生：

辛西女皇劇本集已印行入覽，並盼一揮生花之筆，爭取在卅一日以前惠下隨文見賜！即

頌

撰安！

文章希望不超過兩千字。

謝蔚明頓首

26/8

地址：燈市口朝陽胡同三號　電話：⑤ 2715 1705　電報掛號：3556

謝蔚明致常任俠　26×19 厘米

楊憲益（1915－）翻譯家。1936年赴英國牛津大學留學，1940年獲文學碩士學位。回國後曾在中央大學、貴陽師範學院、光華大學等校任教。1952年始在北京外文出版社翻譯部工作，歷任《中國文學》雜誌社翻譯、總編輯，中國社會科學院外國文學研究所研究員等職。與夫人戴乃迭合譯中國古典詩詞、文學名著百餘種。著有《零墨新箋》、《漏船載酒憶當年》等。

任俠兄：

聽説星期六你來過電話，説書買到了，不知是哪一部？他們也説不清楚，我很想來找你，但總怕找不到，怕你不在家。你打個電話給我辦公室（我白天基本上都在辦公室，電話890951轉318）我就來。晚間則打電話到家里893206也可以，好不好？

星期六永玉兄約我去吃晚飯，我就去了，因此我星期天也未再去，不知你去了沒有，抱歉之至，有空還希望多來玩玩，我去找你也行，只要你告訴我一下何時在家，如何？祝

好

弟憲益

星期二

【注釋】

經考證該信作於1976年7月6日。

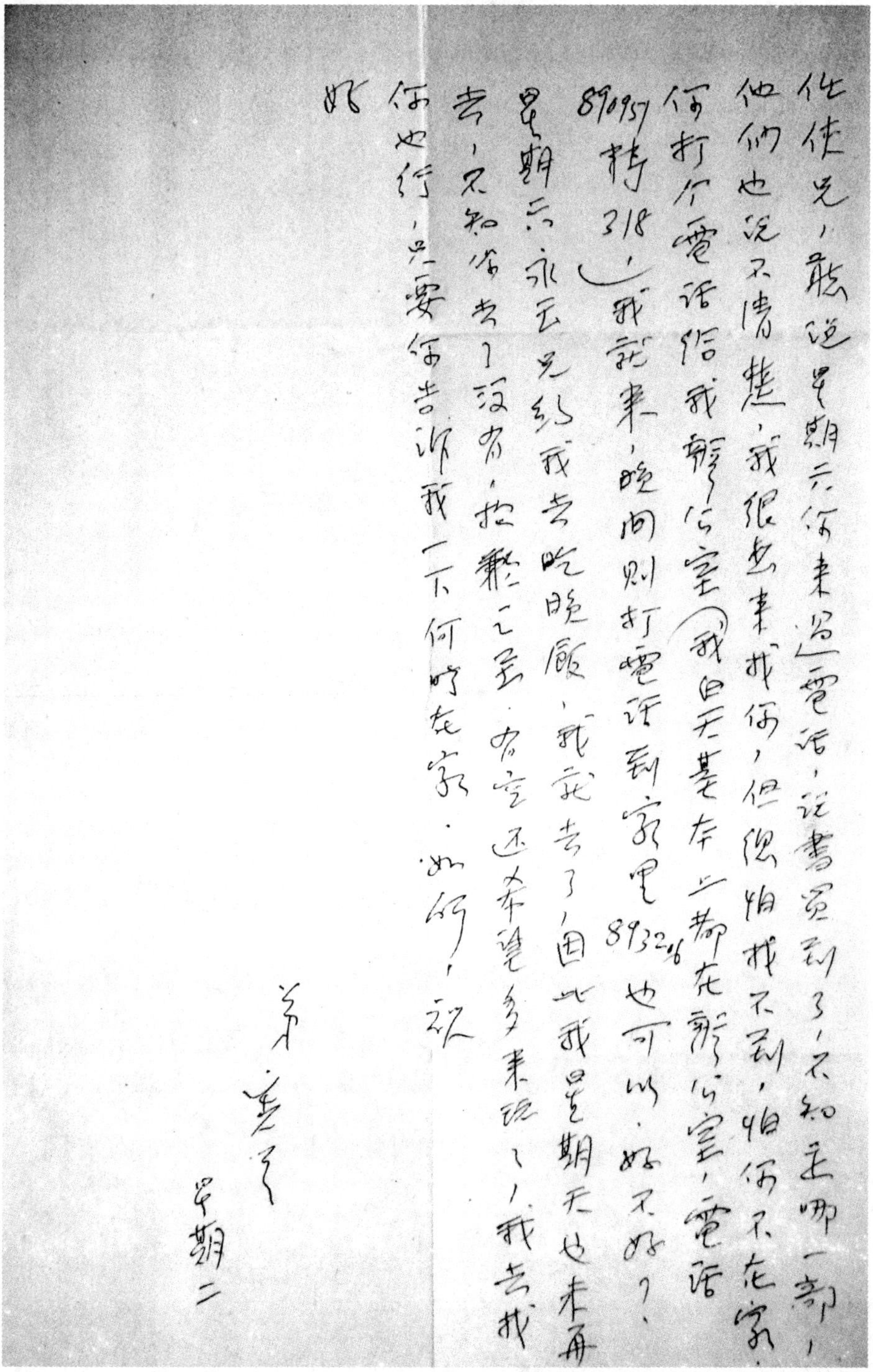
任俠兄，昨說星期六你來過電話，說書買到了，不知是哪一部，他們也說不清楚，我很想來找你，但很怕找不到，怕你不在家。你打個電話給我辦公室（我白天基本上都在辦公室，電話890957轉318），我就來，晚間則打電話到家裏893216也可以，好不好？星期六永玉兄約我去吃晚飯，我就去了，因此我星期天也未再去，不知你去了沒有，抱歉之至。有空還希望多來玩玩，我去找你也行，只要你告訴我一下何時在家。如何？祝
好

弟　憲益
星期二

楊憲益致常任俠　31.5×21 厘米

任俠兄：

方纔白霞告訴我，説原來約好本星期五到你家去看你的畫，但她現在身體不太好，天氣又冷，你看改到我家來玩玩如何？因爲對她較方便，如果方便，你可帶幾幅畫給她看，不好帶就算了。你如星期五晚上來，請事先打個電話告訴我，我好告訴她。她現在上半天班。祝

好

弟憲益

星期三上午

【注釋】

經考證該信作於 1978 年 7 月 5 日。

任侠兄，方才白霞告诉我，说你来约好本星期五到你家去看你的画，但她现在身体不大好，天气又冷，你看改到我家来玩玩如何？因为对她较方便。如果方便，你可带几幅画给她看，不好带就算了。你如星期五晚上来，请事先打个电话告诉我，我好告诉她。她现在上半天班。祝

好

弟 宪益

星期二上午

楊憲益致常任俠 31×21.5 厘米

任俠兄：

日前得一晤甚快慰，乃迭[1]說她要爲外國某書提供魯迅有關美術方面的資料，聽說你寫過這方面文章，想借來參考，不知何時方便，乃迭可登門去取或兄如能派年輕人送下更好，如何請見示。我的電話 893206，你是否已有電話？亦請見示，祝

好

問大嫂好

弟憲益

四日

【注釋】

經考證該信作於 1987 年 2 月 4 日。

[1] 戴乃迭(Gladys Tayler 1919—1999)，楊憲益夫人。1953 年起擔任北京外文出版社翻譯部專家、《中國文學》(英文版)雜誌專家和主要翻譯人員。

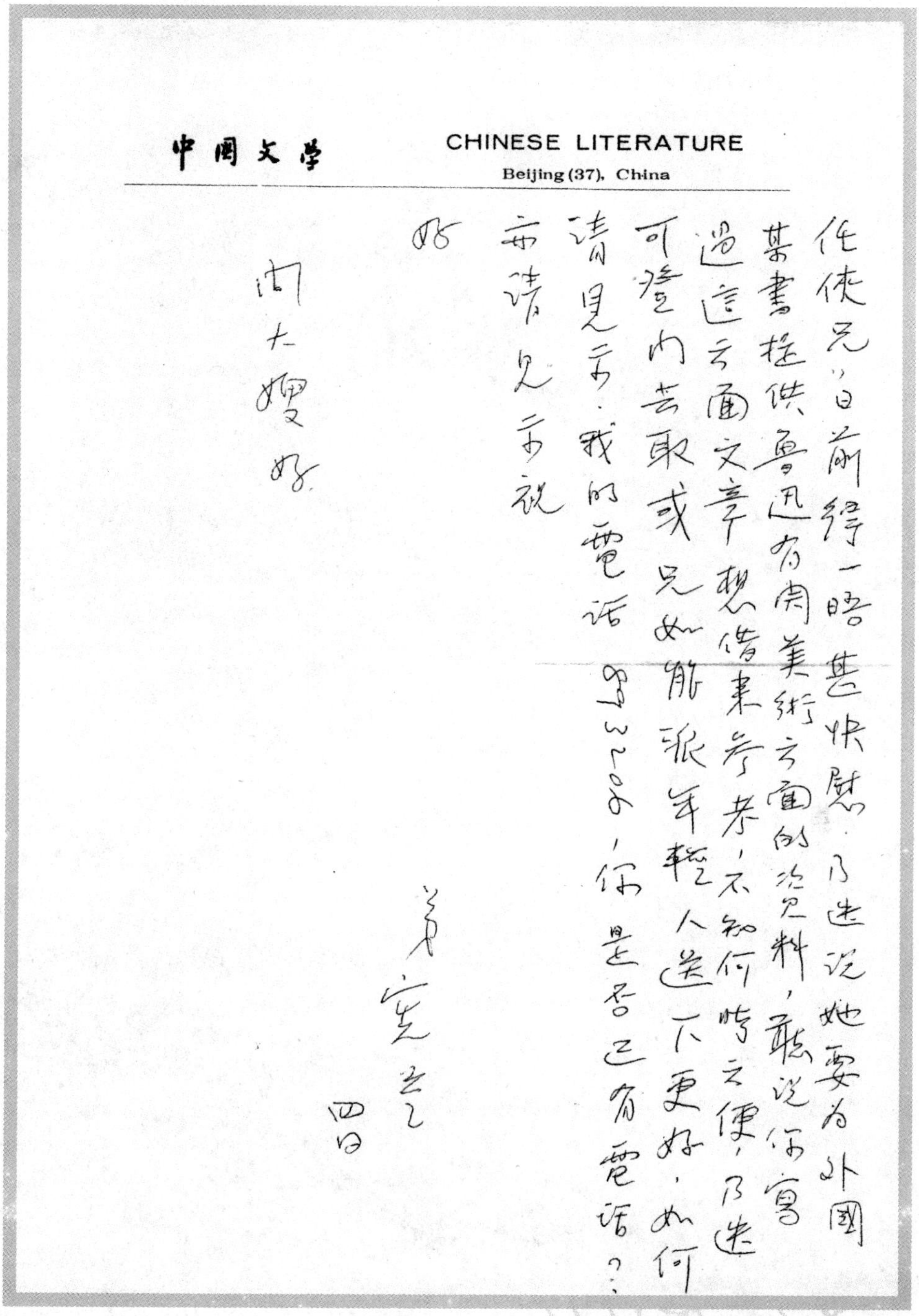

中国文学　CHINESE LITERATURE
Beijing (37), China

任俠兄：日前得一晤，甚快慰。乃迭說她要為外國某書提供魯迅有關美術方面的資料，聽說你寫過這方面文章，想借來参考，不知何時方便，乃迭可登門去取，或兄如能派年輕人送下更好。如何請見示。我的電話893208，你是否已有電話？亦請見示。祝
好
問大嫂好

弟　憲益上
四日

楊憲益致常任俠　27×19 厘米

姚蓬子(1891–1969),原名姚杉尊,字裸人,浙江諸暨人。作家。曾任中央文化運動委員會委員、中央圖書雜誌審查委員會委員等職。1938 年參加中華全國文藝界抗敵協會的機關刊物《抗戰文藝》的編輯工作。1939 年任《新蜀報·蜀道》編輯。1940 年 9 月任文化工作委員會委員。1942 年在重慶創立作家書屋。1949 年後在上海師範學院任教。著有短篇小説集《浮世畫》,詩集《銀鈴》等。

任俠兄:

大作三篇[1]均收到,謝謝。今天送檢稿一束,其中有若干篇無下落(此乃常事),幸我兄大作尚未遭殃,然已非原璧了。《蜀道》之難,出乎意外,然而除硬着頭皮碰下去之外,亦別無善法。寒假在即,望多賜佳作,來渝時並盼駕臨文協談談。專祝

文安!

弟蓬子上　十七日

【注釋】

經考證該信作於 1940 年 1 月 17 日。

[1]指常任俠作《書籍商》、《擠與鑽》、《偷書者》三篇。

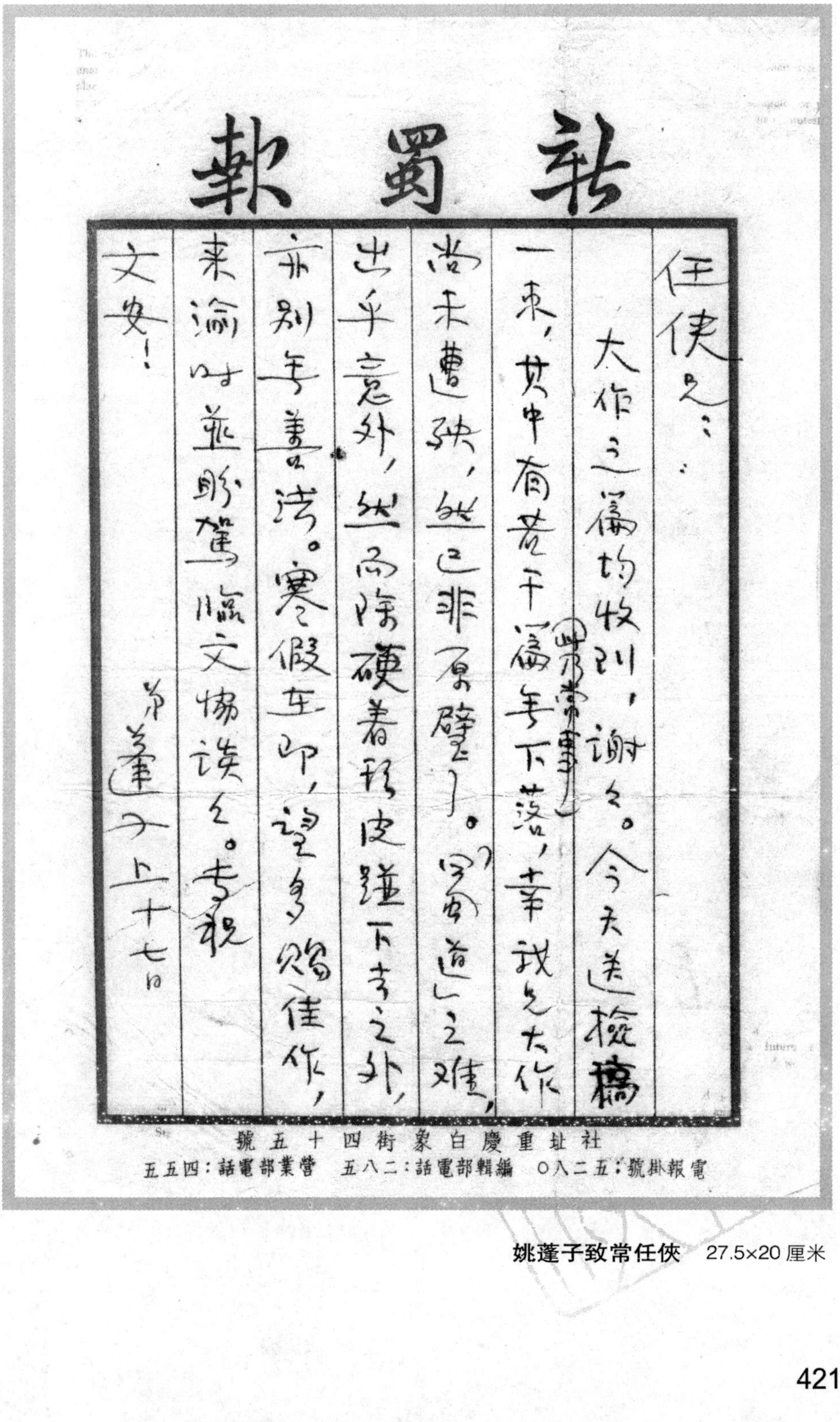

新蜀報

任俠兄：

大作二篇均收到，謝謝。今天送檢稿一束，其中有若干篇無下落（此乃常事），幸我兄大作尚未遭殃，然已非原璧了。寫"道"之難，出乎意外！然而除硬着頭皮碰下去之外，亦別無善法。寒假在即，望多賜佳作，來渝時並盼駕臨文協談談。專祝

文安！

弟蓬子上　十七日

社址重慶白象街四十五號

電報掛號：五二八〇　編輯部電話：二八五　營業部電話：四五五

姚蓬子致常任俠　27.5×20 厘米

任俠兄：

昨允爲"文壇"寫稿，尚祈早日賜下，內容最好關於古代文人生活，因此類文章友輩中最少人寫也。此叩

秋安！

弟蓬子頓首

八.卅一

【注釋】

經考證該信作於 1940 年 8 月 31 日。

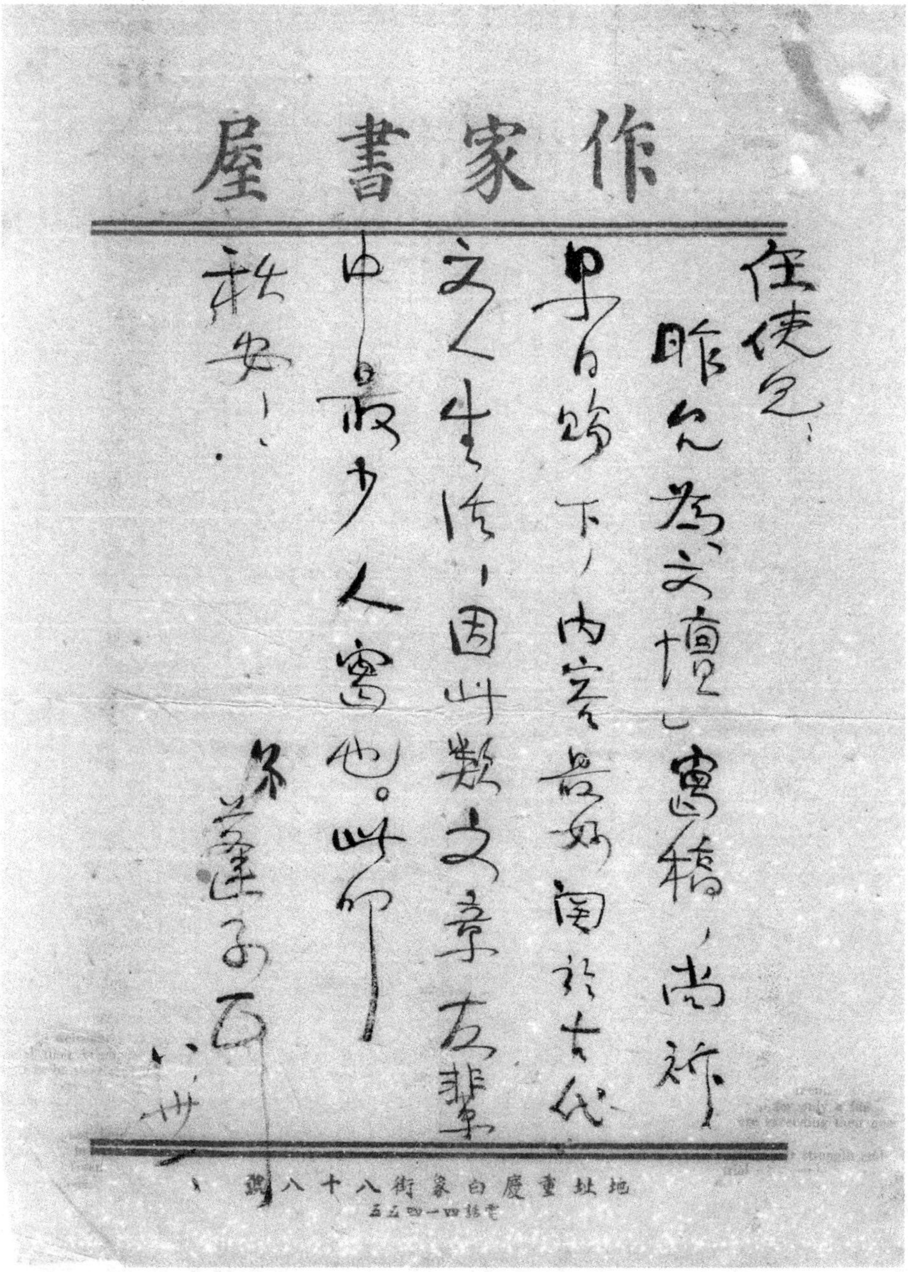
作家書屋

任俠兄：

昨允為文壇寫稿，尚祈早日賜下，內容最好關於古代文人生活，因此類文章友輩中最少人寫也。此叩

秋安！！

弟蓬子頓

八卅

地址重慶白象街八十八號

電話四一四五五

姚蓬子致常任俠　24×18 厘米

葉篤莊(1914—2000),曾用名葉笠,筆名心束。安徽安慶人。農學家。1934年至1937年留學日本。曾任昆明《人民周報》總編輯、北平農事試驗場副研究員。1944年加入中國民主同盟。中華人民共和國成立後,歷任華北農業科學研究所編譯委員會主任、中國農業科學院研究員、民盟中央委員、中國翻譯工作者協會副會長。

任老:

蒙賜墨寶,榮幸之至,即將送去裱褙,懸諸壁上,斗室定將生輝矣!廿二日晚,盟市委舉辦中秋晚會,節目豐富精采,有老王玉榮、趙榮琛等清唱……至希大駕光臨,共賞佳月。謹此,並頌

闔第潭吉!

弟葉篤莊謹白　九月十九日

【注釋】

經考證該信作於1980年9月19日。

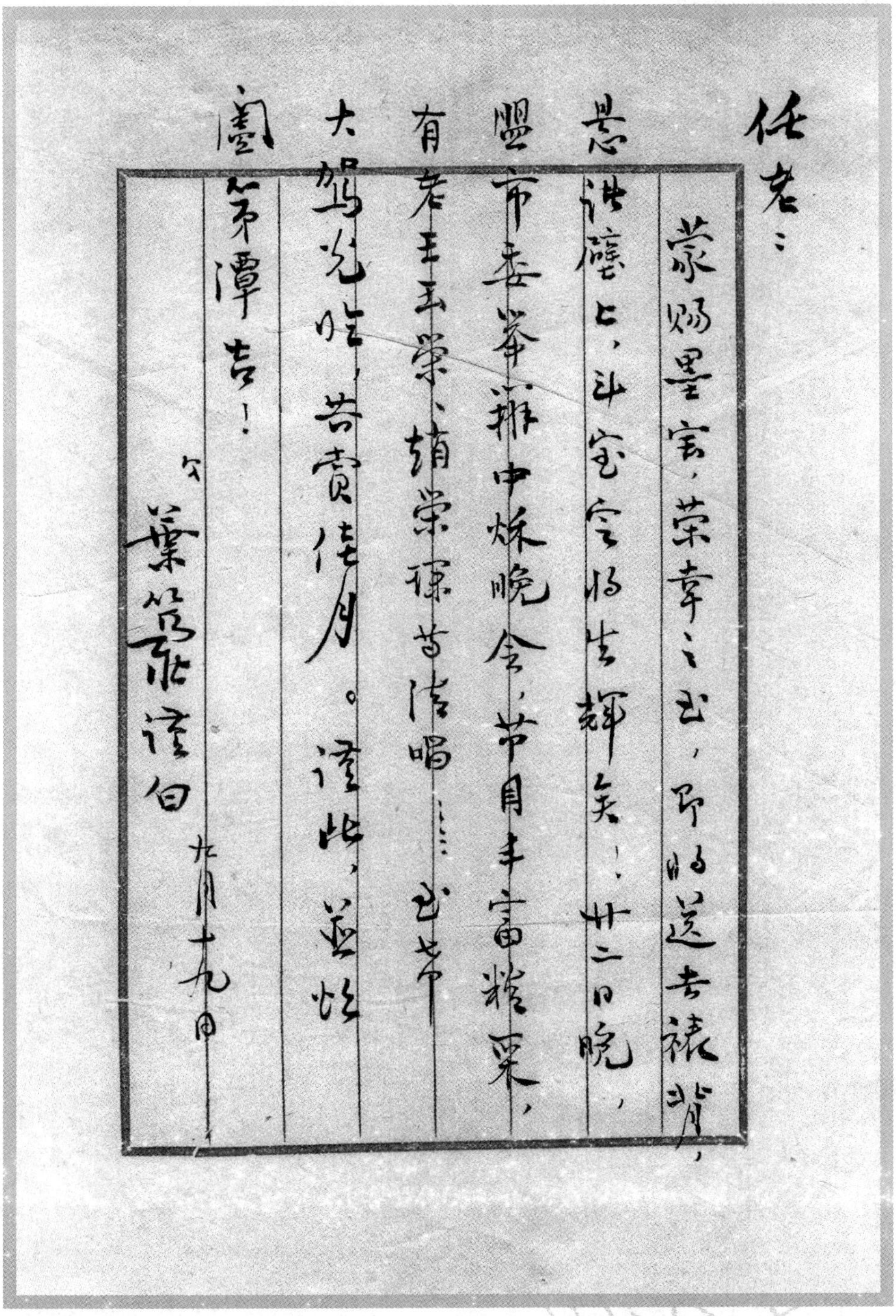

任老：

蒙賜墨寶，榮幸之至，即將送去裱背，懸諸廳上，斗室定將生輝矣！！廿二日晚，盟市委舉辦中秋晚會，節目豐富精彩，有老王玉榮、靖榮琛等清唱……至佳，大駕光臨，若賞佳月。謹此，並頌

闔第潭吉！

弟 葉篤莊謹白

九月十九日

葉篤莊致常任俠　26×18 厘米

于省吾（1896—1984）字思泊，號雙劍誃主人等，遼寧海城人。古文字學家。歷任奉天萃升書院院監，輔仁大學講師、教授，北京大學教授，燕京大學名譽教授，故宫博物院專門委員，東北人民大學（今吉林大學）歷史系教授、古文字研究室主任兼校學術委員會委員，中國古文字研究會理事，中國考古學會名譽理事，中國語言學會顧問兼學術委員，中國訓詁學會顧問，國務院古籍整理出版規劃小組顧問等。

任俠仁兄閣下：

前些日子在雜誌上看見大著馬戲考[1]，引用史漢角抵爲證，發揮透闢，不勝傾佩之至。近接錫永兄來函，下月初可能北上，希白兄言亦暑期來京，想兄台亦已聞知矣。弟因家中食指日繁，須出賣物品以維持生活。舊存金文拓本五十六冊約三千種，又銅器照片八冊約一千種，多年蒐羅，僅此而已。聞您院收買拓本照片尚無大批者，蔽藏如您院能買，請分神介紹並指定日期枉駕舍下一鑒閱之，可否之處，祈裁示爲矚，耑此奉懇，並致

敬禮

弟于省吾上言　七月卅一日

【注釋】

經考證該信作於1954年7月31日。

[1] 指常任俠作《中國的雜技》一文，發表於7月1日出版的《新觀察》1954年第13期。

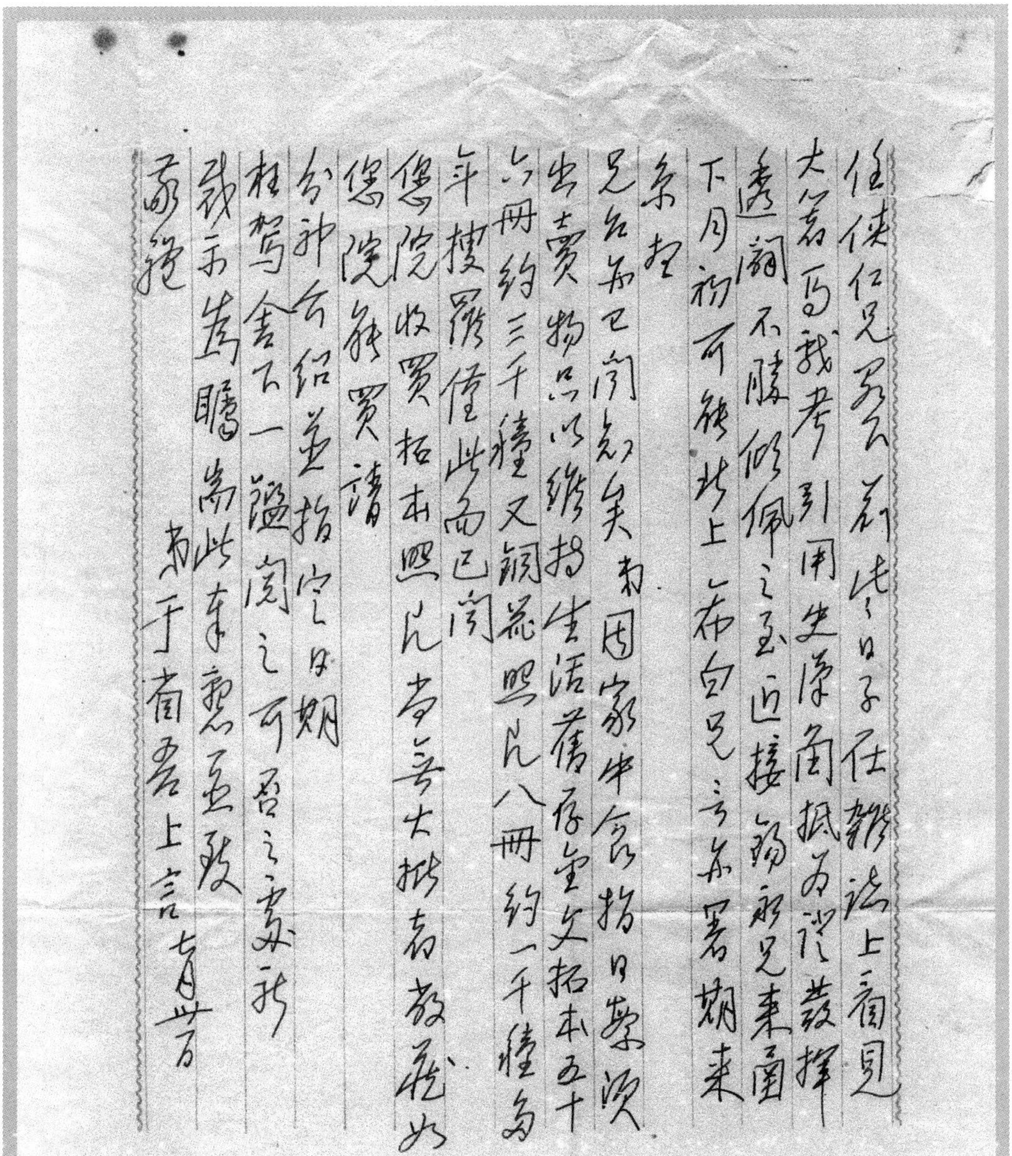
任俠仁兄足下：前次于任辦議上面見
大箸，為我君引用史學角抵百戲發揮
透闢，不勝欽佩之至。近接錫永兄來函
下月初可能北上，希白兄亦暑期來
京。想
兄亦已聞知矣。弟因家中食指日繁，須
出賣物品以維持生活，舊存金文拓本五十
六冊約三千種，又銅器照片八冊約一千種，為
年搜羅僅此而已。聞
貴院收買拓本照片，本無大批者，故敢如
貴院願收買，請
介紹，並指定日期
枉駕舍下一臨閱之，可否之處，敬祈
賜示為禱。為此奉懇，並致
敬禮
弟于省吾上言 七月廿日

于省吾致常任俠 21×17.5 厘米

郁風 (1916–2007)，女，原籍浙江富陽，生於北京。畫家、散文作家。早年入北平大學藝術學院及南京中央大學藝術系學習西洋畫。中華人民共和國成立後，曾任中國美術家協會副秘書長、書記處書記、常務理事，北京市政協委員。中央文史研究館館員。著有散文《畫中游》、《時間的碎片》等，藝術創作部分出版有《苗子郁風書畫集》等。

德華[1]、任俠：

這是離開你們的第三天晚上了。我並沒有像你們所想像的忙於“玩”，我還沒有去找過一個朋友，除了和弟弟看過一次電影之外幾乎都是蹲在家里的。但，並不閑，在我周圍，十二歲以下五歲以上的孩子有五個，他們一會兒都不肯饒了我，郁風現在是常常被拖在地板上的。每晚至少十點以後才是我自由的時候，才可以看書寫信。但是，到太陽剛出來的時候，我又得被孩子們的晨歌推起來了。

爲什么不把加印的照像寄給我？等着我的信嗎？你們來不來上海？教室里有沒有模特兒？德華的自畫像成功了嗎？任俠搬家了嗎？你們去看過了《風流寡婦》？《大路》已在首都上演？———一大堆的問題！

《大路》不如《桃李劫》的深刻寫實，前半部尚好，描出了一部分下層社會的生活意識，往後越來越歪曲，糟透了！什么“六條好漢困身地獄，兩朵鮮花嬌笑當爐”，臭！而且全部無謂噱頭太多，使全劇松滯，不算好片子。

潘玉良沒有來過，王濟遠今早才走，她也許離開上海了。

一個朋友把他的一個 Guitar 和一個 Violine 存在我這里，我眞高興！我一天到晚抱着 Guitar 彈着不知名的調子！

任俠也許已到上海來，寄到中大吧！一切的朋友，請致意！

風　一月廿四日

【注釋】

經考證該信寫於 1935 年 1 月 24 日。

[1]徐德華，時在中央大學藝術科任教。

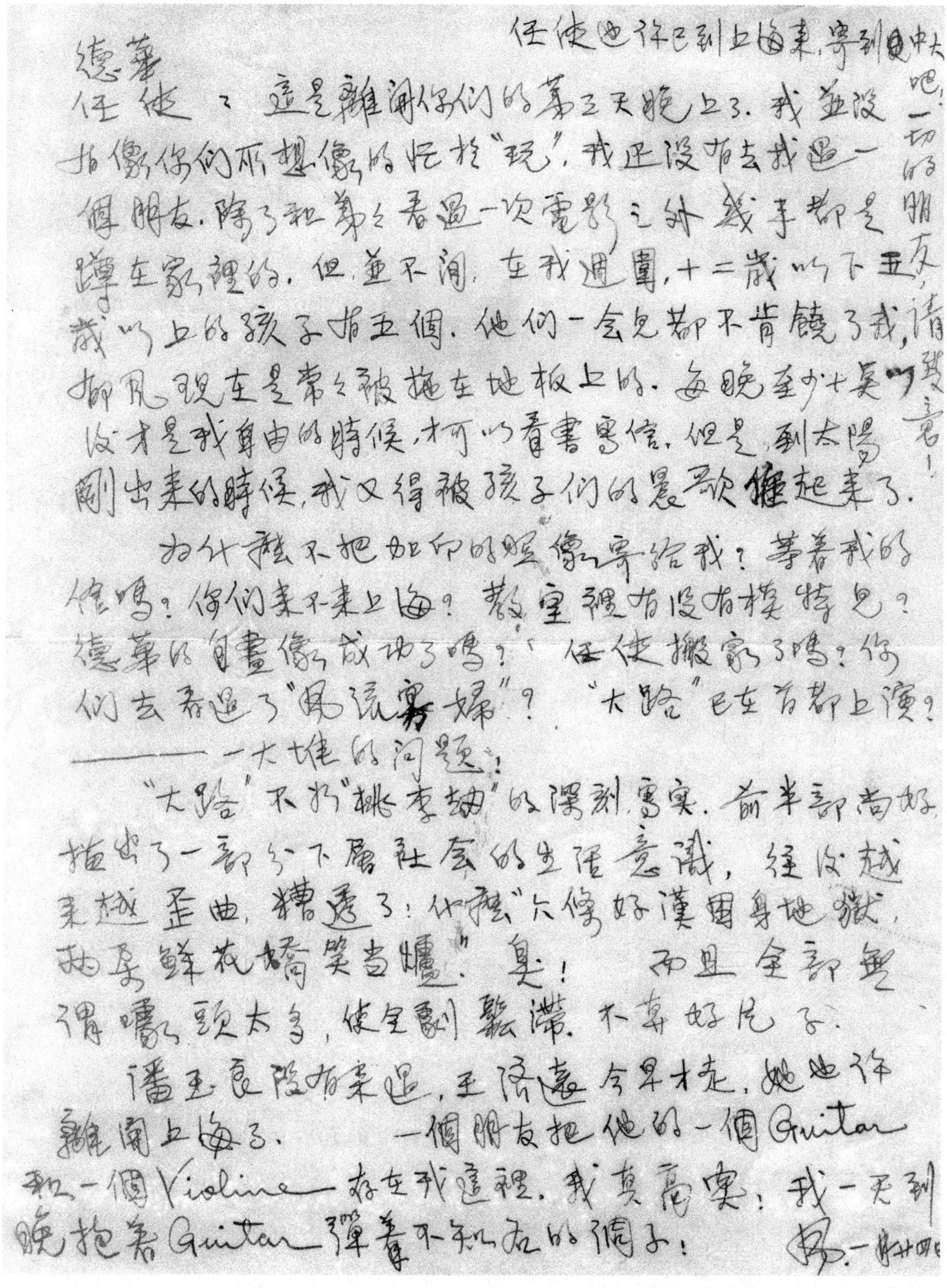
任俠也许已到上海来，寄到复中大吧！一切的朋友，请致意！

德華
任俠：這是離開你们的第三天晚上了。我並沒有像你们所想像的忙於"玩"，我还没有去找過一個朋友。除了和弟弟看過一次電影之外，幾乎都是蹲在家裡的。但並不閑，在我周圍，十二歲以下五歲以上的孩子有五個，他们一会兒都不肯饒了我，柳風現在是常常被摔在地板上的。每晚至少七点以後才是我自由的時候，才可以看書寫信。但是，到太陽剛出来的時候，我又得被孩子们的晨歌催起来了。

为什麽不把加印的照像寄给我？等着我的信嗎？你们来不来上海？教室裡有没有模特兒？德華的自畫像成功了嗎？任俠搬家了嗎？你们去看過了"風流寡婦"？"大路"已在首都上演？——一大堆的问题！

"大路"不及"桃李劫"的深刻寫實。前半部尚好，描出了一部分下層社会的生活意識，往後越来越歪曲，糟透了！什麽"人像好漢困身地獄，抱着鮮花嬌笑击爐"，臭！而且全部無謂噱頭太多，使全劇鬆滯，不算好片子。

潘玉良没有来過，王济遠今早才走，她也许離開上海了。一個朋友把他的一個Guitar和一個Violine存在我這裡，我真高興：我一天到晚抱着Guitar彈着不知名的调子！

郁 一月廿四

郁風致常任俠 27.5×21 厘米

任俠同志：

又收到一封日本來信，麻煩你代翻一下，不必講求文字，翻好請便中交收發室送美協即可。有空來美協坐坐更爲歡迎。

郁風　十九日

【注釋】

經考證該信作於 1950 年代初期。

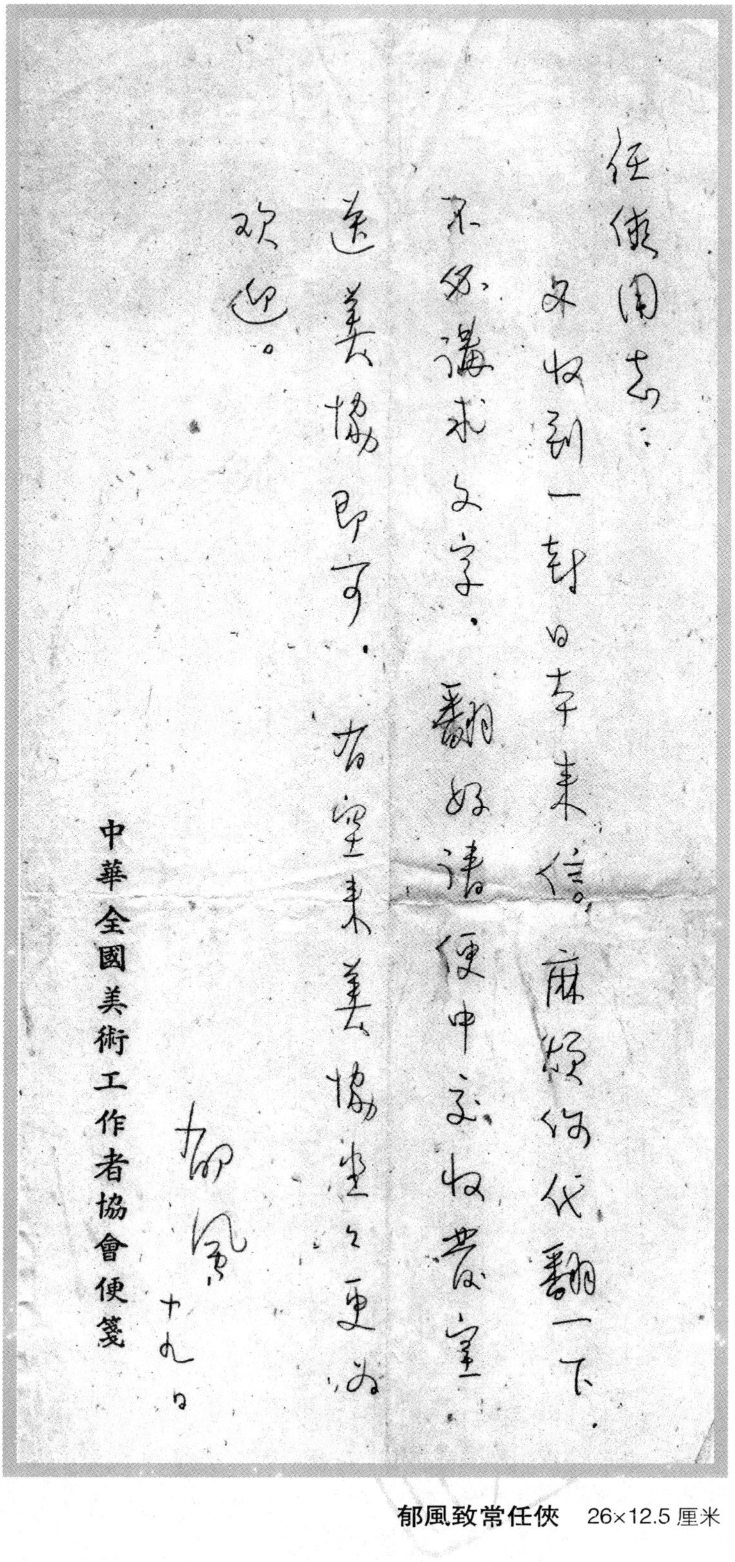

任俠同志：

今收到一封日本來信，麻煩你代翻一下，不必講求文字，翻好請便中交收發室送美協即可。希望來美協坐坐，更為歡迎。

郁風

十九日

中華全國美術工作者協會便箋

郁風致常任俠 26×12.5 厘米

袁學禮(1915—1998),筆名袁音,北京市人。從事翻譯工作。曾與常任俠合作翻譯法國格魯塞《東方的文明》、日本秋山光和《日本繪畫史》等書。

任俠先生:

前上一函,想早奉達,久未承教,未悉近況如何,新年或春節能返京否?[1]念念!

京市“一打三反”運動仍在繼續,疏散人口則似已過高潮,家姐等即仍未離京,北大清華且有部分招收新生,不知美院教改亦將完成否?

近與此間革命居民委員會何主任談起,始知與先生爲舊相識。據云31年先生在南京時曾患胃病,極爲消瘦。又云49年解放,在北京飯店曾再相逢。何主任自稱以前在海關工作,未便細問其詳,先生尚記得此人否?

閑讀先生所留書刊,眼界爲之一廣,如《文物》中所記“寶晉齋”及“宋拓洛神十三行”等,舍間以前均藏有,惜當時未嘗注意,今則不知去向。聞法寬同志處尚有先生存書,望能賜函介紹,以便聯繫借讀爲感!

先生如有所需,請示知當效勞,此上即祝

年禧

袁學禮上　12.31

【注釋】

經考證該信作於1970年12月31日。

[1]常任侠时随中央美术学院教职工下放至河北磁县1584部队参加劳动锻炼。

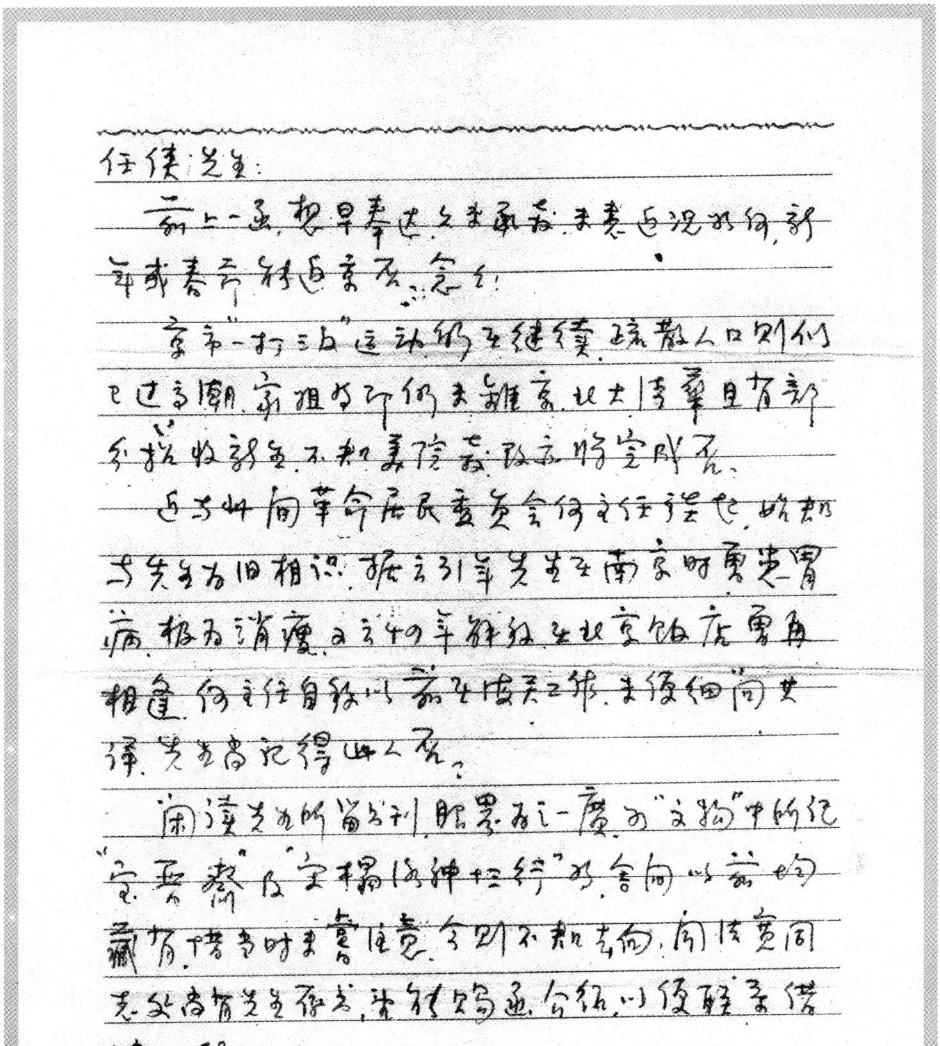
任侠先生：

前上一函，想早奉达，久未承复，未悉近况如何，新年或春节能返京否，念念！

京市"打三反"运动将来继续，疏散人口则似已过高潮，家祖母均仍未离京，北大清华且有部分招收新生，不知美院是否亦将实现否。

近与本街革命居民委员会何主任谈起，始知与先生为旧相识，据云卅年先生在南京时曾患胃病，极为消瘦，又二十四年解放后在北京饭店曾再相逢，何主任自称以前在陈夫人处，未便细问其详，先生尚记得此人否？

阅读先生所著专刊，照片五二页，"文物"中所记"宝晋斋"及"宋拓洛神十三行"均舍间以前均藏有，惜当时未曾注意，今则不知去向，闻传质同志处尚有先生存书，望能写函介绍，以便趋寓借读为盼。

先生如有所需请来知当效劳，此上即颂

年禧，

袁学礼上 12.31.

北京市电車公司印刷厂出品 70.5（1310）

袁學禮致常任俠 25.5×17.5 厘米

任俠先生：

《日語》第二冊收到，多謝！奉讀五日惠函，殊感驚異，"所供"云云，尤出意外。舍間近未經查抄，各書尚係去歲白[1]初離家時分局拿去，當時我未在場，歸見留言，即往詢問，據稱爲"隔離審查"，並謂凡我信件等均未觸動。不久送回書籍多種，後查知少此數冊，曾電詢，答云已轉法院，此中《宿命的花環》乃歷史悲劇小説，另一印度教神話與《毒吻》爲同一作者，而後書即早送還。至於日文書因不解其意，久置壁櫥中，向少翻閱，更無與人共觀事，惟昔取書時係與要貓之焦玉琴同去，其人似曾自至尊處索鏡框等物未遂，後又與白氏相忤，乃至挾嫌誣告。至云"是非尙多"不知何指，但事實勝於雄辯，亦無可慮，更不致牽累無辜也。我來東北前亦有法院人去（二女同志），問話甚簡單，與至尊處者或非一人。

《東南亞文化史》二書已攜來長春[2]，原擬譯出，以此間缺少參考及工具書，進度甚慢，先生如需用即奉還。聞北京二月一日發生地震，警報迄未解除，但如無大震，即將於下月返京，一切容當面盡，此上並賀

年釐

袁學禮上　二月二十日

【注釋】

經考證該信作於 1971 年 2 月 20 日。

[1]指袁妻白淑琴。

[2]其弟袁襄禮在該廠爲工程師，約於 2000 年去世。

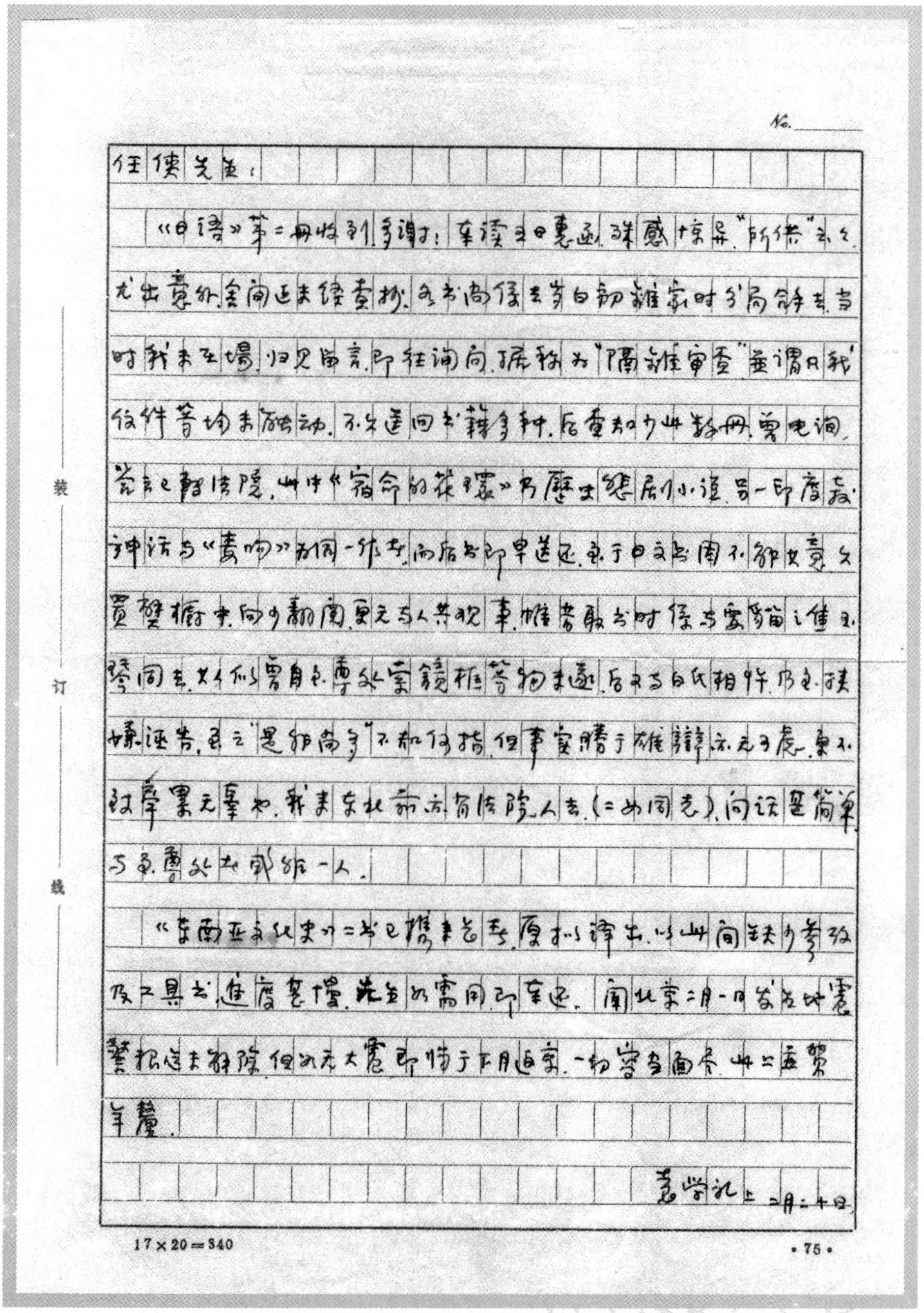
No.

任侠先生：

《印诗》第二册收到，多谢！奉读五日惠函，殊感惊异。"所供"云云，尤出意外。舍间近来续查抄，各书尚系去岁自部离家时分局舒去，当时我未在场，归见留言，即往询问，据称为"隔离审查"，并谓凡我份件皆均未触动。不久退回书籍多种，后查知少此数册，曾电询管它之部门，此中《宿命的花环》乃历史悲剧小说，另一印度长神话与《麦响》为同一作者，而后者即早送还。至于印文与阅不懂，即女意久買樊櫥中，向少翻阅，更无与人共观事。惟当取书时係与蜜贤论佳玉琴同去，又可能见自己亭外室镜框等物未还，后来与白氏相伴，乃至扶嫌诬告，且云"是邦尚多"不知何指，但事实胜于雄辩，亦无多虑。更不致牵累元辜也。我来东北前亦有保险人去（二位同志），向该处简单了解，当处在我们一人。

《东南亚文化史》二书已携来否？原拟译出，以此间缺乏参考及工具书，进度甚慢，若在此需用，即寄还。闻北京二月一日前后地震警报，近未解除，但似无大震，即将于下月返京，一切容当面告。此上并贺年禧。

袁学礼上　二月二十日

17×20＝340　　·75·

袁學禮致常任俠　26.5×18.5 厘米

拜讀懷古諸作，不勝盛意今昔之感。西門豹河伯娶婦，請君入瓮，爲一大快事，不知乃與銅雀台爲鄰，三國之“魏”想即襲用戰國之“魏”舊名？《春日》一律對仗工麗，情意纏綿，尤具迷離惝恍之致，自是“錦瑟”一體。大作曾刊出否？如有存書，請賜爲感。

《日本繪畫史》稿已重看過，仍以譯名疑問較多，如龍猛，書中作“Rumyo”（Nagarjuna），而 Nagasena 當另是一人，又“Kitano-tenjin-engi”譯《北野天神緣起》，後又譯《……驗記》；又“Awa”譯爲“阿育”，又譯“阿波”，何者正確？此外未譯出者亦不少，如“Kakuō-ji”（？寺），Meigen-in（？院），Omete-eshi（？繪師），hama-matsu Zu（？圖）等等。又有一段云：“……把他藝名巨川（Kyoson）題在版畫上，前面再加一接尾字‘Kō’（‘在……理想的基礎上’）……”，此係當時據英文直譯，但迄不解其義，Kō 或即假名中之“て”？年來自學日文，對此亦未能查出，尚待先生校閱示知。此書豐富多彩，如能印出，定受歡迎也。

最近首都有美英等國球隊來比賽，總理接見，以增進各國人民間友好爲念，文化交流想亦將擴大，然則此類書籍或能出版亦未可知。《尼泊爾史》稿惜被抄沒，《印度史》作者以恩主自居，又作於印度獨立之前，似較陳舊，但或可選譯部分，不知需要否？

尊處近況如何？將於何時返京？白淑琴來此已數月。先生如有所需，祈示知，當即效勞。此上即祝

健康！

袁音　71.4.17

【注釋】

該信作於 1971 年 4 月 17 日，藏件原殘。

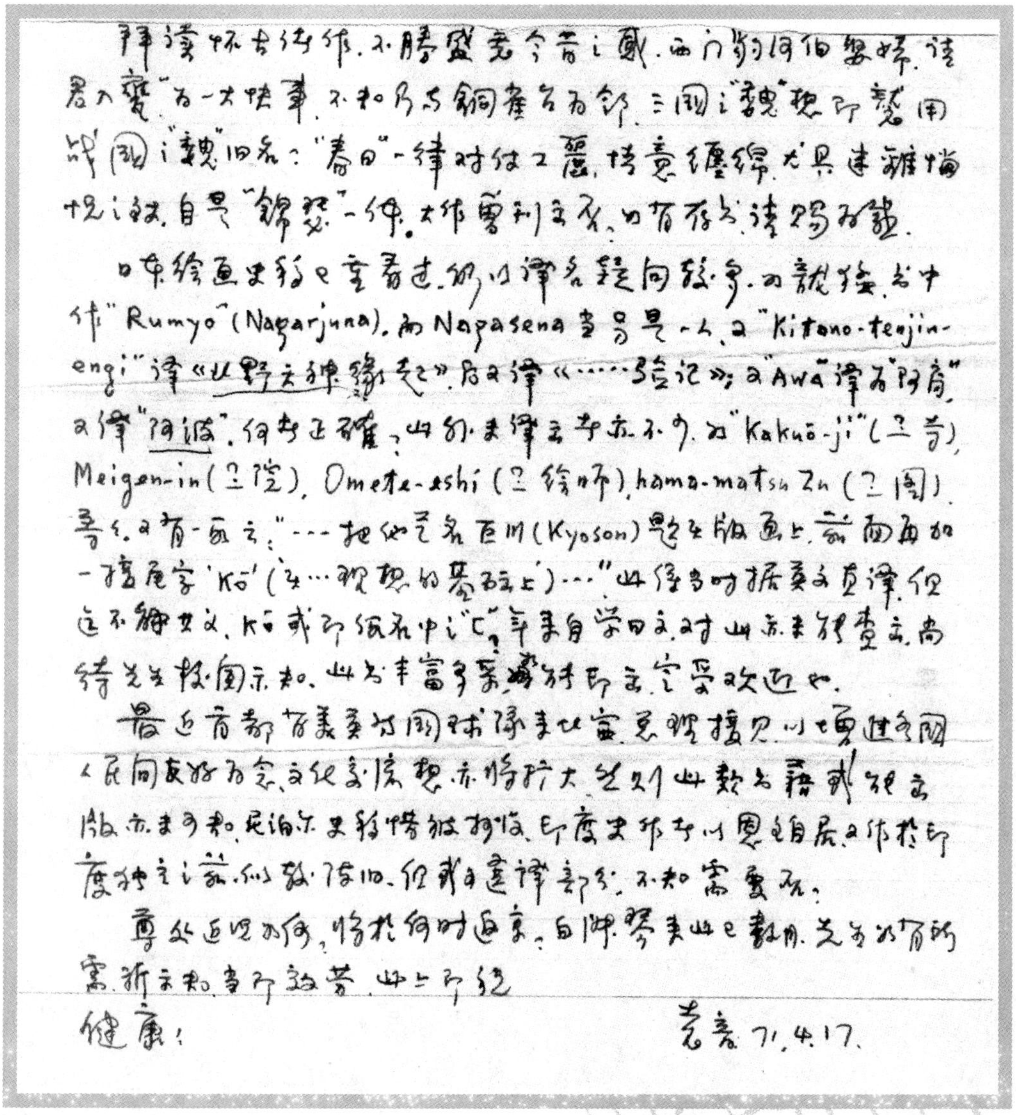

拜读怀古诗作，不胜盛衰今昔之感。西门豹河伯娶妇，读君"入赘"为一大快事，不知乃与铜雀台为邻。三国之"魏"现仍惯用战国之"魏"旧名之"春日"一律对仗工丽，诗意缠绵，尤具迷离惝恍之致。自号"锦瑟"一律，大作曾刊于何处，如有存者请赐下为祷。

日本绘画史稿已查看过。例如译名疑问较多，如龙树，书中作"Rumyo"(Nagarjuna)，而Napasena当另是一人。又"Kitano-tenjin-engi"译《北野天神缘起》，后又译《……缘记》；又"Awa"译为"阿育"，又译"阿波"，何者正确？此外未译之者亦不少，如"Kakuō-ji"(之寺)，Meigen-in(之院)，Omete-eshi(之绘师)，hama-matsu Zu(之图)等等。又有一段云："……把他的名巨川(Kyoson)题在版画上，前面再加一个尾字'Kō'(在……观想的基础上)……"此係当时据英文直译，但这不解其义，Kō或即何名中之"C"？年来自学日文，对此亦未能查出，尚待先生极便示知。此为丰富多彩的好印本，定受欢迎也。

最近首都各美术馆展出馆藏丰富，意想将来以增进两国人民间友好为念，文化交流想亦将扩大，至于此类书籍或能出版亦未可知。尼泊尔史稿惜被搁置，印度史亦专以恩格居之作於印度神文之旅似较陈旧，但我未选译部分，不知需要否。

尊处近况如何？将于何时返京？自佩琴来此已数月，先生如有所需，祈示知，当可效劳。此上，即颂
健康！

学礼 71.4.17.

袁學禮致常任俠　18.5×17.5 厘米

任俠先生：

“非洲黑人藝術”已略讀一過，內容豐富而多未經人道，且此洲全部屬於第三世界，更值得介紹。其立論雖未盡合主席思想，但或亦不甚反動，應不致出何問題。惜書中所述主要限於雕刻方面，並不包括非洲著名之岩洞畫。（曾在外國刊物上見到薩哈拉大沙漠岩洞內史前期壁畫野牛，生動異常）作者云將另著專書，不知美院已收藏否？（本書亦是“Art of the World”叢書中之一）有無更全面介紹非洲美術之書籍？——“Art”一字或譯“藝術”或譯“美術”，如五七藝校、中央美院，前者尚包括音樂舞蹈，此處則僅指 Fine Art，是否譯爲“非洲黑人美術”較妥？又“Cubist”通譯“立體派畫家”抑“立方派”？祈示。此書中地名、民族名等，十九不知標準譯法，尤以近年來變化甚多，如“法屬赤道非洲”、“比屬剛果”，以至“馬達加斯加”（Madagascar）等今均改稱，是否需要更正？如有可資查對之書籍（如世界地圖集及內部出版有關非洲之著作）望能賜借，以便參考。

“日本繪畫”原稿近又校過，其中刪改過甚不易辨認處已重寫，先生如擬寄滬，或可一試。又前聞《金瓶梅詞話》重印，能否代購一部？但書價暫難奉上，書亦請暫存尊處，容後走取：“Cash and Carry”如何？此頌

撰祺

袁音上　6.3

【注釋】

經考證該信作於 1971 年 6 月 3 日。

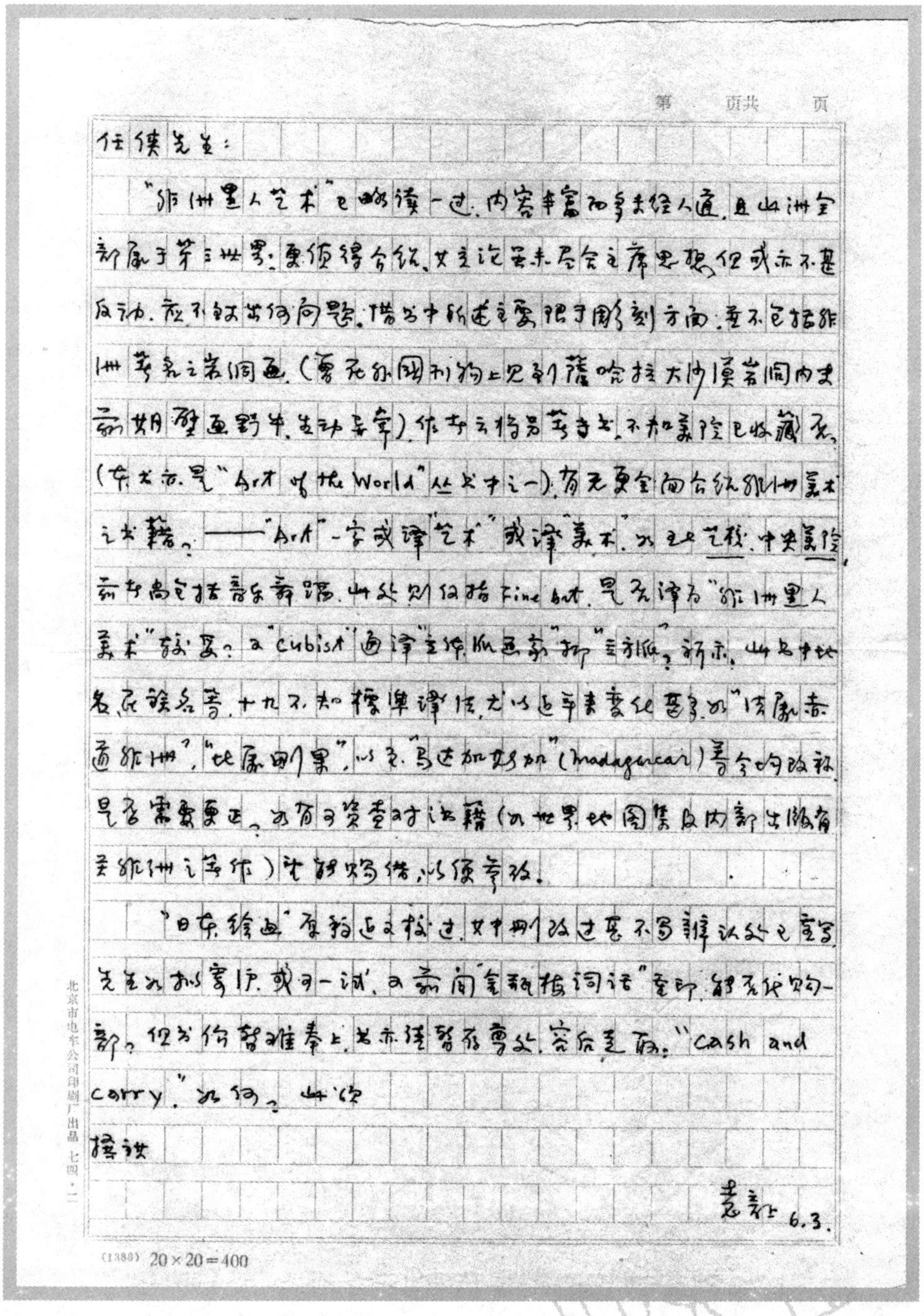

第　　頁共　　頁

任侠先生：

"非洲黑人艺术"已略读一过，内容丰富而多未经人道，且此洲全部属于第三世界，更值得介绍。其立论虽未尽合主席思想，但或亦不甚反动，应不致出何问题。惟书中所述主要限于雕刻方面，并不包括非洲著名之岩洞画（曾在外国刊物上见到撒哈拉大沙漠岩洞内史前期壁画影片，生动异常），作者亦将另著专书，不知美院已收藏否。（本书亦是"Art of the World"丛书中之一）。有无更全面介绍非洲美术之书籍？——"Art"一字或译"艺术"或译"美术"，如"工艺美校"、"中央美院"，前者尚包括音乐舞蹈，此处则仅指fine art，是否译为"非洲黑人美术"较妥？又"cubist"通译"立体派画家"抑"立体派"？祈示。此书中地名、民族名等，十九不知标准译法，尤以近年来变化甚多，如"法属赤道非洲"、"比属刚果"以及"马达加斯加"(Madagascar)等今均改称，是否需要更正？如有可资查对之书籍（如世界地图集及内部出版有关非洲之著作）先行惠借，以便参考。

"日本绘画"原稿已又校过，其中删改过甚不易辨认处已重写，先生如能寄阅，或可一试。又前闻"金瓶梅词话"重印，能否代购一部？但书价昂难奉上，当亦请暂存尊处，容后再取。"cash and carry"如何？此候

撰祺

袁礼 6.3.

(1388) 20×20=400

北京市电车公司印刷厂出品 七四·二

袁學禮致常任俠　26.5×19 厘米

任俠先生：

前上一函，想早奉達，久未聆教，近況如何？返京有消息否？念念！

近聞全國出版界曾在京開會三個月，擬訂計劃，已呈得主席批準，今後小説文史之類書籍仍將繼續出版，先生或已獲悉其詳，不知《日本繪畫史》及《埃及阿拉伯文明》等二稿有望出版否？

文化大革命初期，家堂兄袁復禮（地質學院教授）因列名反動學術“權威”，家被查抄，我適於其時遷與同住，亦受連抄，以至自尊處借來之照像機書籍等亦均抄去。69年袁復禮問題澄清，並非反動權威，而是統戰對象，地院革委會通知去領取衣物，因我非該院人員，遂轉交原住宣武區辦理，當時我已遷居朝陽區，周折既較多，故亦遲遲未得解決。最近本區查抄小組負責人始來聯繫，據云如有親友寄存物品，即請本人開寫清楚，單位蓋章證明，以便查找。前者除借有先生之像機德國 Zeiss Ikonta 外，尚有《尼泊爾史》（Whither Nepel）及譯稿、《多桑蒙古史》、《大唐西域記》、《敦煌壁畫選》、《英文字典》等，其餘一時不能想起，請先生追憶均有何書物，望即一併寫出寄下爲盼！

京市今夏酷熱，氣溫常至32℃以上，聞滬上高達40℃，河南似更甚，冀南近豫，恐亦盛暑，一切祈多珍重。尊夫人想仍在天水，曾返京否？便中請代致意，此上即祝

健康！

袁學禮上　71.8.15

【注釋】

該信作於1971年8月15日。

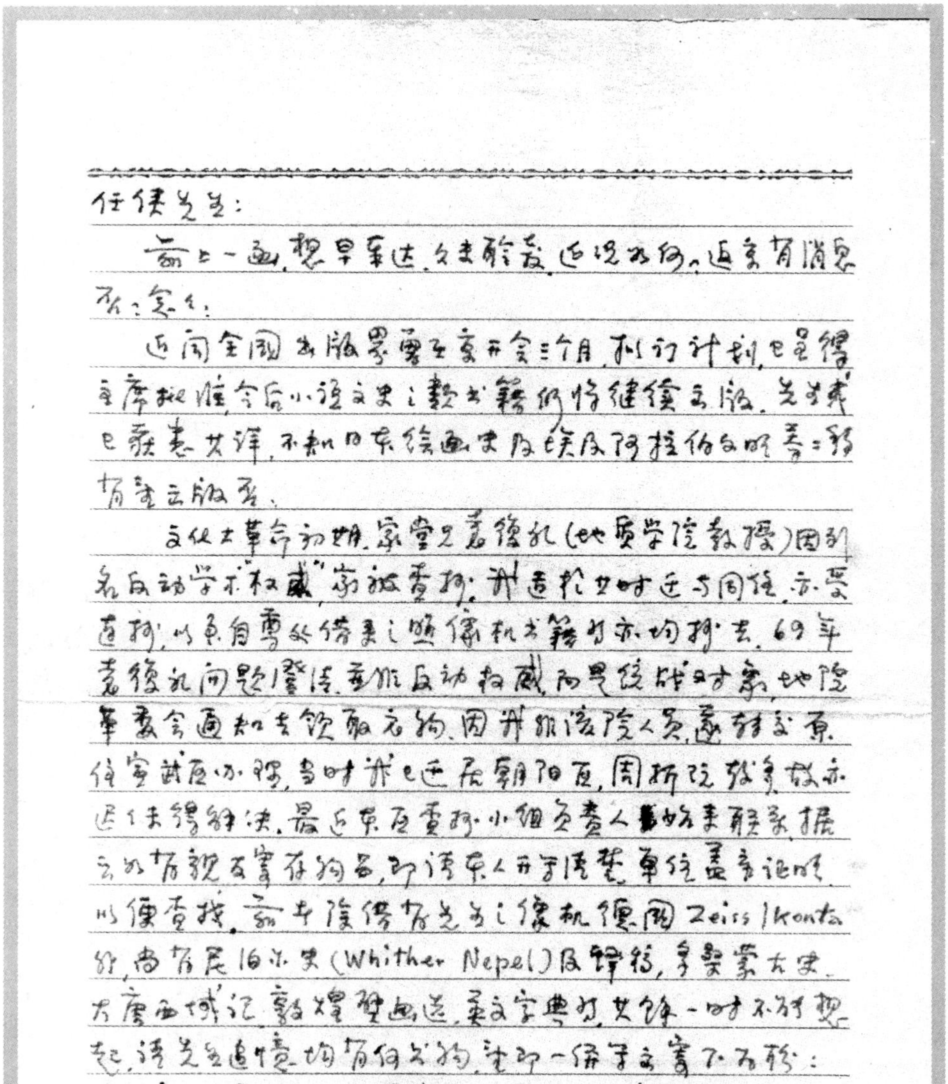

任侠先生：

前上一函，想早收达。久未聆教，近况如何？近来有消息否？念念。

近闻全国出版界在京开会三个月，拟订计划，已呈得毛主席批准，今后小说文史之类书籍仍将继续出版。先生撰著已获悉其详，不知日本绘画史及埃及阿拉伯各国艺术等[illegible]有望出版否。

文化大革命初期，家堂兄袁复礼（地质学院教授）因列名反动学术"权威"家被查抄，我适于其时迁去同住，亦受连抄，以前自费所备之照像机书籍等亦均抄去。69年袁复礼问题澄清，并非反动权威而是统战对象，地院革委会通知去领取衣物，因我非该院人员，遂转至原住家武区小组，当时我已迁居朝阳区，因而这件事亦迄今未得解决。最近东区查抄小组负责人[illegible]来联系，据云如有说有实存物品，即请本人开写清楚单位名称证明，以便查找。前年除借存先生之像机德国Zeiss Ikonta外，尚有尼伯尔史（Whither Nepal）及钟表，多恩蒙古史，大唐西域记，敦煌壁画选，英文字典等书，其余一时不能想起，请先生追忆均有何书物，并即一併写示实为至祷！

京市今夏酷热，气温常在37°C以上，闹市上已达40°C。河南似更甚，冀南近豫，想亦酷暑，一切起居珍重。尊夫人想仍在天津，曾通来否？便中请代致意。此上，即祝

健康！

袁学礼上 71.8.15

北京制本厂印制 70.5

袁學禮致常任俠 25.5×17.5 厘米

任俠先生：

手書敬悉，拜讀大作，所謂平淡而近自然，正是詩中上乘，葉遐庵詩集不知何人編印，想非國內出版？

《日本繪畫》中之“前任天皇”、“現任天皇”等均原文所有，（又有“後白河上皇”一名）因不詳其歷史，僅改稱“退位天皇”、“在位天皇”，是否得當尚希賜教。此稿已重寫完畢，內有數處須與原著一校。美院能否借出？家姐現因老蘇胃潰瘍嚴重，一日數餐，難於脱身，韋賢同志處，如自去聯繫如何？先生是否需致函介紹？抑將稿件寄上，留待校正？祈示。

《浮世繪》，此書云起自中世紀之繪卷，1867年巴黎“世界博覽會”始傳入法國，備受印象派大師贊賞，Van Gogh且藏有版畫多幅，後贈格未特美術館，云云。前閱格魯塞《東方文明》日本卷中，所刊浮世繪挿圖特多，論述似亦最詳，有過於偏重之感，今知原因或即在此。先生論文惜未得奉讀，甚望各處存書早日取回，俾得先睹爲快也。

《文物》市上仍缺，尊處所訂，《文物》《科學》及《參考消息》，如郵寄方便請借一閱。近有表侄劉桐良擬投稿《文物》，欲知其體例，劉前在津教師學院授“説文”及“楚辭”，後入商務編《辭源》，著有《中國的字典》《魏晉的小説》等（中華版，筆名葉秋），於詩畫亦有心得，曾作《讀畫偶記》，亦識葉遐庵。玆將來函附上，請指教。此上並請

春安

袁音上　72.4.18

【注釋】

該信作於1972年4月18日。

第　　页共　　页

任侠先生：

手书敬悉，拜读大作，所谓平淡而近自然，正是诗中上乘。叶遐庵诗集不知何人编印，想非国内出版。

《日本绘画》中之"新任天皇"、"现任天皇"等均原文所有（尚有"后白河上皇"一名），因不详其历史，仍改称"退位天皇"、"在位天皇"，是否得当，尚希指教。此稿已要写完毕，内有数处须与原书一校，美院似未借出，家姐现因老、衰胃诸病，卧床一日数餐，难于脱身，等问题查对后，自当联系此行。先生是否需我逐行介绍，拟将稿件寄上，尚请校正，祈示。

"浮世绘"此书之起自中世纪之绘卷，1867年巴黎"世界博览会"始传入法国，备受印象派大师赞赏，Van Gogh 且藏有版画多幅，后赠梵高特美术馆云云。前阅梵高寄"致弟文的书信"日本卷中，所刊浮世绘插图精美，据述似亦屡译，有过于偏重之感。今知原由或即在此。先生论文惜未得奉读，甚望今后存书[illegible]取回，俾得先睹为快也。

"文物"市上绝缺，惠示所订"文物"科学及学报[illegible]，以邮寄方便请借一阅。近有嘉兴刘桐良不久拨转"文物"，敬知其体例。刘前在津教师学院授语文及梵文，后入商务编辑，写有《中国的字典》、《魏晋的小说》等（中华版，笔名叶秋）。于诗画亦有心得，曾作"读画偶记"，亦识叶遐庵。前将来函附上请指教。此上并请

春安

袁[illegible] 72.4.18

稿纸（20×20=400）　　(1218)

北京市電車公司印刷厂出品 七一·十二

袁學禮致常任俠　26.5×19 厘米

任俠先生：

拜別以來，瞬已多日。本月六日自淑琴去陳老處，聞前一日已將照片寄去，不知效果如何，最近又拍過幾卷？如未冲印，請便中寄下，當即效勞印出。

日本繪畫譯稿曾否校閱？今查日本史年表，關於"上皇"之名頗不少見，茲録數條如下：

1086　白河天皇讓位，院政開始。堀河天皇受禪。……

1088　白河上皇高野山参詣。……

1129　白河法皇（77）。鳥羽上皇，聽政。……

1141　崇德天皇讓位。近衛天皇即位。……

1155　近衛天皇（17）。後白河天皇踐祚。……

1156　鳥羽法皇（54）。保元之亂。……上皇，讚岐配流。

1165　二條天皇讓位。……

1168　六條天皇讓位。高倉天皇即位。……

以上括弧內之數字似是逝世年歲。由此可見禪讓之事甚多，一旦退位即稱"上皇"，但不知何由得稱"法皇"也。

先生前云東風市場樓上有攝影雜誌等書，能否介紹往觀選購？（可借到工作證）先生欲購何書亦請示知。暇當去觀光也。此上即頌

撰祺

袁音上　72.7.12

（如寄底片照片，請掛號，以免遺失）

【注釋】

該信作於1972年7月12日。

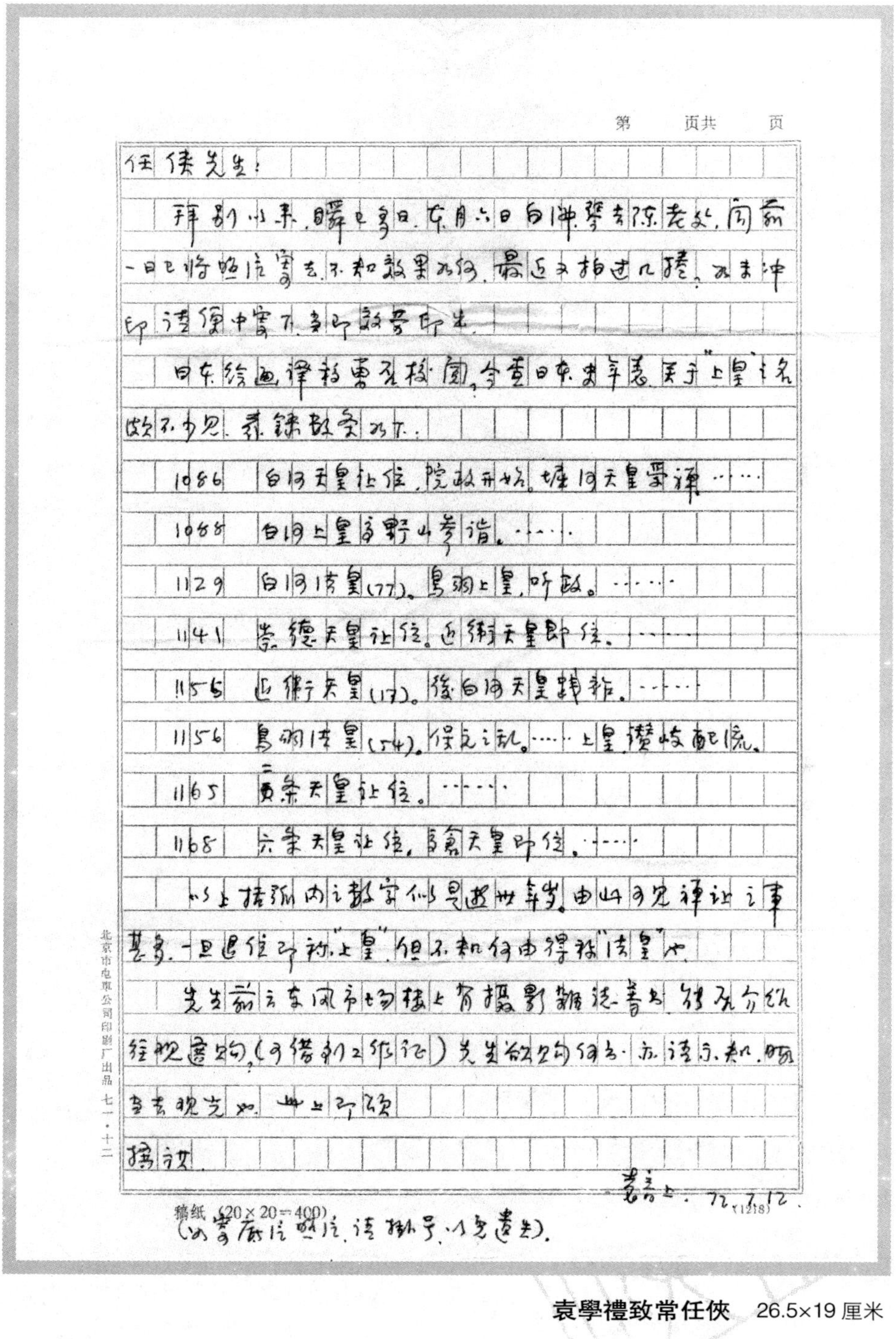

第　　頁共　　頁

任侠先生：

拜别以来，瞬已多日。本月六日由佛学会陈君处，闻前一日已将照片寄去，不知收到否？最近又拍过几卷，如来冲印，请便中寄下，多印数张即出。

日本绘画详情需要考查，今查日本史年表，关于上皇之名称不少见，兹录数条如下：

1086　白河天皇让位，院政开始。堀河天皇受禅……

1088　白河上皇高野山参诣……

1129　白河法皇(77)。鸟羽上皇听政……

1141　崇德天皇让位。近卫天皇即位……

1155　近卫天皇(17)。后白河天皇践祚……

1156　鸟羽法皇(54)。保元之乱……上皇赞岐配流。

1165　二条天皇让位……

1168　六条天皇让位，高仓天皇即位……

以上括弧内之数字似是逝世年岁。由此可见禅让之事甚多，一旦退位即称"上皇"，但不知何由得称"法皇"也。

先生前云东风市场楼上有摄影杂志售，兹已分经托友购（可借彼之俯记），先生欲购何书，亦请示知，以便查去购买也。此上即颂

撰祺。

袁学礼　72.7.12

稿纸（20×20＝400）　(1218)

（如有底片照片，请挂号，以免遗失）。

北京市电车公司印刷厂出品　七一·十二

袁學禮致常任俠　26.5×19 厘米

任俠先生：

拙稿承斧正，至感！原序曾先譯出呈覽，暇亦祈撿出一校。名爲《毒吻記》亦妙，蓋“Essence of the Dusk”義殊隱晦，或直翻自梵文——如標題所示，Bain 氏亦是由古手寫本譯出者，但未著撰人。題下有梵語短詩（或警句），英譯爲“Love turns venom, now I see; Flouted Beauties vipers be.”姑作“試看痴情成怨患，美女被遺乃爲虺。”或“麗質如仙，橫遭輕慢，積怨難伸，化爲毒蚺。”可否？此作陰森幽絕，誠如尊論，戲爲小令，不足一笑！乞正：“前世恩情不可説，今生薄幸復如何；欲海連天涌怒波，弓眉低揚飛利箭，星眸幻彩舞金戈；美女由來比毒蛇（從今韻）。”

近譯德國 Wassermann 作《路卡蒂絲》，寫少女救一青年脱險，二人初不相識，及共患難，乃育情苗，顧均自秘，後黯然分别，天各一方，生死茫茫，永絶音信。以俄國革命爲背景，却少革命氣氛，描述心理狀態，亦與今日青年不同，惟手邊苦無他書。倘請代覓佳作，如新款奇幻能引人入勝者，譯來亦可釋悶。聞古希臘有《變形記》、《金驢記》（？ ）等，但恐英譯亦不易得。中世紀如《十日談》，曾見“開明”中譯本，似亦有删節，未審尊處英文本是全譯否？想仍自秘不欲示人？

昔知堂老人盛稱《天方夜譚》，前“人文”出版者雖譯自阿拉伯文，但只二册，約及原著十分之一，英文全譯者固非一家，周氏特推重 Burton 本（倫敦《地理雜誌》1937，3 月份内介紹“Richard Burton, Explorer”一書，共 303 頁，15 先令），先生如遇文學社中人，可否一詢有無此書，設法商借？——憶魯迅“書簡”中云：“聞孔德圖書館有英文全譯本”，此校早已解散，不知書歸何處，尊藏日本挿圖本，惜亦淪亡，新購俄文本，暇請借一觀爲感。

“寧馨兒”原文爲“the nectar of a son”，未得恰譯，如作“寶貝兒子”恐亦未諧，尊見如何？魯迅重直譯，今人似不喜。“寧順而不信”，自不免削足適履。嚴復三字經“信、達、雅”，如能雅俗共賞，而筆調又與原文風格吻合，方爲上乘，惜眼高手低，力不從心，每思借鑒於名家，美院或尊藏林琴南、伍光建，或傅東華等，以至令友梵澄（此君譯筆不俗，似與尼采相近）所譯之書，如能借到，固所切盼也。

又聞常青同學抄有“基度山”，能轉借一閱否？餘俟面盡，即頌

文祺

袁音　6.14

【注釋】

經考證該信作於 1975 年 6 月 14 日。

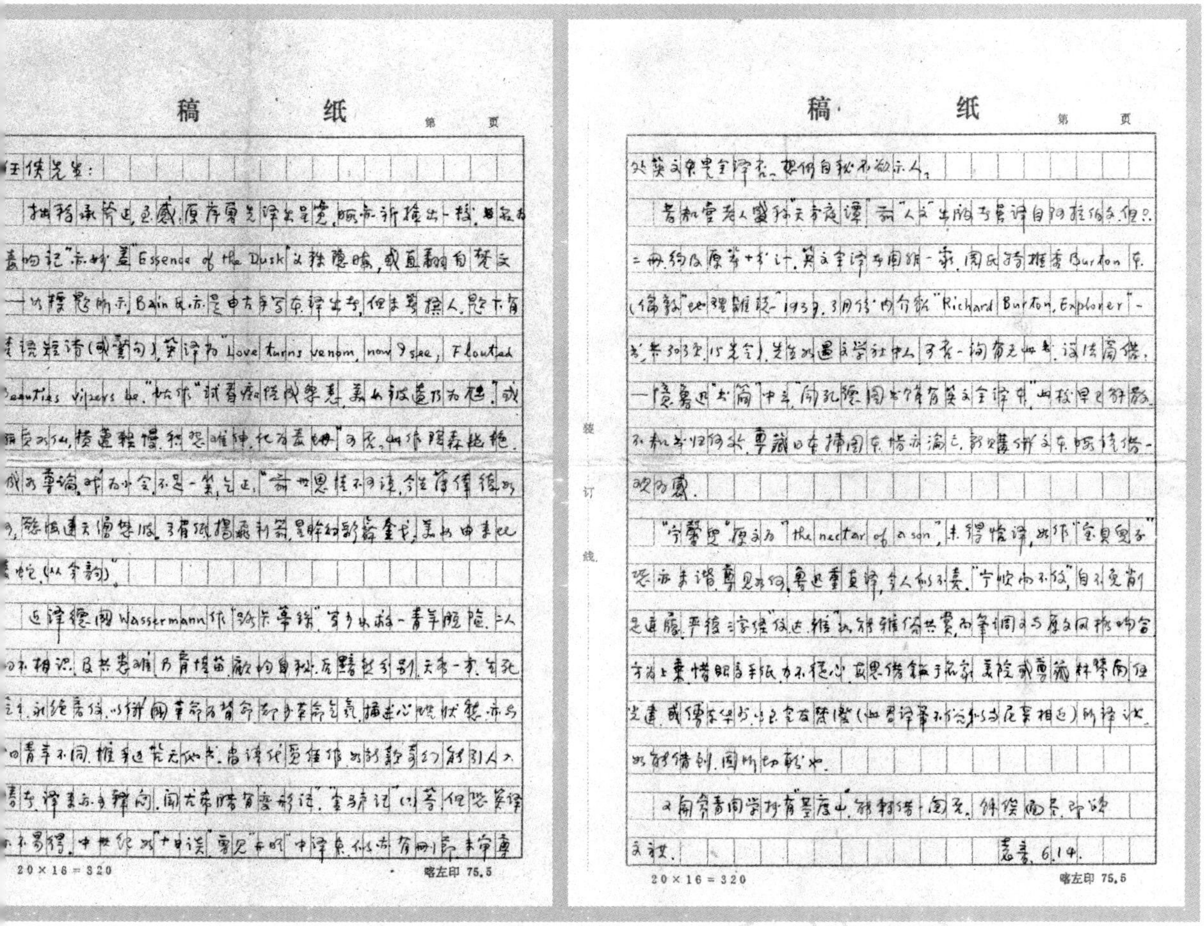

稿纸　第　页

任侠先生：

　　拙稿承斧正，至感。原序勇先译出呈览，顺亦将检出一段。[illegible]
[illegible]的记"亦妙矣"Essence of the Dusk"以状隐晦，或直翻自梵文
一如标题所示，Bain氏亦是由古印写本译出者，但未署撰人。题下有
[illegible]短诗（或警句），英译为"Love turns venom, now I see; Flouted
Beauties vipers be."拟作"试看痴怜成孽患，美女被遗乃为蛇。"或
[illegible]为仙，楼遗转慢，积怨惟伸，化为毒蛇"可否。此作[illegible]
成为专论，非为小[illegible]不足一笑，[illegible]。"前世恩情不可违，今生薄幸[illegible]
[illegible]，[illegible]。[illegible]
[illegible]蛇（从余韵）"。

　　近译德国Wassermann作"[illegible]"，写少女[illegible]一青年[illegible]，二人
[illegible]不相识，[illegible]自秘，[illegible]
[illegible]
[illegible]青年不同，[illegible]
[illegible]
[illegible]不易得，[illegible]

20×16＝320　　略左印 75.5

稿纸　第　页

外英文未见全译本，想係自秘不欲示人。

　　[illegible]"天方夜谭"前"人文"出版者署译自阿拉伯文，但只
二册，约及原本十分之一。英文全译本有[illegible]一家，[illegible]推崇Burton本。
（[illegible]"地理杂志"1937.3月号内介绍"Richard Burton, Explorer"一
书，共303页，15先令）。先生如遇文学社中人，可否一询有无此书。[illegible]
一读鲁迅"书简"中言，[illegible]图书馆有英文全译本"，此校早已解散，
不知书归何处。[illegible]
[illegible]为感。

　　"宁馨儿"原文为"the nectar of a son"，未得恰译，如作"宝贝儿子"
恐亦未谐，尊见如何？鲁迅重直译，今人似不喜。"宁[illegible]而不[illegible]"，自不免[illegible]
[illegible]
[illegible]
[illegible]（[illegible]）[illegible]
[illegible]。

　　[illegible]
文祺。　　　　[illegible] 6.14.

20×16＝320　　略左印 75.5

袁學禮致常任俠　26.5×19 厘米

任俠先生：

前通電話知將去住院療養，已決定去何處？何日住入？

昔借閱尊藏《毒吻記》一書，原爲古梵文手寫本，經 F.W.Bain 氏譯爲英文，因內容新穎奇幻，讀後曾譯爲中文，近友人閱後云或可設法出版，不知先生是否有興趣寫一序言或跋語，介紹在加爾各達購書情況及印度神話概要，並請示知爲感，餘容再陳。又接中醫張鐵英信，退休後不慎跌傷大腦，影響行路云云，故請留意，勿令跌倒。匆此並祝

健康

袁學禮

十一月一日

【注釋】

經考證該信作於 1981 年 11 月 1 日。

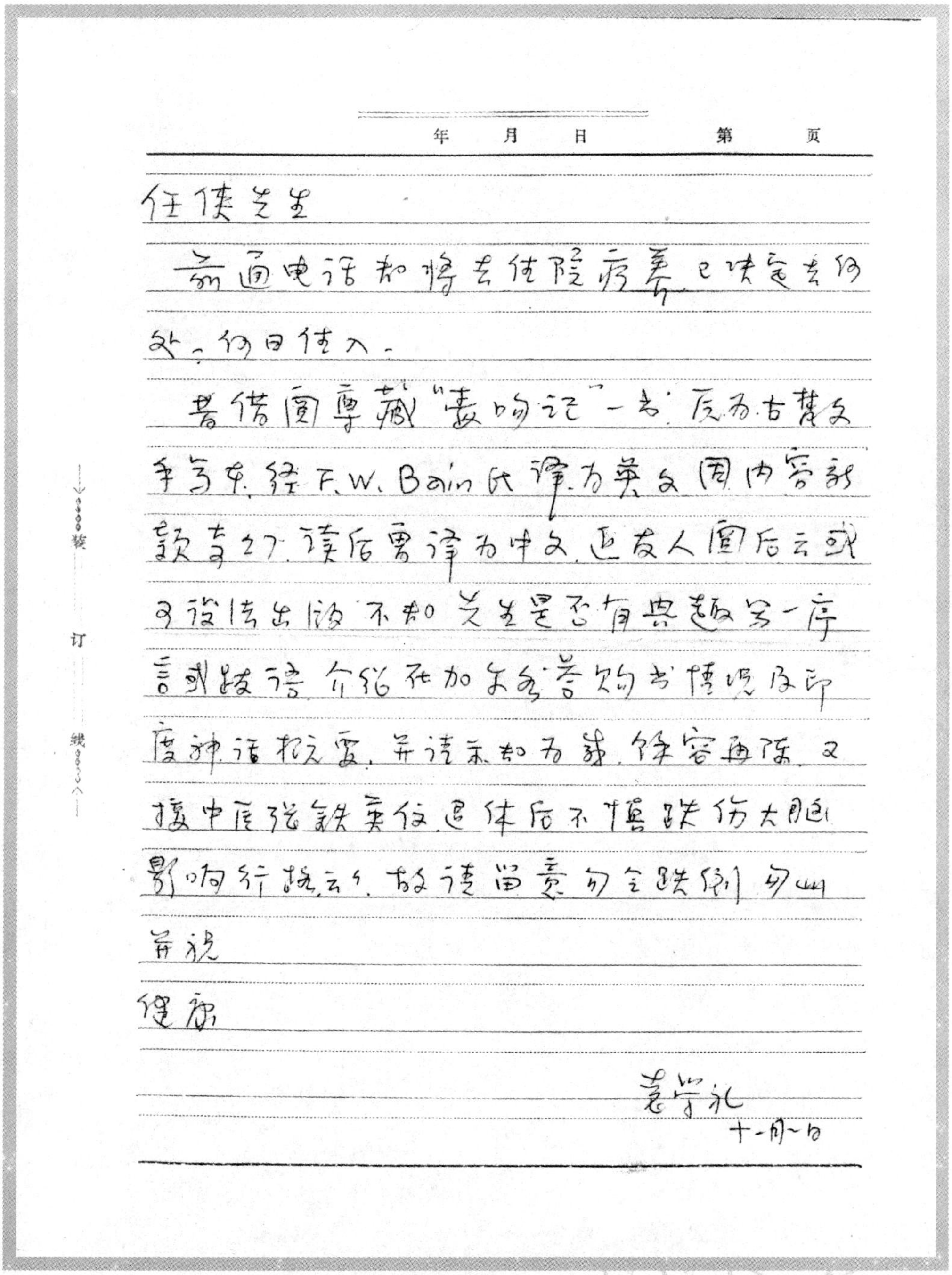
年 月 日 第 页

任侠先生

前通电话知将去住院疗养，已决定去何处？何日住入？

昔借阁下藏"黄吻记"一书，原为古梵文手写本，经F.W. Bain氏译为英文，因内容新颖奇幻，读后曾译为中文。近友人闻后云或可设法出版，不知先生是否有兴趣写一序言或跋语，介绍和加上参考购书情况及印度神话概要，并请示知为祷。余容再陈。又接中医张铁英伎退休后不慎跌伤大腿，影响行动云云，故请留意勿令跌倒为幸。

并祝

健康

袁学礼

十一月一日

袁學禮致常任俠 26×19 厘米

任俠先生：

久未拜謁，近奉手示，欣悉“中近東”一書已付印，未知何時可出版。此叢著中國之部昔僅譯出其半，如亦能出版，當使譯完，尊意如何？

《飲雨記》請人去聯繫，尙無消息，必要時當勞代借原書。楊君如肯協助促使出版，自然更好，暇祈一問。

前譯《毒吻記》曾由傅兆滿（即去冬介紹至尊處請教者）作插圖，近已繪來，然非工筆人物而近似印象派之圖案畫，難於欣賞，唯其畫卻得美國加州美院好感，邀其去留學深造，年內或可成行云。

聞英國曾請先生去講學，此間未批準，不知以何爲藉口，想以後仍有機會也。

此上並頌

著祺

袁學禮上

九月二十七日

【注釋】

經考證該信作於 1982 年 9 月 27 日。

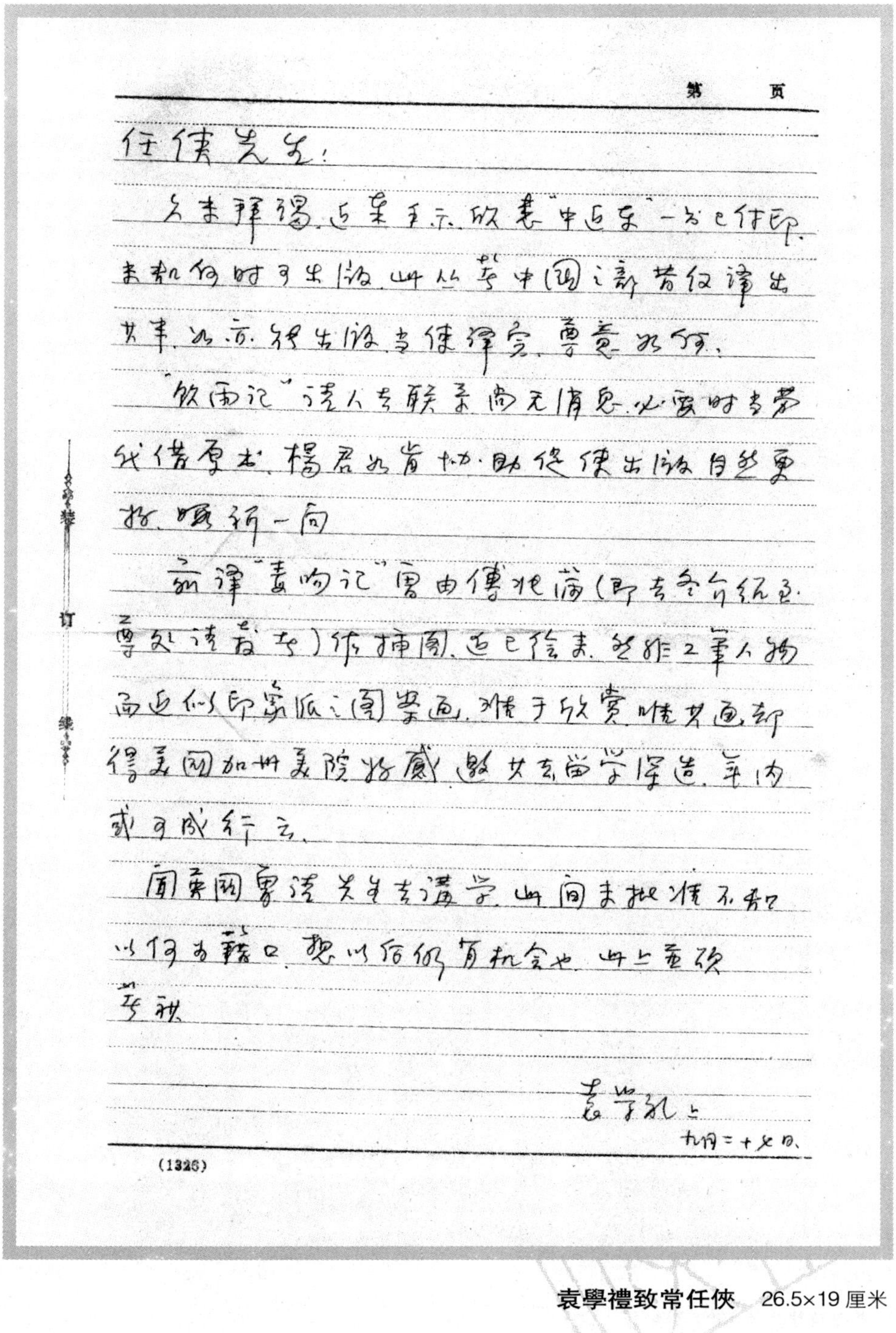

第　页

任侠先生：

久未拜谒，近奉手示，欣悉"中近东"一书已付印，未知何时可出版。此外尚有中国之诗昔所译出若干，如亦能出版，当使译完，尊意如何？

"饮雨记"请人去联系，尚无消息。必要时当劳代借原本。杨君如肯协助，俾使出版，自然更好。嘱祈一问。

新译"麦响记"曾由傅抱石（即去冬介绍至尊处请教者）作插图，近已绘来，然非之笔人物画，近似印第安派之图案画，难于欣赏。惟其画却得美国加州美院收藏，邀其去留学深造，年内或可成行云。

闻英国贵院请先生去讲学，此间未批准，不知以何为借口。想以后仍有机会也。此上并颂

著祺

袁学礼上

九月二十七日。

(1326)

袁學禮致常任俠　26.5×19 厘米

任俠先生：

日前造訪未遇，爲悵。“中近東”承鼎立聯繫出版，已有數友人來索，不知何處出售，望能向出版社代購爲感！“中國文明”中每有人名或器物名不能肯定，只得譯音，留待改正。

《晚報》近有文述及貓兒眼及和氏璧，憶聞尊處藏書有專論寶石者，國內現缺乏此方面專著，而有興趣者甚多，如譯出問世，必受歡迎也。

近讀《大衆醫學》知有“關節置換術”能治賤恙，電視新聞中亦有此類報導，聞本市協和及解放軍總院亦能做此手術，日前去協和（首都），不料掛號甚難，未知能設法託人辦理否？匆此即頌

撰祺

袁音上

十一月十日

【注釋】

經考證該信作於 1982 年 11 月 10 日。

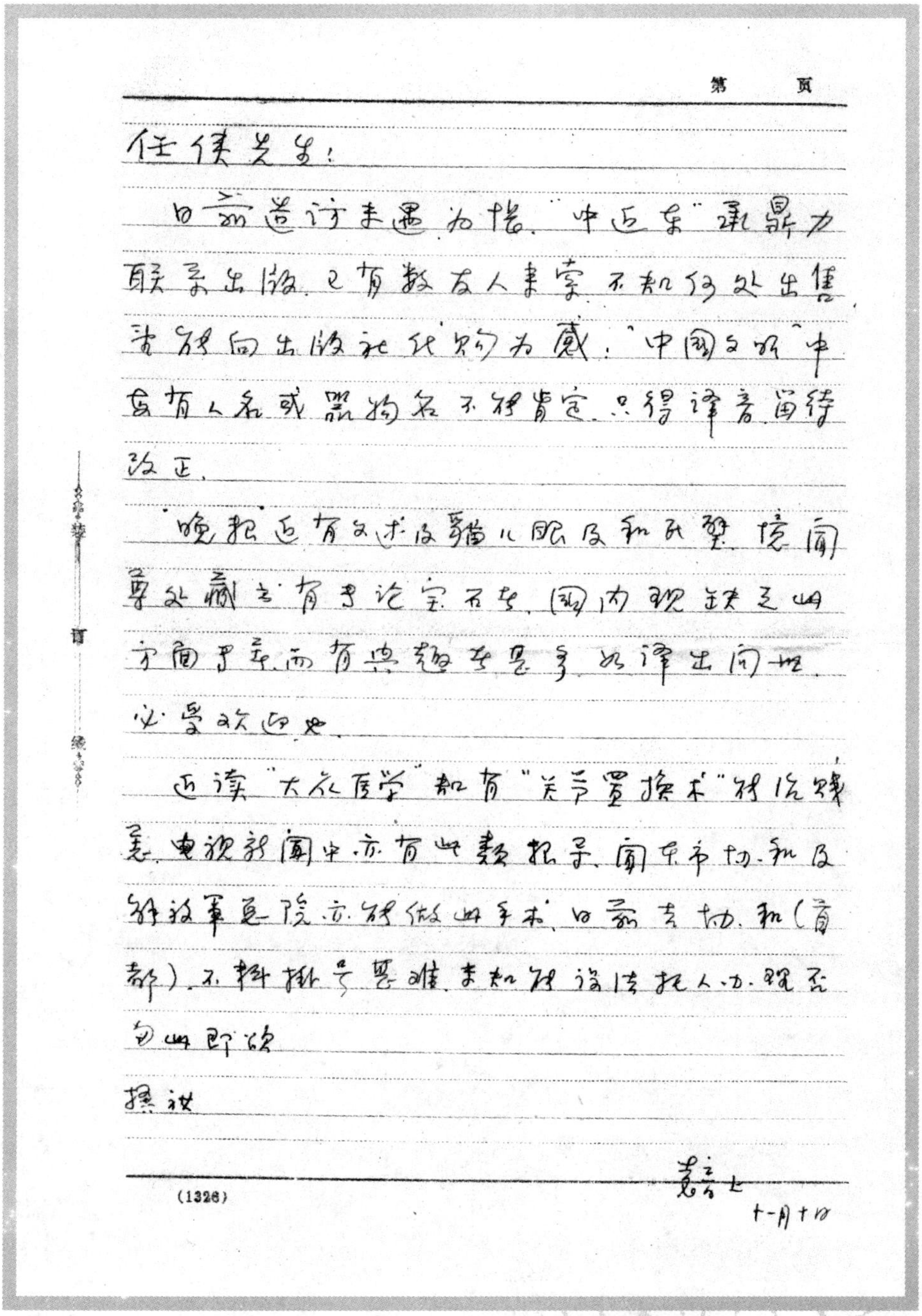

第　　页

任侠先生：

日前道访未遇为怅。"中近东"承鼎力联系出版，已有数友人来索，不知何处出售，请转向出版社代购为感。"中国与欧"中若有人名或器物名不能肯定，只得译音，留待改正。

晚报近有文述及猫儿眼及和氏璧，据闻尊处藏之，有书论定否？国内现缺乏此方面书本，而有兴趣者甚多，如译出问世，必受欢迎也。

近读"大众医学"载有"关节置换术"补偿残废，电视新闻中亦有此类报导，南京市协和及解放军总院亦能做此手术。日前去协和（骨部），不料挂号甚难，未知能设法托人办理否？

匆此即颂

撰祉

（1326）

袁学礼

十一月十日

袁學禮致常任俠　26.5×19 厘米

任俠先生：

年初至日中友好醫院拜望後忽又數月，因 110 車過於擁擠，迄未得趨謁爲悵。尊恙經此治療想漸康復，不知常外出否？近日有何著述？前介紹將“絲綢之路”譯爲日文曾否完成？譯本在日出版否？

“文革”以來因有海外關係曾被目爲“特嫌”多年，今春區政府卻以同一原因（僑眷）送來賀年片，邀去參加茶會。近又寄來人才調查表，令填寫，並徵詢對四化之意見及建議。然則前一罪名當已取消，而各實際問題固仍存在，且以與外界久無接觸，對目前形勢殊少瞭解。先生昔有意援引使加入民盟，果能有此機會而得學習，亦可一廣見聞也。至需何種條件或手續，尚祈便中示知爲感。餘容再陳，即頌

道安

袁學禮　85.5.21

【注釋】

該信作於 1985 年 5 月 21 日。

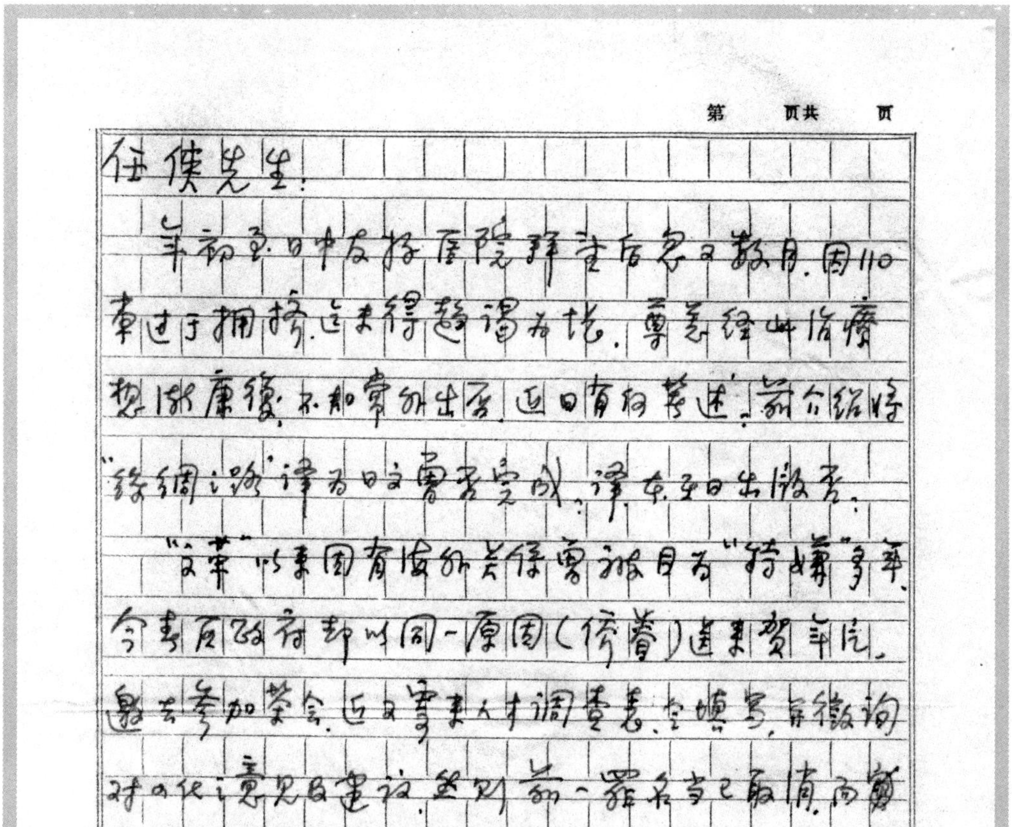

第　页共　页

任侠先生：

年初至日中友好医院拜望后忽又数月。因110车过于拥挤，迄未得趋谒为怅。尊恙经此治疗想渐康复，亦能常外出否？近日有何著述？前介绍将“丝绸之路”译为日文事当完成？译本即日出版否？

“文革”以来因有海外关系曾被目为“特嫌”多年，今春有政协部以同一原因（侨眷）邀来贺年片，邀去参加茶会，近又寄来人才调查表，已填写，并征询对四化之意见与建议，然则前一罪名当已取消，而实际问题仍存在，且以与外界久无接触，对目前形势殊少了解。先生昔曾意拟引使加入民盟，愿终有此机会而得学习，亦可一广见闻也。未需何种手续，尚祈便中示知为感。余容再陈，即颂

道安

袁学礼　85.5.21

（1551）　20×20＝400

袁學禮致常任俠　26.5×19 厘米

任俠先生：

近日兩次通電話，先生均去開會，想見尊恙已完全康復，可喜可賀！

承寄來《毒吻記》序言，使拙譯得附驥增光，至感！大文末署“金剛成就”是何義？祈示。

友人識趙樸初，近將舍下劫餘字畫數幀送去看，趙告云與我家爲世交，問及近況（趙爲蒼虬老人之婿，尙有遠親也）。馬遠一幅據云爲元人僞托，新羅山人則爲眞迹，但殘損過甚，趙願請高手代爲修裱。又劉石菴字屏侯一民云是他人代筆，趙則謂“不會假”。聞其家所藏不下千件，惟此友殊茫然，天暖將去一觀也。

小穎前接電話云次日將東渡留學，想已抵日，此去定可大廣眼界。傅兆滿所作《毒吻記》揷圖在此，似爲現代派，難於欣賞也。此上並頌

健康

袁學禮　12 月 15 日

【注釋】

經考證該信作於 1987 年 12 月 15 日。

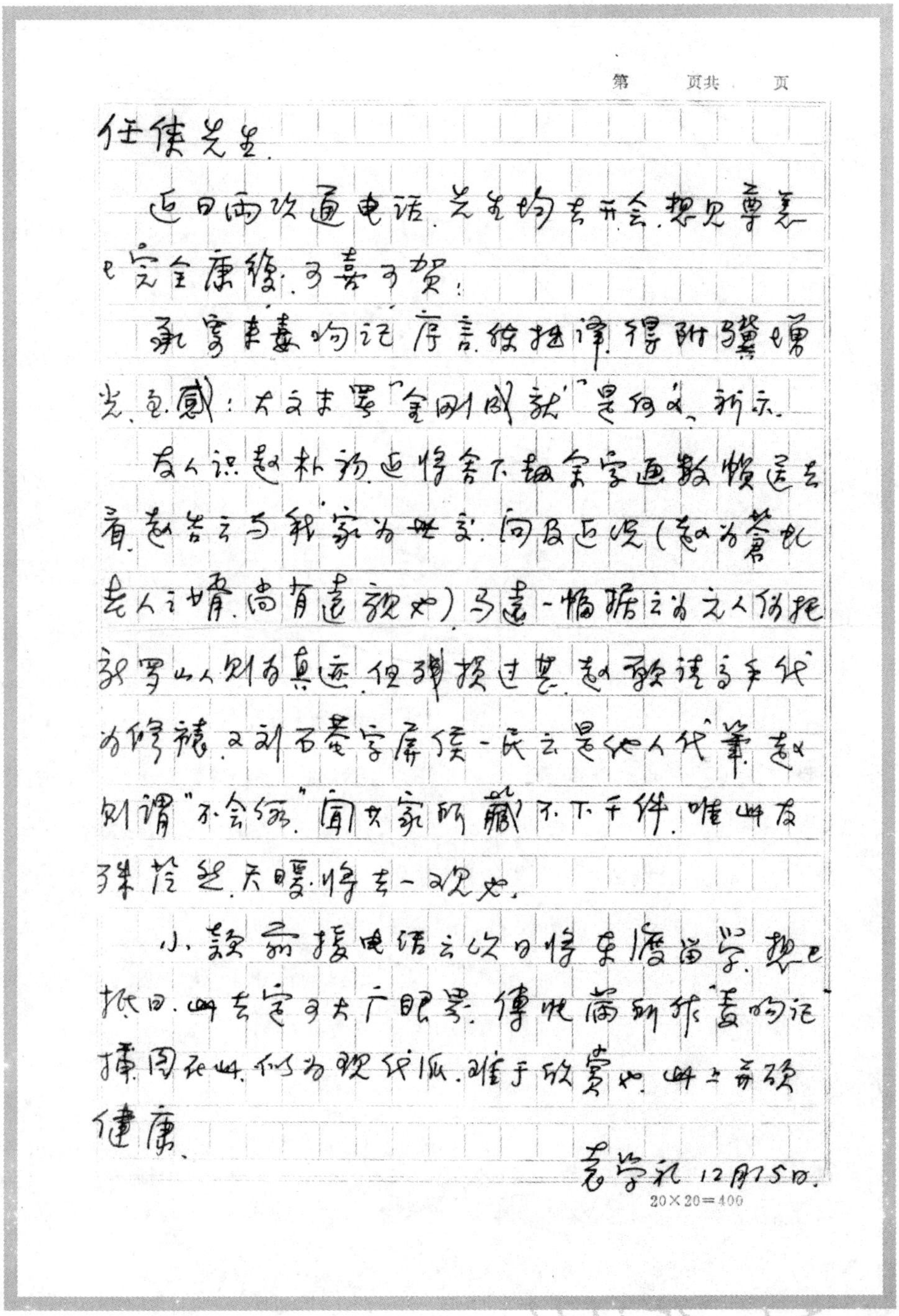

第　　页共　　页

任侠先生：

近日两次通电话，先生均去开会，想见尊恙已完全康复，可喜可贺！

承寄来《麦畸记》序言，拜读。得附骥尾，增光，至感！大文中所云"金刚成就"是何义，祈示。

友人识赵朴初，近将舍下藏金字画数幅送去看，赵告云与我家为世交，问及近况（赵为蒋君老人之婿，尚有远亲也）。马远一幅据云为元人仿托，弘写山人则为真迹，但裱坏过甚，赵愿请高手代为修补。又刘石庵字屏条一帧，云是他人代笔，赵则谓"不会错"。闻其家所藏不下千件，唯此友弥珍。天暖将去一观也。

小龄前接电话云次日将东渡留学，想已抵日。此去定可大广眼界。傅惜华所作《麦畸记》插图在此，似为明代版，难于欣赏也。此上，并颂
健康。

袁学礼 12月15日。

20×20＝400

袁學禮致常任俠　26×19 厘米

任俠先生：

近奉手書，始知“金剛成就”尙有此一段因緣，偕達賴、班禪在印度之經過更爲一珍貴史料。先生一生經歷豐富，識人衆多，望能寫一回憶録，必可保留多種世人罕知之有價値資料，若附以有關照片，當大受歡迎，有機會或可在國外出版也。

舍間原有《蒼虬詩集》二册，被抄去，其中似多和陳三立之作。記得有擬玉溪生一首，題爲《淚》，“萬幻猶餘淚是眞”。又《臨江仙·夢中作》“明月寺前明月夜，依然月色如銀，明明明月是前身，回頭成一笑，清冷幾千春。照徹大千……人間三五夜，誤了鏡中人（？）”中間忘記，尊處如有該書或可查到。聞其家舊藏黃鶴山樵（？）巨松一幅，名蒼虬圖，後易得里西湖別墅一處，故取名以爲紀念云。老人亦能作水墨山水畫，舍間所有亦被抄沒。

先生體質素强，腿患必能治好，美國今有“意念療法”，以科學方法證明。總之須有信心，勿做衰老之想。（《大家健康》87年17期）當可一試。匆此並祝
新年多福！

袁學禮　12.30

此間公用電話由居委會管理，常懶於傳送，電台報紙屢有批評亦無濟於事，但願房子問題解決，裝一電話即方便多矣。

【注釋】

經考證該信作於1987年12月30日。

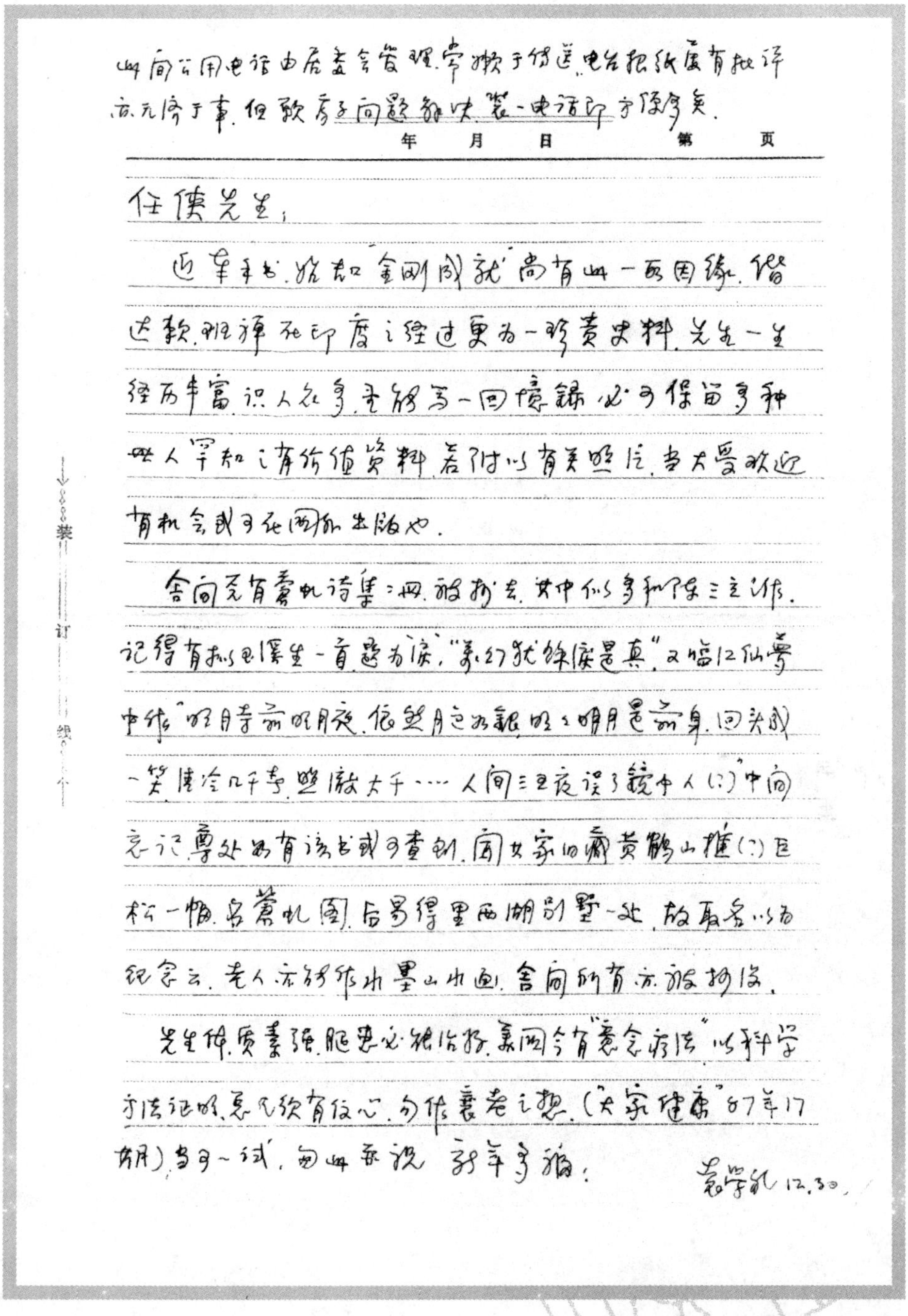
此间公用电话由居委会管理，常懒于传送，电台报纸屡有批评，亦无济于事。但欲彻底问题解决，装一电话即可保无虞矣。

年　月　日　　第　页

任侠先生：

近奉手书，始知"金刚成就"尚有此一段因缘。谐述敦雅禅师在印度之经过，更为一珍贵史料。先生一生经历丰富，识人尤多，若能写一回忆录，必可保留多种世人罕知之有价值资料，若附以有关照片，当大受欢迎，有机会或可在国外出版也。

舍间尚有蕙帆诗集二册，颇精美。其中似多和陈三立作。记得有和白撰生一首题为侠，"东红犹余侠是真"，又临江仙词中有"明月寺前明月夜，依然月色如银，明明明月是前身。回头成一笑，凄冷几千春。照澈大千……人间三五夜，误了镜中人(?)"中间忘记。尊处如有该书或可查到。因女家旧藏黄鹤山樵(?)巨松一幅，名蕙帆图。后曾得里西湖别墅一处，故取名以为纪念云。老人亦能作水墨山水画，舍间所有亦颇精绝。

先生体质素强，肥胖必能治好。最近今有"意念疗法"，以科学方法证明，意气能有佐心，为作衰老之想。（"大众健康"87年1期），当可一试。匆此奉复，新年多福！

袁学礼 12.30

袁學禮致常任俠　26×19 厘米

任俠先生：

前與王同億通電話，王未在，另一主編人劉煥朝（曾去過尊處）欲去台灣或海外出版繁體字《英漢辭海》，問我有無門徑，我介紹與先生聯繫，不知已去電話否。此書辭條之多恐超過國內外任何同類辭典，必能受到海外華人重視，銷路當無問題，望能多方面設法聯繫。國內出版界一片混亂，迄未見改革，民盟何不自辦一出版社，請向主管者建議，除出版盟員等之學術論著外，亦可重印多種有價值之舊書，以求經濟效益（如三十年代之林語堂，即大有生意眼），民盟久處囊中，亦應脫穎而出，有所建樹也。

附上照片一張，爲最近逝世之《辭源》編輯劉葉秋遺作，劉原名桐良，字峰莘，爲我舅家表侄，祖上爲鹽商（四品官商），今之晉陽飯莊即其家之南北兩大客廳，西鄰爲六進之住宅院，有門相通。家中舊有私塾，學古文，塾師似即賀孔才，後又入俞平伯之門。解放前在津編《民國日報》副刊"民園"，有《讀畫小識》多篇，記所見親友中之名畫，如高陽李家、南皮張家，均收藏甚豐，今恐已流失無存，後輩亦無來往矣。桐良又喜治印，此照片右上端有一章曰"歸於平澹"，右下端爲"一□（？何字）文章何足道"，左下端之一爲"霜檜樓"，後多用"葉秋"筆名，詩第三首中"嫩芽□摘葦煙霞"及四首"一氣千秋亦□金"二字爲何字？請示知。又《樓外樓》爲南宋人嘲高宗之詩，譬以"六朝煙水氣"是否不當？此詩似作於解放前夕（48年？）當時金元券氾瀾［濫］，但據云用銀元僅數十枚即南游一遭云。

又附上剪報《周作人給魯迅的絕交書信》，先生知其內幕否？此頌

著祺

袁學禮　10.30

【注釋】

經考證該信作於1988年10月30日。

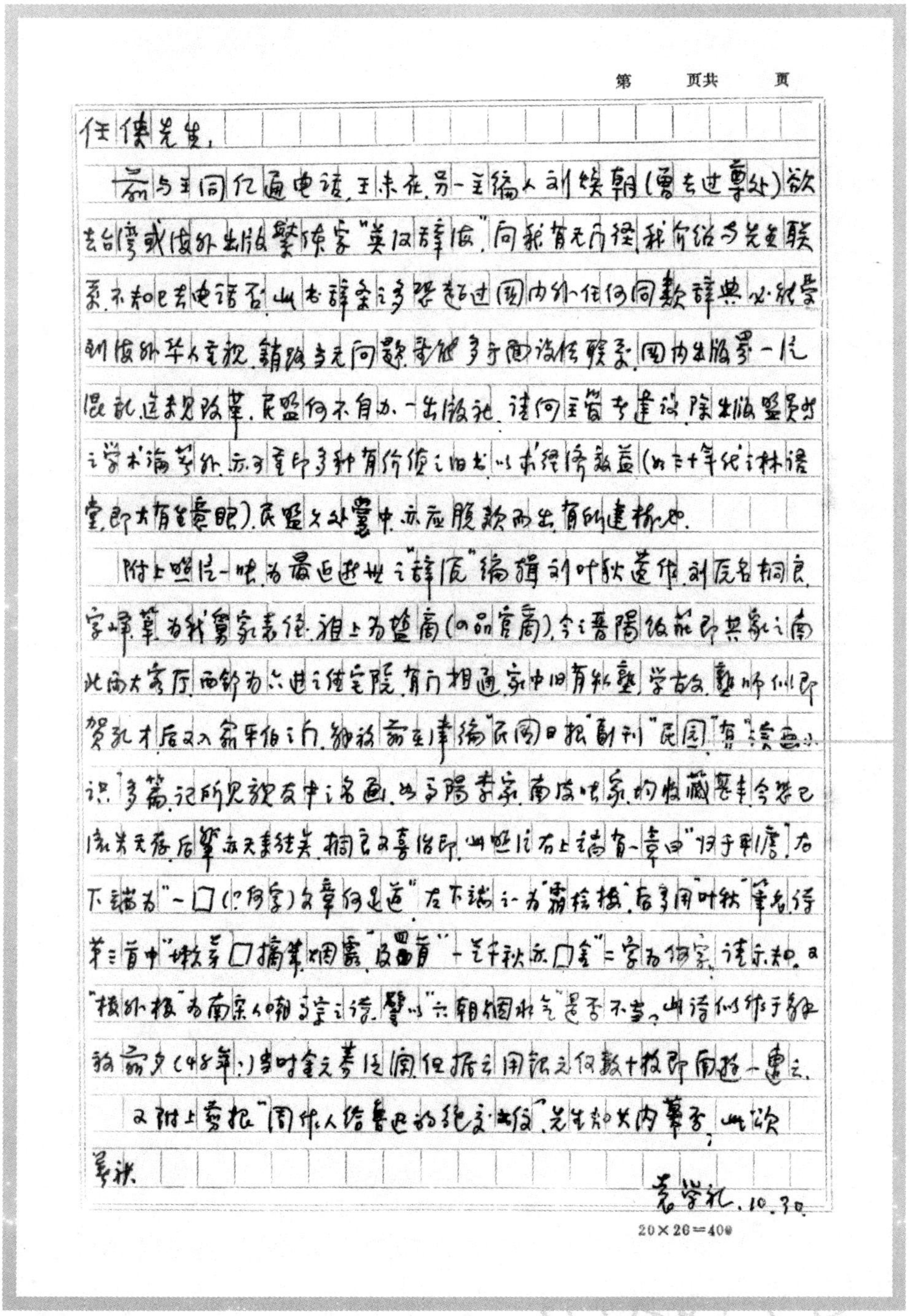

第　页共　页

任侠先生：

前与王同亿通电话，王未在，另一主编人刘殿朝（曾去过尊处）欲去台湾或海外出版繁体字"英汉辞海"，问我有无门径，我介绍与先生联系，不知已去电话否。此书辞条之多强超过国内外任何同类辞典，必能受到海外华人重视，销路当无问题，我能多方面设法联系。国内出版界一片混乱，迄未见改革。民盟何不自办一出版社，请向主管者建议。除出版盟员们之学术论著外，亦可重印多种有价值之旧书，以求经济效益（如三十年代之林语堂即大有生意眼）。民盟之外资中亦应腾款而出，有所建树也。

附上照片一帧，为最近逝世之"辞源"编辑刘叶秋遗作。刘原名桐良，字峄莼，为我舅家表侄，祖上为盐商（四品官商），今之春阳饭庄即其家之南北两大客厅，西部为六进之住宅院，有门相通。家中旧有私塾，学古文，塾师似即贺孔才，后又入翁年伯之门，解放前主编"民国日报"副刊"民园"，有"读画小识"多篇，记所见亲友中之名画，如乙阳李家、南皮张家，均收藏甚丰，今皆已流失无存，后辈亦无素结矣。桐良又喜治印，此照片右上端有一章曰"归于刘唐"，右下端为"一□（？何字）文章何足道"，左下端之为"霜桂楼"。右写用叶秋笔名，得第三首中"墩旁□摘箕烟露，夜四首"一笑千秋亦□金"二字为何字，请示知。又"楼外楼"为南宋人林升之诗，譬以"六朝烟水气"是否不当？此诗似作于解放前夕（48年？）当时金元券已贬值，但据云用银元仅数十枚即可购一处之。

又附上剪报"周作人给鲁迅的绝交一段"，先生知其内幕否？此颂

著祺

袁学礼 10.30.

20×26=400

袁學禮致常任俠　27.5×19 厘米

任俠先生：

馬如華日前送來大作[1]複印一篇（今奉還）及畫冊，多謝！據云先生“紅光滿面，行步不用柱杖，寫字不戴眼鏡，不僅康復，且更強健。”大可祝賀。今想請於興緻較好時，勞爲賜書對聯或屏條以爲紀念，如何？（現在懸有梁漱溟一聯“深情托瑤瑟，逸興橫素襟”，字未必佳，但似少見。）

回憶録中述及與賽珍珠相識，此人爲早期中國通，且曾獲諾貝爾獎，但解放後何以迄未來華？若謂反共，似亦未去臺灣，不解何故……先生所識名人甚多，尤其風雲人物如周總理、馮玉祥、蔣經國等等，回憶録中如均以本來面目出現定能引人入勝，此亦爲一大熱門。今神話已漸破滅，禁區亦多開放（近報載莫洛托夫回憶録，記毛初去蘇聯斯大林多日不予接見，後又令莫洛托夫去探其爲人，等等，以前赫魯曉夫回憶録中亦述及，但全章被删），故如秉筆直書，並在域外出版，必被爭購，而得數十百萬也。

《性心理研究》將設法去清華一借（其圖書館長原爲畢樹棠，恐早已不在），此書四卷後另有補編，收集各國人自述經歷，極多，二、三十年代“壞學生”中流行一種《性史》，記［作］者張兢生博士，北大哲學教授，我未讀過，今想或即譯自此補編，而張爲此大受攻擊，後竟被解聘。林語堂《吾國與吾民》一書中提及亦稱爲 rather degenerate（墮落）。最近（2 月 18 日）北京日報《高跟鞋文化漫談》文中引有“英國作家埃利斯”之語，看來其書已有流傳，是否國外已譯出？來函所説發財三百萬之書不知何名，屢次“掃黃”豈不掃除？謹祝

健康長壽

袁學禮　93.2.25

【注釋】

該信作於 1993 年 2 月 15 日。

[1]即指常任俠《逝水年華流波紋》一文，刊 1992 年 10 月 30 日《華聲報》，複印件上有“常伯伯：這份複印件，送給您，祝好！蕭耘 93.1”及作者“此《回憶録》中間節去數段，將來補入。任翁存。”

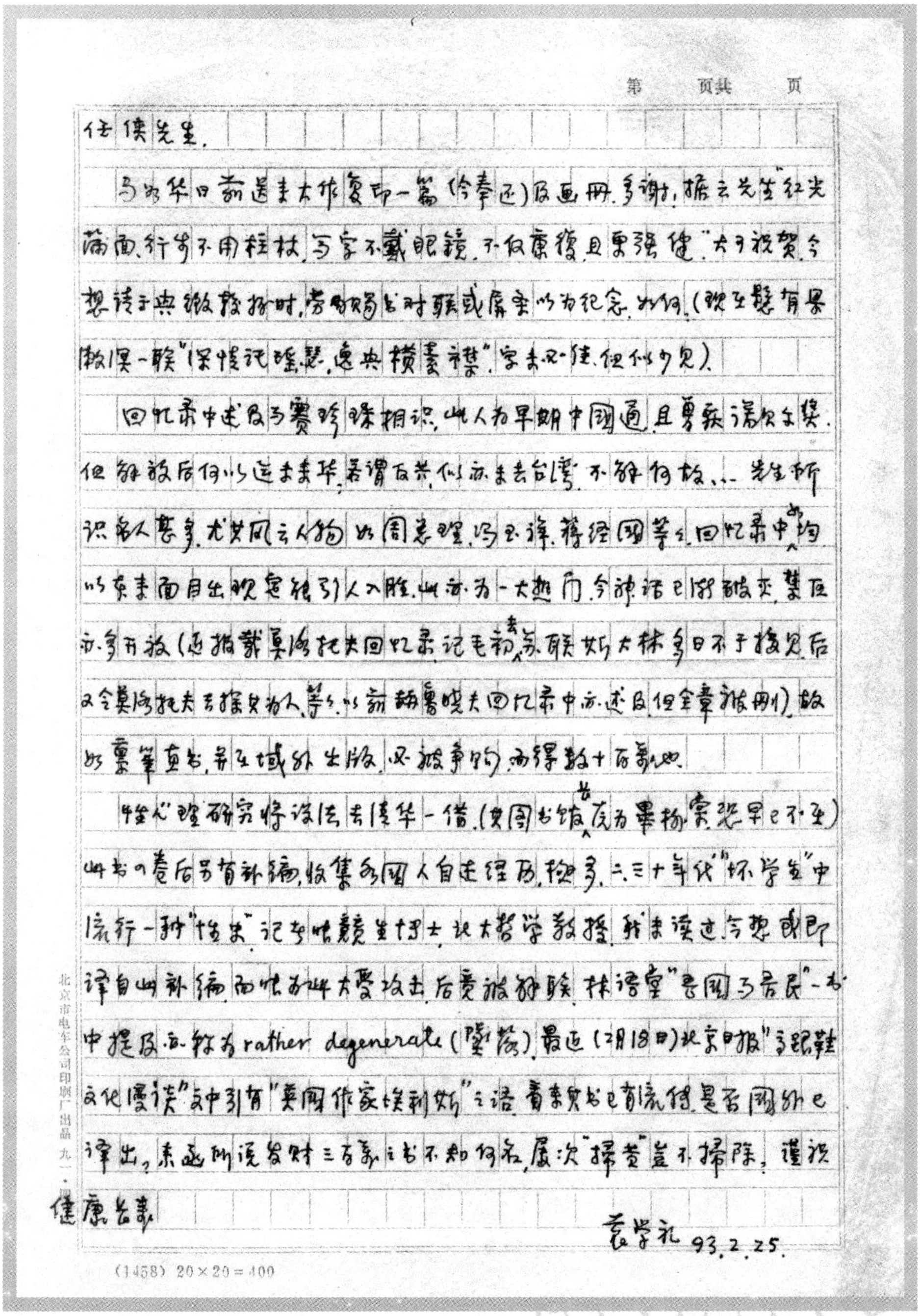

第　　页共　　页

任侠先生：

马如华日前送来大作复印一篇（冷孝廷）及画册，多谢！据云先生"红光满面、行步不用拄杖，写字不戴眼镜，不仅康复且更强健"，大可祝贺。今想请于典徽教授时，劳驾写副对联或屏条以为纪念，如何？（敝处悬有梁漱溟一联"深情托瑶瑟，远与横素襟"，字未必佳，但似少见）。

回忆录中述及与赛珍珠相识，此人为早期中国通，且曾获诺贝尔奖。但解放后何以从未来华，若谓反共，似亦未去台湾，不解何故……先生所识名人甚多，尤其风云人物，如周总理、冯玉祥、蒋经国等等，回忆录中如均以真面目出现，定能引人入胜，此亦为一大热门。今禁书已解放，禁区亦多开放（近报载莫洛托夫回忆录记毛初去苏联，斯大林多日不予接见，后又令莫洛托夫去探其为人，等等，以前赫鲁晓夫回忆录中亦述及，但全章被删），故如秉笔直书，并在域外出版，必被争购，而得数十万美元也。

性心理研究将设法去清华一借（其图书馆若有，后为墨杨实资早已不至）此书之卷后另有补编，收集多国人自述经历，极多。二三十年代"坏学生"中流行一种"性史"，作者为张竞生博士，北大哲学教授，我未读过，今想或即译自此补编，而张为此大受攻击，后受被解聘。林语堂"吾国与吾民"一书中提及，亦称为rather degenerate（堕落）。最近（2月18日）北京日报"马昆鞋文化漫谈"文中引有"英国作家埃利斯"之语，看来其书已有流传，是否国外已译出？未函所说蔡对三方氏之书不知何名，屡次"扫黄"岂不扫除。谨祝

健康长寿

袁学礼 93.2.25.

（1458）20×20＝400

北京市电车公司印刷厂出品 九一·四

袁學禮致常任俠　26.5×19 厘米

臧克家(1905—2004),山東諸城人。現代詩人。先後任華北大學三部研究員、人民出版社編審、中國文學藝術界聯合會委員、中國作家協會書記處書記、《詩刊》主編等職務。著有《臧克家詩選》、《詩與生活》、《甘苦寸心知》、《臧克家散文小説集》等。

任俠同志:

弟近調“作協”搞“書記處”書記工作,仍住原處。今年七月十五日,是聞一多先生遇難十週年,“作協”“書記處”開會時,曾談及,擬組織幾篇研究性的文章,屆時發表,以爲紀念。擬請你就聞先生在古代神話研究方面寫篇文章,於月底以前交弟處,以便交報刊發表。你和聞先生係多年的朋友,寫這樣一篇紀念文章,想一定樂於執筆。

好

克家　六日

【注釋】

經考證該信作於 1956 年 6 月 6 日。

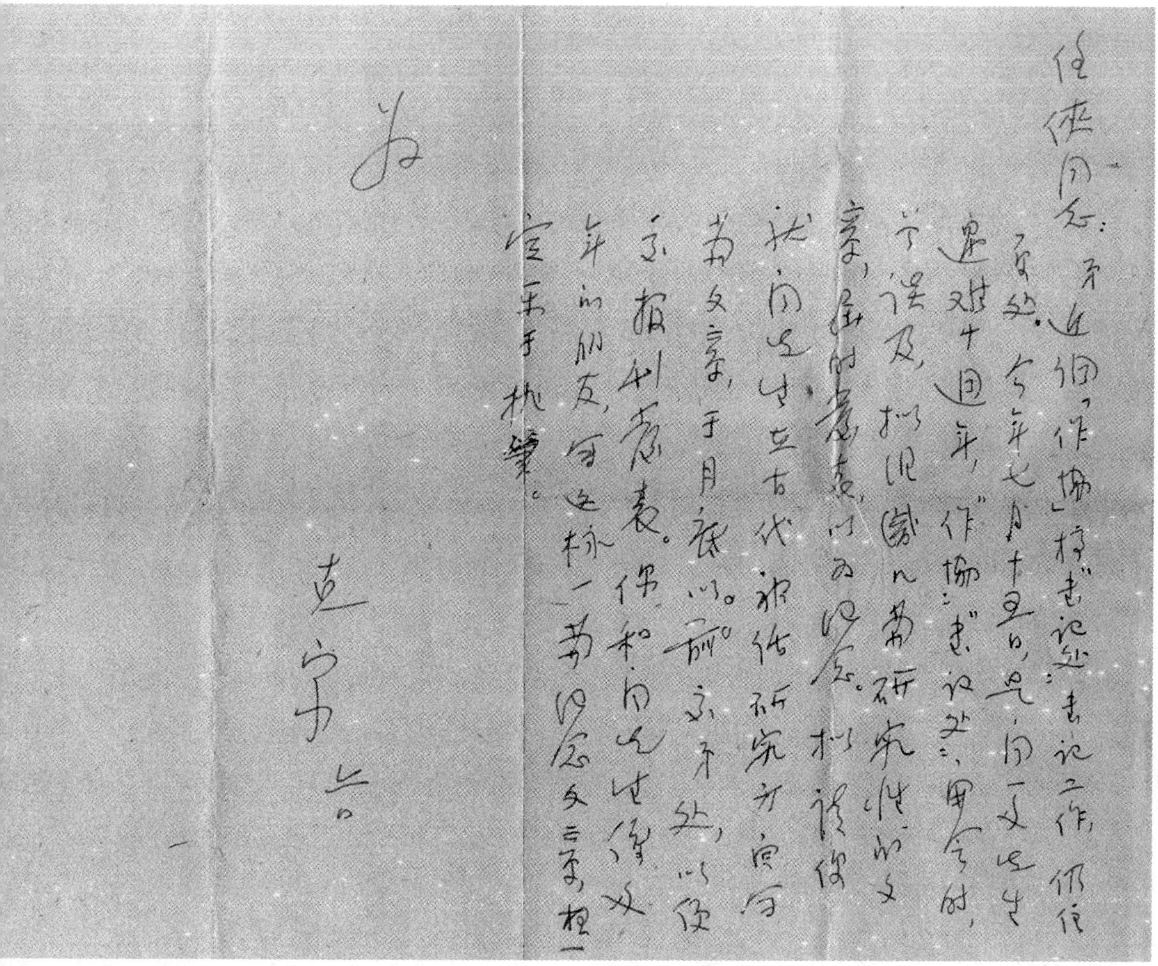
任侠同志：
不近问"作协"书记处：书记工作，仍任原处。今年七月十五日，是闻一多先生逝世十周年，"作协"书记处开会时，曾谈及，拟组织几篇研究性的文章，届时发表，以为纪念。拟请你就闻先生在古代神话研究方面写一篇文章，于月底以前完成，以便在报刊发表。你和闻先生是多年的朋友，写这样一篇纪念文章，极为适宜。望早日执笔。
好
克家 上

臧克家致常任俠 26×19.5 厘米

任俠同志：

您的舊體詩已經拜讀過了，我覺得一般還可以，但新的感覺不充分。徐遲明日返京，我們再一道研究。您是否再寫點新詩來？《詩刊》極願刊載您的詩作。

握手

克家　廿一日

【注釋】

經考證該信作於20世紀60年代初期。

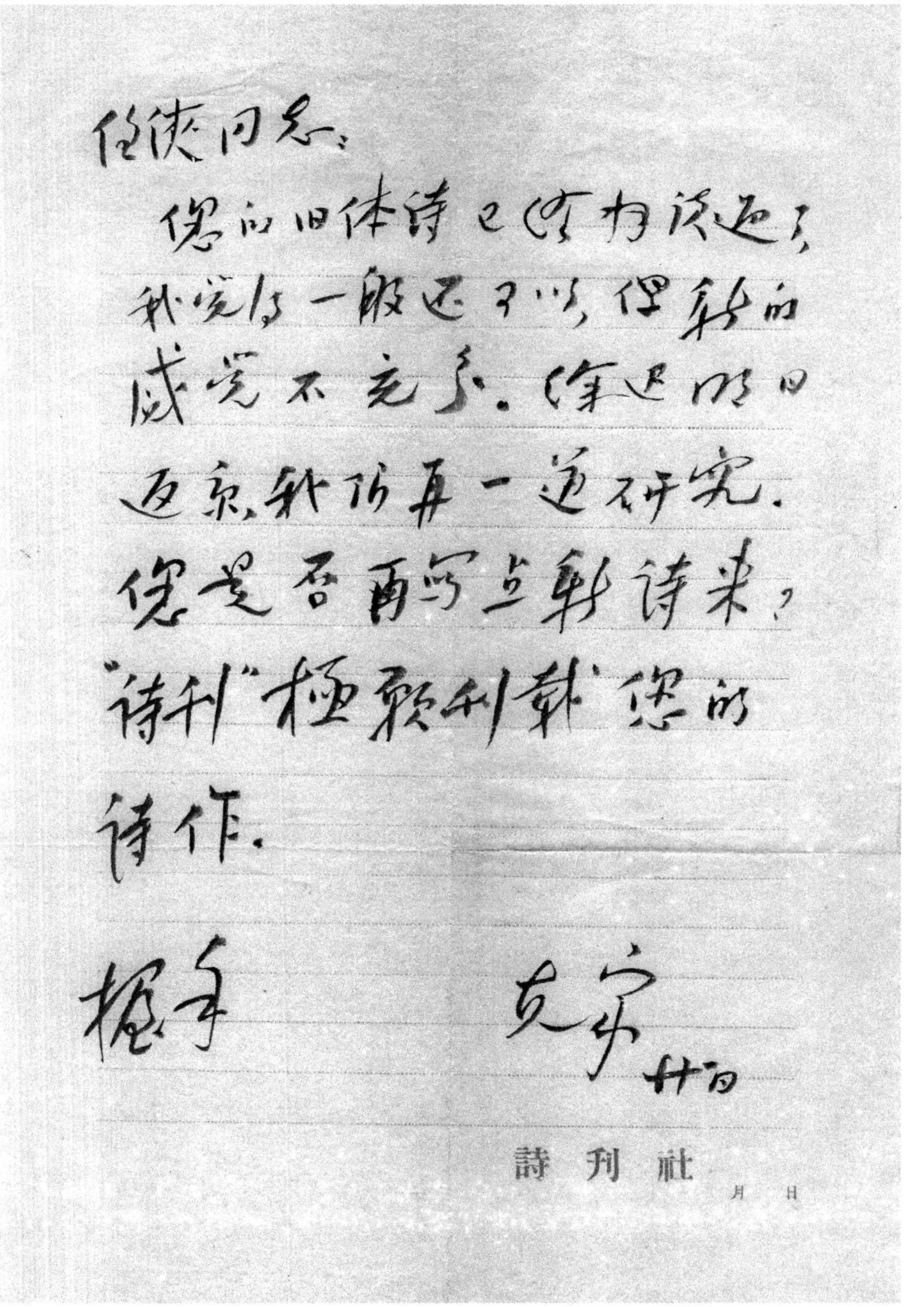

任侠同志：

您的旧体诗已陆续读过了，我觉得一般还可以，但新的感觉不充分。俟过两日返京，我们再一道研究。您是否再写点新诗来？"诗刊"极愿刊载您的诗作。

握手

克家
廿日

詩刊社

月　日

臧克家致常任俠　26.5×19 厘米

任俠兄：

您帶來的“紙”，不慎污濺，另以特好之宣紙代之，請諒。字不佳，老友存念而已。詩，或有同感，望正之。“三字經”還未再拜讀[1]，先此致意。

握手！

克家　75.4.3 日

【注釋】

該信作於 1975 年 4 月 3 日。

[1] 指常任俠作《評法批儒三字經》一文。

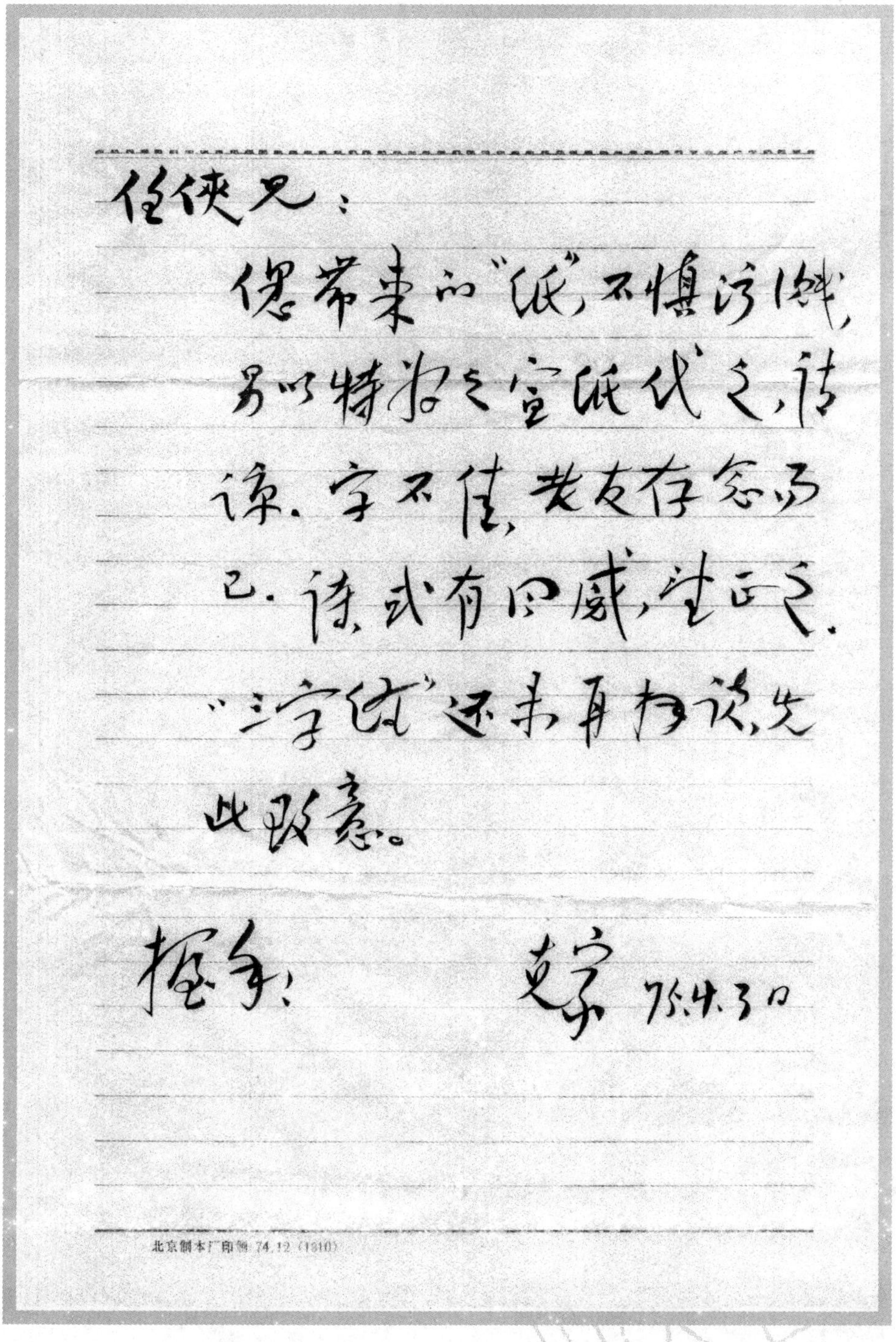

任侠兄：

您带来的"纸"不慎污残，另以特制之宣纸代之，请谅。字不佳，老友存念而已。诗或有同感，望正之。

"三字经"还未再抄，谨先此致意。

握手！

克家 75.4.3日

北京制本厂印制 74.12（1310）

臧克家致常任俠　25.5×17.5 厘米

任俠兄：

這幾日老想趨訪，因事未果。今再奉上小詩二首求正。字，小些，比上次略好一點點。另紙，請你爲我寫自作詩，過幾日，我來取。

我一切甚好，勿念。聽廣播，茅公參加董老追悼會，身體想已大好，我一直沒去看他。

“三字經”，還未再拜讀。

好！

克家　75.4.8 日早

【注釋】

該信作於 1975 年 4 月 8 日。

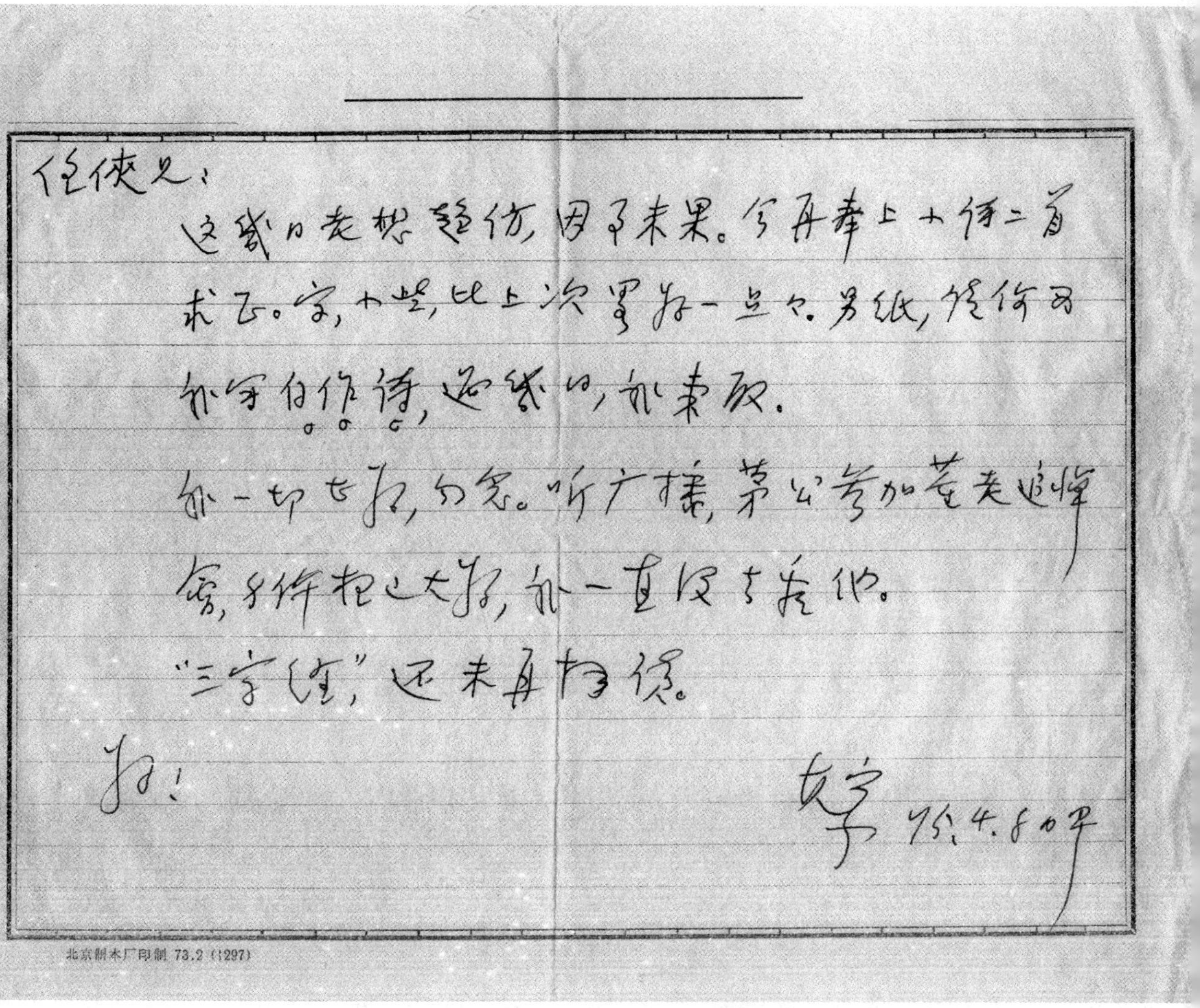

任侠兄：

这几日老想访你，因事未果。今再奉上小诗二首求正。字，小些，比上次写好一点点。另纸，请你为我写自作诗，这几日，我来取。

我一切如好，勿念。听广播，茅公参加董老追悼会，身体相当好，我一直没去看他。

“三字经”还未再抄得。

好！

克家 75.4.8日

北京制本厂印制 73.2（1297）

臧克家致常任俠 26.5×19 厘米

任俠同志：

日前您來，得暢談，極高興。惜乎我健康情况大不如你，“來而不往”，甚是愧懟，叨在老友，想可諒我。

節日到了，謹寫此信，向你祝賀！

總理逝世後，我病了九天，至今頭暈甚重。悼詩，我手中已有十一二份。

祝

節日康樂！

克家　元月廿九日

【注釋】

經考證該信作於 1976 年 1 月 29 日。

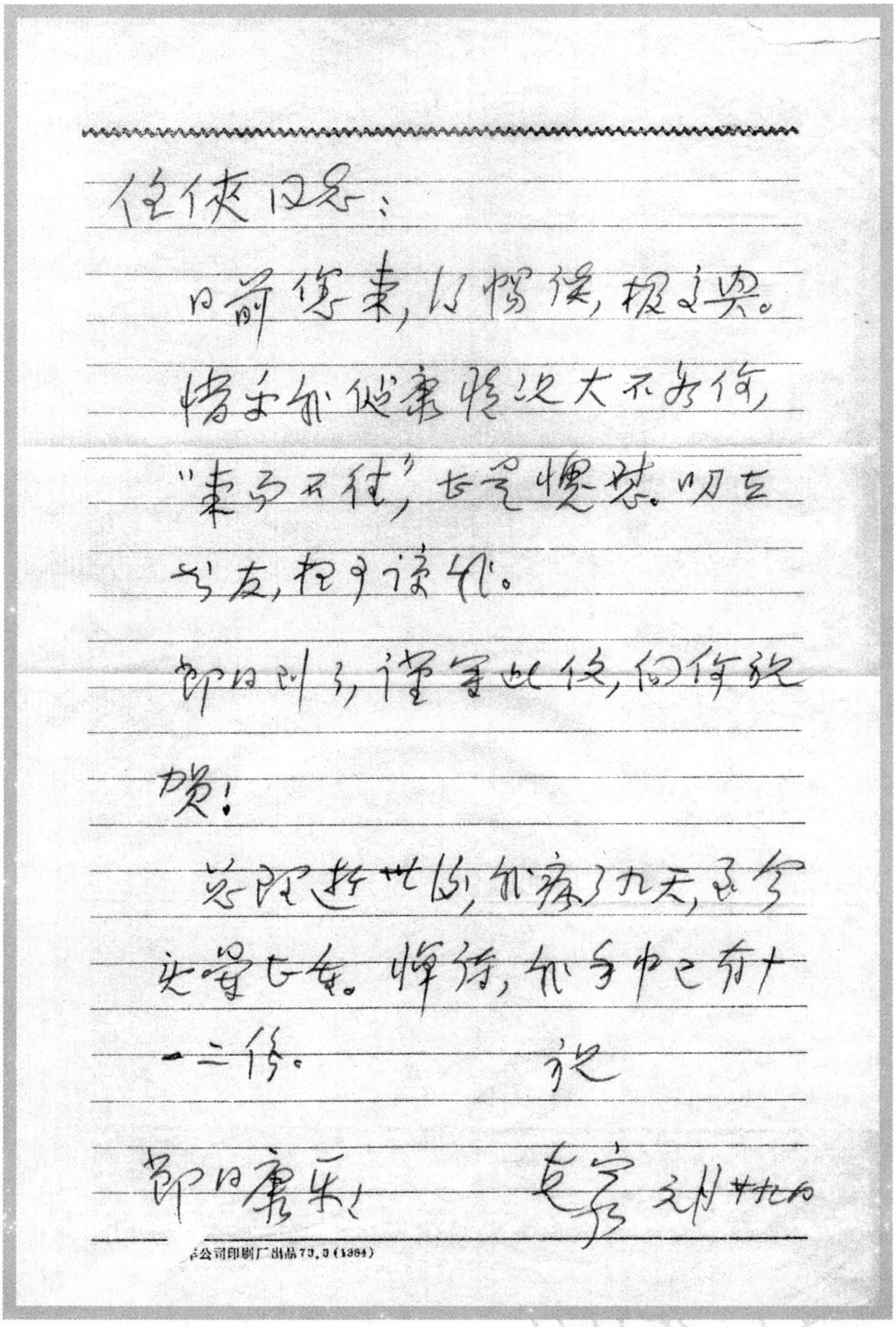

任侠同志：

日前您来，得畅谈，极之快。惜我到您家路次太不易行，"来而不往"，甚觉惭愧。明春书友，握手谈心。

节日到了，谨写此信，向你祝贺！

总理逝世后，我病了九天，至今尚留后患。悼诗，我手中已有十一二首。

祝

节日康乐！

克家 元月廿九日

公司印刷厂出品79.3（1384）

臧克家致常任俠　25.5×17.5 厘米

任俠兄：

悼詩，表哀思，個人留存，不抄奉了。另書一聯求正。筆禿，寫得太次，望哂納。

好！

克家　十一日

【注釋】

經考證該信作於 1976 年 12 月 11 日。

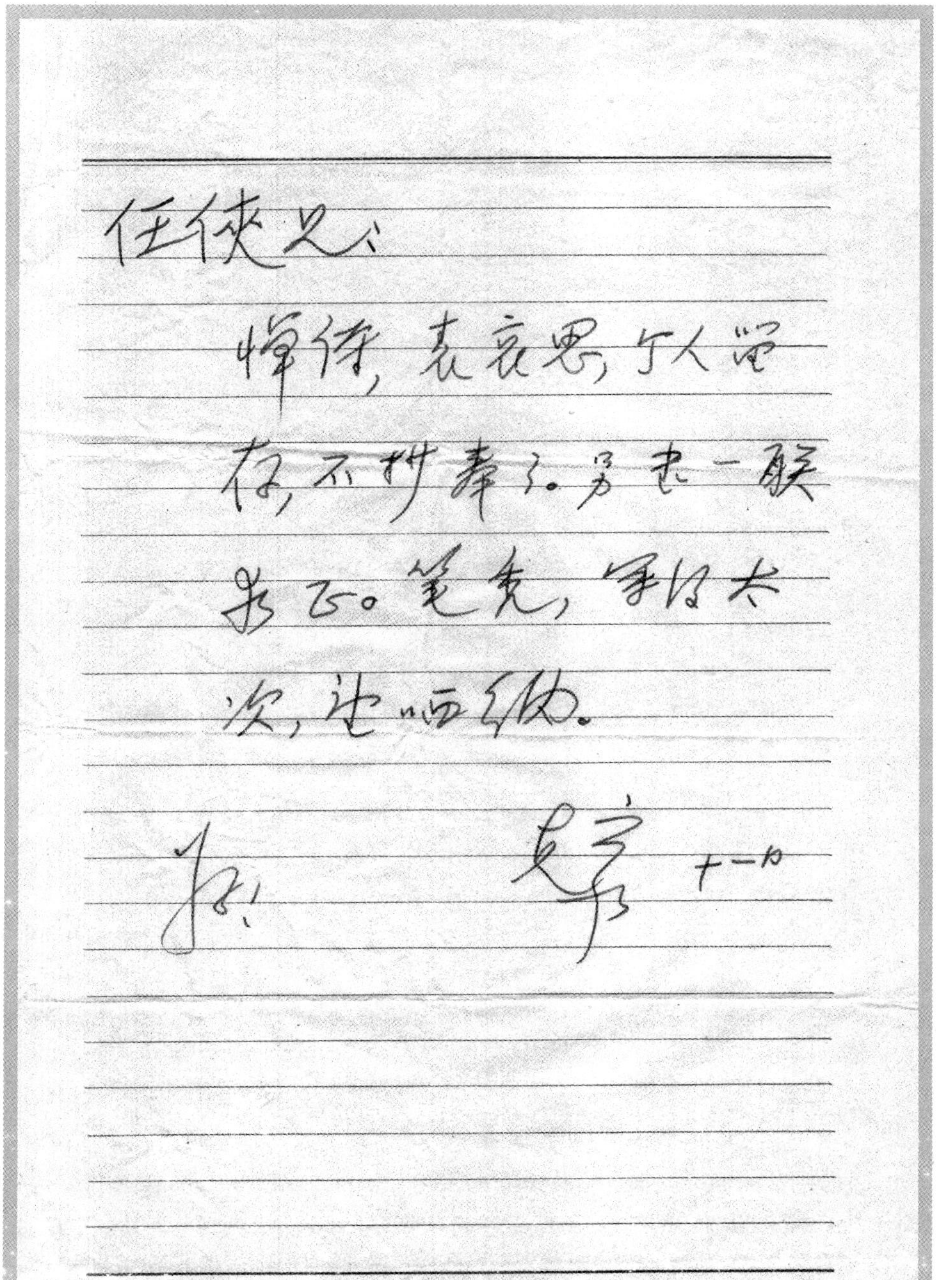

任侠兄：

悼诗，表哀思，个人留存，不拟奉还。另书一联寄上。笔秃，字很太次，请哂纳。

握！

克家 十一日

75.1.(1438)

臧克家致常任俠 25.5×17.5 厘米

臧雲遠(1913—1987),山東蓬萊人。詩人。1932年參加中國作家左翼聯盟,在日本曾任東京《雜文》、《質文》文藝刊物編委,回國後歷任漢口《自由中國》主編,濟南華東大學教授、藝術系主任,青島山東大學教授兼藝術系主任,南京藝術學院副院長。江蘇省政協委員。著有《臧雲遠詩選》、《文苑拾影》等。

任俠詩兄:

北京街頭一晤,可謂巧遇。今奉上小影一張,是過年後照的,留念吧。開春之後,兄如有玉照,順便寄下一張兩張(那一張給孫望)也以爲紀。孫望提到閣下,當年與兄一道從事詩藝。

我兄音樂史有新版否?如重印請示一本爲念。

匆匆致

敬禮

臧雲遠

一月十日

【注釋】

經考證該信作於1979年1月10日。

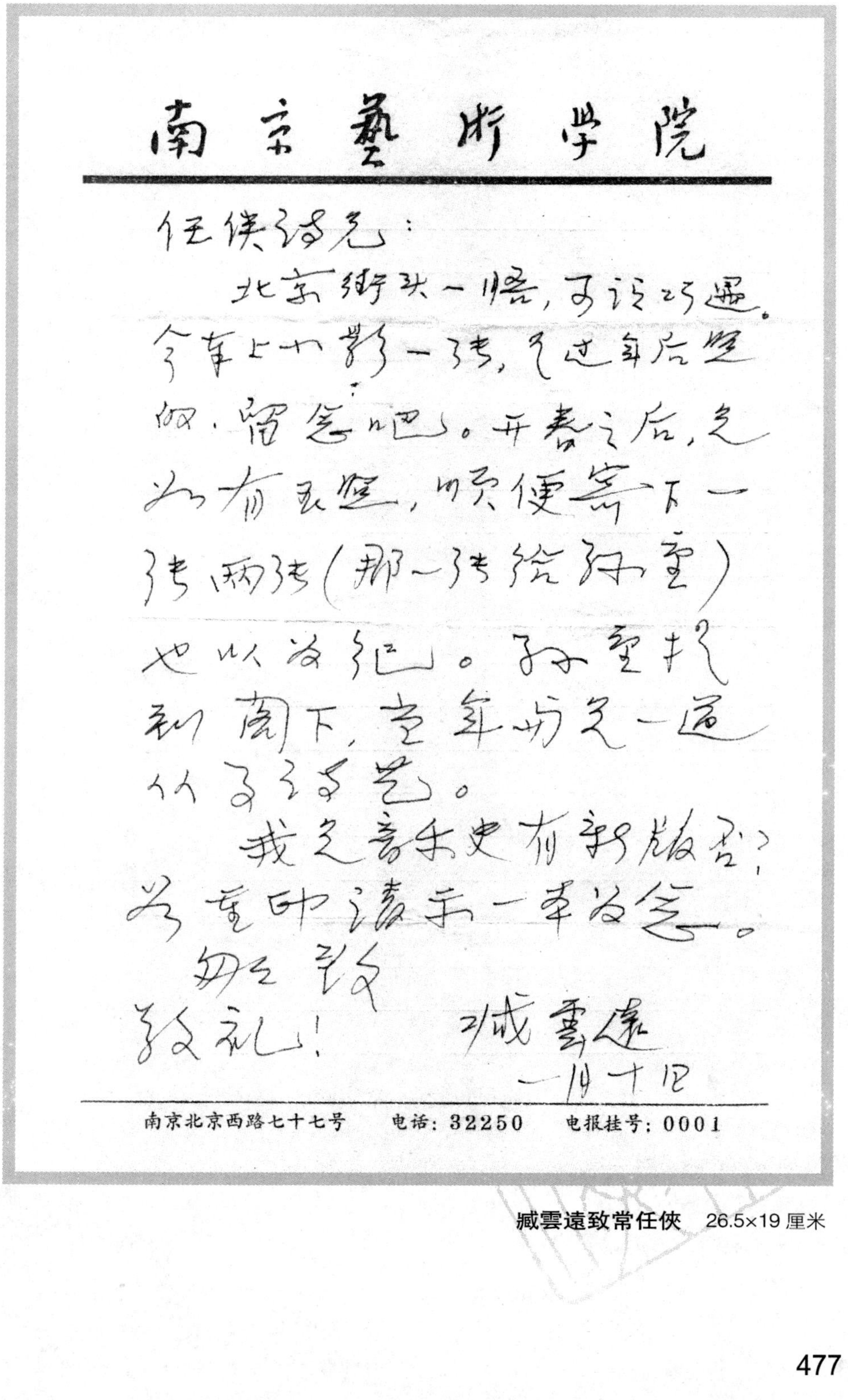
南京藝術学院

任俠詩兄：

北京街头一晤，可说巧遇。今奉上小影一张，又过年后望做·留念吧。开春之后，兄如有来信，顺便寄下一张两张（那一张给孙望）也以为纪。孙望托讯阁下，望年内为兄一道作了诗笺。

我兄音乐史有新版否？为望印请示一本为念。

匆匆致

敬礼！

臧雲遠

一月十日

南京北京西路七十七号　电话：32250　电报挂号：0001

臧雲遠致常任俠　26.5×19 厘米

曾昭燏 (1909—1964),湖南湘鄉人,考古學家。1933 年畢業於中央大學。1935 年留學英國倫敦大學研究院,獲考古學碩士學位。1938 年回國,受聘爲中央博物院籌備處專門設計委員,先後在雲南、四川等地進行考古發掘。中華人民共和國成立後,歷任南京博物院副院長、院長、上海市文物管理委員會副主任委員、南京大學文學院歷史學系兼職教授、中國科學院考古研究所學術委員會委員、華東文物工作隊隊長、江蘇省文物管理委員會副主任委員。並當選爲第二、三屆中國人民政治協商會議全國委員會委員、第三屆全國人民代表大會代表等職。

任俠學長左右:

手示敬悉，已轉詢濟之先生 [1]，濟之先生云 R.Pampelly 係美國人，Gaming Counters 譯爲遊戲籌碼或遊戲記碼均可，不宜譯爲牙牌，因恐讀者誤會與中國之牙牌爲一物。張君之信奉還[2]。今晨有預行警報，致展覽會人全體動員將千餘件古物一齊裝箱預備進防空洞，而警報解除，眞大開玩笑也。專此即頌

日安

曾昭燏上　廿一日

【注釋】

經考證該信作於 1943 年 11 月 21 日。

[1]濟之當爲考古學家李濟。

[2]參見張鐵弦致常任俠 1943 年 10 月 24 日函。

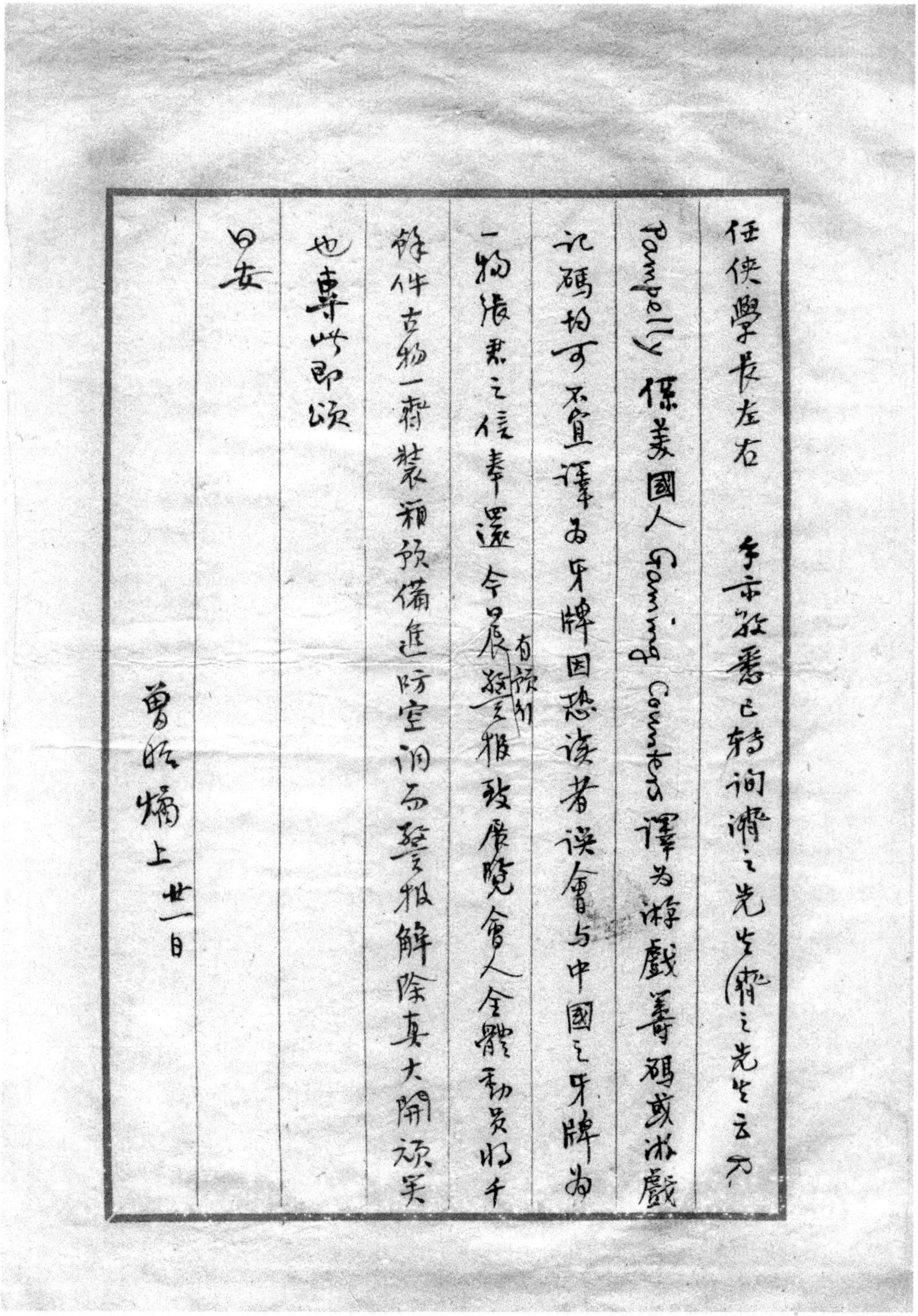
任俠學長左右
手示敬悉已轉詢濟之先生霈之先生云
Pampelly 係美國人 Gaming Counters 譯為游戲籌碼或游戲
記碼均可不宜譯為牙牌因恐讀者誤會與中國之牙牌為
一物張君之信奉還今晨有預行警報致展覽會人全體動員將千
餘件古物一齊裝箱預備進防空洞而警報解除真大開玩笑
也專此即頌
日安
曾昭燏上 廿一日

曾昭燏致常任俠 28.5×19.5 厘米

張安治(1911−1990),字汝進,江蘇揚州人。畫家、美術史論家、藝術教育家。1927年從南京師範學校畢業,1928年入南京中央大學藝術科,從師於徐悲鴻、吕鳳子、宗白華等。1931年畢業後任中央大學藝術系助教,旋即赴桂林協助徐悲鴻籌建桂林美術學院,同時兼任廣西省藝術館美術部主任。1946年公派往英國倫敦大學科塔藝術研究院研修。1950年春回國,先後任教於北京師範大學、北京藝術學院和中央美術學院,並擔任碩士生、博士生導師。1982年美國紐約市立大學藝術系聘其為客座教授。為中國美術家協會會員、中國書法家協會會員、北京市文聯委員、中國美術史學會常務理事。著述有《中國畫發展史綱要》、《張安治美術文集》及作品集《張安治畫集》等。

任俠吾兄:

津游小聚爲快。一九六三[年]弟過南京曾詣梅庵舊址,並作懷兄律詩二首,歸後因循未寄,近覓舊稿尚未找到,新作一首奉教。明日重陽,惟聞香山楓葉尚未大紅,擬於下星期三(廿六日)前往一游(上午九時在動物園門前集合),並再另約一二老友,兄有無此興,請函告或電話六六四三〇一傳呼小沙果卅二號,專此並頌

文安

弟安治　十月二十日

又已托玉秀同志帶還吾兄,想收到

【注釋】

經考證該信作於1977年10月20日。

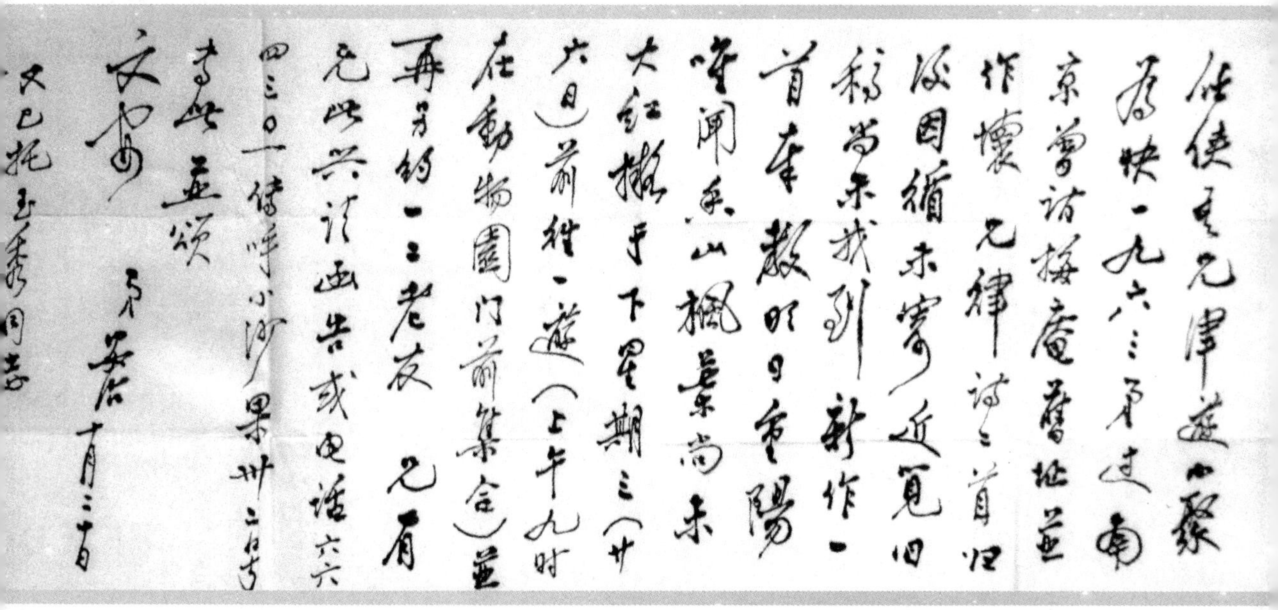
任俠吾兄：津遊小聚，甚快。一九六三年過南京，曾訪梅庵舊址，並作懷兄律詩二首，舊以因循未寄，近覓舊稿，尚未找到。新作一首奉教。明日重陽，曾聞香山楓景尚未大紅，擬于下星期三（廿六日）前往一遊（上午九時在動物園門前集合），並再另約一二老友。兄如有興，請函告或電話六六四三〇一轉呼小河。果卅二日
專此並頌
文安
弟安治 十月二十日
又已托玉秀同志

張安治致常任俠　56×23 厘米

任俠吾兄：

近聞雪後傷骨住院，至以爲念！弟近亦畏寒血壓增高，未能往醫院探視，歉歉！現想已回家調養，尚希珍攝早日康復，春暖定謀良晤。並頌

春節全家安樂！

弟安治　一月廿二日

【注釋】

經考證該信作於 1979 年 1 月 22 日。

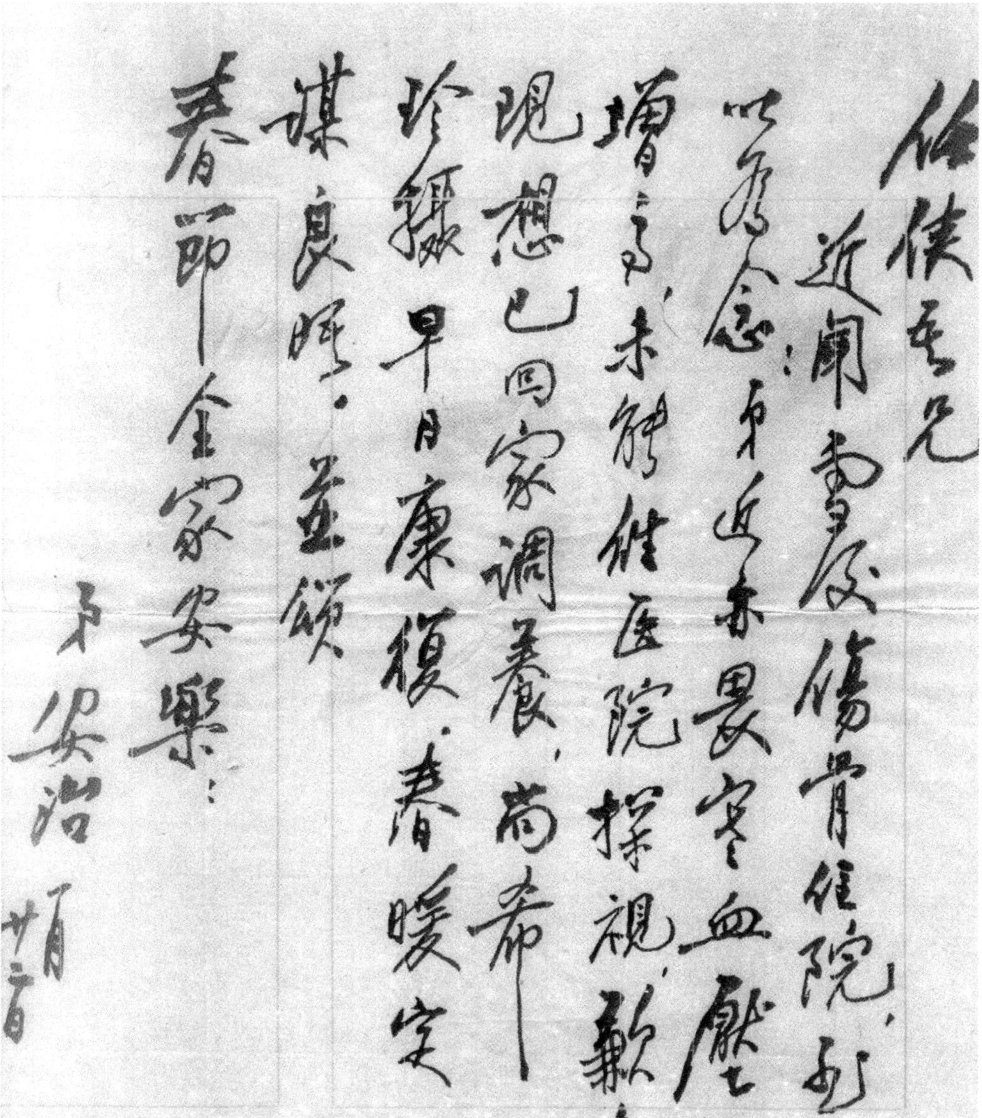

仁俠吾兄：

近聞尊足傷骨住院，甚以為念念：弟近來患高血壓增高，未能往醫院探視，歉歉！現想已回家調養，尚希珍攝，早日康復。春暖定祺良晤。並頌

春節全家安樂！

弟 安治 頓首 廿日

張安治致常任俠　25.5×24 厘米

任俠兄：

手書詩作收到。弟近亦住阜外醫院一周，大致因工作過量，舊病復發。幸恢復尚快，家居修養，請勿念。《中國書法藝術》早已讀到，惟不知爲兄所作[1]，近王朝聞與維諾均已向該刊投稿，並用眞名。兄以後亦不必再用筆名，因“老招牌”當更爲讀者所重視也。刊物各期均由苗子分送，弟多派小兒往取，弟處僅第6期未得（據云迄未收到），4、5期或仍保存於苗子處？可去信一問。

近因趕寫他稿，住院數日，亦在不安中，極少詩興。惟數月前已發現1963［年］重游梅庵憶兄舊稿（此行爲赴井岡山、廬山寫生，歸後忙碌未寄，以後連續搞運動，片紙不知夾置何處），附録呈教，雖昨日黃花，亦可供老友消遣。俟兄健步如常，再圖良晤。並頌

文安！

弟安治　四月廿二日

一九六三秋，過北極閣下梅庵憶任俠兄

梅庵松柏幾株奇？翠羽虬枝似昔時。灘水波翻同敵愾，磐溪冬盡憶歸期。
風風雨雨青山在，別別逢逢舊夢疑。湖上櫻桃無覓處，扁舟誰繫緑楊堤？

卅年幾讀《勿忘草》，“千步”歡吟大海姿。縱寫朝陽欽筆健，共憐孤燕識春遲。
月圓月缺嗟人遠，雲涌雲消只自知。今日新都花事好，牡丹初放鬢絲絲。

【注釋】

經考證該信作於1979年4月22日。

[1]1978年6月始，常任俠以季青筆名在香港《美術家》二至六期連載發表《中國書法藝術》。

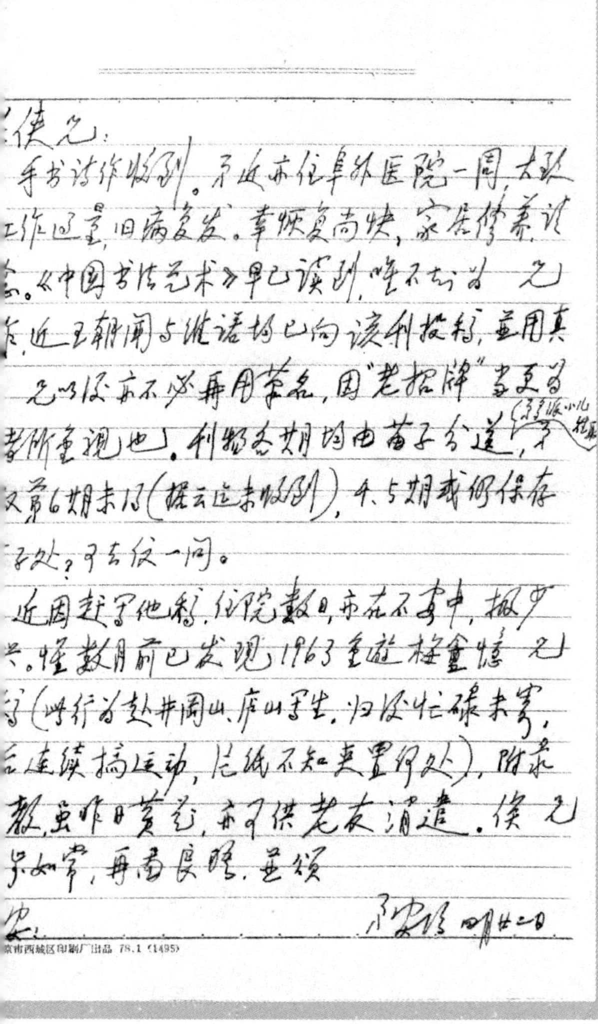
侠兄：
手书诗作收到。弟近亦住阜外医院一周，大致工作过量，旧病复发。幸恢复尚快，家居修养请念。《中国书法艺术》早已读到，唯不知　兄近王朝闻与继诺均已向该刊投稿，并用真名，兄以后亦不必再用笔名，因"老招牌"当更为读者所重视也。利那各期均由苗子分送（弟系该刊小儿科），弟仅第6期未得（据云应未收到），4、5期或仍保存处？可去信一问。
近因赶写他稿，住院数日，亦在不书中，拟歇，怪数月前已发现1963重游梅斋忆　兄诗（此行为赴井冈山、庐山写生，归后忙碌未寄，后连续搞运动，片纸不知夹置何处），附录请教，虽昨日黄花，亦可供老友消遣。侠兄想如常，再当良晤。并颂
安。
张安治　四月廿二日

北京市西城区印刷厂出品 78.1（1495）

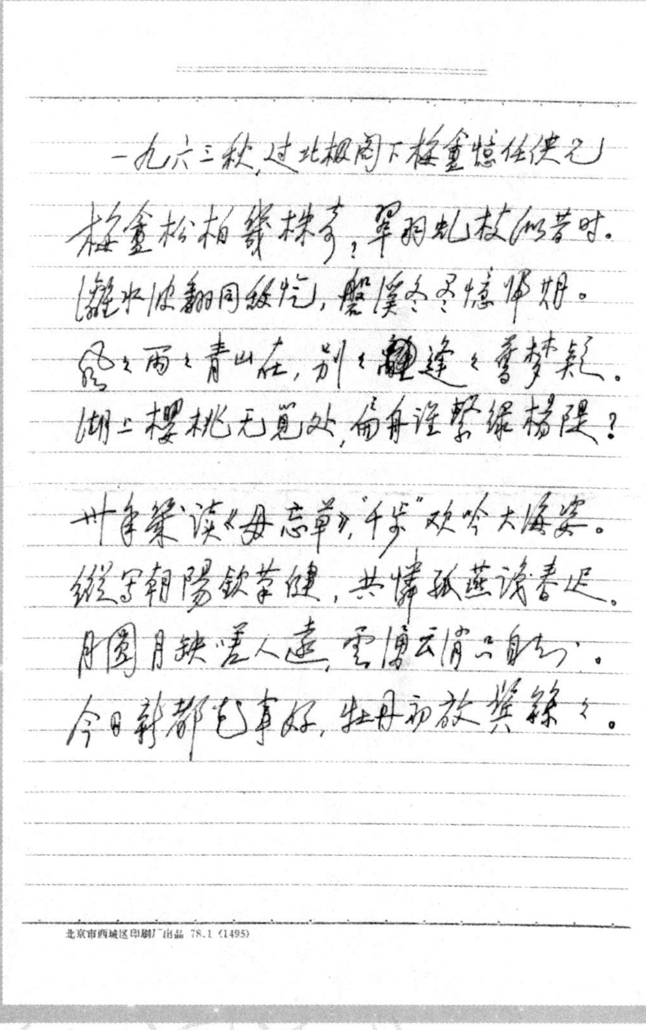
一九六三秋，过北极阁下梅斋忆任侠兄
梅斋松柏几株存，翠羽虬枝似昔时。
[illegible]水波翻同叙忆，磐溪[illegible]忆[illegible]期。
风风雨雨青山在，别别逢逢旧梦知。
湖上樱桃无觅处，扁舟谁系绿杨堤？

卅年几读《毋忘草》，"千岁"欢吟大海姿。
纵写朝阳钦笔健，共怜孤燕诉春迟。
月圆月缺伊人远，云阔云消自知。
今日新都花事好，牡丹初放紫丝丝。

北京市西城区印刷厂出品 78.1（1495）

張安治致常任俠　25.5×17.5 厘米

任俠吾兄：

大稿早收到拜讀，現已轉至若虹同志處，必當重視。惟現第二期已發稿，第三期將至下半年始能問世，不知兄以爲過於緩慢否？又近有一文引用“白菡萏香初過雨，紅蜻蜓弱不禁風”句[1]，或云爲陳萬里作，弟印象似爲老杜詩，近又無暇翻書，吾兄淵博，必記憶準確，盼惠告數語爲荷，並頌

儷安！

弟安治　二月八日

【注釋】

經考證該信作於1982年2月8日。

[1]宋·陸游《六月二十四日夜分夢范致能、李知幾、尤延之同集江亭》詩：“白菡萏香初過雨，紅蜻蜓弱不禁風。”

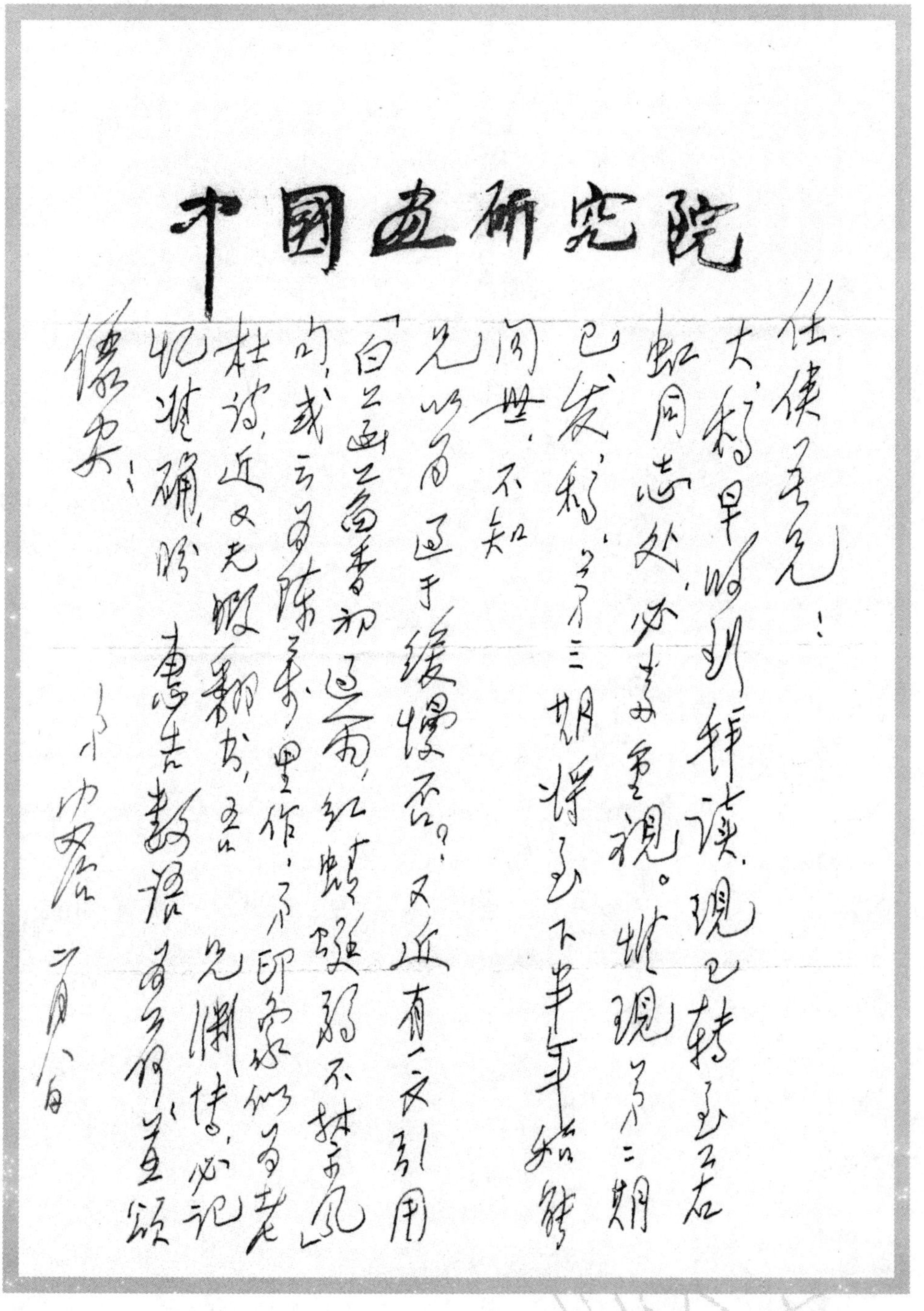
中國畫研究院

任俠吾兄：

大稿早時拜讀，現已轉至右虹同志處，必定重視。據現第二期已發稿，第三期將於下半年發稿問世，不知兄以為遲于緩慢否？又近有一文引用「白石畫之為香初過雨，紅蜻蜓弱不禁風」句，或云為陳某里作，不，印象似為老杜詩，近又無暇翻書，吾兄淵博，必記憶猶確，盼惠告數語為荷，並頌

撰安！

小弟安治 二月八日

張安治致常任俠　26×18.5 厘米

任俠吾兄：

手示收到，所詢詩句係來稿引用，若虹同志擬加注作者，弟記不清故請教，當請萬青力弟再一查考。研究院址現仍暫設頤和園藻鑒堂（即以前文化部創作組所在地），現正在紫竹院附近建新址。實際現仍以畫爲主，理論研究先辦一刋物作爲開始。去歲十一月初在北京飯店之成立禮，應必有請兄之柬，是因事未來或有他故？

去藻鑒堂甚不方便，弟不過暫兼協助看稿，並不多去。賜示請仍寄“西單小沙果衚衕三十二號”。

近學校通知有赴美講授繪畫之機會，正在聯繫中，如有行期，必當趨前聆教。容面叙，並頌

儷安！

弟安治　二月十八日

【注釋】

經考證該信作於1982年2月18日。

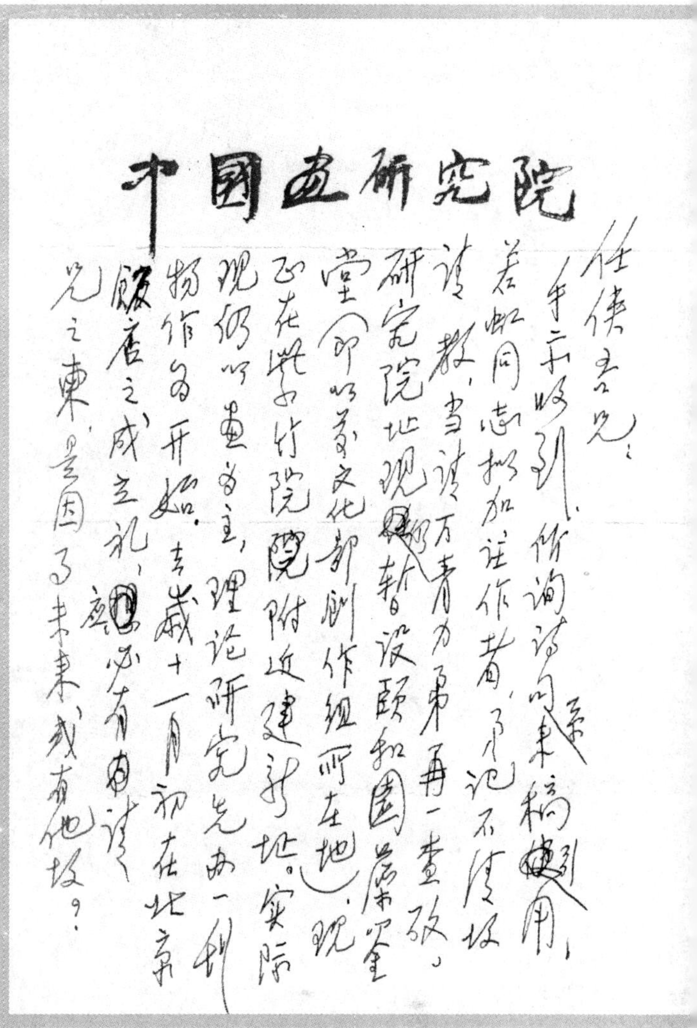

中國畫研究院

任侠吾兄：

手示收到，所询诗句来稿系引用，若虹同志拟加注作者，亦记不清姓，请教，当请万青力弟再一查攷。研究院址现暂设颐和园藻鉴堂（即以前文化部创作组所在地），现正在紫竹院附近建新址。实际现仍以画为主，理论研究先由一部物作为开始。去岁十一月初在北京饭店之成立礼，应必有请兄之柬，是因为未来，或有他故？

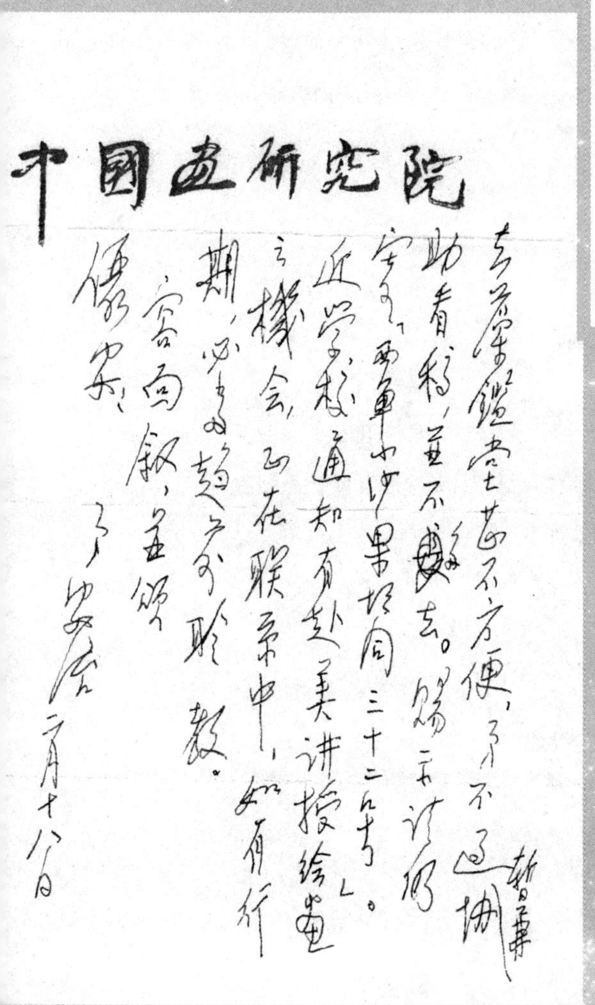

中國畫研究院

去藻鉴堂甚不方便，亦不必过协助看稿，并不缘去。赐示请寄宅：西单小沙果胡同三十二号。近学校通知有赴美讲授绘画之机会，正在联系中，如有行期，必当趋前聆教。容面叙，并颂

俪安，

弟安治

二月十八日

張安治致常任俠 26×18.5 厘米

任俠吾兄：

月前暢叙，感兄精神旺盛，仍奮力寫作，至爲欣慰。唯又知腿疾，務望不可過勞，並再覓良醫。近翻閲舊報，獲一消息，特剪寄附奉，望兄考慮探問（亦可直接再函寫稿之記者問詢），或直接向有關醫院聯繫，國醫多秘方，常有特效，何妨試之。匆匆不盡，並頌

暑安！

弟安治　7.8.

近期《美術研究》想已收到？兄手迹未能製版爲憾！弟當裝裱永以爲寶。又及徐師畫事尚無消息。

【注釋】

經考證該信作於1982年7月8日。

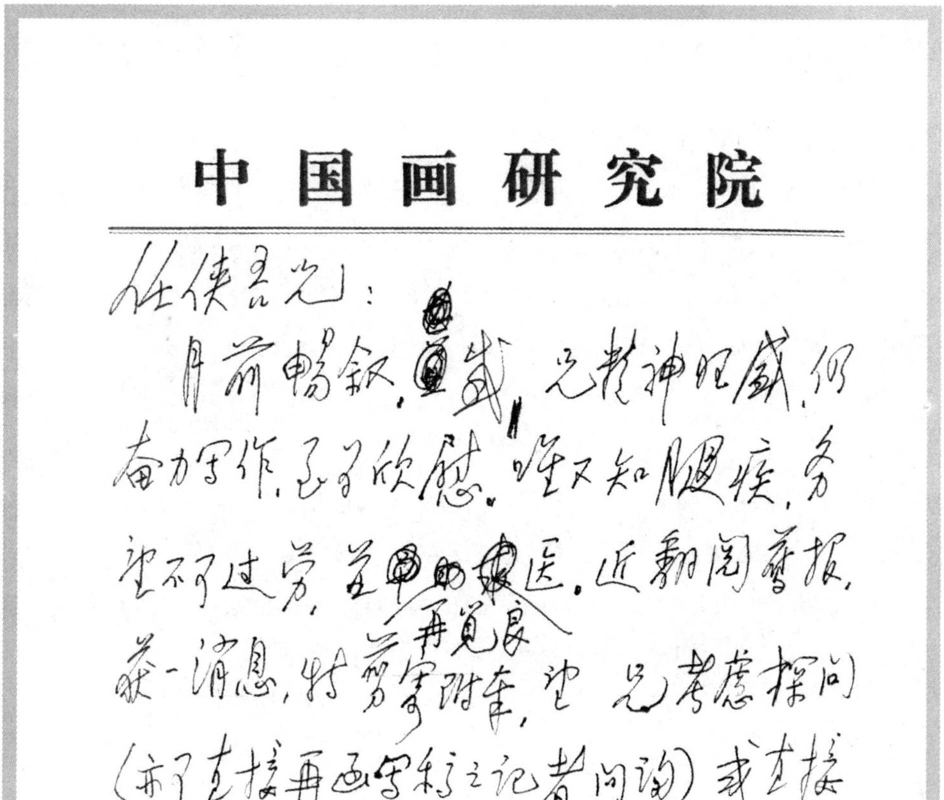

中国画研究院

任侠吾兄：

日前畅叙，甚（兄精神旺盛，仍奋力写作，至为欣慰。唯又知腿疾，务望不可过劳，并再觅良医。近翻阅晚报，获一消息，特剪寄附奉，望 兄考虑探问（亦可直接再函晚报之记者问询），或直接向有关医院联系，因医多秘方，常有特效，何妨试之。匆匆不尽，并颂

暑安！

张安治 7.8.

近期《美术研究》想已收到？

兄画近来能割爱否！我当装裱永以为宝。又及

徐师至今尚无消息。

張安治致常任俠　26.5×19 厘米

任俠吾兄：

近屢晤匆匆，未獲暢叙。至今秋（一九八七）弟從事美育工作已六十年（一九二七年四師畢業即作小學圖畫教師，次年考入中大，仍在小學兼課，半工半讀），現初步確定八、九月間在我院展覽廳舉行回顧書畫展（早年素描、水彩，小幅油畫亦稍選入），《美術研究》負責同志佟景韓兄及杜哲森弟已決定在今年二月號刊有關文章及作品稍作配合，惟在春節前後即需發稿，擬懇兄撰寫一稿，二、三千字即可。叨在老學長，且自三十年起在南京、重慶磐溪至解放後共五十餘年，友情深厚，在重慶之展，亦蒙兄賜稿，惟多年來弟碌碌於教學行政事務及美史雜稿，既疏於書畫，亦不願爭名奪利，兄知之必詳。而老馬豈甘伏櫪，亦難卻諸老友、同學之盛情督促。刊物編者亦希以兄如椽之筆，撑撑場面（另杜哲森弟擬寫一長文）。况多年來有關我等之文藝活動及交游，兄實爲最佳之見證人，倘希勿卻，至爲感禱！並頌
儷福！

弟安治拜上

一月十日

又希能在春節前寫成交哲森弟最好。

現稍附在英美展覽及近作部分資料，較多資料在杜處，如需要另奉。

又附近書贈兄一聯及上海人美最近出版之弟著一册存教。

請兄多談我倆交誼及親身感受，瑣事可由哲森寫，又及。

丁巳秋，美史系同人赴津訪畫，與任俠居一室，並同游市廛，歸作。

五十年來桑海移，“梅庵”松老六朝枝。連床又話巴山雨，“千步”曾歌大海詩[1]。

愛硯豈知存得失，迷途原不辨東西[2]。重陽若有登高興，白髮霜楓醉一卮。

注：

[1]浙江普陀海濱有“千步沙”，任俠曾有詩及之。

[2]同出購物而皆不識歸途，相顧大笑。（兄處或不在手邊，未必有用。偶憶舊作，故匆匆録奉）

【注釋】

經考證該信作於 1987 年 1 月 10 日。

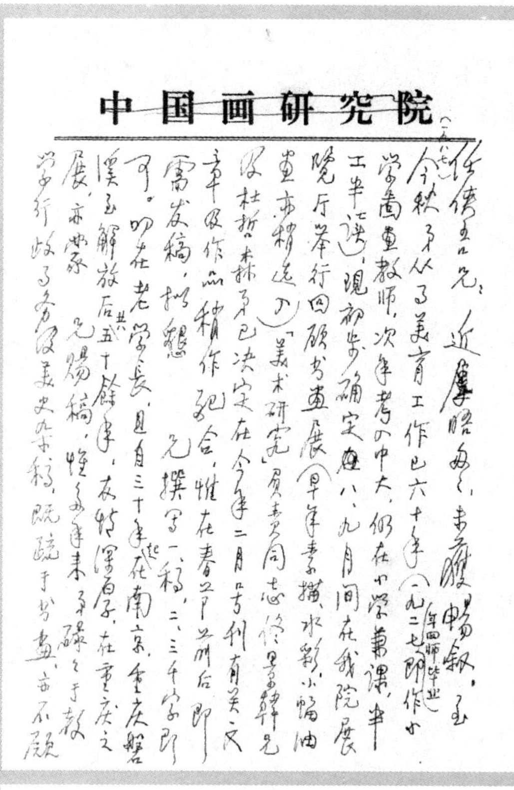

中国画研究院

任侠吾兄：近来暗好，甚慰畅叙。至
今秋弟从事美育工作已六十年（一九二七年四师毕业即作小
学图画教师，次年考入中大，仍在小学兼课，半
工半读），现初步确定在八、九月间在我院展
览厅举行回顾书画展（早年素描、水彩、小幅油
画亦精选入）。「美术研究」负责同志约写韩兄
及杜哲森同志已决定在今年二月号刊有关文
章及作品精作配合，惟在春节前后即
需发稿，拟恳 兄撰写一稿，二、三千字即
可。叩在老学长，且自三十年代起在南京、重庆聚
谈至解放后共五十余年，交往得君子，在重庆之
展，亦崇家 兄赐稿，惟多年来弟疏于数
学行政及美史文稿，既疏于书画，亦不愿

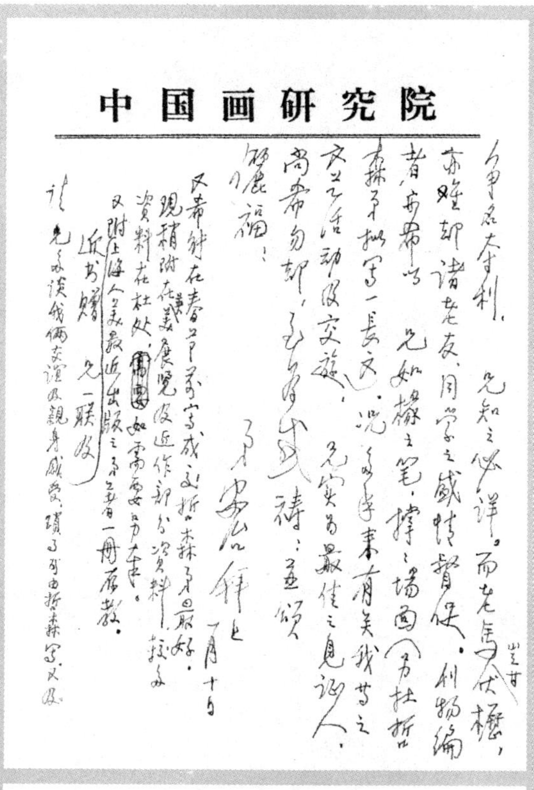

中国画研究院

今年名为利。 兄知之必详。而老年伏枥，
亦难却诸老友、同学之盛情督促。刊物编
者要求写 兄如椽之笔，撑撑场面（另杜哲
森可拟写一长文），况多年来有关我等之
文艺活动及交游， 兄实为最佳之见证人，
尚希勿却，至所盼盼。祷祷。並颂
俪福！
弟 安治 拜上 一月十日

又希能在春节前写成，直接寄杜哲森可也最好。
现稍附在美展览及近作部分资料，较多
资料在杜处，如需要可去索。
又附上海人美最近出版之弟之书一册存教。
近书赠 兄一联，收
请 兄谈谈我俩交谊及亲身感受，请可由杜哲森写文及

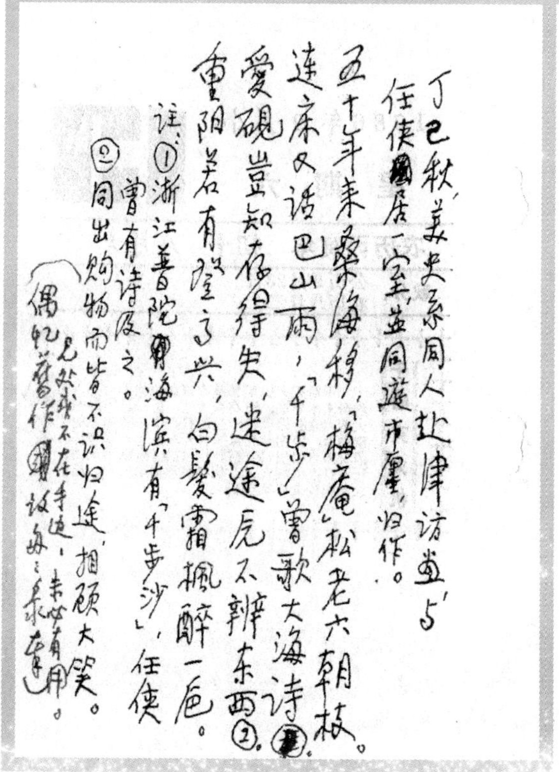

丁巳秋，美史系同人赴津访画，与
任侠同居一室，并同游市廛，归作。
五十年来桑海移，「梅庵」松老六朝枝。
连床又话巴山雨，「千步」曾歌大海诗②。
爱砚岂知存得失，迷途尼不辨东西①。
重阳若有登高兴，白发霜枫醉一卮。
任侠
注：①浙江普陀海滨有「千步沙」，曾有诗及之。
②同出购物而皆不识归途，相顾大笑。
（偶忆旧作，赠故人，兄然我不在手边，未必有用。）

張安治致常任俠　26×19 厘米

張鐵弦（1913—1984），吉林人。作家、學者。1935年後歷任漢口《大光報》編輯，西安《解放日報》編輯，1949年後歷任北京圖書館代理秘書長、副館長，人民文學出版社編譯。九三學社成員。

任俠吾兄：

久未晤教，近狀奚似，爲念！兄主持《學術》期刊[1]，近可問世否？懇者弟近閱《遠東季刊》影片，藉知法人格羅賽（R·Grausset）著有《東方文化史》四卷，其論中國一卷，敘述我國藝術，頗得好評，此書一九三〇在法出版，一九三四年英譯本在美發行，後一九四一年刊行第二版，格氏取斷代之例，綜述我國藝術，不知格氏是否此學權威？並兄曾否見及原書或英文譯本，內容究如何？暇時尚乞賜教爲感！專祝撰祺！

弟張鐵弦手上　十、十一

回示：中四路廿七號

【注釋】

經考證該信作於1943年10月11日。

[1]1943年9月1日由常任俠、潘菽主編的《學術雜誌》在重慶創刊。編委有李士豪、商承祚、宗白華、黄國璋、梁希、黄正銘、徐悲鴻、傅抱石、陳之佛、盧于道。由學術雜誌社發行。

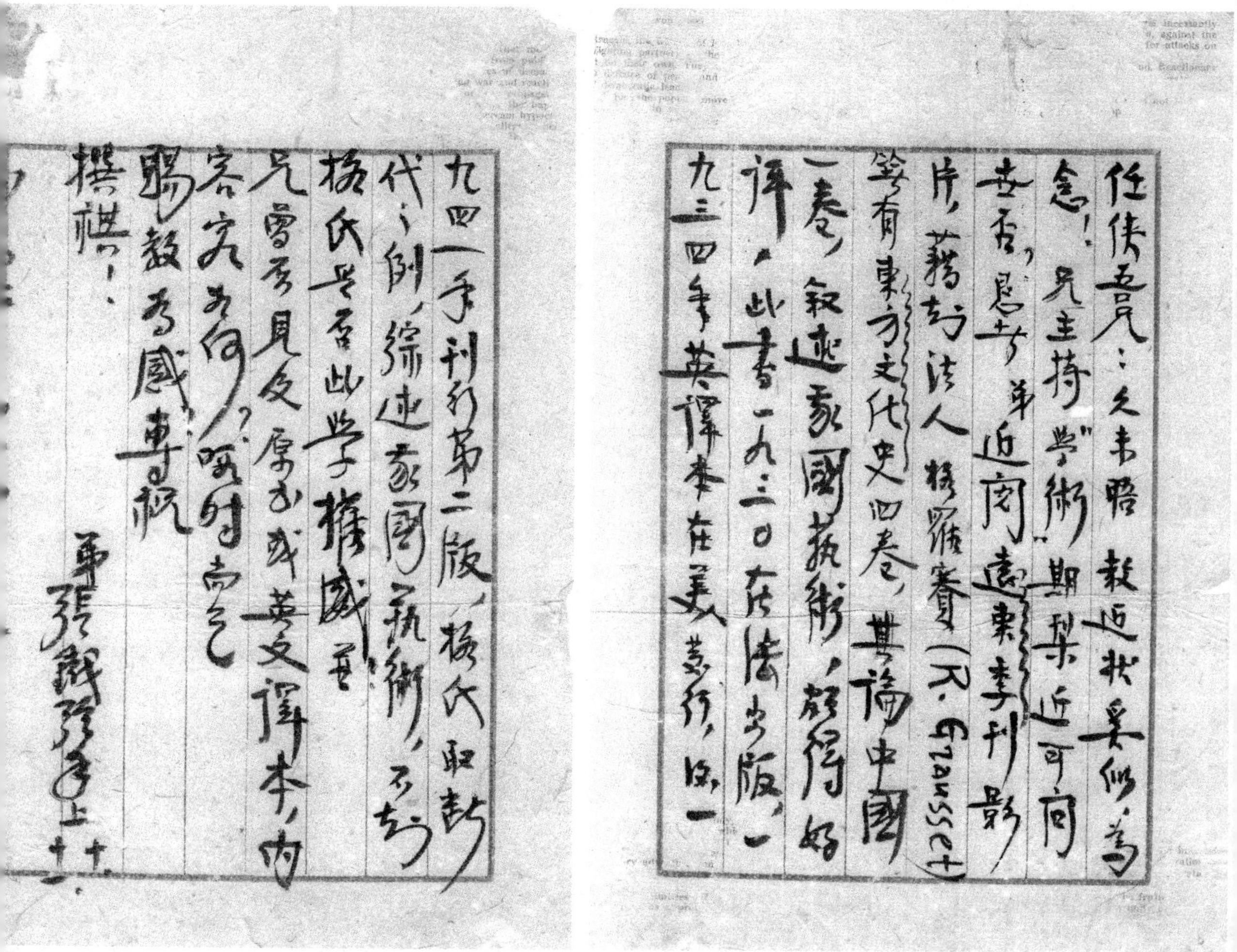
任俠吾兄：久未晤 教，近狀安佳，為
念！兄主持學術期刊，近可向
去否？ 弟近閱遠東季刊影
片，藉知法人格羅賽(R. Grousset)
著有東方文化史四卷，其論中國
一卷，敘述我國藝術，頗得好
評，此書一九三〇在法出版，一
九三四年英譯本在美發行，以一
九四一年刊行第二版，格氏取其
代之例，綜述我國藝術，不妨
格氏為吾國此學權威，吾
兄曾否見及原書或英文譯本，內
容究如何？暇時尚乞
賜教為感，專請
撰祺！
弟張鐵弦手上 十一.

張鐵弦致常任俠　26×18 厘米

任俠吾兄：

手教並惠贈貴刊均爲收到，至感至感！

囑爲貴刊撰文，因將入團受訓，《蘇聯考古學所見的原始社會》一文，不能趕譯，歉甚！

兹奉上《海外考古近訊》五則，不知可否充貴刊補白之用，材料應根據《亞細亞》（本年四月號），倫敦《圖畫新聞》本年（London Illustr. News）五月一號版，蘇聯《歷史雜誌》及《遠東季刊》（影片近期），尙較新穎。關於考古專名詞，乞斧正！

外有三點乞加以删正

请予更正
（1）Gaming Counter 譯爲遊戲記碼？可否？或有專名？
（2）龐伯利（R·Pampelly）等兩人，中亞探險著名，是否美人？
（3）英文 Kyoto 帝大，是否京都帝大？然則日本有兩個帝大乎？東方文化所是否在京都（Kyoto）？匆祝

編祺！

弟鐵弦手上　十.廿四

【注釋】

經考證該信作於 1943 年 10 月 24 日。

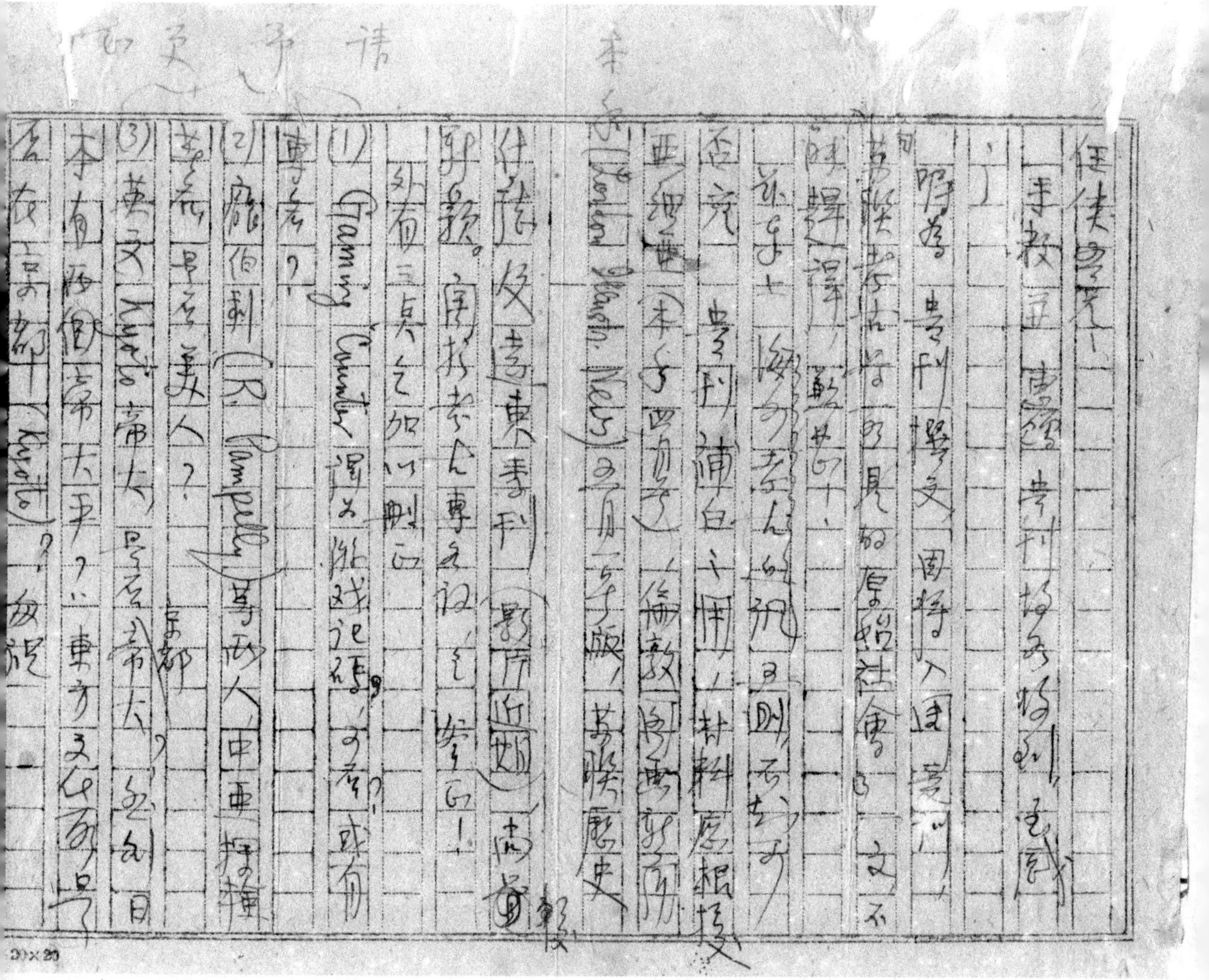

張鐵弦致常任俠　24.5×18.5 厘米

任俠我兄：

前寄《海外考古近訊》一文，玆擬於《蘇聯一則》後，增益數語（附呈），請賜補入，再前文 Gaming Counter 一字譯爲"遊戲記碼"當否？並龐拜萊是否美國人尙乞惠予校正爲感！專祝

撰祺

弟張鐵弦頓首　十一、十一

【注釋】

經考證該信作於 1943 年 11 月 11 日。

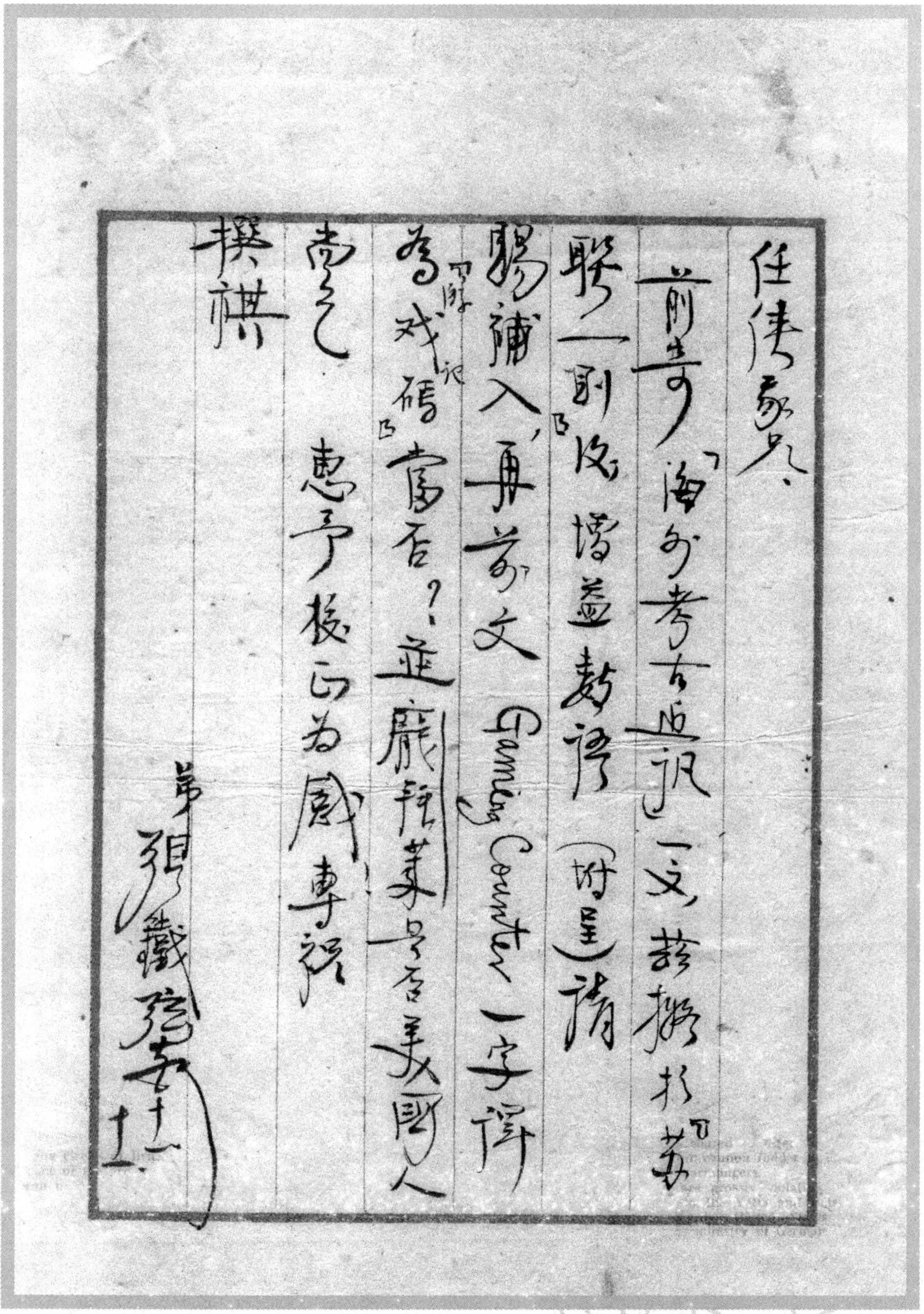

任俠兄：
前寄「海外考古近訊」一文，茲擬於其後一則後增益數語（附呈），請
賜補入。再前文 Gaming Counter 一字譯
為「戲碼」否？並嚴[illegible]是否美國人，
惠予校正為感。專頌
撰祺
弟 張鐵弦 [illegible] 上

張鐵弦致常任俠 26.5×19.5 厘米

初秋喜讀亞子先生詩集，率成一律，以抒懷抱也。

巴山夜雨識荆初，霜鬢童心道不孤。詞客悲歌真國士，巨椽彩筆壓江湖。

風標仰止河東柳，才調同憐蘇曼殊。綉鳳雕龍吾豈敢？人間寵辱化虚無。

一九七五年八月伏暑已盡，讀亞子詩，感賦七律，即呈

任俠尊兄吟正

欣齋張鐵弦漫稿

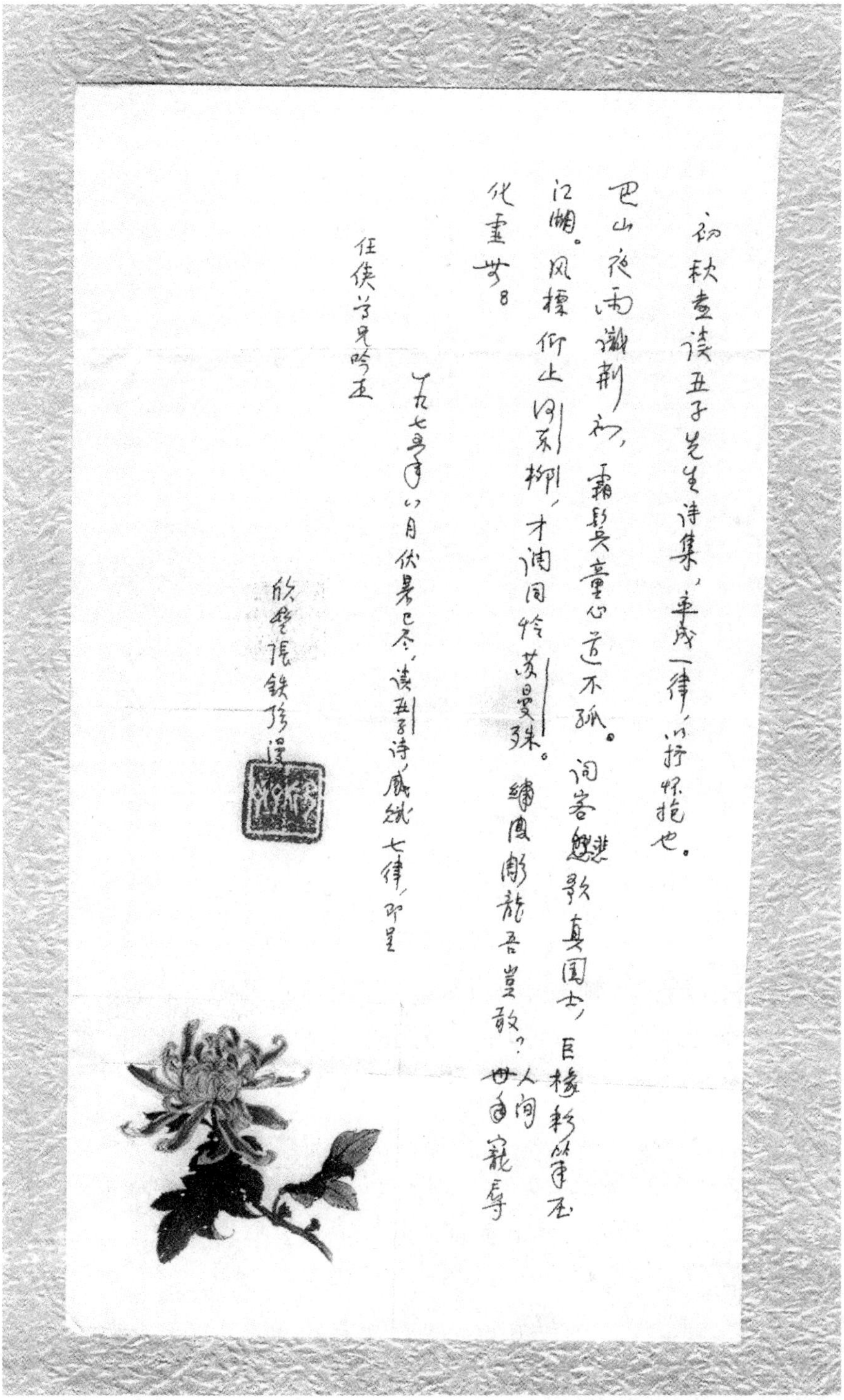
初秋重读丑子先生诗集，率成一律，以抒怀抱也。

巴山夜雨识荆初，霜鬓童心道不孤。问客悲歌真国士，巨椽彩笔压江湖。风标仰止同东柳，才调同怜苏曼殊。绣虎雕龙吾岂敢？人间宠辱化重苏。

一九七三年八月伏暑已尽，读丑子诗，感赋七律，即呈

任侠学兄吟正

欣叟張铁弦[illegible]

張鐵弦致常任俠　25×14 厘米

渡普口鎮懷古　自度曲

細雨天，黃葉地。輕車咸、嘉道上，喜梧柳成行，秋光如許，地近當年赤壁。

倚金橋，遠眺神嶺，霧煙縹緲無際，惜高咏無聞，淺吟斷續，我欲問高天厚地，今銅雀在否？周郎何去?!

一九七三年秋，予自咸寧、甘棠鎮驅車往嘉魚縣，渡普鎮，其地距赤壁較近也。

金橋又名金水（淦水）橋。神嶺原名神山，在嘉魚縣，某湖畔。

一九七五年中秋佳節前一日，欣齋張鐵弦漫草於京華東隅。

任俠尊兄雅正

【注釋】

經考證該信作於 1975 年 9 月 19 日。

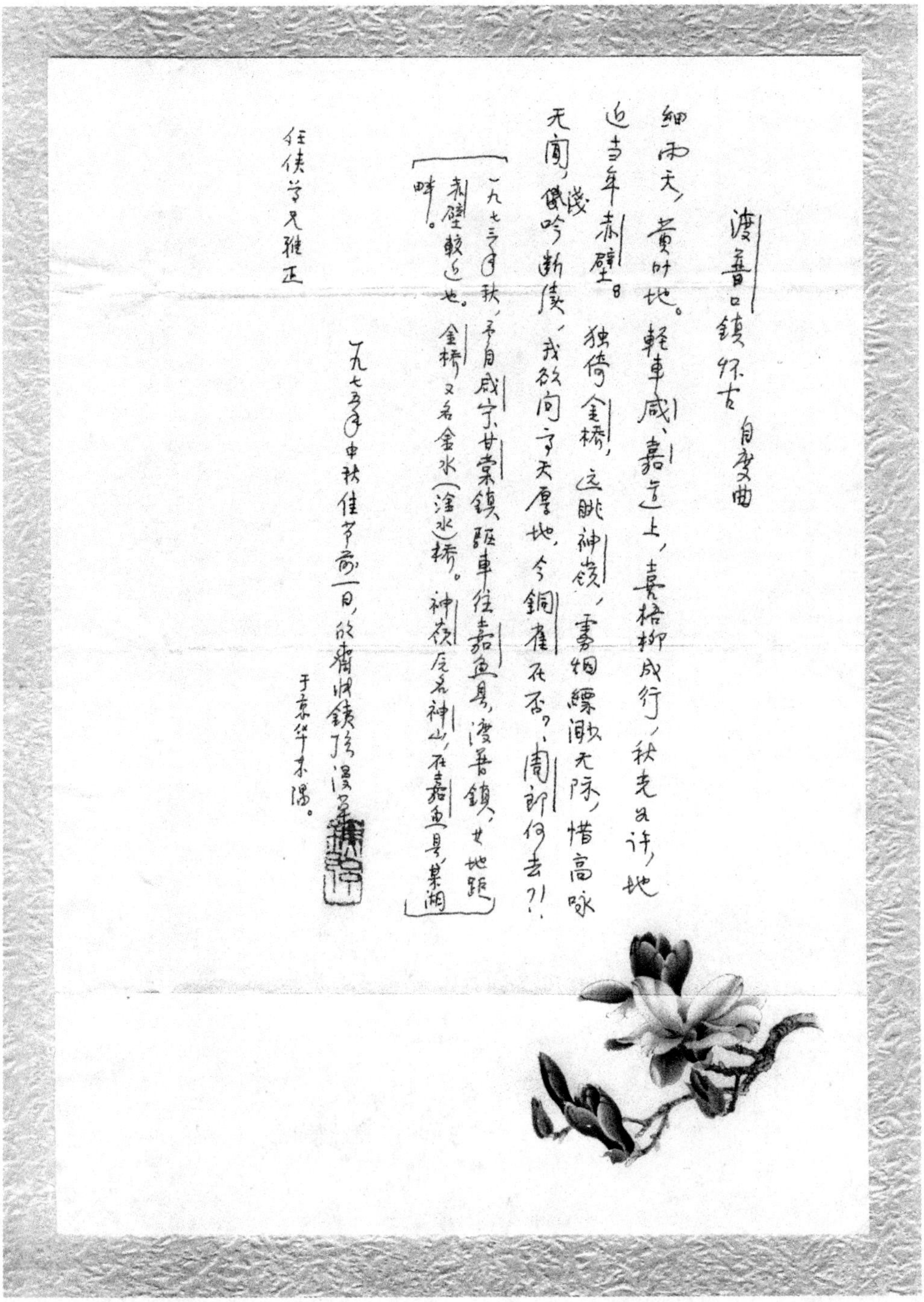
渡普口镇怀古 自度曲

细雨天，黄叶地。轻车咸、嘉道上，青杨柳成行，秋光如许，地近古年赤壁。独倚金桥，远眺神岭，雾烟缥缈无际，惜高咏无闻，低浅吟断续，我欲问青天厚地，今铜雀在否？、周郎何去？！

〔一九七三年秋，予自咸宁甘棠镇驱车往嘉鱼县，渡普镇，其地距赤壁较近也。金桥又名金水（淦水）桥。神岭原名神山，在嘉鱼县，巢湖畔。〕

一九七五年中秋佳节前一日，於斋收铁弦漫草

于京华木隅。

任侠学兄雅正

張鐵弦致常任俠 25×17.5 厘米

章伯鈞（1895–1969），安徽桐城人。民主政團同盟、中華民族解放行動委員會、民主同盟主要組織、負責人之一。中華人民共和國成立後曾任中央人民政府委員，交通部部長，農工民主黨主席，民盟中央副主席，《光明日報》社社長，第一屆全國人大代表，全國政協第一、三屆常委，第二屆副主席，第四屆委員等職。

任俠先生：

久未晤教，想一切佳善。關於刊物事[1]盼兄於日內約一時間詳談（最好先三日通知），以便早日付刊出版爲荷。此候

大安

弟伯鈞上

三月六日

【注釋】

經考證該信作於1943年3月6日。

[1] 指爲常任俠主編《學術雜誌》由正誼書店出版事進行商談。

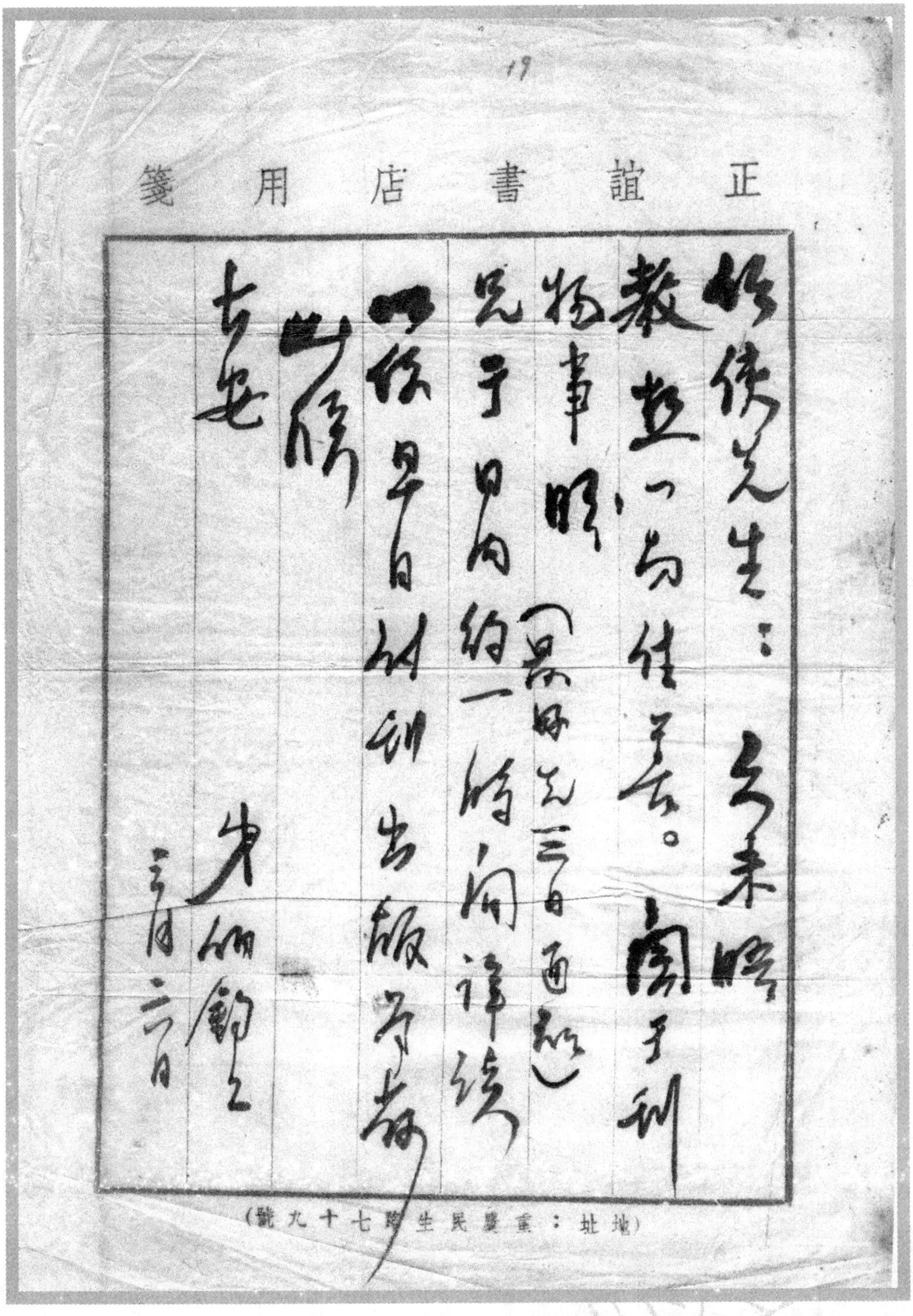
19

正誼書店用箋

任俠先生：久未晤
教益，為念。關于刊
物事，明（[illegible]）
兄于日內約一時間詳談
此件早日付刊出版為荷
此候
大安
章伯鈞
三月六日

（地址：重慶民生路七十九號）

章伯鈞致常任俠 28×20 厘米

朱丹（1916—1988）原名家瑜，江蘇銅山人。美術家。歷任《東北畫報》社長、《人民畫報》總編輯，文化部藝術局副局長，中國美術研究所所長，中央美術學院副院長。爲中國美協常務理事，全國文聯書法家協會副主席。出版有《朱丹散文選》、《朱丹書法選集》等。

常老：

回家已經三四天了[1]，細檢行篋發現從鈞處攜走《中國老年》一冊，特奉還，恭請查收。另外找了幾本文學雜誌，護士同志都要看的，便中分給她們，閱畢後暫存鈞處，待出院時交司機小王帶我好了，謝謝。回舍後僅伙食略有改善，其他無大異。人約［越］來約［越］少，可能更寂寞了吧。餘不贅，敬請

痊安

晚朱丹

肖大夫桂大夫代候不另。

【注釋】

經考證該信作於1984年5月上旬。

[1]指自北京中醫醫院出院返家。住院治療時曾與常任俠爲病友，時常往來。

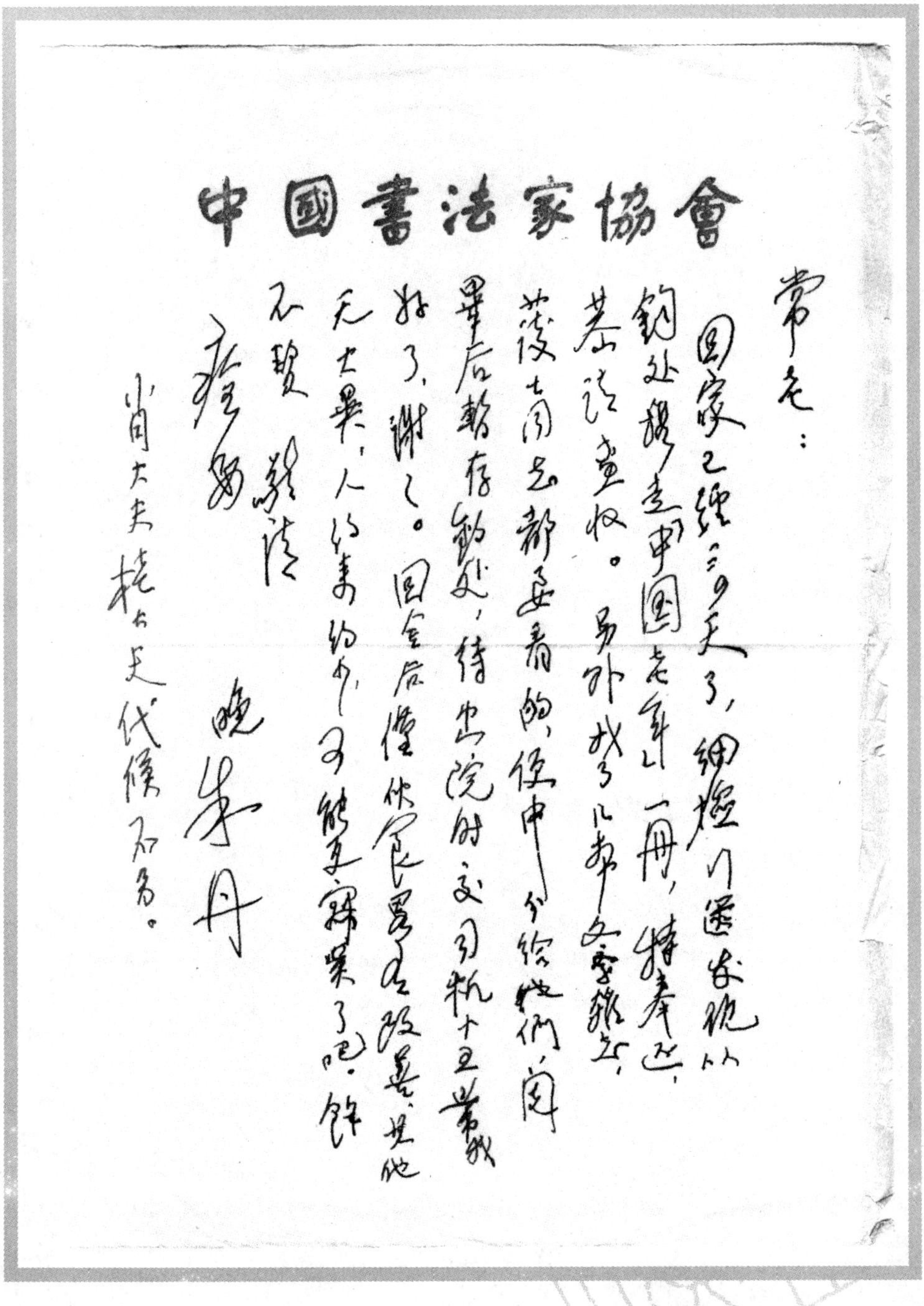

中國書法家協會

常老：

回家已经三四天了，细检行箧发现从钓处携走中国老年一册，特奉还，并请查收。另外我那儿都文字稿，落在同志都要看的，便中分给他们，阅毕后暂存钓处，待出院时交司机十五带我好了，谢谢。回京后仍你们在改善，其他天天累，人们来的也不能多释累了吧。馀不赘 顺请

痊安

晚 朱丹

肖大夫 张大夫代候不另。

朱丹致常任俠 26×19 厘米

朱希祖（1879—1944），字逖先，浙江海鹽人。歷史學家。歷任北京大學、北京師範大學、清華大學、輔仁大學、中山大學及中央大學等校教授。著有《中國史學通論》、《明季史料題跋》、《朱希祖文存》等。

任俠先生左右：

接奉大札並承贈令十八世祖開平王像照片，不勝感謝。敝族中藏有明人畫像一冊，中有開平王像，當持此一對照也。

貴處有尊府家譜否？因弟專治南明史，知貴族中有許多事迹關於南明史者，又開平王本身事迹及其子孫在明代所建功業，可以加入明史者亦甚多，能得尊府家譜參考，必可多所發明。近觀岐陽王李氏歷代畫像及其譜牒頗多補正明史，故知開平家世亦然，務祈賜復爲荷，專此鳴謝，敬頌

教安

弟朱希祖敬啓

六月十七日

【注釋】

經考證該信約作於1939年6月17日。

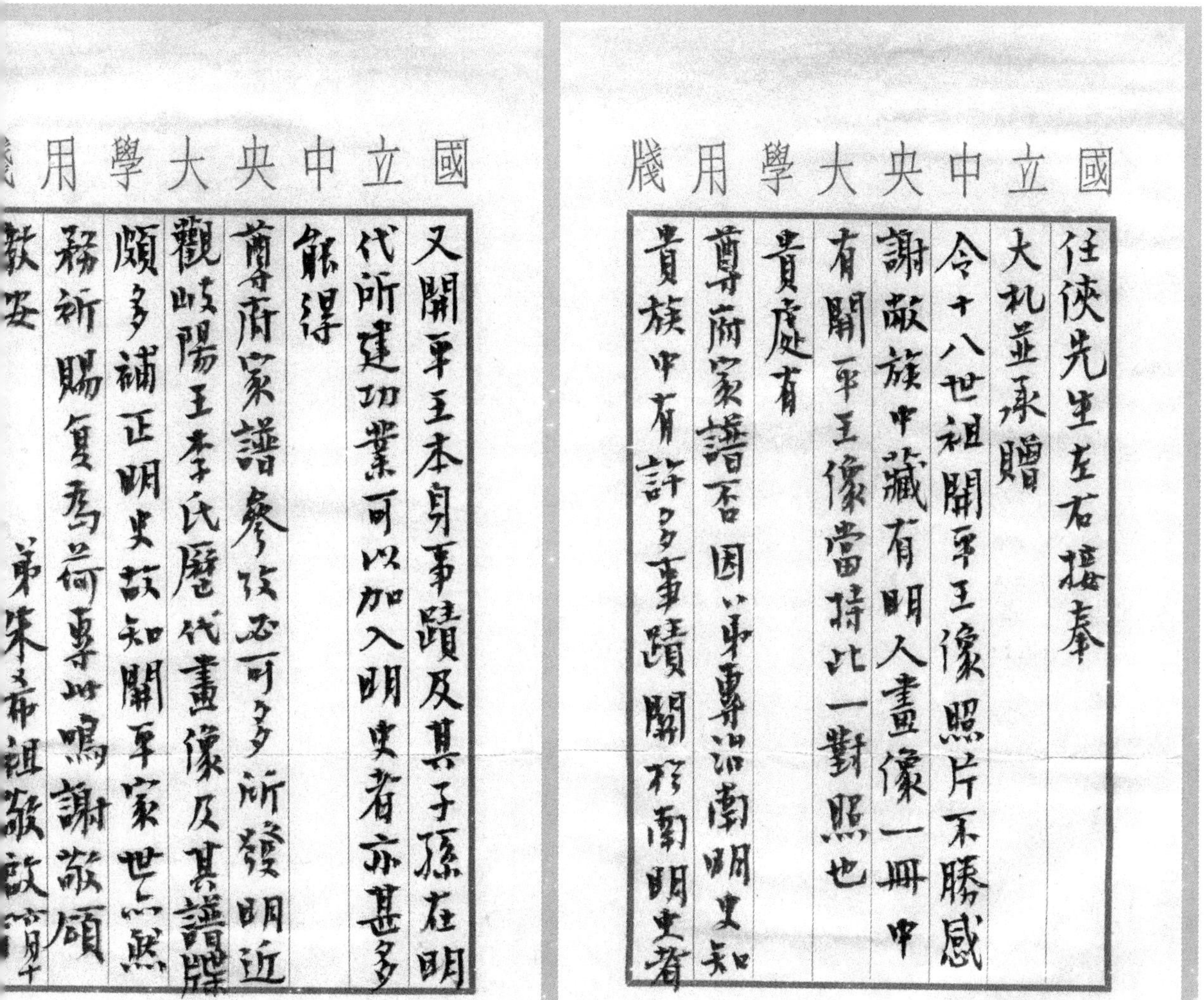

國立中央大學用牋

任俠先生左右接奉
大札並承贈
令十八世祖開平王像照片不勝感
謝敝族中藏有明人畫像一冊中
有開平王像當持此一對照也
貴處有
尊府家譜否 因以弟專治南明史知
貴族中有許多事蹟關於南明史者

國立中央大學用牋

又開平王本身事蹟及其子孫在明
代所建功業可以加入明史者亦甚多
能得
尊府家譜參攷必可多所發明近
觀岐陽王李氏歷代畫像及其譜牒
頗多補正明史故知開平家世亦然
務祈賜復為荷專此鳴謝敬頌
教安
弟朱希祖敬啓

朱希祖致常任俠　28.5×18 厘米

後　記

1992年初，中華書局為慶祝成立八十周年舉辦了一系列活動，其中編輯出版了《中華書局收藏現代名人書信手跡》一書，我有幸出席紀念會，得到了這本編輯嚴謹、裝幀典雅、印刷精美的贈書，稍加流覽，其中收錄了眾多學界名家、蘊藏豐富珍貴史料和散發出濃厚的文卷氣息，令人心生驚喜，特別是當時為我所關注的有關鄭振鐸、徐悲鴻、常任俠諸家的書劄，不僅豐富了他們生平事蹟的資料，同時也加深了自己對書信在學術研究中起到補充史料、辨析史實作用的理解。閱讀手跡文稿，較之排印的文章有所不同，字裡行間可以體味出作者在寫作時的不同心境，或縝密規範，或逸興揮灑，反映了他們在不同時期、不同環境、不同學科背景下所構成的文化語境及截然不同的性格，隨着筆跡的流淌，有若把手晤談，恰似附耳私語，將極為私密化的相互問候、學術探討、品人論世，在此呈現給讀者面前，其中不僅有歷史的雪泥鴻爪可以鉤沉剔抉，且有大量富於哲理的思想給人以啟迪，文字雋永，情真意切。這本書的出版，是研究近代文化、出版史彌足珍貴的史料，也成為我最為珍貴的私人藏書之一，愛不釋手，時時展閱。

我曾將該書收錄常任俠先生書信兩通的事情告訴了他，先生很感興趣，立即讓我代為購置一冊保存。至今仍記得他在翻閱此書時那副專注神態，像是與久別的老友們再次相會，舊夢重溫。我知道，這裡面收錄的人物，有些是他神交仰慕的前賢、導師，有些是與他共赴國難、並肩工作的友人。歷經大時代的風雲變幻，演繹了多少人間的悲喜交歡，記述了幾多世間的世態炎涼。先生告訴我，他曾珍藏有周作人、徐悲鴻、冼星海等友人的大量書劄，多在戰亂遷徙和“文革”運動中慘遭損毀散失，每思及此，心猶惆悵憤懣。

常任俠先生（1904–1996），原名家選，字季青，安徽省潁上縣人。著名詩人、東方藝術史與藝術考古學家。先生終身以“待人宜寬，律己宜嚴，勤能補拙，儉以養廉”為座右銘,性格正直耿介,溫和樸質,淡泊名利,筆耕不輟,留下了大量的著作。

先生畢生致力於中國與東方諸國的藝術交流史研究,作出了奠基性和開拓性的貢獻。在南亞特別是印度哲學、佛教、藝術研究方面有着精深造詣;對東亞文化,尤其對中國、日本古文化、藝術的評鑒,極其高明;對西域與中國文化藝術的交流,頗具匠心,見解獨特。研究的領域涉及書法、繪畫、雕刻、音樂、舞蹈、戲劇等諸多方面,其成就深為國內外學人所稱道,其成果出版有《民俗藝術考古論集》、《中國古典藝術》、《中印藝術姻緣》、《東方藝術叢談》、《中國舞蹈史話》、《印度與東南亞美術發展史》、《絲綢之路與西域文化藝術》、《海上絲綢之路與文化交流》、《常任俠藝術考古論文選集》、《常任俠文集》等。

先生更是一位詩人。自十餘歲作詩起,至逝世前不久近八十年間,或紀事,或贈人,或抒情,或論政,靈氣橫溢,有感即發;短章長句,琳琅滿目,所作詩、詞、散曲達二千餘首。除舊體詩外,還致力於新詩的創作。二十世紀三十年代初,有感於當時南京文藝思潮的沉寂,和一批老詩人鼓吹風雅,追蹤唐宋,落後形勢,於是組織土星筆會,鼓吹新詩,出版《詩帆》,編輯"土星筆會叢書"。抗戰爆發,先生奔赴國民政府軍事委員會政治部第三廳從事抗戰宣傳工作,隨後在重慶、昆明等地,參與主持詩歌運動,寫有大量新詩。長沙《中國詩藝》、貴陽《詩星火》、昆明"百合叢書"等詩刊、詩集的編輯與出版,都有其參與。他的新詩集《毋忘草》、《收穫期》、《蒙古調》便是這時分別列入上述叢書出版的。散見詩作及日後創作部分,亦經收集整理,編入《常任俠文集》中,為詩詞研究者及新文學史的研究者貢獻一份史料。

先生對戲劇也有着深切的愛好。他不僅參加劇社,導演劇目,而且粉墨登場。在戲劇創作方面,曾作過多方面的探索,取得了多方面的成就:其中有雜劇《鼓盆調》(已佚),《田橫島》、《祝梁怨》、《馬勒帶子訪太陽》,獨幕話劇《後方醫院》、歌劇《亞細亞之黎明》、《木蘭從軍》,詩劇《海濱吹笛人》,音樂話劇《龍宮牧笛》,電影紀錄片腳本(長詩)《偉大的祖國》等。

先生的散文,敘事寫景,議政抒情,氣勢豪宕,詞采華茂,不愧詩人本色。他那記載了六十餘年的日記,以及同樣具有重要研究參考價值的書信內容,則記錄了他的人生心路歷程,從一個側面反映了近一個世紀中國的社會狀況與文化界的面貌。

先生似不刻意收藏名家書信,如他喜歡收藏書籍圖冊、古玩字畫、扇面篆刻等等,但他有精心保存友朋間往來書劄的習慣,或迻錄日記中,或粘貼冊籍內,以備查考覽閱,探求學術,追懷故人。這些書劄的寫作時間跨度約在二十世紀三十年代至九十年代,作者涵蓋師友、親屬、學生及海內外各界相關人士,其中不乏政學兩界著名人物。這些書劄伴隨着收藏者本人度過了白下問學、東瀛留學、抗戰救國、印度講學、歸國參加文化建設、歷次政治運動及改革開放等重要時期,隨他遷播於南京、長沙、武漢、重慶、昆明、北京等城市,輾轉於日本、印度等國家,越山峰,涉水流,逢戰火,遭浩劫,所存些微。先生去世後,經對留存書信認真清理,複以努力徵集,總量不足全部書寫與收藏的十之一二。雖如此,亦可幸,倘若沒有先生養成保存寫作底稿和收藏友朋來函的良好習慣,沒有常夫人郭淑芬女士精心呵護善待這些遺稿遺物,沒有得到有識之士的積極幫助,沒有欣逢盛世所帶來的思想解放和出版繁榮,這批珍貴文獻的留存和整理問世難以預料!

本冊所選近百名人物,側重於文化藝術領域,既有風雲一時的著名人物,也有歷經時代變遷和政權交替後受到人為遮蔽與遺忘的人物,這些人都與常先生有着較為密切的交往,透過這些或簡約或冗長的文字背後,彰顯着那個時代的知識分子的人格品質、學者的治學風範、文人的雅致意趣和藝術家的筆墨華章,同時也隱藏着不少鮮為人知的歷史真相:如新月派詩人方瑋德的北平之行;戲劇家洪深的自殺內幕;藝術史學家滕固的遺托;詩帆社同人孫望、程千帆、滕剛、汪銘竹的不了情;與袁學禮(袁音)合作譯書三十年的經過;與"二流堂"成員吳祖光、黃苗子、郁風等人的關係;與馬衡、馬彥祥父子的交往;與老舍、胡絜青夫婦的友情等等,極具史料和文獻價值,可供研究者鉤稽探求,發為新章。及至一代學人吳梅、朱希祖、郭沫若、田漢、商承祚、潘重規、沈雁冰、艾青、李長之、沈從文等文集或年譜的重印再版,均可依此在相應的人物事蹟、學術研究、社團活動等研究領域中增添新的資料或據以訂正史實。而收入在內的相關學者與藝術家,以其自身的傳統文化根基和藝術修養,字裡行間蘊含着濃重的書法藝術品質,其本身就構成了藝術觀賞價值及文物收藏的參照價值。

先生的舊作《冰廬失寶記》記述了他的收藏經歷,雖是應徵之作,僅憑當時的記憶和感觸揮就,這沾着血和淚寫出的自述,遠比後人從文本上梳理史料、分析領會而加以闡述的文字更能觸動讀者的心弦,同時也成為那個特殊年代的知識份子解脫藩籬、重獲新生的發聲之作。惟其懂得"失寶"之悲,方能理解"藏劄"之珍;願這批曾經活躍於二十世紀中國政治、文化、藝術、教育各界的名家手劄公諸於世,想必也會是先生的遺願。特附前作爲是書代序。

先生本是書家,初以顏柳入手,後取法於北魏寫經而自成一體,沉雄樸茂之中,蘊含幾許冷峻桀驁之品格,頗受識者喜愛,墨蹟留存海內外。今選擇他晚年自書簡介一篇,以窺其書法藝術之一斑。

承蒙常夫人的厚愛,將冰廬所藏文稿盡行提供,使我有機會深入瞭解先生的內心世界和他廣博的學術成就,為秉承先生的遺願,讓他的學術成果流傳後世,略盡綿薄。在整理本冊書劄過程中,以保持書劄內容的原貌為原則,不作人為處理;對原信中疑為筆誤或脱漏之處,以[ ]示意,供讀者參考;個別難以辨認之字,以□代替。為便於讀者閱讀,增加了作者簡介、釋文和注釋文字三部分,儘量做到考訂準確、注釋簡明。囿於學識,其中或有訛誤之處,懇請方家指正。

本冊的整理出版,同樣是先生遺存文獻整理出版系列工程之一,得到了常夫人的授權。對她秉承先生遺願,化私藏以公天下的忘我精神,我懷有深深的敬意。對收錄的書劄作者及家屬,我們通過各種途徑與之取得聯繫,得到他們的讚賞和支持,謹致感謝;鑒於種種原因無法聯繫上的作者和家屬,報以歉意。

國家圖書館出版社秉承重視文化遺存、繁榮學術研究的一貫出版方針,欣然接納了本書的選題,將所選書劄採取影印刊佈,誠為彰顯學術,嘉惠藝林之幸事;責任編輯王燕來先生對本書精心策劃和投入了大量精力;柳琴女士所拍常先生晚年照片,神形兼備,為世人留下一代學人永恆影像;藉此表達我對所有關注和為此提供幫助的師友們的真誠謝意。相信這件旨在繼承文化遺產之工作,能夠得到海內外研究者的認同;這本精美圖冊,能夠受到廣大讀者的喜愛。

沈　寧

丁亥立冬於中央戲劇學院

國家圖書館出版社簡介

經中華人民共和國新聞出版總署批準，北京圖書館出版社於2008年5月起更名爲國家圖書館出版社。

國家圖書館出版社成立於1979年，由中華人民共和國文化部主管、中國國家圖書館主辦，初名書目文獻出版社，1996年改爲北京圖書館出版社。建社近三十年，依託中國國家圖書館的豐富館藏，並與國內外著名圖書館密切合作，致力於影印古代典籍和各類稀見文獻；編輯出版圖書館學、情報學、信息管理科學著作和譯作；出版各種書目、索引等中文工具書；整理、編輯出版各種文史著作和傳統文化普及讀物。

國家圖書館出版社設有社長總編辦公室、財務部、營銷策劃部、古籍影印編輯室、圖書館學情報學編輯室、綜合編輯室、文史編輯室、中華再造善本編輯室、發行部、儲運部等部門。